Zu diesem Buch

Diese Tagebücher zeigen, daß das Denken Sartres nicht im Elfenbeinturm entsteht, sondern unmittelbar aus äußeren und inneren Alltagserfahrungen seiner selbst und der Zeitgenossen hervorgeht und daß er es versteht, eine illusionslose Analyse unserer Existenz mit einer optimistischen Moral des ästhetischen und ethischen Engagements zu verknüpfen. Novellistische Glanzstücke über das Verhalten seiner Kameraden und ihre Gruppenkonflikte wechseln ab mit strengen philosophischen Reflexionen über Verantwortung und Freiheit, Authentizität und Unaufrichtigkeit, Willensbildung und Entscheidung, das Verhältnis von Bewußtsein und Welt – er entwickelt Schlüsselgedanken zu seinem philosophischen Hauptwerk *Das Sein und das Nichts*. Er skizziert an Hand konkreter Beispiele seine Literaturtheorie und Poetik und entwirft am Beispiel Wilhelms II. seine später auf Mallarmé und Flaubert angewandte Methode einer Beschreibung des Ineinandergreifens von individuellem und geschichtlichem Schicksal.

Die *Carnets* enthalten selbstkritische Analysen seines Charakters, seines Hochmuts, seines Verhältnisses zum Besitz, seiner Beziehung zu Freunden und Frauen, zu seiner Häßlichkeit und zur erotischen Verführung und Sexualität. Er begründet seinen Widerwillen gegen jede Form von «Ernsthaftigkeit», die er sowohl Besitzenden wie Revolutionären vorwirft, und seine Entschlossenheit, das Leben als Spiel aufzufassen.

Jean-Paul Sartre wurde am 21. Juni 1905 in Paris geboren. Mit seinem 1943 erschienenen philosophischen Hauptwerk *Das Sein und das Nichts* wurde er zum wichtigsten Vertreter des Existentialismus und zu einem der einflußreichsten Denker des 20. Jahrhunderts. Seine Theaterstücke, Romane, Erzählungen und Essays machten ihn weltbekannt. Durch sein bedingungsloses humanitäres Engagement, besonders im französischen Algerienkrieg und im amerikanischen Vietnamkrieg, wurde er zu einer Art Weltgewissen. 1964 lehnte er die Annahme des Nobelpreises für Literatur ab. Er starb am 15. April 1980 in Paris.

Jean-Paul Sartre

Gesammelte Werke in Einzelausgaben

In Zusammenarbeit mit dem Autor
und Arlette Elkaïm-Sartre
begründet von Traugott König,
herausgegeben von Vincent von Wroblewsky

Tagebücher

Romane und Erzählungen
Theaterstücke und Drehbücher
Philosophische Schriften
Schriften zur Literatur
Schriften zu Theater und Film
Schriften zur bildenden Kunst und Musik
Politische Schriften
Autobiographische Schriften
Tagebücher
Briefe
Reisen

Jean-Paul Sartre

Tagebücher

Les carnets de la drôle de guerre
September 1939 – März 1940

Neue, um ein bisher unveröffentlichtes
Heft erweiterte Ausgabe

Aus dem Französischen
von Eva Moldenhauer und
Vincent von Wroblewsky

rororo
Rowohlt

Die numerierten Fußnoten stammen von
Arlette Elkaïm-Sartre, die mit einem * versehenen
Fußnoten von den Übersetzern

Veröffentlicht im Rowohlt Taschenbuch Verlag GmbH,
Reinbek bei Hamburg, Oktober 1996

Diese Ausgabe folgt der 1995 bei
Éditions Gallimard, Paris,
erschienenen erweiterten Ausgabe:
Jean-Paul Sartre, «Les carnets de la drôle de guerre.
Septembre 1939 – Mars 1940. Nouvelle édition,
augmentée d'un carnet inédit. Texte établi et
annoté par Arlette Elkaïm-Sartre»

Umschlaggestaltung Werner Rebhuhn
Satz Aldus (Linotronic 500)
Gesamtherstellung Clausen & Bosse, Leck
Printed in Germany
2690-ISBN 3 499 13292 3

Inhalt

Vorwort
9

Heft I
September–Oktober 1939
Marmoutier–Ittenheim–Brumath
17

Heft III
November–Dezember 1939
Brumath–Morsbronn
177

Heft V
Dezember 1939
Morsbronn
315

Heft XI
Februar 1940
Morsbronn–Paris–Bouxwiller
375

Heft XII

Februar 1940
Bouxwiller
433

Heft XIV

März 1940
Bouxwiller – Brumath
517

Anhang

Bibliographie
603

Namenregister
643

Vorwort

Von den fünfzehn Heften, die Sartre von September 1939 bis Juni 1940 schrieb, wurden fünf 1983 in einer ersten Ausgabe[1] *veröffentlicht – die einzigen, die bis dahin wiederaufgefunden worden waren. Bei den anderen wissen wir wenig über die Geschichte ihres Verschwindens, außer daß einige noch während des Krieges verlorengingen. Andere verschwanden vielleicht 1961 oder 1962, nach einem der zwei Bombenattentate der OAS*[2] *in Sartres Wohnung in Paris, rue Bonaparte 42, oder während des darauffolgenden Umzuges. Im Juni 1991 tauchte das allererste Heft wieder auf: seit etwa dreißig Jahren gehörte es zur Sammlung eines Bibliophilen. Dank der französischen Nationalbibliothek, die es erwarb, stellen wir heute eine neue Ausgabe der Carnets de la drôle de guerre*[3] *vor, erweitert um dieses erste*

1 Beim Verlag Gallimard in Paris. Die deutsche Übersetzung erschien 1984 beim Rowohlt Verlag in Reinbek.

2 * OAS – Organisation de l'Armée Secrète. Diese Geheime Armeeorganisation bestand aus französischen Rechtsextremisten, die durch Terroranschläge ein von Frankreich unabhängiges Algerien verhindern wollten, indem sie unter anderem Intellektuelle wie Sartre einzuschüchtern oder zu beseitigen versuchten. Anm. d. Ü.

3 Auf dem Deckblatt des ersten Heftes heißt es:

Kriegstagebuch
I
September – Oktober 1939
Meinem charmanten Castor [quer über die Seite]
[gezeichnet] J.-P. Sartre

Auf der gleichen Seite der anderen Hefte steht: «Heft III», «Heft V» usw. sowie die Zeit, in der das Heft verfaßt wurde, und die Orte, wo sie geschrieben wurden; die Formulierung «Kriegstagebuch» taucht nicht mehr auf. Da der Krieg, wenigstens für Sartres Abschnitt, bis zum Schluß ein Phantomkrieg blieb, was Sartre

Heft, das dem Leser Aufschluß geben wird über den Geisteszustand Sartres zu dem Zeitpunkt, da er seine ersten Kriegstage erlebte, über die Lebensfragen, die Sartre dazu brachten, ein Tagebuch zu führen, dem er die verschiedensten – und, wie wir sehen werden, mitunter widersprüchlichen – Rollen zuteilte, und schließlich über die Art und Weise, wie persönliches Leben und Philosophie ineinandergriffen.

Am 2. September 1939 hat der Mobilisierte, der im Zug gemeinsam mit Unbekannten einer ungewissen Bestimmung entgegenfährt, bei seinem Versuch, sich die Situation vorzustellen, in der er zu bestehen haben wird, nur einen Bezugspunkt im Kopf, allerdings einen verheerenden: das Grauen des Großen Krieges, der fünfundzwanzig Jahre früher die vorangegangene Generation dem gleichen Feind entgegenwarf. Wie werde ich mich verhalten? Werde ich überleben? Vielleicht fängt Sartre an, sein «Kriegstagebuch» zu schreiben, um sich vor allem auf die erste Frage einer ehrenhaften Antwort zu versichern; die zweite führt zu keiner Antwort, aber ist das Schreiben nicht auch eine Antwort?

Als Sartre um 1953 in seinem ersten Heft blättert, notiert er:

Ich führte Krieg nach meinem Bilde: als Bourgeois hatte ich meine Waffengattung auf Empfehlung gewählt; als Pazifist nahm ich ihn friedvoll; als Antimilitarist wollte ich ihn als einfacher Soldat führen (Antimilitarist *weil* Intellektueller); für körperliche Übungen ungeeignet (einäugig), machte ich ihn als Hilfskraft mit. Vierunddreißig Jahre alt, führte ich ihn mit Reservisten, das heißt mit verheirateten Männern, mit Familienvätern. Andererseits spiegelte der komische Krieg unseren tiefen Willen wider, nicht zu kämpfen, da Hitler, der unsere Gefühle kannte, nicht angriff, um diesen Krieg *verkommen zu lassen*. Das heißt, ich spiegelte mich in diesem Krieg wider, der sich in mir widerspiegelte und mir mein Bild zurückwarf. Das Ergebnis davon war, daß ich erst über den Krieg und dann schließlich *über mich* schrieb. Er wurde zum *Rückzug*.[1]

selbstverständlich nicht wußte, als er diese Worte am 19. Oktober 1939 schrieb (vgl. die *Lettres au Castor et à quelques autres*, Gallimard, Paris 1983 [dt. *Briefe an Simone de Beauvoir und andere*, Rowohlt Taschenbuch Verlag, Reinbek 1984]) und weil er es dann bevorzugte, sein Tagebuch «mes carnets de la drôle de guerre» [meine Hefte aus dem komischen Krieg] zu nennen, bewahrt die französische Ausgabe bis auf das Pronomen den Titel der ersten Ausgabe.

1 Die Hervorhebungen stammen von Sartre. Dieses Zitat stammt aus einem fol-

In Wirklichkeit schreibt Sartre vom ersten Heft an sowohl *über den Krieg* als auch *über sich. Die Kriegserklärung hat ihn in einer zwiespältigen Periode seiner Existenz überrascht. Er steht am Beginn seines Schriftstellerlebens, ein strahlender Beginn; er hat erfolgreich* Der Ekel, Die Wand *und bereits einige philosophische Texte veröffentlicht:* Die Imagination, Skizze einer Theorie der Emotionen; Das Imaginäre *steht unmittelbar vor der Veröffentlichung. Für die Verleger und die Zeitschriften, die seine Arbeiten veröffentlichen, ist er ein junger Autor mit Zukunft. Er hat mit einem ehrgeizigen Romanzyklus begonnen und arbeitet in dieser Zeit der Mobilisierung am ersten Band weiter*[1]*; er ist voller literarischer und philosophischer Projekte. Doch trotz dieses schöpferischen Überströmens fesselt ihn ein dumpfes Unbehagen. Fragwürdige Liebesaffären, Leichtfertigkeit, Verführungskomödien, Besitzdenken und Untreue, in seinem «teilweise dreifachen» Liebesleben ist er mit seinem Verhältnis zu den anderen und sich selbst insgesamt unzufrieden. Auch als Bürger meint Sartre in einem Zustand moralischen «Verdreckens» zu sein: wenn er auch nicht die Münchener Verträge begrüßt hat, da er von Jugend an unter dem pazifistischen Einfluß von Alain stand, so hat er doch den absoluten Wahrheitscharakter der von diesem Philosophen in* Mars ou la guerre jugée *anfangs der zwanziger Jahre entwickelten Argumente nicht hinreichend in Frage gestellt; er hat es nicht verstanden,* diesen Krieg *zu denken; weder gegen diesen Krieg noch voll von seiner Notwendigkeit überzeugt, hat er sich passiv einziehen lassen. Und dann, plötzlich in eine Welt von Männern verschiedenster Herkunft geworfen, entdeckt er, der seit dem Ende seines Studiums von Frauen umgeben lebte, die ihn alles in allem liebten und bereits bewunderten, daß er sich in einem männlichen Milieu nicht zu verhalten weiß, was schmerzhafte Erinnerungen an seine frühe Jugend im Lyzeum von La Rochelle während des Ersten Weltkrieges wiederbelebt, als er der Prügelknabe von kleinen vaterlosen Sadisten war.*

Da wird es dringend, alle diese Schwächen genau unter die Lupe zu nehmen, die die Entfernung enthüllt oder formulierbar macht, und

genlos gebliebenen Entwurf; Sartre beabsichtigte zu jener Zeit, die Geschichte seiner Beziehungen zur Politik aufzuzeichnen.

1 Es handelt sich um *L'Âge de raison,* den ersten Band der *Wege der Freiheit,* 1945 bei Gallimard in Paris veröffentlicht [dt. *Zeit der Reife,* Rowohlt Taschenbuch Verlag, Reinbek 1961].

ihre Ursachen bloßzulegen – um sich zu ändern; *wie soll man sonst dem Zweifel an sich selbst begegnen, wenn der Augenblick des Kampfes kommt? In der Zwischenzeit wird er, da er nicht sicher ist, in sich die notwendige Kraft zu finden, um als Mann im Krieg zu bestehen, sich auf eine Moral stützen, für die er bereits Sympathie hegte, die stoische Philosophie, und den von ihr diktierten Verhaltensweisen trauen. Vom Stoizismus zur Authentizität, von der Unaufrichtigkeit, die er sich vorwirft, zur Unaufrichtigkeit, die jeder menschlichen-Realität*[1] *inhärent ist, vom Bewußtsein als Mangel zu seiner Theorie vom Nichts, von seinem Willen,* nur aus sich selbst heraus zu sein *zu seiner philosophischen Freiheitsauffassung, von der Moral des Seins zu der des Handelns – in diesen Heften stehen wir an den Quellen seiner künftigen Werke. Philosophieren und vorankommen, die Zeit* der Reife *schreiben und die Zeit der Reife erreichen, das alles ist ein einziger Entwurf, der unter der Schirmherrschaft des Todes Gestalt annimmt: seine physische Auslöschung ist möglich, doch vor allem die Auslöschung einer Welt, die er gerade als Schriftsteller betreten hat, die er beeinflussen will, die er mit seinen Ideen und seiner ihm eigenen Sensibilität zu erhellen, in Frage zu stellen oder zu bereichern hofft. Hinter seinem spannungsgeladenen Optimismus zeichnet sich ein absoluter Alptraum ab: Europa, umklammert von der Naziideologie, die durch ihre militärischen Triumphe ihre Triftigkeit bewiese, die Nazifizierung der Geister; auch das wäre sein Tod, und ein larvenhaftes Überleben durch sein Tagebuch als Kondensat eines Mannes und eines Werkes, die nicht haben stattfinden können und die vielleicht eines unendlich fernen Tages ...*

Doch wenn Sartre die Niederlage auch ins Auge faßt, er hält sich nicht bei dieser zerstörerischen Hypothese auf, er setzt sie in Klammern, sie steht zu sehr im Widerspruch zu seiner Mission des Schreibens, die ihn seit seiner Kindheit derartig in ihren Bann schlägt und manchmal auch erregt und begeistert. Zur Ohnmacht verurteilt, will er diese tote Zeit in eine persönliche Erfahrung, ja fast in eine Chance, will er diesen aufgezwungenen Bruch mit seinem früheren Leben in

1 * Mit «réalité-humaine» hatte Henry Corbin Martin Heideggers «Dasein» übersetzt. Sartre – und nach ihm Arlette Elkaïm-Sartre – hat diesen Begriff in dieser Schreibweise übernommen. Im Deutschen geben wir ihn – wo es sich nicht unmittelbar um eine Übersetzung von «Dasein» handelt – mit «menschliche-Realität» wieder. Anm. d. Ü.

eine Emanzipation verwandeln, darin dem Gebot des Stoikers folgend: Verlange nicht, daß die Dinge so geschehen, wie du es wünschst, sondern wünsche, daß sie so geschehen, wie sie geschehen. Das Sich-selbst-Erfassen als Totalität durch das Bewußtsein ist natürlich nur eine Orientierung seines Willens, nicht eine Erfüllung: Sein affektives Unbehagen widersteht der Introspektion und das tägliche «Im-Krieg-sein» beherrscht seine Launen, seine Gedanken und seine Lektüren. Weit davon entfernt, sich dem zu entziehen, bemüht er sich, den kollektiven Geschmack des komischen Krieges wiederzugeben, denn er fühlt zutiefst, daß diese «flache und formlose» Gegenwart ein historisches Ereignis ist. Als Teilnehmer und als Schriftsteller spricht er von dem, was ihn umgibt – dabei ist die im stillen rezipierte Literatur nicht abwesend –, hält er seine militärischen Taten und Gesten fest sowie die seiner «Akoluthen», traurige Randerscheinungen eines unauffindbaren Krieges. Er notiert zwischen zwei philosophischen Betrachtungen ihre Meinung über den Krieg, ihr kindisches Gezänk, ihren sonntäglichen Weltschmerz. Die Tagesnachrichten, die Rundfunkreden Hitlers oder Daladiers erwecken bei ihm ähnliche Reaktionen wie bei seinen Kameraden; auch er ist versucht zu trinken, um die Erniedrigung zu ertragen – man hat den Krieg erklärt, aber man führt ihn nicht – und das wachsende Gefühl der moralischen Niederlage, die dem Zusammenbruch vorausging; manchmal gibt er einem von ihnen ausgiebig das Wort. Sartre ist in diesen Heften ein Schriftsteller, der die Hauptlinien seines Werkes entwirft, und zugleich ist er auch ein x-beliebiger Soldat des komischen Krieges, der Zeugnis ablegt.

Arlette Elkaïm-Sartre

Vorbemerkung

In seinen täglichen Briefen an Simone de Beauvoir spricht Sartre häufig über seine Hefte. Wir haben uns entschlossen, für die Zeiträume, in denen die Hefte fehlen, aus diesen Briefen all das zu zitieren, was sich auf sein Tagebuch bezieht, und das Wesentliche dessen zusammenzufassen, was einen Bezug dazu haben könnte. Auf diese Weise wird der Faden seiner Arbeit über sich selbst und seinen Roman sowie seines Denkens in Richtung von *Das Sein und das Nichts* nicht ganz abgebrochen – auch wenn er nur ein Schema dafür liefert. Der Leser wird diese Ergänzungen im Anhang finden.

Es sei auch darauf hingewiesen, daß die Briefe Sartres hier nach der Handschrift und nicht nach der von Simone de Beauvoir besorgten Ausgabe zitiert werden, da manche von ihr veranlaßten Auslassungen gegenstandslos geworden sind, nachdem ihre eigenen Briefe und ihr *Kriegstagebuch* erschienen sind.

Ich danke Mauricette Berne von der Bibliothèque nationale und Annie Sornaga für ihre freundschaftliche Hilfe sowie Claire Paulhan, die mir freundlicherweise Briefe Sartres an Jean Paulhan zur Verfügung stellte.

HEFT I

September – Oktober 1939
Marmoutier – Ittenheim – Brumath

Marmoutier, Donnerstag, 14. September 39[1]
Seltsame Verbindung von Stoizismus und Optimismus. Man findet sie bereits beim antiken Stoiker, der glauben muß, die Welt sei gut. Es ist eher eine psychologische Konstruktion denn eine theoretische Verbindung. Eine weitere List, sich zu beruhigen, eine weitere Falle der Unauthentizität. Ich bin «stoisch» ausgerückt, das bedeutete einerseits, daß ich mich gegen alles sperrte, was mein vergangenes Leben ausmachte, und andererseits, daß ich eine Zukunft akzeptierte, in der meine eigenen Möglichkeiten nicht mehr existierten. Das nennen sie hier «voll drauf sein». Ich billigte ganz, so zu sein, war mir aber nicht bewußt, daß das Wesen dieses Zustandes eine Art bewundernder Fügsamkeit gegenüber der militärischen Autorität, von der ich abhing, einschloß. Da ich mich ihren Händen überließ, vertraute ich ihr, ich hörte auf, ein «Mensch des Ressentiment»[2] zu sein. Das ergab sich selbstverständlich daraus, daß ich eine *freie* Selbstaufgabe verwirklichte. Ich verlor meinen kritischen Verstand und überraschte mich in den ersten Tagen dabei, unangenehm berührt zu sein, wenn man in meiner Gegenwart die Offiziere kritisierte. Es ist gewiß, daß die berühmte Haltung des «nein sagen» von selbst Zweifel und Vorbehalt einschließt. Die Zustimmung zieht dagegen diese prinzipielle Bewunderung nach sich, die ich am meisten verabscheue. Zu sehr damit beschäftigt, in mir selbst, für mich selbst anständig zu sein, das heißt ohne Verzweiflung oder Feigheit, war ich nicht in der Lage, zwischen «ja sagen» und «nein sagen» zu wählen, ich habe mich nicht

1 Sartre, der am 2. September eingezogen wurde, kam am 11. in Marmoutier (Niederrhein) an.

2 Diesen Ausdruck, den Sartre oft in seinen Schriften benutzen wird, entlieh er dem deutschen Philosophen Max Scheler, der in *Das Ressentiment im Aufbau der Moralen* (1912) [in Frankreich 1933 als *L'homme du ressentiment*] die Rolle untersucht, die Nietzsche dem Ressentiment bei der Entstehung des Christentums zuspricht.

um die objektive Situation gesorgt. Zum Glück kam ich zusammen mit dem Gefreiten Paul, ein Sozialist und folglich unzufrieden und aus der Fassung geraten. Keiner, der «nein» sagt, sondern einer, der die Nerven verliert, verbittert ist, mal Angst vor der höheren Führung hat, dann wieder sie zum Kotzen findet. Das Ergebnis: ich habe angefangen, die wirkliche Situation zu sehen. Außerdem hat dieser jämmerliche Transport von Ceintrey nach Marmoutier mir die Augen geöffnet: die Armee ist im Krieg das geblieben, was sie im Frieden ist. Es geht also darum, akzeptieren und bewundern voneinander zu trennen. Das ist nun getan. Es bleibt jetzt, die objektive Situation zu sehen.

Die Leiden eines Stoikers

Das ist schon eine komische Episode, diese Ankunft eines Typs, der «voll drauf» ist, inmitten einer Gruppe von Schlaubergern, Memmen und Drückebergern, von denen einer aus Angst zu sterben krepiert und der andere das Beste aus der Situation herauszuholen versucht, während der Dritte vor sich hingammelt und nur daran denkt, abends wie morgens sein Glas Wein zu picheln. Der Stoiker fühlt sich lächerlich, doch dann fesseln ihn alle diese Finten, er läßt sich bald auf sie ein. Denkt man jedoch nach, so war etwas in mir, das im Grunde meine Eingliederung in diese Gruppe rechtfertigt. Ich war Stoiker vor einem Hintergrund von Finten. Mein Stoizismus umfaßte einzig den Verlust des Lebens, das ich bisher führte, aber nicht das Risiko zu sterben. Ich ging mit dem festen Entschluß los, zurückzukommen, und meine Eigenschaft als Meteorologe erlaubte es mir, mich herauszuhalten (was Arbeitskommandos, Leben im Massenquartier usw. betrifft). Ich habe also genau das, was ich verdiene. Ich bin auf eine Gruppe von Typen gestoßen, die die gleichen wesentlichen Sorgen wie ich haben, doch ohne die Literatur und die philosophische Sauce des Stoizismus. Sie wollen ihre Haut retten und gestehen es treuherzig. Ich will meine ebenfalls retten, doch will ich auch «das Niveau heben», es ist halt eine Berufskrankheit. Ist übrigens diese stoische Art, die ich angenommen habe, nicht auch eine psychische Verteidigung? In diesem Fall wäre ich nicht dieser «nackte» Mann, der ich gern gewesen wäre, sondern ganz einfach ein Verklemmter, ich hätte, um weniger zu leiden, meine zivilen Erinnerungen und meine

Freundschaften und Liebesbeziehungen zensiert, so wie andere ihr sexuelles Verlangen zensieren. Natürlich ist «Zensur» hier ein Symbol. Es handelt sich um eine bewußte Sperre. Es ist gewiß, daß ich so viel weniger unglücklich bin, als wenn ich es hinnähme, zu leiden. Es ist auch gewiß, daß Paul, der Sozialist, im Gegensatz zu mir der Meinung ist, daß die Authentizität im Jammern und Weinen liegt. Er *will* seine Situation beklagen, weil er meint, sie jammernd besser zu erfassen. Doch natürlich wird er, wenn er sein Gewissen prüft, ebenfalls erleben, wie sich seine Authentizität in nichts auflöst, weil er jammernd seine pessimistischen Tendenzen rechtfertigt.

Die Welt des Krieges

Ich habe den Krieg nicht gesehen, und er scheint unfaßbar zu sein, dafür habe ich jedoch die Welt des Krieges gesehen. Es ist schlicht und einfach die militarisierte Welt. Der Sinn der Dinge ist verändert. Eine Herberge steht nach wie vor an ihrem Platz, sie ist immer noch herausgeputzt und wirkt empfangsfreudig, doch sie empfängt ins Leere, das heißt, diese Möglichkeit zerstört sich von selbst und wird absurd. Sie empfängt *gegen Geld* und erinnert an eine bürgerliche Freiheit, die Freiheit durch das Geld. Doch die Welt des Krieges ist eine Welt ohne Geld und ohne Freiheit. Diese Herberge ist von der Militärverwaltung requiriert worden. Sie wird von Soldaten bewohnt, die nicht bezahlen und sie nicht freiwillig bewohnen. Für den, der über der Tür das Wort «Militärverwaltung» liest, verbindet sich mit diesem Wort eine neue Bedeutung: die des kostenlosen Zwangs. Zugleich wurde sie reines Gebrauchszeug – das heißt, welcher alte Luxus sich auch mit dem Gegenstand verbindet, man richtet es so ein, daß er ausschließlich dem Notwendigen dient. Das schmucke Zimmer, das den Reisenden *entzücken* sollte, dient den Soldaten, die es besetzen, nur noch als *Quartier*. Sie schlafen darin, aber auf Stroh. Das Bett wurde abgeräumt oder ist unberührt. So wird, lange bevor die Bombe den vom Menschen hergestellten Gegenstand zerstört, der menschliche Sinn des Gegenstandes zerstört. Man spaziert im Krieg in einer Zeug-Welt. Genau wie in der Kaserne. Da jedoch die ausgestellten Reize der Dinge fortbestehen, ergibt sich in jedem Moment eine Art sich verflüchtigender Ruf aus einer verschwundenen Welt, eine ständige Illusion.

Der Abstand der Gegenstände zum Menschen ist im Krieg nicht der gleiche wie in Friedenszeiten. Ich spürte es neulich in Arzwiller: Fünfzig Meter von der Straße befand sich ein Eichenwald auf rotem Felsen. Wir lagen am Straßenrand, erdrückt von unseren Gewehren, Gepäckstücken, Umhängen, wie Maikäfer auf dem Rücken. Ich wollte – nein, nicht in diesen Wald *gehen*, aber denken, daß ich in ihn gehen könnte. Es war jedoch unmöglich, es auch nur zu denken. Es lag nicht in meinen Möglichkeiten. Fünfzig Meter genügen, um einen Ort außer Reichweite zu setzen. Er wird dann reine Staffage. So hat Marmoutier für mich keine Umgebung, da ich es nicht verlassen kann. Es gibt in dieser Welt des Krieges schwere und ernste Wege, und dann Bühnenbilder. Da sie aufgehört haben, innerhalb meiner Möglichkeiten zu liegen, verliert alles Entfernte seine Wirklichkeit. Das drücken die Kerle dadurch aus, daß sie von einer reizvollen Landschaft, von einem angenehmen Dorf sagen: «Hierher werde ich im Frieden zurückkommen.»

Der Krieg ist ein Sozialismus. Er reduziert das individuelle Eigentum des Menschen zu nichts und ersetzt es durch das kollektive Eigentum. Meine Kleidung, meine Lagerstatt, meine Nahrungsmittel gehören mir nicht mehr, ich habe kein Haus mehr. Alles, was ich benutze, gehört der Kollektivität. Und nichts verbindet mich damit, denn dieses Kollektive ist, eben dadurch, daß es kollektiv ist, unpersönlich. Für mich ist in Wirklichkeit der Eintritt in den Krieg nicht durch die Aufhebung meiner individuellen Güter gekennzeichnet, da ich nie welche hatte. Ich habe weder Haus noch Möbel noch Bücher noch Nippes. Ich esse im Restaurant, ich habe an Kleidung gerade das unbedingt Notwendige. Der Krieg hat mich vielmehr mit einer Fülle von Zeug überhäuft, das der Kollektivität gehört und für das ich keine Verwendung habe, Helm, Gasmaske, Koppel, Schuhe, Gewehr usw. So bin ich wider Willen im Sozialismus. Und vom Sozialismus geheilt, wenn es noch einer Heilung bedurft hätte.

Diese Zeug-Objekte verweisen alle auf einen ursprünglichen Sinn. Und das im Frieden wie im Krieg: der Hammer ist zum Nageleinschlagen da, der Nagel zum Befestigen des Daches usw. Doch im Frieden ist der letzte Sinn immer derselbe: es ist der Schutz des menschlichen Lebens. Der letzte Sinn der Gegenstände in Kriegszeiten ist die Zerstörung. Das ist klar für die Kanone oder das Gewehr. Doch was in der *Welt* des Krieges frappierend ist, ist, daß alle diese Dinge, die dem Schutz des Menschen dienten, nach wie vor intakt da sind, und daß ihr letzter Sinn jetzt die Zerstörung ist. Diese Herberge, dieser Hammer, dieser Nagel, dieses Dach dienen immer noch zunächst dazu, zu schützen, aber dieser Schutz ist nicht mehr das letzte Ziel. Der Schutz selbst ist nur noch für die Zerstörung da. Das alles ist keine logische Argumentation, es ist auf den Gegenständen zu spüren, und das ist eine weitere Ursache für die wesentliche Zweideutigkeit der Gegenstände in Kriegszeiten: Luxusgegenstände, die reines Zeug werden und dabei ihr Luxusaussehen bewahren, Gegenstände des Schutzes, die weiterhin schützen und dabei einen finsteren und heimlichen Sinn von Zerstörung annehmen.

Meine moralische Ungewißheit: Ich bin im Krieg, weil ich einen Einberufungsbefehl habe – das ist alles. Bleibt der moralische Grund, der durch meinen Wunsch, frei zu sein, das heißt die Ereignisse zu beherrschen, notwendig geworden ist. Es ging für mich darum zu sagen: «Ich akzeptiere den Krieg», so wie Burlap in *Kontrapunkt des Lebens*[1] erklärt: «Ich akzeptiere die Welt.» Ich tappte herum und ging schlecht vorbereitet los.

Im März sagte ich: «Der Hitlerismus liefert mir einen Grund zu kämpfen.» Im September 1939 habe ich gesagt: «Ich erleide und akzeptiere den Krieg wie die Cholera.» Aber das war ein falscher Gesichtspunkt, wie der Castor[2] mir gezeigt hat. Der Krieg ist nicht die Cholera. Er ist eine menschliche Tatsache, von freien Willen hervorgebracht. Es ist unmöglich, ihn als eine schmerzhafte Krankheit zu betrachten, gegen die der einfache Stoizismus angebracht ist. Da ich übrigens hoffe, daß er bald beendet sein wird, setze ich – wie ich oben sagte – mein Vertrauen in die Militärs, wie der Kranke es in den Arzt setzt. Daher die Schweinerei. Im Grunde tiefe Ungewißheit, was meine Haltung gegenüber dem Krieg betrifft. Ich bin leichtfertig gewesen.

1 *Point Counter Point*, Roman von Aldous Huxley, 1928, dt. und frz. 1930.

2 * Simone de Beauvoir wird von den ihr Nahestehenden der Castor genannt [von der engl. Aussprache von Beauvoir = beaver = dt. Biber = frz. castor. Sartre spricht meistens von *le* Castor – der Biber – und fährt mit «sie» fort, was den Doppelcharakter seiner Beziehung – *die* geliebte Frau und *der* Freund – sprachlich artikuliert. Im Unterschied zu den bisherigen Übersetzungen übersetzen wir hier dem Original entsprechend *der* Castor].

Freitag, 15.
Plötzlich habe ich an Zuorro[1] und an Guille[2] gedacht, die wie ich einberufen wurden. Was machen sie? Bisher dachte ich nur an Aron[3] – mit Ironie – und an Bost[4], weil er Teil «meiner» Welt ist. Meine Unfähigkeit, das Leben anderer und die Gleichzeitigkeit zu denken. Sie hindert mich zu realisieren, daß ein wenig weiter oben, bei Forbach, Krieg ist, und daß die Deutschen vierzig Kilometer von mir entfernt sind. Wie dieser Typ Montag sagte, erlebe ich eher große Manöver als den Krieg. Gibt es Leute, die wirklich «simultan denken»[5] können? Diese Dame[6]?

Sonnabend, 16.
Sich auf andere verlassen. Das ist mir nie passiert, ich glaube, ich kann das behaupten. Es hätte mir davor gegraut. Und jetzt bin ich in aller Ruhe hier und frage mich, ob Saarbrücken[7] eingenommen ist. Das

1 Sartre lernte Marc Zuorro in der Cité universitaire kennen, während er zum zweitenmal den Concours d'agrégation (1928/1929) vorbereitete. Er war ein Freund, aber kein enger; er stammt aus Algerien. Er hat Sartre zu bestimmten Zügen der Person Daniels in den *Wegen der Freiheit* angeregt, dessen ersten Band dieser gerade schreibt.
2 Pierre Guille, Mitschüler Sartres in der École normale supérieure. Ihre sehr enge Freundschaft der ersten Jahre ist zu jener Zeit weniger eng.
3 Raymond Aron war ebenfalls Mitschüler Sartres; gemeinsam mit Guille teilten sie die gleiche «Bude» in der E. N. S. und bildeten ein Freundestrio (nach der Abreise Paul Nizans nach Aden). Aron war Militärinstrukteur seiner beiden Freunde.
4 Jacques-Laurent Bost war Schüler Sartres im Lyzeum in Le Havre; er blieb sein Freund ebenso wie der Simone de Beauvoirs.
5 Sartre übt sich darin, indem er *Zeit der Reife* schreibt; in *Der Aufschub*, den er drei Jahre später schreibt, wird die Gleichzeitigkeit systematisch konstruiert: Die verschiedensten Personen innerhalb Europas, die auf den Krieg oder auf den Frieden warten, erleben die endlosen Stunden der Woche vom 23. zum 30. September 1938, die mit den Münchner Verträgen endete.
6 Spitzname von Madame Morel, Freundin von Simone de Beauvoir und Sartre, der ihrem Sohn Einzelunterricht gab. In *Eine Niederlage*, ein Jugendroman, finden sich diese Situation und die verliebten Gefühle, die von «dieser Dame» inspiriert wurden, wieder. (Vgl. *Écrits de jeunesse*, Gallimard, Paris 1990.)
7 Um den 9. September hatten die Franzosen einige Dörfer in der Saar eingenommen. Nach General Gamelin, der ab dem 12. die Offensive stoppte, *«schien die Fortsetzung unserer Angriffe nicht notwendig, da sie ja in keinem Fall auf die*

soll heißen: ich hoffe, daß das Oberkommando die Intelligenz und die Frontsoldaten den Mut hatten, Saarbrücken einzunehmen. Wir sind nicht weit von der Schweinerei der Etappe entfernt: Die alte Dame, die sich auf «unsere braven kleinen Soldaten» verläßt und sich freut, daß sie verteidigt wird.

Von Zeit zu Zeit fühle ich mich von der Sorge befreit, mir für andere den Kopf zu zerbrechen (Wanda[1] – Bianca[2]), weil ich dekretiere, daß es mir am miesesten geht (ich zahle mit meiner Person), aber nichts ist weniger sicher. Dabei ist das das Geheimnis meiner gegenwärtigen Ruhe.

Was am stärksten meine gegenwärtige Haltung beeinflußt hat (obwohl ich es in letzter Zeit vergessen und durch eine Art ziemlich dumme Vulgarisierung ersetzt habe: den Krieg wie die Cholera ertragen), ist ein Satz von Guille: «Ein Haufen Leute haben sich während des Krieges von 1914 nur darum gekümmert, sich wie Männer zu verhalten, zum Beispiel der Jagdmeister von La Pouèze[3]. Diese Formel befriedigt mich, insofern sie die kollektiven Losungen durch eine Verpflichtung gegenüber sich selbst ersetzt. Aber Guille ist Humanist, und der Satz würde, auf mich übertragen, seinen Sinn verlieren. Er steht ohne Zweifel am Ursprung dieses Denkens, das ich hatte, als ich losging, und das ich noch habe, nämlich daß der Krieg ein Abenteuer ist, das mein Schicksal ergänzt. «Ich werde», dachte ich ziemlich kindisch, «den Wahn, die Leidenschaft, die Kunst und den Krieg gekannt haben.» Edle oder angeblich edle Erfahrungen. Ein andermal stellte ich mir den Krieg als wesentliche Bewährung vor, die ich in meinem Mannesleben zu bestehen hätte. Dann, wenn ich sie bestünde, würde die Abgeklärtheit kommen. Der Ursprung dieser Auf-

Ereignisse in Polen Einfluß haben konnten». (Zitiert von Paul Reynaud, *Mémoires*, Flammarion, Paris 1963.) Dennoch werden die Artillerieduelle in diesem Abschnitt bis zum 16. Oktober fortgesetzt.

1 Jüngere Schwester von Olga Kosakiewicz, die Schülerin von Simone de Beauvoir im Lyzeum von Rouen war. Diese gibt ihr den fiktiven Vornamen «Tania» in ihrer Edition der *Lettres au Castor et à quelques autres* [*Briefe an Simone de Beauvoir und einige andere*], Gallimard, Paris 1983, in der der Familienname der beiden Schwestern «Zazoulitch» lautet.

2 Ehemalige Schülerin von Simone de Beauvoir, die sie «Louise Védrine» in ihrer Edition der *Lettres au Castor* ... nennt. Sie ist zu jener Zeit Philosophiestudentin.

3 Dorf in der Nähe von Angers, wo Madame Morel ihr Landhaus hat.

fassung lag wie immer in meiner vorgefaßten Vorstellung vom Leben großer Männer, das meiner Ansicht nach eine Periode der Bewährung einschließt.[1] Und ich rechnete ein wenig mit diesem Krieg, um in meinem Schicksal die Leichtigkeit meiner ersten literarischen Erfolge zu kompensieren, die (immer noch entsprechend dieser vorgefaßten Vorstellung) mir von Anfang an ein bißchen zweifelhaft schien. Jedenfalls gab es hier den Gedanken eines menschlichen Schicksals (entsprechend dem Satz von Guille, ein wenig in meinem Sinn verschoben), der vermischt ist mit dem Gedanken des Schicksals großer Menschen (von mir nach alten Lektüren fabriziert, das heißt nicht nach den wirklichen Leben von Stendhal oder Baudelaire, sondern nach den Kategorien, in denen die Biographen diese Leben sehen). Jedenfalls ist dieser Gedanke des Schicksals bei mir tief verankert: ich habe ein Schicksal. Er hilft mir, in mystischer Weise all das, was mir geschieht, als notwendige Etappen meiner Bestimmung zu betrachten, die ich in Honig verwandeln muß. Und obwohl ich mitunter wiederhole und glaube, daß der Krieg diejenigen, die ihn machen, abstumpft, kann ich mich nicht daran hindern, ihn als eine Quelle von Erfahrung, also für mich von Fortschritt zu betrachten. Denn der Gedanke des Fortschritts, der den des Schicksals ergänzt, ist bei mir auch wesentlich. Das ist das, was der Castor meinen Optimismus nennt.

Sobald ich schreiben kann, bin ich übrigens ruhig und sogar glücklich. Das verändert mich nicht gegenüber meiner zivilen Existenz, von der der Castor sagte, daß ich keine Vorstellung von verlorener Zeit hätte, sobald ich arbeitete. Ich kann drei selige Stunden mit Dummköpfen verbringen, wenn ich gearbeitet habe. Ich kenne keine Strenge gegenüber meinem Leben. Deshalb reicht mir hier das Zimmer von Frau Gross, das wir zu viert belegen – oder der Schulsaal von Marmoutier –, völlig als Hintergrund. Und mitunter erfreue ich mich an dem Gedanken, daß ich in sechs Monaten dieses Lebens meinen Roman abgeschlossen haben werde. Im Grunde kostet mich mein Stoizismus recht wenig.[2]

1 In *Les Mots* [*Die Wörter*], Gallimard, Paris 1974, wird der Autor den Ursprung dieser Vorstellung in seiner frühen Kindheit suchen. Siehe auch *Tagebücher* III, Seite 261 f.

2 Am gleichen Tag schreibt Sartre an Simone de Beauvoir: *«Ich bin ruhig, aber das ist keine gut begründete Ruhe, und ich richte über mich in meinem kleinen schwarzen Heft. Der, der das nach meinem Tod lesen wird – denn Sie werden es*

Sonntag, 17.

Welt des Krieges

Der Mensch – ich meine den einfachen Soldaten. Die spezifisch militärische Unordnung, die Zweideutigkeit der kriegerischen Natur kommen daher, daß man den Menschen zugleich als Maschine und als Zeremonien zugängliches psychisches Wesen behandelt.

1. *Wie eine Maschine:* Ähnlich dem Arbeiter liefert der Soldat eine Arbeit. Aber es ist eine unproduktive Arbeit. Sie zielt in letzter Instanz darauf ab zu zerstören, und wenn sie nicht tatsächlich zerstört, ist sie nichts als ein Trugbild – Platzpatronen schießen, große Manöver, endlose Wiederholungen. Es ist also nicht möglich, ihm Teile seiner Arbeit zu stehlen, da seine Arbeit keinen Wert liefert, im marxistischen Sinn. Es ist nackte Anstrengung. Man bestiehlt ihn nicht, doch man unterhält ihn, mehr noch als den Arbeiter, wie eine Maschine. Es geht einzig und allein darum, ihm das Notwendige zu liefern, damit er funktioniert. Kleidung, Lebensmittel, Schlafgelegenheit. Daher der schematische und abstrakte Charakter dieser Utensilien, dieses Zeugs, den ich Donnerstag notierte. Sie sind in keiner Weise bearbeitet, um zu gefallen. Die menschliche «Zeremonie» hat sie nicht gezeichnet, da sie nur Waren des Unterhalts sind. Man verziert nicht die Kohle, um der Maschine zu gefallen. Und zugleich behandelt man die Menschen, sobald es um den Gebrauch geht, wie Material. Zum Beispiel ist unsere endlose Verlegung von Ceintrey nach Marmoutier völlig absurd, wenn man darin eine Verlegung von Menschen sieht; sie ist im Gegenteil völlig normal, wenn man sie als eine Verlegung von Material betrachtet. Wir haben protestiert, weil man uns dreieinhalb Stunden, stehend und wie Packesel beladen, warten ließ, nachdem man uns um zwei Uhr morgens geweckt hatte. Das liegt aber daran, daß wir es nicht lassen konnten, uns wie Menschen zu betrachten. Doch nehmen wir an, wir seien Bleche oder Weinfässer. Dann versteht es sich von selbst, daß man sie im voraus stapelt, damit man die Beladung zum bequemsten Zeitpunkt durchführen kann.

erst postum veröffentlichen –, wird denken, daß ich eine üble Person war, es sei denn, Sie begleiten es mit wohlwollenden und erklärenden Anmerkungen.» (Briefe an Simone de Beauvoir)

2. *Als Zeremonienwesen.* Gestern wurde beim Appell die «hohe Bedeutung des Grußes» betont. Man erkennt das Verfahren konservativen Denkens: der Gruß existiert als Zeremonie. Man versucht im nachhinein ihm eine hohe Bedeutung zu verleihen. Das ist das Denken von Maistre und von Bonald. Man bindet uns durch Zeremonien und Tänze. Wir sind Gefangene der militärischen Höflichkeit. Diese Männer von Verdun, die man während der Ruhepausen zwang, Übungen durchzuführen, um sie «gut im Griff zu haben». Hier ist die Analyse von Alain[1] völlig zutreffend. Aber man sieht, daß sie einseitig ist. Die Zweideutigkeit liegt darin, daß das Kommando in seiner Vorstellung vom einfachen Soldaten unaufhörlich vom Materiellen zum Zeremoniellen und vom Zeremoniellen zum Materiellen wechselt. Und natürlich wechselt der Mann, der einfache Soldat, dem Kommando folgend, in seinem Selbstbild.

Daraus ergibt sich

1. *der totale Verlust jeder menschlichen Würde,* was im Prinzip nicht so übel ist. Zunächst, weil wir nicht mal die Würde der Arbeit haben, da diese Arbeit keinen Wert schafft. Entweder ist sie zerstörend, oder sie ist nicht mehr als die Komödie der Arbeit. Man kann keinerlei Freude an der militärischen Arbeit finden, denn ihr tiefer Sinn sind das Nichts und der Tod. Der Mensch kann sich also nicht durch die Idee der Arbeit retten. Zugleich wird er in dem Maße, wie er sich als Maschine behandeln läßt, ebenso erniedrigt wie der Masochist, der sich als Fußbank behandeln läßt von der Nutte, die dafür bezahlt wird, ihm auf den Bauch zu steigen und auf ihm herumzutreten. Dabei ist unsere Nacktheit der Maschine eine menschliche Nacktheit, das heißt eine erniedrigte Nacktheit. Zum Beispiel zwingt man uns, zu mehreren zu scheißen. Aber diese Entleerung der Maschinen ist eine Erniedrigung für den Menschen. Es ergibt sich daraus ein charakteristisches Sichgehenlassen: Furze und Rülpser erschallen in aller Öffentlichkeit. Pieter furzt und sagt mit Gleichgültigkeit «Pardon», Pardon, weil ein Furz jemand anderen stören kann. Aber es ist ihm überhaupt nicht peinlich, diese Schwäche gezeigt zu haben.

1 In den zwanziger Jahren hatte Sartre *Mars ou la guerre jugée* (1921) gelesen. Alain, ein überzeugter Pazifist, hatte, ausgehend von der schrecklichen Wirklichkeit des Krieges von 1914, an dem er teilgenommen hatte, alle Seiten des Militärgeistes und den «ansteckenden Rhythmus» des Krieges analysiert in der Hoffnung, «den Fatalismus zu entmystifizieren».

Hat er nicht gestern in meiner Gesellschaft geschissen? Wir stehen uns in einem Zustand ständiger Nacktheit gegenüber. Jedoch nicht in der Nacktheit des Athleten, sondern in jener der Schnecke oder des Wurmes. Die Schwäche-Nacktheit, schleimig und obszön. Mit der Gewohnheit verschwindet die Obszönität völlig. Und hoffen Sie nicht, sich nach oben retten zu können, indem Sie sich zur Welt des Geistes erheben: die Welt des Geistes erwartet Sie, sie ist sorgfältig vorbereitet; es ist die Welt des Tanzes und der Zeremonien, des Heiles, des Waffentragens, des Heiligen. Schließlich sieht man hier praktisch, was der berühmte Mann von A. Comte und der Soziologen wäre, der physiologische und soziale Mensch. Es wäre der gewöhnliche Soldat.

2. *eine Einsamkeit ohne Absonderung.* Wir sind allein, weil jeder sein Leben hat. Er steht an der äußersten Spitze der Pyramide, alles ist bei ihm Erinnerung und Vergangenheit. Das würde nicht mehr für die jungen Leute stimmen, die ihren Dienst leisten, aber bei den Reservisten gibt es niemanden, der nicht von den anderen durch das Zivilleben getrennt wäre, das er wie eine Last hinter sich her schleppt. Aber zugleich ist jeder Mann von allen anderen Männern besetzt. Er trifft sie überall. Er arbeitet neben ihnen, auf der Toilette sind sie um ihn herum, im Schlafsaal schlafen und schnarchen sie. Die Menschheit ist hier ein Milieu, das sich über ihm geschlossen hat und ihn einengt. Es gibt für ihn nirgends eine «querencia»[1], einen bevorzugten Platz, wo er sich einen Augenblick lang absondern könnte. Überall sind der Boden, die Wände, die Betten, die Tische kollektives Eigentum, und überall ist die Kollektivität anwesend. Überall fühlt er sich angesehen, erblickt, angehört – übrigens mit Nachlässigkeit –, überall bedrängt man ihn in seiner Einsamkeit und verhindert, daß diese eine positive Quelle des Nutzens und der Erfindung würde. Sie bleibt nichts als eine negative Entwurzelung, deren er sich nicht klar bewußt werden kann. Die Einsamkeit ist durch die Abwesenheit von Absonderung überdeckt. Die Männer sind aufeinander gedrängt ohne Abstand.

1 Spanischer Begriff aus dem Vokabularium des Stierkampfes: Er bezeichnet in der Arena den Ort, an dem der Stier sich am wohlsten zu fühlen scheint. Sartre hat eine Schwäche für dieses Wort, das er im Werk von Hemingway entdeckt hat; er gebraucht es oft mündlich wie auch schriftlich.

3. *die Erwartung und der Verlust der eigenen Möglichkeiten.* Was die menschliche-Realität kennzeichnet, sagt Heidegger[1], ist, daß sie ihre je eigene Möglichkeit ist. De Roulet[2] hat in «Maladie» notiert, daß der Kranke sich in ein Ding verwandelt in dem Maße, wie man ihn seiner eigenen Möglichkeiten beraubt, in dem Maße, wie er vom Willen der anderen abhängt. Der Soldat ähnelt sehr einem Kranken: auch er leidet unter Verdinglichung. Er hat keine eigenen Möglichkeiten mehr, er wartet. Aber es handelt sich um ein ganz besonderes und militärisches Warten. Gewöhnlich erwartet derjenige, der wartet, etwas vom anderen, ohne Zweifel, er erwartet aber auch etwas *von sich selbst*. Der Soldat erwartet nur noch etwas von den anderen. Dieses passive Warten, das durch einen dem Militärischen überaus eigenen Ausdruck gekennzeichnet ist – hölzernes Gesicht, leere Augen –, ist eine langsame Umwandlung in ein Ding. Es ist übrigens von einem inneren Schweigen begleitet. Ein Schweigen, das ganz gewiß Brice Barain[3] gefallen würde.

4. *die Sorglosigkeit.* Wenn die Tatsache für die menschliche-Realität, ihre eigenen Möglichkeiten zu sein, sich nach dem Willen Heideggers Sorge nennt, dann ist die militärische Sorglosigkeit ein Verlust der Sorge, das heißt eine Entmenschlichung. Diese Sorglosigkeit

1 Réalité-humaine (das Dasein), authenticité (die Eigentlichkeit), possibilités propres (je eigene Möglichkeiten), historicité (die Geschichtlichkeit), ustensilité (das Zuhandene) usw., diese Heideggerschen Begiffe, wie sie von Henry Corbin übersetzt wurden, werden in den Tagebüchern sehr häufig benutzt. Sartre will sie, wie es scheint, einer Bewährungsprobe unterziehen, um ein besseres Verständnis von ihnen zu gewinnen. Seine Kenntnis Heideggers ist damals jüngeren Datums, sie folgt auf die Husserls und ist vielleicht noch weniger gefestigt (siehe im Heft XI die Geschichte seiner Begegnung mit dem Denken dieser beiden Philosophen).

2 Lionel de Roulet, ehemaliger Schüler Sartres in Le Havre, war an Tuberkulose erkrankt und hatte seine Erfahrungen mit der Krankheit und seinem Aufenthalt im Sanatorium notiert. Nach Simone de Beauvoir regen seine Berichte Sartre zur Episode des Transports der Kranken in *Der Aufschub* an.

3 Brice Barain (1897–1971) ist damals Sekretär im Verlag der *N. R. F.* (Nouvelle Revue française); er veröffentlichte seinen *Essai sur la misère humaine* (Essay über das menschliche Elend) und *Retour à la France* (Rückkehr nach Frankreich), Grasset, Paris 1934 und 1935, wo er über die Sprache reflektiert. Sartre widmete ihm später einen langen Artikel: vergleiche *Aller et retour* (1944) in *Situations I*, Gallimard, Paris 1947 [dt. *Hin und Zurück* in: J.-P. Sartre, Gesammelte Werke, Philosophische Schriften I/4, Rowohlt Taschenbuch Verlag, Reinbek 1994].

kann im strengen Sinn mit der Sorglosigkeit der an der Pottschen Krankheit Erkrankten, von der Lionel sprach, verglichen werden. Es ist die Unschuld der Dinge. Keine Möglichkeiten mehr, keine Sorge. In Wirklichkeit sind die Reservisten durch ihr *Leben* vor dieser Sorglosigkeit geschützt, doch sie untergräbt langsam ihr Leben. Ihr Leben gehört der Vergangenheit an. Wenn ihre Frauen und ihre Kinder geschützt sind – da man sie in der Fabrik oder in ihrem Handelshaus wieder aufnehmen wird –, gehört ihr Leben der Vergangenheit an. Alle ihre Sorgen sind vergangene. Sie erwarteten nicht mehr, was sie noch gestern erwarteten. Die Erwartung selbst hat ihren Sinn verloren. Auf diese Weise ist ihr Eintritt in das militärische Leben einem Tod ziemlich ähnlich, da er begleitet wird von der Entleerung eines Lebens, das seinen Sinn verloren hat und im Absurden, in der Schwebe gehalten wird. Hierin kann man eine Vorbereitung auf den wirklichen Tod von unten her und ohne Heroismus sehen. Man erinnere sich an die Helden von Faulkner («Ad Adstra»)[1], die aus dem Krieg heimgekehrt und dennoch im Krieg gestorben sind. Ein Leben in der Gegenwart mit einem Minimum an Verlängerung. Nicht mal die Verlängerung à la Gide von «Uns nährt die Erde», da dieser freien Menschen bestimmte Berg nicht der sein kann, den ich zu besteigen nicht die Möglichkeit habe. Für den Soldaten, der im Augenblick lebt, ist der Berg eine tote Sache, Staffage.

5. *Das Heilige*. Diese Welt ist nicht ohne Religion, da die Möglichkeiten, die uns entzogen wurden, nichtsdestoweniger existieren. Es sind allerdings Ding-Möglichkeiten: sie existieren nicht in der Bewegung unserer Freiheit selbst, sondern sie werden *repräsentiert*. Sie schweben uns vor, unerreichbar, und wir erwarten sie. Das führt natürlich zum Fatalismus und zur Idolatrie. Diese Möglichkeiten sind übrigens von Menschen verkörpert, den Offizieren, die ihren individuellen Charakter als Menschen verloren haben, um nur noch Umrisse von Möglichkeiten zu sein. Ein Hauptmann ist vor allem die Möglichkeit, einen zu verlagern, einem zu befehlen, einen in die Scheiße zu schicken. Und wenn man versucht, seine Psychologie zu umreißen, sieht man, es ist eine heilige Psychologie, die ausschließlich darauf abzielt, durch Erfahrung die Art und Weise zu bestimmen,

1 «Ad Astra» ist Teil der Sammlung von Novellen, die unter dem Titel *Treize histoires* [*Dreizehn Geschichten*] bei Gallimard in Paris im April 1939 veröffentlicht wurden.

in der er unsere Möglichkeiten nutzen wird. «Das ist ein guter Typ», heißt, er glänzt weniger als ein anderer darin, die Möglichkeit zu nutzen, uns in die Scheiße zu schicken. Fügen Sie die Uniform, die rituellen Zeremonien und dieses besondere Tabu hinzu: das Kontaktverbot. Man berührt seinen Hauptmann nicht. Ich habe selbst mehrfach meine Offiziere als heilig empfunden, vor allem während meiner Periode bewundernden Optimismus. Das macht mich wütend, aber was soll ich tun? Jetzt ist es damit ganz und gar zu Ende. Aber sie bleiben für mich beschränkte und schädliche Hexenmeister mit niedriger Stirn.

6. *eine ganz besondere Kameradschaft.* Keine individualisierte Freundschaft. Keine Wahl. Während der Begegnungen in den Cafés, auf der Straße richtet sich die Neugier, die Sympathie an den *Mann*, den einer Einheit angehörenden Mann: «Woher kommst du, welches Regiment, wo liegt es usw.», und man empört sich oder bemitleidet die Abenteuer, die dem *Mann* zugestoßen sind. Man erkennt kaum sein Gesicht, und man kümmert sich nicht darum. Während des Lebens in der Gemeinschaft bewahrt man Geheimnisse. Jeder hat sein individuelles Land, von dem er nicht spricht – mit Ausnahme der Augenblicke von Weltschmerz oder Überschwang –, aber man kommuniziert durch die Nacktheit und die menschlichen Schwächen. Man ist unmittelbar verbunden durch die natürlichen Bedürfnisse, den Bruchgürtel, den Geruch, das Schnarchen usw. Humanismus des Körpers, dem der Deutschen ziemlich ähnlich. Und dann die Bande des Komplizenhaften und der Solidarität der Situation. Und die sorglosen Freudenausbrüche in der Gemeinschaft. Schweigsame Kameradschaft ohne Höflichkeit. Man fühlt sich nicht zum Sprechen gezwungen, denn man hat sich nicht gewählt.

Rußland dringt in Polen ein.[1] Ich erfahre es um 5 Uhr durch Paul, der auch Briefe bringt (Castor, Wanda). Echte Angst. Ich akzeptiere den Krieg nur, wenn ich denke, daß wir siegreich sein werden. Vermutlich habe ich mich hinterrücks davon überzeugt, daß er in einem Jahr zu Ende sein wird, und zwar *ohne Veränderung*. Mein vergangenes Le-

1 Entsprechend dem Geheimprotokoll des Deutsch-Sowjetischen Nichtangriffsvertrages, der am 23. August 1939 unterzeichnet wurde und insbesondere in Polen «im Falle einer politisch-territorialen Veränderung» die Einflußzonen der beiden Teile umriß.

ben klebt an mir wie Räude. Ich habe akzeptiert, es ohne Bedauern zu verlassen, doch nur in der Hoffnung, es wie zuvor wiederzufinden. Der Brief Wandas hat mich aufgetaut. Aber ich denke nach wie vor, daß sie nicht bis zum Ende auf mich warten wird. Dabei werde ich beruhigt sein, wenn ich sie nach Paris kommen lassen kann.[1] Sie ist mir untreu lieber als unglücklich. Im Grunde Tag der Gefühle. Das war mir schon lange nicht passiert. Genau seit letzten Montag, als ich finster war. Die Briefe des Castors erschüttern mich. Ich habe den Eindruck, daß ich es bin, der den besseren Teil erwischt hat. Ich verüble es mir, nicht mit ihr und für sie leiden zu können. Mir scheint, jeden Moment der Sorglosigkeit stehle ich ihr. Ich werde nie wieder denken, meine Situation sei so beschissen, daß ich mir für die anderen keinen Kopf zu machen brauche.

Montag, 18.
Die Plakate der Einberufung sind jetzt so alt, daß der Wind und der Regen sie verschlissen haben und sie in vergilbten und durchnäßten Fetzen in den Dorfrinnsalen schwimmen.

Heute keine Messungen. Meine drei Akoluthen[2] langweilen sich. Pieter: «Mein Gott, was könnte ich nur tun?» Und Keller hat sich zu mir gesetzt, die Hände auf den Schenkeln, die Ellbogen in der Luft: «Diese Scheißlangeweile.» Leichtes Gefühl der Überlegenheit, weil ich mich überhaupt nicht langweile. Gefühl der Überlegenheit auch gegenüber Gérassi[3], der, nach dem, was der Castor mir gesagt hat, sich für heldenhaft hält, weil er wieder malen wird. Kurz, eine recht wenig sympathische Selbstzufriedenheit.

1 Wanda lebt bei ihren Eltern in L'Aigle.
2 * Abweichend von bisherigen Übersetzungen geben wir «*acolythes*» nicht mit «Kumpanen», sondern mit «Akoluthen» (katholischer Priester im vierten Grad der niederen Weihen) wieder – das entspricht der ironischen Distanz Sartres zu seinen unfreiwilligen Gefährten. Anm. d. Ü.
3 Der Maler Fernando Gérassi, den Sartre zehn Jahre früher kennengelernt hatte, nahm am Spanienkrieg auf der Seite der Republikaner teil. Die Person Gomez in den *Wegen der Freiheit* schuldet ihm viel (siehe Simone de Beauvoir, *Mémoires d'une jeune fille rangée* [*Memoiren einer Tochter aus gutem Hause*, Rowohlt Verlag, Reinbek 1960] und *La force de l'âge* [*In den besten Jahren*], Gallimard, Paris 1958 und 1960).

Ich, der ich meine Person eher wenig pflege, wasche und rasiere mich, putze mir skrupelhaft die Zähne seit der Einberufung. Das tue ich, um Stendhal nachzuahmen, der sich während des Rückzugs aus Rußland täglich rasierte. Mein guter Wille ist groß, aber er gibt sich verstohlen Modelle.

Mit dem Tagebuch von Gide angefangen.[1] Von August 14 an. Im Grunde ermutigende Lektüre. Zunächst bin ich niedergedrückt. Ich lese von August bis September, von September bis Oktober. So viele einer nach dem anderen gelebte Tage. Ich fühle *seine* Kriegstage mit *meinen* Kriegstagen. Mit einem Mal ist mein Vorrat an Tagen erschöpft, und Gide hat noch viereinhalb Jahre Krieg vor sich. Das ist niederschmetternd. Doch nach und nach gibt mir der Verkehr mit einem Geist «meiner Seite» erneut eine Art intellektueller Leichtigkeit, die ich ganz plötzlich vom 1. September an verloren hatte. Und dann immer dieser beruhigende Dreh: Indem ich *meinen* Krieg mit seinem identifiziere, wozu mich mehr als eine Episode oder Reflexion verleiten, mache ich aus dieser unförmigen, ungewissen und unbekannten Zukunft eine Sache, die bereits erlebt ist und ein *Danach* hat. Ich selbst gebe plötzlich dieser ungeheuren anwesenden Welt, in der ich stagniere, einen Horizont von «Danach», und schon lebe ich diesen Tag ein wenig so, wie er von diesem Danach aus gesehen sein wird.

Die ständigen Bemühungen Gides, die Schmerzen des Krieges auf sich zu nehmen, seine Gedanken auf sie zu konzentrieren. Leerlaufende Meditationen übrigens, die leerlaufen wollen, denn es wäre eine Sünde, einen Nutzen daraus zu ziehen, und sei es ein intellektueller Nutzen. Zustand religiöser Kommunion. Es ist für ihn eine Pflicht, daß sein Denken vom Krieg besessen ist. Meine umgekehrte – und zu

1 Sartre hat die erste vollständige Ausgabe des *Tagebuchs* in der Hand, das am 26. Januar 1939 endet (Bibliothèque de la Pléiade, Gallimard, Paris). Einige Tage vor Kriegsbeginn hatte er eingewilligt, sich an einer Nummer zu Ehren Gides zu beteiligen, die die *N. R. F.* anläßlich von dessen 70. Geburtstag vorbereitete, und wollte dafür über sein *Tagebuch* schreiben und «was im allgemeinen die Haltung eines intimen Tagebuchs bedeutet». Die Umstände zwangen Paulhan, Direktor der *N. R. F.*, darauf zu verzichten, aber Sartre, der sich noch mehr für intime Tagebücher interessiert, seitdem er sein Tagebuch schreibt, hat weiterhin die Absicht, seinen Artikel zu schreiben (siehe Brief an S. de Beauvoir vom 14. Oktober).

leichte Pflicht: mein Denken wachhalten. Denken und nicht meditieren. Da ich als Militär gekleidet bin, habe ich die Pflicht, klar zu denken. Und die Erlaubnis, auf eigene Faust zu handeln. Sehr schön. Doch wie gern würde ich mir diese Erlaubnis geben, wenn ich sie mir *an der Front* gäbe und nicht in Marmoutier. Dort wäre es übrigens verdienstvoll, Nutzen daraus zu ziehen.

Leichtes Gefühl meiner Bedeutung gestern, weil der Castor mich in Gefahr glaubt. So etwas wie: «He, he, das könnte eines Tages wahr werden usw.»

Der Phantomkrieg. Ein Krieg à la Kafka[1]. Es gelingt mir nicht, ihn zu *fühlen*, er entzieht sich mir. Die Kommuniqués erwähnen unsere Verluste nicht. Ich habe keine Verwundeten gesehen. Der Unterfeldwebel Naudin sprach gestern von Vergasten, aber andere widersprechen. Einige lakonische Informationen. Die Deutschen sind nicht auf unserem Boden, keine Bombardierungen im Hinterland. Die Militäroperationen sind auf einen sehr engen Abschnitt begrenzt. Der Krieg bringt den Soldaten von Marmoutier eine größere Freiheit gegenüber ihren Vorgesetzten, das heißt, sie ähneln etwas mehr Zivilisten. Um den Krieg zu fühlen, muß ich Briefe vom Castor empfangen. Der Castor ist im Krieg, ich nicht. Ich nehme an, diesen Eindruck teilen viele. Das ist vielleicht Folge einer möglichen Taktik der Deutschen: im Westen in der Defensive bleiben, ihren Krieg im Osten abschließen und uns dann Frieden anbieten. Vielleicht werden wir plötzlich den *wahren* Krieg kennenlernen, wenn ihre Friedensangebote zurückgewiesen sein werden.

1 Sartre kam stark von diesem Autor geprägt nach Marmoutier: Am 2. September hatte er im Zug der Eingezogenen, der sie in launenhaften Etappen von der Gare de l'Est in Paris zur Kaserne von Essey-lés-Nancy führte, den *Prozeß* und *In der Strafkolonie* gelesen. Er hatte auch *Das Schloß* mitgenommen, das er in Ceintrey (Meurthe et Moselle) las, wo er einige Tage lang war, bereits in Gesellschaft seiner drei «Akoluthen» der Wetterbeobachtungsstation – Pieter, Keller und der Gefreite Paul –, die er etwas später seine «Gehilfen» in Anspielung auf die zweideutigen Gehilfen von K. im *Schloß* nannte. Sartre liest damals systematisch Kafka, weil er einen Artikel über ihn für die antipazifistische Zeitschrift *Les Volontaires* [Die Freiwilligen] versprochen hat, die von Renaud de Jouvenel und Philippe Lamour nach den Münchner Verträgen gegründet worden war (sie wird den Krieg nicht überleben).

Mehr Optimismus heute gegenüber der Haltung der Russen. Man möchte hoffen, daß ihr Einmarsch in Polen eine Vorsichtsmaßnahme oder eine Erpressungstaktik *gegen* die Deutschen ist.[1] Gestern sagte der Gefreite Paul niedergedrückt: «Wenn die Russen sich auf das Spiel einlassen, bleibt uns nur noch, jeden Frieden zu akzeptieren.»

Immer noch die Leiden eines Stoikers. Als ich den Castor am 2. September verließ, ging ich für etwas Härteres und Besseres als diese ruhige Mittelmäßigkeit. Jetzt bin ich angesteckt, verkommen.

Im Grunde eine typisch bürgerliche Haltung: ich ertrage den Krieg, aber ich wünsche, wenn ich davonkomme, mein Leben der Vorkriegszeit wiederzufinden. Ist das nicht die Haltung der Münchener, die den Krieg ertragen hätten, aber nicht den Tod des Kapitalismus?

Ich lese in *Paris-Soir*, daß Giono wegen Defätismus verhaftet wurde.[2]

Dienstag, 19.
Der Eindruck des Phantomkrieges bei den anderen. Der Stabsunteroffizier träumerisch: «Das ist ein eigenartiger Krieg.» Er denkt einen Moment nach: «Das ist ein politischer Krieg.»

Manche Leute waren zu jung für den einen Krieg und zu alt für den anderen (1870, 1914); ich war zu jung für einen Nachkrieg, und ich fürchte sehr, zu alt für den nächsten zu sein. Beim Lesen der Seiten des Tagebuches von Gide über Montherlant oder Drieu bedauere ich

1 Sartre hat eine richtige Sicht auf die deutschen Absichten: Die «Friedensoffensive» ist nicht weit, aber er ignoriert wie alle, daß der Einmarsch der Roten Armee in Polen auf Grund eines Geheimprotokolls zum Deutsch-Sowjetischen Vertrag geschieht, und nicht gegen die Deutschen.

2 Giono hatte seine pazifistischen Überzeugungen zum Ausdruck gebracht, indem er das Flugblatt des Anarchisten Louis Lecoin, *Paix immédiate*! [Frieden jetzt!], unterzeichnete, das Anfang September 1939 verbreitet wurde. Als er sich am 16. September in seinem Einberufungsbüro in Marseille meldete, wurde er an Ort und Stelle verhaftet und ins Gefängnis gesperrt. Nach zwei Monaten wurde er befreit.

sehr, daß ich nicht 1922 in ihrem Alter war.[1] Und sofort kommt mir die Erinnerung an die kleine *Bar de l'Escadrille*, die für mich diese ganze Periode zusammenfaßt, diesen «Nachkrieg», den ich nur vom Hörensagen kannte und der für mich das goldene Zeitalter blieb. 194. werde ich zu alt sein, um den Rausch der Veränderung kennenzulernen, wenn sich etwas verändert; nicht weil ich so viele Jahre hinter mir habe, aber ich habe ein Leben, ich bin ausgeformt. Der derzeitige Verzicht und all diese Veränderungen, die ich in mir beobachte, befinden sich innerhalb dieses Lebens. Castor, Wanda, Bianca, mein Roman sind meine Himmelsrichtungen. Und selbst wenn ich versuche, mich auf den Tod vorzubereiten, ist es immer noch innerhalb dieses Lebens, daß ich mich auf ihn vorbereite. Eine Nachkriegszeit hieße nicht Sterben, mich wie ein Rauch inmitten meines Lebens aufzulösen, dieses Leben völlig von mir entleert zurückzulassen. Es wäre das Gegenteil: Ich würde weiterhin leben, und mein Leben würde sich um mich herum auslöschen. Wenn man in meinem Alter ist, akzeptiert man leichter seinen eigenen Tod als die Auslöschung seines Lebens.

Stalin scheint in Abstimmung mit Hitler gehandelt zu haben.[2]

5 Uhr. Das Radio brüllt im Nachbarhaus, Hitler wird sprechen. Ich schreibe meinen Roman im großen Saal der Knabenschule und höre die «Heil» der deutschen Menge. Die elsässischen Soldaten sind in aller Eile heruntergelaufen, um den Führer zu hören.[3]

Diese ganze Epoche meines Lebens als junger und erwachsener Mann, von der ich annahm, sie würde auch mein Leben als alter Mann umfassen – und sogar über sie hinausgehen, um lange nach mir fortzudauern, ist nun zwischen zwei Kriege eingeklemmt, sie ist schon historisch. Sie hatte einen Anfang und ein Ende. Sie schien mir etwas

1 1922 war Sartre siebzehn Jahre, Montherlant siebenundzwanzig und Drieu la Rochelle neunundzwanzig Jahre alt.

2 An diesem Tag hat Sartre vom Zusammentreffen der sowjetischen und deutschen Truppen am Vorabend in Brest-Litowsk erfahren.

3 Hitler hielt an diesem Tag eine Rede im Rathaus von Danzig und beglückwünschte sich ob der Siege in Polen, die seiner Meinung nach den Krieg überflüssig machten: «Ich sympatisiere mit dem französischen Poilu. Er weiß nicht, wofür er kämpft.» (Zitiert nach William L. Shirer, *Aufstieg und Fall des Dritten Reiches*, Frankfurt/M., Wien, Zürich 1962, S. 584.)

Absolutes, etwas wie die notwendige Luft zum Leben. Jetzt habe ich Abstand im Verhältnis zu ihr, ich beurteile sie und wundere mich über ihre plötzlich offenbarte Relativität: Ich konnte also ohne sie leben. Sie ist soeben von mir gefallen wie eine alte Haut. So hätte ich, bevor ich ein Jahr in Berlin[1] verbracht habe, Paris nicht beurteilen können. Paris war meine Atemluft. Und als ich aus Berlin zurückkam, war Paris nur noch eine Stadt unter anderen. Meine Lieblingsstadt, gewiß, die ich aber von außen beurteilte. Die Epoche «Zwischen zwei Kriegen» ist bereits eine *Sache.* Aus dieser Sicht erscheinen der Surrealismus, der Pazifismus usw. nicht mehr als Morgenröte, sondern nur noch als durch ihre Zeit bedingte Ideologien, die mit ihr verschwinden müssen. Sie haben ihre Horizonte verloren. Ich denke, für jede beliebige Epoche heißt Gegenwärtig-Sein Horizonte haben. Vergehen heißt, diese Horizonte verlieren.

Ein Frontsoldat, ein Soldat der Infanterie muß lernen, dem Tod ins Auge zu sehen. Ich muß lernen, das Überleben ins Auge zu fassen.

Mittwoch, 20.
8 Uhr morgens: schönes, goldenes Wetter. Ein wenig Nebel, ein schöner Septemberhimmel, ganz leicht. Nippert, der neben mir scheißt, erhebt sich nach einem Geräusch von zerknülltem Papier und sagt mit religiösem Aussehen, sich die Hosen hochziehend: «Das schöne Wetter!» Ein Schweigen, dann fügt er im selben Ton hinzu: «Das beeindruckt.»

Angesichts dieses militärischen Durcheinanders gibt es zwei Auffassungen vom Krieg und der Armee. Die eine, die optimistische, die ich versuchte, in den ersten Tagen zu bewahren, die mir jedoch sehr metaphysiert scheint: wie in der Physik gäbe es eine statistische Ordnung für große Massen und einen molekularen Indeterminismus – die andere, die mir wahrer scheint: alles wäre unvorgesehen und Unordnung. Der Zufall würde über die Siege entscheiden. «Alles überzeugt mich mehr und mehr davon», schreibt Gide am 25. Oktober 1916, «daß diese Strategiefragen, die man mit so einem großen Geheimnis umgibt und für deren Lösung man angeblich außeror-

1 Während des Studienjahres 1933/34.

dentlich spezialisierte Kenntnisse braucht, nichts als Fragen des gesunden Menschenverstandes sind – die ein einfacher, aufrechter, hellsichtiger und schneller Geist oft geschickter lösen kann als viele alte Generäle.» Keinerlei ziviles Unternehmen, nicht einmal die, die sich ruinieren, würden eine solche Unordnung, eine derartige Schlamperei hinnehmen. Keine Verwaltung, selbst die verkrustetste, ist durch eine derartige Bürokratie vergiftet. Wenn ich unparteiisch sein will, sage ich mir, daß wir ohne Zweifel in einer rückwärtigen Einheit sind, und daß im Grunde das Vordringen an der Front der Saar ziemlich methodisch geführt wird. Aber was weiß man davon? Mit den drei täglichen Kommuniquézeilen kann man nicht entscheiden.

Eigenartige militärische Unordnung, die das *Gegenteil* von Anarchie ist und die daher rührt, daß die Befehle mit einer totalen Rigidität vom höchsten Vorgesetzten zu den Gefreiten über alle Stufen der Hierarchie hinweg weitergegeben werden. Die verschiedenen Befehle *setzen sich nie zusammen*, sie überlagern sich.

Gide, 1. Juni 1918: «Ich denke mitunter mit Grauen, daß der Sieg, den unsere Herzen für Frankreich wünschen, der der Vergangenheit über die Zukunft ist.»

Hauptmann Le Maur zu Unterfeldwebel Thibaud: «Mein Lieber, im Militärberuf sollten Sie, bevor Sie einen Befehl ausführen, lieber auf den Gegenbefehl warten.»

Die Männer mit den Briefen seiner Frau zum Lachen bringen. Der dicke Unterfeldwebel Thibaud erhält einen Brief. Er schlägt sich auf die Schenkel: «Hört mal, was sie mir schreibt: Seit vierzehn Tagen bist Du weg, ich hoffe, Du wirst nächste Woche Urlaub bekommen.» Jeder lacht: «Naja! Sie macht sich Illusionen.» Von diesem Erfolg ermutigt, fährt er fort: «Hört euch mal das an: Seit zwei Tagen habe ich keinen Brief von Dir bekommen. Die Post ist wirklich schlecht organisiert.» Zwei Tage! All diese Männer, die seit vierzehn Tagen oder drei Wochen ohne Nachrichten sind, prusten los und sagen im Chor: «Ach, die Frauen! Die Frauen und der Krieg! Der Krieg aus der Sicht der Frauen!» Der dicke Unterfeldwebel erstickt vor Lachen. Aber eine Stunde später vor einem anderen Publikum, als das Gespräch auf die verspätete Korrespondenz kommt, sagt er mit seriösem und beleidigtem Ausdruck: «Meine Frau schreibt mir, daß sie seit acht Tagen keinen Brief von mir erhalten hat.»

Paul, der willenlos ist und sich treiben läßt, wird wieder kleinlich und lehrerhaft, wenn er Briefe von seiner Frau erhält. Vorgestern sagte er mit einem trockenen und tadelnden Ausdruck: «Meine Frau ist großartig, sie will meinen Sohn nach Bar-le-Duc zurückholen. Ich bin damit überhaupt nicht einverstanden.» Einen kurzen Augenblick lang kommt der Familienchef mit seinen Rechten in dem Mann wieder hoch.

Bemerkung, die ich mehrfach gehört habe (besonders aus dem Mund von Pieter): «Wenn da nur meine Frau wär, wäre es mir egal, aber da ist auch das Kind.» Man hat den Eindruck, daß die meisten eine beklagenswerte Ehe hinter sich gelassen haben und daß sie das mit dem Gedanken an die Kinder ausgleichen.

Die wegen des Luftschutzes eng zugeknöpften Häuser, mit einem bläulichen Licht, das durch die Fensterläden dringt und an manchen Stellen dem Schatten eines Lichts ähnelt. In einem Dorf nehmen sie ein weiches Aussehen im Mondlicht an. Der Unterschied zwischen innen und außen wird schärfer. Gewöhnlich breiten sie draußen ihr Licht in Lachen über die Chaussee als Nebel in der Luft aus. Jetzt behalten sie es für sich. Es sind wirklich Interieurs. Die Landschaft umschlingt sie von allen Seiten, und sie scheinen poetisch, ein wenig geheimnisvoll; sie ziehen an, man möchte wissen, was drinnen passiert.

Donnerstag, 21.
Diese drei Typen können nicht allein sein. Sobald einer es ablehnt, dies oder das zu tun, sagen die beiden anderen: «Gut, dann machen wir es auch nicht.» Heute früh bin ich in Eile aufgestanden, um allein frühstücken zu gehen. Ich wußte, wenn ich nur eine Viertelstunde allein bin, würde ich in einem angenehmen und poetischen Zustand sein. Doch es ist hier ein Kreuz, Einsamkeit zu gewinnen. Als der Gefreite Paul mich sah, beeilte er sich, aufzustehen. Glücklicherweise war ich schneller, er hatte seine Schuhe noch nicht an, als ich schon bereit war. Er konnte mir nur noch sagen: «Ich finde dich im Café».

Allein losgegangen. Ich hatte mich so sehr beeilt, daß meine schlecht gewickelten Gamaschen mir langsam über die Hacken rutschten. Ich kam in der Herberge in dem Moment an, als sie das Bild eines Erdrutsches boten. Da hatte ich diesen Augenblick, den ich erwartete und der bei mir so eigenartig ist. Ich könnte es weder Ekstase noch Bedauern nennen. Es ist eine Art glücklicher und poetischer Sehnsucht nach Notwendigem und Größe. Sehnsucht, denn die Größe und die Schönheit (als Notwendigkeiten im Lauf des Lebens) sind immer *jenseits* dessen, was mich umgibt. Glück, denn es ist dennoch ein kontemplativer Zustand. Gewöhnlich ist es nicht schlecht, daß ein Plattenspieler in der Gegend ist. Aber da ich keine Musik seit dem 1. September gehört habe und auch für Musik blockiert bin, genügte es, daß ein Soldat am Nachbartisch eine Slow-Weise sang, mit übrigens sehr häßlicher Stimme. In diesem Zustand, den ich empfinde, gibt es den stummen Eindruck, daß ich zur Zeit der Größe und der Schönheit beraubt bin, aber daß ich – da ich sie so sehr begehre – sie verdiene, und daß ein Tag kommen wird, wo ich sie erhalten werde. Natürlich kann man all das nicht formulieren, das ist zwischen den Dingen, die mich umgeben, erblickt und löst sich nicht von den Dingen selbst ab. Und wenn es verschwindet, finde ich mich ganz stumpf wieder. Ich muß sagen, daß dieser Eindruck immer vor einem Hintergrund von schlechtem Geschmack auftaucht. Die Musik, die ihn gewöhnlich vorbereitet, ist erbarmungswürdig. Und heute früh las ich in einem Schweizer Magazin eine Novelle von solch sentimentaler Dummheit, daß sie mich empörte, während ich las. Ich verheimliche mir nie, daß der Gefühlshumus, auf dem sich dieser Eindruck, der mir so teuer ist, entwickelt, nichts taugt. Aber ich glaube nicht, daß der Wert des Zustandes selbst davon abhängt: Er löst sich davon ab und bleibt nicht von diesem geprägt. In diesen Momenten fühle ich mich *poetisch*, obwohl es ein Zustand in Ruhe und kein schöpferischer ist – vom Typ der Intuition (ohne die Fülle). Wenn das Wort nicht lächerlich wäre, würde ich sagen, daß ich mich *parfümiert* fühle.

Man hat uns einen Vortrag über die neuen deutschen Minen gehalten. Sie funktionieren durch Zug. Der Schlüssel, der den Schlagbolzen vom Zünder trennt, ist durch eine Schnur an einen Gegenstand gebunden, der auf dem Boden liegt, Fernglas, Schaufel, Hacke usw. Man hebt den «begehrenswerten Gegenstand» auf, und alles explodiert. Man empfahl uns also, auf dem Schlachtfeld nichts anzufassen.

Und ich hatte die ganze Zeit den Eindruck, daß wir Kinder sind, denen man erklärt, daß man niemals Bonbons, die man auf der Landstraße findet, aufheben und in den Mund stecken darf.

Schadenfreude[1], mit der ich die Auflösung der Kommunistischen Partei Frankreichs verfolge. Eben deshalb, weil diese Partei, ohne wirklich etwas Gutes zu sein, gut genug war, mich zu stören. Es gab eine Zeit, wo ich mit ihr flirtete. Zu einer anderen Zeit hatte ich mich eindeutig von ihr abgewandt, aber es blieben Gewissensbisse. Im Grunde akzeptierte ich, nicht Kommunist zu sein, nur wenn ich *links* vom Kommunismus sein konnte. Mein Gespräch mit Bianca. Sie: «Im Grunde haben weder du noch ich den Mut, Kommunisten zu sein.» Hier drückt der Schuh, und ich antworte: «Ja, aber andererseits ist die KP nicht so, daß wir diesen Mut haben *sollten*.»[2] Es bleibt allerdings, daß ich, obwohl ich in meinen Augen legitimiert war, diesen Mut nicht zu haben, ihn dennoch nicht hatte. Und mir scheint, wenn ich diese Partei sich auflösen und sich beschmutzen[3] sehe, daß das Problem nicht mal einen Daseinsgrund hatte, daß mein Mut nur durch einen Schein verlangt worden war. Aber das ist nicht wahr. Was auch die KP geworden ist, es gab eine Zeit, wo ich aufgefordert war zu wählen, und ich habe mich gegen sie entschieden. Und übrigens ist Kommunismus nicht gleich Marxismus.[4]

1 Deutsch im Original.

2 Sartre erinnerte sich an dieses Gespräch, als er den Dialog Mathieu-Brunet im Kapitel 8 von *Zeit der Reife* schrieb.

3 Sartre erfährt durch die Tagespresse von zahlreichen Rücktritten kommunistischer Persönlichkeiten: Abgeordnete, Bürgermeister usw. Es sei daran erinnert, daß die Kommunisten sich in einer großen ideologischen und moralischen Verwirrung befinden seit dem deutsch-sowjetischen Vertrag, den die Parteiinstanzen zu rechtfertigen versuchten. Die KPF hielt es nicht für notwendig, ihre Haltung zu verändern, nachdem am 17. September die Sowjets in Polen eingedrungen waren. Fünf Tage später wird das Dekret über die Auflösung der Partei erlassen.

4 Die Frage dieser unmöglichen Zugehörigkeit, die moralisch notwendig ist, wird sich für Sartre noch lange stellen – in Begriffen der Handlung («Weggefährte» der Kommunistischen Partei) und in philosophischen Begriffen (Kritik des gegenwärtigen Marxismus).

Keller empfängt drei Briefe, die ersten, seitdem er einberufen ist. Er steckt sie mit mißtrauischem Ausdruck in seine Tasche und geht weg, um sie irgendwo in einer Ecke allein zu lesen, aus Geiz. Dann, abseits sitzend, holt er sie aus seiner Tasche, und bevor er sie aufbricht, schnuppert er lange an den Umschlägen, schaut sich die Stempel, das Datum, die Schrift an. Erst nach einer Viertelstunde entscheidet er sich, sie zu öffnen. Nach einiger Zeit lacht er allein und sagt mir: «Meine Frau ist sauer mit dem Nachbarn. Er ist gleichzeitig mit mir einberufen worden. Nach vier Tagen hat man ihn nach Hause geschickt, und er singt den ganzen Tag.»

Freitag, 22.
Tagebuch Dabits: Schreie. Schönrednerische Befragungen. Ungenaues, Leeres. «Ich lebe gern, bemühe mich jedoch nicht zu sehr, die Gründe dafür zu kennen, mich zu beobachten, mich zu analysieren.» Ähnelt ein wenig dem Tagebuch von Colette X.[1] Strahlende Schweinerei der unschuldigen Seelen. Ein wenig ironisch: er hatte eine solche Angst vor dem Krieg, und er starb an Scharlach, und ich bin es, sein Leser, der *seinen* Krieg erlebt, indem ich ihn lese.[2]

Über die absurde Starrheit der Befehle und die Unordnung, die sich daraus ergibt: Wir brauchen ein Barometer, und der Oberst sucht überall eins. Schließlich sagt er zum Gefreiten Paul: «Wir haben einen Requirierungsbefehl, das heißt, daß wir nicht mehr das Recht haben, dieses Barometer uns anders zu verschaffen als durch Requirierung. Selbst wenn man uns eins schenken würde, müßten wir es ablehnen.»

1 Mit der Sartre einige Monate zuvor eine Affäre hatte. In den *Briefen an S. de Beauvoir* heißt sie Martine Bourdin.

2 Eugène Dabit (1898–1936) ist insbesondere Autor von *L'Hôtel du Nord* (Denoël, Paris 1929) und *Mal de vivre* (Gallimard, Paris 1939); sein Tagebuch von 1928 bis zu seinem Tod war gerade bei diesem letzten Verleger erschienen. Sartre hatte bestimmt in verschiedenen Zeitschriften Auszüge gelesen, als er Simone de Beauvoir in seinem Brief vom 12. September 1939 um dieses Buch bat.

Die Psychologie von Jules Renard und von La Rochefoucauld, die literarischen Schwächen von Dabit, die Selbstgefälligkeit von Gide, sie sind ohne Zweifel auch in mir, doch ich ersticke sie. Ich will damit nicht nur sagen, daß ich sie verschleiere, ich drehe ihnen den Hals um, aus Hochmut. Mir scheint es immer, daß es reicht, nicht auf sie zu hören, damit sie blutleer in sich zusammenfallen. Sie nähren sich von der Aufmerksamkeit, die man ihnen widmet. Aber die Leidenschaft des Hochmuts, die dazu drängt, sich zu sperren, sie zu verweigern, ist bei mir so stark, daß ich sie abstrakt feststelle. Es passiert, daß ich mir mit Befriedigung sage: ich entfliehe dieser Schicht des Menschlichen – weil ich auf einer anderen Ebene leben möchte und mich eine andere Psychologie interessiert, nämlich die der Freiheit. Ein andermal frage ich mich, ob Verneinen wirklich Beseitigen ist, aber ich glaube, daß diese Sorgen ungerecht sind. Sie kommen aus der Illusion, es gäbe ein *natürliches* Menschliches. Doch all diese abstrakten Schatten, die sich unterhalb meines wahren Lebens bewegen, sie sind es, die mir erlauben, Romane zu schreiben. Ich brauche diese Gitter nur auszufüllen, um die Psychologie meiner Personen zu konstruieren.

Heute morgen in den Zeitungen eine dieser Formulierungen, deren Geheimnis die Franzosen besitzen: «An der Front Periode eines *strategischen* Abwartens» (siehe die 1914 von Gide zitierten Formulierungen: die von Frankreich aufgesogene deutsche Armee). Dagegen die Rede von Daladier. Ich habe ihn nicht gehört, aber die Schreiber sprachen mißlaunig darüber. Er scheint das Verbrechen begangen zu haben zu sagen, daß der Krieg noch lange dauern wird.[1] «Ich will ihn nicht hören», sagte einer der Schreiber: «Jedesmal wenn er spricht, ergreift mich der Katzenjammer.» Und ein anderer: «Er ist der erste der Defätisten. Man sollte ihn ins Gefängnis stecken.» Alle bewahren die dunkle Hoffnung, daß der Krieg bald beendet sein wird. Ich habe keine Hoffnung. Heute früh versuchte ich – so wie man einen kranken Zahn reizt – zu hoffen, um zu sehen, daß der Krieg schnell beendet wird. Aber das hat mich überhaupt nicht erregt. Ich erhoffe nichts, ich erwarte nichts. Alptraumruhe mit dem Krieg drumherum.

1 *«... wir sind ruhig und entschlossen, wir sind nicht wie unsere Feinde von der Furcht vor einem langen Krieg besessen. Wir denken nur an eins: an den totalen Sieg ...»* (Radioansprache von Edouard Daladier, Regierungschef, am 22. September 1939).

Sonnabend, 23.
Castor sagt, daß ich mich für unsterblich halte. Das ist vielleicht ein wenig wahr. Ich ziehe es nicht in Betracht zu sterben. Aber es gibt noch etwas anderes: Ich habe meine Schriften nie als isolierte Produktionen betrachtet, sondern als sich zu einem Werk organisierend. Und dieses Werk war von einem menschlichen Leben begrenzt. Richtiger, aus Mißtrauen vor dem Alter habe ich immer gedacht, daß ich das Wesentliche bis zu meinem sechzigsten Jahr geschrieben haben werde. Bleibt diese absurde, aber tiefe Kinderei, daß ich mir nicht vorstellte zu sterben, bevor ich die Siebzig erreicht hätte. Es ergab sich daraus so etwas wie eine leere Hülse, die das Ende meines Lebens von meinem Tod trennte. Anders gesagt, mein Leben hat für mich ein *Ende*, lange bevor ich sterbe, ebenso wie es erst lange nach meiner Geburt einen *Anfang* hat (zum Teil deshalb, weil ich nicht viele Kindheitserinnerungen habe). Es ergab sich daraus eine bewußte, vollkommene und endliche, quasi zirkuläre Existenz, bei der die Erwartungen genau übereinstimmten mit den Ergebnissen, wobei das Unförmige diesseits und jenseits meines realen Lebens war, denn das Wesentliche liegt nicht darin, unsterblich zu sein. Das Wesentliche ist, daß das Leben eine Vollendung kennt. Es war in Ceintrey, am Tag, als der panische Schrecken von Paul mich dazu verleitet hatte zu glauben, daß wir morgen zur Front hochfahren würden, es war in Ceintrey, daß ich zum erstenmal den Tod so in Betracht zog, wie die meisten Menschen ihn in Betracht ziehen, nämlich als ein Ereignis, das mitten im Leben auftaucht und das Leben anhält, ohne es zu vollenden. Ich habe das im Kapitel 13 meines Romans, wo ich über Lola spreche, erklärt.[1] Aber ich habe ihn auf der Brücke von Ceintrey einen Moment lang gefühlt und akzeptiert, als ich auf den Bach hinuntersah. Das bedeutete nicht die undenkbare Vernichtung meines Bewußtseins, sondern den totalen Nichtsinn all meiner Erwartungen: die Erwartung einer vollkommeneren Geschichte mit Wanda, die Er-

1 *«Er dachte an Lola. Sie war tot, und ihr Leben war wie das von Mathieu nur eine Erwartung gewesen ... Es war nichts zu erwarten gewesen: Der Tod hatte all diese Erwartungen hinterrücks widerrufen und hatte sie angehalten. Sie waren reglos und stumm, ohne Ziel, absurd ... ‹Wenn ich heute sterben würde›, dachte Mathieu plötzlich, ‹würde niemand je erfahren, ob ich erledigt war oder ob ich noch Chancen hatte, mich zu retten.›» Zeit der Reife,* Kapitel 12, Gallimard, Paris 1945 [dt. Ausgabe, S. 221–222].

wartung, bessere Bücher zu schreiben, die Erwartung, ein Werk zu komponieren usw. Und zugleich – im Gegensatz zu dem, was Heidegger sagt – machte das mein Bewußtsein nicht individueller, es verwandelte es im Gegenteil in eine Sache, da ich fühlte, daß man würde sagen können: es ist gewesen. Das ist alles um so leichter zu realisieren, als ich «meinem Leben schon weggestorben bin», da alles aufgegeben ist. Es ist wahr, daß ich meistens denke, daß es in der Schwebe ist. Aber in anderen Augenblicken sehe ich es angehalten. In diesem Augenblick überlebe ich mein Leben. Der Tod wird in dieser Perspektive gefühlt und akzeptiert. Nur meine Beziehungen zum Castor entziehen sich der Absurdität des Todes, weil sie vollkommen sind und in jedem Augenblick alles, was sie sein können. Ich *erwarte* von ihnen nichts als ihre endlose Fortsetzung. Doch im Grunde kann ich zur jetzigen Stunde, angesichts des unmittelbaren Todes, sagen, es ist die einzige *gelungene* Sache meines Lebens. Der Rest ist nur in verschiedenen Graden auf dem Weg zum Erfolg. Diese Intuition des Todes war sehr kurz und kam nicht wieder. Um ihr Wesen zu erfassen, muß ich glauben, daß der Tod droht. Ich muß – wirklich oder irrtümlich – in der Situation des Sterbenden sein. Hier hat sich das alles aufgelöst.

Gestern abend beschrieb uns ein Militärkraftfahrer, der aus Straßburg zurückkam – schlecht –, diese ergreifend tote Stadt. Kein Hund. Nachdem sie sich drei Stunden herumgetrieben hatten, sahen sie vier junge Frauen, die in die Post hineingingen (sicherlich Angestellte). Auf den Terrassen der Cafés stehen noch die Tische, doch die eisernen Jalousien sind heruntergelassen (wie in Venedig nachts auf dem Platz San Marco). Hinter den Scheiben der Zeitungskioske sieht man noch die Tageszeitungen und Zeitschriften mit dem Datum des Tages der Evakuierung. Er war vor allem von den Straßenbahnschienen beeindruckt, «diese Straßenbahnschienen, die kein Ende nahmen», sagte er dunkel. Ich denke, sie weisen durch ihre langen parallelen Linien mehr als irgend etwas auf die endlose Länge der leeren Straßen hin. Paul war dort mit dem Hauptmann Munier, heute morgen. Ich würde gern an seiner Statt gehen. Jedenfalls wird er mir neue Einzelheiten mitbringen.

Heute morgen diese Zeilen des Tagebuchs von Dabit gelesen, die mir sehr unangenehm waren (wegen Wanda): «Die Verkäuferin (sagt ihm): ‹Nun, ich kannte während des Krieges junge Frauen, die sehr anständig waren. Nur als ihr Mann heimkehrte, sagte er ihr: Wenn du nicht mit einem Kerl geschlafen hast, dann, weil du nicht konntest! Und dann ...»»[1]

Natürlich.

Der Feldwebel Courteaux holt ein Stück Schnur aus seiner Brieftasche: «Sieh mal, das ist der Strick eines Gehängten. Ich habe ihn seit fünf Jahren. Mein Schwager ist bei der Polizei, er nahm ein Protokoll wegen Selbstmord auf und hat ihn mir mitgebracht.»

Habe meine Gegenwart vom Standpunkt des Todes aus betrachtet. Er beraubt meine Wahrnehmungen, selbst meine Gedanken, meine unmittelbaren Wünsche ihres Sinnes, denn alles ist Abwarten. Die unmittelbarste meiner Vorstellung ist, *gewesen zu sein*. Jede Gegenwart stützt sich auf den Übergang in die Vergangenheit, um sich zu festigen. Der Tod beraubt sie des Rechts, Vergangenheit zu werden, dann wird sie schmaler und wird schließlich durchsichtig. Und unbestimmt. Mangels Koordinaten. Was mir der Castor schreibt: sie hat den Eindruck, daß der einzige Ort, der heute an seinem Platz ist, dieses *Irgendwo* ist. Ähnlicher Eindruck vom Gesichtspunkt des Todes aus. Die Gegenwart wird zu einem Irgendwo, Irgendwann, erlebt von Irgendwem. Das alles von mir heute in Form abstrakter Emotion gefühlt. Schon lange ist meine Intuition von Ceintrey (übrigens verschleiert und inadäquat) verschwunden. Einen Augenblick lang daran gedacht, Paulhan zu schreiben, um ihm Überlegungen über den Tod anzubieten.[2] Aber es ist vielleicht besser, sie auf später zu verschieben, wenn ich von neuem den Tod *gesehen* haben werde.

1 Die Unsicherheiten im Gefühlsleben Sartres zu dieser Zeit haben eine gewisse Ähnlichkeit mit denen, die Dabit seinem Tagebuch anvertraut; doch jener lebt sie in melancholischer und hilfloser Weise, während Sartre die Hoffnung hat, *mit Hilfe* seiner Tagebücher sein Leben zu beherrschen.

2 Sartre schrieb an diesem Tag an Jean Paulhan, Herausgeber der *N. R. F.*: «*Nun bin ich Soldat und eifrig dabei. Aber nicht Krieger. Ich lasse Ballons wie Tauben aufsteigen in der Umgebung der Artilleriegeschütze, und ich verfolge sie mit einem Fernrohr, um die Richtung des Windes zu bestimmen. Ich habe genug Zeit, meinen Roman fortzusetzen (...) Ich denke auch daran, um der Aktualität zu dienen, «Überlegungen über den Tod» zu schreiben, die ich gern der N. R. F. geben würde. Würden Sie sie annehmen?*» Sartre hatte Paulhan im April 1937, zu der Zeit, als sein erster Roman *Der Ekel* vom Verlag Gallimard angenommen worden war, kennengelernt. Im Juli 1938 hat ihn der Autor vom *Guerrier appli-*

Man kann den Tod nur voll erfassen, wenn man ihn über das gesamte Leben betrachtet, und zwar sowohl in jedem Augenblick als auch in den umfassenderen aktiven und leidenschaftlichen Zeiträumen. Und nicht im datierten Augenblick, da er als zeitliches Ereignis auftaucht. Besseres Verstehen von Heidegger. Aber der Tod ist nicht meine Möglichkeit: Er ist die von außen gekommene Nichtung aller meiner Möglichkeiten, einschließlich derer, die ich *gewesen bin*. Diese Nichtung ist permanent. Sie ist die tiefe Leere, die sich im Herzen aller meiner Möglichkeiten befindet, sie ist die Anwesenheit des Außen im Tiefsten meiner selbst. Sie ist das Nicht-Ich in mir oder, wenn man will, die Projektion im Herzen meiner selbst, meiner Besitzergreifung durch die Welt. Sie hält uns zum Narren, wenn wir nicht unsere Vorsichtsmaßnahme gegen sie treffen. Diese Vorsichtsmaßnahme besteht darin, uns selbst in jedem Augenblick selbst zu bestimmen, so daß, käme unser Leben hier zum Stillstand, es dennoch eine Totalität mit einem Ende bildet. Es handelt sich hierbei natürlich um eine existentielle Bestimmung.

Sonntag, 24.

Der Offizier oder der Unteroffizier, der mit den einfachen Soldaten lacht, schwächt immer die Mimik des Lachens durch die des Abscheus ab. Die Lippen öffnen sich, doch statt sich einfach über die ganze Fläche zu spannen, fallen sie in ihrer Mitte ein wenig zusammen. Auf diese Weise ist das Lachen weit nach draußen verlegt. Der Offizier nimmt es kaum auf sich. Er täuscht sich nicht über seinen Wert. Denn die Mimik des Abscheus richtet sich nicht an die Männer, sie hat zum Ziel, das Lachen zu entwerten.

Mimik des glasigen Auges: dazu bestimmt, vor sich selbst den Soldaten, den man ansieht, zu vernichten. Er ist im Blickfeld des Offiziers, wird jedoch nicht gesehen.

Mimik der improvisierten Taubheit: Sie schlägt sich plötzlich auf dem Offizier nieder und isoliert ihn mit einem Mal. Im vorangegangenen Augenblick hörte er dem Mann zu, jetzt hört er ihn nicht mehr. Man kann sie mit der Mimik des glasigen Auges kombinieren.

qué für eine monatliche Chronik in der Zeitschrift von November an verpflichtet. Zwischen Juli 1937 und März 1940 wurden mehrere Texte von Sartre veröffentlicht, doch das Projekt einer «Überlegung über den Tod» blieb ohne Folge.

Kleine seismische Erschütterungen, die über den Nacken und den Kopf des Offiziers und des Unteroffiziers von unten nach oben laufen und dazu bestimmt sind, die unerschütterliche Überzeugung zu mimen. Vor allem dann benutzt, wenn man mit einem Soldaten spricht und ihn dabei ansieht. Erlaubt, leicht den Blick (der unbeweglich bleibt) von dem Gesicht zu lösen, das sich wie ein Getreidefeld wellenförmig bewegt und so den Hintergedanken bezeichnet.

Die Stimme muß verschleiert, fern und neutral sein. Immer den Eindruck geben, daß man sie zurückhält.

Mittels dieser wenigen Vorsichtsmaßnahmen kann ein Unteroffizier sich erlauben, mit seinen Männern zu scherzen. Und die Männer sagen: Der ist nicht eingebildet.

Ich habe in mir eine ganze Schicht beruhigender und poetischer Bilder entdeckt, die sich von Zeit zu Zeit vor meinen Horizont schieben. Es sind Bilder des letzten Nachkrieges, eine Epoche, die mir immer teuer war, die es jedoch in der Gegenwart noch mehr geworden ist, weil sie als Symbol für einen anderen Nachkrieg dient, an den ich weder denken kann noch will. Zum Beispiel kam gestern ein Bild mehrfach, diskret und tröstend, es war die vage Erinnerung an einen alten Film, genannt «Humoreske»[1] (amerikanisch), den ich 1925 mit Péron, Broussaudier und Nizan[2] in einem kleinen Kino der Rue Ordener gesehen habe. Man sah die Rückkehr der amerikanischen Soldaten nach New York. Verliebte und gerührte Frauen in langen Kleidern erwarteten sie. Ein Symbol. Es gab auch andere. Im Tagebuch Gides der Jahre 1919 bis 21 steckt Charme für mich – obwohl man wenig merkt, daß es sich um einen Nachkrieg handelt. Dagegen läßt mich das Tagebuch von Dabit 1932, 33, 34 kalt. Das ist tot. Von meinen jüngsten Erinnerungen ist die, die am häufigsten kommt, jene des Abends, den ich mit Wanda in der *Bar de l'Escadrille* verbrachte.[3]

1 Amerikanischer Film von Frank Borzage (1920), Melodram, dessen zweiter Teil am Ende des 1. Weltkrieges spielt (der Held kommt als Krüppel zurück).

2 Paul Nizan – damals der beste Freund Sartres –, Alfred Péron, Sylvain Broussaudier und er selbst waren damals in der École normale supérieure.

3 Während des Großen Krieges wurde die Bar du Fouquet (das berühmte Etablissement in der Avenue des Champs-Élysées), das von den «Assen» der Militärluftfahrt frequentiert wurde, in «Bar de l'escadrille» [Bar der Staffel] umgenannt.

Nicht wegen Wanda, sondern wegen dieser großen Wandmalereien, die die «Asse» der Luftfahrt darstellten, die zwischen 1917 und 1919 ein Gläschen tranken. Ebenfalls oft denke ich an die Novelle «Ad Astra» von Faulkner, die am Tag des Waffenstillstandes spielt. All diese symbolischen Objekte gehören zu meinem gegenwärtigen Gefolge. Man dürfte nicht mal das Wort *Bilder* benutzen, um sie zu kennzeichnen. Es sind affektive Anwesenheiten. Übrigens ist, obwohl ich nichts erwarte, das Ende dieses Krieges, meines Krieges, mir ständig gegenwärtig. Es ist auch eine Sache, und wie ich notiert habe, spüre ich die ganze Zeit die Versuchung, von diesem Ende her meine jetzige Gegenwart als Vergangenheit zu betrachten. Listen. Es bleibt, daß dieses Ende, das weder erwartet noch selbst erfaßbar ist, ein Pol meiner Zeit ist. Ich stelle es mir übrigens nicht nahe vor. Es ist sehr weit, aber konkret. Es gibt in gewisser Weise dem Krieg, den ich erlebe, den Sinn einer *endlichen* Totalität.

Immer noch der Phantomkrieg. Im Café zuckt ein Soldat mit den Schultern vor dem Kommuniqué: «Sie werden mir doch nicht einreden ... Es passieren da Dinge ...» Ich: «Was für Dinge?» Er, vage, aber bis zum Ende der Typ, dem man nichts vormacht: «Verhandlungen ...! Man hatte mir doch gesagt, als ich ging: Man wird dich höchstens für zwei oder drei Monate einberufen, und dann ist es vorbei.» Und er fügt hinzu, die Worte betonend: «*Und ohne Krieg.*» Dann, besorgt und in einem vage fragenden Ton: «Alle sind meiner Meinung.» Die Öffentlichkeit hat sich so sehr an die offiziellen Lügen gewöhnt, daß die Reden von Daladier und Chamberlain[1], die ihre «unerschütterliche Entschlossenheit usw. usw.» bekunden, sie kalt lassen. Die Leute blinzeln mit den Augen und sagen sich: «Sie sagen das für die Amerikaner. Sie sagen das unseretwegen usw.»

Bei den intelligentesten (oder den eingebildetsten) dieser Soldaten gibt es ein Mißtrauen a priori vor den harmlosesten Nachrichten der Zeitungen – das daher kommt, daß man ihnen früher die Gehirnwä-

1 Es sei daran erinnert, daß Neville Chamberlain, britischer Premierminister, und Édouard Daladier, Ministerpräsident – und seit dem 14. September Minister des Heeres, der Nationalen Verteidigung und des Auswärtigen –, gemeinsam mit Hitler und Mussolini die Münchner Verträge von 1938 unterzeichnet haben, die Nazideutschland die Annektierung des tschechischen Territoriums der Sudeten ermöglichten und zur Aufteilung der Tschechoslowakei führten.

schen von 1914 erklärt hat. So sehr, daß dieses Mißtrauen fast zum Zeichen der Zugehörigkeit wird. Heute las ein Soldat mit einem Gesicht von Savonarola *Paris soir*. Pieter beugt sich über ihn, liest über seine Schulter hinweg und ruft mir zu: «He, sag mal, fünfundzwanzig Prozent der deutschen Soldaten an der Siegfried-Linie sind krank.» Ich (der gewöhnlich ziemlich gutgläubig ist) angesichts dieser Ente: «Sagen sie!» Daraufhin wirft mir der Savonarola, der nichts gesagt hatte, einen freundschaftlichen und achtungsvollen Blick zu und beginnt ein Gespräch. Ein wenig wie die «Aufgeklärten» in den Lyzeen, die die Neuen annehmen, wenn diese durch ihre Worte hinreichende Kenntnis vom Geschlechtsakt bezeugen.

Viele (Kleinbürger oder Bürger) sagen weiter zueinander *Sie*.

Keinerlei Begeisterung. Aber sie sind dickköpfig. «Man muß Schluß machen.» Die meisten wären enttäuscht – und was für ein Verdacht! –, wenn man sie morgen mit einem gütlichen Frieden nach Hause schicken würde. Ich gehöre zu diesen. Keinerlei Haß gegen die Deutschen. Und man spricht nicht mal mehr über Hitler. Blockiert, dickköpfig, im Grunde finster würden fast alle ohne Schwierigkeit zugeben, daß sie sich drücken würden, wenn sie könnten. Wenn sie aber einen Zivilisten in ihrem Alter sehen, sagen sie mit gleichgültigem, nachlässigen, plötzlich sich verhärtenden Ton: «Sieh mal, der ist jung, der da. Ist er nicht einberufen?»

Der Phantomkieg. Der Bruder unserer Gastgeberin, der in Bitche ist, kam ohne Beurlaubung seine Familie in Marmoutier besuchen. Er sagt, im Abschnitt von Bitche herrsche völlige Ruhe: «Gestern schoß die deutsche Artillerie fünf Minuten lang, ohne jemanden zu treffen. Daraufhin hat die französische Artillerie zur Antwort auch fünf Minuten lang geschossen. Das ist alles.» Pieter berichtet darüber bei Tisch in Gegenwart eines guten Dutzend Soldaten. Einer von ihnen: «Das ist überall so. Bisher wurde noch niemand durch deutsche Kugeln verletzt. Bei allen Verwundeten waren es Minen. Die Deutschen schießen nicht.» Ein anderer: «Diese Burschen wollen gar nicht kämpfen.» Ein anderer: «Macht nichts, aber wenn es so weitergeht, wird es zehn Jahre dauern.»

Es bestätigt sich: unsere Division ist eine abgeschriebene Division.

Montag, 25.
Die Infanterie. Komischer Abend gestern und komischer Eindruck. Wir speisten am großen Familientisch der ersten Etage (es ist der Tisch der Bäcker – man hat ihn verlängert) unter dem Licht einer durch eine Zeitung gedämpften Hängelampe: Man hätte es für die Beleuchtung von einer Öllampe halten können. Hinter mir ein elsässisches Buffet, in einer Ecke ein Kinderstuhl. An der Wand Photos und Bilder (die Kirche von Marmoutier als Wandbehang). An diesem Tisch wir vier, drei Soldaten zu meiner Rechten, davon einer Boxer mit zerbrochener Nase, Eisenbrille, trocken und schwärzlich, keine Zähne mehr. Zu meiner Linken sechs Jäger, die Ausgang hatten, aber ohne offiziellen Urlaubsschein. Alle essen, und das Gespräch beginnt. Ich habe ein wenig den Eindruck, *verlorenen* Männern gegenüberzusitzen. Die Jäger liegen in Otterswiller, vier Kilometer von hier. Schlechte Ernährung, in der Gegend nichts zu trinken oder zu essen. Die da waren, schlafen in der Scheune des Bürgermeisters, wo sie zu zwanzig sind. Sie können sich nachts nicht umdrehen, so eng liegen sie; sie haben fast kein Stroh, und wenn es regnet, tropft das Wasser auf sie herab. Den ganzen Tag Übungen, präsentiert das Gewehr usw. Mit der Aussicht, «zur Front verlegt» zu werden. Diese Aussicht versetzt sie in Panik, zeichnet sie, erfüllt sie mit einem Heldentum der Ungeduld. Sie sagen alle: «Was sollen diese scheiß Übungen, wir werden sie nicht brauchen, wenn wir nach da oben verlegt worden sind.» Und die hitzigsten sagen es ihren Offizieren. Einer von ihnen sagte zu einem Offizier: «Ich halte diese Scheiße nicht mehr aus, Herr Oberleutnant. Ich will nach da oben.» Vier Tage Arrest. Beim Appell schnauzt ihn der Hauptmann an. Er antwortet: «Und die Gedankenfreiheit, was bedeutet die Ihnen, Herr Hauptmann?» Dreißig Tage Gefängnis und in ein Kampfregiment geschickt. Er sagt zum Oberst: «Das ist mir schnurz, Herr Oberst, ich will ja nichts anderes, als nach dort oben verlegt werden.» Er ist ihr Held. Er hat den Offizieren gesagt, was sie nicht zu sagen wagten. Er hat für sich klar formuliert, was sie nicht zu denken wagten. Alle sind verletzt in ihrer Manneswürde, durch diese Übungen gequält, und hoffen nur noch eins: zur Front. Und dabei glauben sie, daß sie sterben werden, und sind von Angst erfüllt. Jemand sagt: «Vielleicht gehen sie euch mit Absicht auf den Docht, damit ihr Lust bekommt, zur Front zu gehen.» Eigenartige Atmosphäre: In diesem Familienspeisesaal sind diese ruhigen Typen, die Offiziersgeschichten erzählen, ohne Zweifel wie alle Militärs *jen-*

seits. Sie sind gezeichnet. Darauf sagt der ehemalige Boxer mit seiner rauhen Stimme: «Sie werden umgelegt werden, ihre Offiziere. Ich sah sie ins Feuer gehen, 1914. Es waren nicht viele, die zurückkamen. Ich hörte einmal, wie die Typen in einer Scheune miteinander sprachen. Ein Hauptmann kam und ging ihnen auf die Nerven. Als er rausging, sagte ein Typ: «Wir kommen morgen zur Front; dich kriege ich vor meinen Lebel[1], und ich werde dich nicht verpassen.» Und Pieter, wie immer vernünftig und höflich, völlig unangepaßt: «Ja, aber man darf nicht übertreiben, ich usw.» Und der Boxer: «Ich hab es meiner Frau gesagt. Sie dürfen mir nicht auf die Eier gehen. Ich habe den Krieg von 1914 erlebt. Ich hab in Marokko gedient, mein Lieber. Ich war mit dem berühmten X dort (ein Name, den ich nicht kenne). Der hat mich auf die Palme gebracht. Er fand meine Haare zu lang, eines Tages wollte er sie mir mitten in der Sahara schneiden. Ich sage euch, wer mir zu sehr auf die Eier geht, für den habe ich immer eine Kugel, und eine Kugel für mich.» Das war etwas Brutales und Starkes, eine Abwechslung von den ewigen Klageliedern von Paul und den Finten Pieters. Das roch nach Blut.

Phantomkrieg – Der Unterfeldwebel Thibaud heute morgen: «Ich habe gestern einen Major gesprochen, der aus Straßburg kam. Die Deutschen in Kehl versuchen zu fraternisieren. Sie machen Zeichen und die Geste des Essens. Sie sagen, daß sie rüberkommen wollen.»

Heute morgen Feuerprobe. Man sieht die Männer in den Feldern, brav um ihre Geschütze gereiht. Jedes Geschütz mit seinen Männern sieht einem Spielzeug ähnlich. Fünfzig Prozent der Geschosse explodieren nicht. Abgeschriebene Division. Der Lärm kommt zu uns sehr gedämpft. Trotzdem kriegt Paul davon Durchfall.

Zur Front. Zwangsvorstellung bei den Jägern, schwere, unbewegliche Drohung, die jeder Tag weder näher bringt noch ferner rückt, da sie nicht wissen, wann sie gehen müssen. Die Offiziere nähren sie: «Wenn ihr euch wie Besenstiele anstellt, schicken wir euch die Fritze auf den Hals.»

1 Repetiergewehr.

Wenn Paul und Keller essen, können sie nicht den Mund öffnen, ohne maßlos die Augenbrauen zu heben. Daraus ergibt sich ein ungeschicktes, eiliges und erstauntes Gesicht, eine groteske Zielfigur, die von vornherein über das entsetzt ist, was man ihr ins offene Maul stopfen wird. Man könnte meinen, es gibt ein einziges Muskelsystem des Gesichts, das man durch Erziehung zu trennen lernen würde. Dieses Heben der Augenbrauen müßte natürlicherweise das Öffnen des Mundes begleiten, und ihre Unbeweglichkeit bei mir wäre eine erworbene.

Wenn Keller liest, ist seine Anspannung extrem. Er hält nicht länger als zwei Minuten durch. Nach dieser Zeit quellen seine Augen über und leeren sich, man sieht etwas wie eine blaue Welle von seinen Augäpfeln herabfließen, und dann wird das Auge klar, so klar, daß es beunruhigend ist; er ruht sich einen Augenblick in einer glücklichen Beschränktheit aus. Dann fängt Keller wieder an zu lesen. Man könnte meinen, er verschlingt mit den Augen.

Seit vier Tagen kein Brief von Wanda. Heute morgen Briefe und Photos von B. Eigenartige Schlußfolgerung neulich, um «stark zu wirken»: Ich habe mich davon überzeugt, daß B. sich von mir gelöst hat, daß ich sie am Ende des Krieges nicht mehr wiederfinden würde. Natürlich war mir das im Zustand der Gleichgültigkeit, in dem ich ihr gegenüber gegenwärtig bin, ziemlich egal. Und hinter all dem versteckte sich Magie: indem ich die Loslösung von B. akzeptierte und voraussah, bezahlte ich das, was der Wahrscheinlichkeit geschuldet ist (nach der wenigstens eine dieser Frauen mich verläßt), und zugleich garantierte ich in mystischer Weise die Treue von Wanda, woran mir in diesem Moment liegt. Außerdem leitete ich diese Art psychologischer Umkehrung ein, die man mit Feinheit in den «Erfahrungs»-Gesprächen zitiert: die, die die Treueste zu sein schien, hat ihn verlassen usw. Und die Ähnlichkeit dieser Umkehrung mit anderen analogen und bewährten Umkehrungen diente ihm als Garant. So daß alles, was ich sagen konnte, um mir zu beweisen, daß B. mich vergessen würde, dazu diente, mich davon zu überzeugen, daß W. mich bis zum Ende lieben würde. Die leidenschaftlichen Briefe, die B. mir seitdem geschickt hat, haben all diese Lügen zusammenfallen lassen.

Dienstag, 26.
Gute Laune: Ich erhalte mein Gehalt – also wird Wanda nach Paris kommen können. Zwei Briefe von Wanda. Ein Wort von B.: «Wir sind sehr glücklich.»[1]

Ich glaube nicht, in diesem Krieg zu sterben, denn mein Wille ist schon immer gegen den Tod gespannt, als wäre er eine einfache Seekrankheit. Ich hatte es nicht bemerkt, doch jetzt wird mir bewußt, daß ich ins Leben gestartet bin, als würde ich eine lange Reise machen, jedoch mit gegebener Strecke und fixiertem Ziel. Man muß vor dem Abend eintreffen. Ich will weder Müdigkeit spüren noch anhalten. Mein ganzer Wille ist gespannt. Es gibt keinen Platz, weder für Müdigkeit noch für Unterhaltung. Ich lasse mich nie gehen, alles ist Funktion dieser Reise. Das hält jede metaphysische Angst von mir fern – so wie es heute den Krieg vor mir zurückweichen läßt –, es hindert mich, ihn ganz zu fühlen. Ich habe keine Zeit zu sterben, so ungefähr fühle ich die Dinge. Und magischerweise gibt mir das die Gewißheit, nicht zu sterben, bevor ich am Ende der Reise angekommen bin. Der Gedanke des Schicksals ist bei mir gewiß das Gegenstück zu dieser ständigen Spannung. Dieser Satz von Bellessort[2] – dumm und schweinisch –, der mich damals (ich war achtzehn Jahre alt) tief erschüttert hatte: «Haben Sie je einen berühmten Hauptmann gesehen, der gestorben ist, solange es noch Schlachten zu gewinnen gab?» Das ist das Geheimnis meines Optimismus. Dabit dagegen ist in seinem Tagebuch eine reife, ja fast überreife Frucht für den Tod. Er fällt, er wird fallen, er gibt sich auf, dieser braucht nur die Hand auszustrecken, um ihn zu pflücken. Man könnte meinen, er ist daran gestorben, nicht genug nicht sterben haben zu wollen. Ich habe immer den Eindruck gehabt, man stirbt aus Nachlässigkeit, aus Zerstreutheit oder aus Senilität, man ist frei gegen den Tod (und nicht, wie Heidegger sagt, frei zum Tode). Nicht daß ich damit sagen will, man könnte nicht sterben, nur einfach das: wir sind Endliche – aber auch unsere Aufgaben sind endliche. Man muß den Tod so lange fernhalten können, bis die Aufgabe beendet ist. Danach kann man sich gehenlassen.

1 *Wir*, das heißt «der Castor und ich»: Simone de Beauvoir und Bianca B. sind damals eng liiert.

2 Der Schriftsteller André Bellessort (1866–1942) war Sartres Lehrer für französischen Aufsatz, als er in «hypokhâgne» im Lycée Louis-le-Grand war.

Gestern beim Abendessen zwölf Pioniere, die Schaumtraminer trinken, weil sie wegfahren werden. Sie kommen alle aus Orléans. Sie waren drei Tage und drei Nächte unterwegs und haben fünfzehnmal den Zug gewechselt. An jedem Bahnhof stiegen sie um, aber das Geheimnis ihrer Bestimmung wurde wohlbehütet (absurd, da es schließlich Marmoutier war), der Bahnhofsvorsteher selbst wußte es nicht, er hatte nur den Auftrag, sie zu einem Nachbarbahnhof mit einem Zug zu schicken, den sie dann verlassen würden zu einem anderen Zug, usw. Sie fuhren durch Dijon. Sie froren entsetzlich, der Zug bewegte sich mit beunruhigenden Erschütterungen vorwärts, Helme und Tornister flogen durch die Viehwagen, und die Typen rannten hinterher. Plötzlich hält der Zug an, der Lokomotivführer steigt ab, nimmt sein Fahrrad und fährt weg. Nach einigen Augenblicken steigt der Mechaniker ebenfalls herunter, raucht eine Zigarette im Graben. Er dreht sich um, der Zug fuhr von allein weiter: Er hatte vergessen, die Bremsen anzuziehen. Ein wenig später raufte sich derselbe Mechaniker die Haare: «Sie haben mich auf eine Maschine gesetzt, ohne mich zu fragen, und ich weiß nicht, wie man Lokomotiven führt.» Einen anderen Augenblick ein plötzlicher Schock, Bremsung: Der Zug stand plötzlich vor einer verlassenen Lokomotive, und das auf einem Gleis, auf dem *alle Signale auf Grün* standen. Letzte Nacht, etwa um ein Uhr, plötzlich Stopp. Ihr Oberleutnant, frierend, kommt zu ihnen: «Nun, Jungs, ist euch nicht zu kalt?» Und plötzlich nach vorn zum Zug schauend: «Gott verflucht, wir haben keine Maschine mehr.» Die Lokomotive war weggefahren, ohne daß man weiß, warum, man hatte sie mitten auf dem Gleis stehengelassen. Sie kam drei Stunden später zurück. Sie fluchten alle: «Was für eine Mobilmachung!»

Natürlich hatten alle denselben Eindruck eines Phantomkrieges. Alle, von einem höheren intellektuellen und kulturellen Niveau als die Jäger gestern, drückten diesen Eindruck mit gelehrteren Wörtern aus. Aber der Grund blieb derselbe: «Was macht man mit uns? Was für eine Komödie! Denkt nur: eine Front von zwanzig Kilometern.» Und einer von ihnen, doch ein wenig erstaunt über die Länge der Worte, die er sprach: «Das ist kein Krieg der Waffen, das ist ein ideologischer Krieg.» «Ich», sagte ein anderer, «habe das nie schlucken können, diesen deutsch-russischen Vertrag, da steckt bestimmt etwas dahinter. Wer weiß, ob Chamberlain und Daladier nicht die Russen gedrängt haben, damit sie Deutschland von unten her ‹kriegen›. Denn ich sage euch, wenn wir Polen hätten helfen wollen, hätten wir Männer schicken können.» Paul springt auf: «Männer, aber wohin, doch nicht über die Ostsee, doch nicht durch Rumänien.» Und der andere, mit listigem und schulmeisterlichem Ausdruck: «Och, wenn man wirklich gewollt hätte ...!»

Eine Nuance: Die Deutschen waren im letzten Krieg die Boches. Heute heißen sie die Fritzen. Analoger Name zu dem der Tommies, ohne affektiven Inhalt, übrigens glaube ich, daß es der Name ist, den die Deutschen sich selbst geben.

Wie Gerüchte entstehen: Gestern neigt sich uns der Soldat Savonarola zu: «Sagt mal, ihr, die ihr vom Generalstab ein paar Informationen bekommt, was ist eure Meinung? Stimmt es nicht, daß man verhandelt?» Wenn wir geantwortet hätten: «Doch, aber still!» und uns dabei bedeutungsvoll gegeben hätten, hätte er überall wiederholt: «Ich weiß *aus sicherer Quelle*, daß Verhandlungen geführt werden.»

Allgemeiner Geisteszustand: der des Zuschauers, der angewidert zwei Boxern zuschaut, die dabei sind, sich zu massakrieren, und der dazu murmelt: «Da steckt was dahinter.» Niemand kann die Ministerialerklärung ernst nehmen. Vielleicht abgestumpft durch die alten Losungen über die dunkle Macht der Freimaurerei, betrachten sie alles, was sichtbar ist, die entfalteten Kräfte, die Engagements usw., als eine Inszenierung, eine Staffage, die ihre Augen zu durchdringen versuchen, um den wirklichen Teil zu entdecken, der dahinter gespielt wird. Eine Sorge bei allen: sich nicht an der Nase herumführen lassen.

Feuerübung: Die Kanonen schießen. Man könnte meinen, es ist der 14. Juli.

Den Briefen meiner Mutter und B. zufolge scheint das Hinterland weit davon entfernt zu sein, diesen Krieg als einen Phantomkrieg zu betrachten. Man kann aber dessen nicht ganz sicher sein (Zensur usw.). Wenn ich recht verstehe, gibt es übrigens bei all diesen Männern eine Koexistenz von zwei Überzeugungen. Die zur Schau getragene Überzeugung: Machenschaften, Verhandlungen usw., und darunter die schamhafte Überzeugung von einem Krieg, der dem von 14 ähnlich ist. Beispiel: Um eben die Existenz geheimer Verhandlungen zu beweisen, beginnt jemand: «Seht mal, Polen hatte doch wohl dreißig Millionen Einwohner. Und wieviel Lärm hat man um die berühmte polnische Armee (?) gemacht. Nun, sie hielt vierzehn Tage.» «Vierzehn Tage!» – Und ein Typ, der der Argumentation sehr gut gefolgt ist, kann sich nicht zurückhalten auszurufen: «Vierzehn Tage und dreißig Millionen Einwohner. Wir haben vierzig. Wir werden nicht länger als einen Monat standhalten können.» Übrigens beginnen die Gerüchte eines Angriffs gegen Holland und Belgien sich fast überall zu verbreiten.

Mittwoch, 27.

«Wenn du Krieg führst, sagte Brice Parain, dann akzeptierst du ihn, also bist du Komplize.» Das ist nicht völlig richtig. Erstens muß man unterscheiden zwischen Krieg führen und im Krieg sein. Wenn ich desertiere, wenn ich untertauche, kann ich vielleicht vermeiden, Krieg zu *führen*. Aber es ist mir unmöglich zu vermeiden, im Krieg zu *sein*. Das kann ich weder akzeptieren noch ablehnen als etwas, das ich die Freiheit zurückzuweisen hätte: Es ist eine Modifizierung der Welt und meines In-der-Welt-Seins. Der Krieg ist kein Abenteuer, das mir zustößt und dem gegenüber ich mich so oder so verhalten könnte. Der Krieg ist eine Existenzweise für die Welt und für mich, der in der Welt ist, mein individuelles Schicksal beginnt von da an: anders gesagt, der Krieg dringt nicht in mein Schicksal wie eine Krankheit, ein Eheschluß oder der Tod ein. Es ist im Gegenteil mein Schicksal, das im Krieg geboren wird. Es unterscheidet sich nicht von den anderen, insofern es den Krieg enthalten würde und die anderen ihn nicht enthielten: im Gegenteil, ich bin-zum-Krieg in dem Maße selbst, wie ich Mensch bin. Es gibt keinen Unterschied mehr zwischen «Mensch-Sein» und «Im-Krieg-Sein». Das heißt, daß ich zum Krieg ebensowenig «nein sagen» kann wie zur *conditio humana*. Er stellt sich als eine Modifizierung meines Mit-dem-andern-Seins, meines Zum-Tode-Seins usw. usw. dar. Ich kann nichts dafür. Selbst wenn ich Deserteur wäre, könnte ich immer noch nichts dafür. Was hier irreführen kann, ist, daß die Menschen über den Kriegszustand entscheiden. Wenn es aber auch wahr ist, daß der Kriegszustand von den Menschen kommt, so realisiert er sich doch außerhalb von ihnen. Die außerordentliche Vielfalt der individuellen Kriegsschicksale entzieht sich völlig den Autoren des Krieges. Ebenso wie der Aspekt der Welt (Bäume, Himmel, Häuser), wie die menschliche Freiheit der Menschen-im-Krieg.

Denn es ist niemandem möglich, sein Im-Krieg-Sein zu verweigern, die individuellen Unterschiede und die Freiheit finden sich wieder in der Art und Weise, zum-Krieg-zu-sein. Jedes Schicksal ist aus einem neuen Material gewebt, das der Krieg ist, aber jedes ist von den anderen verschieden, verschieden gewebt. Was am 3. September verschwand, waren nicht nur das Glück und der Frieden, es war eine Welt mit ihrem Himmel, ihren Jahreszeiten, ihrer Fauna und Flora; eine andere Welt tauchte für die Menschen auf. Der erste Charakter der Menschen im Krieg besteht darin, in einer untergegangenen Welt zu überleben. Die Menschen im Krieg sind Überlebende des Friedens. Bleibt die Frage: Soll man den Krieg *führen*? Ich frage mich zunächst, ob jedes Wesen, das frei zum Krieg ist, ihn nicht auch *führt*. Wenn der Castor mir schreibt, wenn sie gegenüber Bost oder mir selbst eine Haltung einnimmt, wenn sie «das Glück verweigert», wie B. schreibt, oder wenn sie sogar im Glück, wie sie mir schreibt, eine privilegierte Weise, die Welt des Friedens zu erfassen, sieht, dann führt der Castor Krieg. Jedweder, der nicht zwischen Verwirrung und Ungewißheit hin und her gerissen ist, sondern den Krieg in seiner menschlichen Wirklichkeit aufgreift, *führt* Krieg. Selbst der Deserteur. Denn im Krieg braucht man auch Deserteure, er spielt seine Rolle. Und je mehr Überlegung er in seine Tat investiert, um so mehr verstärkt er den Krieg und sein Sein-zum-Krieg. Jedes kohärente und frei abgestimmte Verhalten gegenüber dem Krieg ist ein «Krieg führen». Man kann sich dem nicht entziehen. Denn der Deserteur hofft nicht, durch seine Tat den Krieg zu beseitigen. Er beschränkt sich darauf, ihn zu bestätigen. In dem Moment, da er vor dem Krieg flieht, bejaht er ihn und kümmert sich nur um die beste Weise, in der er sich ihm gegenüber verhalten kann, das heißt ihn führen. Von diesem Gesichtspunkt aus führe ich Krieg, insofern ich zwischen Desertion und Unterwerfung das gewählt habe, was meinem individuellen Kriegsschicksal am besten passen konnte. Ich habe nicht mehr und nicht weniger Komplizenschaft mit der Welt als der Deserteur. Nur schien es mir, daß meine Interessen und mein individuelles Ziel besser bedient würden, wenn ich, obwohl ich gegen meinen Willen im Krieg bin, dem Einberufungsbefehl Folge leisten würde.

Was ich eben schlecht und zu ausführlich gesagt habe ist, daß der Krieg nicht nur Gegenstand meiner Gedanken ist, sondern auch ihren Stoff bildet. *Durch das hindurch,* was ich wahrnehme, diesen Tisch oder diese Pfeife, denke ich den Krieg; die Art und Weise, *in der ich diesen Tisch oder diese Pfeife denke,* ist eine «des Krieges» – und schließlich ist *die Art und Weise, in der dieser Tisch und diese Pfeife sich mir geben,* eine des Krieges. Es handelt sich nicht nur um klare Urteile und ein klares Verstehen: mein präontologisches Verstehen, mein unmittelbarstes Sein gegenüber meinen unmittelbaren Möglichkeiten sind die des Krieges. Und dabei habe ich ein Grauen vor dem Krieg, aber dieses Grauen für einen existierenden Krieg ist selbst ein Zum-Krieg-sein. Es ist vom Krieg durchdrungen, es ist ein unbeweglicher und fester Zustand, der nicht darauf abzielt, diesen Krieg zurückzuweisen, sondern nur, ihn zu erfassen, und auf diesem Hintergrund von Grauen entwickeln sich meine gegenwärtige Ruhe, mein Glück und meine Freuden.

Meine *Befindlichkeit*[1] (Heidegger): das überwundene Grauen.

Es ist klar, daß die Zeitungen heute Rußland schonen.

Was sich bei mir seit dem 3. September verändert hat? Ich war über diese Veränderung vom ersten Tag an erstaunt. Ich fürchtete, sie ergäbe sich aus einer inneren Spannung, die ich nicht ständig würde halten können. Doch ein Monat ist ohne Ermüdung, ohne Katzenjammer vorübergegangen. In Wirklichkeit ist da keine Spannung, das heißt Kampf gegen mich selbst, sondern eine Veränderung dessen, was ich bin. Das heißt, daß der Zustand des Krieges mein natürlicher Zustand geworden ist. Das ist wirklich ein Beweis und ein Ausdruck der Freiheit, diese Metamorphosen. Denn niemand konnte einer Veränderung dieser Art weniger gleichgültig gegenüberstehen als ich. Niemand hing stärker am Leben. Gewiß gab es in mir etwas, das mich veranlaßt hätte, verzweifelt zu gehen, wenn ich mich gegenüber meinem Verhältnis zum Leben nicht verändert hätte. Das heißt, was sich verändert hat – ich komme darauf zurück –, ist mein In-der-Welt-sein. Mein Charakter ist der gleiche geblieben, aber er paßt sich neuen Situationen an. Der Charakter bleibt vor einem Hintergrund modifizierter Natur unverändert. Das heißt, daß ich andere Möglichkeiten bin. Und ich kann mein vergangenes Leben nur bedauern, wie man sehr alte Epochen bedauert: fast im Traum.

1 Deutsch im Original.

Heute abend ungewöhnlicher Mondschein. Man kann die Zeitung auf der Straße lesen. Die Farben der Häuser sind deutlich sichtbar: das Blau, das blasse Rosa – aber schüchtern und silbern. Die Weißtöne sind herrlich. Komische Welt. Man hört den Lärm unserer nagelbeschlagenen Soldatenschuhe in den ruhigen Straßen. Ich denke an die Abende von Ceintrey[1]: Es war finster wie in einem Ofen. Die Natur ist weniger verstellt, seitdem man die Lichter verbirgt; ein Vollmond ist wirklich ein Ereignis.

Während Pieter und Paul heute abend in der *Grappe d'Or* [Zur Goldenen Rebe] Dame spielen, plötzlicher Eindruck von Nichtwiedergutzumachendem. Soldaten sprechen im Scherz von fünfzehn Jahren Krieg. Ich rechne aus Spaß, wie alt ich in diesem Fall im Frieden sein werde: neunundvierzig Jahre. Und plötzlich denke ich an drei Jahre Krieg, als der wahrscheinliche Fall. Ich denke: ich habe nur ein Leben. Zunächst unangenehmer Eindruck, der mir dann wertvoll wird, weil es etwas wie der Widerschein des Todes ist. Aber er entgleitet mir. In dem Augenblick, da ich schreibe, fühle ich ihn nicht mehr. Es ist jedenfalls sicher, daß der Krieg – weil er tausend Arten und Weisen kennt, ihn zu entmenschlichen – den Menschen mit seiner *conditio humana* konfrontiert und sie ihn konkret spüren läßt. Ohne Zweifel für die anderen ein banaler Eindruck, dieses «ich habe nur ein Leben», aber bei mir eine Ausnahme. Ich habe immer das Gefühl, daß ich zu viel Zeit habe, daß die Augenblicke, die ich verliere, mir reichlich ersetzt werden, daß man seine Zeit nicht verlieren kann. Und plötzlich werden mir inmitten dieses militärischen Müßigganges meine Zeit und mein Leben eingeschnürt.

Ich war seit September – wie so viele andere – darauf vorbereitet, diesen Krieg zu ertragen. Nun lebe ich bereits ein Jahr in diesem Provisorium. Ich schrieb verbissen meinen Roman, indem ich versuchte, ihn so schnell wie möglich zu beenden, davon überzeugt, daß ich vergebens kämpfte, daß ich ihn nicht abschließen würde. Mein teilweise dreifaches[2] Leben schien mir anormal, und ich hatte diesen eigenarti-

1 Wo seine Einheit vom 4. bis 10. September lag.

2 Es handelt sich um sein Gefühlsleben. Außer seiner Beziehung zu Simone de Beauvoir hat Sartre zwei Beziehungen: eine, deren leidenschaftlicher Charakter durch kurze Andeutungen in diesen Heften erwähnt wird, mit Wanda Kosakiewicz; die andere mit Bianca B. (vergleiche Seite 25, Fußnote 2). Seine Idylle mit der jungen Wanda, geheimnisvoll und unvorhersehbar, ist prekär; was das Trio

gen Eindruck, «das mag für ein Jahr gehen, aber der Krieg wird das in Ordnung bringen». Diese Zerstreuung meiner Zeit und meiner Gefühle war mir wie ein Zeichen des Herannahens einer Katastrophe. Und dann gibt es eine Menge kleiner besonderer Behaglichkeiten in meiner Art, eine Straße von Paris, ein Café usw. zu lieben, die im September verschwunden und nicht wiedergekehrt sind.

Donnerstag, 28.

Pieter beim Frühstück: «Sartre ist wie wir. Sein Äußeres leistet ihm einen schlechten Dienst. Mein Lieber, als ich ihn das erste Mal sah, hab' ich zu Paul gesagt – stimmt's, Paul? – habe ich gesagt: dieser Typ schläft halb.» Ich hatte in der Tat in Ceintrey bemerkt, daß Pieter dazu neigte, mich für eine zu vernachlässigende Größe zu halten. Jetzt hat er mich in andere Kategorien eingeordnet: Beamter, Junggeselle, Träumer, Bohemien. «Ich habe einen Schwager, der ist dir wie aus dem Gesicht geschnitten. Ich habe ihm geschrieben: Wir haben hier einen Bohemien wie dich. Er hat mir geantwortet: Da hast du Glück.» Aber diese Eigenschaftsbezeichnungen sind für ihn wahrhafte Kategorien. Er denkt über mich in Begriffen. Ich bin *der* Träumer, *der* Bohemien usw., das heißt, daß ich Teil dieser unveränderlichen Wesenheiten bin. Das ist die Idee, die er von der menschlichen Vielfalt hat: man ist wie man ist, man kann sich nicht zwingen usw., aber das soll heißen: es gibt verschiedene Wesenheiten des Menschen, die nicht miteinander kommunizieren können und die feststehen. Was für die eine gilt, gilt nicht für die andere. Eigenartige Mischung – übrigens sehr verbreitet – eines Relativismus kommerziellen Ursprungs mit einer Tendenz zum Absoluten. Die Psychologie des Kunden führt ihn zu diesen Verallgemeinerungen: der Kunde stellt sich als eine Gesamtheit feststehender oder sehr langsam sich verändernder Forderungen dar. Charakter nennt man eine Gruppe dieser Forderungen. Und von ihr aus konstruiert man Erklärungsmechanismen. Gleichzeitig klassifiziert man diese Gruppen, um «Fami-

betrifft, das Simone de Beauvoir und er mit Bianca versucht haben, ist es dabei, sich aufzulösen: Die Gefühle des Castors dieser gegenüber werden ambivalent (siehe *Briefe an Sartre* und *Kriegstagebuch* von Simone de Beauvoir, Gallimard, Paris 1990), und er selbst scheint nicht mehr recht zu wissen, ob ihm noch an der jungen Frau liegt.

lien» zu erhalten. Hier greift die Statistik ein. Und man erhält eine Klassifizierung durch Typen: wobei die Typen verschieden sind und die Individuen dagegen streng gleich. Wenn ich mit Pieter spreche, habe ich den ständigen Eindruck, in seinen Augen die Verkörperung eines Typs zu sein. Für ihn sind alle «kultivierten Bohemiens» der Welt austauschbar. Ein anderer Typ, den er oft benutzt: *vornehm*. Er hat bestimmt fünfzig Unteroffiziere und Offiziere entdeckt, die «vornehm» sind, seitdem er hier ist. «Ein ordentlicher Bursche, weißt du . . ., vornehm.»

Eine Maxime Pieters: «Man ist immer gut beraten, Umgang mit Höherstehenden zu pflegen.»

Hervorragende Gelegenheit, den Eindruck zu beobachten, den ich von außen mache. Ein Soldat sagt neulich: «Bist du's, Paul? Nein? Ah, ich verwechsele euch ständig miteinander.» Und ein anderer heute morgen: «Seid ihr nicht Brüder, ihr beiden? Ihr seht euch so ähnlich.» So kann ich mit Melancholie den Gefreiten Paul betrachten und denken: So wie ich ihn sehe, so sehen mich die anderen. Das ist vielleicht nicht völlig genau, denn es handelt sich um eine globale Ähnlichkeit für die, die uns wenig sehen und die anonym wahrnehmen. Während ich dagegen Paul detailliert wahrnehme, seitdem ich ihn seit einem Monat jede Minute des Tages sehe. Aber trotzdem ist da eine Art fader Intellektualität, eine Intelligenz ohne Salz, die ich in seinen Zügen sehe und die ich auf meinen zu erraten glaube. Es ist richtig, daß Pieter protestiert: «Aber nein, sie sehen sich nicht ähnlich.»

Dort, unter den Lehrern, setzte ich meinen Hochmut darein, unklassifizierbar zu sein. Olga sagte es oft: «Sie, Sie sind nicht klassifizierbar, der Castor und Sie.» Aber hier, so anders als Pieter, als Keller, als der Fleischer, als Thibaud, als der Feldwebel Courteaux, fühle ich mich typisch. Auch die anderen sind übrigens typischer als gewöhnlich. Im Krieg tendieren die individuellen Unterschiede dazu, zu verschwinden (von außen), und die Typen kehren hervor. Das ist es wahrscheinlich, was mich bereits während meines Militärdienstes zu so viel bissiger Demut hinriß. Aber heute existiert diese Demut nicht. Auch nicht der Hochmut. Ein ruhiges und nacktes Selbstbewußtsein. So als entwickelten sich alle meine Gedanken, meine Gefühle auf der Grundlage einer ursprünglichen Anonymität: *Anonymität der Situation* (dieses allen gemeinsame Im-Krieg-sein), *der Position* (irgendwer, irgendwo), *Austauschbarkeit der Funktionen* (in zwei Stunden kann jeder X-Beliebige Vermesser werden), *Vergesellschaftung des Eigentums* (meine Kleidung usw.). Und zugleich ist diese ursprüngliche Feindseligkeit der Friedenszeit, diese Ironie des Umgangs, die man zwischen den Menschen spürt (Céline: Wer hat nicht davon geträumt, seinen Nachbarn umzubringen, während er vor dem Metroschalter anstand?), hier völlig verschwunden. Lächelnde Anonymität.

Um den 15. oder 16. herum begann ich mich «interessant zu fühlen». Ein Brief vom Castor, wo sie mir von der rührenden Demut des kleinen Bost spricht, hat mir die Bescheidenheit wiedergegeben.[1] Es ist unmöglich, sich interessant zu fühlen, wenn man «im-Krieg-ist», wenn man es aus Prinzip ablehnt, sich interessant zu fühlen, wenn man «Mensch-ist». Im Krieg sein gehört gegenwärtig zur *conditio humana*, und man braucht sich dessen nicht mehr zu rühmen, als des zum-Tode-zu-sein oder geschlechtlich zu sein usw.

Die Lektüre des Tagebuchs von Gide läßt mich ständig fühlen, daß ich nicht weiß, was gut schreiben heißt. Es erinnert mich an den Satz von Maheu[2] (1926 oder 27): «Armer Sartre, es gibt niemanden, der mit mehr Eifer hinter der Schönheit herrennt und der weniger fähig ist, sie zu greifen.» Es gibt in meiner Schreibweise, ich weiß nicht, was Plumpes und Germanisches. In meinen Sätzen eine diskrete Fettsucht, die sie leicht anschwellen läßt. Mit der Zeit werden sie mir unerträglich. Man müßte abspecken, aber es scheint mir, daß dann die Idee oder das Gefühl seine Nuance verlieren würde. Ich war immer angewidert, nachdem ich lange geschrieben hatte. Für mich hat mein Stil einen organischen Geruch, wie der belegte Atem eines Kranken, wie ein Magengeruch. Es ist möglich, daß die anderen es nicht spüren. Ich mochte sehr *Die Wand*, weil sich dieser Geruch darin nicht fand.

1 Jacques-Laurent Bost, ihr Freund, ist ebenfalls einberufen. Über die Gefühle, die Simone de Beauvoir für den jungen Mann zu jener Zeit hegt, siehe ihr *Kriegstagebuch*.

2 René Maheu war Mitschüler Sartres in der École normale. Simone de Beauvoir nennt ihn «Herbaud» in ihren Memoiren.

Aber schon *Das Zimmer*[1] ... Und mein Roman stinkt aus vollem Hals, wie mir scheint.[2] Die guten Sätze Gides haben keinen Geruch.

Man kann auch sagen, daß meine gelungensten Sätze das massive Aussehen eines Gebäudes haben mit einer heimlichen Schwäche, einem nicht eingestandenen Sichgehenlassen, das bei der zweiten Lektüre erscheint. Zu viele Adjektive, Gags, die man schon nachahmen kann.

Fortschreitende Veränderung seit dem 2. September. Der Zustand, in dem ich mich befinde, der zu Anfang einer Spannung bedurfte, ist mir natürlich geworden.

Schöne Auslassungen über den Krieg gestern und heute. In Wirklichkeit vergesse ich mitunter völlig, daß ich mich im Krieg befinde, und muß eine Anstrengung machen, um mich daran zu erinnern.

Das Licht des Mondes: Auch heute abend blendend; aber er macht auf mich die gleiche Wirkung wie das Wasser der Lagunen von Venedig: es ist ein totes und modriges Licht. Unter dem Mond bewahrten die Dinge heute abend wie gestern ihre Farben, aber sie waren mehr noch als gewöhnlich Dinge, verkrustet in ihrer kompakten und schweigenden Trägheit. Die rosa und blaßblaue Straße von Marmoutier mit seinen fallenden Dächern, tot, träge unter dem Mond, ähnlich diesen Gegenständen, die lange unter der versteinernden Wirkung der Quellen geblieben sind, versteinert durch den Mond, ein felsiger Umzug.

Freitag, 29.

Der Tierarzt betrinkt sich jeden Abend, er versucht, alle Frauen, die er trifft, zu küssen. Wenn sie sich wehren, schreit er: «Warte nur, ich werde dir mit Gewalt den Arsch knutschen.» Andererseits Schlägerei in der Offiziersmesse. Woraufhin strenge Maßnahmen ergriffen werden ... gegen die Soldaten.

1 *Die Wand* und *Das Zimmer*: zwei der fünf Novellen, die im Verlag Gallimard 1939 erschienen. *Die Wand* ist auch der Titel der Sammlung.
2 *Zeit der Reife*, woran er gerade schreibt.

Ein Unteroffizier schafft es, in einem Brief, den er seiner Frau schreibt, seine Adresse einzuschmuggeln. Diese besucht ihn in einem Kaff im Elsaß und schläft heimlich mit ihm in der einzigen Herberge. Aber sie war schwanger und hat eine Fehlgeburt. Überall Blut, man ist gezwungen, sie in einer Militärambulanz heimzufahren. Der Hauptmann sagt zum Unteroffizier: «Aber woher kannte sie Ihre Adresse?» «Ich hatte sie ihr gegeben, bevor es verboten war, sie mitzuteilen.»

Um im-Krieg-authentisch-zu-sein, müßte ich mich von meinem Verteidigungsoptimismus freimachen. Ich bin für ein Kriegsjahr gegangen, und die Überlegungen können daran nichts ändern, ich glaube ebenso stupid an diesen Krieg für ein Jahr wie Keller an seine Entlassung zu Weihnachten. Heute nutze ich die schlechten Nachrichten aus Rußland, um mich davon zu befreien. Weder an die Kürze des Krieges noch selbst an den letztlichen Sieg Frankreichs glauben.[1] So lange ich daran glaube, bewahre ich um mich herum, zu mir gehörend, Castor, Wanda, B., meine Schriften, mein Leben. Wenn ich nicht mehr daran glaube, fällt alles in sich zusammen: eine schwarze Leere, aber dafür realisiere ich vollständig den Krieg. Mein Leben ist wirklich vergangen; die Periode 1918/1939 entfernt sich von mir, sie ist tot. Meine Gegenwart ist unangenehm, die Zukunft unvorhersehbar, alle meine Möglichkeiten sind beseitigt. Das kann sich nur in und durch die Angst «realisieren». Wenn es mir gelingt, entzieht das zugleich meiner Gegenwart jede Konsistenz, sie ist entwaffnet wie durch den Tod, da ich eben hier bin, um gegen diesen Bruch mit der Vergangenheit zu kämpfen. Nun verstehe ich und fühle ich in diesem Augenblick die tiefe Natur des Krieges und *meiner selbst* im Krieg.

1 Es ist verständlich, daß Sartre an diesem Tag nicht besonders optimistisch ist: Die UdSSR und Deutschland haben, nachdem sie die «politisch-territorialen Veränderungen», die sie wünschten, vollzogen haben, am Vorabend einen neuen Vertrag unterzeichnet – wie der erste mit einem geheimen Zusatzprotokoll. Wenn man auch zu jener Zeit von der Existenz dieses Protokolls nichts wußte, konnte man es doch von den ersten Auswirkungen her deduzieren: Die beiden Diktaturen haben sich nicht nur Polen geteilt, sondern die UdSSR hat am gleichen Tag Estland gezwungen, einen Nichtangriffspakt zu unterzeichnen, der die Überlassung der See- und Luftstützpunkte und das Recht der Sowjets, bewaffnete Truppen auf seinem Territorium zu stationieren, vorsieht. Das Schicksal Europas liegt in den Händen des Reichs und der Sowjetunion.

Die Authentizität kann nur in der Verzweiflung erreicht werden. Vielleicht gibt es danach eine Art ruhiger und gequälter Freude, die, von der Gide und Dostojewski sprechen. Dieser seltsame Moment des Glücks, das ich am 10. September im Zug nach Saverne empfand, als der graue Morgen sich über die behängten, im Waggon eingeschlafenen Militärs erhob. Der Krieg ist eine Aufforderung, mich zu verlieren, völlig auf mich zu verzichten, sogar auf meine Schriften, alles loszulassen, was ich so eifrig festhielt, um nur nacktes Bewußtsein zu sein, das die verschiedenen unterbrochenen Leben meines Selbst betrachtet, den Krieg, den Nachkrieg, den Vorkrieg, den anderen Krieg, den anderen Nachkrieg, als Serien von Erfahrungen, die es zu nichts verpflichten.

1. Oktober, Sonntag

Ich stelle fest, daß ich die Moralität immer als ein *Sein* und nie als ein *Tun* betrachtet habe. Im Grunde eine Weisheit, aber existentieller Natur. Die Weisheit bestand immer darin, nichts zu tun, aber in bestimmten Situationen bestimmte innere Anlagen anzunehmen; betrachten Sie diese inneren Anlagen als eine existentielle Modifikation, und Sie haben ungefähr meinen einzigen moralischen Ehrgeiz, Stoizismus und Authentizität. Stoizismus, weil man die Situation ertragen, aushalten muß (aber auch das ist noch eine Weigerung, eine Enthaltung) – Authentizität, weil man voll dabei sein muß und dadurch die Situation und sich selbst in der Situation verstehen muß, wobei dieses Verstehen übrigens nur eine Art und Weise – eine authentischere – ist, um in Situation zu sein. Doch ergibt sich daraus ein Schein von Quietismus in meinen Schriften. Nicht zufällig *macht* Roquentin[1] nichts. Er beschäftigt sich nur damit zu sein. Ebenso denkt Pablo in *Die Wand* nur daran, «sauber zu sein» und den Tod zu verstehen. In diesem Sinne habe ich ihn sehr naiv meine eigenen Sorgen widerspiegeln lassen und die Haltung, die ich ganz sicher gegenüber dem Tod einnehmen wollte. Ebenso verhält es sich mit den anderen Helden. Dabei bin ich im täglichen Leben ziemlich aktiv. Hier Moral des *Handelns*. Wie soll ich mich gegenüber W., B. usw. verhalten, Diskussionen mit dem Castor über das, was ich hätte tun sollen, über das, was sie hätte tun sollen. Aber die Moral des *Handelns* – die immer

1 Der Erzähler von *Der Ekel*.

mehr oder weniger eine Moral der Pflicht ist, es sei denn, sie entspringt spontan dem Existentiellen, scheint mir immer eine niedere provisorische Moral, eine Moral des Vorzuziehenden zu sein. Das liegt vielleicht daran, daß der beste Teil meiner Aktivitäten durch mein Schreiben aufgesogen wird. In der Folge von alldem ist die Haltung, die ich gegenüber dem Krieg spontan angenommen habe, passiv. Stoizismus und Authentizität. Ich betrachte den Krieg nicht als eine Pflicht: Ich *mache* nichts von mir aus, ich leihe meinen Körper, ich mache meinen Dienst, damit man mich in Ruhe läßt. Aber ich verweigere den Krieg auch nicht aktiv in der Weise Alains. Ich betrachte ihn als eine Situation, die man *ertragen* und *realisieren* muß. Den Krieg kennen und mich im Krieg erkennen. Aber ich bin dazu gekommen, mich zu fragen (von Anfang dieses Tagebuchs an), ob Stoizismus und Authentizität vereinbar sind. Ist Stoizismus nicht Ablehnung der Angst – und gibt es nicht Listen des Stoikers, einen stoischen Optimismus? Und geht die Authentizität im Gegensatz dazu nicht zusammen mit Jammern? Ist Gide, der oft die Authentizität gesucht hat, nicht der schlimmste Feind des Stoizismus?

Die Freiheit, die Mathieu[1] sucht, ist keine Freiheit, um zu handeln, sondern eine Freiheit, um zu sein. Er muß frei existieren, ganz einfach. Es ist charakteristisch, daß ich in *La Psyché*[2] lange die Emotionen, Gefühle, das reine Bewußtsein analysiert habe, um dann zu bemerken, daß ich den Willen und die Handlungen vergessen hatte.

Die «Friedensoffensive» Hitlers und Stalins ruft eine gewisse Verwirrung[3] hervor. Die meisten Soldaten, die ich heute früh gesehen habe,

1 Held aus *Zeit der Reife* (und der beiden anderen Bände der künftigen Trilogie *Die Wege der Freiheit*).

2 Unvollendeter Essay, stark von Husserl beeinflußt. Sartre begann im Herbst 1937, ihn zu schreiben; er hat ein Fragment unter dem Titel *Esquisse d'une théorie des émotions* (Hermann, Paris 1939) veröffentlicht [dt. *Skizze einer Theorie der Emotionen*, erstmals als *Entwurf einer Theorie der Emotionen* in: J.-P. Sartre, *Die Transzendenz des Ego. Drei Essays*. Rowohlt Paperback 40, Reinbek 1964, jetzt in: J.-P. Sartre, Gesammelte Werke, Philosophische Schriften I/1, Reinbek 1994].

3 Am 26. September, am Vorabend des Falls von Warschau, starteten die deutsche Presse und der Rundfunk eine «Friedensoffensive» Hitlers. Zwei Tage später schloß die UdSSR sich ihr an.

wünschen, daß man ihre Angebote annimmt. Die einen in knurrender Form: «Ihr werdet sehen, in zwei Jahren geht das wieder los!» Die anderen mit Hoffnung: «Wenn sie was Anständiges vorschlagen ...»

Heute Mißmut, Lebensüberdruß. Es ist kalt, ich irre herum, von überall verjagt. Ich habe mich schließlich meinen drei Akoluthen bei Madame Gross angeschlossen, weil mir nach Lärm war. Doch kaum angekommen, denke ich nur daran, wieder wegzugehen. Es ist Sonntag. Der zivile Sonntag verfolgt mich bis in diese entzivilisierte Stadt. Heute morgen ein Begräbnis auf dem Platz, dann eine Prozession. Ein rotes Banner mit goldenen Lettern schaukelte auf der Höhe des Fensters vom ersten Stock. Frauen mit Hüten kamen in den Speiseraum, lachten beim Überziehen ihrer Handschuhe. Mir fehlen Bücher, ich fühle mich gejagt.

Diese dumpfe Fäulnis des Sonntags hat schließlich alle erreicht. Pieter sagte zum ersten Mal: «Das ist kein Katzenjammer, aber ich langweile mich.» Ich habe mich davon gegen Mittag befreit. Und ich hatte einen ziemlich angenehmen sonntäglichen Eindruck, als ich in einer nebligen und bäuerischen Gasse eine schwarzgekleidete und behütete Frau sorgsam hinabsteigen sah, wobei sie mit einer Hand ihren Rock anhob.

Bei den Schreibern der A. D.[1] hörte ich von einem Typen der I. D.[2] erzählen, der aus Verzweiflung durchdrehte. Ein Elsässer. Seine Kumpel verlassen ihn nicht, es sind mindestens fünf um ihn herum, und er schickt sie zum Teufel. Die Militärbehörden wollen keine Entscheidung treffen: «Versucht ihn abzulenken», sagt der Kommandeur. Angesichts dieser Verzweiflung habe ich stark empfunden, daß es sich wiederum um eine magische List des Bewußtseins handelt, das sich in Zaubersprüche hineinbegibt, weil es nicht *ertragen kann, zu ertragen.*[3] Mir scheint, wir haben jeder unsere Verzweiflung, die wie ein Schatten unserer Sicherheit, unserer ruhigen Gegenwart folgt. Und in jedem Moment ist es eine Versuchung – die man fühlt, und die man vermeidet –, hineinzufallen, nicht weil man sein vergangenes

1 Artillerie divisionnaire, Divisionsartillerie.
2 Infanterie divisionnaire, Divisionsinfanterie.
3 Das versucht Sartre in seiner *Skizze einer Theorie der Emotionen* nachzuweisen.

Leben oder eine besonders ergreifende Erinnerung beweint, sondern um sich *auszuruhen*. Es ist besonders auslaugend und erschöpfend, ruhig, trocken und blockiert zu sein. Man fühlt sich oft unmenschlich, und ein Schwindelgefühl ergreift einen, wenn man daran denkt, daß man morgen, übermorgen usw. immer noch so ausgedörrt sein wird, eine Erde ohne Wasser, immer noch so ruhig, immer noch so ausgestorben. Dabei weiß ich, daß ich nicht in die Verzweiflung fallen werde, ich werde nicht zulassen, mich mit Tränen zu begießen: aus Hochmut. Ich will nicht einmal den Weltschmerz akzeptieren. Ich denke, ich bin für die Dauer des Krieges blockiert (oder bis zum ersten Urlaub vielleicht).

Wenn ich im Radio eine dieser frivolen und vulgären Melodien hören würde, die mich letztes Jahr bei meiner Arbeit im Café Rey begleiteten, würde ich vermutlich heiße Tränen weinen.

Zum zweiten Mal kommt mir heute eine poetische und ergreifende Erinnerung an meine Geschichte mit Olga. Es war in Rouen, an einem der zahllosen Tage, da sie mir sagte, sie liebe mich nicht mehr. Ich sah einen steilen Hang, mit kurzem Gras bewachsen, wir saßen im Gras, und um uns herum spielten junge Burschen, auch Liebespaare waren da. Das war wahrscheinlich im Mai 36. Dazu kommt ein vager Eindruck von Kohlenstaub in der Sonne. Ich habe das in meinem Kopf hin und her gewendet und vage davon geträumt, ihr einen sehr freundschaftlichen Brief zu schreiben. Eine Absicht, die natürlich den Bereich des Irrealen nicht verlassen hat. Ich denke, diese Rührung kommt daher: so lange ich ein «laufendes» Leben hatte, war das junge Mädchen Olga, das ich in Rouen geliebt hatte, von dieser Frau gewordenen Olga überdeckt, von der ich jeden Tag hörte; meine Enttäuschungen von 37 hatten mir die Augen geöffnet, es gab nur noch eine einzige Olga – und diese war nicht sehr schätzenswert. Und wenn ich auf meine Erinnerungen von 36 zurückkam, dann um sie zu entschärfen als ein Herr, der weiß, worum es geht. Aber heute ist mein Leben stehengeblieben, es liegt hinter mir, tot. Diese Olga von 39 ist nicht mehr die wahre, nicht mehr präsent für den, der ich heute hier in Marmoutier bin, als die von 36.[1] Beide sind Erinnerungen, und jede

1 Sartre war in Olga Kosakiewicz, ehemalige Schülerin von Simone de Beauvoir (siehe *In den besten Jahren*) und ältere Schwester Wandas, verliebt. In den Hef-

nimmt ihre ganze Erscheinung und ihre ganze Kraft an *ihrem* Platz ein. Ich versetze mich nicht mehr auf den Standpunkt von 39, um mein Leben und meine Hoffnungen von 36 zu beurteilen, sondern ich beurteile 39 und 36 von meinem Platz hier, von dieser Stadt aus, wo ich das Ende des Krieges abwarte. Und aus diesem Blickwinkel sind 36 und 39 gleichwertige Erscheinungen.

Alles was ich in dieses Heft schreibe, scheint mir unmenschlich, aber das ist nicht meine Schuld. Wir sind im Krieg, ich kann nicht jammern. Nicht über mich, noch über die anderen.

Die Nachricht mit Befriedigung empfangen, daß Guille und Zuorro in Sicherheit sind, der eine in Dijon, der andere in Constantine, weil mich dies der Pflicht enthebt, an sie zu denken.

Als ich vorhin schrieb, «wenn ich im Rundfunk usw. hören würde» und «Alles was ich in dieses Heft schreibe», fand ich mich interessant. Ein wenig Komödie. Das war mir schon lange nicht mehr passiert.

Der Mann unserer Gastgeberin, ein Pionier, kommt auf seinem Motorrad «geradewegs» von dort. Er liegt an der Grenze, am Ufer eines Flusses, die Deutschen sind am anderen Ufer. Sie machen von einem Ufer zum anderen Konversation. Er sprach mit deutschen Offizieren, die ihm gesagt haben: «Hitler hat einen großen Fehler begangen.» Keine Schüsse: Freundlichkeiten, Scherze. Sie haben den Befehl erhalten, die Brücken zu sprengen. Am festgelegten Tag stopfen sie die Bögen mit Dynamit voll, gehen anderthalb Kilometer zurück, und die Brücke fliegt in die Luft. Am nächsten Tag kommen sie zu ihrem ersten Lagerplatz zurück und finden die deutschen Offiziere wieder, die ihnen verwirrt sagen: «Aber was macht ihr denn?»

ten werden noch andere Anspielungen auf diese heftige Liebe gemacht, die in einer sehr unruhigen Periode seines Lebens lag (1935 bis 1937), wo er fürchtete, in den Wahn zu stürzen. Olga zog ihm heimlich J. L. Bost vor; der Groll, den er hier ihr gegenüber äußert, kommt sicher daher, daß sie ihn es selbst entdecken ließ. In *Zeit der Reife* hat die Gestalt der Ivich viel Ähnlichkeit mit Olga; Simone de Beauvoir ließ sich in *Sie kam und blieb,* das sie zur gleichen Zeit schreibt, von der Dreieckssituation, die sie damals erlebten, inspirieren, und Xavière, ihre Heldin, hat ebenfalls eine gewisse Verwandtschaft mit dem jungen Mädchen.

Montag, 2.
Ich sehe, daß Daniel sich selbst haßt und sich weigert, Päderast zu sein. [1] Aber ich sehe nicht, warum er sich weigert. Das liegt daran, daß ich die Verrenkungen von Zuorro gesehen habe, um der Etikette zu entkommen, aber ich kenne nicht von innen die Gründe dieser Verrenkungen. Diese Dame sagt mit gesundem Menschenverstand (Mathieu [2] wird es sagen): «Wenn ich Päderast wäre, würde ich mich nicht schämen, es zu sein», ohne sich dessen bewußt zu sein, daß sie es eben deshalb sagt, weil sie kein Päderast ist.

Eigenartiges Schicksal dieses Romans: solange wir im Frieden waren, war ich überzeugt, daß ich ihn nicht vollenden würde. Jetzt glaube ich, daß ich ihn abschließen werde (mindestens den ersten Band), aber ich bin viel weniger sicher, daß er veröffentlicht wird. [3]

Der Geist leer. Oder besser, mit kleinen Alltagsbeschäftigungen gefüllt. Mein Roman – wie eine Bürokratenarbeit, geduldig und routiniert. Gide. Briefe. Kein Gedanke, nicht mal ein Versuch, die Dinge aus der Nähe zu betrachten. Vielleicht war mir heute der Krieg am *natürlichsten*, ich war drinnen und wunderte mich nicht. Dieser Mangel an Verwunderung ist es gewiß, der mein Denken gehemmt hat. Dabei blieb den ganzen Tag über eine Art Appetit, in diesem Heft zu schreiben. Ich habe sogar zwei andere Hefte der gleichen Sorte gekauft. Aber es war der Appetit eines Schreiberlings, eines Sammlers. Ich hatte eine kindliche Lust, vier oder fünf gefüllte Hefte zu besitzen, so wie ich in meiner Kindheit die vollständige Sammlung der Abenteuer Buffalo Bills haben wollte. Und ich war natürlich auch in naiver Weise von der Dicke des Tagebuchs Gides beeindruckt. Ich möchte, daß mein «Kriegstagebuch» ebenso dick sei. Denn natürlich beabsichtige ich, es zu veröffentlichen. In Wirklichkeit bleibe ich ziemlich unentschlossen. Zunächst drücke ich mich ohne Umschweife über B. und Wanda aus; ich kann mir folglich nicht vorstellen, daß diese Aufzeichnungen in ihrer gegenwärtigen Form erscheinen, solange mein «ziviles» Leben das sein wird, was es ist. Und dann sind sie sehr schlecht geschrieben. Ab und zu bemühe ich mich, den

1 Eine Gestalt aus *Zeit der Reife*.
2 Eine Gestalt aus *Zeit der Reife*.
3 Er wird es erst nach dem Krieg werden.

Satz «zu drechseln», andere Male fällt er flach nieder. Wenn ich mein Heft dem Publikum vorstellen sollte, müßte ich es überarbeiten. Aber hieße das nicht schummeln? Die Syntax überarbeiten, heißt das nicht, dem Geist eines Tagebuchs untreu werden? Und schließlich zwingen mich die Umstände dieses Krieges und mein Einsatz, ausschließlich über mich zu sprechen. Alles, was ich von diesem Krieg weiß, erfahre ich vom Hörensagen. Wenn ich die Dinge von außen betrachte, ist dieses Tagebuch ein Tagebuch über *nichts*. Ein isolierter Mann, von den Seinen getrennt, verbringt völlig leere Tage in einem elsässischen Marktflecken. Er weiß nicht, wann dieses Exil zu Ende gehen wird. Das ist natürlich kein Thema für erbauliche Bemerkungen. Wenn ich an der Maginot-Linie wär, wäre das ganz anders. Ich sehe also keine Möglichkeit, es zu veröffentlichen – bis zum heutigen Tage, denn alles kann sich schnell ändern –, es sei denn, man interessiert sich nicht für den Krieg, sondern für mich. Aber im Moment interessiert sich niemand für mich. So daß, wenn ich die Veröffentlichung dieser Notizen ins Auge fasse, es nur für ein sehr entferntes Datum ist. [1]

Diese Notizen, die nur über mich sprechen, haben dabei nichts Intimes, und ich betrachte sie nicht als solche. Alles was mir zustößt, alles was ich denke, beabsichtige ich augenblicklich, dem Castor mitzuteilen; kaum kommt das Ereignis über mich, erzähle ich es schon. Alles was ich fühle, analysiere ich *für anderswen*. In dem Moment, da ich es fühle, denke ich sofort daran, es hier oder da zu benutzen. Wenn ich dieses Tagebuch nicht führte und wenn die Militärzensur nicht funktionierte, würde der größte Teil von dem, was ich schreibe, in meine Briefe eingehen – und ich würde den Rest sofort vergessen. Ich kenne niemanden, der so öffentlich ist wie ich. Die meiste Zeit denke ich mit der Absicht, diese oder jene besondere Persönlichkeit zu überzeugen, und wenn ich Schlüsse ziehe, dann in rhetorischer Weise, um zu überzeugen oder zu widerlegen. [2] Nur meine Empfindungen und der

1 Am 16. September dachte Sartre an eine Veröffentlichung dieser Hefte nur als postume.

2 Als er achtzehn Jahre alt war, schrieb Sartre in ein kleines Heft, worin er seine Lektüren und seine Gedanken notierte: «*Alle Menschen brauchen einen Zeugen. Ohne Zweifel eine soziologische Notwendigkeit. Die einen erfinden also Gott, die anderen das (personifizierte) Bewußtsein, andere erscheinen in der Welt und können nicht denken, ohne zu sagen, was sie denken, andere wieder*

intime Geschmack meines Körpers bedeuten mir Intimität, weil sie unkommunizierbar sind. Ich denke also nicht, daß dieses Heft unter den Vorwurf fällt, den man gewöhnlich intimen Tagebüchern macht, nämlich daß ihr Autor auf zwei Ebenen spielt, Intimität und Öffentlichkeit (intim, so intim wie möglich, aber *um* dann ans Tageslicht gebracht zu werden). Was auch das Schicksal dieser Notizen sein mag, ob sie eines Tages veröffentlicht werden oder nicht, ich habe sie in einem öffentlichen Geist geschrieben – und zunächst, um sie dem Castor zu zeigen. [1]

Ich muß übrigens anerkennen, daß sie für mich keinerlei Hilfe bedeuten. Meine Gedanken sollten unter meiner Feder klarer werden. Aber in den fünfzehn Jahren, da ich denke, habe ich mich ohne Unterstützung eines Heftes organisiert. Ich denke und formuliere in mir, ich erinnere, ohne aufzuschreiben. So daß, was ich hier festhalte, die meiste Zeit bereits in meinem Kopf voll gedacht und formuliert war.

Übrigens taucht hier eine neue Zweideutigkeit des intimen Tagebuchs auf: Soll man beim Schreiben denken oder schreiben, was man gedacht hat? Beim Schreiben denken, das heißt, ein Thema mit der Feder in der Hand präzisieren und entwickeln: Man läuft Gefahr, sich Zwang anzutun, man wird unaufrichtig. Schreiben, was man gedacht hat: dann ist es kein intimes Tagebuch mehr; es hat dieses, ich weiß nicht was, Organische verloren, das seine Intimität ausmacht. In Wirklichkeit sehe ich für diese Hefte nur zwei Nutzen: als memento dienen – neben den Gedanken die Geschichte der Gedanken vorstellen.

Seien wir aufrichtig: es gibt noch etwas anderes. Sie entsprechen einer Aufgabe, die ich mir ungefähr im letzten Juli gestellt hatte und

faseln und stellen sich dunkel schöne Frauen vor, die ihnen zuschauen.» «Carnet Midy» in *Écrits de jeunesse.*

1 Ohne in Frage stellen zu wollen, was Sartre über seine Neigung, öffentlich zu schreiben, sagt, könnte man vielleicht auch meinen, daß er hier aus der Not eine Tugend macht und ein wenig schnell den Castor mit der Öffentlichkeit gleichsetzt. Würde es Sartre denn unter dem Blick der ihm nahestehenden betroffenen Personen gelingen, eines der erklärten Ziele seiner Hefte zu erreichen, nämlich in der Erkenntnis seiner selbst voranzuschreiten und insbesondere die Motive seines Liebesverhaltens, dieser «Zerstreuung der Gefühle», die ihn belastet, zu entwirren? Möglicherweise ist ihm diese Schwierigkeit schon bewußt geworden; der letzte Satz des Absatzes könnte als eine zweideutige Warnung an den Leser interpretiert werden.

die folgende ist: mich – nicht aus Interesse für mich, sondern weil ich mein unmittelbarer Gegenstand bin – nacheinander und gleichzeitig mit den verschiedenen jüngsten Untersuchungsmethoden behandeln: Psychoanalyse, phänomenologische Psychologie, marxistische oder marxisierende Soziologie, um zu sehen, was man konkret mit diesen Methoden gewinnen kann. Das passierte bei Gelegenheit echter Entdeckungen, die ich um diese Zeit über meinen Hochmut gemacht habe. Die Anwendung auf mein Im-Krieg-sein hat mich gereizt, aber ich sehe, daß ich mich von dieser Absicht entfernt habe. Morgen werde ich versuchen, meine *Situation* im Verhältnis zum Krieg zu klären, das heißt die Art und Weise, in der ich sie von meinem zivilen Leben aus ins Auge fassen müßte.

Dienstag, 3.
Ich glaube zur Zeit bei der Frau von Pieter einen Ausbruch an Leidenschaft und Gewissensbissen zu erkennen, ähnlich dem, der zerknirschte Witwen über den Sarg ihrer Gatten niederbeugt. Ein gewollter moralischer, bei ihr ungewohnter Ausbruch mit einer ungeschickten Heftigkeit – unerfahrene und starke, schöne Gefühle, die ihr später anhängen werden, wenn sie ihn wiedersehen wird: «Ach was! Das war dafür!» Nein, es war nicht «dafür» – wenigstens glaube ich es nicht –, es war aus Liebe zur Moralität. Und außerdem ist das sicher eine Ablenkung.

Der Satz von Gide, 8. August 1905, der seine Theorie der Gefühle zusammenfaßt: «Wenn das Drama auch in Blut enden würde, ich kenne kein Gefühl, dessen Aufrichtigkeit nicht in Zweifel gezogen werden könnte» [1], beweist, daß er etwas vom Wesen der Gefühle richtig gesehen hat – das darin besteht, zweifelhaft zu sein –, aber nicht alles, denn diese Zweifelhaftigkeit der Gefühle hat nichts mit Aufrichtigkeit zu tun. Es ist ein Charakter ihres Seins: Sie existieren – zweifelhaft (woraus sich die Möglichkeit der gesamten Psychologie Gides und des Teufels usw. ergibt), und wenn sie keine Aufrichtigkeit haben, dann ist das so, wie dem Stein, nicht wie dem Blinden die Sicht fehlt. Es bleibt, daß es wahre Gefühle und falsche Gefühle gibt, aber die falschen haben ebensoviel Existenz wie die wahren. Sie sind nur

1 *Tagebuch.*

einfach falsch, das ist ihre Natur. Die Entgegenstellung von Gefühl und Empfindung ist richtig: «Die Empfindung ist immer aufrichtig; sie ist für uns der einzige Garant der Authentizität der Gefühle»[1] unter der Bedingung, daß man unter Empfindung «Erlebnis»[2] versteht und daß man damit meint, daß das Unmittelbare und absolute Bewußtsein sich von Natur aus vom Gefühlsobjekt unterscheidet. Aber Gide fällt in die materialistische Übertreibung zurück und verliert, wie mir scheint, die Neuheit seines eigenen Gedankens aus den Augen, wenn er schreibt: «Unsere Gefühle werden uns durch ihre physiologische Nachwirkung garantiert.»[3] Da sind wir wieder bei James[4] und bei einem banalen Bovarysmus, wenn er schreibt: «Bald hat der Mensch sich dem Bild angepaßt, das man ihm von ihm selbst zeigte.»[5]

Wenn ich suchen will, welche *moralische* Haltung ich angesichts des Krieges einnehmen soll, laufe ich Gefahr, auf nichts zu bauen und das Erfassen der Wirklichkeit durch Vorurteile zu verfälschen. Das erste, was zu tun ist, ist nicht, eine Haltung dem Krieg gegenüber zu *wollen*, sondern die Haltung, die ich spontan ihm gegenüber einnehme, zu beobachten und zu erklären. Es ist ungerecht, dem Psychologen, so wie es Alain macht, «feiges Denken» vorzuwerfen. Ich finde in ihm im Gegenteil eine Härte, die der Moralist nicht hat, und letztlich eine strengere Moral, nämlich die der Wahrheit. Wenn ich als Moralist lebe und denke, scheint es mir immer, daß in mir ein verstohlener Heroismus und tausend Listen sind, die sich meinem Blick entziehen, denn man müßte Psychologe sein, um sie aufzuspüren. Wenn ich mich dagegen als Psychologe prüfe, scheint mir, daß ich mich der Authentizität entsprechend nähere. Es gibt beim Moralisten – immer in einem bestimmten Grad – die Auffassung vom nützlichen Irrtum, die Barrès teuer ist. Es gibt immer einen Augenblick, da der moralische Mensch mit einer leichten Kopfbewegung erklärt: «Macht nichts. Es ist schön, sich mit solchem Eifer zu irren.» In diesem Au-

1 A. a. O.
2 Deutsch im Original.
3 In seinem Tagebuch.
4 William James (1842–1910) schrieb insbesondere *Der Pragmatismus*, französische Ausgabe mit einem Vorwort von Henri Bergson, Flammarion, Paris 1911.
5 In seinem Tagebuch.

genblick verfehlt er aus Neigung zum «Handeln» das «Sein», das heißt die Authentizität. Eine unbarmherzig geführte Prüfung läuft dagegen Gefahr, zu diesen Zuckungen, dieser Angst, dieser Demut zu führen, die ich nicht mag, die aber die Ankündigung des Authentischen sind. Ich werde also hier zu bestimmen versuchen, welche Einflüsse mich zu der Haltung veranlaßt haben, die ich heute angesichts des Krieges einnehme.

Zunächst gehört der Krieg zu meinen Kindheitserinnerungen. Als solcher scheint er mit der Familie verbunden. Ich sah ihn *aus* meiner Familie und *durch* sie, er erschien mir zunächst als ein Familienereignis. Dennoch habe ich ihn nicht, wie viele, direkt erlebt: Niemand von meiner Familie ging an die Front. Meine Onkel waren zu alt, mein Schwiegervater zu kränklich, und wir hatten nicht viele Freunde, die gehen mußten, weil der Kreis unserer Beziehungen vor allem aus Akademikern im Alter meines Großvaters bestand. Da ich ab Ende 1916 in die Provinz ging, habe ich Paris nicht im Krieg erlebt, die Alarme, die Bombardierung durch *Tauben* und die «dicke Berta». Und weit davon entfernt, daß der Krieg mich meines Vaters beraubt und mich mir selbst überlassen hätte, wie bei so vielen anderen, hat er mir vielmehr einen gegeben, da meine Mutter im März oder April 1915 wieder geheiratet hat.[1] Ich habe vorzeitige Waisenkinder kennengelernt wie Claveau, der seiner Mutter mit einem Messer in der Hand hinterherjagte, weil ihm das von ihr servierte Essen nicht gefiel. Doch ich konnte sie nur um ihre Freiheit beneiden, ohne sie selbst zu genießen. Gab es eine Identifizierung des «Ernsthaften» des Krieges mit dem «Ernsthaften» meines Stiefvaters? Jedenfalls erschien er mir als eine Verfinsterung des Zeitgepräges, als eine schwülstige, eisige, vor allem langweilige – schrecklich langweilige – Nuance, die sich auf die Dinge gelegt hatte. Meines Wissens haben meine Kameraden und

1 Sartre irrt sich hier ein wenig bezüglich der Daten: Er war während des Schuljahres 1916/17 in Paris in der Fünften im Lyzeum Henri Quatre; 1914 verbrachte er einige Monate in Arcachon mit seiner Familie; und die Hochzeit seiner Mutter fand im April 1917, nicht 1915 statt. Er hat vielleicht nicht die *Tauben*, die kleinen deutschen Flugzeuge gekannt, die vor allem zu Beginn des Krieges viel Unheil anrichteten, noch die «dicke Berta», eine Kanone mit großer Reichweite, die Paris erst 1918 bombardierte, als Sartre in La Rochelle war, wo seine Eltern sich niedergelassen hatten.

ich nicht viel über die Ereignisse gesprochen. Ich sehe in diesem Krieg eine Art Schnitt, der der Eheschließung meiner Mutter entspricht: 1914 bis 1915 habe ich mit einer gewissen Schauspielerfügsamkeit die großen Gefühle nachgeahmt, die mein Großvater, selbst ein Schauspieler, zur Schau stellte. In Arcachon war ich im August 1914 stolz auf die Geschicklichkeit, mit der ich mir durch die Menge einen Weg bahnte, um als erster eines dieser vervielfältigten Blätter zu erhalten, die man unter dem Namen eines «Kommuniqués» verkaufte. Ich rekonstruiere ein wenig, aber es scheint mir, ich dachte, dadurch meine Pflicht als Franzose zu erfüllen und mit den «Poilus» [1] zusammenzuarbeiten. Ein wenig später schrieb ich in Paris in ein kleines Lederbuch, das mir Madame Picard [2] gegeben hatte und wo man sich über meine Neigungen und Abneigungen informierte, daß mein teuerster Wunsch darin bestünde, «Soldat zu sein und die Toten zu rächen». Ich erinnere mich nicht ohne Scham an diese Szene: Es war in der Rue le Goff im Arbeitszimmer. Madame Picard hatte mir das Buch gerade gebracht, und es war höflich, den Fragebogen in ihrer Gegenwart auszufüllen. Ich richtete mich am Schreibtisch meines Großvaters ein (ich sehe noch die Schreibunterlage und das grüne, mit roten Tintenflecken befleckte Löschblatt) und schrieb, während «diese Damen» schwatzten, meiner Pflichten bewußt, sicher, daß ich gelesen werden würde, und mich schon im voraus zu großen Gefühlen aufplusternd. Als ich meine Antworten verfaßt hatte, geriet eine jede in Verzükkung, und ich wurde von Hand zu Hand weitergereicht, um Beglückwünschungen und Küsse zu empfangen. [3] Ich schrieb zur gleichen

1 * Wörtlich «behaart» (=männlich), vor dem Ersten Weltkrieg aufgekommener Name für «Soldat», der sich im ersten Weltkrieg im Sprachgebrauch der Zivilisten durchsetzte. Anm. d. Ü.

2 Freundin der Familie Sartres mütterlicherseits.

3 Sartre erinnerte sich an diese Szene, als er Anfang der sechziger Jahre *Die Wörter* schrieb. Doch der Schluß ist nicht der gleiche; und die *Scham* ist nicht mehr die des Erwachsenen, der er 1939 ist, sondern die des Kindes, das er damals war: *«‹Welches ist Ihr sehnlichster Wunsch?› Ich antwortete ohne Zögern: ‹Soldat zu werden, um die Toten zu rächen.› Ich war zu aufgeregt, um weiterschreiben zu können, sprang auf und brachte den Erwachsenen mein Werk. Die Blicke wurden spitz, Madame Picard rückte ihre Brille zurecht, meine Mutter schaute ihr über die Schulter, beide schoben ziemlich spöttisch die Lippen vor. Ihre Köpfe richteten sich gleichzeitig auf. Meine Mutter war rot geworden, Madame Picard gab mir das Buch zurück: ‹Weißt du, mein Kleiner, solche Antworten sind nur*

Zeit auch einen Kriegsroman, in dem es dem Helden gelang, den Kronprinzen gefangenzunehmen und ihn inmitten eines Kreises von Poilus zu versohlen.[1] Schließlich spielte ich in Noirétable bei einer Benefiz-Vorstellung zugunsten der «Poilus» ein kleines heroisches Stück, das von meinem Großvater geschrieben worden war; ich war ein junger, von den «Boches» aus einem Dorf verjagter Elsässer, der schließlich seinen Vater wiederfand, einen französischen Soldaten, der zu einer Jägerabteilung gehörte und das besetzte Dorf wieder einnahm. Ich streckte den Arm im pathetischen Moment aus und sagte dabei: «Adieu, adieu, unser teures Elsaß» in einer so gelungenen melancholischen Weise, daß Herr Simon, der Konservator der Kathedrale von Reims, mich «skizzierte». Meine Mutter besitzt dieses Aquarell noch.[2]

Die sechste Klasse adoptierte einen «Poilus», und ich wurde zum Kassierer ernannt. Man brachte mir Münzen, die ich in einer Sparbüchse aufbewahrte. Das «Patenkind» kam eines Tages zu meinem Großvater. Er war groß, mit einem Bart, schüchtern und traurig. Ich stelle mir vor, daß ich mit Wohlwollen zu ihm sprach und alle zufrieden waren. Dennoch muß festgehalten werden, daß die sechste Klasse sich aus Gründen, die ich vergessen habe, zum Schuljahresende nicht mehr für dieses Patenkind interessierte. Es blieb ein wenig Geld in der Sparbüchse, das ich für mich behielt. So scheint mir, daß mein erster Kontakt mit dem Krieg rein heroisch war. Weder erlebte noch fühlte ich irgend etwas Wahres, ich ließ mich von konventionellen und vorgefertigten Gefühlen einkleiden, die ich auch schnell wieder abstreifte. Im Grunde war er mir völlig schnuppe. Und der tiefe Grund für all diese Komödien war es, daß ich damals mit den Erwachsenen lebte und mich ihren Spielen anpaßte. Was für mich damals in dieser Epoche wahr war, war eine ganz besondere und lokalisierte Langeweile: ich las gern die unter anderem von Arnould Galopin gezeichneten wöchentlichen Veröffentlichungen, die von den Taten junger Knaben und von ihren Reisen um die Welt erzählten. Seit dieser Zeit hatte ich einen Widerwillen für jene Romane, die die

interessant, wenn sie ehrlich sind.› Ich glaubte zu sterben.» [*Die Wörter*, Rowohlt Taschenbuch Verlag, Reinbek 1988, S. 62.]

1 Vergleiche *Die Wörter*.

2 Die Erinnerung an diese Vorstellung endet in *Die Wörter* mit einer Demütigung.

Abenteuer von Pfadfindern oder von jungen Leuten erzählen, die organisierten Formationen angehören. Außerdem las ich in den «rosa Büchern» phantastische und charmante Erzählungen (*Alice im Wunderland*, Erzählungen von der Ile de Man usw.)[1], aber nach der Kriegserklärung verschwand ein Teil dieser Publikationen (insbesondere Buffalo Bill und Nick Carter, deren Verleger ein Deutscher war), und andere verwandelten sich: die rosa Bücher waren jetzt voll von Heldentaten junger Belgier oder Nordfranzosen – Arnould Galopin erzählte die Abenteuer von Truppenkindern. Diese Erzählungen langweilten mich über alle Maßen. Zunächst, denke ich, wegen ihrer Monotonie: es handelte sich immer mehr oder weniger um Kämpfe zwischen Deutschen und Franzosen. Dann war die ganze Exotik, die die Poesie von *Reise um die Welt im Flugzeug*[2] (Indien, der Dschungel, der Kongo, die Kordilleren, die Anden) ausmachte, verschwunden. Die vielfarbigen Seiten der Wilden waren durch das *Feldgrau*[3] der Uniformen der Deutschen ersetzt, den Hintergrund bildeten unverrückbar die schlammigen und schrundigen Landschaften des Nordens. Außerdem wurde hier mein Grauen vor organisierten Formationen – das dazu führte, daß ich es hartnäckig ablehnte, die *Abenteuer der drei Pfadfinder* von Jean de la Hire[4] zu lesen – mehr als bedient. Diese jungen Helden, zu schwach, um glaubhaft allein Deutsche gefangennehmen zu können, waren immer früher oder später gezwungen, sich an einen französischen Hauptmann oder Kommandeur zu wenden. Sie wurden unterstützt, in Einheiten zusammengefaßt, befehligt: Sie interessierten mich nicht mehr. Und all diese wohlmeinenden Werte, die ich mir ansonsten aneignete, wenn ich mit Erwachsenen zusammen war, langweilten mich schrecklich, ohne daß ich es mir eingestand. Ich glaube, von da an begann meine Abscheu für den Krieg. Denn meine Lektüren stellten zur damaligen Zeit für mich die wichtigste und liebste meiner Tätigkeiten dar. Ich las

1 «Les livres roses», eine Kinderreihe bei Larousse. Eine Umarbeitung von *Alice im Wunderland* [von Lewis Carroll, eigentl. Charles Lutwidge Dodgson, Alice's Adventures in Wonderland, 1865] erschien 1910; die *Légendes de l'Île de Man* 1914.

2 Von Arnould Galopin. Über Sartres Lektüre-Erinnerungen siehe *Die Wörter*.

3 * Deutsch im Original.

4 Ferenczy, 1913. Nach *Die Wörter* hat Sartre diese Abenteuer in illustrierten Reihen gelesen.

fast den ganzen Tag. Man sieht, daß das Gewimmel der Kriegsabenteuer mich zutiefst kränken konnte, und wenn ich selbst den Anfang eines Kriegsromans geschrieben habe, so vermutlich aus einem Mimetismus der Verärgerung, so wie man schließlich selbst einen Ausdruck benutzt, der einen im Mund eines anderen nervt.

Als ich in La Rochelle ankam, erlitt ich eine Erschütterung meiner moralischen Anschauungen. [1] Zunächst geriet ich unter die Autorität meines Stiefvaters, dessen Moral nichts Gemeinsames mit der meines Großvaters hatte, dann hatte ich viel wichtigere Beziehungen mit den Jungen meines Alters. Bis dahin standen meine Beziehungen zu meinen Kameraden unter dem wohlwollenden Schutz meiner Eltern. Nun gestalteten sie sich gegen meine Eltern. Und was für Kameraden: zynisch, brutal, Strolche, vor allem an Sexualität interessiert. Ich erinnere mich, wie wir eines Tages das Frageheft von Madame Picard wieder aufnahmen und es mit Scherzen und Beschimpfungen bedeckten. Es ging nicht mehr darum, die Toten zu rächen. Ich übernahm den Zynismus meiner Kameraden, um bei ihnen angesehen zu sein, ebenso wie ich die erhabenen Gefühle meine Familie übernommen hatte. Ich entfernte mich mehr und mehr vom «Kriegszustand», den allein mein Stiefvater in meinen Augen verkörperte. Diese Identifizierung des Krieges mit meinem Stiefvater reichte, um ihn mir endgültig verdrießlich, langweilig und finster zu machen, ich kümmerte mich überhaupt nicht mehr um ihn, ich las keine Zeitungen und hatte ein prinzipielles Vertrauen in unseren Sieg. Meines Wissens haben wir unter den Kameraden niemals über den Krieg gesprochen. Der Waffenstillstand verursachte mir weder Überraschung noch Freude. Er war eine Tatsache, die ich mit der größten Gleichgültigkeit zur Kenntnis nahm. Die sexuelle Frage beschäftigte mich wesentlich mehr. Während am 11. November die Fünfundsiebziger [2] am Strand schossen, führte mich Pelletier [3] auf dem Wall in harmlose Spiele ein. Meine Gewissensbisse beschäftigten mich 1919 viel mehr als der Friede. Einige Jahre lang mußten wir offizielle Reden über unsere glorreichen Toten und über die uns obliegenden Pflichten er-

1 Die autobiographische Erzählung der *Wörter* hört vor dieser Niederlassung in La Rochelle, die einen Wendepunkt in der Kindheit Sartres bedeutet, auf.

2 Französische Schnellfeuerkanonen, die 1897 erfunden worden waren und im Krieg von 1914 viel benutzt wurden; sie wurden auch noch 1939 eingesetzt.

3 Einer der Klassenkameraden von Sartre.

tragen. Es war zur abgedroschenen Redensart geworden. Wir erkannten alle mit Abscheu die großen Gefühle wieder, die man pries, da wir zu irgendeiner Zeit – ich zum Beispiel 1914/15 – deren Komplizen gewesen waren. Und da die meiste Zeit unsere Lehrer die Predigten übernahmen, erinnerten sie uns an das offizielle Schwärmen der griechisch-lateinischen Moral und andererseits an die tugendhaften Ratschläge, die unsere Eltern uns gaben. Von 1920 an kann man sich nichts vorstellen, das mehr tot und mumienhaft für mich gewesen wäre als der Krieg. Ich könnte, ohne zu übertreiben, sagen, daß er nicht ein datiertes und vergangenes *Ereignis* war, sondern ein kollektiver zeitloser Mythos, begleitet von religiösen Riten, im Grunde die Quintessenz der Moral der Erwachsenen.

Dieser *Mythos* verdeckte mir immer *die Geschichte*. Nie nahm ich ein Buch in die Hand, das die Geschichte des Krieges behandelte, mit Ausnahme der «Geschichte des Krieges» des *Crapouillot*[1] vor fünf oder sechs Jahren, eben weil ich wußte, daß es einen Versuch darstellte, den Mythos auszuhöhlen. Im Grunde war der Krieg für mich lange nichts als ein Strauß von Tugenden für Erwachsene. Er verschmolz mit den Worten Pflicht und Vaterland, mit denen man um 1919 bis 21 großen Mißbrauch trieb, und irrealisierte sich dadurch. Ich lehnte es ab, das *Feuer* von Barbusse[2] zu lesen, obwohl er seinen Gegenstand von einem ganz anderen Gesichtspunkt aus behandelt; er war infiziert. Ich habe nicht *Die Holzkreuze* von Dorgelès[3] gelesen und konnte *Im Westen nichts Neues*[4] nicht zu Ende lesen. Das alles rief bei mir eine unüberwindliche Langeweile hervor: sobald ich die Schranke der Tugenden überwinden wollte, die ich vor den Tatsachen aufgerichtet hatte, fand ich diese Realitäten wieder, die mir immer mißfielen: Disziplin, organisierte Formationen und die schlammigen Weiten des Nordens. Im Grunde dieselbe Reaktion bei den Kriegsbüchern wie bei den Kinderpublikationen von 1914. Im Grunde war der Krieg für mich lange wie ein verkörperter Mythos, genauso wie Jesus

1 * Wörtlich «kleine Kröte», Name eines kleinen Mörsers, der im Ersten Weltkrieg eingesetzt wurde. Nach diesem nannte sich die von Sartre erwähnte Zeitschrift *Le Crapouillot*. Anm. d. Ü.

2 Flammarion, Paris 1916.

3 Albin Michel, 1919.

4 Roman von Erich Maria Remarque, französische Ausgabe Stock, Delamain et Boutelleau, 1929.

für Couchoud[1], ein Mythos, dem man im nachhinein den Aspekt eines in der Vergangenheit liegenden Ereignisses gegeben hatte. Und ich war immer verblüfft, wenn ich sah, daß Männer meines Alters wie Friedmann in *Jacques Aron*[2] sich genauer Tatsachen oder Bilder, die «nach Krieg rochen», erinnerten. Auch heute noch muß ich mich anstrengen, um mich zu erinnern, daß «es während des Krieges war», wenn ich meine Kindheit, mein Leben als Jugendlicher in La Rochelle hervorrufe. So daß meine erste Reaktion «gegen» den Krieg sich nicht von meiner Reaktion gegen die Moral der Erwachsenen unterscheidet. Sie ähnelt in nichts dem Grauen jener, die auch nur die kleinste Episode des Krieges erlebt haben. Und da die Erwachsenen, die über den Krieg sprachen, im Grunde jene waren, die ihn geführt hatten, habe ich sehr schnell einen Grauen vor den alten Kämpfern entwikkelt. Sie irritierten mich, weil man behauptete, daß sie Rechte mir gegenüber hätten. Es war eine Gesamtheit von Ärgernis, Pflichten, pompösen und geschwätzigen Tugenden, die ich abschütteln wollte. Aus dem Krieg heraustreten, das hieß aus der falschen Tugend heraustreten, genauso wie man aus der Religion oder dem protestantischen Puritanismus austritt, wenn man den Glauben verliert. Worauf ich hier hinweisen will, ist die Nichtigkeit der ersten Gründe, die mich den Krieg hassen ließen. Aber ich habe ihn zunächst als individualistisch Revoltierender gehaßt. 1923 zum Beispiel, als ich schon einen gesunden Grauen vor ihm hatte, war ich in der *Première-Vétéran*[3], und ich lehnte es ab, ich weiß nicht mehr was für ein sozialistisches Manifest zu unterzeichnen, zum Teil weil der Sozialismus mir eine «Organisation» zu sein schien, zum Teil aus unbewußtem Gehorsam gegenüber den Ideen meines Stiefvaters. Angesichts des Krieges war ich der Mensch des Ressentiments, ich haßte ihn, weil er das Reich der Tugend ist. Das war das affektive Milieu, in dem sich meine *Ideen* über den Krieg entwickelten. Ideen, die ich übrigens alle von außen empfangen habe. Ohne Zweifel verstanden und assimiliert – aber

1 Sartre hatte gerade in der September-Nummer der *N. R. F.* den Artikel von Paul-Louis Couchoud, *Jésus, Dieu ou homme?* [Jesus, Gott oder Mensch?] gelesen.

2 *Jacques Aron I (Votre tour viendra,* [Ihr kommt an die Reihe]*)* und *Jacques Aron II, (L'Adieu* [Der Abschied]*)*, Romane von Georges Friedmann, im Verlag Gallimard, Paris, 1930 und 1932 veröffentlicht.

3 Hypokhâgne oder Lettres supérieures: erstes Vorbereitungsjahr zum Wettbewerb für die École normale supérieure.

empfangen. Um 1924 herum wurde ich Antimilitarist. Einfluß von Kameraden (Broussaudier, Guille, der damals sagte: «Lieber lasse ich mich erschießen als zu marschieren.»). Wesentliches Buch: *Mars ou la guerre jugée.* [1] Dieser Antimilitarismus war niemals konstruktiv, ebensowenig wie mein Grauen gegenüber dem Krieg jemals ein Pazifismus war. Ich habe es nie in Betracht gezogen, mich irgendeiner Aktion für Abrüstung anzuschließen, noch übrigens bestimmte Gesten zu machen, die engagieren (Wehrdienstverweigerung aus Gewissensgründen usw.), ich habe, wie andere, die pazifistischen Argumente wiederholt: «Nichts von dem, was ein Sieg geben kann, ist ein Menschenleben wert.» – Oder auch: «Nehmen wir an, die Deutschen besetzen uns. Und dann?», ohne zu sehr daran zu glauben. Mit einer Art Unbehagen, weil es nicht sehr weit führte. Ich glaubte auch nicht an die menschliche Vervollkommnungsfähigkeit, noch an den Fortschritt, es fiel mir also schwer, die Hoffnung auf mich zu nehmen, daß es eines Tages «keinen Krieg mehr geben würde». Ich glaube nicht, daß ich das oft zum Ausdruck gebracht habe. In Wirklichkeit hätte meine natürliche Haltung, die von den modischen Ideen verschleiert wurde, darin bestanden, den Krieg und die Armee zu verurteilen und zugleich davon überzeugt zu sein, daß es immer Kriege und Armeen geben wird. Ebenso war ich, wenn ich den Satz wiederholte: «Nichts lohnt ein Menschenleben», gewiß davon überzeugt, daß meine Überzeugung auf tönernen Füßen stand, weil ich nicht Humanist war. Viele meiner Kameraden hatten ein Grauen davor zu töten, aber wir sagten uns, Nizan und ich, als sie gegangen waren, daß wir keinen Widerwillen empfinden würden, zu töten, wohl aber, getötet zu werden. Wirklich habe ich bei der P. M. S. [Wetterbeobachtungsstation] und später beim Militärdienst die Entwürdigung des Menschen durch die Armee erfahren. Das war aufrichtig gefühlt und stürzte mich im Fort von Saint-Cyr in Verzweiflung. Ich absolvierte meinen Militärdienst mit der ganzen negativen Einstellung, zu der ich fähig bin. Deshalb blieb es die traurigste Periode meines Lebens. [2] Das führte mich dazu, den Krieg mehr und mehr vom moralischen Gesichts-

1 Siehe Fußnote 1, S. 28.

2 Raymond Aron, sein Instrukteur im Fort Saint-Cyr, erzählt: *«Diese Monate hinterlassen bei mir aus nicht zu beschreibenden Gründen eine unangenehme Erinnerung. Es geschah nichts, aber die Beziehung zwischen uns wurde, verglichen mit der in der École, schlechter.» Mémoires,* Julliard, Paris 1983.

punkt aus zu betrachten: falsche Tugend, wirkliche Erniedrigung des Menschen; niemals jedoch in seiner schrecklichen Wirklichkeit der Zerstörung. Und deshalb sorgte ich mich mehr um meine persönliche Haltung angesichts eines Krieges und im Krieg. Sowenig ich etwas gegen einen möglichen Krieg tat, so wenig dachte ich daran zu desertieren. Als Guille oder Broussaudier das Desertieren als eine mögliche Lösung in Betracht zogen, antwortete ich immer ein wenig geniert: «Ich bin eine Hilfskraft. Folglich habe ich die besten Aussichten, heil davonzukommen. Während mein Leben, wenn ich desertiere, versaut ist.» Ich wurde also zum Stoizismus als der einzigen möglichen moralischen Haltung getrieben, und in dem Maß, in dem der Krieg am Horizont meiner Möglichkeiten stand, war der latente Stoizismus im Falle eines Krieges eine virtuelle und ständige Möglichkeit meines Seins. Ich habe sie lange mit der «Verweigerung» Alains geschmückt. Stoisch sein und nein sagen. Aber wenn ich entwarf, nein zu sagen, war es natürlich der Krieg von 1914, zu dem ich nein sagte. Nein zum Reich der Tugend, zur Gehirnwäsche und zur Erniedrigung.

Natürlich war ich auch von diesem Gedanken überzeugt, der aus der Prüfung des «großen» Kriegs hervorging: es gibt keinen Verteidigungskrieg, weil es niemals nur einen Kriegsverantwortlichen gibt – was für die Verweigerung bequem war. Zugleich bestärkte mich der Zustand der Not, in dem Deutschland sich zwischen 1924 und 1930 – für uns kaum bedrohlich – befand, im Glauben, in einem Krieg wäre Frankreich der Aggressor. Es war also um so leichter abzulehnen, da Akzeptieren bedeutet hätte, sich zum Komplizen der Aggression zu machen. Aber andererseits habe ich niemals Krieg und kapitalistischen Imperialismus miteinander verbunden, zunächst aus Mißtrauen gegenüber den marxistischen Rekonstruktionen, ferner weil ich unter dem Einfluß Alains stand, für den der Krieg Leidenschaft und nicht Spiel von Interessen ist. Ich sah ihn also als einen vorübergehenden Wahn an, gegen den es in dem Moment, da er ausbrechen würde, Zeit genug wäre, mich aufzuregen, und nicht als das notwendige Ergebnis einer politischen und sozialen Entwicklung, die ich in jedem Augenblick aufzuhalten versuchen müßte. Das paßte mir um so mehr, als ich – aus anderen Gründen – niemals in die Politik einsteigen wollte und niemals gewählt habe. Also negative Haltung auf der ganzen Linie. Ich habe übrigens nie in Betracht gezogen, im Krieg sterben zu können. Wenigstens nicht vor September 38. [1] Und das ist verständlich, da er für mich das Reich der Langeweile, der Dummheit und der Tugend war. Für mich war es eine Periode, in der mein Leben und mein Denken auf Sparflamme gesetzt sein würden, die man ertragen müßte, aber die ein Nachher enthielte. Ich sah mit einem gewissen Mißmut seine Rückkehr (vor allem seit 33), aber glaubte ich im Grunde wirklich daran? Waren es nicht einfache prophetische Bauchschmerzen? Jedenfalls verdanke ich diesem Mißmut, verbunden mit meiner Haltung eines Menschen des Ressentiments, nicht von den Kriegsdrohungen von 37, 38 und 39 aus dem Gleis geworfen worden zu sein. Die Pazifisten, die im Grunde um 1928 meine Brüder waren, wurden in moralische Verwirrung gestürzt. Ich fand einfach nur diesen alten, wohlvorbereiteten Bodensatz an Stoizismus wieder.

Ich komme zum Jahr 38/39. Zum Zeitpunkt des Anschlusses und im Mai 38 (deutscher Druck auf die Tschechoslowakei) habe ich gezittert. Die Wirklichkeit des Krieges war für mich noch verschleiert. Ich sah darin nur den Bruch meines Lebens, die Unterbrechung meines Schreibens und vor allem die Bombardierung von Paris. Ich erinnere mich daran, daß ich im Mai mit dem Castor durch Paris spazierte und daß ich in all diesen piekfeinen Gebäuden das Skelett aus Eisen und Balken spürte, ich stellte mir verbogenes Eisen, verbrannte Balken vor. Seitdem schien mir Paris immer «zerbrechlich», vor allem nach dem September, und ich habe mich nach und nach ein wenig von ihm gelöst, ich begann es in desinteressierter Weise zu lieben. Dann kam der September. Aufregung in Rabat, in Casablanca. In Marseille finsteres Abwarten. [2] In Martigues habe ich eingehend in Betracht gezogen, daß ich verstümmelt werden könnte; wir setzten uns an das Ufer eines Kanals; Schiffssirenen dröhnten unangenehm in unseren Ohren, es nieselte. Wir diskutierten darüber, ob es besser wäre, blind

1 Während der Krise, die den Münchner Verträgen vorausging: der Krieg schien damals fast unvermeidbar.

2 Im Sommer dieses Jahres war Sartre nach Marokko gefahren. Die Sudetenkrise hatte bereits begonnen, als er Mitte September nach Paris zurückkehrte. Hitler drohte, die Sudeten zu annektieren, ein tschechisches Territorium, das mehrheitlich von Deutschen bewohnt wurde. In einem Brief an Simone de Beauvoir analysiert Sartre sehr genau die internationale Situation, wobei er alle möglichen Entwicklungen in Betracht zieht (*Briefe an Simone de Beauvoir*, September 1938). Die letzte Woche dieser Krise bis zu den Münchner Verträgen wird Gegenstand von *Der Aufschub*, Band 2 der *Wege der Freiheit*, sein.

oder im Gesicht verstümmelt zurückzukehren. Von diesem Moment an und bis August 39 lebte ich in einem, wie wir es nannten, imaginären Glauben an den Krieg. Das heißt, daß die Entwürfe, die Vorstellungen, alles sich in Abhängigkeit vom Krieg ordnet, aber das Wesentliche ist nicht einbezogen oder nur in imaginärer Weise. Ich war gereizt, weil der Castor mir in diesem imaginären Glauben nicht folgen konnte. Entweder glaubte sie nicht daran und lebte voll in der glücklichen Welt des Friedens, oder sie glaubte ganz und gar daran (was selten war) und ging über mich hinaus, weil sie eine wirkliche Angst hatte. Was das wahre Gesicht des Krieges aber auch verhüllte, waren meine Pflichten gegenüber Wanda. Ich hatte versprochen, sie nach Paris zu holen, und fürchtete, mein Versprechen nicht halten zu können. Vor allem das hat mich während des ganzen Monat September beschäftigt. Nach Paris zurückgekehrt, war ich zwischen Münchnern und Antimünchnern hin und her gerissen, und ich muß hier gestehen, daß ich niemals den intellektuellen Mut hatte, das eine oder das andere zu sein. Die Münchner widerten mich an, weil sie alle Bourgeois und Feiglinge waren, die um ihre Haut, ihr Kapital und ihren Kapitalismus fürchteten. Aber die Antimünchner flößten mir Furcht ein, weil sie den Krieg wollten. Ich war noch nicht genug an den Gedanken des Krieges gewohnt, um zu verstehen, daß man ihn wollen könnte. Das einzige Problem für mich war immer gewesen: kann man ihn erleiden oder muß man ihn aus allen Kräften zurückweisen (bis zum Desertieren oder bis zum Galgen), und wenn ich auch für die stoische Resignation optiert hatte, so hatte ich wenigstens Gewissensbisse. Außerdem blieb der Fall unklar: schließlich waren die Sudentendeutschen Deutsche und wünschten in den Schoß Deutschlands heimzukehren; schließlich hatten die Tschechen nicht Wort gehalten[1]; schließlich waren wir nicht genug vorbereitet.

Dennoch hat sich um diese Zeit der Kriegszustand auf dauerhafte Weise in mir eingerichtet. Im September allein mit C. X.[2], dann mit dem Castor, habe ich den Krieg und meine Freiheit gegenüber dem Krieg realisiert; ich werde an anderer Stelle erklären, was das heißt. Jedenfalls fand eine langsame Veränderung in mir statt, die mich mein Bewußtsein als um so freier und absoluter empfinden ließ, als

1 Vielleicht eine Anspielung auf die Garantien, die der neue tschechoslowakische Staat seit dem 1. Weltkrieg gegenüber seinen Minderheiten übernommen hatte.
2 Vergleiche S. 43, Fußnote 1.

mein Leben eingebundener, kontingenter und versklavter war; so sehr, daß ich schließlich mein gegenwärtiges Leben, an dem ich so sehr hing, das ich für mein Wesen selbst gehalten hatte, für eine Erfahrung unter anderen möglichen hielt, gestützt, aufrechterhalten und aufgehoben durch mein Bewußtsein. Wie oft hat uns im Verlauf dieses Jahres die Perspektive des Krieges «existentiell» werden lassen, den Castor und mich, insbesondere an einem Märzabend nach der Annektierung von Tschechien, in einem kleinen Restaurant am *Place des Victoires*. Die Lektüre Heideggers, die ich begonnen hatte, drängte mich außerdem sehr dazu. Zu Ostern, nach der Invasion Albaniens durch die Italiener, an einem Abend, als wir vom Berg nach Nizza herabstiegen, verstand, fühlte und stellte ich dem Castor dar, was die ursprüngliche Situation des Im-Krieg-sein, die in ihrer Komplexität fast undenkbar ist, bedeutet: Man muß gleichzeitig realisieren, 1. daß man nicht weiß, was aus einem *selbst* in der Welt werden wird (Verstümmelung oder Tod – oder einfach nur Abstumpfung); 2. daß man nicht weiß, was mit der Welt um einen herum geschehen wird (Niederlage – Auftauchen einer neuen Ideologie – soziale Umwälzungen). Aber da die Veränderung schließlich impliziert, daß etwas erhalten bleibt und daß hier das Ich und die Welt Gefahr laufen, sich gleichzeitig und jeder auf seine Weise zu verändern, ist es nicht mehr möglich, diese totale und irrationale Mobilität zu erfassen. Etwas später diskutierte ich in Avignon und in jüngerer Zeit, am 16. August, in Carcassonne mit dem Castor über die Möglichkeit einer Moral und der Authentizität für und durch den Krieg. Ich werde noch hier oder anderswo darüber sprechen. So daß der Krieg, den ich zunächst als das mythische Reich der konservativen Tugenden, dann im Laufe meiner Lektüren als ein unmenschliches und erschrecktes Erzittern der Eingeweide kennengelernt hatte, als etwas zu Hartes für den Menschen und folglich ihn Herabsetzendes, nun im Gegenteil eine sehr nutzbringende Angst wurde, durch die man sein In-der-Welt-sein besser verstehen konnte. All meine Gedanken dieses Jahres, mein teilweise dreifaches Leben, meine seltsame Leichtigkeit und mein eigenartiges Glück waren vom Krieg beherrscht. Denn er offenbarte plötzlich eine Modalität des In-der-Welt-seins, vielleicht jene, die am günstigsten ist, um dieses In-der-Welt-sein zu fühlen und zu verstehen. Und folgerichtig unternahm ich einige schüchterne Anstrengungen, um ihn als künftiges, kontingentes und von menschlichen Entscheidungen provoziertes Ereignis zu akzeptieren, da er für mich als allgemeine Situation der menschlichen-Realität so nützlich war. Ich erklärte zum Beispiel dem Castor, dieser Krieg wäre nicht, wie 1914, ein Krieg der Trägheit, für den alle Nationen verantwortlich sind, sondern diesmal gäbe es wirklich etwas zu verteidigen, nämlich meine Freiheit als Schriftsteller gegen die Naziideologie. Worauf mir der Castor antwortete: «Für Sie ist das möglicherweise richtig. Aber was hat der Hirte der Cevennen zu verteidigen? Und können Sie diesen Krieg für ihn akzeptieren?» [1] Das war unwiderlegbar. Ein andermal sagte ich ihr in Juan-les-Pins nach einem Blick auf diese halbnackte und buntgescheckte Menge, ich hätte immer geglaubt, die Menschen seien für den Frieden geschaffen, bei der Betrachtung dieser Menschheit würde ich jedoch nicht einsehen, daß sie eher für den Frieden als für den Krieg geschaffen sei, was sie mir ebenfalls nicht einräumte. Diese Bemühungen zielten im Grunde nur darauf ab, mich von der stoischen Verweigerung à la Chartier [2] zu befreien, weil die historischen Umstände diese Verweigerung nicht mehr so gut zu motivieren schienen und sie mich andererseits daran hinderte, den Krieg als Authentizität zu leben und zu verstehen. Schließlich ist den Krieg ablehnen sehr schön, aber das heißt, mit geschlossenen Augen in ihn hineinfallen. Alain spricht in *Mars* vom Militärsystem, aber nicht vom Krieg. Ich befand mich also an einem Scheidepunkt zwischen der stoischen Ablehnung, die zu wollen alle meine moralischen Begriffe mich gelehrt hatten, und der Authentizität – und ich versuchte mich von der einen zugunsten der anderen zu befreien. Ich glaube, daß ich nun anfange zu verstehen: die Natur des Krieges besteht darin, hassenswert zu sein, und die Menschen, die ihn auslösen, sind Kriminelle. Andererseits ist er ein historischer Unfall, eine immer vermeidbare Kontingenz. Aber wenn die Kontingenz einmal *geschehen* ist, wird sie zum privilegierten Gesichtspunkt für den Menschen, um sein In-der-Welt-sein zu realisieren und zu verstehen (weil dieses In-der-Welt-sein *in Gefahr* gerät). Besser noch, er *ist* das In-der-Welt-sein des Menschen, er ist die menschliche-Realität, aus dem Blickwinkel der Zerbrechlichkeit, des Absurden und der Verzweiflung betrachtet, aber eben dadurch auch hervorgehoben. Man muß also den Krieg ohne Verweigerung leben, was nicht heißt, daß man

1 Sich an den «Hirten der Cevennen» erinnernd, schuf Sartre in *Der Aufschub* die Gestalt des Gros-Louis, der zum Zeitpunkt der Sudetenkrise einberufen wird.

2 Familienname des Philosophen Alain.

ihn nicht hassen sollte, da seine Natur darin besteht, hassenswert zu sein. Man muß ihn in seinem Hassenswerten und mit Authentizität leben. Im Grunde ist die Veränderung meiner Ansicht folgende: ich hielt den Krieg für eine menschliche Unordnung, die auf den Menschen niederfiel, ich sehe ihn gegenwärtig als eine hassenswerte, aber geordnete und menschliche Situation, er ist eine der Weisen des In-der-Welt-seins des Menschen.

Heute früh um 11 kündigt man uns an, daß wir am gleichen Abend abrücken. Wohin? Ohne Zweifel nach Brumath an die Grenze. Große Bewegung. Der dicke Postler mit den riesigen schwarzen Augenbrauen spricht uns an: «Nun was, mein Lieber! Wir gehen an die Front, das ist alles.» Kleine, fröhliche und bedeutsame Aufregung: Ich hatte die Dinge nicht so betrachtet, ich hatte vage das Schicksal jener beneidet, die «zur Front» gingen, aber ich dachte nicht, daß mir das passieren könnte. Ich sage ihm aus Gewissenhaftigkeit: «Ja, aber wir werden dennoch zehn Kilometer von der Front entfernt liegen.» «Einverstanden, aber bei diesem Abstand wird uns schon von Zeit zu Zeit ein dicker Brocken auf die Schnauze fallen.» Ein wenig heroische Bedeutsamkeit, die Mistler besänftigt, indem er uns sagt: «Keine Aufregung, wir wissen nicht mal, ob wir abrücken, ihr seid ganz schön erregt.» Um so mehr, als wir in Wirklichkeit entsprechend einer Nachricht, die von einem Motorradfahrer kolportiert wird, in eine Ruhestellung rücken würden und man uns wegschickt, um den Engländern Platz zu machen.[1] (In Wirklichkeit gehen wir nach Ittenheim, zwölf Kilometer von Straßburg entfernt; Motiv: den Generalstab in einem Dorf, das nicht an der Hauptstraße liegt, geschützt unterbringen. Aber Ittenheim liegt genau an der Hauptstraße.) Gefühl des Abenteuers, das noch andauert. Um 2 Uhr war kein Brief von Wanda da. Daraufhin fühlte ich mich trocken und vergessen. Ich hatte drei Stunden lang diesen Eindruck: Abenteuer in der Verlassenheit. Stark und finster. Dann bringt mir Paul einen charmanten Brief von ihr. Fröhliche Erregung. In diesem Moment bin ich sehr glücklich. Kein Brief vom Castor.

1 Zwei britische Divisionen befinden sich seit dem 3. Oktober 1939 auf französischem Boden.

Phantomkrieg: Ein Feuerwerker sagt uns, daß die Soldaten, die am Eingang zur Brücke von Kehl nachts Stacheldraht legen, gehört haben, wie die Deutschen ihnen in gutem Französisch sagten: «Was macht ihr, wir haben keine Lust, zu euch zu kommen», und da sie ihre Arbeit fortsetzten, haben die Deutschen sie freundlich beleuchtet. All diese Gespräche finden sicher auf Befehl statt; immer der gleiche Plan: die Engländer von den Franzosen trennen. Übrigens endete die französische Sendung aus Stuttgart[1] gestern mit folgenden Worten: *Franzosen, Hitler hat seinen Soldaten befohlen, nicht anzugreifen, nicht auf euch zu schießen. Wir bleiben in der Defensive, wir wollen nicht gegen Franzosen kämpfen.*

Bis vor kurzem schien mir der Krieg das Gegenteil von allem zu sein, was ich liebte, von allem, was ich Poesie nenne. Und dann entdeckte ich in schüchterner Weise die Poesie des Krieges. Zunächst hatte ich in einer Nacht, als ein kleines, stöhnendes Auto uns durch Olivenwälder von Delphi nach Itéa hinunterfuhr, den Eindruck, es wäre ein beschlagnahmtes Auto und wir wären Offiziere, die für irgendeine Mission unterwegs seien.[2] Ich könnte keine Gründe für diesen Eindruck nennen, aber es ist eine Tatsache, daß ich durch ihn eine neue Beziehung entdeckt habe zwischen einer zerrissenen, ihres ruhigen und kontemplativen Sinns beraubten Landschaft und diesen Lastwagen voller Männer, die durch sie hindurchfahren und sie zu zerstören beauftragt sind. Eine Art Verbindung im Tod und in der Beraubung. Seitdem sind diese Worte: Venedig während des Krieges – die Kriegsnächte in Stresa – das Paris des Hinterlandes (es handelt sich natürlich um den Krieg von 14) für mich voller Poesie; sie erinnern an flüchtige Vergnügungen in den mit Überzügen verhüllten Städten, die jenen halb demontierten Jahrmarktsbaracken unter einem Herbsthimmel am Tag nach dem Markt ähneln. Im Grunde von der Art: absurde Malereien, laue Getränke von Rimbaud[3], mit einem ruhigen,

1 «Radio Stuttgart» wurde von Goebbels zu Beginn des Krieges eingerichtet, es sendete täglich auf französisch.

2 Erinnerung an den Sommer 1937.

3 Anspielung auf *Une saison en enfer* (Délire II): «*J'aimais les peintures idiotes, dessus de porte, décors, toiles de Saltimbamques, enseignes, enluminures populaires ... J'aimais le désert, les vergers brûlés, les boutiques fanées, les boissons tièdies ...*»

traurigen und unmenschlichen Sinn, die wiedereroberte Ruhe. Ich sehe in diesem Moment eine Stadt am Ufer des Lago Maggiore in der Kälte, Laub unter den Schritten der wenigen Spaziergänger, die schwarz gekleidet sind, alle großen Paläste geschlossen und verlassen, das graue Wasser und einige unbewegliche Soldaten an den Straßenecken.

Ich habe weiter oben eine schreckliche Angst (doch im Imaginären) nicht erwähnt, die mich eines Tages in meinem Zimmer in Laon ergriff, nachdem ich irgendwann, als der Krieg nahe schien, das Buch von Helena Zena Smith *Pas si calme*[1] gelesen hatte. Ihre Beschreibung von Soldaten, die durch einen Flammenwerfer verbrannt wurden und deren «Gesicht wie rohe Kalbslunge aussieht».

7.30 Uhr – Abreise nach Ittenheim.

Ittenheim, Mittwoch, 4. Oktober 39

Um 6.30 Uhr[2] versammeln wir uns auf dem Kirchplatz, zusammen mit den Schreibern. Wir warten auf den Lastwagen, der uns nach Ittenheim fahren soll. Kein Lastwagen. Es steht zwar ein Bus auf dem Platz, doch der ist den Offizieren vorbehalten. Ein Oberleutnant kommt vorbei. «Ihr glaubt an einen Lastwagen?» Er lacht, so abwegig scheint ihm dieser Gedanke. «Nun schön, wenn er zehn vor sieben nicht gekommen ist, tut ihr besser daran, zum Südausgang von Marmoutier zu gehen, von wo aus man euch zu Fuß nach Ittenheim führen wird.» Er geht. Verblüffung bei den Schreibern und den Ordonnanzen. Wut Pauls: «Sie *müssen* uns im Lastwagen transportieren, ich rühr mich hier nicht weg.» Niedergeschlagenheit Pieters: «Ich habe einen Bruch, ich kann nicht zwanzig Kilometer zu Fuß gehen.» Ich fand sie widerlich, um so mehr, als man im Halbdunkeln lange Reihen von Jägern sah, die vom Tag 35 Kilometer Gewaltmarsch hinter sich hatten und die sehr wohl den Weg zu Fuß aufnahmen. Wir waren ziemlich schwer beladen, aber ich empfand eine Art Freude angesichts der bevorstehenden Anstrengung. Dieser seltsame Zwang: so viel wie möglich tun, um den Krieg so intensiv wie möglich

1 Gallimard, Paris 1931.

2 Abends, vergleiche *Briefe an Simone de Beauvoir*, 3. Oktober.

zu spüren. Natürlich immer von den Akoluthen gebremst (man könnte sie für die Gehilfen des *Schlosses* von Kafka halten) und vielleicht auch zufrieden, gebremst zu werden. Die Oberleutnants Munot und Pénateau sowie der Hauptmann Munier kommen. Man verhandelt mit den Oberleutnants, die den Gefreiten Courcy zum Oberst schicken. Währenddessen sagt Hauptmann Munier: «Steigt doch einfach in den Bus der Offiziere.» Wir steigen also von hinten in einen finsteren Wagen und stapeln uns im hinteren Teil. Neben uns eine ironische, kultivierte Stimme: «Oho, hier irrt sich wohl jemand in der Adresse, scheint mir.» Es ist ein kurzer und bärtiger Oberleutnant, dessen eisernes Brillengestell und Ferkelgesicht ich im Licht einer Taschenlampe erkenne. Er ist zusammen mit zwei anderen Oberleutnants, die empört flüstern. Einer von ihnen, ironisch besorgt: «Es sei denn, wir sind es , die sich in der Adresse geirrt haben.» Und eine harte Stimme: «Das ist doch hier wohl der Offizierswagen, oder?» Pieter erklärt ihnen, Hauptmann Munier habe uns gesagt, wir sollen einsteigen. «Welcher Hauptmann», mit kurzsichtiger Stimme, «Munier? Prunier? Ah ja, ich seh ...» Sie finden sich verbittert ab, und einer von ihnen sagt zu den anderen: «Habt ihr wenigstens eure Gasmasken mit?» Dann: «Da man den *Männern* (mit aristokratischem Abscheu betont) gestattet, in diesen Wagen zu steigen, sehe ich nicht ein, warum wir nicht unsere Ordonnanzen mitnehmen.» Daraufhin kommt ein Hauptmann herein: «Da ist ja das sympathische Profil von Biner», sagt er lachend zu einem der Oberleutnants. «Herr Hauptmann», sagt Pieter heftig, immer noch übertrieben höflich (obwohl er im Grunde wütend auf die Offiziere ist), «vorne sind noch freie Plätze.» Der Hauptmann schroff, wohlwollend: «Vorne? Warum vorne?» «Wir sind nach hinten gegangen, um Sie nicht zu stören», erklärt Pieter. Der Hauptmann mit Schneid: «Wir sind hier nicht in der Comédie-Française. Es gibt hier weder Parkett noch Olymp.» Gezwungenes Lachen der drei Oberleutnants. Oberleutnant Z. taucht auf, der mehr und mehr wie ein Schwuler wirkt: «Meine Freunde, da ist Platz im Wagen des I. D.» Erleichtertes Aufatmen der drei Oberleutnants, die panikartig zum Ausgang stürzen, um vor den Männern zu fliehen. Ich bestätige, daß wir nicht riechen. Ich mußte an diese reichen Amerikaner denken, die in New York eine ganze Avenue verlassen haben, weil eine schwarze Familie sich in einem der Gebäude niedergelassen hatte. Pieter, dem vor Empörung die Luft wegbleibt: «Nein, die aber! Ich hatte Lust, ihm zu sagen:

Herr Oberleutnant, in Zivil riechen wir vielleicht besser als Sie.» Er geht nach hinten, um es sich bequem zu machen. Ich sitze mit dem Rücken zum Fahrer, lege die Füße auf den Klappsitz gegenüber. Langes Warten, dann setzt sich der Wagen im Dunkeln in Gang, sehr langsam und rumpelnd. Freude. Wir fahren langsam an Reihen über Reihen dunkler Schatten vorbei, die Jäger. Hie und da das rote Feuer einer Zigarette; hinter uns sehe ich auf der Straße die blauen Scheinwerfer von sieben oder acht Wagen im Gänsemarsch. Zahlreiche Stopps. Bei einem von ihnen wirft der Scheinwerfer eines Wagens gegen den Glimmer der hinteren Scheibe den hüpfenden Schatten eines gehenden Mannes, der größer, immer größer wird und schließlich jedes Maß überschreitet.

Um neun Ankunft in Ittenheim. Man quartiert uns gemeinsam mit drei Ordonnanzen im Speicher einer Scheune ein, mit Stroh und zwei großen Betten. Wir nehmen die Betten, zwei pro Bett. Zerbrochene Scheiben. Der Hund bellt. Auf der Straße Gewirr vom Lärm der marschierenden Truppen, der Befehle, dem Lachen. Ab und zu fällt das Licht eines plötzlich angeschalteten Scheinwerfers auf unser Fenster. Paul springt an meiner Seite herum, Pieter hustet, schnauft, räuspert sich. Drei-, viermal kommen Soldaten herein, machen eine Taschenlampe an oder beleuchten uns und fordern Plätze. Wir verjagen sie. Freude, die wie immer von dieser etwas finsteren Melancholie gefärbt ist, die ein militärischer Einzug an sich hat. Alles ist immer so kalt, so traurig, wird man am nächsten Tag «querencias» finden? Aber Freude über die Veränderung. Ich schlafe gut.

Heute früh sagt man uns: «Die Leute von Ittenheim haben den miesesten Ruf im gesamten Niederrhein. Unmöglich, irgend etwas zu finden.» Trotzdem haben wir um elf im Hotel *Le Bœuf d'Or* [Zum goldenen Ochsen] die gesuchte querencia, die wir mit drei Typen vom S.R.A. teilen. Ich ziehe mit all unseren Kisten auf einem Handwagen um (acht Fuhren). Ich amüsiere mich bei dem Gedanken: wenn Guille mich sähe. Sicher ein trügerischer Eindruck, kriegerisch auszusehen, während ich meinen Wagen schiebe. Mittag. Ich schreibe in unserem kleinen gemeinsamen Raum, während die Akoluthen die Suppe holen.

Donnerstag, 5.
In den *Neuesten Nachrichten*[1] gelesen: «Auf Grund der gegenwärtigen Umstände ist zu befürchten, daß durch zahlreiche herumirrende Hunde eine Tollwutepidemie hervorgerufen wird. Wir erinnern daran, daß das Gesetz dem Besitzer eines an Tollwut erkrankten oder im Verdacht, erkrankt zu sein, stehenden Hundes vorschreibt, das Tier unmittelbar zu töten und im Rathaus oder bei der Polizei einen Bericht abzugeben. Diese informieren dann den Kantons-Tierarzt oder die Unterpräfektur. Die Leiche des Hundes hat bis zur Ankunft des Veterinärs aufbewahrt zu werden. Andererseits ist jeder im Ort unbekannte Hund, der nicht von seinem Herrn begleitet wird, als herumirrend zu betrachten und hat festgehalten zu werden. Wenn das Tier nicht überwacht werden kann, ist es sofort zu töten.» Ich stelle mir diese verlassenen Hunde vor, die im leeren Straßburg umherirren. (Notiz vom 13. Oktober: Romantik. Straßburg hat noch eine Polizei und eine städtische Müllabfuhr.)

Eine Art Angst und Unbehagen gestern den ganzen Tag über. Mir war kalt, das Dorf, reich und durch die es durchquerende Hauptstraße ausgetrocknet, schien mir wenig gastfreundlich. Dabei hatte ich mich am Morgen darüber gewundert, es so wenig als sich im Krieg befindend zu empfinden, so wenig den Krieg in ihm zu spüren. Seine reichen und weißen Gehöfte mit ihren großen Höfen, ihren Holzbalkons, ihrem wilden Wein. Aber daran war nichts Erstaunliches. Der Krieg, den bringen *wir*. Wir sind Pestkranke, die überall unser Übel mit uns schleppen und alles anstecken. Wir haben den Sinn dieses egoistischen, reichen und ruhigen Dorfes plötzlich verändert. Wir haben plötzlich den Sinn dieses Speichers, in dem wir zu acht wohnen, vier Meteorologen, vier Ordonnanzen, zerstört, wir haben ihn von seinen gewöhnlichen Verlängerungen abgeschnitten (es war bestimmt eine Gesindekammer oder das Zimmer von Stallburschen), wir haben daraus ein Quartier gemacht. Alle seine Verlängerungen sind militärische mit dem letztlichen Charakter von Utensilien für ein In-der-Welt-sein der Zerstörung. Und wenn wir dieses Dorf verlassen, wird es seine üppige Ruhe wiederfinden. Das ist eine der größten Überraschungen in diesem Phantomkrieg: In dieser Region fühlen die Soldaten sich indiskret und ansteckend. Der Krieg hat nichts ver-

1 *Straßburger Neueste Nachrichten* (elsässische Zeitung).

wüstet, wir verteidigen nichts: wir zwingen reichen Dörfern, die nichts von uns wollen, den Krieg auf.

Ein Soldat, der neben mir Kaffee trinkt: «Ich bin neununddreißig Jahre alt, mein Lieber, und man hat mich mit Typen von neunundzwanzig bis dreißig zusammengestellt, das ist nicht gerecht, ich dürfte nicht an die Front, und inzwischen ist mein Schwiegervater in der Etappe in einer Munitionsfabrik, er hat seinen gesamten Lohn, fünfzehn- bis achtzehnhundert Francs im Monat – und ich bekomme zehn Sous am Tag. Ich bin nicht neidisch, aber wenn ich das sehe, sage ich: das ist nicht gerecht. Die Arbeiter in der Etappe, müßten sie nicht zehn Sous am Tag bekommen, so wie wir?»

Im Radio des Hotels *Zum goldenen Ochsen* eine Auswahl von Musik aus *Schneewittchen*. Rauschen, Knistern, Nebengeräusche. Aber als die Melodie, die ich kenne (die ich für fade und banal halte), zu hören war, war es wie ein Licht in der Nacht, ein Versprechen, daß es zu Ende gehen wird und daß ich morgen zurückkehren werde. Es dauerte fünfzehn Takte lang und dann Schluß. [1]

Ich habe Momente starker Freude erlebt, seitdem ich einberufen bin, und dabei sind alle meine Erinnerungen an Ceintrey, Marmoutier usw. vergiftet, so als ob alle Augenblicke, die ich erlebt habe, ihr Gift zeigen, wenn sie vorübergegangen sind. Sie haben alle (selbst meine Freude von Dienstag abend) einen falschen und etwas fiebrigen Glanz – etwas Trockenes und Verdammtes.

Heute ausgezeichnete Stimmung, das Gerücht geht um, daß wir nach Saarbrücken abrücken. Vielleicht ein Witz. Vielleicht wahr: man würde dort Truppen konzentrieren für den Ernstfall. [2] *Das wäre es endlich,* ich wäre an der Front. Eindruck von Neugierde und im Grunde Zufriedenheit mit leichter Angst. Ich habe noch nicht *am*

1 Der Film *Schneewittchen und die sieben Zwerge* von Walt Disney kam in Frankreich 1938 heraus. Die Lieder aus diesem Film, ins Französische übersetzt und vom Radio verbreitet, waren bald auf allen Lippen. Die Melodie, die Sartre an diesem Tag hört, ist: Eines Tages wird mein Prinz kommen.

2 Es gibt in der Tat eine Saarfront, aber eine größere Offensive findet nicht statt. Die Zeitungen deuten allerdings an, daß die französischen Truppen die Absicht haben, die Region zu besetzen.

eigenen Körper unter dem Krieg gelitten. Das dachte ich, als ich hörte, wie Hantziger mir gestern abend erzählte, daß er Nachtwache in einem Lastwagen von Dienstag zu Mittwoch bis vier Uhr morgens hatte: «Ich konnte meine Beine nicht ausstrecken, ich war eingefroren.» Auch das muß ich erleben: dieses Leiden des Körpers und zugleich die Befreiung des Körpers, weil das Leiden *keine Rolle spielt*. Ich will damit sagen: es hat keine Bedeutung für das *Leben*; mir ist kalt. Und dann? Ich werde eine Bronchitis erwischen. Und dann? Eine Bronchopneumonie. Und dann? Es ist *ohne Bedeutung*. Im zivilen Leben sind Schmerz und Leid immer von unangenehmen Stopp-Perspektiven verlängert: ich werde nicht zu meinen Rendezvous gehen können, nicht arbeiten, nicht das tun, was ich beschlossen hatte usw., aber das Übel im Krieg zerstört keine meiner Möglichkeiten, weil sie bereits alle zerstört sind. Der Krieg ist eine Krankheit, die ich seit dem 2. September in mir trage. Die Bronchopneumonie wäre nichts anderes als eine hinzukommende Krankheit. Im Krieg bin ich irgendwo, irgendwer, irgendwann. Und mein Körper ist ein anonymes Elend. Doch all das errate ich nur (mit meinem Körper); der einzige unangenehme Zustand, bei dem ich es zu fühlen übe: seit gestern morgen eine ständige und unbesiegbare Kälte; eine dicke Erkältung.

Die Leiden eines Stoikers (Fortsetzung)

Es war völlig überflüssig, mich aufzuplustern: es scheint, daß wir in einen kleinen ruhigen Abschnitt nicht weit von hier verlegt werden. Und was die Kälte betrifft, sie ist vorbei – und ich selbst habe Kohlen geholt, um den Ofen anzufeuern.

Man hat darauf verzichtet, den Rest der elsässischen Bevölkerung zu evakuieren, so schlecht war die Aufnahme der Flüchtlinge in Zentralfrankreich. Der Präfekt der Dordogne soll abgesetzt worden sein.

Freitag, 6. Oktober

Die ganze Division ist heute morgen abgerückt. Heute nacht Lärm von Stimmen und marschierenden Truppen. Paul träumt, daß er auf einen Turm gestiegen ist, der zusammenfällt, und brüllt an meiner Seite. Heute morgen bleibe ich allein in Ittenheim. Einziger Soldat. Ich bewache die Apparate, die ein Lastwagen im Laufe des Abends abholen wird. Komischer Eindruck von Freizeit und Dienst. Mein Schicksal ist schon zu sehr mit der Division verbunden, als daß ich mich befreit fühlte. Ich fühle mich eher zurückgelassen. Aber nachher, wenn die letzten Soldaten abgerückt sein werden, werde ich eine Runde in den Straßen im Nieselregen drehen, um zu sehen, wie sich dieses ruhige Dorf nach den Wirbeln langsam wieder sein Friedensbild formt. Jetzt ist der Krieg weggegangen, er geht weiter nach Brumath. Es sind nicht die Neger, es sind die Lustigen[1], die in Marmoutier nachgerückt sind.

Über die Worte von Barrès «Was liebe ich denn an der Vergangenheit? Ihre Traurigkeit, ihr Schweigen und vor allem ihre Unbeweglichkeit. Was sich bewegt, stört mich.» im Tagebuch von Gide folgende Reflexionen gelesen: «Kann man sich ein schlimmeres Geständnis vorstellen? ... Der Gedanke an einen möglichen Fortschritt der Menschheit streift nicht mal sein Denken. Bei der Berührung mit diesen Seiten verstehe ich besser, wie sehr der Gedanke des Fortschritts mich ergriffen hat, mich besitzt.» (13. Juli 1931)

Und während ich diese Bemerkungen von Gide lese, verstehe und fühle ich einmal mehr, daß dieser Gedanke des Fortschritts für mich inhaltsleer ist. Ohne Zweifel ist das Hochmut. In dem Sinne, daß ich zwar den Relativismus im Raum akzeptiere, in der Form der Wechselseitigkeit – aber nicht den zeitlichen Relativismus. Ich kann mir diese Vision der Gideschen Welt ziemlich gut vorstellen: sich selbst sehen, vom Gesichtspunkt einer künftigen Epoche aus, als etwas Relatives, eine Annäherung, aber als jene – unter allen Annäherungen der Epoche –, die dem, was man entdecken, was man später denken wird, am nächsten gekommen ist. Darin liegt eine tiefe Demut, eine Weise, sich zu verlieren, die es gestattet, sich besser und an seinem Platz wiederzufinden. Und gewiß hat er in diesem Sinn recht. Aber ich spüre naiver als er meine Epoche als ein Absolutes, ich betrachte nicht diese Zukunft, in der ich nicht sein werde. Der Fortschritt erschien mir immer wie eine Belanglosigkeit, und natürlich kamen die philosophischen Argumente hinterher – um so leichter, als dieser Gedanke einen formellen Widerspruch enthält. Gewiß ziehe ich dunkel ein *Danach* in Betracht, das menschlich bleibt, ich bin nicht wie manche Juden, die völlig blind sind für das, was nach ihren Leben geschehen

1 Soldaten der Strafkompanien, wie die «Bat' d'Af'».

wird. Aber es ist wie ein vages und unbestimmtes Milieu von Menschheit, in dem noch einige Zeit lang, wenn schon nicht meine Erinnerung, so wenigstens die an die Dinge, die ich geliebt, die Prinzipien, an die ich geglaubt habe, nachklingen kann. Wenn alle Menschen zur gleichen Zeit wie ich sterben müßten, hieße das, zweimal zu sterben. Aber es genügt, daß sich die Menschheit für eine unbestimmte Dauer verlängert, daß es nach mir, so wie vor mir, wie um mich herum, eine gewisse Dichte an Menschen gibt. Ich frage niemals, was sie tun werden. Und deshalb denke ich viel weniger daran, den Zustand der gegenwärtigen Dinge zu ändern, als ihn zu ertragen, was mir das letzte Wort der Weisheit zu sein scheint, ihn ertragen und ihn verstehen. Im Grunde will ich mich nicht verlieren. Dieser Widerwille, den ich hatte, Suchtmittel einzunehmen, dieses Entsetzen, das ich empfand, als ich verrückt zu werden glaubte[1], diese Unmöglichkeit, geradeheraus Kommunist zu werden, all das kommt von der gleichen ursprünglichen Unmöglichkeit: ich kann nicht über meinen Schatten springen. Welchen Schatten? Das wird klar, wenn ich sage, daß es mir weniger schwer gefallen wäre, die Schützengräben und die ständige Todesgefahr zu ertragen, als zu desertieren. Desertieren heißt eine Welt und eine Epoche negieren – in den Schützengräben kämpfen heißt, diese Epoche akzeptieren, seine Zeit ertragen. Der Deserteur bezieht sich auf die Zukunft, und ich will mich nur auf die Gegenwart beziehen. Im Grunde ist mir, obwohl ich zutiefst von dem Gedanken des Ruhms durchdrungen bin, nichts fremder als die Idee, «meinen Prozeß im Berufungsverfahren zu gewinnen»[2], nichts wäre mir peinlicher als eine bestimmte Einsamkeit, ein bestimmtes Jenseits. Und das ist die Erklärung für meine Haltung gegenüber dem

1 Zu Beginn des Jahres 1935 ließ sich Sartre Meskalin spritzen, aus wissenschaftlicher Neugierde. Die Theorie, die er über das mentale Bild erarbeitet hatte – sie war stark von Husserl beeinflußt (dieser weist nach, daß das Bild kein «Bewußtseinsinhalt» ist, sondern eine «Handlung, die in ihrer Körperlichkeit einen abwesenden oder nicht existenten Gegenstand anvisiert») –, lief Gefahr, von der scheinbaren Besonderheit des halluzinatorischen Bildes widerlegt zu werden, das sich scheinbar dem Bewußtsein aufzwingt (siehe Sartre, *L'imagination*, Paris 1936). Die darauf folgenden Halluzinationen waren schrecklich und hartnäkkig; mehrere Monate lang glaubte Sartre, er wäre wahnsinnig. Siehe dazu auch Sartres Interpretation dieser Krise im Heft III, Seite 263 f.

2 Nach dem Ausspruch von Gide: *«Wie viele große Künstler gewinnen ihren Prozeß erst im Berufungsverfahren»! Tagebuch*, S. 720.

Krieg: ich halte ihn für ein Übel, für *das Übel* sogar. Aber ich ziehe es nicht in Betracht, dieses Übel an den Wurzeln zu kappen, ich kann es nur ertragen. Paul neben mir protestiert den ganzen Tag lang gegen dieses Übel, so sehr, daß er sich freut, wenn die Situation schlimmer wird. Er revoltiert gegen den Krieg. Ich will ihn ertragen und verstehen, da ich mich nicht verlieren kann, da ich mich nicht gegen ihn auf die Zukunft berufen kann. Ich bin ein Konservativer. Ich will die Welt, wie sie ist, bewahren, nicht weil sie mir gut scheint – im Gegenteil, ich halte sie für verabscheuungswürdig –, sondern weil ich darin bin und sie nicht zerstören kann, ohne mich mit ihr zu zerstören.

Gide, *Tagebuch*, 2. August 1931:
«Sobald man den Menschen und nicht Gott für verantwortlich hält, kann man sich in seiner Entscheidung auf nichts mehr stützen.»

Sehr richtig. Und deshalb war es absurd, wie ich am 2. September ausrückend den Krieg mit einer Krankheit verglich, die man ertragen muß. Der Castor hatte es mir übrigens fast in eben diesen Worten gesagt. Nur habe ich seitdem gelernt, daß der Krieg, da er durch Menschen Menschen zustößt, menschliche-Realität ist. Er ist nichts, das von außen wie ein dummes Gewitter auf die Menschen niederfällt, sondern er ist eine organisierte und intime Veränderung ihres Seins, er ist eines der möglichen Seins der menschlichen-Realität. Man muß ihn weder wie ein mikrobenhaftes Übel, das mich quälte, ohne daß ich sein Komplize wäre, ertragen – noch ihn als eine Folge des üblen Willens einiger verdammen. Man muß in ihm nicht ein Übel, das man mir antut, sondern ein Übel, *das ich bin*, sehen. Der Krieg, das bin ich.[1] Er ist mein In-der-Welt-sein, er ist die Welt für mich. Das ist mein Sein-zum-Tode, zur Liebe usw. Und das soll nicht heißen, man

1 Sartre will vielleicht auch deshalb eins sein mit dem Krieg, weil er nicht will, daß er auf ihn niederfällt wie sein eben erwähnter Wahn 1935, dieser ihm fremde Alptraum, dem er nicht entfliehen konnte. Das Gleichgewicht, das er schließlich wiedergefunden hat, ist im Grunde jüngsten Datums. Er war im August 1939 von seinen Störungen noch nicht völlig befreit (vergleiche *Briefe an Simone de Beauvoir*, Band 1, S. 257f der frz. Ausgabe, dt. Ausgabe S. 268f); bei verschie- denen Gelegenheiten spürt er noch eine innere Bedrohung (vgl. Briefe vom 29. Februar und vom 19. April 1940). Nun kann etwas wie der Krieg von 1914 in jedem Augenblick in diese Niedergeschlagenheit eintreten, der große grauenerregende Krieg, für alle Soldaten der einzige Bezugspunkt; die Zei-

könne oder müsse nicht eines Tages seine Möglichkeit beseitigen, sondern nur, daß man damit die Möglichkeit einer bestimmten menschlichen-Realität beseitigt haben wird.

Die Bürger sind Offiziere. Die Bauern und viele Arbeiter sind Soldaten. Ich bin weder das eine noch das andere. Am Rande, im Krieg wie im Frieden. Allerdings dem Bürger näher. Der Krieg zerstört nicht die Klassen. Eher verstärkte er sie.

Von meiner Division am Wege wie ein Exkrement zurückgelassen, steht meine menschliche Achtung wieder auf, sobald ich allein bin. Und meine militärische Sorglosigkeit verschwindet mit meiner Anonymität. Denn ich bin nicht mehr anonym, ich bin der einzige Soldat des Dorfes. Und mir scheint, das Dorf lehnt mit all seinen Kräften diesen einzigen Zeugen des Krieges ab.

Gestern sagte ich zu Paul und Pieter: «Da wir im Krieg sind, müssen wir ihn bis zum Ende leben, das ist interessant.» Worauf Paul mir antwortete: «Wenn du das in der Kaserne Kléber in Nancy gesagt hättest, hättst du was auf die Schnauze gekriegt. Die Typen vom Z. 11 wollten Maxime Ducamp, den Radiofritzen, abknallen, weil er sagte, daß er vom Krieg ‹seltene Emotionen› erwarte.» Ich sage es hier ganz klar, da dieses Heft öffentlich ist: dieser Maxime Ducamp ist ein ekelhaftes Arschloch. Und ich wünsche ihm, daß ein Pfahl in sein Hinterteil trifft und ihm die seltenen Emotionen verschafft, die er verdient. Ich habe das niemals sagen wollen, sondern nur, daß es vergeblich ist, den Krieg abzulehnen, da er heute *überall* ist. Oder man wird dann Paul ähnlich: verzweifelte und kleinliche Flucht vor einer Wirklichkeit, die einen von überall her umschlingt.

Gestern hat mich der so angenehme Brief vom Castor übermäßig erregt (es gefiel mir, sie mir bei dieser Dame[1] vorzustellen, ich lebte mit ihr), ein Schluck Weißwein hat mich vollends fertiggemacht, ich war ein wenig betrunken. Ich habe zwei Leben. Eins, das ich hier lebe, ein anderes, das ich dort per procura lebe. Der Castor ist beauf-

tungen kauen ihn immer wieder durch und erlauben dem Soldaten nicht, ihn zu vergessen. Er muß sich darauf vorbereiten, den Schock auszuhalten.

1 Vergleiche S. 24, Fußnote 6.

tragt, für mich zu leben, und sie spürt es. Castor ist eine *Vollkommenheit*.

Was ich möchte (in Fortsetzung der vorangegangenen Überlegungen): so groß wie möglich sein *mit dem, was zur Hand ist*. Ich erkenne an, daß es eine andere Größe gibt, die sich ihre eigenen Mittel schafft. Und manchmal fühle ich mich angesichts dieser unendlichen Freiheit, die mir wie jedem Menschen gegeben ist, schuldig, weil ich sie nicht genug nutze. Sobald man sich mit dem begnügt, was zur Hand ist, ist man Stoiker.

Mir scheint, daß ich, indem ich dies schreibe, ein wenig zu sehr den kritischen Gesichtspunkt der ersten Seiten verlasse, um mich einer zu großen Selbstgefälligkeit hinzugeben. Ich muß aufpassen.

In seinem Tagebuch vom 18. März 36 schreibt Dabit, von V. sitzengelassen: «Ich hab an bestimmten Strippen gezogen, ich habe gespielt. Ich muß zahlen. Bestohlener Dieb. Betrogener Betrüger.» Das werde ich mir sagen müssen, wenn W. mich im Laufe dieses Krieges sitzenläßt.

Ich schließe dieses Heft, ich gehe spazieren. Der Pestkranke des Dorfes. Ich müßte Glöckchen tragen. Ich habe den Eindruck, ein gemeines Ungeziefer zu sein. Das amüsiert mich. Übrigens scheint es, daß zwei «Lustige» vorgestern füsiliert worden sind, kurz bevor sie in Marmoutier einrückten. Das verspricht den Einwohnern Spaß. Ich stelle mir mit ein wenig Sadismus diese hübsche kleine Stadt, die uns so gut aufnahm, terrorisiert und mit geschlossenen Fensterläden vor.

Enttäuschung: Es sind noch einige Soldaten da, die man auf Lastwagen stapelt. Die Militärs sind zäh wie Flöhe. Aber auf der Hauptstraße sieht man nur Frauen an den Türschwellen. Beim Hufschmied sind Zivilisten wieder aufgetaucht, dicke Männer in Blusen, sie beschlagen fluchend ein Pferd. Die Hähne krähen (mir scheint, sie krähten gestern nicht). Es sind meine Augen, die auf all das einen Kriegsbeigeschmack legen. Freude. In der Nähe der Kirche betrachte ich das Kriegerdenkmal; das ist ermutigend. Ich kehre zurück, von zivilen Autos vollgespritzt. Der Sinn des Dorfes formt sich zögernd neu; ich habe es plötzlich vorausgeahnt, und dann war es zu spät.

Ich werde mit diesem Heft vertrauter. In den ersten Tagen zog ich Handschuhe an, wenn ich in ihm schrieb.

Der Feldwebel Courteaux, ein hübscher, zarter Junge mit strengem Gesicht. Erschreckend wie eine Gottesanbeterin, weil man auf seinen Gesichtszügen liest, daß er nie über sich nachdenkt. Seine Worte: «Alle, die in diesen Krieg zogen mit der Hoffnung heimzukehren, sind keine Männer.» (Aber in meiner Gegenwart hat er gesagt: «Ich will zur vordersten Linie, ich werde zurückkommen: ich gehe durch die Kugeln hindurch.») Eine andere Äußerung: Er kommt mit dem dicken Unterfeldwebel Thibaud an einem krepierten Pferd vorbei und grämt sich: «Das ist aber schade! Das bricht mir das Herz! Männer kann man ersetzen, davon gibt es, so viele man will. Aber ein Pferd, das kostet fünftausend Francs.» Und dabei sensibel und nervös wie eine Frau. Besorgt über seine Beziehung zu den anderen Offizieren: bereit, «Blut zu schwitzen» bei ihrem kleinsten Launenwechsel. Empfindliche Gesundheit, immer dicke Schals.

Eine List, die ich aufspürte: Wenn ich über den Krieg lamentiere, ist diese ganze Mobilisierungszeit verloren. Das einzige Mittel, diesen (für mich) unerträglichen Gedanken von verlorener Zeit zu vermeiden, besteht darin, im Krieg eine Möglichkeit von Fortschritt zu sehen. Also zu versuchen, ihn in seiner Authentizität zu leben. Meine ganze Haltung wäre also eine Verteidigung, und dieses Sein-zum-Kriege wäre für die entsprechenden Bedürfnisse erfunden. Was übrigens nicht heißt, daß es ein falscher Gedanke ist.

Der Scheinwerfer auf der Straße nach Brumath, nachts. Er beleuchtete den Himmel dicht über dem Boden. Seltsame Morgenröten am Himmel, sich drehend und eisig, glänzende Nebel, von denen die Bäume sich abheben wie Schatten, plötzlich von ihrem Licht verschlungen. Im Mittelpunkt, nahe am Scheinwerfer, ein automatischer und brutaler, fast erregter Wirbel des Lichtkegels. Unser Lastwagen fährt auf der schwarzen Straße an Hunderten von Infanteriefahrzeugen vorbei, unbeweglich, ohne Licht und mit Ästen bedeckt. Die Äste kratzten beim Vorüberfahren an die Plane des Lastwagens. Wir dringen in einen kleinen Wald ein. Bei jedem Aufleuchten des Scheinwerfers verfärben sich die Stämme weiß, und der Waldrand erhellt sich weit hinter uns. Das Laubwerk bleibt tintenschwarz.

Was ich manchmal denke: ich hatte von meinem Leben nichts anderes mehr als Glück zu erhoffen. Der Krieg bringt mir eine Erneuerung. Man darf allerdings nicht erwarten, daß ich mich bedanke.

Marmoutier: man vermißt uns; zwei «Lustige» haben eine Fleischersfrau vergewaltigt und ermordet. Sie wurden erschossen.

18.30 Uhr: Abfahrt nach Brumath.

Brumath, Sonnabend, 7. Oktober

Ich finde im Tagebuch von Gide im Zusammenhang mit dem Wehrdienstverweigerer (4. Januar 33): «Es bedarf immer weniger Mutes, den anderen zu folgen, als sich aus einer Gesamtheit herauszulösen.» Auf meinen Fall anzuwenden: ich bleibe in der «Gesamtheit», wenn man darunter nicht nur die Gesellschaft versteht, sondern die Welt, wie sie *für* diese Gesellschaft ist. Ich denke oft gegen sie, aber immer innerhalb ihrer Perspektiven.

Unbestreitbarer Nutzen dieses Heftes: es befreit mich von der Aktualität. Ohne es wäre ich vielleicht veranlaßt, etwas anderes als meinen Roman zu schreiben. Aber es genügt, daß ich meine ersten, ganz rohen Eindrücke festhalte, damit mein Roman meine Hauptsorge bleibt.

Sonntag, 8. Oktober

Paul[1] ist Sozialist und Antimilitarist. Aber er ist auch Beamter. Und die bürokratische Seite seiner Natur verklammert sich mit der bürokratischen Seite der Armee. Seine Vorliebe für Papierkram, sein Mangel an Initiative, seine Furcht vor Verantwortungen, über die man sich vielleicht im Zivilleben lustig machte, werden hier zu Tugenden. Auch er trägt zum Kadavergehorsam bei; er führt aus Furcht

1 Über seine Antipathie gegen den Gefreiten Paul schreibt Sartre an Simone de Beauvoir: «*Wissen Sie, Paul hat viele Züge von meinem Stiefvater ... und ich lasse ihn, glaube ich, ein bißchen meinen unterdrückten Groll gegen meinen Stiefvater büßen – ich weiß nicht mehr, wann ich das gemerkt habe.*» (Brief vom 3. Dezember 1939 – dt. Ausgabe, S. 472.)

die Befehle mit aller möglichen fehlenden Intelligenz durch und trägt damit, obwohl er gegen den Krieg und die Armee protestiert, eine einwilligende Unterordnung in sich. Statt wie ich von Tag zu Tag zu gehorchen, ist sein Gehorsam vorausschauend – aber in militärischer Weise. Und auch hier handelt es sich um einen Zug des zivilen Charakters: furchtsam, pessimistisch und stubenhockerhaft zieht er alle Folgen eines Familienausfluges, eines Essens, eines Behördenganges in Betracht. Er trifft seine Vorsichtsmaßnahmen gegen eine feindliche Welt. Bei der Armee verwandelt sich diese feindliche Welt in die besorgniserregende und launenhafte Gesamtheit der Vorgesetzten. Er fürchtet sie, so wie er schwierige Verdauung oder die Zivilverwaltung seines Lyzeums fürchtete; kurz, wie die Idole. Und genau so wollen sie behandelt werden. Deshalb wird dieser Antimilitarist zum «korrektesten» der Gefreiten. Doch gleichzeitig verschleiert ihm diese Voraussicht den tiefen Charakter des Im-Krieg-seins, der darin besteht, keine Zukunft zu haben. Er schiebt eine magere Zukunft von besorgten Möglichkeiten vor sich her, die weniger die seinen sind als Drohungen, gegen die er sich schützen muß: Wenn er gegen vierzehn Uhr in die Gaskammer gehen muß, nimmt er ein leichtes Essen ein, er fragt sich in jedem Augenblick, wo man ihn hinführen wird; wenn er den Namen des Dorfes erfährt, in dem wir Quartier machen werden, stürzt er zur Karte und mißt den Abstand zur Grenze. Er bleibt Zivilist durch die *Sorge*, obwohl er die zivile Menschlichkeit verloren hat (oder vielleicht niemals gehabt hat). Er muß für seine Frau schrecklich sein. Zwar Sozialist, aber vom rechten Wege abgekommen (dieser Krieg ist ein Zusammenbruch seiner genauen Voraussagen, obwohl er ihn aus Pessimismus seit fünf Jahren befürchtet hat), weiß er nicht mehr ein noch aus: seine mürrische Bürokratendemut, seine endlose Sorge hindern ihn daran, großzügig eine Haltung sozialistischer Ablehnung einzunehmen. Er lehnt häppchenweise ab, begnügt sich verbittert, die Widersprüche der Zeitungen aufzufinden, die Verluste an Menschen und Flugzeugen zu schätzen, die schlimmer sind als die, die man einräumt. Er lebt in einem Zustand von Nervosität, der wahrscheinlich nichts anderes als eine schmerzhafte Übertreibung seiner zivilen Nervosität ist. Er verstand es nicht, sich dem Krieg anzupassen, weder durch Verweigerung noch durch Annahme. Er schwimmt, er verbittert. Er denkt überhaupt nicht über sein Verhalten nach. Er willigt von vornherein darin ein und begünstigt es. Wenn man es ihm zeigt, versteift er sich, entzieht sich und wird gereizt – oder anerkennt demütig, daß er Pessisimist ist, was, zum Fakt erhoben, ihn des Versuches enthebt, sich zu verändern. Er will sich weder *prüfen*, noch sich kennenlernen. Im Grunde seiner selbst ist er übrigens voller schrecklicher Komplexe (sein Nachtwandeln, seine Träume – immer die gleichen – ein Ersticken, Zusammenbrechen, seine Schüchternheit gegenüber Frauen, seine schmächtige Erscheinung – Pieter nennt ihn den Seminaristen).

Minderwertigkeit, Demut, Furcht vor der Welt. Er ist auf einem Ohr schwerhörig und willigt übrigens in diese Schwerhörigkeit ein: er hört nur, was er will. Sein Körper beherrscht ihn. Nicht daß er mager wäre, aber sein Geist sitzt zu tief in seinem Fleisch: sein starker Appetit, sein Entengang, die Füße nach außen, sein säuerlicher Geruch, sein Fußgeruch, den er bescheiden anerkennt. Alle seine Gesten zielen darauf ab, diesen anspruchsvollen Körper zu verschleiern und seine Nervosität zu bremsen: sie beginnen mit einem rednerischen Pomp und einer falschen Genauigkeit, aber dann, dem Ziel nahe, verändern sie sich in kleine Fluchten und lösen sich auf. Nichts ist bezeichnender, als ihn bei Tisch sein Glas nehmen zu sehen. Es ist zunächst eine Gymnastikvorführung: der Arm wird demonstrativ ausgestreckt und markiert bei den verschiedenen Positionen Pausen, als würde ein Manöver zerlegt vor Schülern; dann, wenn die Hand in die Nähe des Glases gelangt, sind es überstürzte Erschütterungen und das verlorene Tasten eines Blinden. Im Gespräch *veranschaulichen* seine zahlreichen Gesten nicht, es sind gelernte Gesten eines Redners, der seine Rede stützt. Und die schließlich sein Denken verschleiern und überdecken, indem sie es zur Höflichkeit hin verdrehen. Seine Mimik, sein verständnisvolles und geneigtes Lächeln sind ein für allemal festgelegt: der Ausdruck eines Lehrers, der die Klagen der Mutter eines Schülers anhört. Etwas, das ich schon bei vielen Nervösen bemerkt hatte, das ich aber erst bei ihm verstanden habe: sie nerven, weil sie ständig die Mimik der Ruhe spielen. Aber genau in dem Augenblick, da diese Mimik verwirklicht wird, wird sie gestört, unterbrochen von tausend kleinen lokalen Erregungen. Dann nehmen sie unermüdlich und verzweifelt ihre Mimik wieder auf, so wie Sisyphus seinen Felsen, beruhigen diese lokalen Aufstände, leeren ihre Augen von jedem Blick, gehen so weit, den Ausdruck der glücklichen Ruhe zu komponieren, legen die Hände auf die Knie – und etwas in ihrem Gesicht scheint zu sagen: seien wir methodisch, Ruhe, da, ja, das ist es. Und eben in diesem Augenblick fängt ein Fuß an zu tanzen, da juckt ihnen der Hals, der Körper hüpft, und alles muß von vorn angefangen werden. Und sie fangen wieder an, leider.

Wenn man Paul – der einen Riesenappetit hat – anbietet, sich noch mal zu bedienen, antwortet er: «Ja, noch ein bißchen, gern» – in einem unnachahmbaren Ton; ich sehe darin die Sorge, das Tierische seines Begehrens zu verheimlichen und es zu vermenschlichen. Der Satz wird schamhaft und gelöst gesprochen, als ob Paul selbst dieser zweiten Portion keine große Bedeutung beimessen würde – aber auch, als ob es völlig natürlich wäre, eine Portion nachzunehmen, natürlich und fast zum guten Ton gehörend. Gleichzeitig liegt auf seinem Gesicht eine Art Ruhe, so als ob er Abstand nähme gegenüber seinem Begehren und es mit innerer Ruhe betrachten würde. Nachdem er das gesagt hat, stürzt er sich auf sein Eßgeschirr und füllt es mit einem Riesenberg. Wenn man ihm nichts anbietet, wird er sich mit der gleichen höflichen Lässigkeit informieren: «Ist da noch etwas Kohl?» In seiner Haltung gegenüber der Nahrung finde ich den tiefen Riß seines Charakters wieder: denn dieses dicke Bedürfnis, das ihm ein wenig mißfällt, wird von ihm weder akzeptiert noch gebremst: er bedeckt es nur, er schmückt es.

Unfähig, sich anzupassen. Er spricht mit einem Fleischer aus La Villette mit der Affektiertheit eines Lehrers.

Zu jeder Psychologie unfähig: er erkennt selbst an, daß er Gesichter nur in groben Umrissen sieht und sie nicht unterscheiden kann. Er verwechselt oft die Physiognomien.

Er zieht das Unglück durch einen komischen, sauren Elendsgeruch an, der die Katastrophen anziehen muß wie die läufige Hündin die Hunde. Es jagen immer fünf oder sechs kleine Kalamitäten hinter ihm her.

Ich sah ihn nie fröhlich aussehen, ich hörte ihn nie seinen Sätzen einen lachenden Klang geben. Jede Neuheit erschreckt ihn, ist ihm ein Ärgernis, zeigt sich ihm von einer vagen Hülle von Unglück umnebelt. Er nimmt sie mit einem «Ah!» des Tadels und der Angst zur Kenntnis. Dabei hat er das Schlimmste vorausgesehen. Doch die Gegenwart beruhigt ihn nicht: sie dient ihm als Sprungbrett, noch Schlimmeres vorauszusehen.

Mein Traum heute nacht: man hat mich mit der Mission beauftragt, Hunde abzurichten, und ich hatte zu diesem Zweck als Reitpeitsche den Gürtel meines Kamelhaarmantels mitgenommen. Ich fand diese

Waffe selbst unpassend, da ich mich von meinen vorangegangenen Dressuren erinnerte, daß ich mich natürlich einer Peitsche bedient hatte. Ich trete ohne allzuviel Furcht ein, denn ich kenne die Hunde. Der erste flüchtet heulend in seine Nische; ich denke: «Der hat verstanden!» Der zweite kommt auf mich zu und zeigt die Zähne; er war am Vorabend der schärfste. Aber ich gebe ihm einige Schläge mit meinem Gürtel auf die Nase, und er legt sich hin. Gleichzeitig der eigenartige Eindruck, daß er nur so gehorsam ist, weil irgend etwas anderes im Busch ist, worauf er wartet, um mich in eine schlechte Lage zu bringen – und dann bemerke ich (oder man sagt mir), daß ich mich geirrt habe, daß ich ihn mit dem Stoffende meines Gürtels schlage, statt den Gürtel an diesem Ende anzufassen und ihn mit der eisernen Schnalle, die am anderen Ende ist, zu schlagen. Unbehagen. In diesem Moment tritt ein riesiges und gereiztes Tier, das ich Hyäne nenne, das aber offensiver scheint, aus einer Scheune heraus und wirft sich auf mich. Ich werfe ihm meine unwirksame Waffe auf die Nase, aber es kommt immer näher, inmitten des Triumphs der ironischen Hunde. Und ich habe so sehr Angst, daß ich aufwache.

Die Interpretation, die ich dem Traum sofort danach gegeben habe: die abgerichteten Hunde – im Grunde sehr wenig schrecklich – stellen die verschiedenen Ärgernisse des Militärlebens da, mit denen ich fertig geworden bin. Aber die Hyäne, die plötzlich herausspringt und die im Grunde alle Personen meines Traumes mehr oder weniger dunkel *erwarteten*, ist das wahre Gesicht des Krieges: Bombardierungen, Massaker, die ich noch nicht kenne, und *dieses wahre Gesicht* wird mit mir fertig werden. Im Grunde Symbolisierung dieses Gedankens: du hältst dich für schlau, weil du dein Gleichgewicht bisher nicht verloren hast. Aber das ist nur ein Krieg zum Lachen. Warte erst auf den wahren, und du wirst vor Angst krepieren. Also Furcht, meine Haltung nicht aufrechterhalten zu können. Hier finde ich trotz Freud einen Traum der Furcht und nicht nur einen Traum des Begehrens. Es ist wahr, daß diese Furcht in mir existiert, nicht unbewußt, aber vage, gehemmt 1. durch eine Art Sorglosigkeit und Selbstvertrauen, 2. durch die Tatsache, daß ich sehr wahrscheinlich niemals das Schlachtfeld sehen und immer in einigem Abstand vom Kanonendonner sein werde. Der falsch angepackte Gürtel symbolisiert meiner Meinung nach meine Inkompetenz für Militärdinge, diese Unordnung, über die sich meine Akoluthen lustig machen. Gestern noch sah Pieter auf meine Ausrüstung und sagte: «Das ist eine Schande!» Dunkler Gedanke an Schuld, ohne Zweifel: Weil ich mich so ungeschickt anstelle, weil ich so wenig «korrekt» bin – werde ich das wahre Gesicht des Krieges nicht ertragen können. Tatsächlich erinnere ich mich jetzt, daß ich Wut gegen mich selbst empfand, als ich die Hyäne sah: am richtigen Ende gehalten, wäre mein Gürtel eine gute Waffe gegen sie gewesen – aber im vorliegenden Fall war er ein lächerliches Spielzeug, und ich war *unfähig*, ihn am richtigen Ende zu fassen. [1] Mir fällt ein, daß ich, als ich aufwachte – noch im Halbtraum –, mich daran erinnerte, daß Paul an meiner Seite lag, knurrend und springend, und ich hatte ein intensives Gefühl von Überlegenheit ihm gegenüber: wenn ich im Traum zu sehr Angst habe, *vermag ich es, aufzuwachen*, während er, dieser Nachtwandler, in seinen Alpträumen niedergedrückt bleibt, ohne aus ihnen herauskommen zu können. Und ich fragte mich einen Augenblick lang, ob das Nachtwandeln nicht eine Einwilligung in den Alptraum – und in das Unglück sei.

Heute langweilen sich die Offiziere. Hauptmann Munier, Oberleutnant Ulrich, denen ich nacheinander in der Herberge begegne, beschweren sich einer nach dem anderen über ihre Langeweile. «Das Schlimmste», sagt Ulrich, «ist, daß man nicht weiß, warum man hier ist.» Aber er verbessert sich sofort und sagt vorsichtig: «Doch, doch, man weiß sehr wohl, warum man da ist, aber ... man ist wie in einer Mausefalle.» Komisch, daß es immer am Sonntag ist (siehe letzten Sonntag), daß sich die Leute beschweren und Langeweile spüren. Ich habe heute noch nicht gefühlt, daß es Sonntag ist. Es ist ein Morgen wie die anderen.

Montag, 9. Oktober

Schwerer Kopf. Meine Gastgeber (der bei den Pionieren einberufene Ehemann ist Irrenwächter in Zivil. Er kam ohne Erlaubnis auf Urlaub, weil es Sonntag war) haben mich zu viel Rotwein trinken lassen. Gestern Brief von Wanda. Dieser Satz: «Ich liebe Dich dennoch sehr, aber Du wirkst auf mich ein wenig planetarisch» war mir sehr unan-

1 Ist das Begehren wirklich in diesem Traum abwesend, und steht es nicht, jenseits der militärischen Sorgen, in Beziehung zum Liebesleben, als «teilweise dreifachem» des Träumers, von dem schon zweimal in diesem Heft die Rede war?

genehm. Ich ziehe in Betracht, sie zu verlieren. Ein Nachkrieg ohne sie. Natürlich: das Im-Krieg-sein impliziert eine völlige Mittellosigkeit. Heute morgen habe ich einmal mehr mit ihr «moralisch gebrochen». Loslösung: immer der gleiche Schwindel. Ihre Person erleidet mit einem Mal eine völlige Entwertung durch die Tatsache, daß ich spüre, sie liebt mich nicht genug, um auf mich zu warten. Und da sie abgewertet ist, liegt mir nichts mehr an ihr, noch fehlt sie mir. Allerdings habe ich den Eindruck, mir fehlt eine Dimension, meine Welt hat sich verengt. Und meine Gegenwart hier in dieser Schulklasse ist um so realer. Finsterer Frieden. Ich habe soeben das Kapitel 10 beendet, ich habe keine Lust, das Kapitel 14 zu beginnen. Es geht um «Boris und Ivich».[1] Es brauchte eine leichte Stimmung, die ich nicht habe.

Was mir am unangenehmsten an diesem Krieg ist, ist die Isolierung ohne Einsamkeit. Da ich andererseits sehe, daß das genau der Zustand des Arbeiters in einer Fabrik ist, schließe ich, bei mir sei das ein bürgerlicher Widerwillen. Eine «querencia» besitzen oder zu wünschen, eine zu besitzen, um auf sie meine Freiheit zu gründen, ist, was in mir vom bürgerlichen Eigentumsgefühl bleibt. Ich brauche einige Quadratmeter, um frei zu sein und um ich selbst zu sein.

Ich dachte gestern: im Grunde habe ich vom Krieg nichts gesehen. Alles, was ich hier geschrieben habe, ist erzwungen, es sind Träumereien und Leere.

Im Soldbuch von Paul: *Familiäre Vorgeschichte: Vater für Frankreich gefallen.*

Heute im Tagebuch von Gide diesen Satz gelesen, der – besser – das sagt, was ich Freitag auszudrücken versuchte (Seite 96): «Es ist ge-

1 Die Person von Boris ist von J. L. Bost inspiriert, die von Ivich durch Olga und Wanda Kosakiewicz (Boris und Ivich sind Bruder und Schwester im Roman). In dieser Stimmung – er fühlt sich verraten –, versteht man, daß es Sartre schwerfällt an diesem Morgen, von den Schwestern Kosakiewicz eine Romansicht zu haben. Allerdings schrieb er im Brief vom gleichen Tag an Simone de Beauvoir, daß er vormittags und nachmittags über Boris und Ivich geschrieben hat: *«Es ist leicht und sehr amüsant»*.

schickt, sich zu sagen, daß das, was einen ärgert, einen erzieht.» (Tagebuch 1902, Seite 130)

Leidenschaftlicher Brief von Wanda. Ich «nehme das zurück», obwohl ich sehr gut weiß, daß sie nur bei Gewissensbissen leidenschaftlich ist.

Dienstag, 10. Oktober
Bereits siebzig Soldaten unserer Division sind wegen Tripper auf der Krankenstation.

Ich glaube, ich bin zu meinen Akoluthen unausstehlich wegen der Unmöglichkeit, sie zu schätzen. Unaufhörlich Reaktionen der Verachtung. Moralische Pedanterie. Ich glaube, ich bin darüber etwas betrübt. Ich werde versuchen, freundlicher zu sein. Im Grunde verzeihe ich ihnen nicht, Bürger wie ich zu sein. Mit Arbeitern wäre ich vor Demut geschmolzen.

Ich denke, daß ein Katholik, der hinter der Grimasse den «unergründlichen Grund» des Menschen suchen würde, auf die Demut Pauls insistieren würde. Obwohl er sich versteift, sobald man ihm einen Vorwurf macht, könnte er durch diese Demut, durch diese Anerkennung seiner Qualen ohne Herzdrücken gerettet werden. Schon neulich, als er anerkannte, daß seine Füße stinken. Heute taucht Hantziger ganz oder fast ganz nackt am Brunnen auf, wo wir unser Geschirr waschen. «Ich bin wie du», sage ich ihm mit etwas zu viel Schwung, um die Peinlichkeit zu maskieren, in die mich das Auftauchen dieser inkonsistenten und zu blassen Nacktheit gebracht hat, «ich kann mich nicht waschen, wenn ich mich nicht bis zum Gürtel ausziehe. Ich versteh all diese Typen nicht, die nur ihren Hemdkragen zurückschlagen und sich mit einem Stoffzipfel waschen.» (Ich hätte hinzufügen können, daß ich mich trotz dieser Inszenierung nicht jeden Tag wasche.) Und Paul, der dabei war, der sich völlig angezogen wäscht, sagt sanft: «Für dich mag es ja gehen, weil du auf deine Anatomie stolz bist, während wir, die Verbogenen ...» Ich sehe übrigens nicht, daß er so verbogen ist. Aber er muß unter seinem Aussehen gelitten und es schließlich akzeptiert haben. Bemerkenswert ist auch die Jungenhaftigkeit Pauls. Sehr selten. Sie taucht nur auf, wenn sein Defätismus ihm einen Moment Pause gönnt. Dann wirft er Papierkügelchen auf uns oder versteckt unsere Koppel. Oft ist er auch schalkhaft, damit ihm verziehen wird. Ich hatte ihn angeschnauzt, weil das Geschirr schlecht abgewaschen war. Er weiß nicht, wie er sich mir nähern soll, und kommt schließlich von hinten angeschlichen und tut so, als wollte er ein Kochgeschirr voll Wasser über mich kippen.

Zur Antwort auf eine Frage des Castor: Sie wundert sich darüber, daß die Welt der menschlichen-Realität von so großen Dimensionen sei. Hätte sie sich nicht in einer Welt mit menschlichen Proportionen befinden können? Antwort[1]: die menschlichen Proportionen sind die der *menschlichen* Tätigkeit, nicht die des Bewußtseins. Der Mensch des Bewußtseins ist *für* dieses Bewußtsein wie die Welt, und es gibt ein Im-Menschen-sein des Bewußtseins gleichzeitig mit seinem In-der-Welt-sein. Aber die Verlassenheit des Menschen – sie ist es, worüber der Castor sich wundert – kommt daher, daß das Bewußtsein sich einen endlichen Repräsentanten in einer unendlichen Welt schafft. Und man kann nachweisen, daß es nicht anders sein kann. In der Tat umfaßt das Bewußtsein, so wie wir es intuitiv fassen, nach der phänomenologischen Reduktion[2] von Natur aus das Unendliche. Das muß man zunächst verstehen. Das Bewußtsein kann in jedem Augenblick nur insofern existieren, als es auf sich selbst verweist (Intentionalität: diesen Aschenbecher wahrnehmen heißt, auf spätere Bewußtseine *von* diesem Aschenbecher verweisen), und in dem Maße, wie es auf sich selbst verweist, transzendiert es sich selbst. So umfaßt jedes Bewußtsein in sich selbst das Unendliche in dem Maße, in dem es sich transzendiert. Es kann nur existieren, indem es sich transzendiert, und es kann sich nur durch das Unendliche transzendieren. Aber zugleich ist jedes *Erlebnis*[3], das konkretes und gegenwärtiges Bewußtsein ist, endlich. Im Grunde wie eine einzelne Zahl in der Zahlenreihe, die nur durch diese Reihe existiert, die in sich den Grund um-

1 Sartre wird die hier folgende philosophische Darlegung mit einigen Veränderungen in seinem Brief vom 11. Oktober für Simone de Beauvoir kopieren.

2 In der Terminologie Husserls ist das «das Außerkraftsetzen der Existenzposition, die zum Wesen der natürlichen Haltung gehört» – damit eine Reflexion über die wesentlichen Strukturen des reinen transzendentalen Bewußtseins möglich wird.

3 * Deutsch im Original.

faßt und dabei nur eine endliche Zahl in der unendlichen Reihe ist. Anders gesagt, das endliche Bewußtsein kann nur durch seine unendliche Transzendenz existieren. Es gibt hier keine Priorität des Unendlichen über das Endliche, sondern die beiden Momente implizieren sich gegenseitig, so wie These und Antithese. Das konkrete Endliche kann nur im Unendlichen aufgehoben existieren. Das ist der erste Grund der Verlassenheit. Es könnte sonst keine Verlassenheit eines endlichen Menschen in einer endlichen Welt geben, sondern nur Aneignung. Der Mensch wäre Besitzer *seiner* Welt, so wie es der Stoiker glaubte. Ich zweifle, daß die stoische Physik wirklich durch die Zeitgenossen und die Stoiker selbst *verstanden* (das heißt präontologisch als wesentliche Möglichkeit gefühlt) wurde. Ich stelle mir vor, daß sie in der Luft schwebte, wie übrigens die gesamte endliche Physik der griechischen Welt (übrigens gab es zu allen Zeiten infinitistische Physiker bei den Griechen: Epikur). Da die noematischen Gegenstände der Noesis[1] in ihrer Entwicklung parallel sind, gibt es keinen Gegenstand, der die Unendlichkeit umfaßt, und die Welt der Gegenstände ist unendlich. Es ist nicht möglich, irgendein *endliches* Objekt zu konzipieren, denn das wäre eine Unterbrechung des Bewußtseins. Jedes in seiner Größe endliche Objekt wird in seiner Kleinheit unendlich sein usw. Aber das Bewußtsein braucht, wie ich in der *Psyché* bemerkt habe, einen endlichen Gesichtspunkt für diese unendliche Welt. Dieser Gesichtspunkt ist der Körper. Unendlich, wenn er von *anderswem* als Objekt gefaßt wird, endlich, wenn es meiner als mein Körper gefühlter ist. Wir finden also auf der Ebene der *Dinge* diese Antithese von Endlichem und Unendlichem wieder, aber hier ist sie nicht mehr geschaffen, sondern erlitten. Sie ist Antithese zwischen Dingen und dem Ding selbst. Das heißt, daß endlich und unendlich hier im Gegensatz zueinander stehen und sich abstoßen, statt sich zu ergänzen, wie sie es auf der Ebene des transzendentalen Bewußtseins tun. Nun ist der Mensch, der ich bin, zugleich das im Körper gefangene Bewußtsein und der Körper selbst und die Objekt-Akte des Bewußtseins und die Objekt-Kultur und die schöpferische Spontaneität seiner Akte. Als solcher ist er zugleich in der unendlichen Welt verlassen und Schöpfer seiner eigenen unendlichen Transzendenz. Da alle *Akte* des Menschen mit und durch den Körper geschehen, schreiben sie sich in eine doppelte Unendlichkeit ein: die Unendlichkeit der

1 Noesis: Akt des Denkens; noema: Gegenstand des Denkens.

Größe und die Unendlichkeit der Kleinheit. Und daher führt ihn jede Betrachtung der Objekte als *Utensilien* zur Betrachtung seiner Verlassenheit. Denn, was Heidegger nicht gesehen hat, ist, daß die Unendlichkeit der Welt überall über ihre Zuhandenheit hinausgeht. Daher die Verwunderung des Castors an der Pointe du Raz: eben weil einen Berg wahrnehmen bereits sich seiner bedienen heißt, daran denken, ihn zu benutzen, ihn zu besteigen, aus Vergnügen oder um auf die andere Seite zu gelangen und so weiter, und weil die Entfernung der Sterne diese Verwunderung auslöst – die mit dem Schrecken Pascals verwandt ist. Denn die Wahrnehmung der Sterne enthält notwendigerweise einen Versuch des Benutzens, der sich an ihrer «Außer-Reichweite» stößt – der kommt von der transzendierten Unendlichkeit des transzendentalen Bewußtseins. Heidegger hat nicht gesehen, daß seine Welt – die in der Tat unmittelbar und präontologisch Utensil ist – für den Menschen vollständig überragt und entwaffnet wird von der Welt für das Bewußtsein, das nicht fähig ist, die Zuhandenheit zu erlangen, an der die Zuhandenheit abgleitet, ohne greifen zu können. Und der Konflikt zwischen Zuhandenheit und Nichtzuhandenheit, daß heißt zwischen Endlichem und Unendlichem, steht eben am Ursprung der menschlichen Verlassenheit. Auf Grund des transzendentalen Bewußtseins ist der Mensch in der Welt verlassen. [1]

Zu dem, was ich eben geschrieben habe: Ein Faktor fehlt, der Tod. Wenn das Bewußtsein nur durch seine Transzendenz existiert, verweist es von sich aus zum Unendlichen. Aber eben die Tatsache des Todes führt zu einem Halt im unendlichen Verweis. In jedem Augenblick hat das Bewußtsein Sinn nur durch dieses Unendliche, aber die Tatsache des Todes blockiert dieses Unendliche und beraubt das Bewußtseins seines Sinnes. Dennoch wird die Tatsache des Todes nicht in gleicher Weise wie die unendliche Transzendenz des Bewußtseins erfahren. Diese ist *gelebt*; die Tatsache des Todes ist gelernt. Wir kennen nur den Tod von anderswem, folglich ist unser Tod Gegenstand von Glauben. So ist es schließlich auch die Transzendenz, die triumphiert.

1 Sartre skizziert hier den Versuch der Versöhnung zwischen Husserl und Heidegger hinsichtlich der Beziehung zwischen Mensch und Welt. Er setzte diese Gedanken im folgenden Heft, das leider verschwunden ist, fort (vergleiche Brief an S. de Beauvoir vom 30. Oktober).

Heute dritter Tag ohne Brief vom Castor. Finsterer Moment, aus dem ich durch Rechnungen herauskomme: der letzte Brief kam am *soundsovielten*, und wir haben heute den *soundsovielten* usw. Mein Ärger über die Verspätungen der Briefe Wandas sind ein Traum. Das dagegen ist ernsthaft. Die Welt ohne den Castor empfunden (nicht daß ich sie für tot halte, sondern es war einfach kein Brief da, und ich lebe ihre Welt und meine durch ihre Briefe), das ist eine Wüste.

In dieser sozialistischen Welt des Krieges (vergesellschaftete Kleidung, Schlafen im Gemeinschaftsraum, gemeinsame Mahlzeiten des alten Sparta) hängt man an der kleinen individuellen Anzahl wirklich *besessener* Gegenstände. Ich liebe meine Pfeife, meinen Füllfederhalter, mein Feuerzeug, meine zwei Messer, meine Taschenlampe. Das allein gehört mir. Dabei besaß ich noch viel weniger im zivilen Leben.

Ich fürchte, meine moralische Aktivität besteht vielmehr darin, mich aufzuspüren als mich zu verändern. Ich setze meinen ganzen Eifer darein, «mir aufzulauern», aber ich treffe wenige Entscheidungen, da ich durch den Teufel davon überzeugt bin, daß es genügt, sich erwischt zu haben, um nicht erneut die Verfehlung zu begehen. Aber das ist nicht wahr. Wie Gide irgendwo sagte: es genügt nicht, den Krieg zu verurteilen, um ihn zu beseitigen.

Den Teufel Gides gegen Freuds Listen des Unbewußten setzen. Zeigen, daß die Überlegenheit Gides daher rührt, daß er dort Finalist ist, wo der andere mechanisch ist.

«Mich», sagt Pieter mit Stolz, «hat niemals eine Frau um meiner selbst willen geliebt, ich habe sie immer durch mein Geld gekriegt.»

Ich sagte weiter oben, daß meine Akoluthen Bürger sind. Das ist nicht ganz richtig: Keller ist kein Bürger. Und ich glaube, der kleine interne Konflikt, der uns in Gegensatz zu ihm bringt, ist ein Klassenkonflikt (obwohl, natürlich, wenn er intelligent und freundlich und ein guter Kamerad wäre usw., aber er müßte eben all das sein. Im Grunde verlangt man von ihm mehr als von einem unserer Klasse). Sein Geiz – der vielleicht nur Sparsamkeit ist –, die Schwerfälligkeit seiner Sprechweise, seine Neigung zu mächtigem «Essen» und schwerem Rotwein, all das schockiert uns zunächst und kommt vom Klassenunterschied.

Ich gewöhne mich an meinen gegenwärtigen Zustand und denke nicht mehr allzuviel über ihn nach.

Mittwoch, 11. Oktober

Heute geben die Zeitungen die Erklärung für diese undurchsichtige Verbrüderung der Deutschen mit den Franzosen an den Grenzen. Es war natürlich auf Befehl. (Schild im Wald von Warndt: *Wir kämpfen nicht gegen die Franzosen*. An der Front Verbreitung der Rede Hitlers durch riesige Lautsprecher[1].)

Das berühmte Argument Epikurs: Erschreckt nicht vor dem Tod, was macht es, daß eure Werke unvollendet bleiben, wo ihr doch nicht da sein werdet, um unter ihrer Nichtvollendung zu leiden – das mich lange Zeit befriedigt hat, taugt nichts. Es setzt La Rochefoucaulds egoistische Rückbezogenheit auf sich selbst voraus. Und tatsächlich ist die Eigenliebe die Grundlage der epikureischen Psychologie. Doch wenn wir etwas unternehmen, kommt es uns auf den Erfolg unseres Unternehmens «in der Welt» an, und nicht auf seinen Erfolg *für* uns. In Wahrheit ist jedes Unternehmen für sich selbst vor einem Hintergrund von Welt gewollt und verfolgt. Und der Tod ist die Unterbrechung des Unternehmens, jeden Unternehmens. Und selbst unseren Tod verstehen wir vor dem Hintergrund von Welt. Er wird keineswegs – wie Epikur es gern sähe – als die Vernichtung der Welt für uns gedacht (verbunden mit unserer eigenen Vernichtung), sondern als unsere Vernichtung in der Welt, die selbst weitergeht. Und das ist keine Illusion, sondern eine natürliche Haltung; in der Tat kann das transzendentale Bewußtsein nur fortbestehen, indem es die Unendlichkeit der Welt setzt, während die Natur unserer Informationen über den Tod impliziert, daß *der Mensch* in der Welt stirbt, folglich

1 Zwei Rundfunkansprachen Hitlers betonten seine «Friedensoffensive»: Die vom 6. Oktober schlug eine Friedenskonferenz vor, forderte jedoch zuvor die Anerkennung vollendeter Tatsachen in Polen und die Rückgabe der ehemaligen Kolonien an Deutschland; die Ansprache vom 8. Oktober ist ein «Aufruf zum Frieden». An diesem Tag erfährt Sartre, daß Daladier am Vorabend die Vorschläge abgelehnt hat; Chamberlain wird das gleiche am 12. Oktober tun. Die Gewißheit, daß der Krieg stattfinden wird, ist vielleicht nicht ohne Einfluß auf die Richtung, die Sartres philosophische Reflexion unmittelbar danach nimmt.

ein innerweltliches Geschöpf ist. Deshalb ist Heideggers Formel «keine Anwesenheit in der Welt mehr verwirklichen» richtig; denn sie gestattet, die Permanenz der Welt vorauszusetzen. So daß das Denken des Todes – oder eher die Intuition des Todes – den Menschen zwischen dem Bewußtsein und dem Tod beseitigt, in der Weise der phänomenologischen Reduktion. Übrig bleibt ein nacktes Bewußtsein ohne Gesichtspunkt gegenüber einer nackten Welt. Der Tod ist ein Ereignis *auf der Ebene* des Menschen und nicht auf der Ebene des Bewußtseins (was keineswegs bedeutet, daß sich dieses nicht aufheben müßte, sondern nur, daß diese Aufhebung nicht faßbar ist).

Es ist wahr, daß wir in jedem Augenblick sterben, doch ist dieses ständige Ereignis unseres Lebens verschleiert – oder, genauer, es ist virtuell. Wir können unseren Tod nur durch eine existentielle Modifizierung *realisieren*, die wirklich ein Sein-zum-Tod ist.

Versucht, Keller beim Lesen zu zeichnen, um die Triebfedern dieses außerordentlichen Ausdrucks von Dummheit zu finden. Meine Hand schafft es nicht, versuchen wir, ob es mir beim Beschreiben besser gelingt. Die gehobene Braue und die perplexen Falten der Stirn, das kleine, fast lachende halb geschlossene Auge, verschleiert von langen Wimpern, deren Ausdruck von Lust sich abhebt von dem unsäglichen Erstaunen der Stirn und der Brauen: ein sich versteckendes Auge. Die schöne griechische Nase, ausdruckslos gemeißelt, mit Lichtflächen, ungewöhnlich wie ein Flügel in einer Mansarde. Der gerade geschnittene Mund, der nachdenklich genießt und mitunter mit leichten Bewegungen wiederkäut. Die darin eingepflanzte Pfeife, wie eine Spritze in einem Hintern – und die runde, ach so runde und delikat obzöne, oder besser schweinische Wange, die durch ihren schönen spannungsvollen Schwung der Bemühung um Aufmerksamkeit spottet. Und dann die schlaffen Falten des Kinns. Hinten zwei gerade Nackenfalten. Über dem Schädel sitzt die Militärmütze, die bis über die Ohren geht und nicht wenig zu dieser schmierigen Halsstarrigkeit beiträgt, die die lachende Perplexität und obzöne Lust des Ganzen färbt. Das wär's, nun weiß ich es genau: geschrieben sagt das überhaupt nichts. Man kann mit Worten nicht *zeigen*, es sei denn in Bewegung, durch leichte Hinweise. Wobei man eher behauptet als beschreibt: «Keller sagt, mit dem Ausdruck gefräßiger Dummheit ...» Das geht besser als alle Beschreibungen.

Langes Gespräch mit Mistler, ein großer, magerer Elsässer, grinsende Falten und Brille. Nicht dumm. Dickschädel auf elsässische Art. Wir verstehen uns recht gut in manchen Punkten. Stimmen in der Hypothese überein, daß wir am Ende dieses Phantomkrieges «verarscht» sein werden. Stimmen auch darin überein, daß wir in einem faschistischen Regime leben – daß die Furcht vor einer ihm folgenden Revolution den Krieg bremst. Doch kaum lasse ich mich mehr ein und entblöße mich, spüre ich diese leichte Übelkeit, diesen Eindruck süßlicher Obzönität, der mich jedesmal erfaßt, wenn ich etwas in die Intimität eines *Mannes* eindringe. Ich mag nur die oberflächlichen und ein wenig steifen Beziehungen. Der Drang, mich zu übergeben, sobald es Verstehen und Zustimmung gibt. Ich erinnere mich, was Zuorro sagte: «Sartre, das ist der Antipäderast.» Jedenfalls ertrage ich die körperliche Intimität der Männer (Pieter scheißt neben mir, Keller furzt – ihre Nacktheit, usw.) besser als ihre intellektuelle und moralische Intimität. Dabei fühlte ich mich immer von schönen Männern angezogen. Ohne Hintergedanken. Pieter sagt: «Es gibt Frauen, die man ausführt, weil man stolz auf sie ist, und es gibt Frauen, mit denen man schläft und deren man sich manchmal schämt.» Nun, diese schönen Männer ziehen mich an, *um sie auszuführen*. Guille, Maheu, Nizan, Zuorro, Bonnafé[1] waren schön. Hier gibt es auch einen ziemlich schönen Typen, groß, weißhaarig, auf den ich ziemlich neugierig bin. Aber selbst mit diesem scheint mir die Intimität fade. Wer weiß, ob diese ekelerregende Angst vor der Freundschaft nicht so etwas wie eine verschleierte und blockierte Päderastie ist.

Mistler: «Was ich am widerlichsten finde, ist das Zeug, das sie in den Kaffee oder in den Wein mischen, um unsere Triebe zu beruhigen.» Ich, überrascht: «Wer hat dir das gesagt?» Mistler: «Alle hier, alle Typen beschweren sich, daß sie kalt sind.»

Ich sage ihm, meiner Meinung nach genüge diese völlige Umwälzung des Krieges, um, zugleich mit der Hoffnung und den Erinnerungen, das sexuelle Begehren zu blockieren. Er sagt: «Man müßte eine Untersuchung machen.» Ich glaube nicht daran. Aber daß diese Legende Wurzeln fassen konnte, beweist, wie sehr sich die Männer hier alle *verletzt* fühlen. Sie haben so sehr die menschliche Würde verloren, daß sie sich einbilden, man regle ihre Sexualität von außen, nach

1 Ehemaliger Kollege von Sartre in Le Havre, der sein Freund wurde.

Lust und Laune des Oberkommandos. Sich so sehend, fühlen sie sich in ihrer geheimsten Intimität verletzt, erniedrigt. Und sie finden sich damit ab, denn sie trinken weiter Kaffee und Wein: «Was sonst.» Wir sind nicht weit entfernt von der Erniedrigung des an Sinnestäuschung Leidenden, der den Einfluß seines Verfolgers bis in seinen Verstand hinein fühlt. Man «stiehlt ihm seine Gedanken», uns «stiehlt man unser Begehren». Die Vorstellung dieser Situation nur eine Sekunde lang läßt mich zutiefst erschauern. Dabei liegt sie auf der Linie. Im Krieg von 14 gab es vor den Angriffen Reizmittel in den Kaffee. Verwirrung des Stoikers, wenn er spürt, daß man ihn in etwas verletzen kann, «was von uns abhängt» ([1]).

Das Traurigste ist ohne Zweifel, daß wir hier ein Leben in schändlicher Faulheit führen und uns damit abfinden. Faul wie Helden.

Heute kein Brief vom Castor (vierter Tag ohne Brief). *Ratlos*, bis der mit der Verteilung der Post beauftragte Unteroffizier mir die Ankunft einer Überweisung von 500 Francs mitteilt. Nur sie kann sie mir schicken. Also geht es ihr nicht schlecht.

Andere Schmach – die ich allerdings selbst feststellen konnte. Das Blatt, das man uns beim Appell verlesen hat und das uns schlicht und einfach zur Denunziation aufruft: die defätistischen oder antimilitaristischen oder verdächtigen Äußerungen, die uns zu Gehör kommen, notieren, und sie den Vorgesetzten überbringen, mit Beschreibung der Person «und ihrer besonderen Kennzeichen», wie der Appell naiv hinzufügt. Ist übrigens sehr ironisch aufgenommen worden. Aber sicherlich sehr ernst gemeint verfaßt. Worin unterscheiden wir uns noch von den Deutschen?

Mistler kam heute abend mit Courcy in das Offiziersbüro, wo ich Wache habe, wo ich diese Zeilen schreibe und mich darauf vorbereite zu arbeiten. Er hat mehrmals wiederholt: «Gehen wir, wir stören ihn!» Ich habe «Haha!» gesagt, mit einem dummen Gesichtsausdruck und der Unangemessenheit der Antwort auf die Situation, die ich schon bei meiner Mutter beobachtet habe (in bestimmten Umständen

1 Epiktet: «*Von uns hängen ab die Meinung, die Tendenz, das Begehren, die Aversion, mit einem Wort alle unsere eigenen Werke; von uns hängen nicht ab der Körper, der Reichtum, die Ehrerbietungen, die hohen Ämter, mit einem Wort all jene Dinge, die nicht unser eigenes Werk sind.*»

sagen wir, sie und ich, irgend etwas oder geben sogar unartikulierte Laute von uns, weil es uns schicklich scheint, eine bestimmte Zeit mit dem Geräusch unserer Stimmen zu füllen); ich konnte nicht die richtigen Worte finden. Er ging mit betonter Zurückhaltung weg, entweder wegen meines Verhaltens oder wegen des Gesprächs von heute nachmittag, aus einer Art Wiederaufnahme der Zurückhaltung und der Diskretion.

Ich habe heute empfunden, daß all mein Mut und dieser Drang, die Erfahrung des Krieges zu machen, aus der Gewißheit kommen, vom Castor verstanden, unterstützt und bestätigt zu werden. Wenn mir diese Zustimmung fehlte, wäre alles hin und ich würde abdriften. Bis zu dieser moralischen Pedanterie, die ich vorgestern notierte, und die daher kommt, daß ich weiß, sie würde meine Meinungen teilen.

Donnerstag, 12.
«Er hatte diese Art Hochmut, mit dem man gleichgültig die guten wie die schlechten Taten gesteht, infolge eines vielleicht eingebildeten Gefühls der Überlegenheit.»

Nie paßte ein Epigraph besser zu mir. Ich finde es von Albert Mousset im Vorwort zu *Der Idiot*[1] zitiert. Es stammt von Puschkin (Epigraph von *Eugen Onegin*).

Heute morgen göttliche Laune. Alles scheint mir leicht und tief, poetisch. Ich bin innen parfümiert. Ich frage mich, ob diese Zustände, in die ich natürlicherweise gerate – und die mir folglich nicht ins Gebiet der Moral zu gehören scheinen –, im Grund nicht denen sehr analog sind, in denen Gide die höchste Moral sieht. Glück und unschuldige Fröhlichkeit im Mangel. Müßte man für sie eine psychologische Motivation suchen, würde ich in dem Zustand von heute morgen die Wirkung folgender Ursachen sehen: Nervosität nach meiner Nachtwache, während der die Mücken mich wenig und schlecht schlafen ließen; eine Art Befreiung, weil ich Nachrichten vom Castor habe – aber nach wie vor ungeduldige Befreiung, weil diese Nachrichten indirekte sind, und sie von der Hoffnung begleitet wird, heute nachmit-

1 Der Roman von Dostojewski wurde von Albert Mousset übersetzt und mit einem Vorwort versehen (frz. bei Bossard 1930, dann bei Gallimard 1934 in Paris erschienen).

tag weitere zu empfangen; meine Freude erreicht ihren Höhepunkt, als ich *Der Idiot* empfange. Eindruck der Zerbrechlichkeit dieses Zustandes, leichte Störungen: meine Hände zittern und ich habe Silbernebel vor den Augen. Ich befürchte, nach dem Mittagessen in einen dichten und mürrischen Dreck zu fallen, wie es oft nach den lebendigen, beweglichen und angespannten Zuständen des Vormittags geschieht.

Von diesem Epigraph veranlaßt, hier klarzustellen, was ich über meinen Hochmut denke.

Ich war nicht «an vorderster Front», vielleicht werde ich nicht hingehen. Aber ich weiß jetzt genug darüber, um folgendes zu behaupten: Der Krieg ist hundertmal leichter zu ertragen als das Elend. Man sage mir nicht nach diesem Krieg: «Ich war im Krieg, ich bin hart im Nehmen. Ich hab Schlimmeres gesehen als diese Elenden. In Saarbrücken, als mein Bataillon ...» Das *ist nicht wahr*. Der Mann des Krieges lebt in Gesellschaft, das Elend zwingt zur Einsamkeit. Der Mann des Krieges hat fünfzig Mythen zu seiner Verfügung, um sich die Pille zu versüßen, der Elende hat gar keinen. Der Mann des Krieges hat Hoffnung, der Elende ist verzweifelt. Beide haben die menschliche Würde verloren, aber der Mann des Krieges hat sie in Gemeinschaft verloren, der Elende hat sie allein verloren. Für den Mann des Krieges gibt es einen Ausweg: der faule und verwirrte Traum des Heldentums; für den Elenden gibt es keinen, außer den Tod. Und außerdem bleibt ein Bourgeois, der Krieg führt, Bourgeois bis zum Ende. Nur den Wahn kann man mit dem Elend vergleichen.

Meine Begierde nach Größe ist mit meinem metaphysischen Hochmut kaum zu vereinbaren. Denn dieser ist, wie ich später erklären werde, nur ein Ausruhen, eine Gewißheit ohne Fröhlichkeit noch Traurigkeit, ohne Betrachtung meiner *conditio humana*. Es ist ein Hochmut auf der Ebene meines transzendentalen Bewußtseins. Während es nur menschliche Größe gibt. Die Größe ist eine beherrschte Verlassenheit. Als ich Kind war, wußte ich es. Ich stellte meine Verlassenheit dar – in Geschichten, die ich mir erzählte –, indem ich Situationen erfand, in denen ich ruiniert, verkannt, zu Unrecht angeklagt, von allen verlassen war. Ich bewahrte unter diesen leidvollen Umständen ein würdiges Schweigen, ich lehnte es ab, mich zu verteidigen. Was war es dann für ein Fest, wenn man mir Gerechtigkeit widerfahren ließ. Die Tränen schoßen mir in die Augen.[1] Die Größe ist unserer *conditio* als Menschen inhärent, sie hat nur Sinn *durch* das In-der-Welt-verlassen-Sein. Das ist der Sinn des Gedankens Pascals: «Der Mensch ist ein Schilfrohr, das schwächste der Natur, usw.» Und sie bewahrt, in ihrer Apotheose, diese Schwäche als ein notwendiges Element. Es handelt sich um einen rein anthropomorphen Begriff, und wer groß sein will, muß so vollkommen wie möglich die *conditio humana* auf sich nehmen. Gott ist nicht groß, aber Christus sehr wohl. Wenn ich von Größe träume, scheint es mir, daß ich von diesem unmenschlichen Frieden des transzendentalen Bewußteins herabfalle, um den Menschen, der ich bin, auszufüllen.

Als ich diese Bemerkungen über das Elend und den Krieg geschrieben hatte, rieb ich mir die Hände (moralisch, natürlich), ganz mit mir zufrieden. Etwas wie das häßliche Gefühl: «Feiner Kerl, großzügig. Er befindet sich im Krieg und findet noch genug unbenutzte Kraft, um das Elend der anderen zu beklagen.» Unmittelbar danach hatte ich den (unparteiischen) Gedanken, diese Reaktion in meinem Heft zu notieren. Ausschließlich aus psychologischem Interesse (was ich vergiftetes Bewußtsein nenne), doch ich hatte Angst und verschob es. Nicht, daß ich mich vor mir selbst schämte – noch vor dem Castor. Sondern weil dieses Heft öffentlich ist. Dann der Entschluß, es zu tun. Doch je mehr ich diese Entscheidung prüfe, desto mehr scheint mir, daß bei ihr der Gedanke an eine für den unbekannten Leser dieses Heftes angenehme und schmeichelhafte romanhafte Umkehrung mitspielte, als müßte er sich sagen: «Alle Achtung!» Schließlich halte ich diese Reaktionen in aller Ruhe fest, allein um genau zu sein.

Freitag, 13.
Komische Scham, die mich jedesmal ergreift, wenn ich in ein Restaurant eintrete. Dieses eindringliche Gefühl, man dürfe nicht verschwenderisch sein, *weil Krieg ist*. Nicht aus Gewissensbissen gegenüber dem Castor, die mir das Geld gibt, sondern eher aus Askese. So wie ich früh aufstehe und Pieter verachte, der bis acht im Bett bleibt.

1 Vgl. *Die Wörter* (1964), S. 106ff und S. 205ff in der frz. Ausgabe der Reihe Folio, Gallimard, Paris 1991.

Sicher eine eigenartige Folge dieses Stoizismus, von dem ich heute nicht mehr weiß, ob ich ihn billige oder ihn zugunsten der Authentizität loswerden will.

Meine Akoluthen: sie verströmen in jedem Augenblick eine ergebene Bitte um Solidarität. Aber ich kann nicht: sie sind zu häßlich. Mit anderen wäre es mir vielleicht gelungen. Aber dieser schäme ich mich, vielleicht wegen der unfreiwilligen De-facto-Solidarität: die Wetterbeobachtungsstation. Da ich ihnen nicht helfen will, lebe ich allein mein Kriegsabenteuer. Allein und trocken.

Was ich über den Krieg denke, wird deutlicher. Er ist ein Mist, den man ablehnen muß. Aber ablehnen, *solange man noch im Frieden ist* (alles tun, um ihn zu vermeiden), und nicht wenn man im Krieg ist. Bricht er aus, muß man in ihn eintauchen, denn er erlaubt es, existentiell zu leben. Er ist eine Weise der Verwirklichung des Existentiellen. Niedertracht des Menschen, Befreiung des transzendentalen Bewußtseins, Bruch mit dem «Leben», Präsenz des Todes, Anonymität des Individuums und des Ortes. Ihn so leben heißt ihn als Anti-Held leben. Aber das heißt nicht nur ihn kennen, das heißt ihn *machen* und im Krieg *sich machen*, sich für ihn machen. Natürlich ist das für mich eine Erfahrung. Aber eine Erfahrung mit welchem Ausblick? Ich hege weiterhin den *zivilen* Mythos der Weisheit, der «lichten Heiterkeit» usw. und die Illusion, daß man «da durchgegangen sein muß». Doch wer weiß, ob der Krieg sich nicht selbst genügt. Er kann sich nicht in die Weisheit eines späteren Friedens integrieren. Es gibt keine Weisheit des Krieges. Der Stoizismus ist vom Frieden in den Krieg importiert. Im Grunde kann der Krieg zu nichts *nütze* sein, da er reine Zerstörung ist. Er ist eine bevorzugte Erfahrung, die sich auf sich selbst begrenzt. Zum Beispiel kann der Mut im Krieg – ein Mut *auf Befehl* – kein Zeichen sein für meinen Mut im Frieden (bei einem Brand zum Beispiel, oder allgemein: da, wo man *allein* ist). Im Grunde wäre aus meiner Sicht das Im-Krieg-sein ein zweites Leben, das mir in einer anderen Welt gegeben wäre und das ich ganz und gar und ohne Beziehung zum ersten (dem wichtigsten) leben müßte. Der Stoizismus wäre eher eine Friedensmoral, die im Krieg unanwendbar ist. Denn der Stoizismus enthält die verlogene Illusion der menschlichen Würde. Wie kann man Stoiker sein, wenn diese Würde nicht mehr existiert? Das alles stimmt nur für den Soldaten. Der Offizier ist nichts als ein räuberisches Insekt ohne Bewußtsein.

Mir ist klar, wie man diese zwei Monate später nennen wird: eine Lache von Langeweile.

Mir ist Demut fremd, und dennoch erkenne ich meine Fehler ohne Umschweife an, weil ich keinerlei zeitliche Solidarität mit mir selbst empfinde. In der Demut liegt etwas Intimes und Molliges – zugleich Tiefes und Lebendiges –, das daher kommt, daß man sein Ich von gestern *lebt*. Dieses schuldige Ich, das ist gerade, das ist auch das Ich, das die Verfehlung sieht. Darin liegt vielleicht auch mehr Aufrichtigkeit und Mut, eine Art Kontinuität seiner selbst, die man auf sich nimmt.

Aber jeder Augenblick meines Lebens löst sich von mir wie ein Laubblatt. Das heißt nicht, daß ich im Augenblick lebe, eher lebe ich in der Zukunft. Wegen meines *Zieles*, das ein vollendetes Leben voraussetzt, um erreicht zu werden. Wegen dieser hartnäckigen Illusion, Fortschritte zu machen, die mich seit meiner Jugend beschäftigt. Erinnert man mich an einen Schnitzer vom Vorabend, erkenne ich ihn bereitwillig an, weil ich überzeugt bin, ihn künftig zu vermeiden. Im Grunde nur, weil es zwischen ihm und mir eine gewisse Zeitschicht gibt. Ich glaube nicht an den Fortschritt des Menschen oder der Sitten – oder wenigstens kümmere ich mich nicht darum –, wohl aber an mein persönliches Fortschreiten. Es wäre mir unerträglich zu denken, ich bin weniger intelligent, weniger mutig usw. als am Vorabend, und jedesmal, wenn man es mir zu verstehen gab, war das eine Wunde und eine kleine Verwirrung. Ich spreche also von dem, der ich war, ohne Sympathie, fast ohne Anstrengung, ihn zu verstehen. Ich überlasse ihn der Lächerlichkeit und lache darüber. Ich verteidige ihn nur in dem Maße, wie ich meine, daß diejenigen, die ihn angreifen, zwischen ihm und mir gemeinsame Züge entdecken. Bis zum heutigen Tag betrachte ich mich immer als am Höhepunkt meines Lebens stehend. Gleichzeitig, durch die Anerkennung meiner Fehler entblöße ich den Menschen in mir, um mich auf das absolute Feld des unparteiischen Zuschauers, des Schiedsrichters zu stellen. Dieser Zuschauer, das ist das entkörperte transzendentale Bewußtsein, das «seinen» Menschen betrachtet. Wenn ich mich beurteile, tue ich es mit der Strenge, mit der ich anderswen beurteilen würde, aber das bedeutet bereits, daß ich mich mir selbst entziehe. Der Akt selbst, in dem ich mich beurteile, ist eine «phänomenologische Reduktion»[1] die ich mit Vergnügen vollziehe, denn ich kann mich auf diese Weise ohne großen Aufwand über den Menschen in mir stellen. Fast würde ich dafür Gelegenheiten suchen. Es kam vor, daß ich bereitwillig anerkannte, in einem Streit ein Unrecht begangen zu haben, und mich dann sehr darüber wunderte, daß mein Gesprächspartner es mir trotz dieses Geständnisses noch übelnahm. Ich hatte Lust, ihm zu sagen: «Aber was denn, das bin doch nicht mehr ich; es ist nicht mehr der gleiche.» Das ist es gewiß, was mir meine Theorie der Freiheit, die in der Tat eine Art ist, sich selbst in jedem Augenblick zu fliehen, so evident macht. Ich habe niemals Gewissensbisse. Nicht wie bestimmte wohlgestählte Seelen, die eine Solidarität mit sich selbst – trotz der Zeit – hart erkämpft haben, und endlos behaupten, was sie einmal behauptet haben, sondern eher durch eine Veranlagung, «mich loszulassen», mich mit einer kalten Verachtung – in der Vergangenheit – zu betrachten, ohne mein gegenwärtiges Ich in die Sache verwickelt zu fühlen. Ich lasse mich los (in meinem tiefsten Innern), genauso wie man seinen Komplizen loslassen kann. Und wenn ich vor anderswem die Verantwortung für meine Taten auf mich nehme – und dessen wenigstens bin ich sicher, das tue ich immer –, dann mit dem Gefühl, großzügig für einen anderen zu bezahlen. Heute, da ich weiß, daß der Krieg stattfindet, ist mir zum Beispiel der, der ich war und der den Krieg nicht vorauszusehen wußte, gleichgültig, der ihn befürchtete, ohne ihn vorauszusehen. Und er ist mir gleichgültig, weil ich, mein gegenwärtiges Ich in die Vergangenheit verlängernd, den Eindruck habe, daß dieses gegenwärtige Ich, das weiß, daß der Krieg am 3. September ausbrach, es immer gewußt hat. Das gibt ihm eine handfeste Überlegenheit über dieses arme verwirrte Ich vom 2. September, das noch daran zweifelte.

Daher ein anderer Aspekt meiner scheinbaren Bescheidenheit: manchmal lobt man mich dafür, in dieser oder jener Weise gehandelt oder gedacht zu haben, und ich wende ein, daß das letztlich so gut nicht war. Das liegt daran, daß die stärksten oder größten Augenblicke meines vergangenen Lebens mich nicht mehr interessieren, sobald sie vergangen sind. Meine natürliche Tendenz wird immer darin bestehen, sie niedriger anzusetzen, da ich der Meinung bin, mehr wert zu sein als der, der ich war. Diese Solidarität mit sich selbst, die bei

1 Siehe Fußnote 2, S. 112.

Stendhal so rührend ist und ihn davon abhält, seine besten Augenblicke wiederzugeben, weil er sie für sich entwerten würde, indem er von ihnen spricht, fehlt mir völlig. Das ist teilweise der Grund für die Öffentlichkeit meines Lebens. Alles löst sich von mir, und ich gebe allen alles, weil ich bereits von allem losgelöst bin. Eine Art von Einsamkeit, die mir immer schon voraus ist. Daraus ergibt sich, denke ich, daß manche Emotionen mir versperrt sind. [1]

Das kann als Einleitung zu dem dienen, was ich über meinen Hochmut zu sagen habe. Es ist ein ziemlich öder, ziemlich karger Hochmut, denn es gibt im eigentlichen Sinne nichts, weswegen ich hochmütig bin. Und dennoch unterscheidet er sich ganz und gar von diesem unglücklichen und verletzlichen Hochmut jener, die hochmütig sind, ohne ihn auf etwas stützen *zu können*. [2] Hochmut wegen nichts: weder wegen meiner Intelligenz, zu der ich keine Meinung habe, noch um dessentwillen, was ich schreibe, das sich sofort von mir löst und auf das ich mich nicht mehr einlasse, noch aus Stolz auf mein Leben, an das ich bis vor kurzem nicht dachte, noch auf *mich*, da ich die Solidarität mit mir selbst verweigere. Mitunter sagte ich mir, berauscht durch Musik oder Wein oder irgendwelche Ausnahmeumstände: «ich habe Genie», und ich vergoß eine Träne, so wie man es im achtzehnten Jahrhundert getan hätte. Aber diese Anfälle von Empfindsamkeit dauerten nicht, und vor allem sind sie nicht der Grund meines Hochmuts. Ich habe sogar mitunter den Eindruck, unterhalb meines Anspruchs zu bleiben, wenn ich mir Genie zuspreche. Mich damit begnügen, heißt bereits fallen. Dieser Hochmut ist in Wirklichkeit nichts anderes als der Stolz, ein absolutes Bewußtsein gegenüber der Welt zu haben. Manchmal bin ich davon entzückt, ein Bewußtsein zu sein, und manchmal, eine ganze Welt zu kennen. Ein

1 Mit achtzehn schrieb Sartre bereits im «Carnet midy»: «*Ich habe mein Ich gesucht; ich sah es in den Beziehungen zu meinen Freunden, zur Natur, zu den Frauen, die ich geliebt habe, zum Ausdruck kommen. Ich fand in mir eine kollektive Seele, eine Gruppenseele, eine Seele der Erde, eine Seele der Bücher. Aber mein eigentliches Ich außerhalb der Menschen und der Dinge, mein wahres, unbedingtes Ich habe ich nicht gefunden.*» (*Écrits de jeunesse*)

2 Im selben Heft aus der Jugendzeit notierte Sartre: «*Man muß sich nicht für intelligent oder schön oder stark halten, um hochmütig zu sein. Man kann sich für dumm halten und hochmütig sein. Doch der Hochmut, der sich nicht auf den Glauben an einen intellektuellen Wert oder eine bemerkenswerte Moral stützt, führt zu Gereiztheit, Schüchternheit und Bosheit.*»

die Welt stützendes Bewußtsein – das ist es, worauf ich stolz bin, und wenn ich mich schließlich hart und ungerührt verurteile, kehre ich zu diesem ursprünglichen Zustand der Stütze der Welt zurück. Aber, wird man sagen, dieser Zustand der Stütze der Welt ist allen Menschen gemeinsam. Eben. So schwankt auch dieser Hochmut zwischen der Singularität eines jeden Bewußtseins und der Allgemeinheit der *conditio humana*. Ich bin stolz, ein Bewußtsein zu sein, das seine conditio als menschliches Bewußtsein auf sich nimmt; ich bin stolz, ein Absolutes zu sein. Und dieser kluge Stolz hat sich blitzschnell unangreifbar gemacht. Wer von seinen «weltlichen» Qualitäten abhängt, von seiner Kraft, seiner Schönheit, seiner Intelligenz und selbst von seiner Tugend, ist Objekt der Verzweiflung und der Demut, weil er damit den Vergleich und das Urteil von anderswem akzeptiert. Aber ich habe den Gegenstand meines Hochmuts dem Urteil von anderswem und jedem Vergleich entzogen, denn das, worauf ich stolz bin, ist das, wodurch ich am sichersten einmalig bin (obwohl jeder Mensch auf seine Weise ebenso einmalig ist) und das sich zunächst dem Urteil von anderswem entzieht, da es das Bewußtsein ist, das für mich die Existenz von anderswem möglich macht. Verzweifelter Stolz der Kosakiewicz', die ihn in ihren Körper, in ihren Charme, in ihre Anmut setzen, verblühende und vergleichbare Gegenstände. Demut der Kosakiewicz' vor ihren Fehlern, weil sie ihr Ich auf sich nehmen. Aber ich bin niemals demütig, niemals verzweifelt, weil ich nicht auf *mich* stolz bin, sondern stolz auf mein Bewußtsein – genau auf der Ebene des kartesianischen *Cogito*. Ein Stolz, der nicht zu trennen ist vom Sein, von der absoluten Sicherheit, zu sein. Ein Stolz, der meine Art zu sein ist. Er war es, der mich, als ich achtzehn Jahre alt war, naiv sagen ließ, daß ich nicht sterben könnte. Was ich damals so übersetzt hätte: «Ein Mann wie ich kann nicht sterben» – und was falsch gewesen wäre. Es bedeutete eher: Ein solches Absolutes kann nicht verschwinden. Eine derartige Sicherheit zu sein hat keinen Platz für die Furcht, nicht mehr zu sein. Und das ist kein Beweis, denn das läuft allein darauf hinaus zu sagen, daß das Bewußtsein seine Vernichtung nicht fassen kann. Aber, wird man sagen, alle haben Bewußtsein. Woher kommt es, daß nicht alle einen gleichen Hochmut haben? Mein Hochmut ist, denke ich, im Herzen dieser Verdoppelung eines Bewußtseins, das sich auf sich nimmt, statt sich außen zu verlieren. Deshalb nenne ich ihn metaphysisch. Auf dieser Ebene unterscheidet er sich weder von meinem metaphysischen Optimismus noch von meinem Glauben an mein Schicksal. Das alles ist eins.

Die Folge meines Hochmuts: meine ständige Sorge, moralisch zu sein (gemäß meiner Prinzipien), zielt nicht darauf ab, mich zu erhöhen, sondern im Gegenteil meiner würdig zu sein. Im Grunde habe ich die dunkle und tiefe Gewißheit, von Natur aus einen Grad moralischer Vollkommenheit erreicht zu haben, den ich anschließend durch meine Taten nur verdienen muß. Jede neue Situation ist eine Falle, ein Hinterhalt, in die ich hineinfallen könnte und wo ich mich meiner würdig erweisen muß, genauso wie der kastilische Edelmann, der ein für allemal mit seiner Ehre ausgestattet ist und sich nur noch darum sorgt, auf der Höhe zu bleiben, auf die man ihn von Geburt an gehoben hat.

Paul hat natürlich mit Freude das Gequatsche von Mistler aufgegriffen. Er behauptet, daß man ihm im Fort de Saint-Cyr (1934) Bromid in den Kaffee gab und daß er deshalb das erstemal, als er auf Urlaub nach Hause kam, impotent war. Woraufhin er, wenn er Urlaub bekam, mehrere Tage lang keinen Kaffee trank. Das charakterisiert ihn.

Montag, 16.
Keine «schattigen Ecken» bei Dostojewski, wie eine deterministische Psychologie es gern sähe.[1] Es gibt in der Tat bei ihm keine topographische Einteilung der Personen mit Ebenen, Gipfeln und Höhlen. Die Verderbnis findet innerhalb eines jeden Erlebnisses[2] statt. Dostojewski nennt diese Verderbnis die «doppelten Gedanken», das heißt, daß eine Handlung *gleichzeitig* aus entgegengesetzten Motiven geschieht, wovon die einen erhaben und die anderen niedrig sind. Keller kommt zu Myschkin, um aus Demut zu beichten, aber diese Demut ist vom Begehren verdorben, diese Beichte zu nutzen, um Geld zu leihen. Rogoschin tauscht sein Kreuz mit Myschkin und läßt ihn durch seine Mutter segnen: um eine brüderliche Freundschaft zu be-

1 Für Sartre gehört die Psychoanalyse zu den deterministischen Psychologien (Theorie des «psychischen Apparates», Ins-Spiel-setzen der «Mechanismen» usw.).

2 * Deutsch im Original.

siegeln.[1] Aber zugleich ist er entschlossen, ihn zu töten, und seine Freundschaftsbekundungen sind zugleich Barrieren, die er zwischen sich und dem Mord aufstellt. Liest man richtig, scheint es, der erhabene Beweggrund steht im Vordergrund. Zunächst wegen der ursprünglichen Güte der Russen – die bei Dostojewski eine Art nationalistische Begrenzung der ursprünglichen Güte des Menschen ist –, dann aus einem wesentlich tieferen Grund, der mir die Triebfeder seiner gesamten Psychologie zu sein scheint, nämlich daß die Uneigennützigkeit *natürlich* ist. Im Grunde das Gegenteil von La Rochefoucauld. Der Egoismus, die Rückkehr zum Eigennutz ist nicht ursprünglich im Begehren enthalten, er überlagert es. Sonst wäre da nicht Verderbnis, sondern tiefe Einheit. Aber die unmittelbare Reaktion des Helden auf sein Begehren verdirbt dieses. Sobald er sich seines Begehrens bewußt wird, entstellt er es. Diese Entstellung läßt übrigens die ursprüngliche Reinheit des Begehrens bestehen; sie fügt ihm nur in einer irrationalen Synthese eine andere Interpretation der Zwecke dieses Begehrens hinzu. Alles geschieht so, als ob der Held sich selbst wie einem anderen mißtrauisch gegenüberstände und als ob er nur *das Schlechte* in ihm sähe. Aber diese neue Interpretation zum Schlechten hin ist zutiefst *geglaubt*. Das heißt, sie wird zur Triebfeder für die Handlung. Nicht ganz im selben Maße wie das ursprüngliche Begehren (das nicht *geglaubt*, sondern *gelebt* wird), aber fast. Sie kann sogar das Begehren ersetzen. Oft ist es auch so, als würde der Held sich sagen: «Und wie könnte ich aus diesem uneigennützigen Begehren Gewinn ziehen?» Für mich beweist das: Dostojewski ist nicht irgendein im Unbewußten Herumfischender, wie man geglaubt hat, sondern vor allem ein Romanautor des psychologischen Bewußtseins. Er erfaßt seine Personen genau auf der Ebene der Reaktion des Bewußtseins auf sich selbst, auf der Ebene der Reflexion des Bewußtseins über sich selbst. Die Verderbnis existiert, weil ein Begehren nur existieren kann, indem es seiner selbst bewußt ist, das heißt *verdoppelt* ist. Ein Begehren verdoppelt sich von Natur aus und kann nicht ohne ein entstelltes Bild seiner selbst existieren. Und schließlich fließt das entstellte Bild des Begehrens (ich beichte Myschkin, *um* mir fünfzig Rubel bei ihm zu leihen) in dieses Begehren selbst ein, und der Held erkennt sich darin nicht mehr wieder. Es liegt also keine «Verdopplung der Persönlichkeit» vor, wie dieser Dummkopf

1 Es sei daran erinnert, daß es sich um Personen aus *Der Idiot* handelt.

von Mousset, Übersetzer und Vorwort-Autor, glaubt, sondern ganz einfach nur ein Bewußtsein und sein normales Spiel.[1] Es liegt darin nichts «sehr Russisches», sondern lediglich eine Wesensnotwendigkeit. Das ist es, was mich bei Dostojewski berührt, ich habe die ganze Zeit den Eindruck, weder einem «Herzen» gegenüberzustehen, noch dem «tiefen Unbewußten» seiner Personen, sondern ihrem nackten Bewußtsein, das in sich selbst verwickelt ist und gegen sich selbst kämpft. In diesem Sinne hat die wahnsinnige R. B.[2], ohne es zu wollen, besten Dostojewski hervorgebracht. Sie sagte uns sehr schlicht: «Nun, ich setz meinen Hut auf und geh mit euch runter, ich werde Zeitungen kaufen, um die Kleinanzeigen zu lesen.» (Sie hatte uns gerade eröffnet, daß sie gekündigt hatte und eine neue Arbeit suchte.) Sie machte einige Schritte, dann warf sie ihren Hut auf den Diwan: «Ich werde nicht ausgehen, das ist Komödie.» Dann, verwirrt und beide Hände vor dem Gesicht: «Aber was ich eben gesagt habe, ist auch Komödie! Mein Gott, wie soll man da klarkommen?» Aber nicht weil sie verrückt war, hat sie Dostojewski «hervorgebracht» – sondern weil ihr Wahn provisorisch die Form einer großen Forderung nach Reinheit angenommen hatte, die ihr die notwendige Verderbnis des Bewußtseins zeigte. Diese Forderung nach Reinheit, nach Übereinstimmung mit sich selbst, nach Einheit findet sich auch bei Dostojewski, sie ist sein Ideal. Aber von diesem Punkt an hört er oft auf, Romanautor und Psychologe zu sein, und wird ein langweiliger Schwätzer. Der Fürst Myschkin ist ermüdend; noch ermüdender der tugendhafte Mujik aus *Der Jüngling*. Und wenn er einen seiner Helden aus *Der Idiot* sagen läßt, daß man Großes mit Nastasja Filippowna hätte vollbringen können, denke ich: Was gibt es Größeres als das, was sie tat? Welchen Platz hätte sie im Heiligen Rußland gehabt, von dem er träumt? Und ist sie so nicht besser – leidenschaftlich, zerrissen, gegen ihre Leidenschaft kämpfend, gegen ihr verdorbenes Bewußtsein, auf jeder Ebene ihres Kampfes sich selbst verderbend und schließlich, sich selbst besiegend, sterbend (sie hat Myschkin *nicht* geheiratet). Für mich ist das Größe und Tugend. Das Gute kann nie etwas anderes sein

1 So wie es in *Das Sein und das Nichts* (Gallimard, Paris 1943) beschrieben werden wird (vergleiche Einleitung und 1. Kapitel des 2. Teils, «Die Anwesenheit bei sich selbst»).

2 Eine Kollegin von Simone de Beauvoir in Rouen, die von erotomanischem Delirium betroffen war, in *In den besten Jahren* «Louise Perron».

als das beherrschte Böse – provisorisch Beherrschte. Sonst ist es eine Berquinade[1].

Vorgestern gehe ich mit Pieter zum Photographen. Am Morgen frage ich Paul: «Kommst du mit dich photographieren lassen?» Er sieht mich an, weichlich und sauer – ich sehe, daß er mich oberflächlich und ein wenig komplizenhaft findet: «Nein, gewiß nicht, ich werde mich nicht photographieren lassen. Ich bin überhaupt nicht stolz auf den Zustand, in dem ich mich befinde, und möchte ihn nicht festhalten. Ich will zu Hause keine Militärphotos haben.» Ich sage ihm: «Ich mache es eher, damit die Freunde was zu lachen haben.» Er, in einem vorwurfsvollen Ton und überlegen: «Ich garantiere dir, daß meine Frau und meine Mutter nicht lachen würden. Das ist eine Periode meines Lebens, die ich vergessen möchte, wenn ich zurückkehre.» Ich antworte ihm: «Das ist idiotisch. Was du auch tust, und selbst, wenn es dir gelingt, die meisten Episoden zu begraben, du wirst nicht verhindern können, daß sie dich *gezeichnet* haben. Du wirst danach nicht mehr derselbe sein. Du bist gezwungen, ihn Tag für Tag zu leben.» Er antwortet nicht. Aber das ist es: Er will sich nicht gestatten, diesen Krieg zu *leben*, ihn zu realisieren. Aber er ist auch nicht fähig, ihn wie Alain zu verweigern. Also negiert er ihn Tag um Tag; er vergißt ihn oder versucht ihn zu vergessen. Und die einzige seiner Meinung nach angemessene Haltung ist die Betrübnis. Eine gewollte und zur Schau gestellte Betrübnis. Paul, das ist der Witwer des Friedens.

Er ist in diesen Tagen sehr nervös. Seine Frau schreibt ihm jeden Tag, sagt er. Und nun hat er seit zwölf Tagen keine Nachrichten. Er sagt: «Wenn man wie ich die unvernünftige Gewißheit hat, nicht zurückzukehren ...» Ich sage ihm: «Ja, sehr unvernünftig! Denn die Chancen stehen sehr gut für dich heimzukehren.» Aber manchmal amüsiere ich mich, ihm zu sagen, daß er der einzige Tote unter uns sein wird, und beschreibe ihm seine Leiche.

Er sagt mir: «Nichts kann den Krieg rechtfertigen. Man hätte die Herrschaft Deutschlands über die Welt akzeptieren müssen.»

1 Bezeichnung für fade und moralisierende Werke in der Art von Arnaud Berquin (1747–1791), Autor von *Der Kinderfreund*.

Gestern abend. Es ging darum, die Matratze und die Laken auf die Erde zu legen (abwechselnd schlafen wir der eine auf der Auflage, der andere auf der auf den Boden gelegten Matratze). Ich ziehe meine Schuhe aus und sage ihm: «Zieh deine auch aus, falls du auf die Laken trittst.» Er antwortet mir: «Ich wollte es nachher machen.» «Warum nachher?» Demutsvoll: «Weil meine Füße riechen.» «Aber wir haben heute morgen gebadet.» «Oh, das macht nichts: auch wenn ich sie früh wasche, sie riechen abends.» «Aber du wirst sie doch sowieso ausziehen müssen. Du ziehst dir die Schuhe jeden Abend aus.» «Ja, aber so diskret wie möglich und wenn du schläfst.»

Nachts wird er von dem unausweichlichen Bedürfnis zu urinieren gepackt. Er hält sich um den Preis schrecklicher Leiden zurück, um unsere Gastgeberin nicht zu wecken. Aber am nächsten Morgen ist er düster und spricht davon, daß «sich seine Blase ausgedehnt hat». Ich rate ihm also, aus dem Fenster zu urinieren. Aber er zögert: «Am besten», sagt er, «wäre es, einen Wetterballon zu nehmen, wir könnten ihn nachts füllen und am nächsten Morgen leeren.» Aber ich rede ihm das aus, sein Urin riecht säuerlich. Darauf resignierte er und pißte gestern abend aus dem Fenster. Der Geruch hat mich geweckt. «Ich gehorche dir», sagte er zu mir ganz schamhaft. Was ich schlecht wiedergebe, wenn ich von ihm spreche, ist diese Mischung von verschlossenem Eigensinn, Reizbarkeit und christlicher Demut – die Demut der heiligen Marie Alacoque.

Wir, Pieter und ich, sind mit Keller zerstritten, der keinen Finger krumm macht. Paul bedauert es: «Sprechen Sie mit ihm, ich bitte Sie.» «Wozu?» «Wir werden vielleicht Jahre zusammenleben. Ich bin ja im Grunde Ihrer Meinung, aber *ich ziehe es vor, den Schein zu wahren.*»

Recht gewöhnliche List bei Mistler: er benuzt seinen politischen Pessimismus, um sich zu beruhigen. Er sagt: «Man macht sich über uns lustig, mein Lieber. Das ist alles nur Inszenierung. Hinter dem Rükken wird ein guter kleiner Verzichtsfrieden arrangiert, und in drei oder vier Monaten schickt man uns wie Idioten nach Hause.» So bleibt er pessimistisch bis zum Ende, unzufrieden und finster, und kann *ohne zu lächeln* hoffen. Jedenfalls bewahrt er die Vorteile der Situation.

Eine charmante Formel Wandas, die ich hier notiere, weil ich mich oft frage, ob es nicht auch meine Meinung ist: «Wenn man schließlich die Typen einen nach dem anderen nimmt, fragt man sich, ob es wirklich schade ist, sie in den Krieg zu schicken.»

Dienstag, 17.
Heute morgen um 6 ging ich allein von unserer Gastgeberin los (Paul schob Wache in der Schule). Es regnete, ein hartnäckiger, vielversprechender Regen. Völlig grauer Himmel. Geruch von Holzfeuer auf der Straße, ein Geruch, den ich nur in Berlin eingeatmet habe – und hier. Der Eindruck eines deutschen Herbstes. Vage Erinnerung an den Herbst 33 in Berlin. Deutscher Herbst: größer, nackter, leerer als unserer. Nackte Wälder mit rötlichen Ästen inmitten einer schieferfarbenen Landschaft – auch sentimentaler. Der deutsche Herbst, das ist Potsdam. Der französische Herbst, das ist Versailles.

Der Castor schreibt mir gestern, daß sie gegenüber Bost Gewissensbisse hat. Völlig inaktiv geblieben sein, aus Ekel vor der Politik, das ist gut *für uns*, wenn wir dann anschließend den Krieg, ohne uns zu beklagen, akzeptieren wie eine Katastrophe. Aber gegenüber den jungen Leuten, die nach uns kommen – und insbesondere Bost, ohne nach der «Generation» zu fragen –, waren wir schuldig, denn im Grunde bewies nichts, daß er von sich aus diese Haltung stoischen Gleichmuts annehmen würde; und andererseits konnte er weder wählen, noch handeln. Ich hatte die Dinge noch nie so betrachtet: ich dachte, gegenüber Bost, Roulet, Lévy[1] usw. *individuelle* Verpflichtungen zu haben, aber nicht durch das Allgemeine und das Gesellschaftliche vermittelt – oder gar das Politische. Dabei ist es wahr, und ich nehme an, es sind Gedanken, die einem Vater unmittelbar in den Kopf kommen, weil die väterliche Funktion das Gesellschaftliche unmittelbar in seine Beziehungen mit dem Kind einführt.

Jedoch, *was mich betrifft*, bin ich eindeutig. Ich hasse den Krieg, aber ich habe – von 1920 bis 1939 – nicht den kleinsten Finger gerührt, um ihn zurückzudrängen; ich zahle heute für diese mangelnde Voraussicht, indem ich mich nicht beschwere, indem ich Wut oder Verzweiflung zurückweise, indem ich erleide, was ich nicht zu vermeiden

1 Ehemaliger Schüler von Sartre, Freund von Bianca B.

wußte oder vermeiden wollte. Aber *gegenüber* Bost bin ich schuldig. Und *wann habe ich gefehlt?* Das ist das Paradoxe: nicht jetzt, da Krieg ist, noch – ohne Zweifel – während der letzten Jahre, da der Krieg nicht vermeidbar war, sondern früher, als er ein übler Traum schien – sobald ich nachdenken und eine politische Meinung haben konnte. Das bedeutet, solange Krieg möglich ist – sogar und vor allem während des Friedens –, gibt es ein Sein des Menschen zum Kriege, sobald er geboren ist. Man wird sagen: dann gibt es ein Sein zur Geldentwertung oder ein Sein zum Verhältniswahlrecht, da auch das Fragen sind, die sich jedem stellen. Aber so weit gehe ich nicht. Und selbst wenn es so wäre, ist wohl klar, daß der Krieg eine andere Kategorie ist. Ich denke, er gehört zur Kategorie der großen Irrationalen wie Geburt, Tod, Elend, Leiden, in die hinein jeder Mensch geworfen ist und denen gegenüber sich enthalten immer noch sich engagieren heißt.[1] Ich erinnere mich an ein Gespräch, das ich mit dem Castor im *Restaurant de la Cascade* in Marseille anläßlich eines scholastischen Streits zwischen Lévy und Bianca führte. Nachdem sie den Anfang von *Zeit der Reife* gelesen hatte, behauptete Bianca, Abtreibung sei rational, Kindermachen sei dagegen unvernünftig: weil man nicht weiß, was man tut. Lévy antwortete, wenn man eine Frau abtreiben läßt, weiß man auch nicht, was man tut. Bianca meinte dann, es gäbe nur eine weise Haltung: sich enthalten. Wir waren mit dem Castor darin übereingekommen, daß Sichenthalten eine Haltung ist, durch die man sich gegenüber dem Irrationalen, das die Geburt ist, engagiert, ebenso wie durch die beiden anderen Haltungen. Von dem Moment an, da man *ein Geschlechtswesen ist,* ist jede Haltung – selbst die absolute Keuschheit – eine Stellungnahme gegenüber dem Problem; man ist, was man auch tut, vor dieses Problem der Zeugung geworfen, man hat ein Sein-zur-Zeugung, das man nur verschleiern, aber nicht beseitigen kann, und *wir* sind es, wir selbst, welche Haltung wir auch annehmen, die uns zu Erzeugern *machen.* Wir können die Frage we-

1 Auftauchen des Gedankens des Engagements, der, so wie Sartre ihn versteht, eng mit seiner philosophischen Auffassung von der Freiheit verbunden ist und in seinem Schriftstellerleben die bekannte Rolle spielen wird (vergleiche «Présentation des *Temps modernes*», 1. Oktober 1945, wiederabgedruckt in *Situations* II, Gallimard, Paris 1948) [dt. «Vorstellung der *Temps modernes*», in: J.-P. Sartre, *Der Mensch und die Dinge*, Rowohlt Taschenbuch Verlag, Reinbek 1978].

der beiseite schieben noch rationalisieren. Und jeder Moment unseres Lebens, selbst der, den wir der Arbeit oder dem Spiel widmen, ist eine Stellungnahme gegenüber dem sexuellen Problem, da es uns immer möglich wäre, diesen Augenblick der Liebe und der Zeugung zu widmen. Das gleiche gilt für den Tod und für das Elend. Ich sehe nun, daß es sich mit dem Krieg ebenso verhält. Jeder Augenblick meines Lebens, selbst während des Friedens, ist ein beseitigtes, bedecktes, verschobenes Sein-zum-Krieg, aber dennoch ein Sein-zum-Krieg.

Jeder hat *seinen* Krieg, so wie Rilke sagt, daß jeder *seinen* Tod hat, er hat seinen Krieg, selbst wenn er, wie Dabit, stirbt, bevor dieser ausbricht. Das Sein-zum-Krieg ist eine ständige Situation der menschlichen-Realität, es ist das, was man den Frieden nennt. Dieses Sein-*zum*-Krieg kann sich nur in ein Sein-*im*-Krieg verändern. Und das Sein-im-Krieg hängt davon ab, was das «Sein-*zum*» war. Wer den Krieg ablehnte wie Paul, wird seinen Krieg haben, er wird in einen abgelehnten Krieg geworfen werden. Und wer mit seinen Wünschen den Krieg hervorgerufen hat, wie der Feldwebel Courteaux, wird in einen gewünschten, gewollten Krieg geworfen werden, und wer, wie ich, ihn befürchtet hat, ohne ihn wirklich zurückdrängen zu können noch ihn vorherzusehen, wird in einen Katastrophenkrieg geworfen werden und wird dann nach und nach die Wahrheit entdecken und den Krieg als ein menschliches Versagen, als sein eigenes Versagen betrachten. Ich bin in-den-Krieg-gefallen. Es ist möglich, daß eine historische Epoche kommt, wo der Krieg der *Vergangenheit* angehört, er wird nichtsdestoweniger, wie die Sklaverei, ein Erbe der Menschheit sein, und auf Grund dieses Erbes wird der ewige Frieden immer nur einen Sinn als Ablehnung dieses Erbes haben, als Ablehnung des Krieges. Es wird dort immer noch ein Sein-zum-Krieg des Menschen geben. Und in jedem Fall bin ich gegenwärtig ganz und gar in eine Epoche engagiert, deren Sinn darin besteht, daß sie langsam und mühselig versucht, den Krieg zu *denken*. Eine noch beherrschte und zerrissene Epoche, deren Mission darin zu bestehen scheint, nicht den Krieg zu *beseitigen*, sondern eher, das Sein-zum-Krieg zu verwirklichen. Und es ist für mich kein Zufall, dieser Epoche anzugehören. Alles geschieht, als hätte ich sie gewählt. Ich will damit sagen, man soll sich nicht mit diesen von unseren Schöngeistern so geschätzten Gedankenspielen amüsieren: sich fragen, *wer* Descartes 1939 wäre. Descartes war nicht zunächst Descartes und dann aus dem 17. Jahrhundert. Er war nicht einmal irgendein gegebenes jungfräuliches Wachs, irgendeine plastische Masse, in die Jesuiten und datierbare Erfahrungen ihre Lehren eingeschrieben haben; sondern er hat mit dem 17. Jahrhundert gewählt, Descartes zu sein, er hat sich zu jemandem des 17. Jahrhunderts *gemacht*, sein In-der-Welt-sein war ein Im-Jahrhundert-sein. Er konstituierte sich als ein «Sein-zu» den zeitgenössischen Problemen, seine Möglichkeiten und folglich seine Natur waren bemessen durch die Möglichkeiten des Jahrhunderts. Und in gleicher Weise habe ich *mich* gewählt *im* 20. Jahrhundert. Um wie Heidegger zu sprechen, lasse ich mir *vom 20. Jahrhundert und seinen Problemen ankündigen, was ich bin*. Und folglich kann ich nur ein «Sein-zu» diesen Kriegen sein, die das 20. Jahrhundert in seinem Schoß trägt. Ich bin ein Absolutes nur, weil ich historisch bin. Das ist es, was ich sagen will: Wenn man der Meinung ist, ich erleide die Geschichte, dann bin ich nur Relativität. Wenn man im Gegensatz dazu versteht, daß ich mich in der Geschichte *mache*, dann bin ich – an meinem Platz – ein Absolutes. Aber das impliziert eben ein Sein-zum-Krieg, ein In-der-Klasse-sein (um sie zu verneinen, zu hassen oder zu akzeptieren usw.), all dies, was sich mir bisher entzogen hat, wird der Krieg mich zu lehren wenigstens gedient haben.

Wenn diese Zeilen je erscheinen, möchte ich nicht, daß übelgesinnte Schwachköpfe mich mit Joseph de Maistre[1] oder Henri Lavedan[2] verwechseln. Ich wiederhole also hier, der Krieg ist eine Schmach und eine Absurdität, die nur geschehen kann *durch* die Faulheit und die Feigheit der Menschen, und ich werfe mir in den vorangegangenen Seiten vor, ihn nicht stark genug zurückgewiesen zu haben. Das schließt nicht aus, daß das Sein-zum-Krieg eine wesentliche Struktur der menschlichen-Realität ist.

1 Nach Joseph de Maistre «ist der Krieg an sich selbst göttlich, da er ein Gesetz der Welt ist» (*Die Abende von St. Petersburg*, 1821, Siebentes Gespräch).

2 Autor leichter Werke, dialogisierter Phantasien und Stücke, von denen einige berühmt wurden (1859–1940); nach den ersten Anzeichen des Krieges 1914 wurden seine Werke ernsthaft und moralisierend. Ab 1920 veröffentlichte er einen Roman in sieben Bänden, *Le Chemin du Salut* [Der Weg des Heils] (Plon, Paris), der die moralischen Veränderungen der Nachkriegsgesellschaft zeichnet. Möglicherweise hat Sartre später als allgemeinen Titel seiner eigenen Romantrilogie «Die Wege der Freiheit» in ironischem Bezug auf dieses Werk von Lavedan gewählt.

Die Weisheit ist zeitlos. Die Authentizität kann nur *in* und *durch* die Geschichtlichkeit erreicht werden. Das ist es ungefähr, was Heidegger sagt. Aber woher kommt dieses immer mögliche Zögern zwischen Weisheit und Authentischem, zwischen Zeitlosem und Geschichte? Das liegt daran, daß wir nicht nur, wie Heidegger glaubte, menschliche-Realität sind. Wir sind transzendentales Bewußtsein, das sich zur menschlichen-Realität *macht*.

Green zitiert unpassend und dumm (Band 2, Seite 120) dieses ausgezeichnete Wort von Cocteau: «Unsere Bücher verabscheuen uns.»[1]

Mittwoch, 18.

Kleines nächtliches Abenteuer. Ich habe Wache im Saal der Offiziere. Ich schlafe, den Kopf unter der Decke, um mich vor den Mücken zu schützen. Gegen halb zwei werde ich von einer ungeheuren trockenen und vollen Detonation ein wenig theatralisch geweckt. Ich werfe meine Decken zurück und sehe das blaue Papier, das die Fenster bedeckt, ganz von blinkendem Licht erhellt. Nacht. Blaues Licht. Nacht. Fünf oder sechs Detonationen, ich gehe tastend bis zum Fenster und öffne es. Draußen Regen. Heftiger Regen, der an die Scheiben schlägt. Eine Sekunde lang hatte ich an ein Bombardement gedacht. Fröhliche Erregung. Doch ich glaube, ich hatte es mit einem Gewitter zu tun. Ich lege mich wieder hin. Übrigens beruhigt sich das Gewitter ebenso schnell, wie es begann. Zehn Minuten später höre ich Schritte, und die Tür öffnet sich im Dunkeln. Jemand tritt ein. Das bleiche Rund einer Taschenlampe. Ich sage: «Wer ist da?» «Der Oberst.» «Guten Abend, Herr Oberst.» Ich erhebe mich. Inzwischen hat er den Schalter gefunden, und das Büro ist erleuchtet. Er ist ganz frisch, ein wenig gebeugt, sieht aus, als käme er aus einer Schachtel. Und immer noch sein freundlicher Ausdruck. Er rückt seinen Kneifer zurecht und, mit gebrochener Stimme: «Keine Nachricht?» «Nein, Herr Oberst.» «Haben Sie die Detonationen gehört?» «Ja, ich dachte, es wäre ein Gewitter.» «Hmm!» Er nickt mit dem Kopf. «Ich befürchte, das Bombardement hat begonnen. Ich hatte mich niedergelegt, ich war am Fenster ...» Er fügt etwas sicherer hinzu: «Sie verstehen. Ich

1 *Journal* [Tagebuch] von Julien Green, 17. November 1937, im März 1939 im Verlag Plon, Paris, erschienen.

habe vier Jahre lang das Geräusch explodierender Geschosse gehört, ich erkenne sie.» Ich sitze in Hemd, Hose und Strümpfen. Ich mache Anstalten, meine Schuhe anzuziehen. Er unterbricht mich: «Nein, nein. Warten Sie noch, ich werde telefonieren, um es genau zu wissen.» Er nimmt das Telefon und erklärt mir, während er eine Nummer verlangt: «Die Schlacht hat nämlich angefangen. Man muß mit allem rechnen.» Ich warte, auf einem Stuhl sitzend, daß man ihm antwortet. Ich bin amüsiert, ein wenig ungeduldig. Eindruck von Irrealem. Das Bild des Knallens eines Knallfroschs vor Augen. «Hallo, wissen Sie, ob es ein Gewitter ist? Wie bitte? (leicht gereizt, aber immer noch freundlich) Sie hoffen es? Aber das genügt nicht, man muß wissen.» Er hängt auf und verlangt 15/20 (den Kommandostab der Batterien an der Front): «Hallo, ist alles ruhig?» Man antwortet ihm, ja, denn er wendet sich mir zu, noch zögernder und gebeugter, ein wenig verwirrt: «Um so besser, um so besser. Aber wissen Sie, man hätte sich irren können. Die Schlacht hat begonnen ... Morgen wird man Ihnen einen Tagesbefehl von General Gamelin verlesen, der dem von Joffre am Tag der Marneschlacht ähnelt.» [1] Ich mache mich ganz klein, versuche den Zeugen des Mißgeschicks dieses Greises bis zur Auslöschung verschwinden zu lassen. Ich nehme ein dümmliches Aussehen an und lache: «Um so besser, ja, um so besser.» Das hat mich nicht daran gehindert, heute morgen allen diese Geschichte zu erzählen. Ich würde gern seine heutigen Gefühle kennen. Alles zusammengenommen hielt er das Gewitter für ein Bombardement. Für mich ist dieses kleine Ereignis wertvoll, weil es mir ein Versprechen von Mut zu sein scheint. Darum sorge ich mich: werde ich Mut haben, wenn es nötig sein wird? Es scheint, ja, denn in dem Augenblick, da ich *annahm*, daß die Detonationen von Geschossen kämen (vor allem, als der Oberst telefonierte), hatte ich nur das (nicht sehr sympathische) Gefühl amüsierter Bedeutung. Aber es ist trotz allem ein ziemlich zweideutiges Zeichen.

1 Der alte Oberst hat ohne Zweifel den «Aufruf an die Soldaten Frankreichs» des Generals Gamelin vom 14. Oktober (vier Tage zuvor) ernst genommen: «*Von einem Augenblick zum anderen kann die Schlacht beginnen, von der einmal mehr in unserer Geschichte das Schicksal Frankreichs abhängen wird. Das Land, die ganze Welt schauen auf euch. Seid tapfer: schlagt euch so gut ihr könnt, erinnert euch an die Marne und an Verdun.*» Doch er ist nicht auf dem neuesten Stand, denn bereits seit dem 16. Oktober mußten die französischen Truppen ihre Ausgangsstellungen wieder einnehmen, und im Oberkommando ist von einer bevorstehenden großen Offensive keine Rede.

Von Paulhan *in N. R. F.* Oktober. In «Retour sur 1914 [Rückblick auf 1914]»:

«Die heute ausrücken, um wieviel weiser sind sie – und ich denke, auch weiser geführt. Sorgsamer, ohne Zweifel gerechter. Schweigsam: ohne Schreie oder Neugierde ... ‹Nur eines ist klar›, sagt einer von ihnen, ‹die Traurigkeit derer, die man verläßt.› Und der andere: ‹Mir ist, als ob ich auf Gefühle warten müßte, die später kommen werden.›»

Vor allem diese letzte Bemerkung frappiert mich. Das ist ein wenig mein Fall: ich warte darauf, indem ich vor mich hin lebe, indem ich räsoniere, um völlig das Im-Krieg-Sein zu realisieren. Aber der ganze Absatz ist richtig. Man könnte meinen, es mit der Premiere eines Stücks zu tun zu haben, von dem 1914 die Generalprobe war. Die Schauspieler kennen ihre Rolle, sie sind weder aufgeregt noch begeistert. Und das Unbekannte liegt für sie nicht mehr so sehr in der Technik noch in den materiellen Ergebnissen als in ihren eigenen Gefühlen. Sie suchen sich, es ist da etwas, das sie verstehen wollen – das nicht mehr die Politik oder das gesellschaftliche Leben ist, sondern der Krieg und sie selbst im Krieg. Man könnte meinen, wir seien *alt* in unserem Verhältnis zum Krieg in dem Sinn, wie man sagen würde, eine Literatur sei alt in ihrem Verhältnis zur Liebe. Das heißt, sie ist jenseits vom Pittoresken, jenseits auch von dem, was das subtile Denken bestimmter Autoren ausmachte und das für sie nur noch Gemeinplatz oder Ausgangspunkt ist. Es gibt ein Pittoreskes des Krieges, ein Pittoreskes des Grauens, das man heute hinnimmt, ohne es zu beachten. All das ist bekannt und banal. Man schiebt es beiseite, um dahinter etwas Nackteres und Entblößteres zu suchen: das Wesen des Krieges.

Um diesen Krieg oder diesen Beginn eines Krieges zu bezeichnen, hat er dieses Wort (glücklicher als «Phantomkrieg») «unauffindbarer Krieg».

Man muß auf das Wort Zerstörung zurückkommen, da das Ziel des Krieges darin besteht, zu zerstören. Man möge sich nichts vormachen: selbst die, die einen Verteidigungskrieg zu führen behaupten, zielen auf nichts anderes als auf Zerstörung ab. Ein Mann kann sich verteidigen, ohne zu zerstören. Er kann die Arme seines Gegners fassen und ihn stillhalten, ohne ihm weh zu tun. Aber man beurteile nicht die Verteidigung im Krieg nach dieser irreführenden Analogie. Die Verteidigung zielt darauf ab, die vom Gegner benutzten Zerstörungsmittel zu zerstören. So ist überall Zerstörung. Der moderne Krieg ist ein *potlatch*: Wer am besten die Zerstörung seiner Güter ertragen kann, ist Sieger. Man könnte sich sogar einen Krieg vorstellen, bei dem jeder Gegner eigenhändig seine Männer und seine Reichtümer zerstören würde. Am Ende dieses Massakers würde der eine sagen, ich kann nicht mehr. Und der andere, ich kann noch. Der wäre Sieger. Man muß sich also diesem bloßen Gedanken von Zerstörung nähern, obwohl der Krieg komplexer ist, da er *Kampf* für die Zerstörung ist. Zunächst ist zu bemerken, daß man nur zerstört, was organisiert ist: Leben oder Utensilien. Ich möchte mich für heute darauf beschränken zu verstehen, was die Zerstörung eines Utensils ist. Man zerstört nicht einen Felsen, einen Haufen Sand, eine Heide – selbst wenn man den Felsen mit Dynamit spalten, die Heide mit Geschossen durchlöchern würde. (Dabei zerstört man selbst in diesem Fall etwas. Wir werden nachher sehen, was.) Aber man zerstört ein Haus, weil es ein Utensil ist. Doch was ist ein Utensil? Es ist ein Komplex von Mitteln zu einem Zweck, der selbst auf andere Zwecke *verweist* und so fort bis zum Ende des Kosmos, jenseits dessen wir jenen finden, *auf den* die Totalität Utensil «hinweist», das heißt den Menschen. Das In-der-Welt-sein des Menschen ist genau und zunächst das In-der-Zuhandenheit-sein. Alles was er wahrnimmt, alles was er versteht, *nutzt*. Und, was wichtiger ist, er versteht sich zunächst selbst jenseits des Zuhandenen und durch dessen Zuhandenheit. Er ist immer am Horizont der Zuhandenheit. Er findet sich dort als jener, der das Haus *bewohnt*, jener, der mit dem Hammer schlägt usw., in der Handlung des mit dem Hammer Schlagens selbst verwirklicht er die Welt und sich selbst jenseits der Welt und in der Welt. Selbst die Natur – wenn sie seinem Maß entspricht – erfaßt er als Utensil. Die Berge nimmt er als «besteigbare», die Meere als «überwindbare» usw. wahr. Unter diesen Bedingungen ist leicht zu erkennen, daß die feste Absicht zu zerstören das In-der-Welt-sein des Menschen umkehrt. Bereits der zerstörerische Wahn der Brandstifter kann nicht nur allein auf das Utensil zielen, das er zerstört – zum Beispiel den Heuhaufen, den er angesteckt hat –, sondern über den Heuhaufen hinaus greift er den Menschen an, nicht – wie man es so oft sagt – *symbolisch*, das heißt in dem Sinn, daß die Zerstörung des Utensils als Ermordung des Menschen *gelten würde*, sondern vielmehr als Angriff auf die *conditio humana* des Menschen. Es geht nicht um die Freude zu vernichten, sondern eher um die Freude zu entmenschlichen, darum, die unmenschliche Natur, die unter dem Utensil liegt, zu entblößen. In der Tat nähert sich das Unverwendbare der rohen Natur, die der Gelehrte untersucht – ohne allerdings mit dieser zusammenzufallen. Die entmenschlichte Natur, die der Wissenschaftler durch Abstraktion erhält, ist reines Spiel des Determinismus. Der nicht verwendbare Gegenstand bewahrt, obwohl er *dabei ist,* zu diesem reinen Determinismus *zurückzukehren,* so etwas wie einen Beigeschmack von Zuhandenheit. Er hat etwas Verhextes, auf halbem Wege zwischen der Natur des Menschen und der Natur des Gelehrten. Verhexter Charakter eines verbrannten Autos am Straßenrand. Nur ist der Mensch im Krieg nicht einfach in einer Welt zerstörter Gegenstände, als spazierte er auf einem amerikanischen Autofriedhof. Er selbst ist, «um zu zerstören». Von den zerstörten Gegenständen, die er wahrnimmt, weiß er, daß der Zweck menschlicher Tätigkeiten darin bestand, sie zu zerstören. Und die, die noch verwendbar sind, nimmt er wahr, *um sie zu zerstören,* er nimmt sie als zerstörbare wahr. Aber dieses Verstehen und diese neue «Sorge» sind komplexer als die Sorge des friedlichen Menschen: in der Tat muß man, um einen Gegenstand als zerstörbar zu verstehen, ihn zunächst als Utensil erfassen, «um-es-als-solches-zu-verneinen». Das bedeutet nicht, daß die Zuhandenheit thematisch gesetzt werden muß. Im zerstörerischen Akt gibt sich die Zerstörbarkeit, und zwar nur nicht-thematisch. Es handelt sich um eine Struktur mit nur zwei Momenten; das ist alles. So ist in Friedenszeiten die beste Kenntnis des Hammers das Hämmern, und die beste Kenntnis dieses neuen Gegenstandes, des Hammers-im-Krieg, ist seine Zerstörung, das heißt, das ihn in die Unmöglichkeit versetzen zu hämmern, was eben genau das Verstehen des Hämmerns voraussetzt. Denn es kann gute oder schlechte Zerstörung geben: den Stil des Hammers zerbrechen, ist keine gute Zerstörung. Die gute Zerstörung erreicht das Utensil genau am Verbindungspunkt von Mittel und Zweck. So werden die Gegenstände im Krieg in einer Art Verflüchtigung erfaßt: ihr Friedenssinn ist zunächst gegeben, aber schüchtern, zerbrechlich und bereit, sich aufzulösen, und das, was er offenbart, ist eine schwarze Leere, die völlige Unzuhandenheit, die völlige Gleichgültigkeit der determinierten Natur. Aber was die Dinge komplizierter macht, ist, daß man, um zu zerstören, wiederum Werkzeuge braucht. Wir finden also eine komplexe Verknüpfung von Mitteln und Zwekken und schließlich eine Welt. Aber der letzte Sinn dieser «Verweise» ist die Zerstörung eines jeden Zwecks. Wir haben es also dem Schein nach mit Utensilien zu tun, die allen Utensilien ähnlich sind: sie haben eine Gebrauchsweise und eine Funktion. Folgt man jedoch mit dem Blick ihrem «Verweis», kommt man früher oder später zur Zerstörung. Nehmen wir zum Beispiel die Post in der Armee. Man versucht im Rahmen des Möglichen sie schnell und regelmäßig auszugeben. Warum? Damit die Soldaten so schnell wie möglich die Briefe aus dem Hinterland erhalten können. Warum? Damit sie ruhiger kämpfen, das heißt zerstören. Weiterhin müssen wir sehen, daß diese der Zerstörung dienenden Utensilien selbst zerstörbar sind, in hervorragender Hinsicht, denn sie sind es, die der Gegner zunächst zu zerstören versuchen wird (Gegenangriffe, schießende Antibatterien usw.), und je zerstörerischer sie sind, desto mehr liegt es in ihrer Natur, zerstörbar zu sein. Im allgemeinen sind sie zerstörbar durch Gegenstände, die ihnen gleichen: Panzerkreuzer durch Panzerkreuzer, Kanonen durch Kanonen, Flugzeuge durch Flugzeuge, so daß sie an sich selbst ein doppeltes Zeichen der Zerstörung tragen: Zerstörer und zerstörbar, liegt ihre Zuhandenheit zwischen beiden.

Wenn wir jetzt berücksichtigen, daß der Krieg sich in die Welt des Friedens einfügt, dann sehen wir, daß alle Gegenstände des Friedens eine vollständige Umwandlung erleiden: die Mehrheit der Utensilien wird zerstörbar, und der Rest wird zerstörbar *und* zerstörerisch (das verminte Haus, die verminte Brücke usw.). Selbst die Natur (Wälder, Berge usw.) erleidet diese Umwandlung. Sie verliert ihre allgemeine Zuhandenheit, um sich der Gleichgültigkeit zu nähern. Was Ort des Spazierens, des Ackerbaus usw. war, neigt dazu, sich dem reinen Raum zu nähern, wird Ort für Verstecke, für Positionen von Batterien, für Beobachtungsposten usw. So bin ich es, der im Krieg mit jedem Atemzug, in der unbedeutendsten meiner Gesten, im Marschieren, im Augenöffnen und im Sehen die Welt *zerstört*, jenseits einer Zu-zerstörenden-Welt finde ich mich selbst wieder als derjenige, für den diese Zu-zerstörende-Welt existiert. Ich bin-in einer zu zerstörenden Welt, und ich bin-zum Zerstören dieser Welt. Aber wenn die Dinge sich darauf beschränkten, wäre ich einfach nur Zerstörer, obwohl man dieses Zerstörer-Sein nicht als eine Laune meiner Freiheit verstehen dürfte – noch als etwas Schicksalhaftes meines Temperamentes –, sondern als eine wesentliche Notwendigkeit meiner *conditio humana* – was bedeutet, daß mein eigenes Temperament und meine Launen diesem Zerstörer-Sein aufgesetzt werden. Ebenso erscheint im Frieden das Temperament eines jeden vor dem Hintergrund der *conditio humana* (Sein-zum-Tod usw.). Nur beschränkt sich die Zerstörung nicht darauf: in dieser Zerstörung ist der Mensch auch ein zerstörerisch-zerstörbares *Utensil*. Er hört auf, menschliche-Realität zu sein, weil er seine eigenen Möglichkeiten verliert (Menschenmaterial). Aber – und das ist am schwierigsten zu verstehen – dieser Verlust aller seiner Möglichkeiten ist ebenfalls eine seiner Möglichkeiten. Sein Sein-zum-Zerstören entwirft sich zur Möglichkeit der Zerstörung aller menschlichen Möglichkeiten *in ihm*. Dieser Zerstörer *ist*, um zu zerstören, indem er sich *in* einer zu zerstörenden Welt zerstört, das heißt, seine conditio besteht darin, sich *zur Sache zu machen*. Und seine Weise des *In-der*-Welt-seins besteht genau wie bei jeder menschlichen-Realität darin, sich *in* die Welt zu werfen wie ein Stein oder ein Fluß. Schließlich ist er als Utensil Teil dieser Welt von Utensilien, die er zerstören will. Denn der Tod des Soldaten wird nur als die Zerstörung eines Utensils betrachtet.

Wohin führt uns das alles? Ins Nichts? Nein, zerstören heißt nicht vernichten, es heißt den Menschen und die Welt entmenschlichen. Mensch und Welt werden oder besser machen sich zu inerten Gegenständen gegenüber dem transzendentalen Bewußtsein. Wir stoßen hier auf die absurde Fülle der unmenschlichen Existenz gegenüber dem absurden und unmenschlichen Bewußtsein. Fülle überall. Eine organisierte Welt, deren Organisation darauf abzielt, sich zugunsten des absurden Vollen der Existenz zu verneinen – eine menschliche-Realität, die darauf abzielt, sich zum Ding zu machen und die dadurch das transzendentale Bewußtsein reinigt, so sind die Welt und der Mensch des Krieges. Doch man möge nicht glauben, daß diese Verdinglichung des Menschen und diese Entmenschlichung der Welt gelängen. Sie stellen nur die letzten und konstanten Möglichkeiten des Menschen im Krieg dar. Er *ist*, um sich gegenüber dem transzendentalen Bewußtsein zu verdinglichen, inmitten einer *zu* desorganisierenden Welt.

Den ganzen Vormittag lang starkes Kanonengedonner. In der Gegend von Wissembourg wahrscheinlich.

Unmöglich, nicht an den deutschen Angriff zu denken, der ohne Zweifel in diesem Augenblick stattfindet. Ich fühle mich dieser Welt verbunden, die man zerstören will. Ich realisiere, daß ich zu ihr gehöre. Unmöglich, ihre Bindungen nicht zu fühlen. Diese Welt, die man zerstört, diese Welt des Friedens, *in ihr* war ich Mensch, jede teilweise Zerstörung ist ein wenig *meine* Zerstörung.

Seltsam: man greift zu den Waffen, um eine bestimmte Welt zu verteidigen (die französische Republik der Nachkriegszeit mit ihren Rechten und ihren Ideologien). Dabei weiß man, daß die Tatsache selbst, daß man zu den Waffen greift, diese Welt mit Sicherheit zerstört. Was man verteidigt, ist bereits tot. Ich bin hier, um mein Leben von 1919–1939 zu verteidigen. Aber da ich hier bin, ist es in die Vergangenheit geglitten. Wenn wir Sieger sein werden, werden wir die Welt verteidigt haben, die wir *nachher* schaffen werden, und sie wird das sein, wozu wir imstande sein werden, was wir nicht mal vorhersehen können. So verteidigten die Männer von 1914 die Republik von 1920 gegen das imperialistische Deutschland. Die Republik von 1870–1914 hatten sie mit ihren eigenen Händen begraben, indem sie zu den Waffen griffen.

N. R. F.: Henri Pourrat: «Ein Krieg, den man machen wird, so wie man als Kind eine Seite Schönschrift machte. Etwas Unangenehmes, das man jedoch machen muß. Ja, komischer Krieg[1] ...»

Denn es gibt in ihm nichts zu gewinnen. Sondern nur – gegen das Schlimmste – einen Zustand zu verteidigen, der niemanden begeisterte, mit dem man sich aus Gewohnheit abfand, und der den Frieden nicht überdauern wird.

Koinzidenz: Mauriac übernimmt auch (in «Cinquante ans ...»[2]) dieses Wort «querencia», das wir von Hemingway haben[3].

1 In der Rubrik «L'air du mois» [Die Stimmung des Monats], *N. R. F.* von Oktober 1939, unter dem Datum des 5. September. Der Ausdruck «drôle de guerre» [komischer Krieg] wurde also bereits zwei Tage nach der Kriegserklärung benutzt, in Verbindung mit dem Geist, in dem die Franzosen an ihn herangingen.

2 Text von François Mauriac, der in der *N. R. F.* vom Oktober 1939 veröffentlicht wurde.

3 Vgl. frz. *Mort dans l'après-midi*, Gallimard, Paris 1938. Original *Death in the afternoon*, dt. *Tod am Nachmittag*.

Donnerstag, 19.
Hauptmann Munier nimmt an einer Messung teil und läßt sich alles haarklein erklären. Wonach er schließt: «Vier für die Armee verlorene Männer.» Das kränkt mich. Dabei habe ich es gewollt. Im Grunde bin ich eher Kriegskorrespondent als Soldat. Ein Kriegskorrespondent wider Willen, und einer, der nichts zu sagen hat. Ich übertrage meine schlechte Laune auf Pieter und erkläre ihm, daß er unrecht hat, mit seinem Amt anzugeben, denn wenn man sieht, was er macht und wie lächerlich einfach seine Arbeit ist, hält man ihn für einen Idioten. Pieter verduftet. Dann werde ich aus Verdruß zynisch: «Man hat mich hierher gesetzt, mir ist es schnuppe. Ich bin in Sicherheit, na und?» Pieter erklärt zur gleichen Zeit einem unsichtbaren Auditorium mit sofort wieder zurückgenommenen Konzessionen, Unterscheidungen, Hypothesen und Ableitungen, es sei in der ganzen Armee so. Unter den Mißgeschicken eines lächerlichen Stoikers zu verbuchen. Ich war heute morgen ausgezeichneter Laune und bin es nicht mehr. Ich *wußte*, daß ich nichts zu tun habe, daß diese Institution der Wetterbeobachtungsstation skandalös war, daß ich einen beneidenswerten und ungerechtfertigten Druckposten habe. Ich wußte es, aber ich mag es nicht, wenn andere es bemerken. Und nun bin ich wie immer hin- und hergeworfen zwischen Zynismus und dem Adel einer existentiellen Seele. Heute überwiegt der Zynismus, weil man mich in ihn geworfen hat. Dieses Heft widert mich an wie die Ergüsse eines Betrunkenen. Ich werde es dennoch nicht wegwerfen, weil ich eine Sammlerseele habe, es sind viele beschriebene Seiten. Schließlich wäre es für das, was ich hier tue und was ich hier sehe, noch günstiger, den Krieg aus der Etappe zu sehen. Zu bemerken ist, daß ich in dieser geistigen Verfassung war, als ich das Heft begann. Auf den ersten Seiten machte ich mich über mich und diese schüchterne Wichtigkeit als Krieger, der fühlt, wie er zur Welt kommt, lustig. Und dann hatte dieses Heft das unheilvolle Ergebnis, das ich hätte erraten können: ich habe mich ernst genommen. In Wirklichkeit schien mir die zynische Psychologie schon in dem Moment, da ich mich darin übte, ungenügend. Sie war dem Stoizismus komplementär. Das hat mich zum Existentiellen geführt. Übrigens ist das eine Verteidigung. Eine Art und Weise zu sagen: «Ich bin niedrig», wie Lebedjew in *Der Idiot*. Antwort Dostojewskis: «Als ob es reichte, das zu sagen, um sich aus der Affäre zu ziehen.» Schlußfolgerung: Ich schäme mich, nicht Infanterist zu sein.

Der vorangegangene Abschnitt ist nicht mit völliger Aufrichtigkeit geschrieben. Nichts ist darin falsch, aber alles ist gekünstelt. Ich fühlte mich schreiben. Es ist ein Tag der Ungnade, gewiß. Dabei lief mein Roman heute morgen gut. Ich muß mich heute hinter ihm verschanzen, ohne an etwas anderes zu denken.

Während ich Mittag esse und Pieter mir von seiner Ehe erzählt, kommt mir ein Gedanke: wenn du dich so sehr schämst, nicht Infanterist zu sein, warum engagierst du dich schließlich nicht bei der Infanterie? Und ich spiele einen Moment mit dem Gedanken, mich zur Infanterie versetzen zu lassen. Dabei weiß ich, daß ich von mir aus nicht den geringsten Schritt unternehmen werde, um das zu realisieren. Warum? Wegen meines Romans? Wenn ich diese Veränderung provozieren würde, hieße das, dem Leben gegenüber dem Roman den Vorzug geben, und so betrachtet, fühle ich mich dazu nicht unfähig. Und dann habe ich immer noch eine Lösung: ihn zu Ende bringen. Das würde bis Januar, Februar dauern, und dann könnte ich mich sofort danach in der Infanterie engagieren. Es gibt noch etwas anderes: es gibt den Castor. Es versteht sich von selbst, daß ich ihr gegenüber die *Pflicht* habe, meine Haut zu retten. Ich stelle sie mir vor, wie sie diese Zeilen liest und mir eine Ohrfeige gibt: «Kleiner Dummkopf, dummer Affe». Einerseits die strikte Pflicht: Ich habe ihr mein Leben gewidmet. Andererseits Vages: Im Grunde weiß ich nicht allzu sehr, warum ich hier bin. Jedenfalls nicht, um das Vaterland zu verteidigen noch die Zivilisation. Bestenfalls, um meine Freiheit zu verteidigen (vor allem, weil ich nichts anderes tun kann). In diesem Fall ist das Beste, hierzubleiben, nur das gibt mir die Chance, die Freiheit noch zu genießen, die ich verteidige. Und dann bin ich nicht ganz und gar ein Drückeberger: ich tue nichts, ich bin passiv, das ist mein Los. Aber ich bin zehn Kilometer von der vordersten Front entfernt, man kann uns von einer Minute zur anderen bombardieren, und morgen werde ich mich vielleicht in zwei Kilometer Entfernung vom Rhein befinden. Allerdings kann ich immer, da es *meine* Freiheit ist, die ich verteidige – wenn ich überhaupt etwas verteidige – und eben auf Grund dieser Freiheit die Authentizität vorziehen und den Krieg dort erleben, wo er am stärksten ist. Ich sehe nicht deutlich, was mich – außer einem Heroismus der Ungeduld – zwingen könnte, das Schlimmste zu suchen. Es wie die anderen machen: aber ich bin kein Humanist. Und auf der anderen Seite eine strikte Pflicht, da der Castor daran denkt, sich umzubringen, wenn sie mich nicht wiedersieht. Gut. Aber bin ich denn nicht sehr zufrieden damit, diese Pflicht zu haben? Und obwohl sie authentisch ist, dient sie mir nicht auch als Vorwand?[1]

Ich wollte Infanterist sein. Mag sein. Aber wenn ich es wäre, würde ich vielleicht in Bar-le-Duc einquartiert sein wie Bost. Dann wünschte ich, an der Front zu sein. Aber wenn ich an der Front wäre, wäre ich vielleicht an einem ruhigen Abschnitt. Dann würde ich das Schlimmste wünschen usw. Letztlich träume ich ganz einfach nur von einer Rechtfertigung meiner hiesigen Anwesenheit durch Heroismus. Und das ist eine Dummheit. Ich erinnere mich an die weise Empfehlung der Mondfrau[2] an ihren einberufenen Mann im September 38: «Mach, was man dir sagt, sonst bekommst du Ärger, aber mach nicht zuviel.» Heroismus der Ungeduld, Hoffnung des Schlimmsten. Die einzige *reale* Triebfeder, die mich handeln lassen könnte, wäre die Hoffnung, dort wahre Authentizität zu finden. Im übrigen ist das der Geisteszustand eines abgelehnten Kandidaten – der zu oft der meine ist; ich hatte heute früh eine Prüfung und bin durchgefallen, das ist alles. Und das hat mich gekränkt. Das ist alles, was von dieser Geschichte bleibt. Das und etwas anderes Wertvolles: der Gedanke – der mir nie gekommen war –, daß ich mich schließlich immer und wann ich will zur Infanterie versetzen lassen kann, und das verpflichtet mich, mich weniger ernst zu nehmen und meine Si-

1 Diese Bewußtseinskrise ist grundlos: Sartre ist auf jeden Fall «für den aktiven Dienst untauglich». Kann er es ignorieren? Seit seiner frühen Kindheit bedeckt ein Fleck sein rechtes Auge, dessen Sicht gleich null ist; sein linkes Auge ist sehr kurzsichtig. Manch anderer mit dem gleichen Gebrechen wurde zurückgestellt. Es ist zu bemerken, wie sehr seine Eigenliebe von dieser Behinderung berührt ist: nach den Kriterien der Armee ist er «untauglich» (siehe sein Gespräch mit J. L. Bost vom April 1937, *Briefe an Simone de Beauvoir*, Band 1, frz. Ausgabe S. 95 f, dt. Ausgabe S. 96 f). Paradox des Stolzes: seine Selbstanklage, feige zu sein, gestattet ihm im Grunde, die Tatsache zu leugnen, daß er einäugig ist, oder es zu vergessen. Vielleicht hat er es seinen «Akoluthen» verheimlicht (sein blindes Auge ist nur leicht verschleiert, und die Trägheit der Iris kann als einfaches Schielen gelten). Wie wäre es sonst zu verstehen, daß Pieter, der immer sehr gut informiert ist, nicht einwendet, daß er keinerlei Aussicht hätte, in einer kämpfenden Einheit aufgenommen zu werden? Wir sahen (S. 44), daß Sartre sich seiner starken Tendenz zur Leugnung sehr wohl bewußt ist.

2 Spitzname einer jungen Frau, die Sartre sechs Jahre zuvor, ebenso wie ihren Mann, in Berlin kennengelernt hatte («Marie Girard» in *In den besten Jahren* von Simone de Beauvoir).

tuation *hier* ehrlicher zu akzeptieren, statt von einem Heroismus *woanders* zu träumen. Mich niemals ernst nehmen.

Das ist um 13.05 Uhr geschrieben, beruhigt. Aber eine halbe Flasche Wein und ein Grappa sind meiner Gelassenheit nicht fremd. Schöne Authentizität, wo bist du? Wenn man drin ist, ist man ganz einfach – und ein bißchen tölpelhaft –, wenn man nicht mehr drin ist, ist es die Spiegelgalerie, man macht sich etwas vor, man belügt sich bis zum Geht-nicht-mehr. [1]

Freitag, 20.

Es ist eigenartig, seit dem 2. September hatte ich nicht wenige Freuden aller Art, manchmal ziemlich starke. Es vergeht ohne Zweifel kein Tag ohne irgendeine; aber wenn ich mich an sie *erinnere*, scheinen mir diese Freuden, die mir in dem Moment, als ich sie empfand, natürlich schienen, alptraumhaft. Es sind Freuden, doch von Höllenflammen gerötet, und vor allem spielt sich alles, Freuden und der Rest, in einem Wahnsinnsrhythmus ab. Aber diesen Rhythmus habe ich nicht gelebt. Vielleicht wurde er in sehr kurzen Augenblicken erkennbar, aber in der übrigen Zeit war er verschmiert, verklebt vom alltäglichen Teig der Zeit. Ich denke, es ist das, was ich auf Seite 58[2] am 1. Oktober über diese Art unbewußten Versteifens gegen die ständige Versuchung der Verzweiflung gesagt habe. Es verwandelt die zwei friedlichen Monate, die ich friedlich gelebt habe, in einen höllischen Lauf (genau in einen Gang zum Scheiterhaufen durch ein Spalier von fratzenziehenden Personen, die auf Zimbeln schlagen). Doch jetzt versteife ich mich nicht mehr. Gleicherweise erscheinen mir alle Orte (militärische Orte, versteht sich) als widerwärtig, dabei hatte ich keine Meinung über sie, oder sie amüsierten mich, wenn ich sie sah. Sicherlich blockierte ich mich ein für allemal gegen diesen traurigen, schäbigen oder finsteren Sinn, den ich auf den Dingen hätte erfassen

1 War Sartre bewußt, daß das Dilemma, das ihn vorhin beschäftigte (sich zur Infanterie versetzen zu lassen oder nicht), unecht war und daß die *Unaufrichtigkeit* – ein Begriff, der seine Bedeutung haben wird, wenn er in *Das Sein und das Nichts* seine phänomenologische Beschreibung des Bewußtseins entwickeln wird – an diesem Morgen etwas damit zu tun hatte?

2 Es handelt sich um die Seiten seines Heftes, siehe hier S. 69.

können. Aber ich *sah* es nicht, und das ist wörtlich zu nehmen, und dabei war es für mich da. Es war in meinem ursprünglichen und präontologischen Verstehen enthalten; jeder Gegenstand, jede Sache schien mir Teil der komplexen Organisation «zerstörerisch-zerstörbar». Ich verstand sie als solche, aber es ging darum, nicht auf das zu achten, was ich verstand. Das bewirkte nicht, daß der ursprüngliche Sinn der Dinge unbewußt, sondern daß er lediglich implizit wurde. Gegenüber diesen trübsinnigen und finsteren Gegenständen, die sich nicht als solche zu erkennen gaben, deutete ich kleine Tänze der Fröhlichkeit und guten Laune an, die sie mit einem zarten und glänzenden Schleier bedeckten. Seit Brumath ist alles verändert: ich möchte die Welt des Krieges ohne Schleier betrachten, aber sie zeigt sich viel weniger.

Dieser Krieg ist ein gelehrter Krieg in dem Sinne, wie man von gelehrter Musik spricht. Er ähnelt der Philosophie Brunschvicgs, Denken über das Denken.[1] Man hat gesagt, der Krieg 1914 war ein Bergsonscher, wenigstens in seinen Anfängen. Aber dieser ist ein kritizistischer Krieg. Er wird gegen den Krieg von 1914 geführt. Alles, von der Führung der Operationen bis zur Haltung eines jeden, ist eine Reaktion auf 1914. Dieser neue griesgrämige, lustlose und ein wenig katholische Aspekt des Kriegers ist eine Reaktion, *gegen* den draufgängerischen Heroismus von 14 gerichtet. Das lange Abwarten, der sparsame Umgang mit den Männern, diese vorsichtigen Rückzüge und diese Fallen hat das Oberkommando gegen die ruhmreichen Stürme von 14 konzipiert. Die Zurückhaltung (leider noch ungenügend) bei der Gehirnwäsche und unser a priorisches Mißtrauen gegen Gehirnwäschen. Und die verlegene Haltung der Professionellen der Ermutigung, die sich geben, als gäbe es sie nicht; «Wir ermutigen euch nicht, wißt ihr, wir ermutigen euch nicht.» Béraud zum Beispiel in *Gringoire* vom 12. Oktober 39[2]: «Ersparen wir den Kämpfenden

1 Léon Brunschvicg (1869–1944), bedeutende Gestalt der Philosophie zwischen beiden Kriegen. Sartre, der in der École normale studierte, lehnte bereits seit dieser Zeit dessen «kritischen Idealismus» ab. Sein Freund Paul Nizan stand noch mehr in Opposition zu dieser Philosophie, in der er einen Garanten der Daseinsberechtigung der bürgerlichen Ordnung sah (vergleiche *Die Wachhunde*, 1932).

2 In einem Artikel unter dem Titel «Durs de la feuille» über die Rede Hitlers vom

die Lektionen in Ausdauer, unter denen wir einst so gelitten haben.» Und dieses Erstaunen von Pourrat, das wir alle teilen: Der «Komische Krieg» entsteht aus einer ständigen Rückkehr zum Krieg von 14, um den Krieg von 39 an diesem zu messen. Einfachen und verschreckten Gedanken, die 38/39 durch Analogie gebildet werden: «Der Krieg von 39 wird im Verhältnis zu dem von 14 so sein wie der von 14 im Verhältnis zu dem von 70» (Gedanken an apokalyptische Massaker, zweitausend Flugzeuge über Paris) folgte die kritische Idee: «Der Krieg von 39 wird nicht unbedingt schrecklicher als der von 14, er wird *anders* sein.» Doch wird dieser kritische und *historische* Gedanke von einer ständigen Tendenz begleitet, diese Neuheit durch eine Rückkehr zum Krieg von 14 zu messen und zu begrenzen. Kurz, es handelt sich um einen Krieg, der *wiederholt probiert* wurde (1914, Spanienkrieg usw.) und der einer Premiere der Modeschneider ähnelt. Man sucht seine Begriffe («Wirtschafts»krieg – «industrieller» Krieg usw.). Ebenso Paulhan (*N. R. F.*, Oktober): «Man soll uns nicht daran hindern, den Krieg zu *denken* ...»[1] Dieser historische (und phänomenologische) Gedanke, daß der Krieg von 39 seine eigenen Begriffe und Kategorien (moralische und andere) hat, ist sehr wohl ein neuer Gedanke, der Krieg von 14 war vor allem *gefühlt*. Und auch der vorsichtige Gedanke, daß diese Begriffe nach und nach geschmiedet werden, daß man auf sie warten muß: «Mir ist, als ob ich auf Gefühle warten müßte, die später kommen werden.» (Ausspruch eines Einberufenen, den Paulhan zitiert.) Im Grunde experimentelle Haltung eines jeden im Verhältnis zum Krieg. Man beobachtet ihn, während man ihn führt.

Übrigens sind die Begriffe schwer zu schmieden. *Wogegen* kämpfen wir? Gegen den Nazismus? Aber seit einem Jahr herrscht ein maskierter Faschismus in Frankreich. Der Gedanke des ideologischen Krieges stammt aus der Vorkriegszeit. In Wirklichkeit haben wir es nicht mit einem demokratischen Block gegen die Achse zu tun. Wir sind nicht die Feinde Italiens. Wir laufen dagegen Gefahr, die von Sowjetrußland zu werden. Übrigens, was ist der Nazismus heute? Ist

8. Oktober. Henri Béraud (1885–1958), Romancier und Journalist, ist damals Leitartikler der politisch-literarischen Wochenzeitschrift *Gringoire*, die in den Vorkriegsjahren gegen die Demokratie Englands und die Juden tobte.

1 In «Rückblick auf 1914».

es *Mein Kampf*?[1] Ist es Rosenberg? Ist es Ribbentrop?[2] Und was ist unsere Demokratie, die die Kammern und die Gedankenfreiheit beseitigt?[3] Kämpfen wir gegen eine Handvoll Menschen? Hitler und seine Clique? In Wirklichkeit hat dieser Krieg etwas von einer Strafexpedition (Flugblätter der Royal Airforce: «Deutsche, wir haben nichts gegen euch.»). Doch das müßte dazu führen, einen schnellen Frieden mit jeder Regierung abzuschließen, die an Hitlers Stelle treten würde. Nun denken und schreiben aber bereits viele in Frankreich und England, daß ein dauerhafter Frieden nur errichtet werden kann auf Grundlage der Herabsetzung und womöglich der Zerstückelung Deutschlands. Und sie stützen sich auf die unbestreitbare Tatsache, daß Deutschland schließlich als demokratisch verfaßter Staat Hitler mit dem Programm, das er verwirklicht, gewählt hat. Das alles führt bei uns nicht zu Haß. Und wenn wir in den Krieg eingetreten sind, um das angegriffene Polen zu verteidigen, wie kommt es dann, daß wir gegen Deutschland kämpfen, das für sich die Hälfte Polens genommen hat – und nicht gegen Rußland, das die andere Hälfte genommen hat? Weil die polnische Regierung unsere Hilfe gegen Rußland nicht erbeten hat? Das ist ein Scherz: sie tat es nicht, weil man sie aufforderte, es nicht zu tun. Weil man lieber nur einen Gegner hat? Ohne Zweifel, aber das verschärft die ideologische Ungewißheit des Krieges. In Wirklichkeit kann man nicht sagen, daß wir gegen die Zerstückelung Polens in den Krieg eingetreten sind, da wir diese Zerstükkelung gleichzeitig akzeptieren und ablehnen.

1 Deutsch im Original. Geschrieben zwischen 1925 und 1927. Die Franzosen konnten bereits seit 1934 eine vollständige Übersetzung lesen.

2 Die französischen Zeitungen lassen sich während des komischen Krieges bereitwillig über die Divergenzen und Rivalitäten zwischen den Naziführern aus, insbesondere zwischen Alfred Rosenberg und Joachim von Ribbentrop. Der erste, deutsch-baltischen Ursprungs, war «geistiger Führer» der Bewegung seit 1923 und im Dritten Reich u. a. Leiter des Außenpolitischen Amtes der NSDAP. Er strebte ein großes nordisches Reich unter deutscher Führung an; der zweite war Außenminister des Reichs.

3 Das Gesetz über die Organisation der Nation in Kriegszeiten vom 18. Juli 1938 gab Daladier die Möglichkeit, durch Dekrete zu regieren; außerdem übernahm er vom 14. September 1939 an mehrere Ministerien (vergleiche Seite 50, Fußnote 1); von links wie von rechts beschuldigte man ihn des Machtmißbrauchs. Andererseits wurde am 29. Juli 1939 ein Generalkommissariat für Informationen geschaffen, das Jean Giraudoux leitete – eine sehr verrufene Institution, insbesondere durch ihre launenhafte Auffassung von der Zensur.

Und *wofür* kämpfen wir? Um die Demokratie zu verteidigen? Es gibt keine mehr. Um den Vorkriegszustand zu bewahren? Aber das war die vollständigste Unordnung. Es gab weder Parteien noch kohärente Ideologien mehr. Überall soziale Unzufriedenheit. Von den Kapitalisten manipuliert? Aber sie haben in diesem Krieg nichts zu gewinnen. Sie haben ihn gebremst, so sehr sie konnten, sie sind die Autoren von München. Sie haben die Zerstückelung der Tschechoslowakei aus Angst vor dem Kommunismus akzeptiert. Und ihr Interesse wäre es im September 39 gewesen, «Hitlers Gesicht zu retten», wie einer der Kabinettschefs am 30. August 39 sagte. Sie fürchten Stalin mehr als Hitler, und nun stehen sie im Krieg gegen Hitler, nicht gegen Stalin. Kämpfen wir also, um den Kapitalismus zu beseitigen? Das ist selbstverständlich nicht das Ziel der Regierung. Und welcher Soldat ist mit dieser Hoffnung ausgerückt? Kämpft man, um sich zu verteidigen – das heißt, um *Frankreich* gegen *Deutschland* zu verteidigen, das heißt, kehren wir zu den alten Wesenheiten der vergangenen Kriege zurück? Aber Hitler hat hundertmal gesagt, daß er Frankreich nicht angreifen will. Ohne Zweifel durfte man ihm nicht vertrauen, und sicher wären wir früher oder später drangekommen. Tatsache ist jedenfalls, daß er *im Moment* nicht daran dachte. Ja, aber man mußte an die Zukunft denken. Ohne Zweifel, aber dann führen wir einen *Präventiv*krieg, nachdem wir hundertmal erklärt haben, daß wir es nicht tun würden. Dieses Wort eines Engländers gegenüber Hauptmann Munier im Juni 39: «Wenn Hitler uns nicht den Krieg erklärt, werden wir schließlich ihm den Krieg erklären.» Schließlich haben *wir* Hitler angegriffen. Aus Liebe zu Polen? Finsterer Scherz. Warum Polen, ein untreuer Verbündeter, der uns im September 38 verraten hat[1], ein antidemokratisches Land, das die Verfahren Hitlerscher Eroberungen übernahm? Und nicht die Tschechoslowakei, eine treue Freundin, sozialistische Republik? Weil es reichte! Und reichte es nicht, als die deutschen Truppen im März in Prag eindrangen? Ja, aber jetzt paßt es in unser Programm, die Tschechoslowakei wiederherzustellen. Sind wir sicher, daß wir es können? Es wollen? Sagten 1938 die Engländer nicht selbst, daß sie sogar im Fall eines siegreichen Krieges nicht in der Lage wären, diesen Staat

1 Polen hat im September 1938 die deutschen Forderungen unterstützt und an der Zerstückelung der Tschechoslowakei nach den Münchner Verträgen teilgenommen, indem es sich das schlesische Territorium von Teschen einverleibte.

wie zuvor wiederherzustellen? Und könnten wir etwa jetzt die Slowaken mit den Tschechen vereinen? Ihnen die Sudeten wiedergeben? Wer kann die Landkarte des Friedens voraussehen? Und außerdem liebt niemand die Polen wirklich, trotz der Großmäuligkeit der Presse. Den einen ist es egal; die anderen sagen: das sind Schweinehunde, sie bekommen nur, was sie verdienen. Führen wir, wie die Sprecher von Radio Stuttgart sagen, den Krieg der Engländer[1]? Ohne irgendeinen Zweifel. Aber warum wollte England diesen Krieg? Soll man die charmante Formel übernehmen, die in diesen Tagen umläuft: kämpfen, um den Frieden zu verteidigen? Wer sieht denn nicht, daß das einzige Mittel, den Frieden zu verteidigen, darin besteht, nicht zu kämpfen. Man kämpft, um seine Reichtümer, seine Freiheit, seine Nation zu verteidigen, aber nicht den Frieden. Den künftigen Frieden? Das ist zu bequem: nach einem Krieg kommt immer ein Frieden. Bleiben vage Formeln: Aufbäumen von Empörung ... die große Bedrohung, die über der Welt liegt, beseitigen ... usw., usw. Da wären wir wieder bei den *Gefühlen*, wir haben das Feld der Interessen und der Gedanken verlassen. «Sprecht mir nicht mehr von Wechselkursen oder Kapitalien, Wirtschaft, Klassenkampf, wie eine politische Abhandlung. Es handelt sich um Gier, um Wut, um Lüge, wie in einem Roman. Um Angst, um Bündnisse, um Vaterland, wie in einem Lied.»[2] Nun ja, ja. Aber der Krieg ist kein Roman. Folglich kann man nur dem Schweigen derer zustimmen, die ohne Begeisterung ausrückten – weil sie nichts anderes tun konnten –, die den Zivilisten die Romane und Chansons überlassen, und die versuchen, diese nüchterne Wirklichkeit sauber zu denken, die sich durch sie hindurch und gegen ihren Willen entwickelt.

Behaupten wir nicht, wir kämpften, weil wir die Herrschaft der Gewalt nicht akzeptieren. Hätte Hitler eine friedliche Lösung der Danziger Frage akzeptiert, hätte es keinen Krieg gegeben und wir hätten die Eroberung der Tschechei und Österreichs gebilligt. So wäre die reine Gewalt *durch unser Zutun* Recht geworden.

Die Ursprünge dieses Krieges, die vielleicht für den Historiker klar sein werden, nicht mit den Motiven verwechseln, aus denen heraus

1 Das Leitmotiv von Radio Stuttgart lautete: «*Les Anglais donnent leurs machines, les Français donnent leurs poitrines*». [Die Engländer liefern die Maschinen, die Franzosen halten die Brust hin.]

2 Das schreibt Paulhan (Anm. d. Verf.) [Vgl. «Rückkehr zu 1914»].

wir kämpfen und die, worauf ich weiter oben hinwies, unsicher sind. Man muß in der Tat versuchen, den Krieg als *Ereignis*, als *signifikante Realität* und als *Wert* zu denken. Der besondere Wert dieses Krieges entzieht sich.

Oberleutnant Munot sagte im Beisein der Schreiber, wenn der Krieg lange dauere, fänden sie bei ihrer Rückkehr ihre alten Stellungen nicht wieder. Verwirrung der Schreiber – ellenlange Gesichter. So werden sie den Frieden damit verbracht haben, Angst vor dem Krieg zu haben – und den Krieg damit, Angst vor dem Frieden zu haben. Auch in dieser Hinsicht bin ich privilegiert, denn ich bin Beamter.

Dabei liege ich in vorderster Front, in Reichweite der Geschütze des Feindes, zehn Kilometer vom Rhein entfernt. Sie würden direkt auf uns schießen, schössen sie. Nur, sie schießen nicht.

Sonnabend, 21.

Der experimentelle und kritische Charakter dieses Krieges ist ziemlich leicht zu erklären: 1914 wurde zum ersten Mal ein totalitärer Krieg geführt, das heißt ein Krieg, der die Nation bis in die Wurzeln erschütterte, und der Gefahr lief, ihre Männer bis zum letzten zu verbrauchen. Die französischen Kriege des 19. Jahrhunderts wurden von Berufsarmeen geführt, und – mit Ausnahme des letzten – außerhalb Frankreichs: in Spanien, in Algerien, in Griechenland, auf der Krim, in Italien. Das nationale Leben wurde vom Krieg nicht berührt, der Krieg wurde unter Repräsentationskosten verbucht, er gehörte zu den unvermeidlichen Ausgaben einer mächtigen Nation für Luxus und Werbung.

Privatpersonen beteiligten sich finanziell. Es bedeutete für sie eine Dauerabgabe: die Prestigesteuer. Sie dachten nichts Besonderes über den Krieg, und es gab übrigens auch nichts Besonderes über ihn zu denken: er war ein diplomatisches Mittel, eine Lösung, auf die man zurückgriff, wenn die Gespräche am toten Punkt angelangt waren, eine Gelegenheit für Berufssoldaten, Heldentum zu beweisen. Der Krieg stand nicht im Gegensatz zum Frieden wie ein gesellschaftliches Regime zum anderen. Vielmehr war die Nation innerhalb ihrer Grenzen immer im Frieden und führte irgendwo draußen einen Krieg, dessen ferner Widerhall manchmal eintraf. So verblaßte allmählich die

Erinnerung an die großen nationalen Kriege der Revolutionszeit, brodelnd noch unter Louis-Philippe, und der Krieg wurde für eine gegebene Gesellschaft zu einer normalen Erscheinung, die ein politisches Regime begleitete, ohne es zu verändern. Er war so etwas wie ein luxuriöses und glänzendes Nebenprodukt einer organisierten Gesellschaft. Der Krieg von 1870 veränderte diese allgemeine Vorstellung nicht: er wurde zur Niederlage, eine Niederlage jedoch, wie man sie *in dieser Art Krieg* einsteckt. Ein einziger Banker hätte die Kriegssteuer, die Frankreich zu entrichten hatte, aufbringen können. Wenig Tote, eine einzige große Schlacht, eine lange, aber nicht mörderische Belagerung von Paris. Ein Land, das sich schnell wieder erhebt. Rachsüchtig, aber nicht getroffen. In Wirklichkeit war selbst diese Rachsucht und das aus ihr kommende nationale Aufbrausen eine neue Erscheinung in Frankreich. 1815 hatte es keine Rachsucht gegeben. Sondern vielleicht einfach nur ein Gefühl von Erleichterung. Und die während einer Invasion unvermeidlich empfundene Erniedrigung verwandelte sich in Haß gegen die Bourbonen. Diese Rachsucht verwandelte die Sichtweise der französischen Öffentlichkeit nicht wesentlich. Währenddessen organisierte die Regierung schrittweise eine nationale Armee und bereitete uns auf diese Weise auf einen totalitären Krieg vor. Doch der Geist bereitete sich nicht auf ihn vor. So gingen wir in den Krieg von 14 mit dem Geist von 1860. Ohne Zweifel lieferte unsere Bourgeoisie Männer – während sie früher nur das Bargeld lieferte. Doch diese Männer sahen sich beim Ausrücken so, wie sie fünfundzwanzig Jahre früher Berufssoldaten gesehen hätten. Zu diesen überalterten Gefühlen kam eine bestimmte Furcht vor dem Deutschen und ein Haß, der wirklich national war, hinzu. Worauf der Krieg ausbrach, der alles umwälzte, den zu denken sie jedoch nicht die Zeit hatten, da sie ihn führten. Sie waren von der Neuheit und der Wucht ihrer Gefühle überfordert, kaum daß es ihnen gelang, einige Wutschreie auszustoßen. Erst die Nachkriegszeit begann diesen ungeheuren und undenkbaren Krieg wiederzukäuen.

Wir haben diesen Krieg fünfundzwanzig Jahre lang wiedergekäut, wir haben ihn von allen Seiten gewendet, wir haben uns vor ihm gegraut, wir haben befürchtet, er könnte in gleicher Weise in der Zukunft wiederkehren. Und zugleich wußten wir, daß er nicht beendet war, daß der Frieden von 18 nur ein Waffenstillstand war, und wir bereiteten uns auf ihn vor: ihn diesmal nicht entwischen lassen, ihn einfangen, ihn denken und ihn niederschlagen. Und nun kommt dieser Krieg, Nachwehe des Großen Krieges (deshalb stelle ich ihn mir weniger lang und weniger mörderisch vor). Man kann sagen, daß er erwartet wurde. Er überrascht uns nicht. Und zugleich haben wir das Glück, daß er «unauffindbar» ist. Die provisorische Passivität der Deutschen – Ergebnis eines taktischen Fehlers – ließ uns nicht nur genug Zeit, uns gegen sie, sondern auch uns gegen ihn zu mobilisieren. Charleroi hatte 14 die Gedanken in die Flucht geschlagen. Keine Niederlage kann heute unseren Verstand in die Flucht schlagen: wir sind mobilisiert, um *auch* den schlimmsten Zusammenbruch zu denken. Von 18 bis 39 wurden alle Akteure des Großen Krieges getadelt: man tadelte die Führer, man tadelte die Etappe, man tadelte die Autoren des Friedens, man tadelte sogar die Kämpfer. Noch vor sechs Monaten – noch vor drei Monaten tadelte man sie alle. Deshalb zieht der zweite totalitäre Krieg Nutzen aus dem ersten. Seid versichert, daß weder die Soldaten noch die Vorgesetzten, noch die Diplomaten, noch die Kämpfer die gleichen sein werden. Gerade mal einige von 14 übriggebliebene Dummköpfe wie Dorgelès laufen händereibend an den Reihen der Einberufenen entlang und sagen: «Sie haben sich nicht verändert, sie haben sich nicht verändert!» Man lasse ihnen diese Freude.[1]

Was ich also auch tue, ich war für den Krieg geboren, seit meiner Kindheit war-ich-zum-Krieg. Nicht weil ich Krieg führe (ich glaube nicht, daß die Männer von 14 «zum-Krieg» waren, sie wurden überrascht), sondern weil ich mit allen meinen Kräften, ungebremst, ohne Zurückhaltung diese fünfundzwanzig Jahre Zwischenkriegszeit gelebt habe. Ich habe mich *für* den Krieg *gemacht*. Selbst meine Leichtigkeit ihm gegenüber, die ihm entgegengebrachte schlecht motivierte Ablehnung, und die Art und Weise, in der ich, wie die anderen, alle Äußerungen aufnahm, die den Krieg von 14 verurteilten, war eine Art, für den von 39 zu sein. Und mein Antifaschismus, mein Antinazismus, Früchte der Epoche, dienten nur dazu, mir einen bequemen Vorwand zu liefern, um zu kämpfen, während meine Ablehnung des Krieges eine Ablehnung des Krieges von 14, nicht dessen von 39 war.

1 *«Ich war dessen sicher, sie hatten sich nicht verändert. Ein dickerer Umhang und anderes Lederzeug, doch darunter die gleichen feinen Kerle, die nichts entmutigt. Ich möchte mich verjüngen, um ihr Kumpel werden zu können.»* Roland Dorgelès in *Gringoire* vom 12. Oktober 1939, in einem Artikel unter dem Titel «Retour au front» [Zurück zur Front].

Schließlich wird heute der Sinn der Jahre 18–39 erkennbar: es ist die Zwischenkriegszeit, und da ich leidenschaftlich dieser Epoche angehörte, war ich, unter allen anderen, der Mann zwischen zwei Kriegen. Wer weiß, ob der Reiz, den für mich das Licht von Paris, selbst die Zerbrechlichkeit seiner Häuser und Straßen hatten, nicht seinen Sinn eben in einer vom Krieg bedrohten Welt fand. Mein In-der-Welt-sein enthielt den Krieg als die letzte und eigene Möglichkeit dieser Welt: ihre Möglichkeit, keine Präsenz mehr für mich zu realisieren, von einer anderen Welt ersetzt zu werden, mit anderen Menschen, anderen Städten, einer anderen Moral. Wie oft wurde ich nicht von der Furcht vor Zerstörung heimgesucht (Zerstörung durch Flugzeugstaffeln, auf den Plätzen knatternde Maschinengewehre, Katastrophen, Invasionen)? Wie oft nicht hatte ich während eines Spazierganges heftige Ängste, einfach nur weil die Straßen mir zu bevölkert schienen und ich mir gewissenhaft durchgeführte Blutbäder vorstellte? Wie oft wurde ich nicht von Angst ergriffen angesichts des *provisorischen* Charakters der Welt, in der ich lebte. Und das haben wir alle empfunden: man lese das Tagebuch von Green oder von Dabit, es sind die gleichen Ängste. Ich sehe genau, was man mir vorwerfen wird: Und wenn dieser Krieg trotz alldem nicht stattgefunden hätte? Sie erklären die Vergangenheit durch die Zukunft. Wäre Hitler gestorben, bevor er die Invasion Polens beschlossen hätte, Sie hätten keinen Krieg gehabt, Sie wären nicht der Mann zwischen den Kriegen – und Sie hätten nichtsdestoweniger diese Ängste empfunden. Doch ich würde antworten, in der Geschichte ist es in der Tat die Zukunft, die die Vergangenheit erklärt, weil jede Vergangheit nur dadurch existiert, daß sie eine bestimmte Zukunft als Horizont hat. Der Sinn meiner Befürchtungen war der kommende Krieg, und ich befürchtete ihn, weil er am Horizont meines Universums als dessen letzte Möglichkeit stand. Und diese Furcht vor dem Krieg trug ihrerseits dazu bei – ihn eintreffen zu lassen – und ihn genau so eintreffen zu lassen, wie er eintraf. Und ich habe mein Sein-zum-Krieg immer weggedrängt, weil es mir mißfiel, genau so, wie man sein Sein-zum-Tod wegdrängt. Doch ich konnte mich dem nicht entziehen: ich konnte es nur in ein Nicht-authentisch-zum-Krieg-sein verwandeln. Und dieses Nicht-authentisch-zum-Krieg-sein ist ein Zeichen der Epoche – weil wir viele in dieser Lage waren und weil es dazu beitrug, den Krieg zu realisieren, zog es ihn an.

Der Krieg hat mir meine Geschichtlichkeit entdeckt. (Gewöhnliches Spiel der Koinzidenzen, in letzter Zeit darauf durch Aron und Heidegger vorbereitet. Aber handelt es sich wirklich um Koinzidenzen? Hat nicht die europäische Situation Aron dazu bewegt, dieses Buch zu schreiben und es *so* zu schreiben?[1] Und hat mich selbst nicht das, was Nizan *den größten Druck* der Geschichte nennt, dazu bewegt, *sowohl* sie zu lesen *als auch* mich selbst unter meinem historischen Aspekt zu betrachten?).

Charakter der Welt von 18 bis 39: Sie gab sich selbst als zerstörbar. Zerstörbar durch die Revolution, durch den Krieg. (Dagegen die glückliche Stagnation von 1900). Aber sie gab sich nicht nur als zerstörbar, sie forderte auch ihre Zerstörbarkeit. Das war einer ihrer Ruhmestitel und ihre Poesie. Sie begriff sich als eine Welt des Übergangs und gefiel sich im Provisorischen, sie versuchte sich unter dem Blickwinkel zu sehen, unter dem sie beurteilt würde, wenn sie begraben wäre. Sie glaubte nicht an sich. Sie war heimgesucht von der Erinnerung an 1914 und von der Furcht des Krieges von 39. Sie erlaubte sich sehr viele Dinge, weil sie wußte, daß sie sterben würde. Und ich habe diese Zerbrechlichkeit leidenschaftlich gelebt. Ich wußte, wir wußten alle, daß sie verschwinden würde. Wenige Leute, scheint mir, haben in der Vergangenheit ihre Zeit so geliebt, wie ich meine geliebt habe. Ich hing mit all meinen Kräften an ihr. Wenn ich 1921 mit Nizan auf den Boulevards spazierenging, gehörte es zum guten Ton, unsere Epoche zu bewundern, man sagte: «Neonreklame, sunlights, flache Wagen.» Das waren magische Wörter. Man schrieb abgehackt und schnell. Und jetzt sehe ich, was wir damit sagen wollten. Es war eine dumme Anstrengung zum Modernismus (man sagte damals: Jahrhundert der Geschwindigkeit – man wollte eine Sprache ohne Syntax, die den hundertzwanzig Stundenkilometern unserer Schnellzüge entspräche). Aber wir waren damals naiv und ehrlich. Wir begannen mit all unseren Kräften, diese Lichter und diese Geschwindigkeiten zu lieben. Wir haben den Jazz entdeckt wie Arme, wir konnten nicht tanzen. Wir hörten davon, daß man beim Klang des Banjo wunderbare Liebesabenteuer haben kann, aber sie waren nicht für uns, wir waren zu jung, zu arm und zu häßlich. Der Jazz hatte für

1 Es handelt sich um Raymond Aron, dessen *Introduction à la philosophie de l'Histoire* [Einführung in die Philosophie der Geschichte] im Vorjahr erschienen war.

uns eine grausame und sexuelle Schönheit von Verbotenem. Wir hörten von diesen wunderbaren Überspanntheiten der Älteren sprechen (wir beurteilten sie als solche), aber wir hatten weder den Mut noch die Zeit, noch die notwendige Anmut, um sie uns zu gestatten. Dieses ganze berühmte Nachkriegsleben war für uns eine Zauberwelt außer Reichweite, ein Traum. Und dabei war sie es, die dem letzten Winkel von Paris seinen Charme verlieh. [1] Mein ganzes Leben wurde von einem Nachkrieg parfümiert, den ich durch das Schlüsselloch gesehen habe. Und dann starb diese charmante Epoche. Ihr ganzes Gepräge: Neger, Wolkenkratzer, Blitzaufnahmen, tragische und freie Liebe, Banjo usw. wurde zum Gemeinplatz. Aber ich blieb gezeichnet. Was ich bis 1939 überall in Paris leidenschaftlich geliebt habe, in Ménilmontant, in Montmartre, in Montparnasse, war diese bereits vergangene Epoche. Ich sah mein ganzes Leben durch sie hindurch, es war eine verlorene Zeit, nicht durch mich, durch die anderen, die ich wiederzuerobern suchte. Die, die sie voll gelebt haben, überleben sich (die Surrealisten, Michel Leiris), dann kamen junge Leute, streng und ohne Gnade (Petitjean[2], Maxence[3] usw.), die sich erlaubt haben, streng gegenüber dieser toten Fröhlichkeit zu sein. Aber ich – wir –, wir sind die Generation zwischen beiden. Zu jung für einen Nachkrieg, zu alt für den anderen. Zu jung, um diesen Nachkrieg genossen haben zu können, zu alt, um ihn mit Abstand und Strenge beurteilen zu können: schließlich war er *unser* Nachkrieg. Ich blieb von ihm gezeichnet. Mein ganzes Leben und alle meine Schriften widerspie-

1 Mit achtzehn Jahren schrieb Sartre: «*Sie gingen beide an den reinen Tagen schöner Freude, die Schönheit der Leute und der Steine an den Kreuzungen der zu bekannten Stadt suchend. Und alles war für sie Verzauberung: eine elektrische Reklame, das leise Vorüberfahren eines Rolls-Royce erfüllte sie mit Verblüffung und Wohlbehagen wie das plötzliche Auftauchen einer Fee …*» (*Jugendschriften*).

2 Armand Petitjean, Mitarbeiter der *N. R. F.*, ist acht Jahre jünger als Sartre. Schüler Péguys, nahm er im September 1938 gegen die Pazifisten Stellung und versuchte, in seinen Chroniken einen neuen Patriotismus zu definieren; im selben Jahr veröffentlichte er *Le Moderne et son prochain* (Gallimard, Paris, Reihe Les Essais). «*Man findet hier die Glut und die Strenge, durch die man die Zeichen einer wahren und dauerhaften Jugend erkennt.*» (Kritik von Marcel Arland, *N. R. F.* vom September 1939.) Eigenartigerweise wird er unter der Besatzung Vichy-Anhänger werden.

3 Jean-Pierre Maxence (1906–1956), Kritiker von *Gringoire*, hat 1939 *Histoire de dix ans, 1927–1937*, Gallimard, Paris, veröffentlicht.

geln ihn und versuchen, ihn wiederzubeleben. So schien mir diese Welt, in der ich zwanzig Jahre gelebt habe, noch zerbrechlicher auf Grund der Tatsache, daß seine wertvollste Anmut gestorben war. Jetzt ist sie zweimal gestorben.

Ich glaube, ich habe meine Zeit geliebt wie andere ihr Vaterland, mit der gleichen Ausschließlichkeit, dem gleichen Chauvinismus, der gleichen Parteilichkeit. Und ich verachtete die anderen Epochen mit dieser Blindheit, die sie aufbringen, andere Nationen zu verachten. Und meine Zeit wurde besiegt.

Ich habe immer gedacht, 1920/25 hätte etwas geboren werden können: Lenin, Freud[1], der Surrealismus, die Revolutionen, der Jazz, der Stummfilm. All das *hätte* sich festsetzen *können*. Und dann folgte jedes Ding seinem sporadischen Schicksal. Isoliert konnte man jedem von ihnen den Hals umdrehen. Sie haben nur in meiner Erinnerung eine Welt gebildet.

Im Grund versuche ich, diesen Krieg (als unsere conditio) zu denken gegen den Mechanismus, gegen den Zufall, gegen den Materialismus. Auch das ist eine weitere Art und Weise, mich vor ihm zu schützen.

Sonntag, 22.

Pieter: «Sag mal, gibt es heute morgen Sauerkraut?» Keller: «Warum?» Pieter: «Es gab letzten Sonntag welches.» Paul, den Kopf hebend, in elegantem Ton: «Glaubst du, daß da eine Periodizität vorliegt?» Dieser Satz offenbart mir den Sinn des leichten Unbehagens, in den mich die Konversation von Ingenieuren und Physikern immer versetzt. Sie ist der literarischen und mondänen Sprache, die anthropomorphisiert, entgegengesetzt. Für sie besteht die Eleganz darin, durch Bilder zu sprechen – wie der Schriftsteller oder der wohlerzogene Mensch –, nur bestehen diese Bilder wesentlich darin, die menschliche Welt unter dem Aspekt der physikalischen Welt vorzustellen. Daher: «amüsante» Wirkung dieser Entmenschlichung des Menschen – Möglichkeit, in einem sehr vagen Gebiet die Präzision und Strenge des wissenschaftlichen Vokabulars zu bewahren – freie

1 Freud starb vier Wochen zuvor im Exil in der Nähe von London.

Hand, mit einer ironischen Eleganz gelehrte Worte zu benutzen. Natürlich wird der Ton darauf hinweisen, daß sie sich dessen bewußt sind. Aber das schmeichelt ihnen.

Oberleutnant Munot: «Selten sind die, die verstanden haben. Ich hab nur einen getroffen, einen Gefreiten. Er hat mir gesagt: Im September 38 dachte ich nicht über das Leben nach, ich hatte eine Frau und zwei Kinder, aber einfach so, ohne nachzudenken. Ich wurde einberufen, und ich habe gesagt, nun gut, jetzt habe ich verstanden. Nach meiner Rückkehr habe ich meine Frau den Beruf der Friseuse erlernen lassen, sie brauchte dafür sechs Monate. Danach habe ich meine Ersparnisse dafür verwendet, ihr einen Friseursalon zu kaufen. Er öffnete am 20. August, genau vor dem Krieg. Nun, jetzt bin ich beruhigt.» Oberleutnant Munot schließt: «Nun, wer so handelt, ist ein Mann, ich will nicht sagen ein höherwertiger, weil er keine Bildung hat, aber schließlich ...»

Die Revolte geht von unten nach oben. Aber die schwachen und disziplinierten Charaktere leiden unter einem zu starken Druck. Die Behörden lasten auf ihnen wie ein Riesengewicht. Daraufhin verbreitert sich ihre Revolte seitwärts und trifft ihresgleichen. Der Feldwebel Courteaux erfährt, daß sein Vater im Sterben liegt. Er bittet um Urlaub, man verweigert es ihm. Nichts wäre einfacher, als ihm einen Dienstauftrag nach Nancy zu geben, wo seine Eltern wohnen. Man sagt ihm, das komme nicht in Frage. Er kommt zurück, vor Wut aufgelöst: «Wenn ich das sehe ... wenn ich das sehe ...» Man erwartet einen Wutausbruch gegen seine Vorgesetzten, aber er zögert und sagt: «Nun, jetzt soll keiner auf die Idee kommen, mit einem Dienstauftrag in Nancy Durchschlagpapier zu holen, wie es jeden Tag passiert. Ich werde sie überwachen, die Dienstaufträge. Ich werde ihnen sagen: Pardon, Durchschlagpapier gibt es in Brumath, im Laden nebenan.»

Es kommt ihm nicht mal der Gedanke, daß er gegen seine Vorgesetzten revoltieren könnte. Seine Revolte wird auf die ihm Gleichgestellten abgeleitet. Und ohne Zweifel, wenn er einen Skandal wegen eines Dienstauftrages macht, der leichtfertig vergeben wurde, wird er den Befehl des Vorgesetzten zu zerstören versuchen, aber einzig in der Person des Unteroffiziers, der der Nutznießer sein würde. Er braucht einen symbolischen Vertreter *auf seiner Ebene* für diese

Ungerechtigkeit, die er nicht auf der Ebene tadeln kann, auf der sie ausgeübt wird. Genauso wie die Primitiven unter sich einen Repräsentanten des Verbrechens auswählen, um in seiner Person das Verbrechen zu zerstören. Ich habe dieses Vorgehen schon beim Stabsunterfeldwebel Naudin bemerkt. Mir scheint, es ist diese fehlgehende und umgeleitete Revolte der braven Bürger, was die Nazis benutzt haben, um den Haß gegen den Kapitalismus durch den Haß gegen den Juden zu ersetzen. Abgebrochene Revolte, die ihren Namen nicht zu sagen wagt. «Die Massen radikalisieren» hieße, sie die wirkliche Richtung der Revolte zu lehren.

Drei interessante Bemerkungen der Tharauds (*Paris-soir*, 21. Oktober):

«Wir sind in einen Krieg verwickelt, der vielleicht eher einem Krieg des 18. Jahrhunderts als dem von 1914 ähneln wird, einer von diesen Kriegen mit plötzlichen Rucken und langen, stagnierenden Perioden, wo man zwischen zwei Operationen in Winterquartiere zog ...»

«Auf mehr als dreihundert Kilometer hält die Maginot-Linie ihre betonierte Wache und gestaltet für die Männer, die sie bevölkern, eine Existenz, die viel weniger an die [zum Beispiel] unserer Leute von Douaumont denken läßt als an die eines Matrosen an Bord eines Panzerkreuzers ...»

Reflexion eines Offiziers: «Es geht nicht allein darum, den Krieg zu gewinnen; es geht darum, ihn ohne zu hohe Verluste zu gewinnen. Wir sind nicht reich genug, um uns Hekatomben leisten zu können. Ein Krieg, auch ein siegreicher, der mit sehr hohen Verlusten verbunden wäre, wäre ein verlorener Krieg ...»[1]

Diese dritte Bemerkung erinnert mich an die italienische Losung (aus der Zeit, als Italien noch kriegerisch war): Selbst von Frankreich besiegt, würden wir es noch besiegen, weil wir fruchtbarer sind. Neue Bedeutung der Geburtenrate im Krieg, betrachtet als eine vorhersehbare statistische Realität.

1 Die Brüder Tharaud, Jérôme (1874–1953) und Jean (1877–1952), Romanautoren, haben in dieser Tageszeitung die regelmäßige Rubrik «Aux Armées» geschrieben. Ein eingerahmter Text innerhalb ihres Artikels beschreibt, was 1914 am gleichen Tag passierte.

Unauffindbarer Krieg. Phantomkrieg. Ein Offizier, den die Tharauds getroffen haben, nennt ihn: chinesischer Krieg.

Montag, 23.

In der Herberge mit einem Gefängniswärter zu Mittag gegessen (Clairvaux im Departement Aube): ein kleines, blondes, gelocktes Bürschlein mit einer Himmelfahrtsnase und einem lachenden, zusammenhanglos aussehenden Mund. Seine Kumpels (einer von ihnen ist Schlächter im Schlachthof, hier im Militärschlachthof angestellt) machen sich über ihn lustig, jedoch ohne Feindseligkeit: «Raten Sie, raten Sie, wo der herkommt!» Und da wir zögern: «Er ist von dort, wo man nicht weiter gehen kann.» «Von der Guillotine?» fragt Pieter. «Nein, davor.» «Du solltest einen Roman schreiben», sagt der andere, «manche haben's gemacht. Hast Dieudonné gekannt?» «Dieudonné?» sagt der kleine Bursche. «Wo denkst du hin», sagt ein anderer, «da war er grad zwei Jahre alt. Dieudonné, der unschuldige Sträfling aus der Bande von Bonnot.» «Nein», sagt der Bursche, «det ist nicht bei uns, det.» Alle anderen fangen an zu lachen: «Sag mal, hast ihnen die Hand gedrückt, bevor sie gingen?» «Sag mal, hast sie leiden lassen, du Schurke.» Er antwortet sehr ernsthaft: «Bei uns leiden se nicht. Se leiden, weil se keene Freiheit nicht mehr haben.» Und mit erhobenem Finger: «Die Freiheit ist das erste der Güter, weil es das teuerste Gut des Menschen ist.» Ansonsten ist er nicht sehr erschüttert und ißt mit Riesenappetit. Der Schlächter nutzt die Gelegenheit, da er sich mit dem Rücken abwendet, um von seinem Teller ein Stück Beefsteak zu fischen. Er nimmt das Fleisch in die Hand, aber nicht in die volle Hand, sondern behutsam, technisch, indem er es in einer Art Liebkosung umfaßt. Er scheint eine besondere Kenntnis davon zu haben, so wie der Matrose vom Meer. Er sagt uns, daß er eine Kalbsniere auf «seinem Nachttisch» verwahrt hat und sie in der Herberge zum Braten geben wird. Währenddessen verspottet man weiterhin den kleinen Burschen: «Ist es wahr, daß die Häftlinge, die sich gut führen, Wächter werden können?» «Sag ihm nicht so was, so ist er es geworden.» Er lacht geduldig. Als allerdings der Schlächter ihn «verdammter Gefängniswächter» nennt, sagt er sanft: «Ich bitte dich, mich nicht so zu nennen.» «Du hast doch wohl einen Namen dort drin?» Der andere bescheiden: «Man nennt uns Bewacher.»

Einen Moment lang scheint die Stimmung umzukippen. Einer sagt zu ihm: «Dann bist du ja Beamter.» «Klar, daß ich Beamter bin.» «Dann kassierst du dein Gehalt ein, während wir hier umsonst rumgammeln?» «Na und ob!» «Ach, Schweinehund!» Sie finden es komisch, daß er Gefängniswächter ist, aber nehmen ihm etwas übel, Beamter zu sein. Pieter und ich fragen ihn aus. Er erzählt uns, daß das Gefängnis von Clairvaux sehr geschätzt wird, mit seinen Fabriken, seinen Werkstätten für Häftlinge und der Abtei, die zwei Milliarden gekostet hat. Es gibt dort 1800 Häftlinge, «harte Burschen!», und 180 Wächter. Von den 180 Wächtern haben immer 60 Ausgang, 40 haben Dienst, 40 ruhen und 40 haben Urlaub. «Was ist der Unterschied zwischen Ruhe und Urlaub?» «Der Urlaub ist eine Gunst; wenn es hart zugeht oder Wächter krank sind, kann man ihn dir streichen. Während die Ruhe, da kann man es nicht, das ist unser Recht.» Er seufzt: «Was für ein Beruf! Die sind nicht dort, weil sie zweimal hintereinander zur Messe gegangen sind.» Das heißt, daß dort nur Rückfällige sind. Seine Augen leuchten vor Eßlust auf: «Sie essen gut.» Er beneidet sie um ihre Nahrung: «Wer arbeitet, hat gut zu essen.» «Ihr habt alles dort?» «Alles», sagt er mit Stolz. «Barone?» fragt Pieter. «Du scherzt», antwortet der andere bedeutungsvoll, «aber du liegst gar nicht so falsch. Wir hatten den Grafen von O., und der hat sich sogar im Gefängnis einen Pavillon mit fünf bis sechs Zimmern bauen lassen.» Pieter hält es für richtig, sich zu empören: «Das hat man ihm gestattet? Dann gilt nicht das gleiche Regime für alle?» Aber der Schlächter greift ein, vernünftig: «Das ist ganz einfach, mein Lieber. Wenn er aus dem Gefängnis kommt, geht das an den Staat.» Da wir hinausgehen, fängt er wieder an, ihn zu verspotten: «Sag mal, stimmt das, daß man den Häftlingen den Finger in den Arsch steckt, um zu sehen, ob sie eine Maschinenpistole drin verstecken?» Und er, naiv: «Davon habe ich nichts gehört.»

Heute geht das Gerücht, daß wir alle vier Monate zehn Tage Urlaub bekommen werden und daß der Turnus mit dem 1. November beginnen wird. Das freut mich. Ein wenig freudige Erregung. Jetzt habe ich auf etwas *zu warten*, bisher erwartete ich nichts, die Tage flossen über mich als klebrige Pfütze, ich war mit Zeit überschwemmt. Vielleicht weil ich nichts – absolut nichts – erwartete, schien mir die Zeit so kurz.

Im Zusammenhang mit meinem Streit mit dem Stabsunteroffizier Naudin heute morgen: über die Motive und Beweggründe nachgedacht. Ich werde versuchen, das heute abend klarzustellen, wenn ich Wache habe.

Dieses Heft ist mir nützlich, weil es mich, wenn ich so sagen darf, lehrt, spontan zu denken. Ich war zu systematisch. Ich hätte leicht eine Theorie über den Krieg entwickelt, ausgehend von Prinzipien, um zu letzten Folgerungen zu gelangen. Während ich hier meine Gedanken aufschreibe, wie sie mir kommen, und mir nicht verheimliche, daß es in dem, was ich über das Im-Krieg-sein an dem oder dem Tag gedacht habe, Widersprüche gibt. Aber das ist mir egal. Es ist nicht eine Theorie des Krieges, die ich aufstellen will, ich will Entdekkungen machen. In Wirklichkeit habe ich bisher noch gar nichts entdeckt.

Das Wort, das Tharaud in seinem Artikel nicht auszusprechen wagt: bequemer Krieg.

Anderes Gerücht: wir sollen in die Türkei verlegt werden. [1] Das Gerücht scheint der Tatsache zu entspringen, daß eine Division Marseillaiser, die neben unserer liegt, nach Syrien geschickt wurde.

Dienstag, 24.

Motive und Beweggründe

Hier ist das Schema des kleinen Zwischenfalls von gestern. Ich komme um 7.30 Uhr in den Klassenraum. Ich sehe den Stabsunterfeldwebel Naudin (mit dem wir üblicherweise freundschaftlich vulgäre und beleidigende Äußerungen austauschen). Er sagt zu mir in einem jammernden und drohenden Ton: «Sieh mal das an. Schau dir deine Ausrüstung an. Und all diese Sachen! Und das! Und das! Mein Lieber, das mußt du alles aufräumen, sonst kriegen sie uns alle an'n Arsch.» Er geht mir auf die Nerven, und ich antworte ihm (in einem, wie es scheint, aggressiven Ton): «Du gehst mir auf den Sack. Küm-

1 Frankreich und England haben vier Tage zuvor einen Bündnisvertrag mit der Türkei unterzeichnet.

mere dich um deine Angelegenheiten. Wenn ihnen meine Ausrüstung mißfällt, werden sie mich anschnauzen, nicht dich.» Worauf er in die Luft geht: «Ich bitte dich freundlich, deine Ausrüstung in Ordnung zu bringen, und du schickst mich zum Teufel. Mein Lieber, bisher war ich freundlich bis zur Blödheit, aber das wird sich ändern. Ich werd's euch zeigen.» Ich antworte ihm: «Du sprichst wie Kommandeur Thibaud. Ich finde es zum Kotzen, wenn man den Kumpel spielt, wenn's einem gefällt, und den Chef, wenn's einem nicht mehr gefällt.» Anschnauzereien. Die Akoluthen geben mir unrecht. Da ich mich von allen Seiten verurteilt sehe, bin ich geneigt, ein mea culpa zu machen und als Konsequenz die Motive und die Beweggründe in meinem Verhalten und in dem von Naudin zu unterscheiden.

1. Naudin. *Motiv*: Die Unordnung des Raumes kann einem Vorgesetzten mißfallen. Wir werden alle verantwortlich gemacht werden, und vor allem der Feldwebel und der Stabsunteroffizier. Es versteht sich von selbst, daß das Motiv *objektiv* ist. Es ist sogar in der Unordnung des Raumes *wahrgenommen*. Es ist da, außerhalb von uns, sichtbar und peinlich. Selbstverständlich ist es nicht das Motiv, das mich gereizt macht. Im Grunde erkenne ich an, daß es begründet ist, und wenn ich antworte «kümmere dich um das, was dich angeht, nur ich werde angeschnauzt werden», *weiß ich*, daß ich unaufrichtig bin. Ein Blick auf meinen Platz läßt mich übrigens dieses Motiv klar *sehen*. Was werfe ich Naudin vor? Eben es nicht «freundlich gesagt zu haben», wie er behauptet, das heißt das Motiv nicht unparteiisch dargestellt zu haben, sondern es mit seiner eigenen Affektivität gefärbt zu haben. Hier kommen wir auf das Gebiet des Beweggrundes, das heißt des Subjektiven. Das Motiv macht mich gereizt, weil es mit Subjektivität behaftet ist. Aber hier muß ich eine wichtige Bemerkung machen: es ist nicht die absolute Subjektivität Naudins, die nur ihm erscheint. Es ist eine Subjektivität *für* mich, eine *objektive* Subjektivität in gewisser Weise, da ich Dritte auffordern kann, sie festzustellen («Habt ihr gesehen, mit welchem Gesichtsausdruck er mir das gesagt hat?»), es ist eine auf den Dingen, auf dem Gesichtsausdruck, im Ton der Stimme wahrgenommene Subjektivität. Diese Subjektivität kann mir die Beweggründe liefern (es versteht sich, daß ich mich irren kann; es handelt sich um eine wahrscheinliche Kenntnis).

Beweggründe: Ich bringe die Bemerkung Naudins mit einer Bemerkung in Zusammenhang, die er am Vorabend gegenüber Pieter, der zu spät kam, geäußert hat (und einigen anderen früheren). Mehr brauche ich nicht, um zu schließen, daß er ein leicht jammernder, fordernder, etwas ängstlicher Charakter ist. Und zugleich erinnere ich mich, daß er sich am Vorabend Paul gegenüber neidisch zeigte, da dieser als Beamter auch im Krieg sein Gehalt bezieht, und daß er mir am Morgen, um dreiviertel sieben, als ich zu meinem Frühstück losging, in scherzhaftem Ton vorgeworfen hatte, «Budgetfresser» zu sein. Ich stelle mir vor, daß er die Unordnung meiner Ausrüstung in einem Geist der Böswilligkeit wahrgenommen hat. Mehr braucht es nicht, damit das Motiv, das bis jetzt zur Wirklichkeit gehörte, losgelöst, isoliert, von der Wirklichkeit abgerissen wird und «in der Luft zu schweben» scheint, allein gestützt von der Aktivität Naudins. Meine Gereiztheit kommt im Grunde daher, daß ich ihn beschuldige, *aus* Angst, Neid, Bitterkeit, Selbstgerechtigkeit usw. gesprochen zu haben, und nicht *für* die Ordnung des Raumes, *um* der schlechten Stimmung der Vorgesetzten zuvorzukommen usw. Durch den Beweggrund verknüpft sich die Handlung Naudins mit der Serie der Ursachen, statt ihren Platz in der Reihe der *objektiven Zwecke* zu finden. Sie erscheint mir folglich als eine Absurdität und eine Lüge, da sie auf einen Zweck *hinweist*, aber nicht für diesen Zweck entstanden ist.

Wir können bereits hier, bevor wir die Motive und Beweggründe bei mir – was komplizierter ist – untersuchen, einige Lehren ziehen.

Was ist ein Motiv?

Ich stelle zunächst die Identität des Motivs und dessen, was ich die technische Beschreibung der Handlung nennen werde, fest. Diese besteht darin, die Momente der Handlung und ihren Sinn hervorzuheben: die Art und Weise, in der man das Brett durchsägt, das Holz schneidet, ein Gericht zubereitet usw. Eine Sammlung technischer Beschreibungen nennt sich Gebrauchsanweisung. Aber schließlich kann diese Gebrauchsanweisung als eine Sammlung von Motiven betrachtet werden. In der Tat umfaßt jedes Motiv die notwendigen Hinweise, um den Zweck zu verwirklichen. Beispiel: wenn Naudin die Unordnung meiner Ausrüstung als ein Motiv dafür erfaßt, daß ich das in Ordnung bringe, erfaßt er es individuell und in seinem besonderen Sinn. Diese Unordnung ist nicht irgendeine Unordnung. Es ist eine Unordnung im Klassenraum im Verhältnis zu den Tischen und Bänken, im Verhältnis zur Ordnung der anderen Ausrüstungen, im Verhältnis zu den Forderungen der Armee. Diese Unordnung skizziert eben in ihrer Hohlform eine gewisse Ordnung. Die Unordnung eines solchen Haufens von Gegenständen *auf* dem Tisch kommt daher, daß sie *unter* dem gleichen Tisch *geordnet sein könnten.* So ist das Motiv nichts anderes als das intuitive Erfassen einer bestimmten, in den Dingen vorgezeichneten Ordnung, die technisch durch die menschliche Tätigkeit verwirklicht werden könnte oder sollte (die Unordnung meiner Ausrüstung, gesehen unter dem Blickwinkel unserer militärischen Situation, impliziert ihr In-Ordnung-Bringen; aber ihr In-Ordnung-Bringen *entsprechend* besonderen technischen Rezepten: militärischen Rezepten usw.).

Betrachten wir, daß diese in den Dingen vorgezeichnete Ordnung die Synthese von zwei Faktoren ist: 1. die *Natur* der Dinge, ihr *«habitus»*, und die objektiven Verbindungen ihrer Natur. Maserung des Holzes, Widerstand des Steins, Falten des Stoffes usw.; 2. der Endzweck der Tätigkeit. Es ist jedoch zu bemerken, daß die Synthese unauflöslich ist, da die besondere Natur der Objekte sich im Licht des Endzwecks und in der Bewegung der Tätigkeit selbst offenbart. In der Handlung des Holzschneidens offenbart sich die Richtung, in die man es spalten muß, und folglich auch die Maserung. Und die Maserung gibt sich nicht anders als die thematische Einheit der Axtschläge, als ihr objektiver Sinn. Übrigens kann das Motiv nicht isoliert werden. Es enthält in sich breitere Motive und schließlich ein letztes Motiv – oder besser einen letzten Zweck, der nicht mehr Motiv ist, der aber das Für-den-Menschen-sein der Welt ist. Wenn Naudin zum Beispiel will, daß ich meine Ausrüstung neu ordne und Ordnung um mich herum schaffe, ist dieses Motiv innerhalb einer allgemeineren Situation orientiert. Dabei ist vorausgesetzt: weil wir Militärs sind. Aber auch Militärs «im Krieg», denn der Krieg hat andere Forderungen als der Frieden usw. Schließlich verweist ein Motiv auf die gesamte Welt und auf unsere Situation in der Welt. Ein Motiv, das ist das objektive Erfassen einer Struktur des Wirklichen in dem und durch das In-der-Welt-sein der menschlichen-Realität. Im Motiv ist die Natur der Sache enthalten, aber insofern, als sie auf andere Naturen hinweist, die wiederum schließlich auf die Person, ihre Umgebung und die Menschheit hinweisen. Das Motiv wird nicht durch den Verstand allein *erkannt*, es wird intuitiv von der gesamten Person erfaßt, erkannt, erlebt, gehandelt und erlitten zugleich.

Schließen wir daraus nicht, daß es subjektiv und «drinnen» sei, denn die totale und komplexe Organisation der Motive ist nichts anderes als *die Welt*, so wie sie sich der menschlichen-Realität offenbart – nicht dir, nicht mir, sondern der menschlichen-Realität. Die Objektivität der Dinge besteht darin, *nützlich* zu sein, in sich ihre *Motive* zu enthalten, das heißt sich als – je nach Situation – auf diesen oder jenen Gebrauch hinzuweisend zu offenbaren. Natürlich variiert das Motiv entsprechend der Situation, aber das liegt daran, daß die Dinge je nach Situation verschiedene und komplementäre Aspekte offenlegen. Das Motiv ist also ein Komplex von Beziehungen zwischen einer determinierten und mit *Naturen* versehenen Gruppe von Gegenständen, ein Komplex, der im Lichte einer Situation enthüllt wird und über diese Situation hinausweist. Er ist objektiv und wird im Akt des Erlebens der Situation selbst wahrgenommen (dabei ist vorausgesetzt, daß jeder beliebige Mensch in der gleichen Situation dieselben Motive erfassen könnte – oder es nach entsprechender Erziehung können müßte). So sind die Motive draußen, sie sind objektive Realitäten wie die Dinge, selbst wie die Werte. Und auch die höheren Motive sind draußen, so wie die mathematischen Wahrheiten. Wenn Aron zum Beispiel von sich sagt: mein Motiv, Geschichte zu studieren, war, den Sinn und die Ursprünge meiner Partei (der Sozialistischen Partei) verstehen zu wollen, dann handelt es sich um eine objektive und die menschliche Kultur transzendierende Struktur. Aron ist in der Situation in der Partei.[1] Es offenbart sich ihm also, daß seine Partei verstanden werden muß, was nichts anderes als eine der Strukturen des Aktes ist, *in* seiner Partei *zu leben*. Die Partei gibt sich ihm als zu verstehende, und die kulturelle und historische Natur der Partei, erfaßt im Lichte des In-der-Partei-Seins, impliziert, daß diese Partei durch die Geschichte verstanden werden muß. Dies könnte objektiv in einem Handbuch «Um die Parteien zu verstehen» geschrieben sein. Es wäre dann ein technisches Rezept. Aber die technischen Rezepte sind tote Motive, und das Motiv ist ein gelebtes Rezept im Lichte einer Situation.

Was ist ein Beweggrund?

Die Betrachtung des Falls Naudin kann mir keine *hinreichenden* Hinweise über die Beweggründe liefern. Ich muß zu mir zurückkehren. Aber ich kann aus ihm gewisse Auskünfte gewinnen. Zunächst stelle ich fest, daß meine Verärgerung nicht das *Motiv* betrifft. Im Grunde bin ich mir hinsichtlich des Motivs einig mit Naudin. Ich nehme sogar sehr klar diese Unordnung wahr. Und wenn ich be-

1 Raymond Aron ist 1925 oder 1926 der Sozialistischen Partei (S. F. I. O.) beigetreten (vergleiche *Mémoires*, Julliard, Paris 1983).

haupte, der Fehler fällt allein auf mich, weiß ich in dem Moment, in dem ich das sage, genau, daß ich nicht aufrichtig bin. In einer Diskussion könnten wir uns einigen. Nein: was mich *vor* jeder Betrachtung des Motivs irritiert hat, was mich sogar dazu geführt hat, seine Dringlichkeit in Zweifel zu ziehen, war die Art und Weise, in der es eingeführt wurde; sagen wir deutlicher: die Art und Weise, von der ich unmittelbar vermutete, daß es sich so dem Geist Naudins darstellte. Es sind also der Ton und die Umstände, die mich auf das Erfassen des Motivs verweisen, und die Weise des Erfassens des Motivs durch Naudin macht mir das Motiv verdächtig. Aber was heißt das? Bedeutet das, für mich sei das Motiv nur ein Vorwand? Man könnte es glauben nach Sätzen wie den folgenden (den ich sehr wohl hätte aussprechen können): «Er hat das getan, *um* mich zu ärgern.» In Wirklichkeit denke ich das nicht, da ich im Grunde die Gültigkeit des Motivs anerkenne. Ich bin nur sozusagen von den sichtbaren Gegenständen verwiesen auf das Auge, das sie sieht. Es ist so, als ob man mir sagte: dieser Mensch sieht sich sehr schöne Tulpen an, und ich würde antworten: ja, aber er hat sehr häßliche Augen. Was, wenn man darüber nachdenkt, nicht so absurd wäre, wie man zunächst glauben kann (spricht man nicht von Blicken, die beschmutzen). So wäre der Beweggrund nichts anderes als die Weise des Erfassens des Motivs. Im Grunde würde man auf die Frage: warum *sieht* er? antworten: weil er Augen hat. Und warum hat er diese objektive Verbindung der Motive erfaßt? Weil er diesen oder jenen Beweggrund hatte.

Aber ebenso wie das Auge das Sichtbare sieht und sich nicht selbst sehen kann, ebenso unterscheidet sich der Beweggrund als Erfassungsweise des Motivs nicht von der *Art und Weise des Erfassens*, er ist Erfassen des Motivs und nicht seiner selbst. Heißt das, er ist unbewußt? Wir werden das nachher sehen, wenn wir meine Motive und meine Beweggründe untersuchen. Wir können bereits jetzt sehen: für ein und dieselbe Handlung kann das Motiv evident sein und als richtig anerkannt werden – und der Beweggrund kann getadelt und für fragwürdig gehalten werden. Alles geschieht so, als wäre die *Welt* der menschlichen-Realität eine unendliche Verbindung von Motiven und es bedürfte, um eines herauszulösen und festzuhalten, um es unter Ausschluß der anderen zu erfassen, eines Organs der Sicht. Dieses Sichtorgan, das jedem intuitiven Erfassen des Motivs eigen ist, ist der Beweggrund. Eine unmittelbar gültige Schlußfolgerung daraus: kein Motiv ohne Beweggrund. Daher auch die Erklärung eines irritierenden Typs dialektischer Spitzfindigkeit und Ausrede: man präsentiert ihnen ein Motiv, und ohne es zu prüfen, machen sie den Beweggrund verantwortlich. Zum Beispiel die Kommunisten. Man unterbreitet ihnen ein *Motiv* dafür, sich nicht dem Kommunismus anzuschließen oder seiner Aktion zu mißtrauen, und sie antworten, wenn das Argument unwiderlegbar ist: Sie sagen das, weil Sie ein Bourgeois sind. Und sie haben recht: weil ich ein Bourgeois bin (Beweggrund), will ich mich nicht einer Diktatur, und sei es die des Proletariats, anschließen (Motiv). Aber das war nicht die Frage. Es genügte ihnen, die Subjektivität des Beweggrundes offenzulegen, um auf die Subjektivität (und damit Nichtgültigkeit) des Motivs zu schließen. Aber in Wirklichkeit bliebe das zu beweisen. Und das ist es, was ich zum Teil in meinem Streit mit Naudin gemacht habe.

2. *Ich*. Im Grunde interessiert uns jetzt vor allem, was der Beweggrund *von innen her* ist. Der Beweggrund, das bin ich selbst, insofern ich in einem affektiv-aktiv-kognitiven Komplex von Erlebtem das Motiv ergreife. Es handelt sich also um einen besonderen und komplexen intentionalen Typ. Wenn ich heftig auf Naudin reagiere, reagiere ich auf seine Haltung, auf seine Intonation, die mir (wie ich glaube) seinen Neid, seine unsichere Engstirnigkeit und seine Angst beweisen. Verstehen wir recht, ich erfasse intuitiv sein Verhalten, jedoch nicht durch eine Anstrengung unparteiischen und kalten Verstehens, als würde ich selbst nicht in Frage stehen. Ich habe sein Verhalten als Motiv, mich zu empören und ihm grob zu antworten, erfaßt. Was selbstverständlich heißen soll – denn man kann sich nicht vorstellen, ich hätte seine Haltung kühl beurteilt und mich danach empört –, daß ich durch meine Empörung und meine ersten wütenden Antworten hindurch seine Haltung als eine Entgegnung erfordernde erfaßt habe. Das Motiv wurde natürlich nicht thematisiert, es blieb auf Naudin, es *war* Naudin selbst. So paßte sich mein Verhalten, indem es zugleich als ein das Motiv offenbarendes Gefühl wirkte, sich diesem Motiv selbst an, so daß es gewissermaßen danach zu seiner Rechtfertigung wurde. Auf diese Weise wurde das Motiv zur thematischen Einheit meines Verhaltens und zu seiner Bedeutung. Im allgemeinen genügt es, will man das vergessene Motiv eines vergangenen Verhaltens wiederfinden, sich in der Erinnerung dieses Verhalten selbst zu vergegenwärtigen: es trägt seinen Sinn mit sich. Das ist nicht immer so, aber dann hat das Verhalten etwas verloren. Es ist ein Zauberbuch, dessen Schlüssel man verlegt hat. Dieses Erfassen der

Haltung Naudins *durch* diesen Komplex, in dem das Handeln die größte Rolle spielt (beim Hämmern erfaßt man am besten die Natur des Hammers – Heidegger), kann von sich selbst nur ein nicht-thetisches[1] Bewußtsein haben, denn es ist Erfassen der Haltung Naudins. Es gibt also gegenwärtig nur ein Bewußtsein *von* der Haltung, zu tadeln, zu strafen usw. Dieses Bewußtsein ist jedoch selbst Beweggrund meines Handelns, es ist in seiner noetischen[2] Struktur subjektives Erfassen des Motivs. Nun gut. Aber wenn es von sich selbst nur ein nichtthetisches Bewußtsein hat, dann kennt es sich nicht. Bleibt nur der Rückgriff auf ein reflexives Bewußtsein, das auf das Beweggrund-Bewußtsein gerichtet ist. Dieses reflexive Bewußtsein wird mich zum Beispiel lehren, daß ich gegenwärtig in Wut bin usw. In einem gewissen Sinne wird es mir meine Subjektivität offenbaren. Aber nicht immer ist es möglich, und meistens wird man sich, wenn man seine Haltung zu beurteilen versucht, in Gegenwart eines Spiels vergangener Handlungen befinden, für die keine Reflexion durchgeführt wurde. Was nun? Nun scheint mir, daß sich im Verhalten selbst als sichtbares und wahrnehmbares Objekt (in dem Sinne, wie ich meine Worte *höre*, in dem Moment, da ich sie ausspreche, oder bestimmte meiner Gesten *sehe*, während ich sie mache) ein zweiter Sinn eingeschlossen findet, eine sekundäre thematische Einheit, die mir zugleich mit der Haupteinheit oder dem Motiv gegeben ist. In diesem Sinne sagt man zu jemandem: «Du solltest dich hören» oder «Sieh dich im Spiegel an». Zum Beispiel zu viel Heftigkeit oder zu viel Aggressivität in meiner Antwort. Meine Akoluthen haben mir gesagt, mein Ton war zu hart und beleidigend. Wenn ich mein Verhalten wiedersehe, wenn ich den Ton meiner Worte im Lichte ihrer Aussage wiederfinde, erfasse ich in der Tat eine Art schlechter Härte in meinem Ton, in meiner gesamten Haltung. Manche meiner Sätze scheinen mir sogar (schienen mir, sobald ich sie *hörte*) unangemessen: zum Beispiel das «Kümmere dich um deine Angelegenheiten».

Hier gibt es also eine Gesamtheit von Zeichen zu interpretieren. Was habe ich zu ihrer Entzifferung zur Verfügung? Meine Vergan-

1 Oder nicht-setzendes (von etwas): Bewußtsein, das nicht auf sich selbst zurückkehrt, um die Existenz dessen zu setzen, wovon es Bewußtsein ist. Das Bewußtsein, von dem hier die Rede ist, *setzt sich nicht selbst* als Bewußtsein der Haltung von Naudin.

2 Vergleiche S. 113, Fußnote 1.

genheit, die Meinungen von anderen (Guille – Castor) über mich und auch eine erneute Betrachtung der Situation einen Augenblick später. Diese erneute Betrachtung wird mir das reine Motiv – aber tot – liefern. Ich bin nicht mehr gereizt, ich erfasse nicht mehr das Motiv durch die Handlung, ich thematisiere und beurteile es. Die Kluft zwischen dem Motiv, so wie es mir nüchtern erscheint, und dem, was es für mich war, als ich es erlebte, kann und muß mir das Motiv liefern.[1] Ich werde mich zunächst – das kommt mir zuerst in den Sinn – daran erinnern, daß ich nach Aussagen von Guille und dem Castor am Morgen immer schlechter Laune bin. Es handelt sich dabei um eine äußere Information, denn solange ich allein bin, erscheint mir diese schlechte Laune als ein poetischer Zustand von Komplizenhaftigkeit mit mir selbst. Das nannte ich früher «inneres» Sein. Nur gerate ich außer mich beim Anblick eines Akoluthen. Aber das ist für mich in diesem Augenblick eine Intuition des Charakters des Akoluthen, nicht meiner eigenen Laune. Nun würde ich beim Fortsetzen meines Versuches, meine Beweggründe zu rekonstruieren, hinzufügen, daß ich in der Nacht Wache hatte und sehr schlecht schlief. Hier ist also ein erster Beweggrund: ich bin beim Aufwachen immer schlechter Laune, und ich hatte außerdem in dieser Nacht sehr schlecht geschlafen. Aber man sieht, dieser angeblich einzige Beweggrund setzt sich aus zwei sehr verschiedenen und nicht zusammengehörigen Bedeutungsschichten zusammen. Die eine ist die Behauptung von Guille und vom Castor. Das ist für mich natürlich eine Kenntnis vom Hörensagen, aber wenigstens hat sie einen psychologischen Sinn und gründet auf der Verallgemeinerung konkreter und intuitiver Beobachtungen, die Guille und der Castor ungefähr so oft, wie sie wollten, erneuern konnten. Das Resultat ist eine *verständige* Feststellung (im Sinne Jaspers'[2]); die Verbindung: Müdigkeit am Morgen – schlechte Laune ist in der Tat vom verständigen Typ. Die andere ist eine Kausalitätsbeziehung: sagen, daß man schlechter Laune ist, weil man wenig geschlafen hat, impliziert keinerlei Verstehen, sondern einfache physiologische und finalistische Postulate (vom Typ: wenn man nicht genügend Schlaf hatte, geht es einem schlecht; wenn es schlechtgeht, fühlt man sich unwohl in seiner Haut, schlechte Laune usw.). Die

1 Man würde hier wohl eher Beweggrund als Motiv erwarten.

2 Karl Jaspers, Autor insbesondere der *Allgemeinen Psychopathologie*, deutsche Erstausgabe 1913, französische Ausgabe Paris 1928.

psychologische Motivation von Guille und vom Castor ist verständig, weil mein objektiv wahrgenommenes Aufwachen am Morgen (rosa Augen, zerzauste Haare, verlorene und unangemessene Gesten) mit meiner schlechten Laune ein Ganzes bildet (Aggressivität – Halsstarrigkeit usw.). Jeder wird das verstehen. Die Verbindung schlechter Schlaf – schlechte Laune (sowie Magenschmerzen – schlechte Laune) ist eine Feststellung (die übrigens angezweifelt werden kann) ständiger Aufeinanderfolgen. Dennoch wird der so verstandene physiologisch-psychologische, aus verschiedenen Informationen und Induktionen gebildete Beweggrund *annehmbar* sein. Alle werden ihn akzeptieren. Wir werden nachher sehen, was das bedeutet.

Ich werde mich nicht auf diesen ersten Beweggrund beschränken. Ich werde auch entdecken, daß ich in den Krieg gezogen bin mit dem Gedanken, ein Mann unter Männern zu sein, während ich zehn Jahre lang unter Frauen gelebt habe. Mann unter Männern sein, das hieß für mich: *hart* sein. *Ein* harter Bursche sein. Das war ziemlich dumm, aber ich hatte nicht tief darüber nachgedacht; das war in mir, latent. Und natürlich hieß ein harter Bursche sein: sich nicht beklagen, nicht aus Feigheit harten Schlägen ausweichen, aber auch, sich nicht auf die Füße treten lassen. Ich hatte bereits in den Beziehungen zu meinen drei Akoluthen eine gewisse Härte an mir bemerkt. Nun, es wird diese Härte sein, die hier hervorkam. Welches *objektive* Zeichen meines Verhaltens am Vormittag erlaubt mir diese Interpretation? Nun, eben eine bestimmte überstürzte Aufregung, ein bestimmter unmittelbarer Verlust der Kontrolle, als hätte sich etwas in mir darauf vorbereitet, zu platzen, hätte nur auf diese Gelegenheit gewartet. Wenn Naudin mir unsympathisch wäre, hätte ich gesagt: ich war darauf vorbereitet, gegen Naudin loszugehen. Das ist, was man oft «jemanden nicht ausstehen können» nennt. Nun war mir aber gerade Naudin, dieser wohlgebaute und schnauzende große Teufel, sympathisch. Ich schließe also daraus, daß ich etwas *gegen die Männer* habe. Wenn ich will, kann ich das kleine Spiel fortführen und diese Interpretation erweitern, wobei ich dann bemerke, daß ich bereits in meinen Beziehungen zu den jungen Männern, die mich in der École normale umgaben, diese Härte suchte. Ich hatte damals einen Roman geschrieben, dessen Held, hart und nietzscheanisch, sich Frederik nannte, und Guille nannte mich «verdammter Frederik».[1] Ich würde darin also

1 Dieser Roman hieß *Une défaite* [Eine Niederlage]; er war von den Beziehungen

eine Konstante meines Charakters sehen. Wenn ich noch weiter zurückgehen will und eine Erklärung psychoanalytischen Typs entwikkeln möchte, könnte ich bemerken: 1. bis zur Quarta war ich das verwöhnte Kind der Frauen und das Wunderkind der gezierten und nachdenklichen Art, mit kleinen intellektuellen Kameraden, die ebenfalls Wunderkinder waren; 2. in der Quarta wurde ich von kleinen «Harten» in La Rochelle hart verdroschen und durchgeprügelt. Zwei Jahre lang Prügelknabe. Ich habe mich nachher gefangen, und als ich in Paris in die Rhetorik[1] ging, habe ich mich verhärtet, «damit das nicht wieder losgeht». Es handelte sich also um einen Reflex der Verteidigung und des Stolzes bei einem Kind, das eine Zeitlang gejagt und geschlagen wurde, und das mit Härte reagiert sowie sein Leben lang diese Art streitsüchtiger und mißtrauischer Härte bewahrt, ebenso wie den Willen, sich nicht unterkriegen zu lassen.

Nun gut. Doch diese Erklärung verliert an Wahrscheinlichkeit, wenn sie ausgeweitet wird. Zu Anfang steht eine wahrscheinliche Beziehung des *Verstehens* zwischen meiner Härte gegenüber meinen Akoluthen und meiner überstürzten Aufregung gegenüber Naudin. Das haut hin. Doch muß bemerkt werden, daß das Motiv «Härte» gegenüber meinen Akoluthen mit seiner Erklärung (mir selbst beweisen, daß ich mit Männern ebenso gut umgehen kann wie mit Frauen) selbst als sekundäre thematische Einheit bestimmter Verhaltensweisen konstruiert ist. Hier liegt also eine Konstruktion zweiten Grades vor. Der Vergleich meiner Brutalität in der École normale und meiner Härte hier ist reine Analogie und hat rein analogischen Wert: Ähnlichkeit in den Situationen (École normale – der Krieg: Klosterleben inmitten von Männern), Ähnlichkeiten im Verhalten, in die ich eine Konstante einführe. Doch die Unterschiede sind noch beträchtlicher (in der É.N.S. war ich nicht in Gefahr, ich war von Freunden umgeben, die ich schätzte. Und außerdem war ich jung. Kam diese Brutalität nicht ganz einfach aus einem Überschuß an Jugend usw.). Und wenn ich schließlich bis zu meiner Jugend zurückgehe, verlasse ich den Boden der Beschreibung der Beweggründe, um zu ihrer Erklärung überzugehen. Und wie sehr ich auch prinzipiell gegen die *Ursachen* in der Psychologie bin, hier führe ich das kausale Material der

des jungen Friedrich Nietzsche zu Richard Wagner inspiriert (vergleiche *Jugendschriften*).

1 Entspricht der Prima in Lyzeen.

Psychoanalyse ein: Minderwertigkeitskomplex – psychische Abwehr – Kompensierung (natürlich könnte man noch weiter gehen). Wir haben es hier von neuem mit einem scheinbar *einzigen* Beweggrund zu tun, der aber in Wirklichkeit aus mehreren Schichten bedeutungsgeladener Beziehungen besteht: die erste ist eine verständige Beziehung – die zweite ist eine auf Analogie gegründete Induktion (reine Verallgemeinerung der übrigens ungenügenden Häufigkeiten) – die dritte ist eine kausale Erklärung, die auf einem mechanischen Modell der psychologischen Reaktionen beruht (Verdrängung, Übertragung usw. können durch Kräfte dargestellt werden). Es gibt keine Homogenität innerhalb des Beweggrundes.[1] Schließlich dritter Vorschlag eines Beweggrundes, der von Paul im Laufe der darauffolgenden Diskussion unterbreitet wurde[2]

1 Eine weiter vorangetriebene Analyse der Motive und Beweggründe der Handlung wird in *Das Sein und das Nichts,* Vierter Teil, Erstes Kapitel, §1 (Paris 1943) durchgeführt werden.
[A. d. Ü.: Das französische Begriffspaar *motif* und *mobile* wurde dort mit dem deutschen Begriffspaar Motiv und Antrieb übersetzt. Wir bevorzugen hier die Übersetzung Motiv und Beweggrund. Vergleiche dazu die entsprechenden Artikel im *Vocabulaire technique et critique de la philosophie* von André Lalande, P. U. F., Paris 1988, 16. Auflage.]

2 Ende des I. Heftes. Das II. Heft fehlt (vom 25. Oktober bis zum 11. November). Siehe im Anhang 1, Seite 604 f, was man aus den *Briefen an Simone de Beauvoir* über dieses Heft weiß.

Heft III

November – Dezember 1939
Brumath – Morsbronn

12. November (Fortsetzung)

«... Als wäre seine ganze Person übergangslos von einem Milieu in ein anderes versetzt worden. Die Sache betraf sowohl den Blick wie die Atmung, die Gedanken wie die Gliedmaßen. Nichts mehr, weder innen noch außen, ließ sich so wahrnehmen wie vorher.»[1]

Nur verleiten ihn seine Geographie, sein Unanimismus und sein statistischer Naturalismus sofort, die Wirkung zu verpfuschen: «Die Angst vor den Schützengräben ist ein lokales Produkt. Wie die Schützengrabenlaus gedeiht sie nur in vorderster Linie.» Idiotisch: welches Bedürfnis drängt ihn, aus dieser Angst einen selbständigen Organismus zu machen, vergleichbar einem Ungeziefer, das zu seinem Gedeihen besondere klimatische Bedingungen braucht? Während er doch beinahe begriffen hat – einen Augenblick ganz und gar begriffen hat –, daß diese Angst das Sinnesorgan war, mit dem der Mensch die Welt der Schützengräben wahrnahm.

S. 12 (ebd.): «Die Offiziere fanden heraus, daß für den Angriff und die Chance eines Sieges keine Kostbarkeit des Materials, keine technische Vollkommenheit des Geräts zuviel oder ausreichend war, für die Verteidigung dagegen die simpelsten Materialien, Dinge, die überall herumliegen, Finten, die so alt sind wie die Welt, Requisiten von beschämender Vulgarität alle ihre Möglichkeiten zeigten: mit einfachen Schaufeln umgegrabene Erde; Säcke, Kisten voller Erdklumpen oder Steine; in gestampften Lehm gepreßte Zweige; Gartendraht mit Stacheln.» Kurz, wie ich im letzten Heft notierte: die Zerstörung zerstört sich selbst. Wenn man den Zerstörer *zerstören*

1 Zitat von Jules Romains (*Prélude à Verdun*, Band XV der *Hommes de bonne volonté*, Flammarion, Paris 1938). Die Stelle aus Romains' Buch, die Sartre kommentiert, beginnt wie folgt: «Jerphanion empfand eine Zustandsveränderung; eine Erschütterung ganz besonderer Art, die er sofort identifizierte, weil er sie kannte. Als wäre ...» Der Anfang des Kommentars befand sich im vorhergehenden Heft, das verlorengegangen ist.

will (Gegenfeuer), fällt man in den Luxus der Mittel zurück, die ihren eigenen Tod in sich tragen. Will man jedoch seinen Beruf als Mensch ausüben, das heißt die Zerstörung *abwehren*, dann genügt ein Minimum an Mitteln – wie der bescheidenste Unterschlupf beim größten Sturm. Die künstliche Zerstörung neigt von sich aus dazu, einer Naturkraft ähnlich zu werden (Streuung der Granaten usw.) und, wie die Natur, die Zufälligkeit und Ungewißheit jedes Falles durch den Luxus der Mittel und die Zahl der Fälle wettzumachen. Die Zerstörung, da blind, ist statistisch.

Jede Gegenwart hat ihre Zukunft, die sie erleuchtet und mit ihr verschwindet, *vergangene Zukunft* wird:

Wo aber ist die Zukunft von einst?

Das ist der Sinn des berühmten Ausspruchs: «Wie schön war die Republik unter dem Zweiten Kaiserreich!»[1] Nach 1870 war die einstige Zukunft des toten Zweiten Kaiserreichs die Republik. Nicht die von Jules Ferry und Gambetta. Eine andere, die nur Zukunft war und, in die Vergangenheit gleitend, ihre Qualität als Zukunft bewahrte. An einem Tag im letzten Frühling ging ich in Saint Cloud spazieren, an der Eisenbahnlinie entlang. Ich sah den Bahnhof, seine Bahnsteige und seine Schienen und das fiebrig-graue Weiß des Dachs der Vorortzüge. Einen Augenblick lang erlebte ich eine vergangene Zeit wieder: zwei Jahre vorher hatte Castor eine Lungenentzündung, sie war in eine Klinik in Saint-Cloud gebracht worden, ich besuchte sie jeden Tag. Aber es war das Ende meiner Leidenschaft für Olga. Ich war nervös, unruhig. Jeden Tag wartete ich auf den Augenblick, sie wiederzusehen, und über diesen Augenblick hinaus auf irgendeine unmögliche Verständigung. Die Zukunft all dieser Augenblicke, die ich, auf den Zug wartend, im Bahnhof von Saint-Cloud verbrachte, war diese unmögliche Liebe. Und an jenem Tag im letzten Frühling lebte nun diese Zeit wieder auf, mit schmerzhafter und sanfter Poesie. Aber vor allem lebte ihre damalige Zukunft wieder auf. Was ich wiedersah, war ein Saint-Cloud, das nach Paris blickte, nach dem Montparnasse, wohin ich zurückkehrte, um Olga zu treffen. Und jetzt hatte ich eine andere Zukunft, andere Hoffnungen, andere Lieben.[2] Doch nichts

1 Berühmter Ausspruch von Alphonse Aulard, Historiker der Revolution, um 1885.

2 Vgl. Brief an S. de Beauvoir vom gleichen Tag, Bd. I.

war erregender als jener Augenblick, da ich mich von meiner lebendigen Zukunft abwandte, von Paris und den Leuten, die mich am Horizont von Saint-Cloud erwarteten, und einen Moment lang jener toten Zukunft nachsann. Und es war auch eher eine tote Zukunft als eine Reihe verstorbener Gegenwarten, nach der wir letztes Jahr in Rouen suchten, Castor und ich.

Als ich im September ausrückte, hatte jeder Augenblick eine unbestimmte und ferne Zukunft: das Ende des Krieges. Und diese ferne und ungreifbare Zukunft machte die Gegenwart erdrückend: je leichter die Zukunft, desto schwerer die Gegenwart. Und allmählich hat sich dann diese Zukunft verflüchtigt, ich habe nur noch eine alltägliche Zukunft und ein paar Anhaltspunkte: die Besuche, der nächste Urlaub. Das genügt, um das Leben sehr erträglich zu machen.

Montag, 13. November

Ausgezeichneter Satz, den J. Romains Maykosen[1] in den Mund legt (der die Franzosen nicht liebt, aber Paris unendlich liebt): «Die Menschen sind wie die Bienen. Ihre Produkte sind besser als sie.»

Hin und wieder wird einer von uns – Feldwebel, Unteroffizier, Soldat – beim Lesen eines Briefs oder beim Auftauchen einer Erinnerung von schüchterner Erregung ergriffen und beginnt, von seinen Freunden, seiner Vergangenheit, seinem zivilen Leben zu erzählen. Seine Worte fallen in eine Grabesstille. Die anderen schreiben, schauen aus dem Fenster, scheren sich einen Dreck darum. Die Stimme des Burschen hört sich schmächtig an. Schließlich stirbt sie an Auszehrung, und der Mann steht sprachlos da, stumm, ein zaghaftes, verlegenes Lächeln auf den Lippen. Dann wendet er sich ab und macht sich wieder an die Arbeit.

Der Feldwebel, der Unterfeldwebel Naudin, der Soldat Hang reden alle drei vom Abmarsch. Mit Heldenmut. Einem Heldenmut, der sie schließlich selbst beeindruckt.

Der Feldwebel, kriegerisch und spöttisch: «Mein lieber Hang, Sie können ja schon mal beichten gehen.»

Hang: «Wieso beichten?»

Naudin: «Du weißt, was deine Frau dir gesagt hat?»

1 In *Préludes à Verdun*.

Der Feldwebel: «Ich geh nicht beichten, ich hab keine Sünden.»

Naudin: «Oh, wenn's drüben kracht, geh ich hin.»

Hang: «Wohin?»

Naudin: «Na, zur Beichte!»

Der Feldwebel: «Kein Bedarf.» Schulmeisterlich und ein wenig mit den Worten ringend: «Im Kriegsfall gilt für uns der Ausnahmezustand. Man braucht nicht zu beichten; egal, was für einen Glauben man hat oder in welcher Partei man ist, man kommt direkt in den Himmel.»

Hang: «Oh, das ist dann das Paradies von Mohammed!»

Sie lachen und freuen sich bei dem Gedanken, daß der dicke Stabs-Unterfeldwebel Thibaud Angst haben wird.

«Wenn's knallt, scheißt er sich in die Kutte.» Erheitert wiederholt jeder: «Dann scheißt er sich in die Kutte.»

Hang: «Er will mit uns auf Beobachtungsposten gehen.»

Naudin: «Wirst schon sehen! Wirst schon sehen!»

Hang: «Wenn er mitkommt, gibt's hoffentlich 'ne kleine Schießerei.»

Ich: «Ja, vorausgesetzt, man schießt weder auf dich – noch auf ihn, weil du ihm ja nicht den Tod wünschst, noch auf sonst wen.»

Hang: «Ja. Hundert Meter weg.»

Naudin: «Man soll niemandem den Tod wünschen.»

Der Feldwebel: «Eine große Granate, die in zwanzig Meter Entfernung explodiert: da solltet ihr den Dicken mal sehen! Und ich würde ihm einen Stuhl hinstellen und zu ihm sagen: Setzen Sie sich, armer Thibaud, Sie sehen krank aus.»

Sie reden über die letzten Untaten des Dicken, und jeder malt sich aus, welchen Streich er ihm demnächst spielen wird.

Naudin: «Ach ja! Es gibt hier zwei oder drei, ich will keine Namen nennen, also, die haben ihn in der Hand! Sie haben noch die Papiere, alles ist aufgeschrieben. Sie sagen nichts, weil das zu schlimm wäre, aber wenn er uns anstinkt, da wirst du schon sehen! Die Papiere kommen zum Vorschein, und dann braucht er bloß noch seine Tressen abzureißen und sich den Schädel zu rasieren.»

Hang: «Die Bösen, die kriegen's immer heimgezahlt.»

Naudin: «Du sagst es. Wer böse ist, der kriegt's immer heimgezahlt.»

Dienstag, 14. November
Gestern abend tun mir die Augen weh, und ich unterbreche meine Arbeit; in diesem Moment sagt mir Pieter, daß einer seiner Freunde ihm geschrieben habe: «Das Unverständnis und der Neid mancher Leute erstaunt und schmerzt einen.» Das ärgert mich, denn derselbe Kerl hat ihm vor einem Monat Wort für Wort schon mal dasselbe geschrieben. Ein Geschäftsmann, der auf einem Flakposten hockt, 50 Kilometer von Paris, in einem Kaff. Die Kameraden liegen im Dreck. Fünfhundert Meter von ihrer Batterie entfernt gibt es sechs Häuser und einen Lebensmittelladen. Der Typ und einer seiner Kameraden, der in der *Coupole* Kellner ist, haben eine Alte aufgetan, die sie für 100 Francs im Monat logiert und verköstigt. Sie essen und schlafen nicht mit ihren Kameraden. Und weil Paris nicht weit ist, kann der Bruder des Typs zwei- oder dreimal pro Woche mit einem Hähnchen und ein paar Flaschen im Auto antanzen. Seine Freundin hat ihn besucht und die Nacht mit ihm verbracht. Er kriegt auch dicke Pakete. Und da wundert er sich und grämt sich, daß seine Kameraden neidisch werden. Ich sage Pieter meine Meinung und wage nicht hinzuzufügen, daß dieser Typ, wenn er nur ein Zehntel von Pieters wichtigtuerischer Spendierfreudigkeit besitzt, wenn er seine Pakete mit stürmischer Herzlichkeit teilt, Fotos von seiner Freundin herumzeigt, gefällig zu sein verspricht und dabei mit einem gewissen Gehabe kritischer Unparteilichkeit von seinen Geschäften redet – daß er sich dann bestimmt verhaßt gemacht hat. «Mit anderen Worten», sagt Pieter entrüstet, «du meinst, der Typ sollte den Schwachköpfen zuliebe, mit denen er zusammen ist, auf Bett, Frau und Essen verzichten?» Ich antworte: «Ja, genau.» Und ich sehe, was ihn schockiert, ohne daß er es sich klar zu formulieren vermag, nämlich daß der Umstand, mit Schwachköpfen zusammenzusein, zusätzliche Pflichten schafft. Er sagt: «Theoretisch ist das ja sehr schön, aber praktisch ... Du lebst in der Theorie, aber ich, ich bin ein Kaufmann, ein praktischer Mensch.» Ich sage: «Laß doch endlich mal diese Geschichten von Theorie und Praxis. Du bist nicht mehr und nicht weniger praktisch als ich: du brauchst mich bei bestimmten praktischen Dingen, so wie ich dich bei andern brauche.» Sofort ein anderes Argument von Pieter, ebenso voraussehbar wie das erste: «Jedenfalls tust du es nicht.» Ich hätte ihm erwidern sollen: «Nehmen wir an, ich tue es nicht und ich bin ein Schwein, aber ich spreche nicht von mir, ich sage bloß, daß man es tun sollte.» (Worauf er zweifellos geantwortet hätte: Ist ja sehr schön,

wenn man sagt, daß man etwas tun *soll*, aber das ist leicht, wenn man es nicht selber tut, usw.) Aber ich bin müde und lasse mich auf den Boden der Anklage und der Rechtfertigung zerren – einen Boden, auf dem ich mich immer höchst unwohl fühle, weil ich nicht gewohnt bin, über mich zu sprechen, und weil mein Hochmut sich aufbäumt, sobald man mich unter Anklage stellt. Also antworte ich: «Wenn der Zufall es wollte, daß ich mit Typen der Infanterie zusammen bin, würde ich es bestimmt tun. Aber hier ist das anders.» – «Ich kenne dich allmählich», sagt Pieter, «du willst deine Ruhe haben, du schreibst den ganzen Tag, und wenn's dir paßt, allein ins Restaurant zu gehen, nimmst du keine Rücksicht.» Ich sage: «Weil ich mit bürgerlichen Typen zusammen bin; wegen denen werde ich mir doch keinen Zwang antun, und außerdem habe ich nichts, was ihr nicht auch habt oder haben könntet.» Hier kippt das Gespräch plötzlich um: Pieter fragt mich etwas säuerlich: «Aber wenn es dich so ankotzt, mit bürgerlichen Typen zusammenzusein, warum bleibst du dann?» Ja, warum? Das war die Frage, es ist immer wieder dasselbe soziale Problem, von dem ich neulich sprach, meine tiefe Unsicherheit. Ich antworte leichthin und unheilvoll: «Weil ich 1929 den Fehler gemacht habe, bei den Meteorologen unterzukriechen. Das war eine Sauerei, ich geb's zu.» Pieter: «Haha! Du bist also ein Schweinehund!» Und ich sage ungeschickt, ehrlich entrüstet, daß man mir ein so fernes Vergehen vorhält und mich gewaltsam mit dem Menschen in Verbindung bringt, der ich 1929 war: «Du willst mich doch nicht *heute* wegen einer Schweinerei verurteilen, die ich 1929 begangen habe!» Es ist mein Hochmut, der aus mir spricht, mein Sinn für den Fortschritt und meine Art, mich loszusagen von dem, was ich tags zuvor war. Jedesmal, wenn jemand von der Beständigkeit meines Ichs beeindruckt zu sein scheint, bin ich verstört vor Unruhe. Natürlich ziehe ich mir die vorhersehbare Erwiderung zu: «Weißt du, wem du ähnlich siehst? Einem, der ein Stück Schokolade geklaut hat und es acht Tage später genüßlich ißt und dabei sagt: ich bin ein Dieb, ein Schwein, ich habe Gewissensbisse. Ich dagegen, ich bin aufrichtiger als du, ich habe mich protegieren lassen, ich bin mit dem Ergebnis zufrieden und sage es.» Ich: «Ich weiß nicht, warum du das Aufrichtigkeit nennst: du verschweigst dir, daß du ein Schweinehund bist.» Pieter: «Ich bin kein Schweinehund. Ja, in einer Gesellschaft, in der es gerecht zuginge, könnte ich Gewissensbisse haben, wenn ich zu meinem Vorteil eine Ungerechtigkeit begehen würde. Aber auf dieser

Welt hier, da sage ich mir, daß ich keine Ausnahme bin, daß es fünfhunderttausend Protegierte gibt wie mich und daß ein anderer an diesem Platz säße, wenn ich nicht da wäre. Während du sagst, daß du ein Schweinehund bist, das ist schlauer, aber du profitierst genauso wie ich von den Annehmlichkeiten der Meteorologie. Von einem, der sagen würde: ich bin ein Schwein, und dann auf diese Annehmlichkeiten verzichtet und sich zur Infanterie meldet, von dem würde ich sagen, er ist aufrichtig. Aber was beweist mir, daß du aufrichtig bist?» Paul: «Da ist noch was, was mich fuchst bei dem, was Sartre sagt: wenn du so denkst, müßtest du dich immer auf die Seite der Benachteiligten stellen.» Ich: «Nein, auf die Seite der Massen.» Pieter: «Und noch was: ehrlich, wie ich bin, freue ich mich, wenn ich erfahre, daß meine Frau den Laden wieder aufgemacht hat und daß er läuft. Auch da bin ich begünstigt. Aber du bist noch begünstigter als ich: du kassierst dein Gehalt. Aber es gibt welche, die nur ihre zehn Sous am Tag zum Leben haben, und ihre Frauen haben bloß ihre Unterstützung. Warum überläßt du ihnen nicht dein Gehalt?» Paul: «Völlig einverstanden.» Ich: «Das ist doch was anderes. Es gibt Friedensprivilegien und eine Gesellschaft, die auf diesen Privilegien aufgebaut ist. Im Frieden geht es nicht darum, daß einer diese Privilegien aufgibt, was nur ein Tropfen auf den heißen Stein wäre, sondern darum, daß er für die Abschaffung *aller* Privilegien kämpft» (bei diesen Worten denke ich – da mich die Anwesenheit des Sozialisten Paul dazu ermuntert – an Blum und Zyromski[1], und ich habe den undeutlichen Hintergedanken, ihn auf meine Seite zu ziehen). «Ich will, daß keine neuen Privilegien, Kriegsprivilegien dazukommen.» Keiner merkt, daß das Gespräch eine andere Richtung genommen hat – eine infolge meines Ungeschicks für mich gefährliche Richtung: ich hatte nur gesagt, daß man in jedem besonderen militärischen Milieu seinen Lebensstandard dem durchschnittlichen Standard anpassen müsse. Aber diese Idee hat sich im Laufe des Gesprächs verändert: nun ging es darum, das Los der Benachteiligtsten der *ganzen* Militärgesellschaft zu teilen: keinen Schlafsack zu haben, wenn andere, unsichtbare und ferne Menschen keinen Schlafsack haben – keine Besuche zu empfangen, wenn andere, an der Front, nicht die Möglichkeit haben, ihre Frau

1 Jean Zyromski (1890–1975), Initiator der Tendenz «Bataille socialiste» innerhalb der SFIO (Section Française de l'Internationale Ouvrière). Redakteur der Wirtschafts- und Sozialseite des *Populaire*.

kommen zu lassen, usw. Und das liegt wahrscheinlich daran, daß die erste Idee schwammig und unbeständig ist: im Grunde ist sie nur Schein. Weil ich also *schlecht* gedacht habe, ist es so weit mit mir gekommen, daß ich plötzlich diese prinzipienlose Übertreibung verteidige: das Los der Elendesten zu teilen. Oder vielmehr war das Prinzip dieser neuen Idee – dunkel spürte ich dessen Gegenwart – der Humanismus von Guille, der sich zwar vertreten läßt, den ich aber nicht teile. Diese Unterscheidung zwischen Friedensprivilegien und Kriegsprivilegien überzeugt Paul nicht, er schüttelt den Kopf und schweigt. Während Pieter mir unbedingt beweisen will, daß ich viele Privilegien genieße: ich habe ein Bett – das er mir besorgt hat –, ich esse im Restaurant usw. usw. Das weiß ich verdammt gut. Ich gehe wieder zur Offensive über, aber von diesem Augenblick an bin ich wie vernagelt: ich werde Pieter kriegen, weil ich ihn aus gekränkter Eitelkeit kriegen will, aber im Grunde weiß ich, daß er mich gekriegt hat. Ich sage zu ihm: «Du warst der Sache nie gewachsen. Du hast alles beiseite geschoben, was ich dir über mein Schuldbewußtsein sagte, und hast behauptet, das seien bloß *Worte* und eine Attitüde.» – «Ja, genau. Was beweist mir denn, daß du die Wahrheit sagst? Vielleicht aus Hang zur Theatralik.» Er lehnt an der Heizung, hochrot, oratorisch. Ich sage zu ihm (ich sitze auf meinem Platz): «Schau dich an und sage mir, wer von uns theatralischer ist.» (Unaufrichtigkeit, denn darum geht es gar nicht, aber ich verbuche einen Punkt, denn ich bringe Keller und Paul zum Lachen.) «Du hättest erwähnen können, daß du keinen Beweis für meine Aufrichtigkeit hast. Aber es nicht dabei bewenden lassen dürfen, weil das Gespräch dann aufhört: ich kann sie dir nicht beweisen, ebensowenig wie du mir beweisen kannst, daß dein gutes Gewissen aufrichtig ist. Aber wenn du diskutieren wolltest, hättest du im Gegenteil die Hypothese dieser Aufrichtigkeit akzeptieren und mich auf diesem Terrain bekämpfen müssen. Es fehlte dir nicht an Argumenten.» Ich nenne ihm einige, in der Gewißheit, daß er mir diese nicht auftischen wird, da ich selbst sie ihm liefere: er wird glauben, daß ich fertige Antworten habe. Aber ich habe keine Antworten. Ich füge hinzu: «Tatsache ist, daß du nicht begreifen kannst, was es heißt, über sich selbst nachzudenken. Wenn ich dir sage, daß ich mich bei dieser oder jener Gelegenheit wie ein Schweinehund benommen habe, sind das für dich bloß *Worte*, du siehst nicht, wie anstrengend es sein kann, sich zu beurteilen. Und du siehst es nicht, weil du unfähig bist, eine solche Anstrengung zu machen.

Deine Überlegung ist: ich bin kein Schweinehund, weil fünfhunderttausend Typen genau solche Schweinehunde sind wie ich, du läufst vor dir selber davon, und statt dich als einzelnes und einmaliges Individuum zu betrachten, beruhigst du dich, weil du in einer gesellschaftlichen Kategorie aufgehst. Du bist der Gewissensprüfung nicht gewachsen. Stimmt's etwa nicht? Ist dir das Maul jetzt gestopft?» Er: «Oh, natürlich hast du mir das Maul gestopft, du bist geschickt.» Ich: «Es geht nicht um Geschicklichkeit. Neulich, bei der Frage der Heirat, da war's genauso: ich stelle mich auf den Boden der Werte und des Denkens, und du bleibst ewig an den Fakten und Wörtern kleben.» Pieter: «Gut. Wenn ich in Zukunft mit dir diskutiere, fange ich damit an, mit den Wörtern zu spielen.» Das besiegelt seine Niederlage: mit einer überdrüssigen Handbewegung deute ich auf Paul und Mistler, der soeben hereingekommen ist, und sage: «Da seht ihr ihn! Unverbesserlich.» Gelächter. «Oh», sagt er, «du wirst immer recht haben.» Inzwischen ist es neun Uhr geworden, und wir gehen nach Hause. Man spricht von etwas anderem. Ich bin gereizt, und ich habe ein schlechtes Gewissen, denn mein Triumph ist äußerlich, im Grunde hat Pieter mich tief getroffen. Als wir uns vor der Tür seiner Wirtin trennen, sagt er hämisch, auf mich gemünzt: «Oh, jetzt werden wir uns in ein bequemes Bett legen. Sehr angenehme Privilegien.» Ich sage zu ihm: «Du weißt genau, daß ich auf Stroh schlafen kann, es ist mir schnuppe, wie oft habe ich nicht deine Wache übernommen – und in Marmoutier schlief ich sogar auf dem nackten Fußboden.» Und trotzdem, als ich mit Paul unser gemeinsames Zimmer betrete, fühle ich mich lächerlich, einer Person von Dos Passos ähnlich (Richard)[1], und ich erzähle mir die Geschichte im Stil von Don Passos: «Und Sartre ereiferte sich und sagte, daß man in Armut leben müsse, weil Krieg war. Und er verurteilte Pieter, weil Pieter sich hatte protegieren lassen. Und er erklärte, daß sie alle Schweinehunde seien, er selber inbegriffen, und daß man auf Stroh oder im Schlamm schlafen müsse wie die Frontsoldaten. Die Uhr schlug neun, und jeder ging nach

1 In *1919*; frz. Ausg. 1937; Sartre schrieb über diesen Roman einen zustimmenden Artikel in der Augustnummer 1938 der *N. R. F.* «A propos de John Dos Passos et de 1919», vgl. *Situations* I, Gallimard, Paris 1947; dt. «Über John Dos Passos und *Neunzehnhundertneunzehn*», in: Jean-Paul Sartre: *Der Mensch und die Dinge – Aufsätze zur Literatur 1938–1946*, Rowohlt Taschenbuch Verlag, Reinbek 1978.

Hause. Sartre grüßte seine Zimmerwirtin und legte sich in ein bequemes Bett mit einer Daunendecke auf den Füßen.» Und das wäre sogar noch etwas zu stark für Dos Passos. Im Zimmer gehe ich verärgert ein paar Schritte auf und ab, ich will die Frage mit Paul noch einmal erörtern, weil er an Ideen mehr gewöhnt ist und ich ihn daher leichter hinters Licht führen und mich dabei beruhigen könnte. Er hört mir zu, zögernd, höflich, wenig überzeugt. In Wahrheit berührt ihn die Frage persönlich, denn er ist antimilitaristischer Sozialist und dennoch durch den Krieg sehr privilegiert (Beamter, Meteorologe usw.). Wir löschen das Licht, und ich kann lange nicht einschlafen.

Diese komische Episode gibt mehrere Aufschlüsse. Über Pieter, über Paul, über mich.

Über Pieter. Er erscheint im Licht dieses Gesprächs als das schönste Exemplar des unauthentischen Rationalismus, genauer des Heideggerschen «man». Ein um so vollendeteres Exemplar, als er nicht dumm ist und Gefallen am Diskutieren und Argumentieren findet. Er ist geschwätzig, aber wie ein Grieche: er stellt Prinzipien auf, zieht die Konsequenzen daraus, prüft unterwegs nebensächliche Hypothesen, erhebt Einwände gegen seine These, die er widerlegt, macht einem mutmaßlichen Gegner Zugeständnisse, um ihn besser in die Flucht schlagen zu können, und zieht schließlich eine Schlußfolgerung. Noch nie ist der Fall eingetreten, daß man nicht verstanden hätte, was er darlegen will, *noch bevor* er zu sprechen angefangen hat. Es kommt sogar vor, daß man in drei Worten schon ausgedrückt hat, was er eine Viertelstunde lang entwickeln wird. Das kümmert ihn nicht, weil es ihm nicht so sehr darum geht, zu überzeugen oder aufzuklären, als vielmehr darum, so lange wie möglich die Übereinstimmung seines Geistes mit ihm selbst zu genießen. Alle seine Ausführungen beginnt er mit: *Nein.* Aber dieses Nein verneint nicht eigentlich einen Satz, der von irgendeinem Gegner vorher gesagt wurde und in Widerspruch zu seinem Denken stünde. Es ist ein nichtendes Nein, dazu bestimmt, alles, was über die Frage Falsches oder Richtiges gesagt worden ist, vom Tisch zu fegen, um alles wiederaufnehmen und neugestalten zu können. Es kommt sogar vor, daß er wiederholt, was man ihm gerade gesagt hat, und es unter Voranstellung eines kategorischen Nein weiterentwickelt. Wie in folgendem Beispiel, das ich mir gemerkt habe, weil es das typischste ist. Ich: «Paul ist ein Hosenscheißer.» Er: «Nein. Mit Paul ist es so, daß er der Typ ist, der Angst hat, ein Hosenscheißer» usw. usw.. Ganz besonders freut er sich, wenn er seine praktische Vernunft anwendet: Handlungsprinzipien, Plan, Projekte, Details usw. Er erklärt seine Projekte und schließt regelmäßig mit den Worten: «Verstehst du? Verstehst du ... den Coup?», mit einer kurzen Pause zwischen «Verstehst du» und «den Coup». Coup hat hier die doppelte Bedeutung von Handstreich, Unternehmung und diskutiertem Gegenstand, intelligibler Materie, wie in dem Ausdruck «den Coup diskutieren» zu erkennen ist. Denn diese streitlustige und jüdische Vernunft ist sozial: sie braucht Zuhörer. Die Zuhörer sind unerläßlich, weil nur sie die bloße Anwendung der Logik in einen «Coup» verwandeln können. Es ist Spiel, Wichtigtuerei und Höflichkeit in seinen logischen Reden. Sozial ist seine Vernunft auch durch die Materie, auf die sie sich bezieht: Sitten und Gebräuche, Werbepsychologie, Höflichkeit. Es ist eine bürgerliche Vernunft, die Menschen denkt und nicht Dinge. Obgleich er weder ungeschickt noch dumm ist, wenn es darum geht, ein Werkzeug zu reparieren oder zu benutzen.

Nur ist es eine Vernunft, die sich niemals sich selbst zuwendet, nicht nur, weil sie die Abstraktion ignoriert, sondern auch, weil ihm alles, was einem Gedanken oder einem Urteil ähnelt, unbekannt ist. Nicht, daß er nicht denkt oder urteilt, aber sobald er seine Urteile oder die Urteile im allgemeinen beurteilt, zerstört er grundsätzlich ihre Allgemeinheit und ihren absoluten Charakter. Das ging naiv aus seinen gestrigen Reden hervor. Zunächst reduziert sich das *Denken* für ihn auf Wörter. Ich *sage*, daß ich Gewissensbisse habe. Ich *sage* es, aber wodurch wird es bewiesen? Ich verstehe gut, daß er hier – und das hat mich verwirrt – meint, daß *Taten* es beweisen würden. Wenn ich mich zur Infanterie melden würde, wäre mein Denken solide und rechtlich gültig. Aber diese Taten wiederum erklärt er, wenn sie erfolgen, durch das Temperament. Wer so oder so handelt, tut es, weil es in seiner *Natur* liegt, so zu handeln. Ganz zu Anfang war ich verwundert gewesen über die Art, wie er nachzuweisen versucht hatte, daß Heroismus ein Märchen sei: diejenigen, die man Helden nennt, werden von ihrem Temperament getrieben – oder sie werden durch die Umstände zu Helden. Das Argument taugte nicht viel, aber mich interessierte die Neigung, jede Pflicht oder jeden Zwang auf eine natürliche Entfaltung zurückzuführen. Natürlich kommt er von hier aus mühelos zur Moral des Interesses: da jeder seinem Temperament folgt, ist jeder auf sein Interesse aus. Aber außerdem will er nicht einmal das individuelle Temperament anerkennen, wieder etwas Absolutes, das übrigens zu komplex für ihn wäre: es gibt nur Typen. Die Typen entstehen im übrigen durch die Überschneidung von ererbter Natur und beruflicher Tätigkeit. Nie wird er sagen: Paul hat Angst – sondern: Paul ist der Typ, der Angst hat. Nicht nur wegen einer grundlegenden Vulgarität, die ihn instinktiv zu den vulgärsten Wendungen greifen läßt, sondern weil er das Bedürfnis hat, sich auf klare Kategorien zu beziehen. Daher bin ich für ihn «der Bohemien», «der Montparnassien» usw. Und er wird alle meine Reaktionen durch meinen Boheme-Charakter und meinen intellektuellen Beruf erklären. Heute morgen, als wir auf unsere gestrige Diskussion zurückkamen, hat er mir sehr charmant erklärt, wie er meine Stellung begreift: «Verstehst du, du und ich, das ist nicht das gleiche. Ich bin ein Geschäftsmann, du auch. Aber ich, ich schließe um halb acht meinen Laden, über mein Privatleben bin ich keinem Rechenschaft schuldig. Während du weder am Tag noch in der Nacht den Laden schließt, und über alles, was du tust, bist du Rechenschaft schuldig. Ich kann mich in den Wetterdienst stecken lassen und sagen, daß ich froh drüber bin, das geht keinen was an. Aber du, wenn du das in deinen Büchern sagst, wird man dich nicht kaufen. Also bist du gezwungen, Gedankenopfer zu bringen, so wie ich an meinen Vorräten Opfer bringe.» Da somit das Denken und die Taten eine Emanation des Temperaments sind und dieses wiederum von Vererbung, Beruf und Umwelt abhängt, ertrinkt alles in einem universellen Relativismus. Das schlagende Argument selbst reduziert sich für ihn auf einen technischen Erfolg. Man beglückwünscht den Arbeiter dazu, aber die Glückwünsche selbst machen ihn zu einem zufälligen und individuellen Erfolg. Nie wird er sagen, wenn ihm ein Grund die Sprache verschlagen hat, daß es ein guter Grund ist, sondern daß ich *geschickt* bin. Er selbst verliert sich absichtlich in diesem Relativismus, er löst sich im Sozialen auf. Wie das unauthentische Sein Heideggers, das sagt: *man* stirbt, um nicht sagen zu müssen: *ich* sterbe. Eine Beziehung zu sich selbst hat er nur über die Gesellschaft: er spricht von sich im selben Ton, in dem er von anderen spricht, nur mit mehr Zärtlichkeit. Er sagt: ich bin der Typ, der ..., so wie wenn er von Paul spricht, was immer voraussetzt, daß er über Kategorien zu sich selbst kommt. Verwahrt er sich gegen eine Beschuldigung – denn er kann gar nicht begreifen, daß man sich selbst beschuldigt –, dann ruft er die Kategorie zu Hilfe, zu der er gehört und die je nach den Umständen wechselt, indem er beispielsweise sagt: «Es gibt fünfhunderttausend Drückeberger wie mich, und wenn ich nicht hier wäre, wäre ein anderer an meiner Stelle», und gerade diese Austauschbarkeit des «Drückebergers» mindert in seinen Augen nicht nur sein Vergehen, sondern auch seine Unersetzbarkeit als Individuum. Dagegen betrachtet er sich mit gewisser Barschheit als Rechtssubjekt. Aber es handelt sich um gesellschaftliche Rechte, nur in einer gegebenen Gesellschaft und mit dem Gesetzbuch in der Hand gedenkt er seine Rechte wahrzunehmen – und genau die, die das Gesetzbuch ihm gewährt. Er könnte sich nicht vorstellen, von anderen zu träumen; wenn er keine findet, wo er welche zu finden glaubt, insistiert er nicht, sondern macht aus den bestehenden das Beste, immer auf halbem Weg zwischen dem Nutznießer des Gesetzes und dem Staatsbürger, der auf dem herumreitet, was man ihm schuldet. Das Ganze wird begleitet von einer totalen Blindheit für die Werte: er ist außerstande, das Sein-sollen von dem Faktum zu unterscheiden. Wenn man mit ihm über den *Wert* einer freien Verbindung redet, antwortet er: «Alle, die ich kenne, haben mit einer Heirat geendet oder sind zur wilden Ehe ausgeartet.» Oder ich sage ihm, sein Freund *sollte* sich dem durchschnittlichen Lebensstandard seiner Kameraden anpassen, und er antwortet: «Du würdest das nicht tun.» Und das wäre nicht weiter schlimm, denn diese Antwort ist bei allen spontan, da die bequemste. Aber was ich hier nicht wiedergeben kann, ist, daß es ihm trotz meiner Bemühungen, ihm den Unterschied zwischen Wert und Faktum klarzumachen, und obwohl er mit seiner Vernunft den Unterschied begreift, in der Folge nicht gelingt, seine Worte darauf abzustimmen, und daß er zwei Minuten später dieselben Argumente erneut auftischt. Im «man» verlorene Individualität, gesellschaftlicher Relativismus und allgemeine Toleranz, Rationalismus aus Höflichkeit, Blindheit für die Werte – das ist der Kern seiner Unauthentizität. Gepaart mit seinem jüdischen Gebaren, mit seinem Bedürfnis, Hände zu schütteln, gefällig zu sein, aus wirklicher Anteilnahme und langfristiger Berechnung, mit seiner klatschsüchtigen Neugier, seinem Bedürfnis, mit allen, besonders den Hochgestellten, anzubändeln, bilden diese Züge das, was ich gern seinen «Radikalsozialismus» nennen würde. Beeindruckend ist, daß seine Unauthentizität keinerlei Lücke aufweist, im Unterschied zu der der meisten Leute. Es ist ein kohärentes und bruchloses Weltsystem. Hier läßt sich Castors Frage am besten stellen: «Aber wenn die Unauthentizität kohärent ist, was beweist dann, daß sie weniger wert ist als die Authentizität?» In der Tat wird seine Psychologie à la La Rochefoucauld am Ende verwirrend, nicht aus ihr selbst heraus, dazu ist sie zu grob, sondern weil sie eine andere von derselben Art suggeriert. Schreibe ich dieses Heft schließlich nicht deshalb, weil ich ein Berufsdenker bin, usw.? Rausch der Erklärung durch die Ursachen. Und prompt erhalte ich einen Brief von B., die mir schreibt, ein gewisser Ullmann, von dem ich nie gehört habe, Doktor der Philosophie, behaupte, daß «*La Nausée* nach Philosophieprofessor stinkt».

Über Paul. Eine Kleinigkeit, aber sie hat mich bezaubert. Nach der Diskussion von gestern. Er war gerade dabei, mit ruckartigen Bewegungen in seinen Schlafsack zu kriechen, ich lag schon auf der Matratze. Wir plaudern, und ich sage: «Wenn man Offizier ist, ist man, auch wenn man Sozialist ist, auch wenn man ‹bis zur Schwäche gut zu seinen Männern ist›, Komplize.» Er ist meiner Meinung, nachdenklich sagt er: «Sogar wenn man Gefreiter ist!» Höflich sage ich: «Oh! Gefreiter ...» – «Doch, doch! Sogar wenn man Gefreiter ist. Ich bin es wider Willen geworden, weißt du. Aber es gab keine andere Möglichkeit, nach Nancy zu kommen, und meine Frau war dort. Da habe ich mich ernennen lassen, aber ich hab's ihr verschwiegen. Bloß als letztes Jahr die Gendarmen gekommen sind, um meinen Gestellungsbefehl zu ändern, da war ich nicht zu Hause. Meine Frau hat ihn in Empfang genommen. Was hat sie mir die Hölle heiß gemacht, als ich heimgekommen bin!»

Das spricht Bände über seine Duckmäuserei und über sein Verhältnis zu seiner Frau. Er bittet mich um die Adresse von Gallimard, damit seine Frau *Le Mur* und *La Nausée* bestellen kann, aber das ist mir furchtbar peinlich, weil ich darin eine kollegiale Höflichkeit sehe. Unbeholfen sage ich: «Weißt du, du brauchst dich nicht verpflichtet zu fühlen ...», und er sagt ganz ungezwungen: «Aber doch, aber doch! Ich wäre sehr froh, wenn meine Frau deine Bücher liest und ich auch im nächsten Urlaub ...» Während des Gesprächs sagt er mir, daß er seit seinem fünfzehnten Lebensjahr Sozialist ist und seit 1930 Mitglied der SFIO. Das belustigt mich, denn vor anderthalb Monaten hatte er mir gesagt: «Äh ... ich bin Sympathisant, aber nicht in der Partei.»

Für heute höre ich auf, ich kann keinen Gedanken mehr fassen, weil meine Augen schmerzen. Noch nie habe ich so deutlich gespürt, daß ich *mit den Augen denke*. Heute ist mein Horizont eingeengt, unmöglich, meine Gedanken zu fixieren, ich habe den Eindruck, daß rechts und links von mir zwei dunkle Mauern sind und zwischen diesen Mauern ein flammendes Kaleidoskop. Den Eindruck, daß meine Gedanken mir nur ihre Oberfläche zeigen und wegrutschen und versinken, bevor ich sie habe packen können. Trotzdem guter Stimmung.

Donnerstag, 16.

Gestern habe ich nichts in dieses Heft geschrieben, weil mir die Augen zu weh tun. Zum Glück, weil ich klarer sehe, was ich über mich zu sagen habe. Ich werde es sagen, sobald ich kann. Heute will ich nur Pauls Abenteuer [1] notieren. Er sollte mit dem Fahrrad eine Botschaft überbringen. Er ist aufgeregt und besorgt. Wir sagen zu ihm: «Du nimmst Helm und Gewehr mit.» So lautet der Befehl. Beim Gedanken, sein Gewehr mitzunehmen, hat er einen seiner gewohnten Wutausbrüche, hinter denen keine Bosheit, sondern Angst steckt. Er sagt: «O nein! Mit einem Gewehr fahr ich nicht hin. Ich weigere mich klipp und klar, hinzufahren.» Und er erklärt, daß er an Beschwerden der Bogengänge leide und auf seinem Fahrrad nie das Gleichgewicht halten könne mit einem Gewehr auf der Schulter. Schließlich borgt ihm der Oberst einen alten Revolver. Ich notiere hier beiläufig, daß dieser Revolver, obwohl ungeladen und außer Gebrauch, Pieter ehrfürchtigen Schrecken einjagt: «He, he», sagt er, «spiel nicht damit rum!» Paul trollt sich, mit Helm; er sieht aus wie eine alte Jungfer. Eine Stunde vergeht. Er kommt zurück, und als er die Stube betritt, erblicke ich zuerst Helm und Brille und dann seine schmutziggraue Gestalt, die schlimm aussieht. Jacke und Hose sind auf einer Seite ganz mit Schlamm besudelt. Seine linke Hand blutet, seine rechte Hand ist geschwollen. Er wollte einem Auto ausweichen, die Fahrradkette ist abgesprungen, er ist vornüber auf den Kopf und auf die Hände gefallen. Langsam verstehe ich, wieviel Angst vor sich selbst hinter seinem Haß auf den Krieg und hinter seiner Bestürzung steckt. Um seinen seelischen Gleichmut zu bewahren, ist es natürlich von riesigem Nutzen, wenn man einen gefügigen Körper hat, der nichts sagt. Aber als er aufbrach, hatte er sicher den Eindruck, seinem Körper ausgeliefert zu sein, den er nur im Frieden und unter allergünstigsten Umständen

1 Die Geschichte von Pauls Auftrag wird auch im Brief an S. de Beauvoir vom gleichen Tag erzählt – von dem Sartre sagt, er habe nichts in sein Heft geschrieben, um seine Augen zu schonen.

in der Gewalt hat und der, in den Krieg losgelassen, unter rauhen Männern nun herumtollt, ihm böse Streiche spielt und sich für sein Sklavendasein rächt.

J. Romains: «Im Krieg gibt es keine unschuldigen Opfer.»[1]

Gestern habe ich eine Karte von Nizan bekommen, das hat mich gefreut.

Freitag, 17.

Meine Augen tun immer noch weh. Ich überlasse mich ein bißchen der Besorgnis und der Nervosität, weil dieses Unwohlsein ganz unberechtigt ist. Es geht nicht mehr darum, angesichts einer gesellschaftlichen Umwälzung sich zu einer Haltung aufzuschwingen, sondern furchtlos ein alltägliches Wehwehchen zu ertragen. Das ist schwieriger. Und da ich nicht wage, meine Augen *abzuhärten*, haben meine Gedanken eine gewisse Unschärfe, es fehlt ihnen an Klarheit. Eben jener Klarheit, die ich brauchte, um meine Krankheit hart und deutlich denken zu können, wie ich es bei einem Schmerz an der Hand oder der Leber tun würde. Ich habe den Eindruck, daß mein Gesichtsfeld durch beängstigende eiserne Vorhänge eingeengt ist. Trotzdem habe ich an meinem Roman gearbeitet. Glaube ich wenigstens. Ich schreibe ins unreine, mit geschlossenen Augen. Aber es widerstrebt mir etwas, dieses Heft mit kleinen Buchstaben zu füllen – wie übrigens auch (aus Sammlerleidenschaft), die Dicke der Buchstaben und den Zeilenabstand zu verändern. Daraus erwächst eine gewisse Denkfaulheit und eine eifrige Bereitschaft, die täglichen Arbeiten zu erledigen, Schuhe putzen, das Klassenzimmer fegen usw., die mich vom Denken und Schreiben befreien. Ich unterhalte mich mehr. Dabei weiß ich, daß ich manches nachzutragen habe in diesem Heft, insbesondere die Bemerkungen, die ich über mich machen möchte bezüglich meines Gesprächs vom 13., und auch die Definition des In-seiner-Klasse-seins sowie die Schlußfolgerung meiner Reflexionen über die

1 In *Verdun*, Bd. XVI der *Hommes de bonne volonté* (1938), sagt Jerphanion genau: *«Das ist eine Sache, bei der es viele Opfer gibt, aber sehr wenige unschuldige Opfer.»* Sartre, der bisher den Unanimismus von Jules Romains nicht schätzte, hatte 1937 geplant, «einen langen Artikel über ihn zu schreiben, um ihn zu verreißen». Vgl. Brief an S. de Beauvoir vom 3. Mai 1937.

Politik. Aber die militärische Schlaffheit, in der alle Akoluthen schwimmen, leistet meiner Faulheit Vorschub und lähmt mich. Es ist hier so leicht, ohne Scherereien zu leben und nichts zu tun, da dank dem Krieg das Warten abgeschafft ist. Das Warten und die Sorge. Diese Augenschmerzen sind übrigens viel erträglicher als einfache Kopfschmerzen. Aber da ist die Unruhe. Genau jene Unruhe, von der ich dachte, man sei sie im Krieg los. Und daher denke ich, daß man sie für gewöhnlich los ist, aber nur *im Hinblick* auf Schmerzen, die vom Krieg kommen. Diese hier werden von allen zivilen Sorgen begleitet: Furcht, das Augenlicht zu verlieren, nicht mehr schreiben zu können usw. Das alles natürlich in Form eines imaginären Glaubens. Ich rege mich nicht auf, aber ich bin etwas weniger guter Laune als sonst.

Was ich sagen wollte und was ich bei meinem Gespräch vom 13. deutlich gesehen habe, ist, daß ich mir, seit ich in Brumath bin, die Haltung eines moralischen Possenreißers zugelegt habe. So etwas wie *Ridendo castigat mores.*[1] Neulich hat es mich erwischt. Ich bin sehr bekümmert auf mein Zimmer gegangen, ich nahm mich ernst. Ich sagte mir: es stimmt, ich sollte mich zur Infanterie melden. Und dann plötzlich: aber nein, nicht deswegen soll ich mir gram sein. Die Sache ist die, daß ich den Hanswurst spiele, genau das habe ich mir zuschulden kommen lassen. Der Grund war meine moralische Pedanterie. Anfangs sagte ich meinen Akoluthen unangenehme Dinge aus einer moralisierenden Laune heraus und weil ich nicht anders konnte. Übrigens, wie ich es hier notiert habe, warf ich es mir manchmal vor. Ich wollte nicht wirklich *reformieren,* so verrückt war ich nicht. Es gab einfach zwei «Naturen», die mich zutiefst ärgerten: Pauls verängstigte und umständliche Verzettelung, Pieters fromme und weichliche Selbsthingabe, seine gierige und feiste Art, so zu tun, als würde er sich alles, was er macht, als eine rührende Laune «genehmigen». Steht er auf, um Brot zu holen, dann hat man den Eindruck, daß er sich selbstgefällig ein Vergnügen genehmigt. Und wirklich, dieser dicke Mann leckt sich wie ein Kater. In dieser Hinsicht ist für mich sein Schmatzen beim Essen ebenso ein Zeichen dieser Hingabe wie irgendeine verabredete Handlung. Aber genug über Pieter. Ich wollte nur hervorheben, daß mir vor allem ihre moralische Atmosphäre mißfiel.

1 Genauer: *Castigat ridendo mores* (Lachend verbessert [die Komödie] die Sitten), Devise des Dichters Santeul.

Wenn ich eine abfällige Bemerkung über diese oder jene ihrer Verhaltensweisen machte, so deshalb, weil ich sie im Namen eines einfachen moralischen Prinzips rügen konnte. Aber im Grunde galt diese Rüge weniger ihrer besonderen läßlichen Verfehlung als vielmehr ihrer Existenz selbst, sie war das Symbol einer radikaleren Lüge, die ich ihnen nun doch nicht erteilen konnte und die sie gerade wegen ihrer Übertriebenheit gleichgültiger gelassen hätte als tausend besondere kleine Vorhaltungen. In erster Linie waren diese Rügen also schändliche kleine Freuden, die ich mir gönnte, und ich sah sie eher als Schwächen denn als Verdienste an. Dann kommt Mistler dazu, er hat Spaß an diesen Rügen, die im allgemeinen sehr komisch vorgetragen werden, lacht darüber und billigt überdies ihren Inhalt. Diese diskrete und amüsierte Bewunderung gibt mir nun das Gefühl, daß meine grotesken Reden ein substanzreiches Mark enthalten. Und ich würze das Groteske damit und füttere sie täglich mehr mit substanzreichem Mark. Nicht nur wenn Mistler da ist, sondern den ganzen Tag. Ich vergnüge mich damit, ihnen die Freiheit beizubringen. So daß meine Reden, die zuerst rein negativ waren und sich auf eine gemeinsame Moral bezogen, positive Belehrungen werden. Aber dafür werden sie immer gröber – eine Sache des ästhetischen Ebenmaßes. Diesmal ist die Haltung eindeutig: ich werde zum moralisierenden Hanswurst. Unnötig zu sagen, daß es mir völlig schnuppe ist, ob ich Paul von seiner Hörigkeit befreie. Nur die Attitüde gefiel mir; sie erlaubte es mir, meine Galle zu verspritzen, meine Ideen darzulegen, kernige Reden zu schwingen, eine Rolle zu spielen. Denn ich bin gesellig und Komödiant – hier wahrscheinlich aus Langeweile und aus dem Bedürfnis, einen Überschuß an Ungestüm zu verausgaben, anderswo, um den Zieraffen zu mimen, früher einfach, um in den Augen der anderen eine deutliche Gestalt widerzuspiegeln. Und dann war es, meine ich, auch eine Art, regelmäßige Beziehungen zu den Akoluthen zu unterhalten: da ich keinen Spaß an ihnen fand, mußte ich wohl oder übel meinen Spaß mit ihnen treiben, das heißt, ich spiele mit ihnen, wie Montaigne sagt; ich zog sie in eine Komödie hinein, die ich mir selber aufführte, unter dem Vorwand, sie für Mistler aufzuführen; ich sehe darin auch eine Art schamhafter Distanzierung, eine Art und Weise, nicht ohne Zeremonie mit ihnen zusammensein zu wollen, gerade weil wir ohne Zeremonie leben. Das sind keine Entschuldigungen, sondern Erklärungen. Freilich durfte man mich nicht dabei erwischen, tolerierbar war es nur in Form mutwilliger Gaukelei. Und an jenem 13. November habe ich mich dann ertappen lassen. Glücklicherweise hat mich meine prompte Fassungslosigkeit wieder zur Vernunft gebracht. Seither verteile ich meine Rügen wieder ungezielt und planlos. Ich glaube, so können sie mich besser ertragen; sie erklären sich diese Rügen lieber durch meine Aggressivität als durch meinen Bekehrungseifer.

Heute mittag esse ich in der *Ecrevisse* mit einem Jäger, der von der vordersten Linie kommt. Er sagt: «Die Deutschen liegen zweihundertfünfzig Meter entfernt. Man sieht sie sehr gut, in den ersten Tagen spielten sie im Gras, sie hatten Akkordeons und Mundharmonikas dabei. Aber vor acht Tagen hat einer unserer Marokkaner einen von ihnen erschossen, und seitdem kann man den Unterstand nicht mehr verlassen, ohne daß sie auf uns ballern.» Melancholisch schließt er: «Immer gibt es einen, der Mist macht, und die andern müssen's ausbaden», ein Satz, der hier in aller Munde ist, den ich gewöhnlich aber nur höre, wenn ein betrunkener Soldat Ärgernis erregt hat und der Besuch der Cafés verboten worden ist.

Ich wüßte gern das Durchschnittsalter der Mobilisierten in diesem Krieg. Ihre Zahl, die wohl sehr viel größer ist als zum Anfang des letzten Krieges, und die Tatsache, daß es «schwache Jahrgänge» gibt, lassen vermuten, daß dieses Durchschnittsalter höher ist als im Krieg von 1914. In unserer Division jedenfalls ist der Jahrgang 03 der stärkste, er macht zwei Drittel des Bestandes aus, das letzte Drittel bilden alle anderen Reservejahrgänge seit 1892. Und Paul, Jahrgang 09, ist der jüngste. Das Durchschnittsalter der Division läge demnach bei sechsunddreißig Jahren, mit der Unter- und Obergrenze 30 und 47. Allerdings gilt sie als eine Division von Alten. Nicht selten begegnet man Leuten, die schon «beim anderen» dabei waren. Der Postbote mit den dichten schwarzen Augenbrauen zum Beispiel.

Ich muß gestehen – wenn ich nur mich, einzig und allein mich in Betracht ziehe –, daß ich etwas enttäuscht wäre, wenn dieser Krieg in einem Monat ganz plötzlich enden würde. Jetzt, wo ich drinstecke, möchte ich gern, daß er seinen Höhepunkt erreicht (seinen Höhepunkt an Schurkerei und Schwindel), bevor er verschwindet.

Samstag, 18.
Am Vormittag Untersuchung der Eingezogenen. Im Saal einer Gaststätte mußten wir in Bierkrüge pissen. Die Akoluthen haben sich nackt ausgezogen. Ich auch. Über mich sage ich nichts, nur, daß ich den Eindruck hatte, *einen Rücken zu haben*, während ich vor sechs Soldaten, die an einem Tisch saßen und in Papieren wühlten, um eine ungezwungene Haltung bemüht war. Aber die Akoluthen haben mich überrascht: ohne Kleider waren sie nicht nackter als sonst auch. Pauls Hintern und die leichte Krümmung seiner Wirbelsäule haben mich nicht befremdet. Mir war, als würde ich sie schon immer kennen. Auch nicht der gewaltige Bauch, schalkhaft wie ein Lächeln, den Keller zur Schau trug, als wollte er sagen: «Das ist ein Faktum!», während der Oberstabsarzt seinen Gehilfen diktierte: «Fettleibigkeit, Fett-lei-big-keit.» Mir war, als hätte ich sie schon immer nackt gesehen. Ich denke, daß wir trotz dieser groben blauen Jacken und Hosen im Zustand völliger Nacktheit leben. Die Geschlechtsteile verliehen dieser manierlichen Versammlung einen Hauch von Melancholie. Runzlig, schlaff, verschämt, versuchten sie erfolglos, sich unter ihren Haaren zu verstecken. Der Oberstabsarzt befühlte sie mit eleganten Fingern und sagte: «Husten Sie.» Und ich habe den Satz von André Breton verstanden und ihm von ganzem Herzen zugestimmt: «Ich würde mich schämen, nackt vor eine Frau zu treten, wenn ich keine Erektion habe.» Darüber läßt sich nicht streiten, es ist keine Frage des Zartgefühls. Nach der Visite Spaziergang durch die Felder. Dabei mußte ich, ich weiß nicht, warum, an Doktor Fausts Spaziergang denken, als er dem Pudel begegnet. Ich ging voraus, die Akoluthen folgten. Leichtes Ekelgefühl, weil ich so viele Ruten gesehen hatte. Aber was ist daran ekelhaft? Es war sexuell, denke ich. Eine Art, mich als Heterosexueller aufzuwerfen. Vielleicht klage ich mich ja zu Unrecht an, jedenfalls war es leicht und spontan. Mag sein, daß auch der Geruch des Urins mitspielte. Der von Paul riecht säuerlich, das war mir bereits aufgefallen. Er selbst ist fahl und grau, aber seine Körpersäfte sind scharf.

Montag, 20.
Den ganzen Vormittag haben Hang und Unterfeldwebel Naudin sich gegenseitig vorgeworfen, daß sie nicht an der Front sind, und einander Drückeberger geschimpft.

Cassou, *48*[1]: Über die Stimmung vor 48 sprechend: «Was hier von Anfang an berücksichtigt werden muß, ist der Glaube, der religiöse Akt. Durch einen religiösen Akt trennt sich der Mensch von seinen Glaubensvorstellungen, seinen Religionen, um sich mit *der* Religion zufriedenzugeben, derjenigen, mit deren Hilfe er sich selbst als Gattung offenbart, als ‹kosmischer Mensch›, wie der Lyoner Mystiker Ballanche[2] sagte, oder als ‹kollektives Wesen›, wie Saint-Simon sagte. ‹Der Mensch›, sagten die Saint-Simonisten, ‹ist ein religiöses Wesen, das sich entwickelt. Die Menschheit hat eine religiöse Zukunft.› ... ‹Das Interesse der menschlichen Gattung› (verkündet Lamartine) ‹hängt an der menschlichen Gattung selbst.›»

Genau das ist die Grundlage des Humanismus: der Mensch, der sich als *Gattung* ansieht. Und eben diese Herabsetzung der menschlichen Natur verurteile ich. Eine Gattung, deren Schicksal darin besteht, die Welt zu erobern und einzurichten: der kosmische Mensch, wie Ballanche sagt. Ihm gegenüber diejenigen, die den Menschen definieren, indem sie die Bräuche, die ihnen genehm sind, für Merkmale seiner Natur halten. Der Mensch wird immer Krieg führen. Die Ungleichheit ist das Gesetz der Natur usw. Maurras und sein experimenteller Pseudopositivismus. Das geistert schließlich verworren in allen politischen Bewußtseinen herum: der Mensch als biologische Gattung mit seinem Gattungsschicksal – der Mensch als positive Realität, die nach den Erfahrungen zu bestimmen ist. Nichts zeigt besser, wie dringlich ein Unterfangen wie das Heideggers ist, und seine *politische* Bedeutung: die menschliche Natur als synthetische Struktur zu bestimmen, als mit Wesenheit ausgestattete Totalität. Sicher war es zu Descartes' Zeiten dringlich, den Geist mit Hilfe von Methoden zu definieren, die dem Geist selbst eignen. Doch damit isolierte man ihn auch. Und alle späteren Versuche, den vollständigen Menschen zu konstituieren, indem man dem Geist etwas hinzufügte, waren zum Scheitern verurteilt, weil sie nur Additionen waren. Die Methode Heideggers und derer, die möglicherweise nach ihm kommen, ist im Grunde dieselbe wie die von Descartes: die menschliche Natur mit Methoden zu befragen, die der menschlichen Natur selber eignen; zu wissen, daß die menschliche Natur sich bereits durch die Frage definiert, die sie über sich selbst formuliert. Nur setzen wir damit nicht

1 Jean Cassou, *Quarante-huit*, war gerade bei Gallimard, Paris 1939 erschienen.
2 Pierre Simon Ballanche (1776–1847).

den Geist, nicht den Körper, nicht das Psychische, nicht die Geschichtlichkeit, nicht das Gesellschaftliche oder das Kulturelle, sondern die *conditio humana* als unteilbare Einheit, als Gegenstand unseres Fragens. Der Irrtum des Idealismus ist es, zuerst den Geist zu setzen. Der Irrtum des Materialismus und aller Naturalismen ist es, den Menschen zu einem Naturwesen zu machen. Die Religion des Menschen, aufgefaßt als natürliche Gattung: der Irrtum von 48, der schwerste Irrtum, der humanitäre Irrtum. Dagegen die menschliche-Realität, die *conditio humana* begründen, das In-der-Welt-sein des Menschen und sein In-Situation-sein. Die Idee einer menschlichen Gattung hat unglaubliche Schäden angerichtet, da sogar der Castor eines Tages in einem Gespräch merkt, daß sie zwei Fixpunkte in der unendlichen Reihe der Zeit hat: das Auftauchen der menschlichen Gattung in der Vergangenheit – in der Zukunft das Verschwinden der menschlichen Gattung. Mein Unbehagen angesichts der großen wissenschaftlichen und romanhaften Antizipationen: Erlöschen der Sonne, Zusammenstoß der Erde mit einem Kometen usw. Für mich besagt das gar nichts, und es ist *langweilig*.

Pieter hat Durchfall. Er macht große unglückliche Augen, wenn ich ihn ansehe. Er giert danach, bedauert zu werden. Ich versage ihm dieses Vergnügen.

Brief von Paulhan: «Hauptmann Marchat verhört Alain, sehr höflich, bei ihm zu Hause.[1] ‹Als ich auf dem Manifest das Wort *Frieden* sah›, sagt Alain, ‹habe ich unterschrieben, ohne das übrige zu lesen.›»

Noch nie ist der Krieg ungreifbarer gewesen als in diesen Tagen. Er fehlt mir, denn wenn er nicht existiert, was treibe ich dann hier?

Eine Verordnung, die im *Officiel* erschienen ist, führt unauffällig Konzentrationslager in Frankreich ein. Beamte können ohne Urteil abgesetzt werden.[2] Bravo! Aber was soll ich verteidigen, wenn nicht einmal mehr die Freiheit?

1 Alain stand wie Jean Giono unter Anklage, weil er das Flugblatt des Pazifisten Louis Lecoin unterzeichnet hatte, das im September 1939 verbreitet worden war. Dieses Flugblatt mit der Überschrift *Sofort Frieden!* behauptete, daß keine der kriegführenden Parteien den Krieg wünsche, und rief die Armeen auf, die Waffen niederzulegen. Vgl. Heft I, S. 36, Fußnote 2.

2 Im *Journal officiel* vom 19. November erschienen zwei Dekrete. Das erste sah

Einen dämlichen Brief an Paulhan geschrieben, den ich nicht abschicke. Ich kopiere ihn hier aus Selbstkasteiung (und weil ich ihn für geistreich halte):

«Im Augenblick bin ich in einem kleinen Dorf einquartiert, wo ich an meinem Roman arbeite: ich bin völlig frei und vollkommen allein: es ist eine Ruhestätte. Wenn die Deutschen schießen würden, würde mich das vielleicht stören; aber wenn die Deutschen schießen würden, wäre es ein anderer Krieg (und Sartre ein anderer Sartre, wie Vaudal[1] sagen würde). Dieser hier ähnelt der Oustric-Affäre[2] und der Philosophie von Herrn Brunschvicg[3]. Das gereicht ihm zwar nicht zur Ehre, aber jede Epoche hat den Krieg, den sie verdient. Um so besser. Mit dem lebhaftesten Interesse habe ich erfahren, daß Petitjean verwundet worden ist. Ich hätte mir nicht vorstellen können, daß es anders wäre. Denn sonst wäre Petitjean ein anderer Petitjean. Wenn man sich übrigens die Zahl der täglich Verwundeten vor Augen hält, kann man sagen, daß es ein wahres Glück ist, und das bestätigt mich in meinem Glauben an das Schicksal.[4]

Ich habe mich sehr über die *Nouvelle Revue française* gefreut, die Sie mir freundlicherweise schickten. Doch mit welcher Verblüffung habe ich die Chronik von Caërdal gelesen. Gibt es denn niemanden, der Herrn Suarès die Augen öffnen kann? Dieser Krieg ist wirklich zu klein und zu technisch für solche Verwünschungen – und so naiv. Auch ich bin in Rothenburg gewesen, und ich hatte nicht den Ein-

vor, «die für die nationale Verteidigung oder die öffentliche Sicherheit gefährlichen Individuen können, wenn nötig, gezwungen werden, in einem durch Entscheidung des Ministers für Nationale Verteidigung und des Krieges sowie den Innenminister zu bestimmenden Zentrum zu wohnen»; es richtete sich in der Hauptsache gegen Bürger feindlicher Staaten; das zweite Dekret hob für die Dauer der Feindseligkeiten die Garantien für Beamte auf.

1 Anspielung auf den Satz aus der Kritik von *Die Wand* durch Jean Vaudal in der *N. R. F.* vom Oktober 1939: «Und wenn (Ibbieta) nun nicht gelacht hätte? Dann wäre er, wie kann man daran zweifeln, ein anderer Ibbieta, und *Die Wand* eine andere Erzählung, und Sartre ein anderer Sartre.»

2 Finanzskandal unter der Dritten Republik (1929).

3 Dieser Vergleich wird im Heft I, S. 149 erklärt.

4 Für Jean Paulhan sind Sartre und Petitjean zwei Schriftsteller mit Zukunft. Im August 1938 schrieb er Roger Caillois: «Ich sähe es gern, wenn sich in der N. R. F. eine Art Rat bilden würde: Sartre, Petitjean und Sie.» Sartre zeigt hier ein eigenartiges Gefühl brüderlicher Rivalität gegenüber Petitjean, woraus man schließen kann, daß Paulhan für ihn zu dieser Zeit eine Vaterfigur ist.

druck, daß die kleinen Kinder über mich spotteten: das hängt wohl von den Leuten ab.»[1]

Ein absurder, unsympathischer Brief. Zunächst ist er nicht schlicht. Sobald ich mich in Positur setze, um Paulhan zu antworten, verliere ich jede Schlichtheit, wahrscheinlich davon beeinflußt, daß ich bei ihm als bösartiger Mensch verschrien bin, was ich nicht verdiene. Ich versuche, mit Höflichkeit kurz und bündig zu sein. Außerdem spiele ich das für die *N. R. F.* so typische Spiel des «falschen Vertrauens zum Leser». Darunter verstehe ich: ich bin davon überzeugt, daß Paulhan auf den ersten Blick nicht verstehen kann, warum ich den Krieg mit Brunschvicgs Philosophie vergleiche. Es bedürfte einiger erklärender Worte. Aber eben die schreibe ich nicht. Ich schenke ihm falsches Vertrauen, in der Überzeugung, daß er etwas verstehen wird, irgend etwas – denn es ist ausgemacht, daß man bei der *N. R. F.* immer etwas versteht –, und daß er sogar mehrere miteinander unvereinbare Erklärungen gleichzeitig annehmen wird. Und diese Interpretationen, die ich ahne, ohne sie zu kennen, verleihen meinem Satz, während ich ihn schreibe, eine ergötzliche Tiefe und Fremdartigkeit in meinen eigenen Augen. Man verallgemeinere das System des falschen Vertrauens, dehne es auf alle möglichen Leser aus, und man hat das Verfahren zur Herstellung der kritischen Notizen, die in der *N. R. F.* stehen. Außerdem war ich verärgert, weil mir Paulhan in allen seinen Briefen etwas von Petitjean erzählt: im ersten teilte er mir mit, daß sein Regiment harten Prüfungen ausgesetzt war; und im zweiten nun läßt er mich wissen, daß Petitjean verwundet ist. Er ist der Held der *N. R. F.* Nicht, daß ich ihn beneide oder auf seinen Ruhm

1 Sartre ist nicht der einzige eingezogene Leser der *N. R. F.*, der sich über die Chroniken von André Suarès ärgert. Am 16. November schrieb Jean Grenier an Paulhan: «Was Suarès sagt, ist ohne Zweifel richtig; der Ausdruck ist dumm und legt nahe, ein Dummkopf schreibt.» In einem Ton prophetischen Zorns beschimpft Suarès Hitler, das Tier der Apokalypse, und alle Deutschen, große wie kleine, «Volk von Schakalen und Tigern». Grenier, Sartre und viele andere empfinden die Chroniken von Caërdal als «Gehirnwäsche» – die um so unangebrachter ist, als man nicht kämpft. Paulhan – der diese Ansicht nicht teilt – wird schließlich Suarès über die Proteste der Leser der Zeitschrift informieren: «Darf ich Ihnen verheimlichen ... was mir insbesondere *alle* unsere Freunde von der Front schreiben; und erst gestern wieder sagten es mir drei Briefe erneut: man wünscht, daß Sie weniger vom Krieg und von Hitler sprechen ...» (Cahiers Jean Paulhan, Gallimard, Paris 1987, Brief vom 22. November 1939).

eifersüchtig bin. Aber ich habe Paulhan in Verdacht, in jedem seiner Briefe eine diskrete Parallele zu ziehen, um mich in Atem zu halten. Und dann bin ich mir nicht sicher, ob sein «Leiden Sie unter dem Schlamm und unter der Kälte?» nicht ironisch gemeint ist. Also betone ich die Harmlosigkeit des Krieges, um einen Zynismus zur Schau zu tragen, der meine einzige Verteidigung ist.

Aber mehr noch. Ich fühle, daß in mir Rechte keimen, die ich ersticken will. Es sind neue Rechte. Die Rechte des Frontsoldaten. Sagen wir bescheidener, die Rechte des Eingezogenen. Es gibt zweierlei – widersprüchliche – Rechte Eingezogener. Die ersten, von denen ich niemals infiziert sein werde, sind roh: von den Zivilisten Bewunderung und Dankbarkeit fordern, sich wichtig und heldenhaft fühlen. Jener Soldat, der *vor* dem Krieg, am 15. August, aus dem Urlaub zurückberufen, die Füße auf die Bank des Waggons legte und sagte: «Wir gehen und lassen uns töten.» Sich von anderer Wesensart fühlen als die Zivilisten und ihnen das Recht absprechen, vom Krieg zu reden, sei es, um Gutes oder Schlechtes über ihn zu sagen, weil nur diejenigen, die ihn machen, über ihn reden können. Aber die anderen Rechte, diejenigen, die mich bedrohen, sind heimtückischer: da es *mein* Krieg ist, habe ich das Recht, ihn madig zu machen. Mögen andere ihn schrecklich finden – diejenigen, die ihn nicht machen –, ich habe das Recht, in sehr einfachem Ton zu sagen: Aber nein, es ist nicht der Rede wert. Und ich erkenne jene Taktik wieder, von der ich aus Anlaß meiner politischen Haltung gesprochen habe, oder, besser, ich sehe die List meines Hochmuts sprießen, die ich folgendermaßen nannte: mich auf die Seite der Schwachen gegen die Starken stellen, zu denen ich natürlicherweise gehören sollte, auf die Seite der Frau gegen den Ehemann, des Kindes gegen die Eltern, der Schüler gegen die Lehrer. Schon spüre ich, wie in mir – aus Abscheu, zu einer neuen Elite mit besonderen Rechten zu gehören, zur Elite der «Eingezogenen» – die Neigung wächst, mich mit den Zivilisten gegen die Frontsoldaten zu verbünden, wie um ihnen zu sagen: «Aber nein, redet euch doch nichts ein. Es ist gar nicht schlimm. Ihr habt keinerlei Pflicht uns gegenüber usw.» Das wäre zwar nicht sehr unsympathisch, wenn ich wirklich ein Frontkämpfer wäre. Aber das bin ich nicht: nur Eingezogener. Und ich weiß genau, wenn ich kämpfen würde, wäre das Ergebnis, daß ich in dieser Neigung schwelgen würde. Aber da ich nicht kämpfe, sollte ich über dieses Thema schweigen.

Dienstag, 21.

Dank Cassou begreife ich die eigene Logik und die dialektischen Entwicklungen dieser Menschheitsidee, deren Erscheinen er um die Mitte der Julimonarchie ansiedelt. Der analytische Geist des 18. Jahrhunderts löst die Gemeinschaften in Individuen auf. Die Französische Revolution ist eine analytische und kritische Revolution, insofern sie die Gesellschaft als einen Vertrag zwischen *Individuen* auffaßt. Der Geist der Synthese erscheint von neuem mit Maistre und Bonald. Er steht dem kritischen Geist insofern entgegen, als er behauptet, daß die Analyse zerstöre, was sie zergliedert. Zum Beispiel wird der Geist der Analyse in einem König einen Menschen sehen, der auf einem Thron sitzt. Der konservative Geist wird ihm antworten, daß er durch diese Analyse eben das zerstöre, was den König ausmacht: das Königtum. Der theoretische Sieg des Geistes der Synthese über den Geist der Analyse drückt sich in der Politik durch einen Sieg des konservativen Denkens über das revolutionäre Denken aus. Die Gesellschaft wird zu einer Hierarchie unzerlegbarer Formen. Wenn die revolutionäre Kraft die monarchischen Institutionen umzustürzen vermochte, so zunächst deshalb, weil der analytische Geist sie bereits aufgelöst hatte, indem er ihren Sinn zerstörte. Denn eine Institution auf ihre Elemente reduzieren heißt ihren Sinn verfehlen, der in ihrer unauflösbaren Totalität liegt. Unter dem Einfluß dieser offiziellen Lehren kommt es bei den Reformern und Revolutionären zu einer Trennung zwischen dem Geist der Analyse und dem Geist der Revolution. Die *Anlässe*, die Gesellschaftsstruktur zu verändern, bleiben und verstärken sich, aber es gilt, die Motive zu verändern. Der Geist der Analyse wird vernichtet, und was von ihm übrigbleibt, wird von alten liberalen Voltairianern vereinnahmt. Vom Geist der Synthese fordert dann die neue Opposition, ihr die Motive zu liefern. Die Konservativen benutzen den Geist der Synthese, wenn sie erklären, daß ein Ganzes nicht auf seine Teile zurückführbar ist – daß sich daher die Gesellschaft nicht auf die Individuen zurückführen läßt. Der Revolutionär wird also nicht mehr, wie 1789, daran denken, sich auf die Rechte des Individuums zu berufen. Er entsagt dieser veralteten analytischen *Weltanschauung*[1], deren Werkzeug stumpf geworden ist. Er wird aufhören, dem Ganzen seine Teile, der Gesellschaft ihre Individuen entgegenzuhalten. Er wird im

1 Deutsch im Original.

Gegenteil eine größere Synthese anstreben, die die diversen Gesellschaften in sich einschließt, so daß er jeder von ihnen vorwerfen kann, sich gegen diese Totalität aufzulehnen, so wie die Konservativen den Individuen vorwerfen, sich gegen die kollektive Totalität aufzulehnen. Das synthetische Objekt ist bald gefunden: die Menschheit. Aber ebendieser Ausdruck «Menschheit» kann viele Bedeutungen haben. Die moderne Bedeutung: die *conditio humana* jedes einzelnen Individuums, ist noch nicht enthüllt. Infolgedessen ist die Menschheit zwangsläufig die historische Totalität der Menschen, die gelebt haben, leben und leben werden. Was es dem Revolutionär wie dem Reformisten gestattet, der monarchistischen oder nationalen Tradition eine menschliche Tradition entgegenzusetzen. Aber sobald diese Menschheit benannt und als Totalität gedacht wird, transzendiert sie schon ihre Geschichte. Geschichte gibt es nur *innerhalb* der Menschheit. Auch hier konnte sich noch ein Tor zur *conditio humana* öffnen. Aber der synthetische Geist von 48 ist daran vorbeigegangen. Der einzige die Geschichte transzendierende Begriff, den er fand, ist die *Gattung*. Und diesen Begriff liefert ihm die Biologie. Notwendig geht er mit der komplementären Idee des Erdballs einher, da eine Gattung der Bedingtheit durch ihre Umwelt unterliegt. Es handelt sich hier also um eine doppelte Herabsetzung: die der *conditio humana* zur menschlichen Gattung und die der Welt zum Erdball. Paradox, obwohl ziemlich geläufig ist jedoch, daß die herabgesetzten Begriffe noch gar nicht erahnt worden sind. Die Herabsetzung geht historisch den Begriffen voraus, die sie herabsetzt. Das Unauthentische zeigt sich vor der Authentizität. Durch die Idee der Gattung wird der Mensch aus sich herausgeworfen, nicht *in* die Welt im Heideggerschen Sinn, sondern in die Umwelt der Welt oder, genauer, auf die Erde. Und seine innige Verbindung mit der Welt wird zwar erahnt, aber in der herabgesetzten Form einer Symbiose mit der Erde und dem physikalischen Universum. In diesem Sinne kann Ballanche durchaus vom «kosmischen Menschen» sprechen, aber man sieht, was das bedeutet: die Idee einer kosmischen *Fauna* – das ist die Idee des In-der Welt-seins. Daher die Formulierung: «irdisches Los des Menschen». Daher das Auftauchen – an diesem Scharnier – der Idee der *Arbeit* oder der Einwirkung des Menschen auf die Erde. Idee der Saint-Simonisten: die Ausbeutung des Menschen durch den Menschen muß ersetzt werden durch die Ausbeutung des Erdballs durch die Menschheit.

Corbon[1] schreibt: «Das Bezeichnendste an den Phänomenen des Lebens ... ist die allmähliche Herausbildung des Arbeitsgeräts sowie die allmähliche Zunahme des menschlichen Einwirkens auf die Welt.» Man sieht hier, daß die Arbeit und die Schaffung von Werkzeugen als Phänomene des Lebens gegeben werden. Aber nicht des Lebens der Individuen: des Lebens der Gattung. Und Renan: «Das große Reich des Geistes wird erst dann anbrechen, wenn die materielle Welt dem Menschen ganz unterworfen sein wird.»[2] Daher die Würde der *Arbeit*, durch die sich die menschliche Gattung täglich besser und mehr des Universums bemächtigt. Daher die Heiligkeit der Arbeit: «O Arbeit, heiliges Gesetz der Welt», Lamartine (*Jocelyn*).

Warum *Heiligkeit*? Weil die Idee der menschlichen Gattung zwei Seiten hat: einen biologischen Aspekt und einen religiösen Aspekt. Für den Menschen ist sie eine Religion, weil jedes Individuum ein «kollektives Wesen» ist (Saint-Simon) und weil es immer in einem «Winkel der menschlichen Gattung» lebt (Blanqui). Für ihn ist die Menschheit eine leibliche und geistige Umwelt. Er ist stets nur *vermittels* dieser Menschheit auf der Welt. Die privilegierte Gattung ist absolut und Selbstzweck. Zu Recht betont Cassou diesen Aspekt des Humanitarismus: «Durch einen religiösen Akt trennt sich der Mensch von seinen Glaubensvorstellungen, seinen Religionen, um sich mit *der* Religion zufriedenzugeben, derjenigen, mit deren Hilfe er sich selbst als Gattung offenbart ...» (Cassou). Der Saint-Simonismus und der Positivismus sind Religionen: «Die Menschheit hat eine religiöse Zukunft» (Saint-Simon). Aber diese Religionen sind herabgesetzt wie alles übrige, da ihr Gegenstand eine *Gattung* ist. Es handelt sich hier gleichsam um einen Rassismus der Menschheit.

Zur Abwehr dieser Fetischisierung [*chosisme*] dient der zweite Aspekt der Gattungsidee, ihr biologischer Aspekt. Die Entdeckung des Jahrhunderts ist, daß die Gattungen sich *entwickeln*. Ballanche verwendet als erster diesen Ausdruck. Der menschliche Fortschritt findet seine Quelle in den dumpfesten und organischsten Kräften der

1 Claude Anthime Corbon, Druckereiarbeiter, Redakteur von *L'Atelier*, Monatszeitschrift religiöser und sozialistischer Tendenz. Er war Vize-Präsident der Konstituierenden Versammlung von 1848.

2 Ernest Renan, *L'Avenir de la Science, pensées de 1848*. Zitiert in *Achtundvierzig* von Jean Cassou.

Gattung, er stützt sich auf die Deszendenztheorie. Die menschliche Gattung ist nicht mehr arm und statisch wie zur Zeit Linnés, nun trägt sie eine undifferenzierte, noch unkenntliche, jedoch sehr reiche Zukunft in sich. Wir gewinnen also damit jene anbetungswürdige Undifferenziertheit des Gottes der Mystiker zurück, die wir durch die Herabwürdigung und Unauthentizität der ursprünglichen Begriffe verloren hatten. Gleichzeitig werden Fetischisierung und Götzendienst vermieden: man betet die Menschheit an, aber die Menschheit *ist* nicht, sie wird. Damit steht sie übrigens nur noch in größerem Gegensatz zu den gegenwärtigen Gesellschaften mit ihren politischen Systemen, die einfach *sind*. Wie Cassou sagt: «Nunmehr ist die Zukunft die Substanz, in der wir sind, leben und uns bewegen.»

Daher die letzte dialektische Gestalt der Idee der menschlichen Gattung: der Kult der Frau als universeller Gebärmutter, als Symbol der Fruchtbarkeit. Durch die Frau ist uns die Zukunft der Menschheit sicher.

So verwandelt sich die synthetische Idee der Totalität der Menschen durch ihre eigene Dialektik in die Idee der biologischen Gattung, die ihre Geschichte transzendiert. Diese Idee erfordert die komplementäre Idee der «irdischen Umwelt», die sich in ein «zu eroberndes Universum» verwandelt. Diese Idee der Eroberung des Erdballs als dem Menschlichen eigentümliche Mission findet sich in der Antiphysis von Comte und Marx wieder, sie verleiht der *Arbeit* eine Würde, die sich in der marxistischen Definition des Wertes wiederfindet. Doch die Evolutionsidee, die sich der Gattungsidee zugesellt, bekämpft die dem Begriff der «menschlichen Art» eigentümliche Tendenz, zu verarmen und zu erstarren. Und dem im Schoß der menschlichen Substanz wie der Mensch Spinozas in seinem unendlichen Gott verlorenen Individuum fällt es nicht schwer, dieses synthetische Ganze, zu dem es gehört, anzubeten.

Die Lehre läßt sich nicht halten. Aber immerhin hat sie uns geprägt. Der Humanitarismus hat unseren Humanismus geboren. Auch Gide ist davon geprägt. Demnächst werde ich hier einige merkwürdige humanitäre Stellen aus seinem Tagebuch abschreiben, wo er sagt, daß Gott in der Zukunft ist.[1] Wenn man heute nach politischen

1 So am 30. Januar 1916: «Gott liegt nicht hinter uns. Er ist ein zu kommender. Nicht am Anfang, am Ende der Evolution der Wesen muß man ihn suchen. Er ist Endpunkt und nicht Ausgangspunkt. Er ist der letzte und höchste Punkt, zu dem

Prinzipien sucht, hat man im Grunde nur die Wahl zwischen vier Auffassungen vom Menschen. Der engen konservativen synthetischen Auffassung: A. F.[1] zum Beispiel – der verjüngten engen synthetischen Auffassung: Rassismus, Marxismus – der weiten synthetischen Auffassung: Humanitarismus – der analytischen Auffassung: anarchischer Individualismus. Aber nirgendwo findet man einen Bezug auf die *conditio humana*, die sich nach der individuellen «menschlichen-Realität» bestimmt.

Wir haben hier einen enormen Verbrauch an Zeitungen (zum Verdunkeln der Fenster, fürs Klo usw.), aber wir benutzen nie die Zeitung vom Tage. Keller verbietet es. Obwohl sie schon mittags von jedem gelesen, noch mal gelesen und kommentiert worden ist – und im übrigen jeder zugegeben hat, daß nichts drinsteht –, reißt er sie uns entrüstet aus der Hand, sobald wir uns anschicken, sie wegzunehmen. «Die nicht, die ist von heute.» Er verlangt, daß jede Zeitung ein Praktikum von geheimnisvoller und im übrigen variabler Dauer im Klassenzimmer macht. Am Ende dieses Praktikums wird die Zeitung als molsch betrachtet, ihrer Eigenschaft als Zeitung verlustig und in den Rang von Papier gesunken. Herabwürdigender Einfluß der reinen Dauer und Altern.

Keller ist weder ängstlich noch Poet. Wenn er in der Schule Wache hat, schläft er nicht wie wir andern auf dem Strohsack, sondern bleibt die ganze Nacht auf. Wir haben nicht herausfinden können, warum. Wenn man ihn am nächsten Morgen fragt: «Was hast du gemacht?», antwortet er: «Na ja, bis Mitternacht hab ich Zeitung gelesen. Um drei Uhr hab ich gefressen. Um vier hab ich geschissen.» – «Aber warum bleibst du auf?» Er gerät in Verwirrung und weiß nicht, was er sagen soll, oder er sagt: «Oh, jetzt ist's hell ...» Danach ist er den ganzen Tag stumpf, schläft ruckweise an seinem Platz ein und stört die Stille mit klagenden Schnarchtönen.

die gesamte Natur in der Zeit strebt.» Siehe auch S. 725, Blätter von 1921 (Bibliothèque de la Pléiade).

1 Die Action française war eine royalistische Bewegung mit «integralem Nationalismus», die von Charles Maurras inspiriert war.

Herbst

Die Blätter fallen, wir werden fallen wie sie
Die Blätter sterben, weil Gott es will
Wir aber werden fallen, weil die Engländer es wollen
Im nächsten Frühling wird keiner sich mehr erinnern,
nicht an die toten Blätter und nicht an die gefallenen
Soldaten, das Leben geht über unsere Gräber hinweg.

Dieser Text ist auf ein blattförmig gezacktes Stück Papier gedruckt, mit Adern und von einer schönen Rostfarbe. Es ist ein Flugblatt, das deutsche Flugzeuge zweihundert Meter von hier abgeworfen haben und das ein Bauer aufgelesen hat. Er hat es uns gebracht, es geht von Hand zu Hand. Unter dem Text ein Totenkopf mit einem Helm.

Pieter beklagt sich, daß seine Frau anfängt, ihn einen Drückeberger zu schimpfen. Sie schreibt ihm wegen eines dringenden Geschäftsbriefs: «Schreib du ihm, du hast ja nichts zu tun. Ich habe keine Zeit.»

Mittwoch, 22.
In *48* von Cassou folgenden Satz gelesen: «Das exotische Blut der Flora Tristan und ihr abenteuerliches Schicksal sollten in jenem erhabenen Helden der Kunst und der Anarchie wiedererstehen, ihrem Enkel Paul Gauguin.» Unangenehmer Schock. Gegenüber Gauguin, van Gogh und Rimbaud habe ich einen ausgeprägten Minderwertigkeitskomplex, weil sie es verstanden haben, sich zu verlieren. Gauguin durch sein Exil, van Gogh durch seinen Wahnsinn und Rimbaud mehr als sie alle, weil er es verstanden hat, sogar auf das Schreiben zu verzichten. Ich denke immer mehr, wenn man zur Authentizität gelangen will, muß irgend etwas zusammenbrechen. Das ist im Grunde die Lehre, die Gide aus Dostojewski gezogen hat, das werde ich im zweiten Teil meines Romans zeigen. Aber ich habe mich vor den Zusammenbrüchen geschützt. Ich bin an meinen Wunsch zu schreiben gefesselt. Sogar im Krieg falle ich wieder auf die Füße, weil ich sofort aufschreiben will, was ich fühle und sehe. Wenn ich mich in Frage stelle, so deshalb, um die Ergebnisse dieser Prüfung aufzuschreiben, und ich merke, daß ich nur davon *träume*, meinen Wunsch zu schreiben in Frage zu stellen, denn wenn ich wirklich, und sei es nur für eine

Stunde, versuchen würde, ihn aufzuschieben, ihn auszuklammern, dann würde jeder Grund, irgend etwas in Frage zu stellen, in sich zusammenbrechen. Ich sehe deutlich, daß darin eine für die anderen (für Wanda, für die Mondfrau[1] beispielsweise) sehr irritierende Selbstsicherheit liegt, denn sie rührt trotz allem daher, daß ich etwas in mir *intakt* lasse, aus Gemeinheit.

Eine Geschichte von Naudin: Ein deutscher Offizier ist auf der anderen Seite des Rheins zu sehen, er schaut mit einem Feldstecher nach Frankreich herüber. Ein französischer Leutnant befielt einem Mann, ihn abzuknallen. Der Mann weigert sich. «Warum?» – «Er ist ein Mensch. Er hat mir nichts getan. Ich will einem Menschen nicht das Leben nehmen.» Der Offizier befiehlt es einem zweiten Soldaten (es waren nur zwei bei ihm), der sich ebenfalls weigert. Daraufhin sagt er zu ihnen: «Dann schießt eben alle beide, so wißt ihr nicht, wer von euch ihn umgelegt hat.» Sie schießen, und der Offizier fällt.

Um mich an der Wahrheit dieser Geschichte zweifeln zu lassen, genügt es, daß Naudin sie erzählt. Tatsache jedoch ist, daß er sie erzählt und ohne die geringste Entrüstung: wie etwas ganz Natürliches. Tatsache ist, daß *man* sie erzählt. Denn er hat sie bestimmt von jemandem, der sie von jemandem hat, usw. Die Reaktion des Feldwebels ist ganz anders (Kriegsbestie): «Na, die zwei Männer haben aber Glück gehabt. Wenn es nach mir gegangen wäre, hätte ich ihnen zwölf Kugeln verpaßt, und die hätten sie verdient.» Gereizt erkläre ich ihm, daß vereinzelte Erschießungen sinnlos sind und uns ohne jeden Nutzen Menschen kosten. Sofort kneift er, weil er Respekt vor der Bildung hat, und entwickelt das *Neben*thema: «Die Batterien dürfen nicht ohne Befehl schießen, weil man sie am Geräusch orten kann.» Und um seine Selbstsicherheit auf dem Boden der Bildung wiederzugewinnen, wo er sie verloren hat, erklärt er mit Kreide an der Tafel die Prinzipien der Ortung durch Geräusche.

Im übrigen hat Naudin einen komischen Pessimismus im Detail, der einem kindischen Wesen entspringt, einem unbewußten Schmollen gegen den Krieg, dem Wunsch, diesen ungreifbaren Krieg irgendwo zu packen, seine Untätigkeit durch Mythen zu retten, und schließlich der greinenden Wichtigtuerei eines Bauern. Es genügt ihm nicht, daß die

1 Vgl. Heft I, S. 47, Fußnote 2.

deutschen Flieger gestern Flugblätter abgeworfen haben, er will, daß sie die Gegend auch mit Füllfederhaltern überschüttet haben, die explodieren, wenn man sie anfaßt. Vergeblich erklärt man ihm, daß sie doch wohl nicht Friedenspropaganda machen und sie *gleichzeitig* durch «Greueltaten» in Verruf bringen. Er verstummt am Ende, von den Stimmen bezwungen, nicht von den Gründen. Er pflegt seinen Pessimismus schweigend weiter. Schließlich verläßt er türschlagend den Raum, und der Feldwebel deutet wichtigtuerisch und betrübt auf die Tür, die sich soeben geschlossen hat: «So einer wäre verheerend für die Moral einer Batterie. Ein Vorgesetzter, ein wirklicher Vorgesetzter ...» Die Tür öffnet sich wieder, Naudin kommt zurück, und der Feldwebel wird niemals sagen, was ein wirklicher Vorgesetzter zu tun hat: er zappelt, und ich sehe, daß dieser verschluckte Satz ihn innerlich peinigt.

Diese versteckten Revolten von Naudin sind höchst interessant. Er ist ein *verhinderter* Aufrührer. Der Neid bohrt an ihm und macht ihn bitter: als rekrutierter Bauer beneidet er die Arbeiter, die in der Fabrik geblieben sind oder dorthin zurückkehren, als Feldwebel der Reserve beneidet er die Berufsunteroffiziere, die einen Sold bekommen, er beneidet auch die Beamten, die noch ihre Bezüge erhalten. Doch diese Unzufriedenheit wird es nie bis zur Revolte bringen, weil zu viele Faktoren sie bremsen und zersplittern: Katholizismus, wohlgesinnter Konformismus, Dummheit, Gedankenlosigkeit, Unmöglichkeit, seine Ärgernisse zusammenzufassen und zu einem Strauß zu binden, Minderwertigkeitskomplex gegenüber der Bildung. Und außerdem – er «hat einen guten Kern». Aber es braucht nur ein faschistischer Schönredner zu kommen, seine lokalen Ressentiments unter der Fahne der guten Gesinnung zu vereinen, und Naudin spurt. Bis zum Ende? Ich weiß es nicht, denn er ist ein Feigling. Aber spuren wird er.

Zu Beginn des Krieges sagte Naudin: «Ich bin dreimal eingezogen worden: im September 38, im März und im August 39. Ich hab die Schnauze voll, so kann das nicht weitergehen, und ich will's bis zu Ende erleben, mir wär's lieber, wenn es mal tüchtig kracht und daß man dann seine Ruhe hat.» Drei Monate sind vergangen. Eine herbe Enttäuschung war für ihn der Unteroffizierssold. Jetzt sagt er zwischen seinen Anfällen von Heldenmut grimmig: «Ich will bloß heil nach Hause kommen, und zwar so schnell wie möglich.» Davon abgesehen ist er ein großer kräftiger Kerl, dessen Körper Lebensglück ausstrahlt. Er ist 29 Jahre alt, ein hübscher Bursche mit roten Wangen, einer angenehmen Stimme. Pieter sagt, daß er in seinem Dorf wahrscheinlich der Hahn im Korb ist. Kräftige Muskeln, aber schon ein wenig Bauch. Grübchen im Kinn, alles, was nicht rot ist wie die Backen, ist stahlblau wegen des dichten Barts. Er wirkt komisch und schnuppert wie ein junger Hund, auch ein bißchen ein Luftikus, ein Herzensbrecher.

Im zivilen Leben stellt Keller jeden Abend eine Leiter an die Fassade seines Hauses, schließt zwei Drähte an die Hauptstromleitung an und hat auf diese Weise Licht, ohne daß es über den Zähler läuft. Bei Tagesanbruch nimmt er wieder seine Leiter und entfernt die Drähte. Später, nach dem Krieg, will er ein Grundstück kaufen und bauen. Aber er wird in seinem Haus kein Gas haben, denn beim Gas sind solche Ersparnisse unmöglich. Er wird einen elektrischen Herd haben und ihn mit demselben Verfahren speisen. «Das ist ein großer Vorteil der Vorstadt», sagt er zu Paul. «In Paris sind nämlich alle Leitungen in Stahlröhren.»

Donnerstag, 23.
In den evakuierten Regionen, nach Sarreguemines zu, haben die einquartierten Soldaten alles zerschlagen, in die Betten geschissen, die Schränke zerhackt. Aus diesem Anlaß notiere ich, daß die Franzosen «aus dem Inneren des Landes», obwohl sie von der elsässischen Bevölkerung mit offenen Armen empfangen, von den Bürgern kostenlos beherbergt, von den Mädchen angehimmelt und von den Kindern umjubelt werden, die Elsässer streng tadeln. Es kommt vor, daß sie bei elsässischem Wein und Sauerkraut jammern: «Was wollt ihr», sagte neulich ein gebildeter Unteroffizier ernst, «diese Leute werden nie so sein wie wir. Ach», sagte er traurig, «1918 ist man zu sanft, viel zu sanft gewesen. Die Meinungen achten, das ist ja schön und gut, aber zuerst hätte man Franzosen aus ihnen machen müssen.» Viele Soldaten grämen sich, wenn sie die Kinder elsässisch sprechen hören. «Kein Wunder. Eine Stunde Französisch pro Woche in ihren Schulen!» Und sie schlagen sich empört auf die Schenkel. Jeder von ihnen hat einen Elsässer getroffen, der ihm sagte: «Ich bin weder Franzose noch Deutscher: Elsässer.» Ein besoffener Soldat hat in einer Kneipe in Brumath unwillig zum Castor gesagt, als sie seine Annäherungsver-

suche zurückwies: «Du bist also Elsässerin!» Und auftrumpfend: «Bist du für oder gegen uns?» Es kommt vor, daß sie, während sie sich mit Würsten den Bauch vollschlagen, bedächtig den Kopf schütteln: «Wilde! Unmöglich, irgendwo in Brumath ein Stück Dauerwurst aufzutreiben!» Und neulich meinte ein Gefreiter bekümmert: «Ich sag dir's, ich bin Schlachter, ich hab den Metzger von Brumath zum Reden gebracht, also, die Kühe, die Maul- und Klauenseuche oder Tuberkulose haben, denen schaben sie das Fleisch ein bißchen ab und verwenden es als Wurstfüllung. So wird sie gemacht, ihre berühmte Straßburger Wurst.» Und ein Feldwebel: «Ihr werdet schon sehen: das Beste am Urlaub ist nicht, daß man die Frau und die Kinder wiedersieht, sondern daß man Franzosen aus Frankreich französisch reden hört.» Man sieht, daß diese legitime Entrüstung leicht dazu führen kann, in die Betten der Evakuierten zu scheißen. Im übrigen geben die Mütter und Frauen dieser guten Franzosen ihrerseits den Elsässerinnen deutlich zu verstehen, daß sie sich nur nicht für Französinnen halten sollten. Im Limousin, in der Dordogne behandelt man sie wie Hündinnen. Der Trommler von Saint-Germain-les-Belles, so schreibt mir Poupette[1], geht im Dorf herum, um die Ankunft der Evakuierten anzukündigen, und beschließt seine Ansprache mit den Worten: «Und vergeßt nicht, daß es immerhin Franzosen sind.»

Heute morgen sprechen wir über Politik, Hang, Pieter, Paul und ich, über die Organisation Europas nach dem Krieg. Es wird viel dummes Zeug geredet. In einer Ecke des Raums versucht Naudin einen Brief zu schreiben. Unsere laute Unterhaltung stört ihn dabei, und er tobt: «Ihr kotzt mich an! Ihr kotzt mich an!» Hang versucht, ihn für die Diskussion zu interessieren, aber vergeblich. Und da sage ich plötzlich zu ihm, als er seinen Kopf in beide Hände nimmt, um sich besser von der Welt abzukapseln: «Weißt du, Naudin, daß die Deutschen bei Wissembourg einem französischen Gefangenen bei lebendigem Leib die Haut abgezogen haben?» Er steht auf und kommt schnuppernd auf mich zu: «Wer hat dir das gesagt?» Absichtlich antworte ich vage: «Jemand ...» Ich gebe ein paar Details: «Es waren zwei Gefangene. Einer wollte nicht reden, da hat man ihm bei lebendigem Leib die Haut abgezogen. Dem andern hat man gedroht, man würde seine Kleider mit Benzin übergießen und anzünden. Da hat er Angst ge-

1 Spitzname von Hélène de Beauvoir, jüngere Schwester von Simone de Beauvoir.

kriegt und gesungen.» Naudin empört sich und vergißt darüber seinen Brief: «Die Schweine! Sollen sie nur kommen! Einer gegen einen, da möchte ich doch mal sehen, ob sie mir die Haut abziehen!» Er setzt sich in eine Ecke, mit verschränkten Armen, und schüttelt immer wieder den Kopf, entsetzt, wütend, ernst und zufrieden: für heute morgen hat er seine Ration Greuel weg.

Bei den Diskussionen fühlt sich der Feldwebel durch seine Größe isoliert, hört zu, aber exponiert sich nicht.

Als ich heute nacht gegen ein Uhr plötzlich aufwache, denke ich über den Willen nach. Zwar habe ich noch lange nicht alles verstanden, aber ich glaube, daß ich die Frage ein wenig entwirren konnte.

Zuerst sehe ich, daß die klassische Auffassung des Wollens als eines besonderen Akts, der dem Bewußtsein entspringt, an zwei Klippen stößt.

Zunächst einmal müßte ein Willensakt, nach dem Bild des Bewußtseins – das Bewußtsein von sich sein muß –, sich selbst wollen. Ich will nach Paris fahren. Gut. Aber wenn mein Wille von einem Wunsch motiviert ist, ist er kein Wille, kein privilegierter Akt mehr, der dem Bewußtsein entspringt, sondern eine motivierte Struktur ähnlich den anderen. Der Wille muß gewollt sein. Sonst wäre mein Wille, nach Paris zu fahren, unwillentlich. Genau das hat Kant mit seiner Autonomie des Willens erkannt: ein Wille, der gut sein will anläßlich der Handlung, die er will. Es würde nichts nutzen, wie er ebenfalls erkannt hat, den Willen vom Ich abzuleiten, denn dann würde er immer noch aus einem Gegebenen hervorgehen (gleichgültig, ob dieses Gegebene nicht *ist*, sondern *dauert*, wie das tiefe Ich von Bergson: jedenfalls wird der Wille eine *natürliche* Emanation von ihm sein). Der Wille kann sich nur dann vom Ich herleiten, wenn das Ich sich vom Willen herleitet. So verweist der Wille, wie das Bewußtsein, auf ihn selbst. Und wie beim Bewußtsein muß man, um nicht in eine reflexive Kaskade von wollenden und gewollten Willen zu fallen, einräumen, daß dieser Verweis auf sich selbst der Infrastruktur des Willens entspricht. Es würde sich folglich um eine Art von ontologischem Argument des Willens handeln: der Wille, der sich selbst will als Wollen von X. Wir hätten eine nichtthetische Infrastruktur (wie beim Bewußtsein): Wille (des) Wollens, und eine transzendente willentliche Intentionalität: das gewollte Wollen wäre Wollen *von* X.

Nur darf hier die Analogie mit der typischen Struktur des Bewußtseins nicht täuschen: daß ein Bewußtsein Bewußtsein (von) sich ist, ausgezeichnet, denn im nichtthetischen Bewußtsein ist das Bewußtsein nicht Gegenstand für das Bewußtsein: es geht hier nicht um *Erkenntnis*, die eine Dualität Objekt–Subjekt voraussetzt, sondern um die Transluzidität, die dem Bewußtsein als seine existentielle Bedingung eignet. Dagegen scheint es, daß dieses gewollte Wollen vom Typus der Erkenntnis ist, das heißt, daß es seinem Wesen nach eine Dualität enthält. Wenn wir uns nicht mit Worten abspeisen lassen, ist es unmöglich, die immanente Einheit des Willens und seines Gegenstandes anzunehmen, und sei es ein Wollen. Und zwar aus dem einleuchtenden Grund, daß der Gegenstand des Willens ein zukünftiger ist. Es ist ein bestimmter Typus von Möglichkeiten, dessen ontische Substanz die Zukunft ist. Es liegt also *per definitionem* ein zeitlicher Abstand zwischen dem Willen und seinem Gegenstand, wie gering dieser Abstand auch sein mag. Die Idee eines gewollten Wollens in der Infrastruktur ein und desselben Bewußtseins ist widersprüchlich. Doch eben darauf läuft ihrer Logik nach die Idee eines Willensaktes hinaus, falls man ihn nicht zu einem streng determinierten Prozeß macht (aber dann hat der Willensakt seinen spezifischen Charakter verloren – es ist nicht mehr möglich, ihn vom Begehren, von der Leidenschaft, von den Mechanismen usw. zu unterscheiden).

Die zweite Schwierigkeit ist, daß der Gegenstand meines Willens auf Grund seiner Stellung in der Zeit von mir entfernt ist. Aber gerade die Freiheit, die man im Willensakt setzt, verbietet einem, *gegen* die Zeit zu wollen. Morgen will man diesen oder jenen Schritt tun. Wer aber schützt einen vor einem selbst? Morgen wird der Wille von heute in die Vergangenheit, aus dem Bewußtsein gefallen sein, er wird sich verknöchert haben, und man wird in bezug auf ihn völlig frei sein: frei, ihn zu übernehmen oder sich gegen ihn zu stellen. Man kann weder gegen sich noch gegen die Zeit schwören. Der Eid, den man sich selber leistet als Prototyp aller Eide, ist eine vergebliche Beschwörung, durch die der Mensch versucht, seine künftige Freiheit zu bannen. Er schwört im übrigen nur dann, wenn er spürt, daß er Gefahr läuft, seinen Eid zu brechen. Der Eid ist Eingeständnis von Bedrängnis. Nun ist aber jeder Willensakt des genannten Typs – und wir vollziehen oft welche – im Grunde nichts anderes als ein verkappter Eid. Was ich will, ist mein Wollen von morgen. Und damit kehren wir zur Dualität Wollen–Gewolltes zurück, aber es ist mir eben nicht möglich, mein späteres Wollen zu wollen. Wenn ich die Augen verdrehe, wenn ich die Faust balle, die Zähne zusammenbeiße und sage: ich *will* treu sein, dann will ich ins Leere, ich will eine Fülle von besonderen Wollen, die Gefahr laufen, mir nacheinander zu entgehen. Diese Art von – übrigens sehr häufigen – Willensäußerungen würde ich leere Willensäußerungen nennen, in Analogie zu Husserls Leerintentionen. Ich fürchte, daß sie der klassischen Auffassung des Willens als Vorbild gedient haben. Sie lösen sich vom Bewußtseinsstrom ab und sind von einer starken Spannung begleitet, weshalb man sie zweifellos für voll hält. Aber es fehlt ihnen das Fleisch, das sie füllen könnte, jenes Wollen selbst, das als ursprüngliches Phänomen erscheint und auf das wir nun verwiesen sind. Mehr als einer, der die Unwirksamkeit dieser leeren Willensäußerungen bemerkt hat, ist aus Enttäuschung und Skeptizismus zu dem Schluß gekommen, nur das Bewußtsein, das sich über die Ausführung des Aktes erstreckt, als Willen zu betrachten. Es gibt keinen Unterschied mehr zwischen dem Wollen und dem Akt. Mein Akt ist nicht nur Zeuge meines Wollens für mich selbst, sondern anderseits präzisiert und definiert sich mein Wollen durch den Akt, so wie Alain sagt, daß die Ausführung der Statue die Leitidee des Bildhauers abschleift, so daß am Ende die konkrete Idee im letzten Stadium ihrer Entwicklung und ihres Reichtums die Statue selbst ist. Es ist der ewige Zirkel: man muß die Akte nach den Intentionen beurteilen. Aber wonach sollen wir die Intentionen beurteilen, wenn nicht nach den Akten? Der Akt ist die materielle Stütze und der Ausdruck des Wollens, so wie die Sprache Stütze und Ausdruck des Denkens ist. Der Akt ist der äußere Aspekt des Willens und der Wille das einigende innere Thema des Aktes; einen Willen ohne Akt gibt es ebensowenig wie ein Denken ohne Sprache.

Ich werde diese strenge moralistische Entscheidung nicht tadeln, die darauf hinausläuft, die Intention nach dem Resultat zu beurteilen. Es ist eine ausgezeichnete Vorsichtsmaßnahme. Und gerade die Existenz der leeren Willensäußerungen zwingt zu dieser Vorsichtsmaßnahme, damit man sie aufdecken und ausschalten kann. Und dennoch erkenne ich deutlich, wenn ich mich in diesem Augenblick prüfe, daß es in mir eine bestimmte Zahl von vollen und wirksamen Willensäußerungen gibt, die indes mit keiner Verwirklichung einhergehen. Das Wollen, fest und standhaft zu bleiben, nichts zu bereuen, mich nicht dem Katzenjammer hinzugeben, mich in Frage zu stellen, ohne Bedauern morgen oder übermorgen Brumath zu verlassen, um nach

Morsbronn zu gehen, meinen Roman zu beenden, bevor ich etwas anderes anfange, regelmäßig dieses Tagebuch zu führen, jeden dritten Tag dem Castor zu schreiben[1], jeden zweiten Tag an meine Mutter. Entscheidungen, die mir näher liegen: morgen Paulhan antworten, noch heute abend, wenn ich das Tagebuch zugeklappt habe, dem Castor und Wanda usw. usw. Fernerliegende Entscheidungen, die meine Rückkehr ins Zivilleben betreffen, wenn wieder Friede sein wird. Und dennoch tue ich gegenwärtig nichts, um sie zu verwirklichen – und ich habe nichts zu tun. Trotzdem sind das weder leere Willensäußerungen noch volle Willensakte, die früher existiert hätten und nun schlummern würden, bis sie sich erneut in Akten manifestieren. Es geht nicht um Erinnerungen an Willensäußerungen, sondern um reale Willensäußerungen, die aktuell existieren und mein eigenes Sein bilden. Jeder kann ähnlich hartnäckige und heftige Willensäußerungen in sich finden, die sich dennoch nicht *verwirklichen*. Sollte der Irrtum wirklich daher rühren, daß man den Willen gewöhnlich als kurzen, zeitlich lokalisierten Bewußtseins*akt* betrachtet. Das heißt genau als ein leeres Wollen? Das liefe auf die Behauptung hinaus, daß das gewöhnlich nicht willentliche Bewußtsein unter bestimmten Voraussetzungen eine Willensstruktur annehmen kann. Aber ich habe in meinem 2. Heft bereits betont, daß es unmöglich ist, dem Bewußtsein den Willen hinzuzufügen, wenn er nicht vorher in ihm war. Man muß also zu Spinoza zurückkehren und Willen und Bewußtsein in eins setzen. Ich werde morgen erklären, worum es geht.

Heute abend plötzlich fühle ich mich ein wenig elend. Aber es geht vorüber.

Freitag, 24.

Heute nacht hat Paul wieder einen Anfall von Somnambulismus. Auf einmal fängt er zu schreien an: «Ho ho ho ho ho! Oh!» Das letzte «Oh» langgezogen, vibrierend und entsetzt. Ich sage: «Paul!» Paul mit

1 Während des ganzen komischen Krieges schrieb Sartre *täglich* an S. de Beauvoir und sie ihm, wie sie es sich versprochen hatten; sie haben sich selten nicht daran gehalten. Warum diese ungenaue Angabe? Sicherlich, weil Wanda dieses Heft lesen wird. Die Zahl 3, in deutlicherer Schrift geschrieben, wurde gewiß nachträglich hinzugefügt.

schläfriger Stimme: «Was ist?» Ich: «Paul!» Er, mit einem verwirrten und verbindlichen Lachen (im Ton, mit dem man zu jemandem sagt, der einen anspricht und zu kennen vorgibt: «Ich weiß wirklich nicht, wer Sie sind»): «Ich weiß gar nicht, wo ich bin.» Und, über seine eigene Verlegenheit belustigt, mit einer gewissen psychologischen Genüßlichkeit: «Nein! wirklich nicht!» Er prustet. Ich: «Du bist in Brumath.» Paul, sehr gereizt: «Das weiß ich selber.» Ich: «Warum hast du geschrien?» Paul, unaufrichtig: «Ich? Ich hab geschrien?» Schweigen, dann höre ich ein großes Gewühle, knisternde Seide, schwere Gegenstände, die über den Boden geschleift werden, Keuchen. Ich: «Was machst du?» Paul, würdevoll und gekränkt: «Nichts. Ich bin bloß wach.» Und *gleich darauf* einen gleichmäßigen, kräftigen Atem, der bald in leises Schnarchen übergeht. Heute morgen kommen wir überein, daß er während dieses Gesprächs tief geschlafen hat. Er hat mir geantwortet – und fast richtig –, ohne aufzuwachen.

Kommen wir auf den Willen zurück. Ich stelle fest, daß seine wesentliche Struktur die Transzendenz ist, da er auf ein Jenseits zielt, das nur in der Zukunft liegen kann. Aber diese Transzendenz setzt ein zu transzendierendes Gegebenes voraus. Der Wille braucht die Welt und den Widerstand der Dinge. Er braucht ihn nicht bloß als Stützpunkt, um sein Ziel zu erreichen, sondern seinem Wesen nach, um Wille zu sein. Denn nur der Widerstand eines Realen erlaubt es, das, was möglich ist, von dem zu unterscheiden, was ist, und darüber hinaus zu entwerfen, was das Mögliche ist. Hier wie überall geht das Reale dem Möglichen voraus. Die Welt des Traums, die imaginär ist, erlaubt diese Unterscheidung nicht, denn im Traum erhält das, was konzipiert wird, von der Konzeption selbst eine Art geträumte Existenz. Im Traum trinken wollen unterscheidet sich in keiner Weise von träumen, daß man trinkt. So *kann* der Geist als Opfer seiner Allmacht nicht wollen. Er kann nicht einmal aufwachen wollen. Er träumt nur, daß er aufwacht. Damit er sich wiederfindet, muß das Reale in irgendeiner Weise in seinen Traum eindringen. So ist der Träumer durch seine absolute Macht gefesselt. Ebenso erginge es letztlich einem göttlichen Geist, der durch schöpferische Intuitionen verführe. Wenn einem solchen Geist die bloße Konzeption genügt, um intuitiv den Gegenstand zu erzeugen, wenn er auf keinen Trägheitswiderstand stößt, wenn zwischen Konzeption und Verwirklichung kein zeitlicher

Abstand liegt, dann träumt Gott. Seine Schöpfungen können sich nicht von seinen Affekten unterscheiden. Er ist in sich selbst gefangen und kann nichts wollen. Die göttliche Allmacht kommt einer totalen subjektiven Knechtschaft gleich. Gott wird von Schöpfung zu Schöpfung getrieben, ohne daß er in bezug auf sich und auf den Gegenstand «auf Distanz gehen» kann. Es gibt nur endlichen Willen und nur bei einem endlichen Sein, und seine Endlichkeit bezieht der Wille nicht aus einer äußeren Begrenzung, sondern aus seinem Wesen selbst. Der Widerstand einer Welt ist im Willen enthalten als das Prinzip seiner Natur. Und da man weder annehmen kann, daß der Wille jünger ist als die Welt – was uns zum Materialismus zurückführen würde – noch daß die Welt vom Willen erzeugt ist – was uns in den Bereich der schöpferischen Intuitionen zurückwerfen und damit den Willen beseitigen würde –, muß man wohl einräumen, daß Welt und Wille gleichzeitig gegeben sind. Es gibt Willen nur bei einem Sein, das in die Welt geworfen ist. Es ist die Welt, die das von seinen eigenen Träumen, von seiner totalen Freiheit durchdrungene Bewußtsein befreit. Der Wille charakterisiert die *conditio humana* als die Notwendigkeit für ein in der Welt verlassenes Sein, die eigenen Ziele jenseits eines Realen wiederzufinden, das deren unmittelbare Verwirklichung unmöglich macht. Er definiert sich durch den notwendigen Abstand zwischen dem Ziel und der Konzeption des Zieles. Willen kann es nur geben, wenn die ganze Welt sich zwischen mein Bewußtsein und seine Zwecke schiebt. Sollte ein Geist mir die Macht verleihen, meine Wünsche sofort zu erfüllen, dann schlafe ich ein, da ich sie nicht auf Distanz halten, nicht *verhindern* kann, daß sie in Erfüllung gehen. Das haben alle Märchenerzähler dunkel geahnt, die uns tragisch endende Geschichten über erfüllte Wünsche erzählen. Der Wille zeigt sich also als ein «Sein-in»-der-Welt, das ein «Sein-zur» Veränderung der Welt ist. Jedes gewollte Mögliche ist immer nur die Veränderung einer gegebenen Situation. Eine Veränderung, die nur dann *gewollt* sein kann, wenn sie am Horizont dieser gegebenen Situation als Resultat der Entwicklung der spezifischen Möglichkeiten dieser Situation erscheint. In diesem Sinne nehmen wir wahr, um zu verändern, und wollen die Veränderung ausgehend vom Wahrgenommenen. Jede Wahrnehmung zeichnet sich auf dem Hintergrund einer möglichen Veränderung ab – jedoch einer geregelten Veränderung – und schiebt sie auf Grund ihrer Dichte gleichzeitig hinaus. Ein Fenster als geschlossen wahrzunehmen ist nur in einem Akt möglich, der über das Fenster die geregelte Möglichkeit, es zu öffnen, entwirft. Ohne diesen Akt wäre das Fenster weder geschlossen noch geöffnet: es wäre überhaupt nichts. Aber umgekehrt könnte es ohne das gegenwärtige Geschlossensein des Fensters nur das nichtende Bild eines geöffneten Fensters geben oder – im Fall des magisch erfüllten Wunsches – das magische Auftauchen eines geöffneten Fensters, das nicht *Ding* wäre, da es keinen Widerstand leisten könnte (es wird nach meinem Belieben sich vernichten oder sich schließen), und das das Bewußtsein nicht von seiner Immanenz befreien kann. Somit ist die primäre Struktur des Willens eine Transzendenz, die eine Möglichkeit in der Zukunft setzt jenseits eines Zustands der gegenwärtig gegebenen Welt. Daran sieht man den tiefen Sinn des Willens, der darin besteht, daß er nur dann er selbst sein kann, wenn er sich selbst entgeht, sich aus sich heraus in die Zukunft wirft. Er ist *Vor-wurf*[1]. Daraus folgt natürlich, daß die Welt in ihrem gegenwärtigen Zustand nur von der Zukunft her erkannt wird. Somit sind Wille und Wahrnehmung untrennbar. Und das bedeutet wiederum, daß der Wille kein individueller Akt ist, der in einem gegebenen Augenblick der zeitlichen Kette auftaucht, sondern der Bezug des Bewußtseins zu seinen eigenen Möglichkeiten.

Bleibt noch zu bestimmen, wie dieser Bezug des Bewußtseins zu seinen Möglichkeiten aussieht. Bisher sind wir im großen und ganzen Heidegger gefolgt. Doch das können wir jetzt nicht mehr. Denn für ihn *ist* das *Dasein*[1] ganz einfach seine eigenen Möglichkeiten. Aber dann würde es nichts nützen, die Transzendenz zu setzen, wie er es tut, wenn wir in eine andere Art Immanenz zurückfallen. Der Wille ist ja die Macht des Bewußtseins, sich selbst zu entgehen. Jede Immanenz ist Traumzustand. Sogar die Heideggersche Immanenz, da das Sein sich als Möglichkeiten jenseits der Welt *wiederfindet*. Und ich meine durchaus, daß zwischen dem entwerfenden Sein und den entworfenen Möglichkeiten *Zeit liegt*. Da jedoch diese Zeit gegen den Strich gelesen wird, verliert sie ihre trennende Kraft, ist sie nur noch die Substanz der Vereinigung des *Daseins*[1] mit ihm selbst. Die Möglichkeiten des Bewußtseins sind tatsächlich transzendent. Es unterstützt sie, es will sie, es ist wollendes Bewußtsein *von* diesen Möglichkeiten, aber diese liegen außerhalb seiner. Sie beziehen ihre transzendente Objektivität aus der Materie, über die sie erfaßt wer-

1 Deutsch im Original.

den, und diese ist genau der zu modifizierende gegenwärtige Gegenstand. Somit sind sie äußere Existenzen von sehr besonderer Art. Nennen wir sie Forderungen.

Darunter sind Gegenstände zu verstehen, die fordern, verwirklicht zu werden. Es sind Optionen auf uns. Aber wenn sie nur fordern würden, wären sie nicht *gewollt*. Man könnte nämlich Forderungen annehmen, die unerfüllt blieben: «meliora video proboque deteriora sequor».[1] Sie wecken zudem Vertrauen, ich kann ihre Verwirklichung *voraussehen*. Und ich habe den Eindruck, bei dieser Voraussicht privilegiert zu sein. Es handelt sich um eine Evidenz, die sich dem Adäquaten nähert. Die anderen künftigen Gegenstände – diejenigen, die nicht gewollt sind – kann ich zwar *voraussehen*, aber ihre Möglichkeit ist selbst eine Wahrscheinlichkeit. Während die Möglichkeit des gewollten Gegenstandes Gewißheit ist. Zum Beispiel kann es sein, daß ich das Wort «Gewißheit», das mir unter die Feder kommt, nicht hinschreibe: ich kann auf tausenderlei Weise gestört werden. Aber ich weiß, daß es, *wenn* ich nicht gestört werde, entstehen wird; ich weiß, daß das, was man stören wird, *seine* Geburt ist. Man wird mich nicht daran hindern können, ein anderes Wort als dieses zu bilden, und es wird zumindest jene Existenz haben, dasjenige zu sein, dessen Entstehung verhindert wurde. Während es, wenn ich mein Vermögen dem Wasser anvertraue in Form von Waren, die ich in Übersee verkaufen möchte, möglich ist, daß ein Schiffbruch die Ladung zerstört und mich ruiniert, aber ich werde nie wissen, ob der Schiffbruch wirklich *das gute Geschäft* verhindert hat: es könnte sich ebensogut um einen Bankrott durch unredliche Konkurrenz oder falsche Berechnung usw. handeln. Das gute Geschäft ist nur *wahrscheinlich* verhindert worden. Im übrigen kenne ich diese Optionen-Möglichkeiten nicht im kontemplativen Sinne, ich realisiere sie. Das bedeutet, daß sie am Horizont meiner Handlungen als ihr Sinn erscheinen. Heidegger hat richtig gesagt, daß wir sie nicht thematisieren. Denn sie thematisieren hieße sie nichten, sie zu Begriffen oder Bildern machen. Indem wir handeln, rufen wir sie, obwohl unbenannt, am klarsten ins Leben.

So ist also der Sinn unserer Situation in jedem Augenblick gegeben

1 Aus dem Monolog der Medea in den *Metamorphosen* des Ovid: «Ich sehe das Bessere, das ich bejahe, und folge dem Schlechteren.» (Buch VII, Verse 20 und 21.)

durch diese Optionen-Möglichkeiten, noematische Korrelate unseres Wollens, die uns in der Zukunft erwarten. Und sie sind es, die unsere Wahrnehmungen motivieren und gestalten. Halten wir fest, daß es in zweifacher Beziehung *meine* Möglichkeiten sind: erstens, weil es meine eigenen Optionen sind, wie wir sahen – und zweitens, weil sie das objektive und transzendente Bild meines In-der-Welt-seins sind. Tatsächlich haben diese Optionen Einfluß auf uns aus Liebe zu uns selbst. Heidegger hat betont, daß die Welt das ist, aus dem her das Dasein sich ankündigen läßt, was es ist. *Für uns* existieren diese Optionen. Für uns oder für andere. Das heißt letztlich für eine menschliche-Realität. Nur wäre es ein Irrtum, zu glauben, daß diese mögliche menschliche-Realität, durch *unsere* menschliche-Realität über die Welt hinaus entworfen, unsere menschliche-Realität *ist*. Sie kann nur transzendent sein, eben weil sie auf der anderen Seite der Welt ist, jenseits aller Optionen. Die Optionen sind das noematische Korrelat der Entwürfe, die sich in den Handlungen realisieren, und die entworfene menschliche-Realität ist die synthetische Einheit der Optionen. Gewiß wird auch sie nicht thematisiert, aber es genügt, zu denken, daß sie Einheit transzendenter Optionen ist, um zu verstehen, daß sie selbst transzendent ist. Das Bewußtsein kann seiner Immanenz nur entgehen, es kann nur dann Gegenstand seines eigenen Wollens sein, wenn es sein passiv gemachtes Bild auf der anderen Seite der Welt entwirft. So sind die Optionen, die in der Zukunft warten, menschlich gefärbt. Es sind menschliche Möglichkeiten und meine Möglichkeiten. Sie existieren zum «Zweck des Menschen». Andererseits jedoch wird, sobald sie verschwinden, die transzendente menschliche-Realität nur noch eine leere Form sein, denn sie ist bloß die Einheit dieser Optionen. Das, was wir Selbstheit [ipséité] nennen wollen oder Schlagschatten des Bewußtseins jenseits der Welt – was nichts zu tun hat mit dem Ich als Einheit der reflexiven Bewußtseine.

Daraus folgt, daß es für das Bewußtsein in jedem Augenblick eine bestimmte Anzahl von Möglichkeiten gibt, die die seinen sind, das heißt, die ihm in der Form erscheinen, die wir soeben beschrieben haben. Diese Möglichkeiten sind das noematische Korrelat dessen, was wir den Willen des Bewußtseins nennen werden, und infolgedessen ist dieser Wille nichts anderes als das Besonders-sein des Bewußtseins. Das Bewußtsein bestimmt sich in jedem Augenblick selbst als das Bewußtsein, das bestimmte Möglichkeiten hat. Das muß existentiell verstanden werden: es ist das Sein des Bewußtseins, von bestimmten Möglichkeiten umgebenes Bewußtsein zu sein, darin unterscheidet sich seine Existenz qualitativ von der Existenz irgendeines anderen Bewußtseins, darin hat es seine eigene Art und Weise, sich in die Welt zu werfen. Und obwohl dieser Wurf eins ist, können natürlich die Optionen, die ihn noematisch manifestieren, Legion sein, da dieser Wurf sich in der Vielfältigkeit der Welt bricht. Sie sind uns alle gleichzeitig gegenwärtig, wenngleich nicht thematisch. Bewußtsein sein heißt daher in jedem Augenblick seine Möglichkeiten wollen und nur diese. Und das Band zwischen dem Bewußtsein und seinen Möglichkeiten ist ein ebenso reales, ebenso konkretes Band wie das zwischen dem Bewußtsein und den wahrgenommenen Dingen. Das Bewußtsein bestimmt sich selbst in jedem Augenblick beim nichtthematischen Erfassen einer konkreten Pluralität von Optionen-Möglichkeiten in einer *Situation*. Die Situation ist der inerte Widerstand der Dinge, gegliedert nach einer Hierarchie von Motiven und einer Hierarchie von Werkzeugen. Letztlich ist die Situation die Welt, die sich ganz und gar gemäß den eigenen Möglichkeiten des Bewußtseins gliedert.

Unter diesen Bedingungen wird man verstehen, daß das, was ich in jedem Augenblick will, genau meine Situation in der Welt ist. Ich *bin*, was ich *will*. Und das ist zwangsläufig begrenzt. Ich bin ein endliches Sein, zutiefst und total für mich selbst verantwortlich. Man wird auch verstehen, daß das, was man gemeinhin einen einzelnen Willensakt nennt, *entweder* ein leeres Wollen im Hinblick auf Möglichkeiten ist, die nicht *meine* Möglichkeiten sind, von denen ich aber aus verschiedenen Gründen wünschte, sie wären meine (das ist beim Eid der Fall), *oder*, im Fall voller Willensäußerungen, nur die jähe Thematisierung bislang nicht thematisierter Möglichkeiten sind. Im letzteren Fall ist das, was man Wollen nennt, nur die Nichtung des Wollens des Bewußtseins, ohne daß im geringsten eine Verstärkung der Optionen vorläge. Eine vorläufige Nichtung, die im übrigen die genichtete Option ebensowenig beseitigt, wie die abbildende Nichtung die abgebildete Anwesenheit beseitigt. Sie hebt sie für die Zeit der Nichtung auf, nicht mehr und nicht weniger. So bin ich ganz und gar Wollen, da ich will, was ich bin. Kein besonderes Wollen kann auf diesem Hintergrund auftauchen. Eine meiner Möglichkeiten verändern heißt gleichzeitig alle meine Möglichkeiten verändern, heißt meine Situation verändern, heißt mich anders wollen. Das kommt übrigens dauernd vor, aber jede Modifikation, wie oft sie auch eintreten mag, ist immer existentiell und total.[1]

Kurz, gegenüber dem Bewußtsein gibt es die Totalität des Realen, in jedem Augenblick, eine Gruppe in einer Situation. Und dieses Reale umfaßt: die wahrgenommenen Dinge – die Anwesenheiten –, die Optionen – die Werte –, die Optionen, die nicht *meine* Optionen sind – die Möglichkeiten, die niemandes Möglichkeiten sind –, wobei einige dieser Realitäten thematisch gegeben sind (wahrgenommene Dinge zum Beispiel) und andere nicht-thematisch. Es gibt Bewußtsein *von* alldem.

Die Optionen, das ist die reale Zukunft als Sinn meiner Gegenwart. Doch diese Zukunft als Zukunft der Welt, Zukunft der Selbstheit ist dem Bewußtsein *transzendent*.

Ich würde einen Menschen wegen eines Sprachticks endgültig verurteilen, nicht aber, weil ich gesehen habe, wie er seine Mutter umbrachte.

Samstag, 25.

Anweisungsaktion im Traum: Paul weckt mich diese Nacht mit seinem stereotypen «Ho ho ho ho». Aber er bricht plötzlich ab und brabbelt «Pardon», dreht sich auf die andere Seite und schläft wieder ein. Auffallend ist, daß er in den 3 Monaten, die ich ihn kenne, den Schrecken nie anders ausgedrückt hat als durch dieses «Ho ho ho ho ho! Oh!». Das scheint rituell und erstarrt zu sein. Es ist etwas Undefinierbares in diesem Ho ho ho ho ho: der gereizte und kleinliche Tadel eines etwas pedantischen Vorgesetzten (Lehrers) – und die bekümmerte Ohnmacht eines Greises (mein Großvater stieß in der Zeit seines Altersschwachsinns ähnliche Schreie aus, wenn er an meinem Arm durch sein Zimmer spazierte und ihm der Fuß wegrutschte: «Ho ho ho ho ho! Halt mich, Kleiner, halt mich!»), etwas Trockenes und Schluchzendes, Zitterndes. Das Oh! am Schluß dagegen entfaltet sich

1 Im vierten Teil von *Das Sein und das Nichts*, «Haben, Handeln und Sein», 1. Kapitel, wird Sartre die Beziehungen zwischen dem Willensakt und der Freiheit deutlicher entwickeln.

mit einer Art Evidenz, als ob die ersten Schreie den prophetischen Tadel angesichts einer drohenden Katastrophe und das Oh! am Schluß ein Lamento angesichts der vollendeten Katastrophe bedeuteten. Der Kerl beeilt sich zuerst, und seine kleinen prophetischen Schreie versuchen, durch Tadel zu warnen, zu verhindern, wie wenn man ein Kind ausschilt, das mit einer kostbaren Nippesfigur spielt. Aber die Katastrophe holt ihn rasch ein, und schon liegt die Nippesfigur zerbrochen am Boden, und das letzte Oh! entfaltet sich mit Muße, zieht sich in die Länge mit der empörten und bitteren Befriedigung des Propheten, der seine Prophezeiung verwirklicht sieht: «Ich hatte es ja gesagt.» Wenn man ihn nicht weckt, bricht Paul gewöhnlich gleich darauf in unmenschliche Schreie aus. Und dann beginnen die Gesten: er richtet sich auf und kriecht auf allen vieren durchs Zimmer.

Eines der merkwürdigsten Phänomene dieses technischen Krieges wird die systematische Verpflanzung der Elsässer gewesen sein. Auch 1914 hatte es Flüchtlinge gegeben, aber sie waren unter dem Druck der Umstände ihrer Heimat entrissen worden. Der Exodus der Elsässer dagegen ist organisiert, und statt sie über ganz Frankreich zu verstreuen, hat die Regierung es für richtig gehalten, sie als ganze Gemeinden und Dörfer abzutransportieren, behutsam, ohne sie zu zerbrechen, samt den Behörden und der Verwaltung. Die Jubelpresse hebt das Faktum mit Befriedigung hervor: «Strasbourg (Dordogne)», schreibt *L'Œuvre*. Aber das Ergebnis ist sichtlich paradox: hätte man sie isoliert, dann hätte man sie entwaffnet, in ein soziales Milieu getaucht, das sie durchdrungen hätte. So aber hat man ganze Gemeinschaften samt ihren kollektiven Vertretungen, ihren Sitten, ihren Riten verpflanzt, sie jedoch der Umgebung beraubt, in die diese Sitten und Riten sich einfügen: Klima, Geographie, in der Architektur, im Stil der Häuser materialisierte Zivilisation, Kultur. Man kann sich denken, daß der gesellschaftliche Ritualismus außer sich gerät und frenetisch wird, je mehr ihm die realen Grundlagen fehlen. Es handelt sich jetzt um eine Art Gesellschaft ohne Land, die von ihrer Geistigkeit träumt, statt sie in den tausenderlei Geschäften des täglichen Lebens zu erfassen. Das provoziert Hochmut, als Abwehrreaktion, sowie eine krankhafte Verengung der sozialen Bindungen. Da haben wir nun eine frenetische, in der Luft schwebende Gesellschaft. Es wäre in diesem Fall nicht schlecht gewesen, diese Leute mit Zentren hoher Kultur in Kontakt zu bringen – mit der industriellen Zivilisation der Einwohner von Lyon – mit der Gesellschaft Südfrankreichs. Vielleicht ging das nicht. Was aber hat man getan? Man hat sie zu den limousinischen Bauerntrampeln geschickt, den letzten Menschen, rückständig, stumpfsinnig, geldgierig und niederträchtig. Diese Elsässer, noch ganz geblendet von der Erinnerung an ihre gepflegten Felder, ihre schönen Häuser, geraten in diese Gegend, in diese schmutzigen Städte, zu diesen mißtrauischen und häßlichen, zum größten Teil verdreckten Leuten. Man braucht nur die herrlichen Gehöfte zum Beispiel von Ittenheim, wo alle Gebäude um einen Hof gruppiert sind – die entwickeltste Form des Bauernhauses –, mit jenen «Klötzen» des Limousin zu vergleichen, um zu spüren, welche Enttäuschung und Überraschung die elsässischen Gemeinden erlebt haben. Der Gegensatz wurde wohl durch den Unterschied der Sprachen und den Minderwertigkeitskomplex der Elsässer gegenüber Frankreich noch verstärkt. Ein Komplex, der sie natürlich noch kritischer macht. Ihr Sauberkeitssinn mußte einen Schock bekommen haben von Kleinstädten wie Thiviers, wo man noch vor zwölf Jahren Müll und Exkremente in Schlammgruben warf.[1] Das Resultat jedenfalls ist klar: alle Elsässer, die in die Heimat schreiben, nennen die Limousiner *Wilde*. Das Wort kehrt in allen Briefen wieder, es ist wirklich eine kollektive Vorstellung: «Wir sind bei den Wilden.» Die Limousiner wiederum nennen die Elsässer *Boches*. Ohne besondere Feindseligkeit, wie es scheint. Eher als Feststellung. Natürlich kam es anfangs deswegen zu Schlägereien, bis strenge Dekrete für Ordnung sorgten. Natürlich wird sich die limousinische Gemeinschaft mit den in ihrem Schoß verstreuten kleinen Krebsgeschwüren um so heftiger ihrer selbst bewußt. Heute gibt es dort zwei aufeinanderprallende Chauvinismen. Verschärft wird alles noch durch das Versagen der Obrigkeit. In vielen Gegenden haben fünfzig Prozent der Evakuierten noch kein Bett. Die Kranken wurden nicht behandelt. Unsere Zimmerwirtin nennt uns den Fall einer Frau, die jeden Tag zwölf Kilometer zurücklegen muß, um die nötige Milch für ihre Kinder aufzutreiben. Man steckt zwei oder drei Familien zusammen in eine Scheune, und sie leiden unter der Promiskuität. «Wir trauen uns nicht mehr, uns aus-

1 Diese Passage gewinnt einen besonderen Klang, wenn man weiß, daß Sartres Familie mütterlicherseits aus dem Elsaß stammt, sein Vater dagegen in Thiviers (Limousin) geboren wurde.

zuziehen», schreibt eine Elsässerin, «der Kleine von Thérèse (14 Jahre) schaut immer zu, wenn wir uns waschen.» Die elsässischen Bürgermeister tragen anscheinend ebensoviel Schuld wie die Präfekten: sie kümmern sich um nichts. Und die Einheimischen verschaffen sich kleine Gewinne: sie verleihen einen Strohballen für zehn Sous usw. «Das alles ist kaum geeignet, die Autonomiebestrebungen zu entmutigen», seufzt Mistler. Offensichtlich. Das merkwürdigste aber ist dieser unmittelbare Kontakt zweier Provinzen, die völlig intakt und *organisiert* geblieben sind. Das hatte es noch nie gegeben. Es gehört ins Kapitel jener Massenverpflanzungen, die Rußland aus ökonomischen Gründen einleitete und Deutschland und Italien aus politischen Gründen fortsetzten.

Die erstaunliche Konzentration der evakuierten Elsässer (ein Dorf von 1000 Einwohnern muß 1100 aufnehmen) soll durch den Willen gerechtfertigt sein, die Rahmen intakt zu lassen (Gemeindeämter, Präfekturen, religiöse Institutionen: Kirchenrat usw.), das Individuum (Hefe der Revolte) nicht sich selbst zu überlassen.

Flüchtlingsgeld[1]*:* 10 Francs für jeden Evakuierten. Mistler sagt: in einem Dorf kann man mit zehn Francs am Tag zurechtkommen und, wenn es sich um große Familien handelt (wo jedes Mitglied 10 Francs erhält), sogar noch Geld beiseite legen. Paul antwortet: «Weißt du, in einem Dorf kann man was sparen, wenn man dort Wurzeln hat, sonst nicht.»

Sonntag, 26.

Ich merke, daß ich aus einer seltsamen und etwas heuchlerischen Scham nichts über meinen Stimmungsumschwung seit sieben oder acht Tagen notiert habe. Ich habe es nicht getan, weil ich es nicht für «interessant» hielt. Und in der Tat ist es nicht sehr aufregend, aber wenn dieses Tagebuch die Geschichte eines Menschen im Krieg ist, der sich weder unter den Benachteiligtsten noch unter den Glücklichsten befindet, muß ich alle diese Veränderungen gewissenhaft notieren. Ich habe sie nicht notiert und nicht interessant gefunden, weil sie mir nicht zum Ruhm gereichten. In Wirklichkeit bedrückt mich seit

1 Deutsch im Original.

sieben oder acht Tagen mein Kriegerstand. Es ist weder «Katzenjammer» noch Wut, noch Revolte. Es sind unmerkliche Veränderungen in der Welt: die poetische Behaglichkeit von Brumath ist dahin. Es ist eine Stadt, die ich ein für allemal verlassen habe. Man hat zuviel von Abzug gesprochen. Ich bin nicht mehr da. Sie wurde gerade zur *querencia*. Sie ist nur noch ein Dekor ohne Charme. Ihre Poesie verdankte sie zum Teil ihrer Nähe zur Front. Es gab ein Jenseits im Osten, gefärbt von Gefahr und Exotik. Das alles ist verschwunden: wie Mistler gestern sagte: «Wer denkt an die Deutschen? Wer redet von den Deutschen? Wer führt den Krieg gegen die Deutschen?» Der Feldwebel vielleicht. Aber das liegt am Beruf. Brumath ist nur noch ein sinnloser *Aufenthaltsort*, mit etwas Dunklem und Kaltem. Einige Plätze, die eine Art *mondänen* und *menschlichen* Charme besaßen, wie die Taverne *L'Ecrevisse*, haben ihn plötzlich eingebüßt. Im letzteren Fall weniger auf Grund meiner Stimmung als wegen der langsamen Enthüllung der Wahrheit. Die umworbenen kessen Kellnerinnen, die sich an den Männern rieben und sie plötzlich in den Keller riefen, von wo sie zerzaust zurückkamen, die verschlagene hübsche Wirtin, die Jacqueline Delubac[1] ähnlich sah, dann jene *jeunesse dorée*, Infanteristen und Feldjäger, die im zivilen Leben Flatterlinge gewesen waren (der eine ein Papasöhnchen, das seinen Geliebten nachtrauerte, Tänzerinnen im *Tabarin*, der andere ein Filmschauspieler, ein schöner fetter kleiner Mann), all diese Anstrengung, um hier so etwas wie einen Ersatz für eine Bar auf dem Montmartre zu schaffen, diese Auslese, die über die Preise erfolgte (denn die weniger Begüterten gingen meist etwas weiter unten in die Café-Konditorei), das alles verlieh diesem Café anfangs einen seltsamen, komischen und etwas perversen Charme. Aber jetzt, wo ich jeden Tag hier zu Mittag esse, kenne ich die Tricks: die bürgerliche Schändlichkeit der *jeunesse dorée*, das dumme Laster der beiden Mädchen, die albern sind wie Internatsschülerinnen, die Gewinnsucht der Wirtin. Im übrigen hat sich die Kundschaft nach und nach verändert, Unteroffiziere haben die Soldaten ersetzt, und manchmal kommen Hauptleute zu einer Lustpartie. Die *Taverne de la Rose* hat morgens noch immer ihren Charme, aber die Gewohnheit stumpft ihn ein wenig ab, ich werde ihre merkwürdige Poesie erst später in meinen Erinnerungen wieder-

1 Damals berühmte Schauspielerin. Von 1936 bis 1939 spielte sie in allen Filmen von Sacha Guitry, ihrem damaligen Mann.

finden. Brumath ist also verdorrt. Das Klassenzimmer hat jetzt etwas von einem Käfig, einem Operationssaal und einem Büro. Gleichzeitig beginnt die Zukunft sich herauszuschälen und mich zu plagen. Es ist nicht mehr jener Nebel vom September. Zunächst warte ich auf meinen Urlaub, der meine Tage mit komischen Bildern bevölkert: lange Aufenthalte in dunklen, kalten Waggons, düsteres Paris mit violetten Sternen an den Straßenecken, seine schwärzliche Masse zu Füßen des Sacré-Cœur usw. Und außerdem, ich schäme mich, es einzugestehen, beginne ich, auf das Ende des Krieges zu warten. Oh, ein imaginärer Glaube, ich warte darauf, wie ich im Winter 39[1] auf das Ende des Friedens gewartet habe, ich glaube nicht daran. Aber schließlich fühle ich mich schlecht im Krieg, so wie ich mich 38/39 schlecht im Frieden fühlte. Ich hatte geglaubt, mich im Oktober darin einzurichten, und dann hat wohl Castors Besuch mich etwas aus dem Gleichgewicht gebracht. Indem ich auf den – nicht zu fernen – Frieden hoffe, partizipiere ich, wie ich glaube, an einem kollektiven Phänomen. Alle diese Männer, die mit mir ausgerückt sind, waren anfangs ganz forsch – darüber habe ich mich im ersten Heft ausgelassen. Alle, außer den Zieraffen und den Sanftmütigen, haben die grotesken Mißgeschicke des Stoikers erfahren. Und da haben sie beschlossen, daß der Krieg sechs Jahre dauern würde – und das war eine Art, in einen anderen Stoizismus zu sinken. Einen saubereren vielleicht: es ging nicht mehr um den Heldenmut aus Ungeduld, der den Kugeln entgegenstürmt, sondern um eine lange menschliche Geduld, die sich darin übt, ein alltägliches Exil zu erleiden. Damals halfen uns die Zeitungen: es ging darum, Deutschland in Schrecken zu versetzen. Den berühmten Blitzkrieg, der sich in die Länge zog, beantwortete England mit der Ankündigung, daß man sich auf drei Jahre Krieg einrichte. Worauf Hitler in Danzig antwortete: fünf Jahre – zehn Jahre, wenn es sein muß. Es fehlte damals nicht an klugen Offizieren, die den Kopf schüttelten und in den Jubelzeitungen schrieben: es wird lange dauern, länger, als man meint. Und das war Werbung. Und auch eine Art und Weise, gegen 1914 zu denken. Man wollte nicht den Irrtum jener Männer wiederholen, die vor 25 Jahren zu einem «militärischen Spaziergang» ausrückten. Man zog es vor, sich in der anderen Richtung zu täuschen. Und wie die anderen war ich von diesem düsteren Glauben durchdrungen, auch wenn mein persönlicher Optimismus mich

1 Wahrscheinlich muß es 38 heißen.

insgeheim auf einen kurzen Krieg hoffen ließ. Ich hatte den goldenen Mittelweg eingeschlagen und pflegte zu sagen: «Mein Vorrat an Courage reicht bis zum Frühjahr 41.»

Und nun beginnt auf einmal das Gerücht eines kurzen Krieges umzulaufen. Da ist zuerst ein Pfarrer, der aus der Stiefelwichse liest und Hitlers Sturz für Dezember voraussagt. Dann sind es diskrete Bemerkungen von klugen Leuten – denselben, die einen langen Krieg voraussagten, oder anderen –, die einen sprechen von der geheimnisvollen Möglichkeit, daß der Krieg «abbrechen» könne, und die Offeneren schreiben: «Ich bin der Überzeugung, daß der Krieg kürzer sein wird, als man denkt.» Hier strecken auch die Pessimistischsten die Waffen. Zum Teil wahrscheinlich unter dem Einfluß dieser neuen Propaganda (ist sie beabsichtigt? Will man eine schon recht tief gesunkene Moral wieder aufrichten?)[1], zum Teil auch, weil sich diese lange menschliche Geduld schwer erwerben läßt und weil sie vor Langeweile erstikken. Alle diese Geister werfen mir das Bild meines Optimismus zurück, und schon kehrt die Hoffnung wieder. Das ist vielleicht das schlimmste, weil dann unser tägliches Leben wieder unmenschlich absurd wird. Und der Friede, der wird nun wirklich ein Betrug ohne jede Größe zugunsten der herrschenden Klassen sein. Und wir stehen betrogen, geknebelt da und haben ein Jahr unseres Lebens verloren. Noch einmal: ich will hier keine *Ursachen* nennen, die meinen Trübsinn erklären könnten, sondern vielmehr die Veränderungen der Atmosphäre und des Horizonts beschreiben, bei denen ich selbst kalt bleibe. Die einzigen Veränderungen, die ich *in mir* finde, sind eine erhöhte Reizbarkeit und Anfälle von Leidenschaftsangst wegen Wanda. Gestern zum Beispiel habe ich gegen zwei Uhr einen Brief von ihr bekommen, der mit den Worten endet: «Ich mache Schluß, denn ich sehe den Schädel von Blin auftauchen, Leute halten ihn auf, aber sein Blick ist auf mich gerichtet, und er geht langsam auf mich zu, mit der Beharrlichkeit einer Krabbe. Bis morgen.» Dieses «Fortsetzung folgt» wie bei einem Zeitungsroman hat mich in einen Anfall eifersüchtiger Prophetie gestürzt: ich war *sicher*, daß es eine Affäre

1 Fast die gesamte französische Presse nährt die Hoffnung auf einen «Wundersieg», wobei sie die Schwierigkeiten, auf die die Nazidiktatur, vor allem draußen, stößt, übertreibt; diese Kampagne war, nach dem Historiker Crémieux-Brilhac, nicht mit der politischen Führung abgestimmt, aber von dieser weitgehend toleriert (vgl. *Les Français de l'an 40*, Bd. I, Gallimard, Paris 1990).

zwischen ihnen geben würde. Auf der Stelle habe ich einen unverzeihlichen Brief geschrieben, den ich schließlich zerrissen habe. Heute bin ich zu nuancierteren Ansichten zurückgekehrt. Aber diese Gefühlskrisen sind ein Zeichen von Unausgeglichenheit. Vielleicht ist es etwas Körperliches: meinen Augen ging es zwar besser, aber mir war flau. Und heute morgen fangen sie wieder an, mich zu peinigen. Noch einmal: ich kenne meinen Zustand nur durch dieses kleine Mißgeschick, das die Dinge färbt, und durch diese Ausbrüche. Jedenfalls war der gestrige Nachmittag besonders düster: ich schmorte in meiner Eifersucht, mit brennendem Kopf, während Paul, der am Morgen gegen Typhus geimpft worden war, auf und ab ging, rot und elend, mit ein paar Schweißtropfen auf der Stirn, in seinen blauen Mantel gehüllt. Über ihn nahm ich die Unbehaglichkeit dieses Klassenzimmers wahr. Alles war düster. Heute weiß ich nicht: ich bin kalt und hart, wie immer am Morgen, ohne Freundschaft für mich, ohne Leidenschaft, ohne Interesse für den Krieg und ohne Hoffnung, daß er bald zu Ende geht. Dieser Zustand scheint mir im Grunde die beste Art zu sein, in dieser jetzt beginnenden Periode den Krieg zu leben. Da es mir gerade einfällt, notiere ich, als Zeichen von Unausgeglichenheit, daß ich andererseits vor vier oder fünf Tagen ziemlich heftige Anwandlungen von poetischer Sentimentalität hatte. Ich habe dem Castor davon geschrieben. Interessant ist, daß der Castor meinen Stimmungsumschwung in meinen Briefen gespürt hat, bevor er mir selber bewußt wurde.

Kurz, der Krieg ist eine konkrete Idee, die ihre eigene Zerstörung in sich trägt und sie mit ebenfalls konkreter Dialektik realisiert. An dem Tag, da man, wie Romains zeigte, festgestellt hat, daß die Mittel der Destruktion ihre Selbstdestruktion in sich tragen und daß einfache, unendlich viel billigere und primitivere *Konstruktionen* ausreichen, sie abzuwehren, ist der Krieg der *Menschen* praktisch beendet worden, und die Zerstörung hat sich auf die Waren verlagert. Mag sein, daß die Transportarten der Zukunft auch den Blockadekrieg unwirksam machen (wenn beispielsweise der Transport auf dem Luftweg erfolgt. Es war die Rede davon, Rohstoffe mit Zeppelinen von Rußland nach Deutschland zu transportieren). In diesem Fall wird der Krieg ausgespielt haben. Die Abschaffung des Krieges ist also nicht vom Pazifismus, sondern von der dem Krieg eigenen Dialektik zu erwarten. Das Wesen des Krieges wird an dem Tag konkret *verwirklicht* sein, an dem der Krieg unmöglich geworden ist.

Ich habe Mistler geraten, an Ort und Stelle (er ist Elsässer und bei Elsässern untergebracht) eine kleine Untersuchung über die Lage der Evakuierten an Hand ihrer Briefe anzustellen. Das interessiert ihn. Heute morgen berichtet er mir, nach Gesprächen mit seiner Wirtin und ihrer Nachbarinnen, daß die Briefe der Evakuierten über die Wilden, die sie aufnehmen, bei denen, die dableiben, ein intensives Gefühl von Stolz und Angst hervorgerufen haben. Ihr reiches, zivilisiertes und fettes Land mit seiner Behaglichkeit und seinem Luxus erscheint ihnen wie köstliches zartes Fleisch an den Grenzen eines schroffen und rückständigen Landes. Mehr denn je jagt die Evakuierung ihnen Schrecken ein. Unsere Zimmerwirtin erklärte uns noch vor kurzem: «Ich gehe nur weg, wenn man mich mit Gewalt evakuiert.» Die alten Frauen, die Mistler aufgesucht hat, wiederholten: «Wir wollen lieber bombardiert als ausgeplündert werden.» – Denn Evakuierung heißt für sie Plünderung. Man kolportiert Geschichten über verdächtige Kisten, die im Bahnhof von Straßburg lagen, von einem «Höcheren» an seine Frau geschickt, und die die Behörden haben öffnen lassen: es befand sich Frauenunterwäsche darin. Diese «Höcheren» (Offiziere – hohe Herren) sind gefürchteter als die Soldaten. Man spricht auch von einem Offizier, der in Brumath drei große Pakete an seine Frau zur Post gebracht hat. Die neugierig gewordenen Postfräuleins haben sie aufgemacht: wieder Frauenunterwäsche und -hüte. Diese letzte Geschichte ist ganz und gar unwahrscheinlich, da die Offiziere ebensowenig wie die Soldaten die zivile Post benutzen dürfen. Und selbst angenommen, die Militärs hätten hier und da Wäschepakete an ihre Frauen geschickt, könnte es sich dann nicht um jene Straßburger handeln, denen man kürzlich erlaubt hat, ein paar Stunden in ihrer Heimatstadt zu verbringen, um ihrer evakuierten Familie warme Sachen zu schicken – die sie aus ihrer Wohnung geholt haben? Jedenfalls hält sich hartnäckig das Gerücht der Plünderung, und die Motive, die man dafür beibringt, sind kurios: «Kein Wunder, daß sie plündern, diese Wilden: so was haben sie zu Hause nicht.» (So die Tochter des Direktors des Elektrizitätswerks.)

Das Fehlen von soliden Grundlagen, von Wurzeln sowie die Beibehaltung der sozialen Rahmen müssen, wenn ich nicht irre, die Evakuierten in eine Krise gesellschaftlicher Mystik stürzen. Die Priester und der Kirchenrat beeilen sich im übrigen, diese Mystik der Religion nutzbar zu machen. Immerhin haben die Behörden mit einer Gegenpropaganda für die im Elsaß gebliebenen Elsässer begonnen. Es vergeht kein Tag, an dem nicht evakuierte Elsässer (Bürgermeister, Pfarrer usw.) im Rundfunk einen kleinen Vortrag auf elsässisch halten, um ihren Landsleuten zu erklären, wie wohl es ihnen im Limousin ergeht. Vergeblich: die Briefe machen die Wirkung dieser Reden zunichte.

Mistler kommt herein, und ich lese ihm vor, was ich gerade geschrieben habe. Er hält die Notiz auf der vorigen Seite für viel zu kategorisch. Zwar habe ich lediglich seine Worte wiedergegeben, aber durch die bloße Tatsache, sie niederzuschreiben, habe ich ihnen eine Eindeutigkeit gegeben, die sie nicht haben sollten. Er korrigiert sich, und was er sagt, ist weit interessanter: Tatsache ist, daß es in Brumath eine Evakuierungs- und Plünderungspsychose gibt. Aber das Charakteristische an den Gerüchten, die sie schüren, ist, daß sie haltlos sind. Es sind Nebelschwaden. Keine näheren Angaben. Die Fakten sind wie mit Absicht verschleiert und vage. Zum Beispiel stimmt es nicht, daß man ihm gesagt hat: Ein Soldat hat Kisten voller Wäsche mit der Post verschickt. Nein, es ist vager und geheimnisvoller. Etwa in der Form: *Es gab* Päckchen voller Wäsche auf der Post. Und der Zusammenhang zwischen den Päckchen und den Höcheren ist ganz effektiv. Er existiert, aber man geht nicht so weit zu sagen, sie hätten sie verschickt. Sie haben etwas damit zu tun, das ist es. Auch wird das nicht einmal gesagt, es schwingt nur mit. Und wenn man etwas Genaueres wissen will, schmilzt das Gerücht dahin. Die Elsässer sind mißtrauisch und sagen: Ach, wissen Sie, ich war nicht dabei, man hat's mir erzählt. Es handelt sich also eher um einen geheimen Wahn, der auf die *Tatsachen* wartet, um zur Überzeugung zu gerinnen. Es ist eine unschlüssige, diskrete Angst, die sich selbst und anderen mißtraut, immer bereit, sich öffentlich zu widerrufen, kleiner zu machen, die aber wahrscheinlich, wenn sie allein oder unter sich sind, um so hartnäckiger ist, als sie keinen präzisen Gegenstand hat.

Wie um zu bestätigen, was ich heute morgen sagte, veröffentlichen die Zeitungen eine Erklärung von Roosevelt: «Ich hoffe, daß der Krieg im Frühjahr zu Ende gehen wird.»[1]

1 Die Presse, auf der Lauer nach dem geringsten Zeichen, das die Hoffnung auf einen «Wundersieg» bekräftigte, hat diesen Satz aus einer Rede des amerikanischen Präsidenten zum Thanksgiving day hochgespielt.

Der Melder des 68., der im Zivilleben in Straßburg wohnt, bekommt viele Briefe von Evakuierten in Périgueux. Die Elsässer werden dort sehr schlecht behandelt. Die Bevölkerung ist gegen sie aufgebracht, man wirft ihnen vor, sie seien die *Ursache* des Krieges. Wenn Hitler den Krieg erklärt hat (?), dann genau deshalb, weil er Elsaß-Lothringen zurückholen will.

Montag, 27.

Lieber sich selbst besiegen als das Schicksal. Sehr schön gesagt. Aber das zeigt so recht die Hinterhältigkeit des Stoizismus. Denn, um einen präzisen Fall zu nehmen, wenn ich mit aller Kraft an irgendeinem Objekt hänge, das mir entgeht, was kann dann der Verzicht für mich bedeuten? Glaubt man etwa, ich kann weiterhin mit meinem Fleisch den Wert des Objekts bejahen, kurz, unter dem Verzicht auf diesen Wert leiden und *gleichzeitig* mein ganzes Begehren an der Wurzel abschneiden? Sieht man denn nicht, daß ich diesen Wert *über* mein Begehren erfasse? Es ist also notwendig, das Objekt in gewisser Weise abzuwerten, was zum Erlöschen meines Begehrens beiträgt. Dafür sind kleine jesuitische Listen recht nützlich, die es mir gestatten, unaufhörlich in Worten und Gedanken den Wert des Objekts zu bejahen (aus Treue zu mir), und mich zugleich davon abhalten, ihn zu empfinden. Aber das heißt willentlich blind sein, denn der Wert des Objekts, da er nur in meinem Begehren empfunden wird, ist für das Objekt *wirklich* konstitutiv. In diesem Sinne sind alle jene berühmten epikureischen und stoizistischen Schmähreden gegen die Verliebten (ein großes Pferd erscheint ihnen hoch aufgeschossen, eine Hinkende hat einen eigenwilligen Charme beim Gehen) nichts als jesuitische Finten und Slogans, denn es stimmt zwar, daß im Hinken dieser oder jener Frau Anmut verborgen ist, es gilt nur, sie darin zu entdecken. Aber man muß sie lieben, um sie zu entdecken. Die Stoiker sind einfach blind und taub. Aus Prinzip, weil der Zweck die Mittel heiligt. Es tut hier wenig zur Sache, daß der Zweck Gleichmut sein soll. Auf jeden Fall ist der Stoiker ein Pragmatiker, der gegen sich selbst zu Gewalt und Lüge greift, um sein Ziel zu erreichen. Was also tun? Nun, man soll eher leiden und stöhnen und weinen, aber sich niemals den Wert der Dinge verschleiern. Die Authentizität verlangt, daß wir ein bißchen weinerlich sind. Die Authentizität und die wahre Treue zu sich selbst. Was ich über die Liebe sage, sage ich auch über das

Leben. Es ist schwer, aus dem Leben zu scheiden. Wer sich plötzlich aufspielt und meint, es ohne Bedauern zu verlassen, hat sich so oder so selbst betrogen. Ausgezeichnete Stelle in Koestlers *Testament espagnol*[1]: «Sie starben unter Tränen, vergeblichen Hilferufen und in großer Schwäche, wie Menschen sterben müssen. Denn das Sterben ist eine verflucht ernste Sache, man soll kein Melodrama daraus machen. Pilatus sagte auch nicht: ‹Ecce heros›; er sagte ‹Ecce homo›.» Wesentlich ist, daß diese fürchterliche Schwäche, die den Sinn dessen enthüllt, was Koestler *das* Sterben nennt, einen nicht daran hindert zu sterben, wenn es sein muß. Ich erinnere mich, daß ich selbst zu der Zeit, da ich in meinem Stoizismus verbarrikadiert war, immer davon geträumt habe, einen winselnden und feigen Helden zu zeichnen, der jedoch stets im rechten Augenblick tut, was nötig ist, der brüllend und um Gnade flehend zugrunde geht, aber doch nicht gesteht, was man ihn gestehen lassen wollte. Was mich betrifft, so weiß ich, daß mir in einem solchen Fall die Schreie gegen meinen Willen entrissen würden. Mit allen Kräften würde ich versuchen, nicht zu weinen. Wahrscheinlich würde ich weinen – ich weiß es nicht –, aber von der Angst besiegt und gedemütigt, die Angst würde meinen Stoizismus sprengen wie einen Damm, aber ich würde zweifellos versuchen, stoisch zu sein. Aus Hochmut, und ich tadele mich. Hochmut – Achtung vor dem Menschen. Und was steckt im Grunde hinter diesem schönen Stoizismus, wenn nicht die Angst vor dem Leiden. Die Authentizität verlangt, daß man das Leiden akzeptiert, aus Treue zu sich selbst, aus Treue zur Welt. Denn wir sind frei-zu-leiden und frei-nicht-zu-leiden. Wir sind verantwortlich für die Form und die Intensität unserer Leiden. Es ist sehr einfach, den Kopf zu verlieren – auch sehr einfach, stoisch zu sein. Aber in letzter Zeit spüre ich immer, daß es fast unmöglich ist, die Authentizität zu *halten*. Ich verstehe jetzt gut jene Worte einer Gestalt von Stevenson, die von sich sagt, sie sei ein Feinschmecker der Angst, weil die Angst die intensivste Gemütsbewegung ist – intensiver noch als die Liebe.[2] Man sollte besser sagen: die authentischste.

1 *Un testament espagnol*, Albin Michel, Paris 1939. Dt. *Ein spanisches Testament*.
2 In *Suicide-club*, Erzählung aus den *Neuen tausend und eine Nacht*. Julien Green zitiert diesen Absatz in seinem Tagebuch am 1. Februar 1931.

Zu den Beweggründen, die mich veranlassen, diese Seite zu schreiben, gehört zum einen ein Ereignis meines persönlichen Lebens, das hier uninteressant ist[1] – zum anderen, auf einer anderen Ebene, immer jener seltsame und hochmütige Wunsch, mich mit den Schwachen gegen die Starken zu stellen, um mich stärker als die Starken zu fühlen. Ich muß es sagen: ich habe so etwas wie einen spontanen und irrationalen Widerwillen gegen diejenigen, die klagen, wenn sie leiden. Um nichts in der Welt möchte ich das tun, und bei den kleinen Leiden, die das Leben eines durchschnittlichen Menschen, eines Stadtbewohners streifen, habe ich immer ohne große Mühe, aber mit großer Befriedigung eine diskrete Haltung bewahrt. Diese Diskretion gegenüber all diesen Wehwehchen galt magisch als *Zeichen* dafür, daß ich eine ähnliche Diskretion und Nüchternheit auch bei den furchtbarsten Leiden wahren würde. Magisch betrachte ich mich in jedem Augenblick meines Lebens, als hätte ich meine Prüfungen bestanden und wortlos die schlimmsten Schmerzen ertragen. Und dann gab es hin und wieder Löcher von Hochmut, und ich fragte mich gern, wo meine Grenzen auf diesem Gebiet lägen, und ärgerte mich, keinerlei Beweis zu haben. Aber ich wiederhole es, ich betrachte mich unbegründet als *auf der Seite* derer, die nicht stöhnen. Nun ja, ganz selbstverständlich werde ich mich auf die Seite derer stellen, die stöhnen, und diese List gibt mir das befriedigende Gefühl, die einen wie die anderen zu übertrumpfen: die Starken und Stummen, weil ich schweigen kann wie sie und nicht will; die anderen, weil ich aus freien Stücken eine Authentizität suche, die sich ihnen häufig auf Grund ihrer Schwäche aufdrängt. Und das ist ein weiterer Beweis für die enorme Schwierigkeit, die Authentizität zu erlangen. In die Suche selbst schleichen sich Betrug und List ein.

Ich erfahre, daß es einen Entwurf der *Times* gibt, der den Frieden auf die Föderation der Völker gründet. «Zu diesem Zweck werden die verschiedenen Nationen Europas eine gewisse Einschränkung ihrer ökonomischen, finanziellen und sogar politischen Unabhängigkeit akzeptieren.» Dieser Artikel ist in Frankreich nahezu totgeschwiegen

1 Steht dieses Ereignis in Verbindung mit Wanda? Ein am 26. von ihr empfangener Brief hat Sartres Untreueverdacht neu belebt (vgl. Brief an S. d. Beauvoir vom gleichen Tag).

worden. Man hat *Je suis partout* freie Hand gelassen, ihn zu kritisieren; dagegen schreibt Francisque Gay in *L'Aube*[1]:

«Wie wir schon sagten, wird den demokratischen Journalisten, die die großen Linien unserer Kriegsziele zu verdeutlichen suchen, äußerste Diskretion ‹empfohlen›. Sie sollen Zurückhaltung üben, nicht nur wenn sie dem sensationellen Artikel der halbamtlichen *Times* zustimmen, sondern sogar wenn sie ihrer Freude Ausdruck geben über die Übereinstimmungen zwischen einigen Reden der Herren Lebrun, Daladier, Paul Reynaud[2] und den noch präziseren Erklärungen der Herren Chamberlain und Eden, Lord Halifax oder Sir Neville Henderson.[3] Dagegen tritt klar zutage, daß man die größte Freizügigkeit walten läßt gegenüber den Schriftstellern, die es für angezeigt halten, scharfe Anklagen gegen die Verträge von 1919 zu erheben.»

Es folgen Zitate aus Artikeln des *Petit Parisien*, der *Action française*, des *Temps* und aus *Je suis partout* usw., die gar nicht oder nur geringfügig zensiert worden sind. Es soll sich um Initiativen subalterner und reaktionärer Zensoren handeln.

Heute habe ich keinen besonderen Grund, fröhlich zu sein: diese Geschichte mit W., außerdem tun mir die Augen weh, das Wetter ist trübe, ich bin blank und gehe nicht aus. Und trotzdem, gegen halb eins, allein im Klassenzimmer mit Keller, der sich mit Bohnen vollfrißt, während ich Brot und Schokolade esse, bin ich ans Fenster gegangen und habe den Himmel und die roten Fensterläden des gegenüberliegenden Hauses betrachtet, und während ich an die Authentizität dachte, an den Dialog zwischen Mathieu und Marcelle[4], ist eine kräftige und harte, nicht sehr starke, aber zähe Freude in mir eingezogen, ein kleiner harter Kern von Freude. Warum, weiß ich überhaupt

1 In einem Artikel unter dem Titel «Anklagen gegen die Verträge von 1919» (19/20. November 1939). Francisque Gay, Begründer von *La Vie catholique* (1924) und *L'Aube*, bekämpft die Auffassungen von Maurras und der *Action française*.

2 Albert Lebrun ist damals Präsident der französischen Republik und Paul Reynaud Finanzminister.

3 Anthony Eden ist Minister der Dominions im Kabinett Chamberlain, Lord Edward F. Halifax Leiter des Foreign Office; Sir Neville Henderson war bis zum Krieg britischer Botschafter in Deutschland.

4 Romanfiguren aus *L'Age de raison*. Es handelt sich sicherlich um die Szene, in der Mathieu Marcelle gesteht, daß er sie nicht mehr liebt. Vgl. Kap. XVII.

nicht. Ich habe die Freude einfach empfunden und bin auf Hypothesen angewiesen, aber ich weiß genau, daß ich sie nur mir selbst verdanke. Sie kommt weder von meinem Hochmut noch von einer fragwürdigen Poesie der Gegenstände, noch von einer anfechtbaren Rührseligkeit. Sie hat nichts von einer flüchtigen Anwandlung. Sie ist kindlich und still, und da ich keinen Grund für sie sehe, halte ich sie für rein.

Ich sehe deutlich, worin sich diese Authentizität, der ich mich zu nahen suche, von der Gideschen Reinheit unterscheidet. Die Reinheit ist eine völlig subjektive Eigenschaft der Gefühle und des Wollens. Sie sind rein, insofern sie sich selbst verzehren wie eine Flamme, keinerlei Berechnung besudelt sie. Rein und zweckfrei. In diesem Augenblick brauchen sie keine andere Rechtfertigung als sich selber, sie suchen auch keine andere. Sie sind nur sie selbst und ganz und gar sie selbst. Aber die Authentizität ist nicht genau diese subjektive Inbrunst. Sie läßt sich nur von der *conditio humana* her begreifen, der *conditio* eines Seins, das in eine Situation geworfen ist. Die Authentizität ist eine Pflicht, die uns sowohl von außen wie von innen kommt, weil unser «Innen» ein Außen ist. Authentisch sein heißt sein «In-Situation-sein» voll verwirklichen, wie immer diese Situation im übrigen aussehen mag, mit jenem tiefen Bewußtsein, daß man durch die authentische Verwirklichung des In-Situation-seins einerseits die Situation und andererseits die menschliche-Realität zu voller Existenz bringt. Das setzt ein geduldiges Erlernen dessen voraus, was die Situation verlangt, und außerdem eine Art und Weise, sich hineinzuwerfen und sich selbst als «Sein-zu» dieser Situation zu bestimmen. Natürlich sind die Situationen nicht ein für allemal katalogisiert. Im Gegenteil, sie sind jedesmal neu. Es gibt kein Etikett der Situationen und wird es niemals geben.

Mistler sucht mich auf. «Ich möchte dir eine Frage zum Thema der Soldaten-Väter stellen.» – «Bitte.» – «Wie dir ist mir aufgefallen, daß alle behaupten, sie würden ihre Kinder mehr vermissen als ihre Frauen. Warum?» – «Um das Scheitern ihrer Ehe vor sich zu verbergen. Seit der Kriegserklärung können sie einen Strich unter ihr vergangenes Leben machen und die Summe ziehen. Alles ist tot, man kann sich prüfen und sagen: Was habe ich getaugt? Nun, ihre Beziehungen zu ihren Frauen erscheinen ihnen so, wie sie sind: schäbig und mißraten, ihr größter Mißerfolg. Also lenken sie sich ab, indem sie an das Kind denken. Das Kind ist noch nichts, es gibt keine Summe zu ziehen. Im Gegenteil, es ist die Zukunft. Sowohl ihre Zukunft wie die seine: es ist die Nachkriegszeit, eine Nachkriegszeit, die *die ihre* ist, da sie das Kind gemacht haben. Eine Art zu denken: mein Leben ist noch nicht abgeschlossen, die Summe ist noch nicht gezogen, es gibt einen Aufschub. Das Kind ist der einzige Aufschub dieses toten Lebens.» – «Aber», sagt Mistler, «gibt es nicht auch individuelle Katastrophen mitten im Frieden, die jemand dazu bringen können, so zu denken?» – «Vielleicht, aber das ist nicht dasselbe. Im Frieden gibt es ein individuelles System, das Leben eines Menschen und seine Koordinaten: die Epoche. Das individuelle System kann variieren, aber die Koordinaten bleiben fest. Es variiert in bezug auf die Koordinaten. Es gibt also niemals diesen totalen Stillstand des Lebens. Sobald dagegen der Krieg kommt, wird der Strich gezogen, nicht nur das individuelle System steht still und erstarrt, sondern auch seine Koordinaten. Alles ist in die Vergangenheit gesunken, man kann über sein Leben urteilen, über seine Epoche und sein Leben, insofern es aus dem Material der Epoche gemacht ist. Das wäre die Gelegenheit, frei zu sein, aber sie wollen nicht. Sie verbergen sich ihre totale Freiheit in bezug auf dieses verfehlte Leben mit Hilfe der Vaterliebe.»

Terre des hommes von Saint-Exupéry[1] klingt sehr heideggerisch: «Ein Schauspiel hat nur dann Sinn, wenn man es auf eine Kultur, eine Zivilisation, einen Beruf beziehen kann.» «Die Notwendigkeiten, die ein Beruf mit sich bringt, verwandeln und bereichern die Welt.» «Den einfachen Reisenden bleibt der Sturm unsichtbar ... Nur große weiße Palmblätter entfalten sich, von Adern und Flecken gezeichnet, wie im Frost gefangen. Aber die Besatzung weiß, daß an solchen Stellen eine Landung verboten ist. Für sie gleichen die Palmwedel großen giftigen Pflanzen.»

«Das Flugzeug ist wohl eine Maschine, doch welch ein Instrument der Analyse! Mit diesem Instrument haben wir das wahre Gesicht der Erde entdeckt. Denn jahrhundertelang hatten uns die Straßen getäuscht ... Sie vermeiden die unfruchtbaren Landstriche, die Felsen, die Sanddünen, sie fügen sich den Bedürfnissen der Menschen und führen von Quelle zu Quelle ... Unser Planet erschien uns feucht und

1 Gallimard, Paris 1939.

lieblich. Aber unser Blick ist schärfer geworden, und wir haben einen grausamen Fortschritt gemacht. Mit dem Flugzeug lernten wir die gerade Linie kennen ... So sind wir zu Physikern geworden ... und beurteilen den Menschen in der Perspektive des Weltraums.»

Ich lese *Terre des hommes* mit einer gewissen Erregung. Obwohl ich den Stil nicht besonders mag, er ist etwas wahrsagerisch, auf der Linie von Barrès, Montherlant; ich mag eine gewisse Affektiertheit nicht, auch nicht eine gewisse politisierende Biederkeit, die uns von der Grabrede («Guillaumet, du wolltest uns geizig deine Wiederkehr versagen») zur Lobrede segeln läßt, die in *La Science et la vie* stehen könnten. Und vor allem mag ich diesen neuen Humanismus nicht: «‹Ich schwöre dir, was ich getan habe, hätte kein Tier fertiggebracht.› Dieser Satz, der großartigste, den ich kenne, dieser Satz, der den Menschen situiert, der ihn ehrt, die wahren Hierarchien wiederherstellt» usw. Aber es bleiben viele recht gute und sogar hervorragende Stellen, die mich erregen. Und außerdem ist nichts besser geeignet, einem Gefangenen Tränen zu entlocken, als diese Erzählungen von schwindelerregenden Reisen. Seit der Mobilisierung ist es mir oft passiert, daß ich mich nach den Städten und Landschaften der Welt, die ich kenne, gesehnt habe – und das ist manchmal bitter. Aber heute abend sehne ich mich nach Argentinien, nach der Sahara, nach allen Teilen der Welt, die ich nicht kenne, nach der ganzen Erde – und das ist sehr viel süßer, resignierter, hoffnungsloser. Es ist ein «zartes Leid», das dem Glück ähnelt. Wie die Sehnsucht nach einem Leben, das ich zur Zeit, als ich «tausend Sokratesse» war, hätte haben können. Jetzt bin ich nur noch ein einziger. Oder vielleicht zwei oder drei.

Dienstag, 28.

Mistler setzt seine Untersuchung fort. Hier die Fakten, die er heute morgen gesammelt hat. Anscheinend ist die Frage der *Arbeit* von erheblicher Bedeutung. Die Bemerkung eines Evakuierten (von einem Eingezogenen aus Metz wiedergegeben) ist ziemlich typisch: «Vielleicht hat man uns ja hierhergeschickt, damit wir *ihnen* das Arbeiten beibringen.» Eine Bemerkung, die offenbar von der Primitivität der Werkzeuge und Feldarbeiten dieser «Wilden» hervorgerufen wurde. Hier haben wir also Leute, die stolz darauf sind, daß sie zu arbeiten verstehen, bereit, anderen beizubringen, was sie wissen, und Ratschläge zu geben. Es ist ein Charakterzug der Elsässer, daß sie gern Ratschläge geben. Und so ist wohl ihre bitterste Enttäuschung, nach ihren Briefen zu urteilen, daß sie ihre Arbeitskraft nicht *einsetzen* können. Zudem stelle ich mir vor, daß sie, wenn sie arbeiten könnten, ihre menschliche Würde wiederfänden, sich nicht mehr als «evakuierte Menge» fühlen würden. Aber man beschäftigt sie nicht oder nur wenig (immerhin muß ich um der Nuancierung willen die Bemerkung eines Mannes aus dem Périgord festhalten, der in Brumath stationiert ist: in seinem Dorf beschäftigt ein Bauernhof 10 Elsässer. Er behauptet, sie seien zuerst ganz verwirrt gewesen von dem *modernen* und *neuen* Charakter der Geräte – vor allem der Pflüge. Aber sie hätten sich schnell daran gewöhnt). Jedenfalls arbeiten die meisten nicht. Sie sagen: «Es sind doch Leute im Limousin eingezogen worden, die müssen doch *ersetzt* werden. Wie kommt es, daß man uns nicht beschäftigt?» Offensichtlich mißtrauen ihnen die Limousiner; die Limousiner schuften sich lieber tot und machen *alles* selber. Aber da taucht ein soziales Phänomen auf: Großbauern, die die Untätigkeit satt haben, beabsichtigen, im Limousin Land zu kaufen. Es wird interessant sein, die Folgen dieser Absicht zu beobachten, wenn sie sie in die Tat umsetzen.

Andererseits haben in Saint-Junien einige elsässische Familien, von der Ernährung im Périgord angewidert («sie essen Dreck»), beschlossen, das Flüchtlingsgeld zusammenzulegen. Ein oder zwei Frauen, die geschickter sind als die anderen, kaufen ein und kochen. Ich bemerke hier die Tendenz, Geld zu sozialisieren, das sozialistischen Ursprungs ist. Es fällt ihnen weniger schwer, es in einen Topf zu werfen, weil sie es nicht als *ihres* empfinden. Gewiß haben sie ein *Recht* auf die Entschädigung von zehn Francs am Tag. Aber sie haben zu diesen zehn Francs nicht dasselbe innige Verhältnis wie zu selbstverdientem oder geerbtem Geld. Gleichzeitig scheint mir, als entstehe hinter dieser Andeutung eines Phalansteriums, hinter diesen gemeinsam eingenommenen Mahlzeiten jene Tendenz zu einem gesellschaftlichen Mystizismus, von der ich neulich sprach. Man findet sich wieder, man rückt näher zusammen. Vielleicht bekommt die Mahlzeit wieder jenen heiligen Charakter, den sie seit langem verloren hat. Jedenfalls fordern die Elsässer von Saint-Junien, um diese neue Institution zu einer allgemeinen zu machen, die Leute der benachbarten Gemeinden auf, sich ihnen anzuschließen. Und hier taucht ein weiteres Phänomen auf: die Behörden der benachbarten Gemeinden *ver-*

weigern den Elsässern, die unter ihre Zuständigkeit fallen, die Genehmigung, ihre Mahlzeit in Saint-Junien einzunehmen. Warum? Dafür kann es verschiedene Gründe geben: vielleicht handelt es sich nur um die lokale Initiative eines kleinlichen oder feindseligen Gemeinderats. Vielleicht aber will man auch nicht, daß eine breitere Gesellschaft und Gemeinschaften ähnlich denen der Urchristen *außerhalb des Rahmens* entstehen, den die Regierung mit eifersüchtiger Sorgfalt bewahrt hat. Vielleicht auch legt man keinen allzu großen Wert darauf, daß die Elsässer, die in einer limousinischen Gemeinde evakuiert sind, erfahren, was in den anderen vor sich geht. Damit wird die Unzufriedenheit verstärkt.

Festzuhalten ist – bekanntlich verschmähen die Elsässer das limousinische Essen ebenso wie die Soldaten aus Mittelfrankreich das elsässische Essen –, daß ein paar von evakuierten Juden betriebene Metzgereien aufgetaucht sind, die Straßburger Würstchen und Fleischwurst verkaufen.

Die Elsässer in Limoges, die wütend sind, daß sie keine Arbeit finden, berichten, daß die Ladenbesitzer von Limoges sich über zuviel Arbeit beklagen: «Daran sind diese Evakuierten schuld», sagen die limousinischen Geschäftsleute stöhnend, «verstehen Sie, dauern kommen sie und kaufen ein, wir müssen uns ständig neu eindecken.»

Hang, dem ich von meiner Untersuchung erzähle, weist mich darauf hin, daß er Briefe von seinem Gärtner und dessen Frau bekommt, die sich vor allem darüber beklagen, daß sie schamlos ausgebeutet werden. Aber obgleich Elsässer, ist er Konformist und *will* sich nicht entrüsten. Er sagt zu mir: «Ich antworte ihnen, daß es ihnen viel besser geht als den Flüchtlingen von 1914 und daß sie sich nicht zu beklagen haben, weil es mit dem Krieg ganz anders hätte kommen können.» Trotzdem wurmt ihn die Vorstellung ein bißchen, daß man sie ausbeutet. Aber er zuckt die Achseln und sagt zu mir: «Was willst du, das ist doch so menschlich!»

Seit einiger Zeit wiederholt der Feldwebel immer wieder stirnrunzelnd: «Nur los mit dem Bumbum! Ich hab mit den Deutschen ein Hühnchen zu rupfen!» Die ersten Male hatten diese kriegerischen Worte alle Merkmale einer Improvisation. Doch allmählich sind sie zu einem Ritual geworden, und er mußte wohl oder übel nach Gründen dafür suchen. Heute morgen ist es soweit. Beim Kaffeetrinken sagt er zu mir: «Ich hab mit den Deutschen ein Hühnchen zu rupfen. Ich will ihnen die Peitschenhiebe heimzahlen, die sie mir verpaßt haben, als ich klein war.» Ich, lebhaft interessiert: «Ach, sie haben Ihnen Peitschenhiebe verpaßt?» – «Das heißt, nein. Ich war im besetzten Gebiet, als ich klein war. Und die Boches haben mir Schokolade gegeben, damit ich rufe: ‹Frankreich kaputt›. Ich konnte kein Deutsch, und ich rief es. Aber einmal hat mein Großvater in ihrer Gegenwart zu mir gesagt: ‹Ruf das nicht.› Und da haben sie mir mit der Peitsche gedroht.»

Gestern hat Paul in einem Wutanfall Pieter vorgeworfen, es fehle ihm an Würde, weil er immer bettelt. Und tatsächlich, Pieter *bittet* liebend gern: um einen Gefallen, eine Gunst, irgend etwas. Aber es wäre ein schwerer Irrtum, zu glauben, er tue das aus niedrigen Beweggründen. Im Gegenteil. Zunächst gibt es eine gewisse schwärmerische Weltgewandtheit bei ihm. Er bittet, weil er zu bitten versteht. Zum Beispiel sagt er, als wolle er seinem Gegenüber eine angenehme Überraschung bereiten: «Sie wissen nicht, Madame, worum ich Sie bitten werde», so daß die Person, wenn sie erfährt, was man von ihr erwartet, entzückt und überglücklich ist, weil man ihre Neugierde befriedigt hat. Oder: «Ach, ich muß Sie noch mal belästigen ...» Es gibt bei ihm eine Art Großzügigkeit im Bitten. Es kommt vor, daß er mit einer Bitte beginnt, aber nicht weiß, worum er bitten soll: einfach aus Spaß. Aber das alles ist nicht das Wesentliche. In Wirklichkeit ist die Bitte für ihn ein heiliger Ritus der humanistischen Religion, eine naive, fast feudale Zeremonie, die einen Augenblick lang zwischen dem Bittenden und dem Gebenden Gleichheit herstellt. Der Akt des Bittens stellt zwei Menschen in ihrer menschlichen Nacktheit einander gegenüber. Pieter bringt sich ganz in seine Bitte ein: «Sie sehen, wer ich bin, ein Mensch wie viele andere, in seiner Menschenwürde.» Und wenn er Vorgesetzte so gerne bittet, dann weil er die Illusion hat, sich an den Menschen zu wenden. Und tatsächlich liegt in seiner Bitte immer etwas Vertrauliches und Geflüstertes, das hinter dem sehr offenkundigen Respekt bedeutet: «Ich vergesse nicht, daß Sie Offizier sind, aber was ich von Ihnen wünsche, wünsche ich von dem Menschen» usw. So ist er, wenn man es ihm gewährt – und es kommt selten vor, daß man es ihm nicht gewährt –, doppelt glücklich – und vor allem, weil er den Eindruck hat, daß der Leutnant oder der Hauptmann es ihm *als Mensch* gegeben hat. Daher ist die Bitte bei Pieter eine mystische und unaufhörlich erneuerte Kommunion seiner Menschlichkeit mit der der anderen. Das Gegenstück dazu ist, daß er ebenso großzügig gibt, wie er bittet – sogar und vor allem dann, wenn man ihn um nichts bittet.

Heute morgen beim Aufstehen beschäftigt mich immer noch jener Gedanke von Saint-Exupéry, den er so schön entwickelt: «Ein Schauspiel hat nur dann Sinn, wenn man es auf einen Beruf beziehen kann.» Paul sagt fröstelnd: «Es ist kälter als gestern.» Gestern regnete es. Und ich spüre, daß diese bittere und schneidende Kälte in keiner Weise derjenigen gleicht, die ich in Paris, an manchen Tagen, in meinem Zimmer im Hotel Mistral empfinden könnte. Diese hier ist *meine* Kälte, die Materie meiner Arbeit, eine Kälte, die in Kürze zu messen ich beauftragt bin. Sie ist viel weniger unangenehm als die andere, weil ich sie nicht passiv erdulde. Sie beißt mich nicht, sie streichelt mich und kratzt mich ein wenig, wie eine Katze, die mit mir spielen will. Gleichzeitig ist sie nicht wie früher eine kleine eisige Lache, die durch die Ritzen der Fenster ins Zimmer geflossen ist und dort stillsteht: sie ist ein Anzeichen für schönes Wetter. Sie *ist* das schöne Wetter. In dieses Zimmer hat sie sich bei geschlossenen Jalousien durch das gelbliche Licht der Glühbirnen gestohlen, ein Sonnenstrahl, trockene rosa Morgenröte. Ich brauche die Fenster nicht zu öffnen, ich bin bereits im schönen Wetter, und dieses Erwachen zweier Soldaten mit rosa Augen hat nichts Düsteres mehr, es ist ein Erwachen auf den Feldern, die Wände zählen nicht mehr. Sie sind nicht eingestürzt, aber sie vermögen nichts gegen diese Dimension von Kälte, meine neue Umgebung. Es gäbe noch viele ähnliche Veränderungen festzuhalten, aber dazu bin ich zu faul, ich werde sie aufschreiben, wenn sie mir einfallen. Immerhin gibt es eine, an die ich dachte und die nicht von meinem Meteorologenberuf herrührt, sondern von meiner Lage als Soldat im Krieg. Die schönen, reinen und kalten Himmel bergen jetzt etwas Bebendes und Haariges, das sich vom einen Ende des Horizonts zum anderen erstreckt wie ein Insektenflügel: es sind Himmel voll deutscher Flugzeuge. Es ist ihre Natur, eine Eigenschaft ihrer Landschaft, die man frühmorgens entdeckt, wenn man den Kopf hebt. Es macht überhaupt keine Angst, weil die Flugzeuge nicht bösartig sind, es interessiert auch nicht sonderlich; es ist einfach da, der Himmel ist leicht giftig, wie jene weißen Palmwedel, von denen Saint-Exupéry spricht. Und die Regenhimmel dagegen sind feste Wände, die uns abschirmen, ein Vorgeschmack des Friedens. Für unsere Zimmerwirtin, die Angst vor Luftangriffen hat, hat sich der Sinn des Klimas verkehrt. Sie öffnet die Läden und lächelt dem Regen zu wie früher der Sonne.

Ich vergaß zu sagen, daß die morgendliche Kälte kein lokales Abenteuer meiner Person, meiner Kameraden ist. Sie kommt von weit her, von oben, voll exotischer Poesie wie ein Schwarm Zugvögel. Wenn der Castor diese Zeilen liest[1], wird sie wahrscheinlich an die Wintersportkälte denken, die ein humanistisches Band zwischen den Menschen war, ein menschliches Milieu und gleichzeitig eine dichte, fühlbare Substanz, die man mit den Händen berührte, mit der Haut des Gesichts. Auch diese wurde nicht erduldet, da man sie bis hinauf in die Berge suchen ging, aus Lust, in sie einzudringen und sie um uns herum pfeifen zu hören wie die von einem Geschoß durchlöcherte Luft.

Zwei Anekdoten von Hang, für deren Echtheit er sich verbürgt. In der Nähe von Wissembourg wird eine französische Patrouille von den Deutschen überrascht. Die Männer flüchten, der Unteroffizier wird gefangengenommen. Man bringt ihn in eine Kasematte, und ein deutscher Offizier verhört ihn eine halbe Stunde lang in ausgezeichnetem Französisch. Der Unteroffizier stellt sich dumm, beginnt jedoch zu fürchten, daß man ihn ein wenig mißhandeln wird, um ihn zum Sprechen zu bringen. Nach einer halben Stunde sagt der deutsche Offizier zu ihm: «Gut. Und jetzt hauen Sie ab, gehen Sie heim, und belästigen Sie uns ja nicht noch mal mit Ihren Patrouillen.» Andere Geschichte: wiederum in der Nähe von Wissembourg erteilt man evakuierten Zivilisten die Erlaubnis, für vierundzwanzig Stunden in ihr Dorf zu gehen, um notwendige Dinge zu holen. Unterdessen nehmen die Deutschen das Dorf ein. Sie sehen, wie die Zivilisten ihre Habe wegschaffen, helfen ihnen, ihre Bündel zu schnüren, und lassen sie dann abziehen. Diese zweite Anekdote erscheint mir zweifelhaft. Tatsache jedoch ist, daß man sie hier kolportiert. Es bestätigt

1 Sartre hat für Simone de Beauvoir den Abschnitt über die Kälte mit einigen Detailveränderungen kopiert; vgl. den Brief an S. de Beauvoir vom 28. November.

sich, daß die wenigen Toten oder Verwundeten in diesem Abschnitt auf beiden Seiten Opfer von Repressalien waren, nach einem versehentlichen Schuß. Andere Geschichte: eines Nachts bezieht die 65. Division in aller Stille ihren Abschnitt. Am nächsten Morgen hängt auf der anderen Seite der Linien ein Plakat: «Ein herzliches Willkommen für die 65.»

Kurz, das Wollen wird gewöhnlich als ein Aufblitzen betrachtet, das die Substanz, von der es ausgeht, nicht modifiziert. Ich dagegen betrachte es als eine totale und existentielle Modifizierung der menschlichen-Realität.

Gleichsam als Bestätigung dessen, was ich gestern unter Berufung auf Valois[1] sagte, lese ich heute in *L'Œuvre*:

«Gestern um Mitternacht bringt *L'Œuvre* als Überschrift folgenden Satz der Rede von Herrn Chamberlain über die Friedensziele: ‹Es geht nicht darum, die Landkarten nach unseren Vorstellungen als Sieger neu zu zeichnen, sondern Europa mit einem neuen Geist auszustatten.› Ein ausgezeichneter Satz, der mit den wiederholten Erklärungen der französischen Regierung übereinstimmt, da es sich bei dem ‹neuen Geist› von dem Chamberlain spricht, ganz offenkundig um den Geist der Freiheit, der Gerechtigkeit und des Friedens handelt.

Doch um zwei Uhr morgens wird *L'Œuvre* von der Zensur aufgefordert, den Satz des englischen Premiers zu streichen.

Wir beeilen uns hinzuzufügen, daß in der folgenden Ausgabe die gestrichene Überschrift wieder eingesetzt wurde: die Chefs hatten interveniert.»[2]

Der Schluß des Artikels, der ohne jeden Zweifel die subalternen Zensoren inkriminierte, ist von der Zensur gestrichen worden.

1 Georges Valois, Journalist und Politiker (1875–1945). Er gründete im Jahre 1925 die Bewegung *Le Faisceau*. Später trennte er sich vom Faschismus und wurde wegen seiner Teilnahme an der Résistance deportiert. Er starb 1945 im Lager Bergen-Belsen.

2 In seiner Rundfunkansprache vom 26. November, die in *L'Œuvre* vom 27. veröffentlicht wurde, unterscheidet N. Chamberlain das Kriegsziel, den Feind zu schlagen, von dem Friedensziel, Europa mit einem neuen Geist auszustatten, in dem seine Nationen an ihre Schwierigkeiten in völliger gegenseitiger Toleranz herangehen würden.

Ich kopiere hier den reizenden und ironischen Brief von Wanda über die Authentizität: «Wenn Du authentisch werden solltest, wärst Du nicht besser und nicht schlechter, es wäre etwas anderes. Gesellschaftlich gesehen wärst Du weniger wert, und Dein Leben nach außen würde wahrscheinlich weniger gelungen wirken. Aber an sich wärst Du tausendmal poetischer und tausendmal reiner; statt zu schreiben, wärst Du Thema für ein Buch (wie gefällt Dir das?). Wie Du glaube auch ich, daß es schrecklich schwer sein muß, zur Authentizität zu gelangen. Ich habe immer gedacht, man sei von Geburt an authentisch. Es ist ein Konstruktionsfehler, den Du nicht hast. Und dann hast Du Dich in die entgegengesetzte Richtung entwickelt, Du hast zuviel nachgedacht, Du kennst Dich zu gut, und dann schreibst Du. Angenommen, man besäße einen Schimmer Authentizität, sobald man schreibt, geht alles zum Teufel. Ich muß schmunzeln, wenn Du sagst, daß Du bedauerst, nicht intelligent zu sein, um Nutzen daraus zu ziehen, wenn Du Dich verlierst. Man kann keinen Nutzen daraus ziehen, weil die Authentizität nicht erkannt wird. Ich sehe das als ein Ding ohne Mitte, und Du gehst als Amateur drauflos, ohne Dir zu sehr den Kopf einrennen zu wollen. Das Ergebnis ist, daß Du in Kürze ein wunderbares Buch in mehreren Bänden über die Authentizität schreiben wirst. Im Grunde solltest Du dazu Rauschgift nehmen. Die einzigen Schriftsteller, die ein bißchen authentisch waren, sind Surrealisten, und natürlich: Rimbaud.»

Abends essen Pieter und ich gewöhnlich Brot und Schokolade oder Konserven. Paul und Keller verdrücken die vier Portionen Fleisch und Gemüse. Gestern abend hat Pieter Lust, ein paar Kartoffeln zu essen. Er sagt zu Keller: «Ich werde ein paar Kartoffeln nehmen.» – «Gut», brummt Keller. Pieter geht, Keller und Paul essen. Nach zehn Minuten kommt Pieter zurück, um seine Kartoffeln zu essen: die Schüssel ist leer, sie haben alles vertilgt: «Mehr ist nicht für mich da?» fragt er. Und Keller, kalt: «Heute sind wir schlecht bedient worden.»

Es stimmt, ich bin nicht authentisch. Bei allem, was ich fühle, weiß ich, noch bevor ich es fühle, daß ich es fühle. Und dann fühle ich es nur noch halb, vollauf damit beschäftigt, es zu definieren und zu denken. Meine größten Leidenschaften sind nichts als Nervenregungen. In der übrigen Zeit fühle ich hastig, und dann lege ich es in Wörtern dar, ich drücke ein bißchen hier, übertreibe ein bißchen dort, und schon ist ein vorbildliches Gefühl konstruiert, das sich in einem gebundenen Buch unterbringen läßt. Alles, was die Menschen fühlen, kann ich erraten, erklären, schwarz auf weiß setzen. Aber nicht fühlen. Ich täusche, ich wirke wie ein Gefühlsmensch und bin eine Wüste. Wenn ich jedoch mein Schicksal betrachte, kommt es mir gar nicht so verachtenswert vor: mir scheint, daß eine Menge gelobter Länder vor mir liegen, die ich nicht betreten werde. Ich habe den «Ekel» nicht empfunden, ich bin nicht authentisch, ich bin auf der Schwelle der gelobten Länder stehengeblieben. Aber zumindest zeige ich sie, und die anderen können hingehen. Ich bin ein Anzeiger, das ist meine Rolle. Mir scheint, daß ich mich in diesem Augenblick in meiner wesentlichsten Struktur erfasse, in jener Art schmerzlicher Gier, mich fühlen, mich leiden zu sehen, nicht um mich selbst zu erkennen, sondern um alle «Naturen» zu erkennen, das Leid, den Genuß, das In-der-Welt-sein. Das bin wirklich *ich*, diese ständige, reflexive Aufspaltung, diese lüsterne Hast, aus mir selbst Nutzen zu ziehen, dieser Blick. Ich weiß es – und oft bin ich es leid. Daher rührt jener magische Reiz, den rätselhafte Frauen auf mich ausüben, Wanda, früher Olga. Und dann habe ich hin und wieder unschuldige Freuden einer reinen Seele, die ich aber sofort erkenne, aufspüre, ausdrücke, in meiner Korrespondenz verbreite. Ich bin nur Hochmut und Hellsicht.

Mittwoch, 29.
Seit dem 2. September habe ich gelesen oder wiedergelesen:

Das Schloß von Kafka
Der Prozeß von Kafka
In der Strafkolonie von Kafka[1]

Das Tagebuch von Dabit
Das *Tagebuch* von Gide
Das Tagebuch von Green
Les Enfants du limon von Queneau

1 Die erste französische Übersetzung – vom Dichter Jean Carrive – erschien im Dez. 1938 unter dem Titel *Le bagne* in *Les Cahiers du Sud*.

Un rude hiver von Queneau[1]
Die *Nouvelle Revue française* von September-Oktober-November
Mars ou la guerre jugée von Alain
Prélude à Verdun von Romains
Verdun von Romains
Quarante-huit von Cassou
La Cavalière Elsa von Mac Orlan[2]
Sous la lumière froide von Mac Orlan[3]
Le Colonel Jack von Defoe
Zweiter Band der *Werke* von Shakespeare (Pléiade)
Terre des hommes von Saint-Exupéry
Testament espagnol von Koestler

Donnerstag, 30.
Da ich kein Geld mehr habe und den Dezember nicht mit Schulden belasten will, indem ich Pieter anpumpe, gehe ich seit fünf Tagen nicht zum Mittagessen in die *Ecrevisse*. Und weil mir die Kantine wenig Appetit macht, nutze ich die Gelegenheit und faste halb: morgens ein Käsebrot, abends ein Stück Brot und Schokolade, gestern gar nichts. Ich hoffe, auf diese Weise die vier oder sechs überflüssigen Pfunde zu verlieren, die ich seit September zugenommen habe. Meinen Gürtel konnte ich schon ein Loch enger schnallen. Offen gestanden wäre ich gestern mittag vielleicht in ein Gasthaus gegangen, aber ich spüre, daß meine Akoluthen mir auflauern. Ich habe ihnen ihre Schwäche zu oft zum Vorwurf gemacht, zu oft durchblicken lassen, daß sie mir auf die Nerven fallen mit ihren hundertmal gefaßten und hundertmal aufgegebenen Vorsätzen! Sie wären froh, mich in flagranti zu ertappen. Dieses Vergnügen sollen sie nicht haben. Immerhin hat Paul sich schadlos gehalten und unter dem Siegel der Verschwiegenheit Mistler anvertraut, der es mir weitergesagt hat, daß «ich noch nie so aggressiv war wie seit diesem freiwilligen Fasten». Das belustigt mich und klärt mich auf: ich war mir dessen nicht be-

1 Sartre las diesen Roman [dt. *Ein Winter in Le Havre*] in den Nummern der *N. R. F.* vom September, Oktober und November 1939.
2 Sartre hatte diesen Roman [dt. *Die Reiterin Elsa*] ein erstes Mal nach seinem Erscheinen (1922 bei Gallimard) gelesen.
3 Verlag Émile-Paul Frères, 1927.

wußt. Aber wenn ich die Daten vergleiche, sehe ich wohl, daß diese nervöse Aggressivität schlicht und einfach mit jener komischen Gefühlskrise zusammenhängt, in die ich mich wegen W. gestürzt hatte. Und diese Krise liegt vor meinem Vorsatz, weniger zu essen. Der vorgestrige Tag war im Hinblick auf diese Gefühlskrise wirklich quälend. Der gestrige sehr viel weniger. Die Post hatte mir keinen Brief von ihr beschert, und wenn ich in diesem Zustand bin, ziehe ich ihr Schweigen vor. Ich fühle weniger, daß sie ein Bewußtsein ist. Ihr Leben in Paris kommt mir irreal vor. Ein Brief ist das plötzliche Bersten eines treulosen und absoluten kleinen Bewußtseins mitten in jenem Paris, das ich vermisse. Wenn ich, was ich heute schreibe, mit dem vergleiche, was ich am Sonntag, dem 26., geschrieben habe, sehe ich, daß ich einen «Katzenjammer» durchgemacht haben muß. Aber da ich, aus Hochmut, auf meinem Entschluß beharrte, mein vergangenes Leben nicht zu bereuen und mich über dieses nicht zu beklagen, hat sich diese kurzlebige kleine Verzweiflung in die einzige freie Bahn ergossen, die sie finden konnte: eine krankhafte und eifersüchtige Unruhe wegen W. Nicht, daß ich keinen *Anlaß* zur Unruhe gehabt hätte – und noch immer habe. Aber ohne allen Zweifel hätte ich in Friedenszeiten anders reagiert.[1]

Jedenfalls las ich vorgestern und gestern, freiwillig eingesperrt und verstockt fastend, ein Buch, das prächtig zu meinem Trübsinn paßte und dem die gegenwärtigen Umstände zur höchsten Wirkung verhalfen: das *Testament espagnol* von Koestler. Das leidenschaftliche Interesse, das es in mir weckte, verband sich rückblickend und schneeballartig mit dem Interesse, das *Verdun* von Romains geweckt hatte. Die schonungslosen Bücher, in denen von Grausamkeit, Elend und Tod die Rede ist, sind mir im Augenblick sehr wertvoll. Zur Zeit möchte ich keine anderen lesen. Allein die Tatsache, in diesem Krieg zu stecken – der zwar nicht besonders schrecklich ist, aber trotzdem

1 Im Brief an S. de Beauvoir vom gleichen Tag (irrtümlich 29. November datiert): «... und meine jetzt beendete Gefühlskrise in mein Heft notiert. Das Ärgerliche ist, daß es durch so viele Hände gehen wird, daß ich gezwungen bin, ein bißchen zu verschleiern. Ich kann *weder* (im Verhältnis zu W.) sagen: es war nicht der Mühe wert, *noch* (im Verhältnis zu B.): die Krise war ein bißchen zu stark und das kam daher, daß ich, seit September, Wanda, die sich gut verhalten hatte, ein wenig poetisiert hatte, usw., usw. Kurz, ich laviere, ich habe nur Wahres gesagt, aber nicht die *ganze* Wahrheit.»

eine diskrete Zukunft von Zerstörung und Tod hat –, reicht aus, diese düsteren Erzählungen lebendig und real zu machen. Im letzten Jahr hätte ich sie natürlich mit der gebotenen Entrüstung gelesen, aber ich hätte den Eindruck gehabt, daß sie mich nicht betreffen, meine Entrüstung wäre «generös» gewesen. Jener Krieg von 14 ist völlig verschüttet – und Spanien ist nicht Frankreich. Ich stelle mir vor, daß die meisten Bürger guten Willens sich bei der Lektüre der Zeitungen oder ähnlicher Zeugnisse einer Art von zivilisierter Sicherheit nicht erwehren können: so was wird in Frankreich nicht passieren. Spanien ist ein rückständiges Land – oder: in den Balkanländern hat man sich schon immer umgebracht usw. Ein Franzose hält Frankreich stets mehr oder weniger für einen Kosmos mitten in einem maßlosen, unförmigen und gewaltträchtigen Universum. Das Universum brodelt, von ungeheuren Stürmen erschüttert, aber das berührt den Kosmos nicht. Doch heute, da wir uns trotz allem im Krieg befinden, was ja immerhin eine Art ist, den Kosmos ins Spiel zu bringen, bin ich offen für diese düsteren Bücher, sie säubern mich von jener dünnen Schicht idealistischem Optimismus, die mir noch blieb. Ich habe den Eindruck, daß sie mir von den Menschen erzählen, so wie sie sind. Ein Franzose ist immer ein bißchen ein Typ, der Rindfleisch ißt, aber jeden heftig tadeln würde, der ihm vorschlägt, doch einmal einen Blick in die Schlachthöfe zu werfen, damit er sieht, wie die Tiere getötet werden. Ich habe mich den Schlachthöfen genähert. Am ersten Tag hat mir der Bericht vom Fall Malagas eine Mischung aus Entsetzen und Neid auf diesen trägen und grausamen Krieg eingeflößt, der immerhin im Hellen stattfand. Am nächsten Tag beeindruckte mich vor allem die systematische Aufzählung der schlauen Tricks, mit denen ein Mensch in Lebensgefahr sich die Gefahr verbirgt und sich beruhigt und dabei in seinen eigenen Augen so aussieht, als wolle er bloß mutig sein. Besonders gefällt mir jene Bemerkung über die Leute am Vorabend des Falls von Malaga: «Ich habe das unbehagliche Gefühl, daß all das Theater ist ..., daß wir alle, ich selbst mit inbegriffen, ein kindlich-pathetisches Stück aufführen, ohne von der niederträchtigen Realität des Todes eine Vorstellung zu haben.» Ich spüre sehr deutlich, welche Art von Trick hinter dieser pathetischen Irrealisierung des Todes steckt. Und dann später, wenn die Stunde des «Stücks» vorbei ist, wenn es gilt, mit dem ständigen Gedanken an den Tod erbärmlich zu leben, ist jede Anwandlung von Heldentum im Grunde ein Winkelzug, der Gott weiß was für eine naive Art und Weise, sich zu beruhigen, überdeckt. Einen im allgemeinen magischen Trost, den wir in seiner Nacktheit niemals akzeptieren würden, auf den wir aber heimlich schielen, wobei wir so tun, als wüßten wir es nicht. Es sind wirklich immer die Tricks des Stoizismus und jene Art, von hinten und *durch sich selbst* genau in dem Augenblick gepackt zu werden, da man schwören möchte, daß man sich zu einem verzweifelten Mut spannt. Das bringt so manche Seite in mir zum Schwingen: habe ich mich zu Beginn dieses Krieges nicht selbst dieser Technik des Trostes bedient und mich dabei für sehr tapfer gehalten? Daher jene Bemerkung: «Ich glaube nicht, daß, seitdem die Welt besteht, ein Mensch *bewußt* gestorben ist. Als Sokrates im Kreise seiner Schüler zum Schierlingsbecher griff, mußte er mindestens zur Hälfte überzeugt sein, daß er ihnen bloß ein Theater vormacht ... Natürlich wußte er theoretisch, daß der Becher die tödliche Wirkung haben müßte; er hatte aber bestimmt das Gefühl, daß die Sache sich ganz anders verhält, als die andächtig-humorlosen Schüler es sich vorstellten; daß irgendwo ein schlauer Trick dahintersteckt, von dem nur er weiß.» Und jene andere Bemerkung: «Die Natur sorgt dafür, daß die Bäume nicht in den Himmel wachsen, auch die Bäume des Schmerzes nicht.» Aber für mich geht es nicht um die Natur, sondern um uns, und für diese schlauen Tricks sind wir voll verantwortlich. Im übrigen gesteht er, daß er einige authentische Augenblicke gehabt hat: «Die meisten von uns fürchteten nicht den Tod, nur das Sterben; und es gab Stunden, in denen wir auch die Angst vor dem Sterben überwanden. In diesen Stunden waren wir *frei* – Menschen ohne Schatten, aus dem Rang der Sterblichen entlassen; es war das absoluteste Erlebnis der Freiheit, das einem beschieden sein kann.»

Auch diese Bemerkung: «Die permanente Nähe des Todes beschwerte es [unser Dasein] und nahm ihm gleichzeitig das Gewicht. Wir waren der Verantwortung enthoben.» Ich sagte schon, daß der Krieg als Rechtfertigung dienen konnte: er erleichtert, er entschuldigt das «Dasein». Auch den Tod, wie ich jetzt sehe. So schwierig ist es, bloß zu leben, ohne *in irgendeiner Weise* gerechtfertigt zu sein.

Im Grunde ist diese Gefühlskrise ganz einfach die durch einen äußeren Umstand herbeigeführte Enthüllung einer ganzen Dimension meines Universums und meiner Zukunft und gleichzeitig die Enthüllung der schrecklichen *Simultaneität*, die uns zum Glück fast immer verborgen bleibt. Ich denke, daß man, wenn man die Simultaneität *hier* in allen ihren Dimensionen leben würde, seine Tage damit zubrächte, zu bluten wie ein Heiliges Herz Jesu, aber viele Dinge verdecken sie uns. Zum Beispiel brauchen die Briefe, die ich bekomme, drei Tage, bis sie mich erreichen, und die, die ich abschicke, drei Tage, bis sie ankommen. So daß mein Leben zwischen der Vergangenheit und der Zukunft schwebt. Die Ereignisse, von denen ich erfahre, sind schon lange vergangen, und sogar die kurzfristigen Pläne, die man mir mitteilt, sind bereits verwirklicht (oder gescheitert), wenn ich Kenntnis davon erhalte. Die Briefe, die ich bekomme, sind von Zukunft umgebene Gegenwartszipfel, aber es ist eine von einer toten Zukunft umgebene Vergangenheits-Gegenwart. Und ich selbst, wenn ich schreibe, schwanke immer zwischen zwei Zeiten: derjenigen, in der ich mich befinde, wenn ich die Zeilen für den Empfänger schreibe, und derjenigen, in der sich der Empfänger befinden wird, wenn er sie liest. Das macht diese «Umgebung» nicht irreal, sondern vielmehr zeitlos. Infolgedessen stumpft sie ab, verliert an Schädlichkeit. Dadurch kann meine hiesige Gegenwart, meine neutrale Gegenwart wieder etwas Farbe bekommen, ich kann an bestimmten Dingen hängen, an meiner Lektüre, an meinen kurzen Vormittagen in der *Rose* usw. Ebenso erscheinen mir die Briefe, die ich bekomme, nicht mehr als beunruhigende Zeichen für die Existenz anderer Bewußtseine, sondern als eine umgängliche Form, die diese Bewußtseine angenommen haben, um bis zu mir zu reisen. Wenn ich die Briefe lese, halte ich diese Bewußtseine gefangen, im Kreis um mich herum, sie können nicht entweichen, andere Himmel und andere Gesichter widerspiegeln, sie sind ein wenig versteinert, ein wenig vergangen. Aber sobald sich plötzlich die Simultaneität entschleiert, ist der Brief ein Dolchstoß: zuerst enthüllt er unwiderrufliche, da vergangene Ereignisse, und dann läßt er das Wesentliche entweichen, das gegenwärtige Leben der Bewußtseine, die ihre Briefe überlebt haben, die ihnen entwichen sind und ihre Leben jenseits dieser toten Botschaften fortsetzen wie die Lebenden jenseits der Gräber. Und in diesem Augenblick, ich weiß nicht, wie ich es sagen soll, kommt es mir vor, als sei ich selber vergangen, ohnmächtig, wirkungslos. Ich kann mich nicht an meine hiesige Zukunft klammern, sie versinkt. Daher ein Zustand der Nervosität, der dann die Form der Eifersucht annehmen kann.

Im übrigen bereue ich diese wenigen düsteren Tage nicht. Es war erfülltes Leben; sie haben mir am Rande dieser fruchtlosen und quälenden Nervosität die «zarten Schmerzen» beschert, von denen Exupéry spricht, und den poetischen Abend des 27., sie haben mir auch die grausigen Klarheiten des *Spanischen Testaments* beschert. Das alles offensichtlich auf Grund meiner Unausgeglichenheit: ich stürzte mich in die Ablenkung. Aber wenigstens fesselte mich diese Ablenkung; wenigstens zweimal bin ich ein anderer gewesen.

Madame Magdelin, schreibt mir meine Mutter, fertigt goldene Tressen für die Meßgewänder der Feldgeistlichen an der Front. «Und da nichts verkommen darf, beschlagnahmt ihre Arbeiterinnentruppe alles: die gestickten Gewänder der Präfekten, der Akademiker, die Ballkleider, alte Stoffe.»

Der Feldwebel wird von einer jungen Frau unentgeltlich beherbergt (ihr Mann ist Deutscher – und zur Zeit in einem Konzentrationslager). Aber er leidet und «wird ihr nie verzeihen, daß sie ihr Kind Willy nennt, wie die Boches».

Es bestätigt sich, daß die französischen Soldaten bei Wissembourg alles geplündert haben.

Um sechs Uhr kommt der Feldwebel und teilt uns mit, daß Rußland Finnland angegriffen hat.[1] Schlimm.

Freitag, 1. Dezember

Das Gerücht wird präziser: Pieter hat gestern abend mit seiner Wirtin gesprochen. «Ich kenne einen», hat sie gesagt, «ich könnte sogar seinen Namen sagen, er ist Schutzmann in Straßburg und speziell für die Bewachung der geräumten Häuser zuständig. Na ja, er kommt jede Woche mit Wäsche- und Kleiderpaketen heim.»

Unsere Zimmerwirtin hat zu der seinen gesagt, daß sie nach unserer Abreise nur noch Offiziere beherbergen würde, weil die sich wenigstens mit ihr unterhalten könnten.

1 Im Gegensatz zu den baltischen Staaten hat es Finnland abgelehnt, der UdSSR Militärstützpunkte zu überlassen.

Pieter sagt zu mir: «Wir sprachen gestern abend von dir, Paul und ich. Paß bloß auf, Junge, du arbeitest immer sechzehn Stunden am Tag! Kein Wunder, daß du reizbar bist!» Zuerst geschmeichelt, rechne ich nach, daß ich im Höchstfall 13 Stunden arbeiten kann, da ich kaum vor 8 Uhr an meinem Tisch sitze und die Schule erst um 9 Uhr abends verlasse. Davon sind dann die zwei Stunden Mittagessen abzuziehen (11 bis 13 Uhr). Gewiß schreibe ich während dieser Stunden in mein Heft, aber sehr viel weniger. Außerdem ordnet Pieter dem allgemeinen Namen «Arbeit» auch die Augenblicke zu, in denen ich Romane lese, sowie jene, in denen ich Briefe beantworte. Ich zähle also höchstens 8 bis 9 Stunden effektive Arbeit. Nichtsdestoweniger stimmt es, daß ich täglich zehn bis elf Stunden mit Lesen und Schreiben verbringe. Das erklärt die Ermüdung meiner Augen.

Gestern beim erneuten Blättern in Gides Tagebuch verblüfft über seinen *religiösen* Aspekt. Es ist als erstes eine protestantische Gewissensprüfung und dann ein Meditations- und Gebetbuch. Nicht zu vergleichen mit den Essays von Montaigne oder den Tagebüchern der Goncourts oder dem von Renard. Der Kern ist der Kampf gegen die *Sünde*. Und das Führen des Tagebuchs erscheint sehr häufig als eines der bescheidenen Mittel, einer der bescheidenen Tricks, die es erlauben, gegen den Dämon zu kämpfen.

Beispiel: «Nie war ich bescheidener als dann, wenn ich mich *zwang*[1], täglich in diesem Heft Seiten zu füllen, von denen ich weiß und fühle, daß sie mittelmäßig sind ... Ich klammere mich verzweifelt an dieses Tagebuch, es gehört zu meiner Geduld, es hilft mir, nicht zu versinken.» (1916, 7. Februar). Und (16. September 1916): «Es gelingt mir nur unter dauernder Anstrengung, einer stündlich immer wieder zu erneuernden Anstrengung. Es gelingt mir nicht ohne Tricks und Genauigkeit.

Nichts ist erreicht, wenn ich behaupte, hier nur das Wichtige zu notieren. Ich muß mich darauf verlegen, alles in dieses Heft zu schreiben. Ich muß mich zwingen, alles und jedes zu schreiben.»

Das Heft ist eine Aufgabe, eine bescheidene tägliche Aufgabe, und man liest es auch eher mit Demut. Natürlich ist es nicht nur das und kann es nicht sein. Zum einen wegen der Person von Gide, seines Schriftstellerberufs, und zum anderen wegen der dialektischen Idee

1 Von Sartre hervorgehoben.

des Hefts, die sich aufdrängt und sich durch den Schriftsteller verwirklicht. Aber das Gerüst bleibt religiös. Daher die Strenge dieses Tagebuchs und zeitweise sein *heiliger* Charakter. Gleichzeitig ist es das Tagebuch eines *Klassikers*. Das heißt, er führt ein Buch des *Wiederlesens* sowie der Meditationen anläßlich dieses Wiederlesens. Dem ist übrigens auch der strenge Aspekt vieler Notizen zuzuschreiben. Das Heft ist alles andere als die Widerspiegelung eines Lebens. Es ist so etwas wie ein religiöses und klassisches Offertorium, ein moralisches Kontobuch, mit einer Soll- und einer Haben-Seite. Und fast jede Eintragung ist weniger die getreuliche Transkription einer Handlung oder eines Gefühls als selbst eine Handlung. Gebets*handlung*, Beicht*handlung*, Meditations*handlung*. Daraufhin habe ich mir mein eigenes Heft angesehen und festgestellt, wie sehr es sich von den Gideschen unterscheidet. Es ist als erstes ein Zeugenheft. Je weiter ich komme, desto mehr betrachtete ich es als ein Zeugnis: das Zeugnis eines 1939 mobilisierten Bürgers über den Krieg, den man ihn führen läßt. Und auch ich schreibe alles und jedes in mein Heft, aber mit dem Gefühl, daß der historische Wert meines Zeugnisses mich dazu berechtigt. Verstehen wir uns richtig: ich bin kein Großer dieser Welt, und ich verkehre nicht mit den Großen dieser Welt, mein Tagebuch wird also nicht den gleichen Wert haben wie möglicherweise das von Giraudoux[1] oder Chamson[2]. Andererseits befinde ich mich in keiner privilegierten Stellung, zum Beispiel auf der Maginotlinie oder, im Gegenteil, in der Etappe, im Zweiten Büro oder bei den Zensoren. Ich befinde mich in einem Artilleriestab zwanzig Kilometer von der Front entfernt, umgeben von Klein- und Mittelstandsbürgern. Aber gerade deshalb ist mein Tagebuch ein Zeugnis, das für Millionen Menschen gilt. Ein *gewöhnliches* und eben darum *allgemeines* Zeugnis. Hier kommt nun eine List des Teufels ins Spiel, wie Gide sagen würde: gerade durch die Gewöhnlichkeit meiner Lage bin ich kühn geworden, ich habe keine Angst mehr davor, mich zu täuschen, und ich spreche unerschrocken über diesen Krieg, weil meine Irrtümer einen historischen Wert haben werden. Sollte ich mich täuschen, wenn ich diesen Krieg für einen Betrug halte usw., dann ist dieser Irrtum nicht nur meiner eigenen Dummheit anzulasten, er ist repräsentativ für einen

1 Jean Giraudoux ist Generalkommissar für Information, seit dem 29. Juli 1939 unter anderem auch mit der Zensur beauftragt.

2 Der Romanautor André Chamson ist beim Generalstab der fünften Armee.

Moment dieses Krieges. Andere, intelligenter oder weniger intelligent als ich, mehr oder weniger unterrichtet, waren überrascht wie ich, haben reagiert wie ich, ohne es aufzuschreiben, oder sie haben es mit anderen Worten gesagt. Das genügt, um mich zu überzeugen, daß alles, was ich schreibe, interessant ist, sogar die Beichte meines Trübsinns, denn es ist der Trübsinn, der Katzenjammer von 1939 – sogar das «alles und jedes», für das Gide sich entschuldigt und das zu schreiben er sich zwingt. So werde ich alles und jedes schreiben, ohne Bescheidenheit. Man erkennt die List des Hochmuts. Zu hellsichtig, um *allem*, was ich schreibe (Klatsch und Tratsch, politische Wahrsagungen, Stimmungen), Wert beizumessen, komme ich darauf zurück, diesen Wert ausnahmslos allen meinen Notizen zuzuschreiben, durch einen Umweg über die Geschichte. Ich benutze die historische *Relativität*, um meine Notizen mit einem absoluten Charakter zu schmücken. Der Vorteil dieser List – denn sie hat immerhin einen Vorteil – besteht darin, daß sie mir den Sinn für meine Geschichtlichkeit gibt – den ich im Grunde nie gehabt habe. Ihn mir täglich gibt, in meinen bescheidensten Handlungen, während ich ihn im September nur im Erhabenen erreicht hatte, was man immer vermeiden sollte. Aber damit ist dieses Tagebuch ohne Bescheidenheit – und außerdem, wie ich irgendwo notiert habe, ohne Intimität. Es ist ein heidnisches und hochmütiges Tagebuch. Von anderer Warte aus gesehen und in einem ganz anderen Sinn ist dieses Tagebuch ein Infragestellen meiner selbst. Und auch hier ließe es sich mit den Gideschen Beichten vergleichen. Doch das ist nur Schein. Denn dieses Infragestellen betreibe ich nicht stöhnend und in Demut, sondern kalt und um Fortschritte zu machen. Nichts von dem, was ich schreibe, ist eine Handlung in dem Sinne, wie ich von Gides Handlungen sprach. Es sind Aufzeichnungen, und indem ich sie hinschreibe, habe ich den – übrigens trügerischen – Eindruck, das, was ich schreibe, hinter mir zu lassen. Ich schäme mich dessen nie, ich bin nie stolz darauf. Fast immer liegt ein Abstand zwischen dem Moment, da ich gefühlt habe, und dem Moment, da ich schreibe. Es ist also im wesentlichen eine Reinschrift. Außer vielleicht in einigen Fällen, wo das Gefühl auf Anhieb das Schreiben beherrscht hat. Ich versuche, schreibend eine solide, kristallisierte Basis zu errichten, von der ich ausgehen kann. Kurz, es gibt bei den Primitiven Zeremonien, die den Lebenden helfen, zu sterben, und der Seele helfen, sich vom Körper zu lösen. Meine «bekennerischen» Notizen haben das gleiche Ziel: meinem gegenwärtigen Sein zu helfen, in die Vergangenheit zu fließen, es notfalls ein bißchen hineinzustoßen. Es ist ein Teil Illusion dabei, denn es genügt nicht, eine psychologische Konstante aufzuzeigen, um sie zu modifizieren. Zumindest aber deutet es die Linie einer möglichen Veränderung an.

Alle diese Bemerkungen brachten mich natürlich dazu, Gides moralische Entwicklung mit der meinen zu vergleichen. Was ich getan habe. Ich werde versuchen, heute nachmittag und in den nächsten Tagen hier niederzuschreiben, wie meine verschiedenen moralischen Versuche seit meinem achtzehnten Lebensjahr ausgesehen haben, und mich bemühen, einige moralische Konstanten ans Licht zu bringen, die ich dabei entdeckt habe und die man meine moralischen «Affektionen» nennen könnte. Ich meine nämlich, daß jeder aus freien Stücken einen gewissen moralischen Affekt für sich bestimmt, von dem aus er die Welt erfaßt und seine Fortschritte begreift. Beispielsweise ist es sicher, daß ich von Anfang an eine Moral ohne Gott gehabt habe – ohne Sünde, aber nicht ohne Böses. Ich werde darauf zurückkommen.

Den Glauben habe ich mit zwölf Jahren verloren. Aber ich denke, daß ich nie stark geglaubt habe. Mein Großvater war protestantisch, meine Großmutter katholisch.[1] Aber ihre religiösen Gefühle waren, soweit ich erkennen konnte, dezent und eisig. Bei meinem Großvater gab es eine prinzipielle Absage an das Religiöse als großes Kulturphänomen, gepaart mit einer kalvinistischen Verachtung für die Pfaffen. Ich glaube, er machte bei Tisch antiklerikale Witze, und meine Großmutter klopfte ihm auf die Finger und sagte: «Sei still, Papa.» Meine Mutter schickte mich zur ersten Kommunion, aber wohl eher aus Achtung vor meiner künftigen Freiheit als aus wirklicher Überzeugung. Etwa so, wie einige Leute ihre Kinder aus hygienischen Gründen beschneiden lassen. Sie hat keine Religion, eher eine vage Religiosität, die sie ein wenig tröstet, wenn es nötig ist, und sie ansonsten in Frieden läßt. Ich habe kaum religiöse Erinnerungen: doch ich sehe mich in der Rue Le Goff, mit sieben oder acht Jahren, die Tüllvorhänge am Fenster mit einem Streichholz anzünden, und diese Erinne-

1 Es handelt sich hier um Sartres Großeltern mütterlicherseits, die Schweitzer. Sartre war erst fünfzehn Monate alt, als sein Vater, Jean-Baptiste Sartre, starb (September 1906); bis April 1917, als seine Mutter sich wieder verheiratete, lebte Sartre in der Familie seiner Mutter.

rung ist mit dem lieben Gott verbunden, ich weiß nicht, warum. Vielleicht weil diese Brandstiftung keinen Zeugen hatte und ich dennoch dachte: der liebe Gott sieht mich. Ich erinnere mich auch, daß ich im Religionsunterricht des Abbé Dibildos (es war in den Räumen der Bossuet-Schule) eine Erzählung über Jesus vorlegte und eine Medaille aus Silberpapier bekam. Ich denke immer noch voller Bewunderung und Freude an diese Erzählung und an diese Medaille, aber das hat nichts Religiöses. Denn meine Mutter hatte meinen Aufsatz mit ihrer schönen Handschrift abgeschrieben, und ich denke, daß das Gefühl, das ich hatte, als ich meine Prosa so abgeschrieben sah, ein wenig mit dem Entzücken vergleichbar ist, das ich empfand, als ich mich zum erstenmal gedruckt sah. Außerdem mußte die Silbermedaille von einem schönen schillernden Blaßgrau auf die erste Seite der Arbeit geklebt werden, und das Ganze bildete einen herrlichen und kostbaren Gegenstand. Zudem war der Abbé, der meine Arbeit korrigiert hatte, ein hübscher, rothaariger und blasser junger Mann mit schönen Händen.[1] Sosehr ich auch suche, etwas anderes finde ich nicht in mir. Doch. Man nahm mich noch recht häufig in die Kirche mit, aber – und das kennzeichnet ziemlich genau die Art von Bürgertum, zu dem ich gehöre – vor allem, um dort schöne Musik zu hören, die Orgel von Saint-Sulpice oder Notre-Dame. Ich sehe deutlich, welches Gefühl hoher Geistigkeit diese Vereinigung der reinsten Formen der Kunst mit den erhabensten Formen des Glaubens bei meiner Mutter und meiner Großmutter hervorrief, und ich sehe auch, daß bei diesen Lehrerfrauen und -töchtern die Religion nur Zugang hatte, weil sie sich mit dem Zauber der Musik schmückte. Sie wußten nicht mehr so recht, denke ich, ob die Musik sie ergriff, weil sie religiös war, oder die Religion, weil sie harmonisch war. Und ihre Ehrfurcht vor der Religion vermischte sich mit ihrem Akademikerkult der geistigen Werte. Ich selbst verstand nichts von dieser Musik, von diesen großen stöhnenden Winden, die mit einemmal die Kirche erfüllten. Aber diese Menschen waren für mich trotz allem mit der Idee der Tugend verbunden. Da ich mich sehr langweilte, hatte meine Mutter mich dadurch ködern können, daß sie mir erklärte, ein *wirklich* braver kleiner Junge müsse sich bei der Messe wie ein Engel betragen. Ich verwirklichte daher in mir mit wenig Aufwand diese vollkommene Bravheit

1 In *Die Wörter* (1964) endet der Bericht dieser Kindheitserinnerung unangenehm: der Aufsatz erhielt *nur* die Silbermedaille.

während der Stunde des Gottesdienstes, um dann meine Mutter fragen zu können, ihrer Antwort gewiß: «Bin ich brav gewesen, Mama?» Ich übertrieb noch, darauf bedacht, das leiseste Knacken meines Stuhls, das geringste Schleifen der Füße zu vermeiden. Aber ich haßte es, niederzuknien, denn ich habe, ich weiß nicht, wieso, zwei sehr empfindliche Höcker auf den Knien. Das ist alles. Sehr mager. Gott existierte, aber ich kümmerte mich überhaupt nicht darum. Und dann, eines Tages in La Rochelle, als ich auf die jungen Damen Machado wartete, die mich morgens zum Gymnasium begleiteten, und über ihre Verspätung ungeduldig wurde, kam ich, um mir die Zeit zu vertreiben, auf den Einfall, an Gott zu denken. Nun gut, sagte ich mir, er existiert nicht. Das war eine authentische Evidenz, auch wenn ich überhaupt nicht mehr weiß, worauf sie sich stützte. Und dann war Schluß, ich dachte nie mehr daran, ich kümmerte mich um diesen toten Gott ebensowenig, wie ich mich um den lebendigen geschert hatte. Ich glaube, man könnte schwerlich eine weniger religiöse Natur finden als meine. Im Alter von zwölf Jahren habe ich die Frage ein für allemal erledigt. Sehr viel später prüfte ich die Beweise der Religion und die Argumente der Atheisten. Ich würdigte die Geschicke ihrer Kontroversen. Mit Vorliebe sagte ich, daß Kants Einwände nicht den ontologischen Beweis von Descartes trafen, aber all das schien mir nicht viel lebendiger zu sein als die *Querelle des anciens et des modernes*. Ich glaube, das alles erwähnen zu müssen, weil ich, wie ich schon sagte, an Moralismus kranke und der Moralismus häufig in der Religion wurzelt. Aber auf mich trifft das in keiner Weise zu. Zudem bin ich von Eltern und Lehrern erzogen worden, von denen die meisten Verfechter der weltlichen Moral waren und überall versuchten, sie an die Stelle der religiösen Moral zu setzen.

Ich unterbreche mich, um eine reizende Anekdote über Keller zu notieren. In der Festung von Saint-Cyr, im Jahre 1921, hatte man ihm eine Spritze gegen Typhus verpaßt und drei Chinintabletten gegeben für den Fall, daß er von der Spritze in den folgenden achtundvierzig Stunden Fieber bekäme: «Die Spritze hat mir nichts ausgemacht», sagt Keller großspurig, «trotzdem habe ich die drei Tabletten geschluckt, damit sie nicht verkommen.»

Ich notiere hier etwas, was ganz für Pieter spricht und was ich schon lange notieren wollte: er hat nur eine notdürftige Bildung erhalten und weiß es. Daher nutzt er seine erzwungenen Mußestunden dazu, Algebra zu treiben, drei oder vier Stunden am Tag, ohne großen Erfolg und mit Verbissenheit. Mistler und ich nennen ihn den Engel oder den Cherub. Und er ist wirklich ein Engel, in seinem Lächeln ist eine Art Unschuld, die mich bezaubert, und außerdem ist er frei von jeglichem Komplex und will nur glücklich sein. Und er ist es auch, sogar hier. Und seine Selbstschmeicheleien geben ihm das Aussehen eines Seraphs, der sich mit seinen Flügeln die Wange streichelt. – Diese Algebrastunden sind eine Weigerung, die Kriegszeit zu verlieren, eine Weigerung, sich gehenzulassen, ein Wille, diesen Müßiggang zu nutzen; die einzige Ablehnung des Krieges, die uns möglich ist. Wenn ich mir Keller neben ihm anschaue, der sich den Bauch vollschlägt, weil das Essen nichts kostet, Paul, diese gehetzte Ratte, und alle anderen, dann schätze ich ihn sehr.

Ich glaube nicht, daß ich zu sehr schematisiere, wenn ich sage, daß das moralische Problem, das mich bisher beschäftigt hat, im Grunde das Problem der Beziehungen zwischen Kunst und Leben ist. Ich wollte schreiben, das stand außer Frage, es stand nie in Frage, nur gab es neben diesen rein literarischen Arbeiten «den Rest», das heißt alles: die Liebe, die Freundschaft, die Politik, die Beziehungen zu sich selbst, was weiß ich. Was man auch tat, immer war man in alle diese Fragen hineingeworfen. Was tun? Ich denke, der Wahrheit treu zu bleiben, wenn ich in dieser Hinsicht drei Perioden in meinem Leben als junger und erwachsener Mann unterscheide. Die erste reicht von 1921 bis 1929, es ist eine Periode des Optimismus, die Zeit, da ich «tausend Sokratesse» war. In jener Zeit denke ich mit heiterem Herzen, daß ein Leben immer verpfuscht ist, und ich konstruiere eine metaphysische Moral des Kunstwerks. Aber im Grunde bin ich überhaupt nicht überzeugt; in Wahrheit bilde ich mir ein, daß es ausreicht, sich dem Schreiben zu widmen, und daß das Leben sich in dieser Zeit ganz von selbst entwickeln wird. Und das Leben, das sich entwickeln muß, ist in meinem Kopf bereits vorgezeichnet: es ist das Leben eines großen Schriftstellers, so wie es in seinen Büchern erscheint. Im Grunde ist es ein magisches Vertrauen: um das Leben eines großen Schriftstellers zu haben, braucht man nur ein großer Schriftsteller zu sein. Doch um ein großer Schriftsteller zu sein, gibt es nur ein Mittel: sich ausschließlich mit Schreiben zu beschäftigen. Und so würde mir das Schicksal dieses pathetische und erfüllte Leben mit dem verführerischen Muster schulden, das Leben von Liszt, Wagner, Stendhal, wenn ich nur gute Bücher schriebe. Dieser Optimismus lag sicherlich an meiner Kindheit und auch an einem aristotelischen Denken (einem begrifflichen und partizipationistischen Denken): ein großer Schriftsteller hat das Leben eines großen Schriftstellers, also mußte ich alle meine Anstrengungen darauf richten, ein großer Schriftsteller zu werden. Alles übrige käme von selbst. Würde man mich jetzt fragen, was ich damals sehnlicher wünschte, ein gutes Buch zu schreiben oder das Leben eines großen Mannes zu haben, dann wäre ich um die Antwort sehr verlegen. Mir scheint, daß ich auf dieses wunderbare Leben zwar überaus gierig war, aber daß ich es durch gute Bücher *verdienen* wollte. Nicht aus moralischen Gründen, sondern damit es wirklich meines wäre. Den Inhalt dieses Lebens kann man sich gut vorstellen: es gab darin Einsamkeit und Verzweiflung, Leidenschaften, große Unternehmen, eine lange Zeit schmerzlicher Düsterkeit (aber die kürzte ich in meinen Träumen heimlich ab, damit ich nicht zu alt wäre, wenn sie zu Ende ginge) und dann den Ruhm mit seinem Gefolge von Bewunderung und Liebe. Zu meiner Schande muß ich gestehen, daß *Jean-Christophe*[1], dieses Brechmittel, mir mehr als einmal Tränen in die Augen trieb, als ich zwanzig war. Ich wußte, daß das Buch schlecht war, ein widerliches Bild der Kunst zeigte, daß es die von einem spießigen Akademiker geschriebene Geschichte eines Künstlers war, aber trotzdem ... Es gab eine Art, am Ende der Kapitel den Finger zu heben und zu sagen: Ihr werdet sehen! Ihr werdet sehen! Dieser kleine Christophe, er leidet, er geht in die Irre. Aber seine Leiden und seine Irrungen werden Musik werden, und die Musik wird alles wieder gutmachen – was mich vor Ärger und Begierde mit den Zähnen knirschen ließ. Kurz, ich wollte sicher sein, später ein großer Mann zu werden, um meine Jugend als die Jugend eines großen Mannes erleben zu können. Da ich mir dessen nicht sicher war, tat ich so, als ob ich es hätte werden müssen, und ich war mir sehr bewußt, der junge Sartre zu sein, so wie man vom jungen Berlioz oder vom jungen Goethe spricht. Und von Zeit zu Zeit machte ich einen kleinen Abstecher in die Zukunft, nur um des Vergnügens willen, mich von da oben nach meiner jungen Gegenwart umzudrehen und den Kopf zu schütteln, wie ich glaubte, daß ich es dann täte, wenn ich mir sagte: ‹Ich

1 Roman von Romain Rolland, der zuerst in den *Cahiers de la Quinzaine* zwischen 1904 und 1912 veröffentlicht wurde.

hätte nicht gedacht, daß dieses Leid mir in solchem Maße dienlich sein würde› usw., ich wandte mich, alt geworden, meiner Jugend zu und betrachtete sie mit einer Rührung voller Hochachtung. Diese künstlichen Verdopplungen hinterließen Spuren in einem dicken Heft, das ich verloren habe und in dem ich, zwischen zwei trockenen Philosophienotizen, Simone Jollivet[1] ausschimpfte und ungefähr ausrief: «Du läßt mich leiden, aber wer zuletzt lacht, lacht am besten, denn ich bin groß.» In diesem Fall also vergnügte ich mich damit, meine Liebesqualen mit der bekümmerten Fürsorglichkeit eines künftigen Akademikers zu beurteilen, so wie Koszul über den Kummer von Shelley[2] und Lauvrière über den von Poe[3] spricht. Aber ich meine, daß es vor allem ein sehr junges Vertrauen in die Zukunft gab und außerdem jene bürgerliche Entschlossenheit, die das Wahrscheinliche nach eigenem Gutdünken eingrenzt und es immer vor dem Entsetzlichen, vor den Katastrophen anhält. Und dann war ich verfügbar: alles war mir noch möglich, da ich nichts war. Mit Hilfe dieses robusten Vertrauens in meinen guten Stern konnte ich seelenruhig behaupten, daß das Leben eine von vornherein verlorene Partie ist, und mit Begeisterung über jenes Wort von Amiel nachdenken, das er über Moses sagt: «Wie er hat jeder Mensch sein Gelobtes Land, seinen Tag des Ruhms und sein Ende im Exil.»[4] Das Ende im Exil, das akzeptierte ich gern, es war weit weg, und außerdem erlaubte mir diese pessimistische Note, den Tag des Ruhms zu akzeptieren, ohne meine Meinung zu ändern. Bei Gott, das Leben war verpfuscht, da es immer mit einem Mißerfolg endete. Aber es gab ja den Tag des Ruhms. Verächtlicher Tag des Ruhms, natürlich, da er mit einem Scheitern endete. Aber immerhin war er da, wie eine unsichtbare Sonne, er wärmte mein Herz.

Diese Listen, dieser Pessimismus, der meinen grundlegenden Optimismus überdeckte und maskierte, erlaubten es mir, mich einer

1 Zwischen 1926 und 1928 hatte Sartre mit ihr seine erste Beziehung. In ihren Memoiren nennt Simone de Beauvoir sie «Camille».

2 Vgl. *L'Enfance de Shelley* von André H. Koszul (Blond, Paris 1910).

3 Émile Lauvrière schrieb *Edgar Poe, sa vie et son œuvre, étude de psychologie pathologique* (Alcan, Paris 1904).

4 Genau: «Wer von uns hat nicht sein Gelobtes Land, seinen Tag der Ekstase und sein Ende im Exil.» Lancy, den 28. April 1852 (Henry-Frédéric Amiel, *Fragments d'un journal intime*).

dunkleren und mutloseren Periode zu nähern, ohne daß sich meine Grundsätze sichtbar verändert hätten. Ich blieb weiterhin davon überzeugt, daß das Leben eine verlorene Partie war, nur glaubte ich diesmal daran. Und ich glaubte deswegen daran, weil ich es nötig hatte, daran zu glauben. Es war immer noch Lüge dabei. Aus folgendem Grund: ich war immer der Ansicht gewesen, daß ein großer Mann sich frei halten müsse. Es ging dabei nicht um die Bergsonsche Freiheit des Herzens, vor allem nicht um die Freiheit, die ich gegenwärtig in mir entdeckt habe und die kein Scherz ist, sondern um eine Art Karikatur der Hegelschen Freiheit: sich frei halten, um an sich und durch sich die konkrete Idee eines großen Mannes zu verwirklichen. In jedem Augenblick lief man Gefahr, an Hindernisse zu stoßen, in Fallen zu stolpern, aber es galt, unbarmherzig seinen Weg fortzusetzen. Es ist viel über diese Freiheit des großen Mannes gesprochen worden – frei-für-sein-Schicksal –, die natürlich für alle, denen er auf seinem Wege begegnet, das Antlitz der Fatalität annimmt. Ich erinnere mich an ein ziemlich dummes Stück, *Moloch*[1], das dieses Thema darlegt. Kurz, mein Kopf war voll davon, und wie es in diesem Alter normal ist, dachte ich vor allem daran, diese Freiheit gegen die Frauen zu behaupten. Das war um so komischer, als sie weit entfernt waren, mir nachzulaufen, sondern vielmehr ich es war, der ihnen nachlief. So hielt ich es bei den wenigen Abenteuern, die mir damals zustoßen konnten, für meine Pflicht, nachdem ich mir unsägliche Mühe gegeben hatte, eine junge Person zu umgarnen, ihr mit wilder Scham zu erklären, daß sie sich hüten solle, sich an meiner Freiheit zu vergreifen. Aber nach kurzer Zeit machte ich ihr, da ich gutmütig war, diese kostbare Freiheit zum Geschenk; ich sagte ihr: das ist das schönste Geschenk, das ich Ihnen machen kann. Nichts hatte sich in unseren Beziehungen verändert, aber wenn die Person noch ein wenig naiv war, war sie von Dankbarkeit durchdrungen – und wenn sie schlau war, tat sie, als sei sie es. Zu meinem Glück übrigens traten unabhängig von meinem Willen rechtzeitig Umstände ein, die mir

1 Unseres Wissens gibt es zwei Stücke mit diesem Titel: das eine ist ein unvollendetes Drama von Friedrich Hebbel (1813–1863), das andere ein Vierakter von Boussac de Saint-Marc, das am 21. Dezember 1928 zum ersten Mal in der Comédie Française gezeigt wurde und im Februar 1929 in den «Œuvres libres» veröffentlicht wurde. In diesem Stück ist der Held ein genialer Musiker, der seiner Familie Unglück bringt.

zwar ein bißchen zusetzten, mich aber dieser geliebten Freiheit wiedergaben, die sogleich einer anderen jungen Person zu schenken ich mich beeilte. Einmal fiel ich bei diesem Spiel herein. Der Castor akzeptierte diese Freiheit und behielt sie. Das war 1929. Ich war töricht genug, mich darüber zu grämen: statt meine außerordentliche Chance zu begreifen, versank ich in eine gewisse Melancholie. Zur gleichen Zeit verließ ich die École Normale und jenes amorphe gewalttätige Milieu der Kameraderie und lebte allein. Dann kam mein Militärdienst, der mich zu großer Bescheidenheit veranlaßte – die ich später übrigens freudig aufgab. Aber diese Bescheidenheit reinigte mich vollends von den letzten Schlacken von Übermenschentum, die ich noch bewahrte. Außerdem wurde ich Lehrer. Ich sagte oben bereits, daß das ein schwerer Schlag war. Weil ich plötzlich ein einziger Sokrates wurde. Bisher bereitete ich mich aufs Leben vor: jeder Augenblick, jedes Ereignis streifte mich nur, ohne mich altern zu lassen, immer ging es nur um Proben vor der Aufführung. Und nun auf einmal spielte ich das Stück, alles, was ich von nun an tat, tat ich *mit meinem Leben*, ich konnte meine Streiche nicht zurücknehmen, alles schrieb sich in diese enge und kurze Existenz ein. Jedes Ereignis kam von außen in mein Leben, und plötzlich wurde es mein Leben, mein Leben bestand daraus. Ich war wie jener Chinese, von dem Malraux in *Les Conquérants*[1] spricht, ich entdeckte spät, daß das Leben einmalig ist. Ich erinnere mich übrigens, daß ich, als ich diesen Satz in *Les Conquérants* las, davon beeindruckt war wie von einem reizenden intellektuellen Spiel, aber seine Wahrheit nicht spürte (das war 1930). Diese Wahrheit habe ich erst in den folgenden Jahren wirklich gespürt, 31, 32, 33. Dunkel spürte ich, daß man sein Leben nicht überblicken kann, solange man es lebt, es fällt hinterrücks über einen her, und man steckt mittendrin. Und doch, wenn man sich umdreht, stellt man fest, daß man verantwortlich ist für das, was man gelebt hat, und daß es unwiderruflich ist. Ich spürte sehr stark, daß ich auf einem Weg war, der immer schmaler wurde, ich spürte, daß ich bei jedem Schritt eine meiner Möglichkeiten verlor, so wie man seine Haare verliert. Übrigens fing ich tatsächlich an, Haare zu verlieren – seither hat es aufgehört oder sich in langsamerem Rhythmus fortgesetzt. Als ich es merkte – oder vielmehr als der Castor es in dem Kaff Bozouls mit einem Aufschrei merkte –, war es für mich ein symbolisches De-

1 Verlag Grasset, Paris 1928.

saster. Die Vorstellung des Todes ließ mich beinahe völlig kalt. Das Alter dagegen in seiner Unwiderruflichkeit und Tragik machte mir damals zu schaffen. Und lange Zeit habe ich vor Spiegeln meinen Kopf geknetet, das Kahlwerden wurde für mich zum greifbaren Zeichen des Alterns. Kurz, ich ertrug den Übergang zum Mannesalter höchst schlecht. Mit zweiunddreißig Jahren fühlte ich mich alt wie die Welt. Wie fern war jenes Leben eines großen Mannes, das ich mir verheißen hatte. Zu allem Überfluß war ich nicht sehr zufrieden mit dem, was ich schrieb, und außerdem wäre ich gern gedruckt worden. Heute ermesse ich meine ganze Enttäuschung, wenn ich mich daran erinnere, daß ich mit zweiundzwanzig Jahren folgenden Satz von Töpffer[1] in mein Heft geschrieben hatte, der mir Herzklopfen bereitete: «Wer mit achtundzwanzig Jahren nicht berühmt ist, muß für immer auf den Ruhm verzichten.» Ein völlig absurder Satz natürlich, aber er stürzte mich in Seelennöte. Und mit achtundzwanzig war ich immer noch unbekannt, ich hatte nichts Gutes geschrieben und mußte mich tüchtig anstrengen, wenn ich je irgend etwas schreiben wollte, was sich lohnt, gelesen zu werden. Ich habe ein Jahr Ferien in Berlin gemacht[2], dort fand ich die Verantwortungslosigkeit der Jugend wieder, und dann wurde ich nach meiner Rückkehr wieder von Le Havre vereinnahmt, von meinem Lehrerdasein, vielleicht auf noch bitterere Weise. Ich erinnere mich, daß der Castor und ich im November dieses neuen Jahres in Le Havre in einem Café namens *Les Mouettes* gegenüber dem Meer darüber klagten, daß uns nichts Neues zustoßen konnte. Unsere Freundschaften standen fest: Guille, Madame Morel, Poupette, Gégé[3]; wir hatten unsere exakten Gewissensprüfungen als Intellektuelle satt, dieses tugendhafte und geord-

1 Schweizer Schriftsteller und Zeichner (1799–1846), Autor u. a. von *Réflexions et menus propos d'un peintre genevois*. Dubochet, Le Chevallier et Cie, Paris 1848.

2 Sartre war während des Universitätsjahrs 1933–34 in Berlin: «Aron überzeugte (Sartre) davon, daß die Phänomenologie genau seinen Fragen entsprach: den Gegensatz von Idealismus und Realismus überwinden (...). Sartre beschloß, (Husserl) ernsthaft zu studieren und unternahm auf Anregung Arons die notwendigen Schritte, um im nächsten Jahr die Nachfolge seines kleinen Kameraden im Institut français de Berlin anzutreten.» (S. de Beauvoir, *In den letzten Jahren.*)

3 Freundin von Hélène de Beauvoir (Poupette), durch die Simone de Beauvoir und dann Sartre ihre Bekanntschaft machten. Vgl. auch S. 24, Fußnote 2 und 6.

nete Leben, das wir führten, das, was wir damals das «Konstruierte» nannten. Denn wir hatten unsere Beziehungen auf der Grundlage totaler Aufrichtigkeit «konstruiert», einer vollständigen gegenseitigen Hingabe, und wir opferten unsere Stimmungen und alles, was noch an Wirrnis in uns sein mochte, dieser permanenten und *gesteuerten* Liebe, die wir konstruiert hatten. Im Grunde sehnten wir uns nach einem Leben in Unordnung, einer wirren und im Augenblick gebieterischen Zwanglosigkeit, nach einer Art Dunkelheit, die gegen unseren klaren Rationalismus abstach, einer Art, in uns selbst versunken zu sein und zu fühlen, ohne zu wissen, daß wir fühlten. Jenseits unseres kleinbürgerlichen Nationalismus ahnten wir vage auch Existentielles und Authentisches. Wir brauchten Maßloses, da wir zu lange maßvoll gewesen waren. Das alles endete mit jener komischen Schwermut, die gegen März jenes Jahres in Wahnsinn umschlug – und schließlich mit meiner Begegnung mit Olga endete, die genau alles war, wonach wir uns sehnten, und die es uns deutlich sehen ließ. Das Leben war also einmalig, und was man mir bot, war diese breiige und verfehlte Existenz – so fern, so fern von dem berühmten «Leben eines großen Mannes», das ich erträumt hatte. Nun begann eine geduldige Termitenarbeit, durch die ich mich davon zu überzeugen suchte, daß *jedes* Leben von vornherein verloren war. Das fiel mir um so leichter, als ich es schon immer *gesagt* hatte (jedoch ohne daran zu glauben). Es fehlte natürlich nicht an Argumenten. Und notfalls hätte ich welche erfunden: es wäre zu schrecklich gewesen, mir vorzustellen, daß dieses Leben eines berühmten Mannes *möglich* war, daß es von anderen Menschen, zu anderen Zeiten, an anderen Orten gelebt worden war und daß *ich* es nicht leben würde. Jetzt wurde für mich der Schriftsteller nach seinen Werken beurteilt – objektiv –, und sein Leben unterschied sich nicht von den gewöhnlichsten Leben. Racine war ein Kleinbürger aus der Zeit Ludwigs XIV. Aber dieser Kleinbürger hatte *Phèdre* geschrieben. Man konnte von den Werken nicht zum Leben zurückgehen, sie entglitten dem Leben, rollten aus ihm heraus und blieben für immer draußen; sie gehörten dem, der sie geschaffen hatte, ebensowenig wie ihren Lesern. Vielleicht noch weniger. Von jetzt an klammerte ich mich mit einer Art Verbissenheit ans Schreiben. Das einzige Ziel einer absurden Existenz bestand darin, endlich Kunstwerke zu schaffen, die ihr sofort entglitten: das war ihre einzige Rechtfertigung; eine im übrigen unvollkommene Rechtfertigung, der es nicht gelang, jene langen, schleimigen Auswürfe an Zeit zu retten, die es einen nach dem anderen zu schlucken galt. Es war wirklich eine Moral des Heils durch die Kunst. Um des Lebens selbst willen mußte es auf Teufel komm raus gelebt werden, irgendwie. Ich lebte es so sehr «irgendwie», daß ich verkrustete; ich nahm Gewohnheiten eines Junggesellen an.

Auf dem Tiefpunkt war ich zur Zeit meines Wahnsinns und meiner Leidenschaft für Olga: zwei Jahre lang. Von März 1935 bis März 1937. Dennoch nützten mir diese Mißgeschicke. Der Wahnsinn verschob die Grenzen des Wahrscheinlichen: von diesem Moment an habe ich meinen bürgerlichen Optimismus aufgegeben und begriffen, daß mir *alles* zustoßen konnte, so gut wie einem anderen. Ich betrat eine Welt, die schwärzer war, aber weniger fade. Und meine Leidenschaft für Olga brannte meine alltäglichen Unreinheiten aus wie eine Bunsenflamme. Ich wurde mager wie ein Hahnrei und toll; ade, meine Behaglichkeiten. Und dann erlebten wir, der Castor und ich, das Schwindelgefühl jenes nackten und augenblicklichen Bewußtseins, das nur zu fühlen schien, heftig und rein. Ich habe es so hoch gestellt, daß ich mich zum erstenmal in meinem Leben vor jemand demütig und entwaffnet fühlte und lernen wollte.[1] Das alles hat mir geholfen. Zur selben Zeit und gerade wegen dieser Leidenschaft begann ich am Heil durch die Kunst zu zweifeln. Die Kunst erschien recht müßig angesichts dieser grausamen, heftigen und nackten Reinheit. Ein Gespräch, bei dem der Castor mir wieder einmal meine gemeine Haltung vor Augen führte, brachte mich endgültig von dieser Moral ab.

Und genau zu jener Zeit, als ich auf dem Tiefpunkt war – so elend, daß ich mehrmals dem Tod gleichgültig ins Auge sah –, mich alt fühlte, heruntergekommen, erledigt, auf Grund eines Mißverständnisses davon überzeugt, daß *La Nausée*, von Gallimard abgelehnt worden war – da begann mir alles zuzulächeln: mein Buch wurde angenommen. *Le Mur* erschien im Juli 1937 in der *Nouvelle Revue française*, ich lernte Wanda kennen, ich wurde als Lehrer nach Paris berufen. Mit einemmal fühlte ich mich herrlich jung, ich war glück-

1 Die Liebe zu Olga spukt durch die Hefte. Sartre versucht diesen Abschnitt über das junge Mädchen in seinem Brief an S. de Beauvoir vom gleichen Tag zu «neutralisieren»: «Und dann, mon amour, habe ich gedacht, daß ich mich damals vor Ihnen, Sie kleine Musterhafte, ganz demütig hätte fühlen müssen ...» (S. 467)

lich und fand mein Leben schön. Nicht, daß es etwas vom «Leben eines großen Mannes» hatte, aber es war *mein* Leben. Ich werde ein andermal darüber sprechen. Und diesmal gewann das Leben die Oberhand über die Kunst, aber langsam, zaghaft. Heute denke ich, daß man niemals sein Leben verliert, ich denke, daß nichts einem Leben gleichkommt. Dennoch habe ich alle meine Ideen behalten; ich weiß, daß ein Leben weich und breiig ist, nicht zu rechtfertigen und zufällig. Aber das ist unwichtig, ich weiß auch, daß mir alles zustoßen kann, aber es wird *mir* zustoßen; jedes Ereignis ist *mein* Ereignis. Ich will mich darüber nicht ausbreiten. Diese Teilung meines Lebens in drei Perioden ist nur ein Vorspiel. Ich wollte die Schwankungen meiner Moral in eine affektive Atmosphäre stellen. Alles, was ich soeben geschrieben habe, ist im Grunde nur die Beschreibung der *Beweggründe*. Morgen werde ich über die Motive sprechen.

Samstag, 2. Dezember

Gestern wollte ich die affektive Atmosphäre beschreiben, in der sich das moralische Problem für mich stellte. Ich sehe, daß es in gewissem Sinn immer gelöst war. Allein durch die Tatsache, daß ich immer vorhatte, ein «Werk» zu schaffen, das heißt eine Reihe von Werken, die durch gemeinsame Themen miteinander verbunden sind und meine ganze Persönlichkeit widerspiegeln, lag meine ganze Zukunft immer vor mir. Was ich zu verschiedenen Zeiten über mein Leben auch gedacht haben mag, indem ich es in der Zukunft bald mit romanhaften Farben schmückte, bald in schwarzem Licht sah, so war ich doch von frühester Kindheit an mit einem *Leben* versehen. Und ich bin es weiterhin. Ein Leben, das heißt ein Stickrahmen, der erst einmal mit einer Menge vorgehefteter Hinweise gefüllt werden muß und den es dann auszusticken gilt. Ein Leben, das heißt ein Ganzes, das vor seinen Teilen existiert und sich durch seine Teile verwirklicht. Ein Augenblick erschien mir nicht als vage Einheit, die zu anderen Einheiten derselben Art hinzukommt, es war ein Augenblick, der sich von einem *Lebenshintergrund* ablöste. Dieses Leben war wie eine Rosette gestaltet, bei der das Ende an den Anfang anschließt: das reife Alter und das hohe Alter gaben der Kindheit und der Jugend einen Sinn. In gewissem Sinn betrachtete ich jeden gegenwärtigen Augenblick aus der Perspektive eines abgeschlossenen Lebens, genaugenommen müßte es heißen: aus der Perspektive einer Biographie, und ich meinte, dieser Biographie von jenem Augenblick Rechenschaft geben zu müssen, ich fühlte, daß man ihren vollständigen Sinn nur dann entschlüsseln konnte, wenn man sich in die Zukunft versetzte, und ich skizzierte mir immer eine vage Zukunft, die es mir erlaubte, meiner Gegenwart ihre ganze Bedeutung zu geben. Dieses ganze «Leben» war natürlich auf nichtthematische Weise vor mir entworfen, und es war der Gegenstand dessen, was Heidegger «vorontologisches Verstehen» nennt. Wenigstens meistens: denn es kam vor, daß ich Momente meiner künftigen Existenz *imaginierte*. Diese Art, von Kindheit an und ohne daß man hätte nachdenken können, in ein «großes Leben» verstrickt zu sein wie andere in den katholischen oder kommunistischen Glauben, hat mir immer die Ängste und Gewissensnöte erspart, in denen so viele meiner Kameraden sich gefielen. Ich war zuversichtlich, ich hatte den Glauben des Köhlers. Ich betone, daß dieses «Leben» nichts mit dem volkstümlichen und biologischen Begriff von Leben gemein hatte, in dem sich die Vorstellungen von Bewußtsein, *Erlebtem*, Schicksal seltsam vermischen. Mein Leben war ein Unternehmen. Aber ein von den Göttern begünstigtes Unternehmen. Ich lief lediglich Gefahr, mich aus Leichtsinn, aus Leidenschaft, aus Faulheit von ihm abzuwenden, hier oder da zu lange zu verweilen, in irgendeiner verhängnisvollen Wonne. Es wäre meine Schuld, wenn ich mein Leben verfehlte. Aber meine Beharrlichkeit dagegen, meine Sorge, mich frei zu halten, und mein Eifer gaben mir ein unangefochtenes Recht, es zu verwirklichen. Alles in allem ähnelte es einer Karriere: der brillante junge Mann betritt eine Bank, er hat mächtige Gönner, seine Karriere wird sich ganz von selbst ergeben. Man verlangt nur Fleiß von ihm – und daß er durch alle seine Handlungen seine Tüchtigkeit bezeuge. Das alles habe ich nie ernsthaft in Frage gestellt, und sogar in meinen düsteren Jahren geschah der Zusammenbruch meiner Jugend unterschwellig, die Fassade blieb intakt, jedes Leben war eine verlorene Partie, nichtsdestoweniger war ich der Mensch eines Lebens. Damals pflegte ich zu sagen: «Ich habe alles gehabt, was ich wollte, aber nie so, wie ich es wollte.» Und damit gab ich zu verstehen, daß mein Leben geglückt war, soweit ein Leben überhaupt glücken kann, aber daß ein geglücktes Leben wirklich nichts Großartiges ist. Und es stimmt ungefähr, daß ich alles gehabt habe, was meine naive Einbildung begehrte. Und es stimmt, daß ich jedesmal enttäuscht war. Weil ich gewollt hätte, daß jedes Ereignis mir wie in einer Biographie zustößt, das heißt also, wie wenn man das

Ende der Geschichte bereits kennt. Diese Enttäuschung habe ich anläßlich des Abenteuers in *La Nausée* ausgedrückt. Kurz, die Idee des Lebens hat mich immer heimgesucht. Nur, als ich in der École Normale war, hatte ich noch ein Gefühl von Freiheit und Verantwortungslosigkeit in bezug auf dieses Leben, meine Streiche zählten nicht, ich bereitete mich darauf vor. Während ich später hineinfiel. Man sieht, wie bestimmte erhabene Exzesse stets von mir ferngehalten wurden, die surrealistische Verzweiflung, die christliche Demut, der revolutionäre Glaube. Ich war vom Ideal des Lebens eines großen Mannes durchdrungen, das ich der Romantik entlehnte. Shelley, Byron, Wagner hatten ein solches Leben geführt, und ich nahm es mir zum Vorbild. Daher wollte ich hartnäckig, ohne mir dessen bewußt zu sein, zwischen 1920 und 1960 ein Leben von 1830 verwirklichen. Das war mir natürlich verborgen, und ich entlehnte mein Material dem Jahrhundert: Marxismus, Pazifismus, Antifaschismus usw. Aber der Rahmen stammte aus der Zeit von *Antony*[1]. Auch kam mir nie in den Sinn, eine Moral der reinen Lust oder des Glücks auszuprobieren: das war nicht meine Bestimmung. Im Gegenteil, man sieht, wie in dieser Perspektive die Ideen des Fortschritts, des Übermenschen, der Rat, über sich hinauszuwachsen, einen ganz besonderen Wert erhielten. Ich entriß sie ihrer eigenen Moral und fügte sie in den Rahmen meines Lebens. Das Endziel war nicht, den Übermenschen zu schaffen oder die Moral zu befördern, sondern einfach, ein schönes Leben zu haben. Es waren Ratschläge, die sich speziell an mich richteten und nur für mich, für meine Karriere Gültigkeit hatten, genauso wie wenn der wohlwollende Gönner dem vielversprechenden jungen Mann sagt: statten Sie dem stellvertretenden Direktor einen Besuch ab, seien Sie rücksichtsvoll zu Herrn X, er ist ein wichtiger Kunde. Wenn ich mich jetzt frage, an welchem Merkmal ich ein schönes Leben erkannte, sehe ich, daß ein schönes Leben einfach das war, was dem Leser Tränen in die Augen treibt, wenn es von einem sensiblen Biographen erzählt wird. Ich war bis aufs Mark von etwas durchdrungen, was ich die biographische Illusion nenne, die in dem Glauben besteht, daß ein gelebtes Leben einem erzählten Leben gleichen kann. Hätte ich sonst von meinem Standpunkt aus Stendhals Leben «schön» finden können, mit seinen unglücklichen Lieben und seinem langen

1 Drama von Alexandre Dumas d. Ä.

Ungemach in Civitavecchia? Doch wenn man es las, bei Arbelet[1] oder Hazard[2], verlor man *La Chartreuse de Parme* nicht aus den Augen, und *La Chartreuse de Parme* rettete das Leben insgesamt.

Was ich soeben erklärte, habe ich mir nie gesagt – oder nur sehr schlecht. Aber ich spürte es. Dagegen hatte ich klare moralische Vorstellungen: ich wollte nicht nur ein großer Schriftsteller sein, nicht nur das schöne Leben eines großen Mannes haben. Ich wollte jemand «Anständiges» sein, wie ich um 1930 etwas schamhaft sagte. Diese moralischen Vorstellungen entsprangen gewiß einer anderen Quelle als meinem Wunsch, zu schreiben und groß zu sein. Aber sie fügten sich mühelos in meinen Traum von einem schönen Leben und verschmolzen mit ihm: ich würde dieses Leben noch mehr verdienen, wenn ich moralisch lebte; und die Biographie wäre noch reicher, noch ergreifender, wenn dieser Mensch, der alles erlebt und leidenschaftlich geliebt hatte, der schöne Werke hinterlassen hatte, obendrein ein «anständiger» Mensch gewesen wäre.

Doch lange Zeit blieben diese moralischen Neigungen, da sie mit meinem Wunsch nach *Leben* verschmolzen waren, ihm untergeordnet: nur um das schönste Leben *zu verwirklichen*, wäre ich moralisch, nicht um der Moral selbst willen. Natürlich verschwand diese Unterordnung der Moral, sobald ich das Problem der Moral an sich ins Auge faßte oder versuchte, moralisch zu handeln. Aber ansonsten blieb sie im Hintergrund, ohne daß ich mir darüber klar war. Erst später, nach dem Zerfall meiner Jugend, gewannen die moralischen Vorstellungen die Oberhand.

Wenn ich den zerstörerischen und anarchistischen Individualismus meines 19. Lebensjahrs beiseite lasse, erkenne ich, daß mir unmittelbar danach an einer konstruktiven Moral lag. Ich bin immer konstruktiv gewesen, und *La Nausée* und *Le Mur* haben ein falsches Bild von mir vermittelt, weil ich zuerst zerstören mußte. Ich suchte also eine Moral und gleichzeitig eine Metaphysik, und ich muß sagen, daß sich die Moral – darin war ich Spinozist – in meinen Augen *niemals* von der Metaphysik unterschieden hat. Die Moral der Pflicht hat mich nie interessiert, zum einen aus Gründen, die ich am 5. November dargelegt habe: sie war für mich durch meinen Stiefvater verkörpert. Aber vor allem konnte man mir noch so oft sagen, daß der kate-

1 Paul Arbelet, Verfasser von *La Jeunesse de Stendhal*, Champion, Paris 1919.

2 Paul Hazard schrieb *La Vie de Stendhal*, Gallimard, Paris 1928.

gorische Imperativ Ausdruck der Autonomie meines Willens sei, ich glaubte kein Wort davon. Ich wollte immer, daß meine Freiheit jenseits der Moral stünde und nicht diesseits, ich wollte es, wie ich oben erwähnte, gerade in der Zeit, als ich ein verwöhntes Kind war. Und dann läuft die Moral der Pflicht darauf hinaus, die Moral von der Metaphysik zu trennen, und das hieß für mich, sie ihres größten Reizes berauben. Heute sehe ich deutlich, daß die moralische Haltung in meinen Augen seit meinem zwanzigsten Lebensjahr das Privileg besaß, dem Menschen eine höhere metaphysische Würde zu verleihen. Genau das versahen wir, Nizan und ich, um 1925 mit dem spinozistischen Wort *Heil*. Solange ich in der École Normale war, hieß moralisch sein für mich sein Heil machen. Der Ausdruck war unangemessen, aber die Sache ist geblieben. Sein Heil machen, nicht im christlichen, sondern im stoischen Sinn des Wortes: seine Natur einer totalen Veränderung unterziehen, die sie in einen Zustand existentiellen Mehrwerts übergehen ließe. Diesen Ausdruck «existentiell», den ich hier verwende, kannte ich damals noch nicht, auch nicht die Sache, aber ich ahnte ihn. Das heißt einfach, daß ich ihn brauchte. In der Philosophie einen Begriff brauchen heißt ihn vorausahnen. Auch bei Spinoza fand ich diese Idee der totalen Veränderung – und genaugenommen sogar bei Kant. Moralisch sein hieß also in der Ordnung des Seins eine höhere Würde erwerben, stärker existieren. Es hieß gleichzeitig sich isolieren. Der Weise wird von den übrigen Menschen nicht mehr verstanden, und er versteht sie nicht mehr. Und diese existentielle Veränderung ließ sich ein für allemal beim Weisen nieder und rührte sich nicht mehr vom Fleck: «Der Weise kann dreimal stürzen.» Ich sehe wohl, daß unsere Inkubationszeit im Übermenschentum uns, Nizan und mich, dazu geführt hatte: was heißt über sich hinauswachsen anderes als zu einer höheren Würde gelangen? Ich sehe auch, daß unsere Verachtung für die Menschen uns gebot, aus ihren Reihen auszuscheren, und so verloren wir mit einem Schlag unser Menschentum. Schließlich sehe ich, daß die Suche nach dem Heil die Suche nach einem Zugang zum Absoluten war. Diese Suche nach dem Absoluten war im übrigen eine Mode der Epoche. Die Zeitschriften *Esprit* und *Philosophies*[1] (mit Friedmann und Morhange) und auf seine Weise der Surrealismus suchten es ebenfalls zu errin-

1 *Philosophies* war eine kurzlebige Zeitschrift (Mai 1924–März 1925), deren Entwurf darin bestand, sich «der Dichtung, der Analyse und der Wiedergeburt der

gen. Aber bei uns entsprach es einer tiefen Neigung. Es störte mich, wenn ich in einem philosophischen Werk die üblichen Argumente des Relativismus gegen die absoluten Philosophien las. Ich war damals Realist, weil ich Gefallen daran fand, den Widerstand der Dinge zu spüren, aber insbesondere, um allem, was ich sah, seinen unbedingten Absolutheitscharakter wiederzugeben; ich konnte mich eines Landstrichs oder eines Himmels nur erfreuen, wenn ich dachte, daß er absolut so war, wie ich ihn sah. Das Wort Intuition und alle Ausdrücke, die die unmittelbare Kommunikation des Geistes mit den Dingen an sich bezeichnen, beglückten mich über die Maßen. Und diese erste Moral, die ich an Hand einiger Zeilen von *La Possession du monde*[1] konstruierte, gebot, sich an der einfachen Wahrnehmung von etwas Beliebigem zu erfreuen. Und so wurde die Wahrnehmung, die sich zeremoniös und ehrerbietig vollzog, zu einem heiligen Akt, zur Kommunikation zweier absoluter Substanzen, des Dinges und meiner Seele. Ich habe gesagt, es kam vor, daß ich meinen Tisch anschaute und mir wiederholte: «Es ist ein Tisch, es ist ein Tisch», bis ein zaghafter Schauer entstand, den ich Freude taufte. Aus dieser Neigung, die wahrgenommenen Dinge als Absoluta wahrzunehmen, ist wohl auch eine Manie meines Stils entstanden, nämlich die «es gibt» [*«il y a»*] anzuhäufen. Guille mokierte sich über mich: «Von Jules Renard hieß es, er würde am Ende schreiben: das Huhn legt Eier. Aber du, du würdest schreiben: es gibt das Huhn, und es legt Eier.» Das stimmt: mit dem «es gibt» würde ich mit Vergnügen das Huhn vom Rest der Welt trennen, ich würde ein abgegrenztes und regloses kleines Absolutes aus ihm machen und ihm das Eierlegen als eine Eigenschaft, ein Attribut beilegen. Es gibt etwas Transitives in «das Huhn legt Eier», das mir überaus mißfällt, das die «Substanz» Huhn

Philosophie zu widmen». *L'Esprit*, die ihr folgte, hatte nur zwei Nummern (Mai 1926 und Januar 1927).

1 Essay von Georges Duhamel (1919), bei Mercure de France, Paris, erschienen. Georges Duhamel, der sich im Ersten Weltkrieg als Chirurg verpflichtet hatte, schrieb diesen Essay 1917 und 1918 als Reaktion gegen die düstere Weltsicht, die der Krieg aufzwang und in die Zukunft warf. Sätze wie die folgenden konnten den Sorgen des jungen Sartre entsprechen: «Es gibt keinen Gegenstand auf der Welt, der keine Glücksquelle wäre» oder «Sage was du entdeckst, was du erkennst. Indem du deinen Besitz behauptest, machst du ihn sicher, endgültig. Du arbeitest für die anderen und für dich selbst. Du gibst deinem Schatz eine Form und übergibst ihn derart vollkommen dem, der ihn ergreifen möchte.»

in eine Pluralität von Beziehungen und Akten auflöst. Kurz, ich suchte das Absolute, ich wollte ein Absolutes sein, und was ich die Moral nannte, war das, was wir «unser Heil machen» nannten. Die Moral lohnte sich also. Ich habe niemals geglaubt, daß die Moral sich nicht lohnte. Dieser Realismus war auch die Bejahung des Widerstands der Welt und ihrer Gefahren gegen die zersetzende Philosophie des Idealismus, die Bejahung des Bösen gegen die optimistische Philosophie der Vereinigung. Aber er hatte, glaube ich, noch eine andere Quelle: er entsprang meiner Verzauberung angesichts der Welt und der Epoche, die ich entdeckte. Wie kann man gelten lassen, daß so viele Reize, so viele zu erobernde Vergnügungen und so viele schöne Gefahren nur Schatten sind, schlecht vereinigte «Vorstellungen». Es mußte doch etwas zu erobern geben, wir waren hungrig wie die Wölfe und träumten von brutalen Eroberungen, Vergewaltigungen. Die Welt war ein gelobtes Land, und unsere Eroberung sollte absolut sein. Im übrigen war der Idealismus die Wissenschaft, er war mein Stiefvater. Es gab in dieser realen Welt etwas Gieriges, Unmoralisches und Nacktes, was sich um Eltern und Lehrer nicht scherte. Wenn die Farben der Dinge kein Schein waren, dann besaßen sie allesamt Geheimnisse, die die Wissenschaftler nicht kannten. Um also die Welt zu erobern, war es nicht mehr nötig, den allgemeinen Trott mitzumachen, hinter den Labormenschen Schlange zu stehen, man konnte sie allein besitzen, man konnte allein über sie nachdenken, sie gab ihre Geheimnisse dem einzelnen Menschen preis, ich kam nicht zu spät. Ich betrachtete die Bäume und das Wasser und wiederholte mir ekstatisch: «Es gibt etwas zu tun. Es gibt viel zu tun.» Und jede meiner «Theorien» war ein Akt der Eroberung und Inbesitznahme. Mir schien, daß ich am Ende, wenn ich sie aneinanderreihte, mir ganz allein die Welt untertan gemacht hätte. Es war übrigens die Epoche eines heftigen literarischen Neorealismus. Wenn ich heute einige Werke der damaligen Zeit wiederlese, verblüfft mich dagegen ihre intellektuelle Trockenheit. Aber damals nahmen wir sie nicht so wahr. Sie sprachen zu uns von der ganzen Welt, von Konstantinopel, von New York und Athen, und ihre schillernden Vergleiche – die ich heute sehr preziös und konstruiert finde – blendeten uns und betäubten uns mit einem Tohuwabohu aus Lichtern und Tönen. Es dauerte lange, bis ich begriff, daß man sowenig wie möglich vergleichen soll. Damals kam mir jeder Vergleich wie ein Besitz vor. Gide spottet in seinem Tagebuch über die Autoren, die um jeden Preis Bilder wollen:

«Ein frisch rasierter Rasen. Warum ‹frisch rasiert›?»[1] Nun, «frisch rasiert» ist eine magische Anrufung: man hat eine persönliche Art gefunden, um «mähen» zu sagen, man hat es *angesichts* der fraglichen Wiese erfunden, und diese verbale Erfindung kommt einer Aneignung gleich. Ich brachte überall Bilder an, mit zügelloser Trunkenheit. Letzte Woche fand ich diese Trunkenheit bei Mac Orlan wieder, als ich *Sous la lumière froide* wiederlas: «Ein weißer und rosiger Norweger hielt sein kleines Glas in seinen geschlossenen Händen wie einen Vogel, den man wärmen will.» Was soll dieses Bild, großer Gott? Aber damals schlug ich mit Bildern auf die Dinge ein, mit barbarischer Freude. Und die Erfahrung von Bildern war im Grunde eine moralische und heilige Zeremonie, es war die Aneignung jenes Absoluten, des Dinges, durch jenes andere Absolute, mich selbst.

Diese Suche nach dem Absoluten, ich sagte es, konnte mich zum Existentiellen führen. Aber eigentlich war schon die Idee des Existentiellen zu schwierig zu erfassen, als daß ich sie allein entdecken konnte. Und dann wurde ich aus einem anderen Grund davon abgebracht. Damals geisterte Existentielles fast überall in unserer kleinen Welt herum. Für viele Studenten hatte sich die erste Berührung mit der Philosophie in einer wahrhaft existentiellen und authentischen, im übrigen jedoch recht törichten Betroffenheit angesichts des Todes, der Zeit, der Existenz der anderen Bewußtseine niedergeschlagen. Auch der Castor entging ihr nicht, gerade weil sie auf natürlichere Weise authentisch ist als ich. Im Alter von achtzehn Jahren setzte sie sich auf einen eisernen Stuhl im Luxembourg, mit dem Rücken zur Mauer des Museums, und sie dachte: «Ich bin hier, die Zeit verrinnt, und dieser Augenblick wird nicht wiederkehren», was sie in eine schlafähnliche Benommenheit versetzte. Doch diese philosophische Armut ist in Wirklichkeit sehr authentische Philosophie, es ist der Moment, in dem die Frage den Fragenden verwandelt. Der Castor auf ihrem Stuhl war wirklich ein kleines metaphysisches Sein, sie hatte sich aus ganzem Herzen metyphysisiert, sie warf sich in die Zeit, sie lebte die Zeit, sie *war* die Zeit. Nur, beim Erwachen verrieten die Wörter, die hohlen und hochtrabenden Wörter diese seltsame Metamorphose: «Dieser Augenblick wird nicht wiederkehren.» Gerade die Armut dieser Sprache zwang diese Metaphysiker-Studenten dazu,

1 20. August 1926.

eine andere zu entlehnen, die reicher war. Die von Baruzi[1] fanden sie nebelhaft und dunkel, die von Brunschvicg[2] zersetzend; sie schickten sich darein, so gut sie konnten, sie versuchten, ihre Eindrücke in diese neuen Wörter fließen zu lassen, aber es gelang ihnen kaum. Das ergab eine gewisse philosophische Rhetorik, die Ekstasen verbarg, eine bestimmte Art, unlösbare Probleme, Wörter wiederzukäuen. Der Abstand zwischen diesen metaphysischen Stunden und dieser akademischen Sprache war zu groß. Was uns betrifft, Nizan, Aron und mich, so waren wir sehr ungerecht gegen diese armen Leute, die wirklich *Sinn* für die Philosophie hatten, denen es jedoch an Werkzeugen fehlte. Für uns waren sie die hassenswertesten Repräsentanten des feigen Denkens und des Verbalismus. Gegen sie hatten wir uns unter das Zeichen Descartes' gestellt, weil Descartes ein explosiver Denker ist. Nichts mißfiel uns so sehr wie dieses graue Denken, diese Transmutationen, Evolutionen und Metamorphosen, diese langsamen Schauer. Sätze wie «Werde, was du bist» ließen uns mit den Zähnen knirschen. Wir verbrachten unsere Zeit im Gegenteil damit, die Begriffe zu isolieren, sie unkommunizierbar zu machen, jeden in sich eingeschlossen, wie Descartes Seele und Körper so sehr voneinander trennte, daß seither niemand sie wieder zusammenfügen konnte. Bereitwillig hätten wir gesagt: «Man kann nur werden, was man noch nicht ist. Also kann man nicht werden, was man ist.» Da wir also vorgaben, uns an die strengen Definitionen zu halten, verwarfen wir die eleganten und weichen Gedanken, und wir hatten den Eindruck, in Schwertstreichen zu denken. Das nannten wir revolutionäres Denken. Und in der Tat legt Descartes, wenn er Abstufungen zwischen dem Denken und der Ausdehnung ablehnt, eine katastrophische und revolutionäre Geisteshaltung an den Tag, er scheidet und schneidet und überläßt es den anderen, wieder zusammenzunähen. Wir schieden und schnitten in seiner Nachfolge. Etwas aus dieser Zeit ist mir geblieben: zum Beispiel habe ich vor Lachen geprustet über jenen außergewöhnlichen Titel von Chardonne: *L'amour c'est beaucoup plus que l'amour.*[3] Gewiß ist dieser Titel blödsinnig. Aber es waren

1 Jean Baruzi (1881–1959), Religionshistoriker am Collège de France. Er schrieb insbesondere *Problèmes d'histoire des religions*, P. U. F., Paris 1935.

2 Vgl. Fußnote 1, S. 149.

3 Jacques Chardonne, *L'Amour c'est beaucoup plus que l'amour, pensées d'un romancier*, Stock, Delamain et Boutelleau, Paris 1937.

vor allem meine kartesianischen Entrüstungen, die wiedererwachten, denn es stimmt, daß Liebe viel mehr ist als Liebe. Nur hätte man das anders ausdrücken müssen. So isolierte unsere Wahrnehmung die Dinge, um sie zu nebeneinandergesetzten Absoluta zu machen; unser Denken zerstückelte die Begriffe und machte sie unkommunizierbar, und wir gaben uns auf diese Weise den Anschein, barbarisch und stark zu denken, gierig und bis zur Neige wahrzunehmen. Denken, die Begriffe trennen, das hieß für uns als Moralisten und als Rächer handeln. Wir schufen neue Gesetze durch diese hartnäckigen Weigerungen, von den Begriffen wegzukommen, und wir wären am Ende Megariker geworden, wären wir nicht, zum Glück für uns, unserem eigenen Denken gegenüber weniger unnachgiebig gewesen als gegenüber dem der anderen. Jedenfalls orientierten wir uns auf einen neorealistischen Pluralismus hin, und um das Absolute in den Dingen zu suchen, kehrte ich dem existentiellen Absoluten in mir den Rücken. Dennoch spürte ich bei mir vage ein absolutes und freies Bewußtsein; als moralisch Handelnder betrachtete ich mich als einen Unbedingten. Eben diese Unnachgiebigkeit, wie im übrigen meine Theorie der Kontingenz, brachte mich zu einer Moral des Heils durch die Kunst, die ich am 8. November in diesem Heft [1] zusammengefaßt habe. Aber man sieht, auf wie vielen Ebenen ich mich damals bewegte: offiziell war alles nur Kontingenz, und jedes Leben war verloren, nur außerhalb von sich war es möglich, schöne Werke zu schaffen. Unterschwellig jedoch war ich überzeugt, daß ich ein Leben haben würde, das meinen Werken entspräche, und ich suchte die Freundschaft, die Liebe, alle Leidenschaften, ich sammelte alle Erfahrungen. Und um dieses Leben zu verdienen, das ich erwartete – dem gegenüber ich mich noch nicht festgelegt hatte, mich noch frei fühlte –, hielt ich es nicht für ausreichend, daß ich schrieb, ich mußte auch moralisch sein. Diese Moral war für mich eine totale Veränderung meiner Existenz und ein Absolutes. Aber letztlich suchte ich das Absolute eher in den Dingen als in mir selbst, ich war Realist aus Moral. Gleichzeitig hatte ich mir, aus der protestantischen Strenge eines Rächers heraus, ein schneidendes und hartes Denken zugelegt, das mich von diesem Absoluten, das ich selbst war, entfernte und mich in eine schroffe Pedanterie verbannte, die sich an ihrer eigenen Härte ergötzte. Diese Härte

1 Am 8. November schrieb Sartre im Heft II, das verlorenging. Auch am 1. Dezember geht es um die Moral des Heils durch die Kunst: vgl. S. 261 ff.

vertrug sich gut mit den Gewalttätigkeiten, die ich an meinen Schulkameraden verübte. Das alles zog mich zum ungestümen Genuß einer grellen, bunten Welt, die in völligem Gegensatz zu derjenigen stand, die ich mir durch meine Theorie der Kontingenz gegeben hatte. Und es kam so weit, daß ich eine nietzscheanische Moral der Freude predigte, während sich sonst doch jede Freude, jede Härte in der kontingenten und ekelhaften Welt, die ich entdeckt hatte, als unmöglich erwiesen.

In dieser glücklichen Unordnung verflossen meine Jahre an der École Normale. Dann kamen die düsteren Jahre. Und die ästhetische Moral, die ich mir durch einen Pessimismus der Hingabe gegeben hatte, gewann nach und nach größere Bedeutung für mich. Es war nicht gut, daß der Mensch sich kennenlernte, sich zu sehr mit sich selbst befaßte, es galt nur, zu schreiben und zu schaffen. Gleichwohl verzichtete ich nicht auf das Absolute, doch durch eine ganz natürliche Verschiebung heftete es sich nun an die Werke des Menschen. Jetzt war der Mensch eine absurde Kreatur, ohne jeden Daseinsgrund, und die große Frage, die sich stellte, war die seiner *Rechtfertigung*. Ich fühlte mich selbst ganz nichtig und ungerechtfertigt. Diese Rechtfertigung konnte allein das Kunstwerk ihm geben, denn das Kunstwerk ist ein metaphysisches Absolutes. Damit war nun das Absolute wiederhergestellt, jedoch *außerhalb* des Menschen. Der Mensch taugt nichts. Um diese Zeit war meine theoretische Opposition gegen den Humanismus am stärksten. Ich sage theoretische, denn zur gleichen Zeit, wie ich schon erwähnte, suchte ich heimlich nach Kompromissen. Und wie man sieht, ging es zwar immer noch um eine Moral des *Heils*, aber diesmal konnte keinerlei Umwälzung im Herzen des Menschen ihn erretten. Das Heil kam ihm von außen. Ich habe gesagt, wie mürrisch ich diese These verfocht. Im Grunde kam ich nicht darüber hinweg, mein «Leben eines großen Mannes» verloren zu haben. Einige Leute waren mir ein Dorn im Auge: Benda[1], weil seine Intellektuellen ein wenig meinen Künstlern glichen; Élémir

1 Julien Benda (1867–1956) steht zu seiner Zugehörigkeit zur *Priester*klasse (Philosophen, Literaten, Künstler und Gelehrte), «deren Bewegung eine formale Opposition zum Realismus der Vielfalt bildet»; durch ihr Beispiel oder ihre Schriften lindern sie die kollektiven Leidenschaften daran – politische, nationale, religiöse usw. –, sich als legitime hinzustellen, selbst wenn sie zeitweilig siegen. Er schrieb u. a. *La Trahison des clercs*, Grasset, Paris 1927.

Bourges[1], weil auch er eine Theorie des Heils durch die Kunst verfochten hatte. Sogar Proust beunruhigte mich. Besonders verabscheute ich Tennyson, weil dieser englische Schriftsteller – von dem ich keine einzige Zeile gelesen habe – glaubwürdigen Berichten zufolge meinen Predigten gemäß gelebt hatte: er hatte geschrieben, und es ist ihm nie irgend etwas zugestoßen. Wütend sagte ich zum Castor: «Das Leben von Tennyson möchte ich nun doch nicht haben.» Dagegen beeindruckte mich das finstere und beschwerliche Leben von Cézanne durch seine Größe. Offensichtlich war es am besten geeignet, meine These zu veranschaulichen. Dennoch fand ich das ein bißchen hart. Wie Cézanne sein. Ja. Natürlich. Wenn man wollte. Aber ich konnte nicht umhin, auf das tragische und brillante Leben von Rimbaud oder Gauguin zu schielen.

Die Frage komplizierte sich zu jener Epoche, weil die Lektüre von Scheler[2] mir begreiflich machte, daß es *Werte* gab. Im Grunde hatte ich bisher, ganz von der metaphysischen Doktrin des Heils in Anspruch genommen, das spezifische Problem der Moral nie so recht begriffen. Das «Sein-sollen» schien mir durch den kategorischen Imperativ repräsentiert, und da ich diesen zurückwies, schien mir, daß ich mit ihm auch das andere zurückwies. Aber als ich begriffen hatte, daß eigene Naturen existierten, die eine rechtmäßige Existenz besaßen und die man Werte nannte, als ich begriffen hatte, daß diese Werte, ob proklamiert oder nicht, alle meine Handlungen und Urteile regelten und daß ihre Natur gerade im «Sein-sollen» bestand, wurde das Problem ungemein kompliziert. Zur gleichen Zeit zwang mich der Castor, die Theorie des Heils durch die Kunst aufzugeben. Schon seit langem hatte ich das kartesianische Denken mit funkelnden Schwertern abgelegt. Schon seit langem rechnete ich nicht mehr mit einem «Leben als berühmter Mann». Unser gemeinsamer Glaube an den Wert des Konstruierten war durch die Geschichte Kosakiewicz[3] er-

1 Élémir Bourges (1852–1925), Verfasser von *La Nef*, Stock, Paris 1904 (überarbeitete Fassung 1922).

2 Max Scheler (1874–1928), deutscher Phänomenologe, schrieb u. a. *Zur Phänomenologie und Theorie der Sympathiegefühle* und *Von Liebe und Haß* (1913) und *Der Formalismus in der Ethik und materiale Wertethik* (I 1913; II 1916). Letzterer Titel erschien französisch 1955 bei Gallimard in Paris, aber Sartre hatte vielleicht in der deutschen Ausgabe gelesen.

3 Es handelt sich um Olga Kosakiewicz. Das «Konstruierte» ist die Beziehung des Autors zu Simone de Beauvoir.

schüttert. Es blieb nichts anderes übrig, als alles von vorn anzufangen.[1]

Sonntag, 3.
Heute früh sagt mir Mistler höchst verwundert: «Komisch, ich habe den Krieg immer für eine riesige Sauerei gehalten, ich tue es übrigens immer noch, trotzdem wird er mir Gelegenheit geben, riesige Fortschritte zu machen.»

Gides Tagebuch: vier Fünftel davon (zumindest soweit es hier veröffentlicht ist) hat er zwischen seinem 47. und 65. Lebensjahr geschrieben. Es ist ein Tagebuch des reifen Alters. Es erinnert mich an jenes Heft mit dem Blümcheneinband, das mir mein Großvater einmal zeigte. Mein Urgroßvater hielt darin fest: die wichtigsten Ereignisse seiner Familie (Geburten, Todesfälle, Hochzeiten, usw.) – moralische und fromme Sprüche – Selbstermahnungen. Nennt man so etwas nicht ein Familienbuch? Dieses Heft schien mit Sinn für Pomp ausgewählt zu sein – und ich sehe, daß Gide große Sorgfalt darauf verwendet, die seinen auszuwählen. Und man spürte die magische Rolle des Schreibens: die Formeln und die Daten fixieren, gravieren, sie vor dem Vergessen bewahren, ihnen so etwas wie Pomp verleihen. Diese Art Heft stammt von den Täfelchen ab, die man bei den Protestanten an die Wand hängte, mit frommen Sprüchen verziert, so wie die Kunst der Mysterienspiele von den Kirchenfenstern herrührt. Alldem liegt die Idee des *Gravierens* zugrunde sowie ein mystisches und tiefes Gefühl, das bis zu den Ursprüngen der Schrift zurückzureichen scheint. Ich finde dieses Gefühl in Gides Tagebuch, abgeschwächt, zivilisiert, aber real. Und für mich steht dieses magische und religiöse Gefühl am Ursprung des Klassizismus: der Klassiker graviert eine Maxime in die Wand, er treibt sie in die Materie, pflanzt sich dann davor auf und meditiert. Der Klassizismus ist die Kunst der gelenkten Meditationen.

Gleichzeitig – und das geht in die umgekehrte Richtung, aber der

1 Sartre sagt von den an diesem Tag geschriebenen Seiten: «Heute habe ich nichts Gutes gemacht (...) ich war ein bißchen müde und habe gekritzelt, nur so gekritzelt. Schade, das Thema war interessant; es waren meine wechselnden moralischen Theorien.» (Brief an S. d. Beauvoir vom 2. Dezember, S. 470.)

Widerspruch liegt bei Gide selbst – ist das Tagebuch bei ihm eine Übung im spontanen Schreiben. Lernen, in einem Wurf zu schreiben. Diese Neugierde auf sich selbst, dieser Wunsch, sich auseinandergenommen zu sehen, wird ihn später zu seinen «Diktaten» führen. Er will dann nicht einmal mehr nach dem Fluß der Feder schreiben, die Feder soll nicht mehr zwischen ihm und dem Papier stehen. «Stendhals großes Geheimnis ...: *sofort* zu schreiben. Man könnte sagen, sein Denken nimmt sich nicht einmal die Zeit, sich Schuhe anzuziehen, ehe es davonläuft.»[1] Dieser Weg zum entspannten und zweckfreien, aufgelösten Denken, dieser Wert von Wahrem, der dem verliehen wird, was unbekleidet ist, könnte zum automatischen Schreiben führen – und hat andere Schriftsteller dazu geführt. Aber dazu müßte man sich verlieren, und Gide verliert sich nie. Er zeigt nur an. Er will das Denken an der äußersten Grenze fixieren, wo es sich bildet, aber nicht darüber hinaus. Er hat etwas gegen die Wörter – nicht gegen das Denken. Natürlich gibt es, am entgegengesetzten Pol dieser Sorge, das ständige Anliegen, zu *arbeiten*, unbeirrt und hart zu schreiben. Folgendes schreibt er am 27. Juli 14 über ein Manuskript von J.-É. Blanche: «Heute morgen habe ich drei Seiten (dieses Manuskripts) neu geschrieben – ohne viel anderes daran zu tun, als die Anordnung der Wörter und Sätze zu ändern, die aufs Geratewohl verteilt waren. Die außergewöhnlichen Schwächen seines Stils klären mich über die seiner Malerei auf: nie erfaßt er seinen Gegenstand; seine Haupteigenschaft ist *Ungeduld*; er gibt sich leicht zufrieden. Sobald er beim Abschreiben vier Verbesserungen auf einer Seite angebracht hat, meint er schon, er habe viel gearbeitet.» Aber ist die Ungeduld nicht auch die Haupteigenschaft von Stendhal und jenes Denkens, das davonläuft, ohne sich Schuhe anzuziehen? Weshalb hier rügen, was man dort billigt? Wegen der Resultate? Aber nun taucht ein neues Element auf: die Begabung oder die vorherige Übung, die hier nichts zu suchen hat.

Im Grunde ist dieses Tagebuch das Bild des Gideschen Schwankens zwischen zwei Aspekten seines persönlichen Lebens: Spannung und Entspannung. Der Willkürakt [*l'acte gratuit*], die Gidesche Sinnlichkeit, seine berühmte Neugierde, die so großen Einfluß auf unsere Literatur hatte, schließlich sein Wunsch, sich zu verlieren, um sich besser wiederzufinden, sind Aspekte der *Entspannung*. Die Welt wird

1 Gides *Tagebuch* vom 3. September 1937.

ihn lehren, was er ist. Ebenso wird ihn der Satz, den er eilig, *im Augenblick*, hingeschrieben hat, lehren, was er dachte. Es geht also darum, sich ins Universum zu werfen, damit das Universum einem sein Bild zurückwirft. Das Individuum über den Pantheismus erreichen. Dieses unerwartete, offenbarte Bild ist auch der berühmte *Anteil des Teufels*. Im Grunde sucht Gide sich in den Augenblicken zu überraschen, in denen er nicht weiß, daß er sich beobachtet. Aber ist es wirklich sicher, daß diese Art, sich zu verlieren, uns ermöglicht, uns wiederzufinden? Manchmal zweifelt Gide daran. Dann nennt er sie (19. Januar 1912): «Entpersönlichung aus freien Stücken.» Unter demselben Datum schreibt er: «Fortwährendes *Vagabundieren* der Begierde – eine der Hauptursachen des Verfalls der Persönlichkeit.» Und die Befehle, die er sich an diesem Tag gibt, unterrichten uns über seine vagabundierenden Gepflogenheiten: «Nie mehr ohne bestimmtes Ziel ausgehen; sich daran halten. Vorwärts gehen, ohne den Blick zu wenden. In der Eisenbahn ein beliebiges Abteil wählen.» Man sieht, auf welch endlosen Merkwürdigkeiten jene Verfügbarkeit gründet, die er in *Les Nourritures terrestres* preist. Aber es gilt, sich *wieder zu fangen*; die zusammengesetzte Persönlichkeit wieder zu übernehmen: «Gefahr, sein Reich grenzenlos zu wollen. Als Napoleon Rußland erobern wollte, mußte er Frankreich aufs Spiel setzen. Notwendigkeit, die Grenze mit dem Zentrum zu verbinden. Es ist Zeit heimzukehren.»[1] Er verwendet auch den Ausdruck «sich wieder fangen» [*se ressaisir*]. Dieses Tagebuch ist im wesentlichen ein Werkzeug des *Sich-wieder-Fangens*. Folglich eher das Zeugnis und Instrument der *Spannung* als der Entspannung. Daher kommt es selten vor, daß Gide notiert, welche Theaterstücke er gesehen, welche Gespräche er geführt hat, oder daß er die Leute beschreibt, die er getroffen hat. Das alles ist Entspannung. Manchmal überläßt er sich ihr, aber wie mit Bedauern. Außerdem sieht es so aus, als benutze er für diese Art von Notizen häufig andere Hefte, die er in seinem Tagebuch nicht veröffentlicht hat: «Dummerweise habe ich in Cuverville ... ein kleines Heft liegenlassen, einen Bruder von diesem hier, nur vier Tage alt, in das ich gestern abend oder sogar heute morgen noch einige ziemlich düstere Reflexionen über X. hineingeschrieben habe.» (25. Juli 14)

Das Tagebuch hingegen, das vor allem ein Werkzeug des Sich-Fan-

1 Tagebuch, 19. Januar 1912.

gens ist, ist angefüllt mit Ermahnungen, einfachen kleinen Ratschlägen, die Gide sich selber erteilt:

«Um sparsamer damit umzugehen, werde ich minuziös notieren, wie ich meine Zeit verbringe.

Halb acht Uhr: Bad, Lektüre des Artikels von Souday über A. C.

Halb neun bis neun Uhr: Frühstück usw.[1]

1914, 11. Juni: ‹Mir jeden Morgen wiederholen, daß das Wichtigste noch zu sagen bleibt und daß es hohe Zeit ist›» usw.

Darin ähnelt das Tagebuch auf ärgerlichste Weise am meisten den moralischen Werken des Pastors Wagner. Man findet in ihm kindliche Maximen wie: «Die kleinen Siege nicht verachten; sobald es sich um den Willen handelt, ist das *Viel* nichts als das geduldige Addieren des *Wenig*.»[2] Na ja doch, denkt man. Was muß er das hinschreiben, jeder weiß es. Weil er es nicht hinschreibt, um uns zu belehren, nicht einmal um sich zu belehren, sondern um es sich *noch mal zu sagen*, um es zu *gravieren*. Es ist der protestantische Spruch, der über dem Bett hängt und Rügen erteilt. Es ist die den devoten Geistern vertraute fromme kleine List.

Kurzum, Schwanken bei Gide zwischen zwei Konzeptionen des Wahren: das Wahre ist, was ich bin (was Alain feiges Denken der Psychologen nennt) – das Wahre ist, was ich sein will.

Und das Tagebuch selbst wird zur Pflicht. Gide ermahnt sich, es zu führen. Und wenn es ihm nicht gelingt, hat er gesündigt. Wenn er uns auffordert, es zu lesen, lädt er uns also ein, ihm bei der schwierigen Erfüllung seiner Pflicht zuzuschauen. Wir treten mitten in die Moral, sobald wir das Buch aufschlagen.

Weitere Aufgabe des Tagebuchs: es Gide zu ermöglichen, irgend etwas zu schreiben, wenn er sich nicht zum Arbeiten aufgelegt fühlt, um nicht aus der Übung zu kommen, um den Schwung und die erworbene Geschwindigkeit zu bewahren. Daher Reflexionen wie: «Ziemlich gute Arbeit. Daher das Schweigen in diesem Heft.» (18. Januar 1917)

Ich erkläre so die Enttäuschung derer (zu denen auch ich zuerst gehörte), die unter dem Einfluß der Tagebücher von Stendhal, Renard, der Goncourts usw. das von Gide aufschlugen in der Hoffnung, Einzelheiten über sein Leben, seinen Charakter oder seine Umgebung

1 Tagebuch, Mittwoch, den 31. Januar 1912.

2 Tagebuch, 19. Januar 1912.

zu erfahren. Meine Enttäuschung datiert von Berlin, als ich die Fragmente des Tagebuchs in den Gesammelten Werken las. Damals hielt ich das Werk für äußerst langweilig. Aber ich irrte mich: alles ist darin vorhanden. Nur ist alles verhüllt. Gides Anliegen besteht nicht darin, zu erkennen, sondern zu reformieren. Und so muß man, wenn man erkennen will, um seinerseits urteilen zu können, dem natürlichen Hang widerstehen, sich zum Komplizen des Autors zu machen. Man muß trockenen Auges lesen, draußen bleiben, die Prinzipien der Reform selbst in Frage stellen. Gide hat sich ständig selbst beobachtet, und er bewegt sich immer auf der reflexiven Ebene. Zuweilen kommt es sogar zu einer Aufspaltung der Reflexionen. Aber er ist nie Psychologe, sein Ziel ist nie, schlicht und einfach festzustellen. Das ursprüngliche Anliegen ist moralisch.

Man darf die Sätze in Gides Tagebuch niemals lesen, als seien es bloße Feststellungen, auch wenn sie im Indikativ stehen: es sind Gelübde, Gebete, Gebote, Hymnen, Klagen, Rügen. Als Beweis genügt mir ein sehr kurioses Amen am Schluß einer Passage, die man für reine Information halten könnte: «Ich behaupte, verhindern zu können, daß man jemals von jemandem sage, er mache mich nach oder er gleiche mir ... Ich will keine *Manier* haben ... Amen.»[1] Das Amen ist natürlich ironisch gemeint. Aber es verrät durch seinen Spott das innere Beben, die Inbrunst, mit der Gide diese Zeilen schrieb. Das *Ich will* wird nicht konstatiert (wie wenn ich Keller frage: «Wohin gehst du?» und er mir antwortet: «Ich will mich rasieren»), sondern es ist gewollt, es ist der Wille selbst. Er sagt es übrigens auch: «Sobald die Empfindung nachläßt, müßte die Feder stoppen.»[2] Was außerhalb der Tagebücher kaum möglich ist – und was mich ein wenig schockiert, mich, der ich in diesem Tagebuch hier sofort in meinem Schamgefühl verletzt bin, wenn ich von dem, was ich schreibe, keinen ehrbaren Abstand halte.

Die Rolle der *Übung* bei Gide in der griechischen Bedeutung von ἄσησις: das Tagebuch, geistige Übung; Lektüre des Englischen, literarische Übung; Denkübung, Klavierübungen (und Etüden). In Cuverville oft Übungstage: Klavier, Englisch, Tagebuch. Bedürfnis, die Zügel nicht locker zu lassen (etwa so, wie man die jungen Mädchen Stickereien machen ließ). Auch ständiger Wunsch nach Gewinn. Die Übung ersetzt bei ihm den Beruf.

1 Tagebuch, 7. Mai 1912.
2 A. a. O.

Kaum habe ich diese Zeilen geschrieben, stoße ich auf eine Passage: «Ich habe mich die letzten Tage damit beschäftigt, meine *Souvenirs de la cour d'assises* ins reine zu bringen. Das ist, glaube ich, eine sehr gute Übung ...»[1]

Ein Tagebuch, das noch merkwürdiger und charakteristischer ist durch das, was es wegläßt, als durch das, was es zeigt. Alle Beziehungen zu Em. werden verschwiegen. Gewiß hat Gide einen guten Teil davon gestrichen, als er sein Tagebuch herausgab. Aber man weiß auch, daß er zwischendurch Teile davon auf Bitten von Em. zerrissen hat. Und vor allem kann man an verschiedenen Stellen lesen, daß er es *sich von einem Tag auf den anderen verbietet*, von Emmanuelle zu sprechen. Warum, da er 1939 doch zugibt, auf diese Weise nur ein «verstümmeltes Ich» preiszugeben?[2] Aus Pietät, schätze ich. Es gibt somit Hierarchien des Heiligen in seiner Seele. Das Logbuch ist heilig, aber Emmanuelle noch heiliger. Man darf nicht daran rühren. Andererseits jedoch – mit Ausnahme einiger Anspielungen auf seine Leidenschaft für M. im Jahre 1914 – zeigt das Tagebuch sein sexuelles Leben fast nur unter dem Aspekt des Lasters und der Gewissensbisse, die es weckt. Es wird hier viel von der einsamen Sünde geredet, und zwar deshalb, das sehe ich deutlich, weil diese Sünde so ist wie die Faulheit, der Leichtsinn, der mangelnde Pflichteifer, wie alle jene Fehler, für die man sich selbst schelten kann. In diesem Tagebuch geht es im wesentlichen um Beziehungen zu sich; es gibt einen Bereich, den Gide niemals erörtert: den der *konstruierten* Beziehungen zu anderen. Ohne allen Zweifel hätte er Gelegenheit dazu gehabt, wenn er von Emmanuelle gesprochen hätte. Aber gerade davon spricht er nicht. Seine Liebesnächte entlocken ihm ein paar Freudenschreie, aber er verbirgt sie – obwohl er sie, wie es scheint, gern erzählt hätte. Alles schließlich, was mit den Menschen, der Welt, der Gesellschaft zu tun hat (ob es sich nun um Oscar Wilde, das Schwurgericht oder gewisse seltsame Begegnungen handelt), gießt er woandershin, wahrscheinlich weil es literarisches Material ist und als solches unwürdig, seinen Platz im Familienbuch zu erhalten. Manchmal jedoch vergißt er sich, skizziert ein Porträt, erzählt eine Anekdote. Aber nur *anläßlich* einer Rüge, die er sich erteilt, weil er zuviel Zeit in Gesellschaft vergeudet, oder um einen trübseligen Bericht über sei-

1 Tagebuch, 2. Juli 1913.
2 Tagebuch, 26. Januar 1939.

nen Tagesablauf zu beleben. Es handelt sich also um ein sehr kontrolliertes Tagebuch ohne Zwanglosigkeit. Hat er sich der Maßlosigkeit hingegeben, dann zerreißt er es. Das erinnert mich an Dabit, der sich in seinem Tagebuch streng tadelt, weil er versucht gewesen war, es zu zerreißen. Aber bei Gide, der sich zwar auch manchmal tadelt, ist es eine Gewohnheit. Am 15. Juni 1916 schreibt er: «Ich habe an die zwanzig Seiten dieses Heftes zerrissen . . . Die Seiten, die ich zerrissen habe, hätten von einem Verrückten geschrieben sein können.» Aber genau diesen verrückten Gide würden wir gerne sehen. Doch sogar wenn er ein schlechtes Gewissen hat, wenn er sich völlig preisgibt, ist er noch klassisch: wenn er nicht schreibt, wählt er aus.

Und dann mitten im Heft hebt sich von diesem Raster das genialste, das zivilisierteste Ergebnis dieser ganzen Gewissensprüfung ab: der Teufel. Dem Teufel sollten diese Hefte gewidmet sein, er hätte es verdient.

Ich gehe mit Mistler hinaus und esse mit ihm im *Lion d'Or*. Er erklärt mir, daß er sich meinetwegen völlig verändert habe; im September sei er verzweifelt eingerückt, und jetzt sei er fast heiter, er habe begriffen, daß dieser Krieg ein Ereignis *seines* Lebens ist. Er ist verschüchtert und stammelt mir Dank. Auch ich bin verschüchtert und trinke Milch. Und dann freue ich mich, weil das wie eine experimentelle Verifizierung meiner neuen moralischen Ideen ist. Aber gleichzeitig immer noch der komische Eindruck, daß das nicht mir gilt, daß ich Theater spiele und daß ich im Grunde ein elender Hanswurst bin, der die Welt hinters Licht führt.

Eine ausgezeichnete Stelle bei Gide in den *Feuillets* von 1913/14: «Wer Protest erhebt, wird später aus dem Verzichtenkönnen die Weisheit seines Lebens machen.

Auch das kann eine selbstgefällige Moral sein.»

Der Ausdruck «selbstgefällige Moral» erscheint mir reich und tief. Er paßt recht gut zu meinen derzeitigen Beschäftigungen:

die Resignation kann eine selbstgefällige Moral sein (traurige Heiterkeit, leuchtende und besänftigende Schwermut usw.),

auch der Stoizismus. Die Erfahrung habe ich in diesen drei Monaten gemacht.

Der Naturalismus. Bei Gide gibt es einen gewissen Naturalismus, ein gewisses Vertrauen in die Tugenden der nackten Natur (man selbst sein, ohne zu paktieren, sich an die Welt anpassen wie der Organismus an seine Umwelt), das ihn häufig plagt, und er fragt sich, ob nicht der Teufel ihm das eingegeben hat.

Die Moral der Pflicht. Alles, was jene schändliche Formel Kantscher Prägung birgt: ich habe nur das Recht, meine Pflicht zu tun ...

Schließlich sehe ich kaum etwas anderes als eine Moral der Authentizität, um dem Vorwurf der Selbstgefälligkeit zu entgehen. (Der Authentizität und nicht der Reinheit.)

Mauriac (*Le Figaro* vom 2. Dezember): «Die ewige Frage, die die Franzosen schon immer gespalten hat, ob es sich nun um einen inneren Streit wie die Dreyfus-Affäre handelt oder um die spanische Tragödie oder um den Krieg mit Deutschland, berührt die Beziehungen zwischen Politik und Moral.»[1]

Ich glaube, daß ich jetzt verstehe und *spüre*, was die wahre Moral ist. Ich sehe, wie Metaphysik und Werte, Humanismus und Verachtung, unsere absolute Freiheit und unsere *conditio* in einem einmaligen und vom Tod begrenzten Leben, unsere Inkonsistenz als Wesen ohne Gott, das nicht sein eigener Urheber ist, und unsere Würde, unsere autarke Unabhängigkeit als Individuum und unsere Geschichtlichkeit sich miteinander verbinden. Ich werde es morgen oder ein andermal erläutern, ich will noch darüber nachdenken. Aber diesmal wird es wenigstens eine Moral sein, die ich gespürt und angewandt hätte, bevor ich sie dachte.

Ich habe mich eine Weile gehenlassen, aber in den letzten Tagen habe ich die Spannung der ersten Kriegstage wiedergefunden.

Montag, 4. Dezember

Morgen brechen wir nach Morsbronn auf. Heute früh große Nervosität um mich herum, während ich arbeite. Die Akoluthen und die 3 vom SRA[2] machen sich an ihren Paketen zu schaffen. Zank und Geschimpfe.

1 Auszug aus einer Chronik, unter dem Titel «Dupont & Durand».

2 Service de renseignements de l'Artillerie [Militärischer Abwehrdienst der Artillerie].

Nicht *akzeptieren*, was einem zustößt. Es ist zuviel und nicht genug. Es *auf sich nehmen* (wenn man begriffen hat, daß einem Menschen alles nur durch ihn selbst zustoßen kann), das heißt es genauso auf seine Rechnung nehmen, *als ob* man es sich verordnet hätte, und es, diese Verantwortung akzeptierend, zur Gelegenheit für neue Fortschritte machen, *als ob* man es sich genau deswegen gegeben hätte.

Dieses «als ob» ist nicht Lüge. Es entspricht der unerträglichen *conditio humana*, die zugleich Ursache von sich selbst und ohne Grundlage ist, so daß sie nicht Richter ist über das, was ihr zustößt, sondern alles, was ihr zustößt, ihr nur *durch sie selbst* in eigener Verantwortung zustoßen kann.[1]

Von folgenden zwei Ideen ausgehen:

1. Der Mensch ist eine Fülle, die der Mensch nicht verlassen kann.
2. Man muß jede Hoffnung verlieren. Die Moral beginnt dort, wo die Hoffnung aufhört (künftiges Leben, menschliche Vervollkommnungsfähigkeit usw.).

Man ist total verantwortlich für sein Leben.

Die Welt ist meinem Leben in seiner Totalität in jedem Augenblick gegenwärtig.

Man hat nie eine Entschuldigung, weil das Ereignis einen nur dann berühren kann, wenn es von den eigenen Möglichkeiten angenommen worden ist.

Keller sammelt die Abfälle der andern auf, hauptsächlich der Offiziere – eine Nummer von *Conferencia*[2], ein Exemplar der *Revue des Deux Mondes*, einen alten Roman, den Hang weggeworfen hat, weil eine Flasche Hustensaft über ihn ausgelaufen war und er stank –, alles steckt er, ohne hinzusehen, in seinen Sack und sagt entweder: «Das

1 Die Sartresche Freiheitsauffassung ist dabei, sich von der des Stoizismus zu lösen – für den der Mensch dann frei ist, wenn er hinnimmt, was ihm durch den Lauf der Dinge, auf den er keinen Einfluß hat, zustößt und sich nur um das kümmert, «was von ihm abhängt», die Beherrschung seiner Leidenschaften. Vgl. *Das Sein und das Nichts*, 1. Kap. des 4. Teils, insb. den § II «Freiheit und Faktizität: die Situation.»

2 Zeitung der Universität der Annalen, von Yvonne Sarcey gegründet.

ist für meine Frau» oder: «Das ist für den Kleinen, ich bring es ihm mit, wenn ich Urlaub habe.» Was ihn hier reizt, ist der Gegenstand, den man noch «benutzen» kann, er streicht um die Müllkästen, Brotkörbe usw. und findet immer etwas zum Herausfischen.

Niemand schuldet einem etwas – und vor allem hat man keinerlei Recht auf das Schicksal. Alles ist immer gegeben, weil man in bezug auf die Welt immer zuviel ist.

Metaphysischer Wert desjenigen, der sein Leben auf sich nimmt, oder Authentizität. Das ist das einzige Absolute.

Wir brechen morgen um 5 Uhr nach Morsbronn auf. Im Frontabschnitt. Die Offiziere scheinen die Aussicht auf diese neuen Verantwortungen schlecht zu verkraften.

Wenn Pieter einige Augenblicke mit einem Offizier spricht, sagt er immer «ich hab geplaudert», um den Eindruck der Vertraulichkeit eines Gesprächs unter Männern zu erwecken.

Dienstag, 5. Dezember

4 Uhr morgens. Die Akoluthen packen ihre Sachen zusammen, und ich notiere unterdessen die wichtigsten Passagen aus einem Artikel von X. in der *Revue des Deux Mondes* vom 15. August 1939: «Der Kriegs-Frieden.»[1]

«Beim gegenwärtigen Stand der Militärtechnik braucht man etwa hundert Panzer und über hundert Tonnen Granaten, um auf sichere Weise den Widerstand zu brechen, den ein einziges gut verschanztes und durch Stacheldraht geschütztes Bataillon auf einem einzigen Ki-

1 Der genaue Titel des Artikels lautet: «Eine neue Form internationaler Konflikte, der Kriegsfrieden.» Es war uns nicht möglich, den oder die Autoren dieses mit *** gezeichneten Artikels zu identifizieren; die in ihm vorgebrachten Auffassungen ähneln stark denen des Oberst de Gaulle und seiner ersten Getreuen – Oberst Nachin vor allem – sowie denen von Paul Reynaud, damals Finanzminister, der mit ihnen gemeinsam eine Kampagne gegen die Unbeweglichkeit Frankreichs gegenüber den wiederholten Aggressionen Hitlers führte. Vgl. Lucien Nachin, Vorwort zu *Trois études* von Charles de Gaulle, Berger-Levrault, Paris 1945 und *Mémoires* von Paul Reynaud, Bd. 2.

lometer leistet . . . An beschränkten Grenzen wie in Europa, die für ein Massenaufgebot an Truppen zu schmal und für eine Verteidigung der permanenten Befestigung angelegt sind, besteht nur wenig Hoffnung, die Vorkehrungen des Gegners zu vereiteln . . . Die Entscheidung läßt sich erst nach dem Erfolg vieler Offensiven herbeiführen, also zum Preis einer gigantischen Anstrengung, die eine große zahlenmäßige wie industrielle Überlegenheit voraussetzt. Andernfalls könnte der Konflikt allein durch die moralische und materielle Abnutzung einer der beiden kriegführenden Parteien gelöst werden. In beiden Fällen würde der Kampf die Form eines Kampfs auf Leben und Tod annehmen, der ein solches Ausmaß an Verlusten und Trümmern mit sich brächte, daß auch die günstigsten Friedensbedingungen sie nicht wettmachen könnten.

Die klassische Konzeption des Kriegs führt also zu einer Form von Konflikten, die den Möglichkeiten und Notwendigkeiten des heutigen Europas nicht mehr entspricht.[1] Denn Europa hat sich immer noch nicht von den diversen Umwälzungen erholt, die der Erste Weltkrieg verursachte. Es braucht Frieden, um wieder zu Kräften zu kommen und seine Wirtschaft gemäß den modernen Produktionsmitteln neu zu organisieren . . . Andererseits steht die öffentliche Meinung der meisten europäischen Nationen der Idee des Kriegs ablehnend gegenüber . . . *Diese Überzeugung ist ein für unsere Zeit besonderes, entscheidendes Faktum.*[2]

Wie also sind heute die Konflikte zwischen Nationen zu lösen? . . . Neue Methoden drängen sich auf . . . Das Problem bleibt: es besteht darin, einen Staat zu zwingen, die Schuldscheine zu unterschreiben, die man ihm vorlegt, mit einem Wort, zu kapitulieren. Der Krieg mag andere Formen annehmen, doch sein wesentliches Ziel bleibt bestehen.

Unfähig, den Gegner mit einem Schlag zu unterwerfen, wird der neue Krieg darauf abzielen, ihn davon zu überzeugen, daß die Kapitulation besser für ihn ist als die Fortsetzung des Kampfs. Auf eine radikale Aktion folgt eine *Überzeugungsaktion*[3] durch Stärke. Nur . . . die Politik verfügte einst nur über einen sehr geringen Spielraum an Druckmitteln . . ., der kleinste Manöverirrtum, der geringste Ex-

1 Hervorhebungen von Sartre.
2 Hervorhebungen von Sartre.
3 Im Text heißt es: «eine *Überzeugungsverwendung* der Stärke». Die Hervorhebung stammt von Sartre.

zeß konnten den Krieg auslösen. Politik bestand also nur in einem differenzierten Spiel von Kombinationen und Kompromissen. Heute ist die Situation völlig anders: das stets gegenwärtige Gespenst des totalen Kriegs, die Furcht, die er einflößt, führen dazu, ihn als Verzweiflungslösung zu betrachten, zu der man nur im äußersten Notfall greift. Die Ohnmacht der militärischen Aktion hat den Nationen eine dicke Haut gegeben (Anschluß, Sudetenland, Intervention in Spanien, russisch-japanische Schlacht von Kuang-Tschu-Feng)[1], es ließen sich noch viele Beispiele für die Geduld anführen, die die Nationen gemessen an ihrer früheren Nervosität beweisen.

So berechtigt dieser Abscheu vor dem totalen Krieg auf einem überraschenden Umweg zu einer Anwendung von Gewalt, die den Rahmen der diplomatischen Traditionen bei weitem übersteigt ... Es herrscht nicht mehr Frieden und noch nicht Krieg, so wie wir ihn ins Auge fassen, sondern ein Zwischenzustand, den wir Kriegs-Frieden nennen können.[2]

Der Kriegs-Frieden beruht auf der Idee, die Furcht vor dem Katastrophen-Krieg auszunutzen, um stärkeren Druck als früher auszuüben, dabei jedoch zu vermeiden, daß allzu große Spannungen entstehen, die den Feind zum totalen Krieg veranlassen könnten.

Das erste Element jeder Kombination wird also darin bestehen, den kritischen Punkt abzuschätzen, über den hinaus der Gegner den totalen Krieg der Kapitulation vorziehen würde ...[3]

Charakteristisches Vorgehen: der *politische* Krieg, das heißt der Eingriff in die Innenpolitik des gegnerischen Landes. Man greift direkt die Nervenzentren an, von denen die Kapitulation abhängt. (Ludendorff, *totaler Krieg:* der seelische Zusammenhalt der Nation ist ein wesentlicher Faktor für den Sieg.)

1 Dieser Satz faßt den Artikel zusammen.

2 Dieser Begriff kann mit dem verglichen werden, was Paul Reynaud, der sich den Überzeugungen de Gaulles angeschlossen hatte, achtzehn Monate zuvor über die Notwendigkeit geschrieben hatte, die Armee Frankreichs und ihre Rolle in der internationalen Politik neu zu durchdenken: «*Wir haben die unblutige Zone des Krieges betreten (...) Die Kluft (zwischen den Militärproduktionen Deutschlands und Frankreichs) sind die Siege oder Niederlagen dieses geräuschlosen Krieges (...) Die diplomatischen Rückzüge sind nichts als der Schatten dieser Niederlagen auf dem grünen Teppich der Konferenzen.*» (*Paris-soir* vom 1. November 1937, in: *Mémoires.*)

3 Die Fortsetzung des Artikels ist nicht genau zitiert, sondern zusammengefaßt.

3 Lösungen:

Der Aufstand gelingt. Das Ziel ist erreicht. Die neue Regierung akzeptiert spontan die gestellten Bedingungen.

Der Aufstand gelingt nur zum Teil (Spanien, Palästina): Bürgerkrieg und Intervention.

Der Aufstand scheitert völlig. Im Fall einer günstigen internationalen Konstellation direkte Intervention (Sudetenland). Sonst wäscht man seine Hände in Unschuld (Ermordung von Dollfuß).

Ökonomischer Krieg:

Er hat denselben hinterhältigen Charakter, aber seine Anwendung hat im Friedens-Krieg[1] zu keinen entscheidenden Ergebnissen geführt. Weil der totale Krieg eine totale Umorganisation der gesamten Wirtschaft erfordert, um den riesigen Bedarf, den er weckt, dekken zu können. Daher ist es unerläßlich, den zivilen Konsum auf ein Minimum zu beschränken und die Defizite durch Importe auszugleichen. Somit kann die Anstrengung letztlich nur dann mit der wünschenswerten Intensität durchgehalten werden, wenn die Nation ausreichende finanzielle Mittel oder Kredite besitzt oder wenn sie über freie Kommunikationswege verfügt. Diese Erwägungen haben die Theoretiker der Nachkriegszeit veranlaßt, den ökonomischen Ressourcen eines Landes bei der Einschätzung seines ‹Kriegspotentials› großen Wert beizumessen ... Diese Idee stand am Ursprung der Organisation der Sanktionen unter der Ägide des Völkerbundes. *Ihre Anwendung gegenüber Italien hat zu einem völligen Fehlschlag geführt: wirtschaftliche Sanktionen können nur gegenüber einer Nation entscheidende Wirkung haben, die sich auf einen Konflikt einläßt, der den Charakter des totalen Krieges hat.* Das war jedoch nicht der Fall: die Eroberung Äthiopiens ... war lediglich ein begrenzter Krieg ... Italien hat nie eine Kriegswirtschaft zu organisieren brauchen. Die Sanktionen sind mitten in der Friedenswirtschaft ausgelöst worden.

Neben der Blockade – verschiedene Formen des ökonomischen Kampfes (dumping usw.).[2]

Ständiger Einsatz der *militärischen Kräfte*:

α) in Form der Drohung,

β) ergänzende Intervention bei einem inneren Konflikt,

1 Im Text: «Kriegs-Frieden».

2 Hier folgt im Artikel ein Abschnitt über den *diplomatischen Krieg*.

γ) direkte militärische Aktionen. Sehr häufig, aber sehr begrenzt, in Form bloßer Handstreiche, die meist überraschend erfolgen.»[1]

Ankunft in Morsbronn um 7 Uhr. Ich werde sofort zur Telefonzentrale beordert, in einen großen Raum: ständiges Kommen und Gehen unserer Offiziere und der Offiziere, die wir ablösen. Diese bieten uns Zug um Zug unser eigenes *Bild*: die Division ist genauso zusammengesetzt wie unsere: jener Leutnant ist das Ebenbild des Leutnants Pentato; jener Oberst das Ebenbild unseres Obersts, sogar unsere eigenen Ebenbilder, die Wetterbeobachter, sind da, ein dicker Fatty mit rotem Gesicht und Brille und einem Anflug von Affektiertheit auf seinem Fleisch eines Lebemanns, ein anderer, mager und bleich, mit einem Backenbart. Wir betrachten diese Bilder unser selbst mit Neugier und Feindseligkeit. Vages Gefühl der Solidarität mit *unseren* Offizieren gegen *ihre* Offiziere. Sie sehen übrigens sehr unsympathisch aus. Einer von ihnen, ein Leutnant und Schönschwätzer, kommt gerade aus Paris zurück und sagt zu seinem Oberst: «Immer auf dem Posten, Herr Oberst!» – «Und was sagen sie in Paris?» – «Sie sagen, es ödet sie an, daß wir nicht angreifen, weil der Krieg dann länger dauert; sie finden, daß es nicht komisch ist, Paris bei Nacht, mit all den gelöschten Lichtern, und sie hätten gern, daß wir uns schneller den Schädel einschlagen, damit das aufhört.» – «Also», sagt ein Haupt-

1 Der Artikel empfiehlt, neben der Vorbereitung Frankreichs auf den totalen Krieg, die Bildung *«eines mächtigen und stark offensiven Expeditionskorps, das vom Verteidigungssystem unabhängig ist, ... im Verhältnis zu den politischen Zielen und im Unterschied zum Verteidigungssystem ständig zur Verfügung stehend, ohne daß man auf eine Teilmobilmachung zurückgreifen muß. Seine Aktion kann auf diese Weise ohne Zeitverlust und vor allem ohne Erregung der öffentlichen Meinung stattfinden.»* Nur auf diese Weise, schließt der Artikel, wird Frankreich antworten können auf *«die Manöver, durch die man es durch analoge Manöver zu reduzieren versucht.»* Dieser Absatz, den Sartre nicht wiedergibt, über den er jedoch nachdenkt (siehe etwas weiter unten), ist in Beziehung zu setzen mit dem, was Charles de Gaulle seit einigen Jahren denkt. Seiner Meinung nach konnte Frankreich zum Beispiel nicht auf die Besetzung der entmilitarisierten Zone des Rheinlandes am 7. März 1936 reagieren, *«weil es kein Spezialkorps geschaffen hatte und folglich nicht unmittelbar, das heißt ohne oder vor der Mobilmachung, auf die Besatzung durch die Besetzung des linken Rheinufers antworten konnte.»* (Brief des Oberstleutnant de Gaulle an Paul Reynaud am 22. Juli 1936, in: *Lettres, notes et carnets, 1919–juin 1940*, Plon, Paris 1980.)

mann, «genau dasselbe, was wir meinen.» Leichtes Gefühl der Wichtigkeit, weil man mir diesen furchterregenden und tönenden Apparat mit etwa zwanzig Stöpseln anvertraut hat. Aber im Grund sehr grantig, weil man täglich etwa 200 Verbindungen herstellt und ich keine Zeit zum Arbeiten mehr haben werde. Besorgnis: wird man mich auf diesem Posten lassen? Ich überrede Paul, zu protestieren: ich bin Wetterbeobachter und kein Telefonist. Ich schreibe das hier während einer kurzen Pause auf einem Stuhl, um mich herum ständiges Hin und Her.

Dieser Kriegs-Frieden, über den X. so gescheit redet, erlaubt es, die Fortsetzung zu verstehen, das, was wir erleben: den Friedens-Krieg. Der Übergang vom einen zum anderen geschieht unmerklich. Und zwar aus zwei Gründen: 1. Deutschland *wollte* den Krieg nicht. Es war vor allem an jener Form von internationalen Beziehungen interessiert, dem Kriegs-Frieden, die ihm besonders günstig waren. Es hat in Polen eine heikle Partie gespielt und nicht verstanden, den «kritischen Punkt» zu bestimmen. In seinen Augen wird die Partie immer auf der Ebene des «Kriegs-Friedens» gespielt; es lehnt den totalen Krieg ab, weil es ihn nicht führen kann. 2. Aber den demokratischen Mächten geht es im wesentlichen darum, Sanktionen anzuwenden. Im Grunde halten sie sich an die Genfer Konvention und an die friedliche Technik der Sanktionen, wie zur Zeit des Abessinienkriegs. Hier wie dort geht es darum, eine Aggression zu bestrafen. Nur wissen sie, durch die äthiopische Erfahrung gewitzt, daß man, um wirtschaftliche Sanktionen gegen eine Nation mit Erfolg anwenden zu können, diese Nation zuvor gezwungen haben muß, sich auf den totalen Krieg einzulassen. So haben die französischen Armeen an der deutschen Grenze kein anderes Ziel, als Deutschland zu einer Kriegswirtschaft zu zwingen, um so die Blockade wirksam zu machen. So daß der totale Krieg das Gespenst bleibt, mit dem die kriegführenden Parteien drohen wie zur Zeit des Kriegs-Friedens. Was tut Hitler denn anderes, wenn er uns mit einer Landung in England, mit einem Fliegerangriff auf London usw. droht, als das Phantom des totalen Krieges zu beschwören? Und die Flüchtlinge, die Leute aus der Provinz, die sich allmählich an diese Art Krieg gewöhnen, fürchten den wirklichen Krieg, als lebten sie im Frieden. Was die Verfahren betrifft, so sind es die gleichen: die militärische Kraft bleibt eine Ergänzung: der ökonomische Krieg geht mit einem politischen Krieg einher, jeder der Kriegführenden rechnet mit einem Aufstand beim Gegner, der ihm den Gebrauch der Waffengewalt ersparen soll. Bleibt noch die Möglichkeit, die Entscheidung auf fernen Schlachtfeldern zu suchen, in Ländern, die nicht durch Befestigungen verteidigt sind und wo Expeditionskorps aufeinandertreffen.[1] Wenn beispielsweise Rumänien von einer deutschen Armee überfallen wird und wir Verstärkung hinschicken. In diesem Fall wird der Krieg wieder den Aspekt der alten Konflikte annehmen (derer vor 1914), wo, wie J. Romains sagt, der *Besiegte* entscheidet, daß er besiegt ist – wie zum Beispiel Rußland nach Tsushima entschied, daß Japan es geschlagen hatte. Dieser Krieg ist also: Genfer und wirtschaftliche Sanktionen auf der einen Seite und Kriegs-Frieden auf der anderen. Das gemeinsame Anliegen der Kriegführenden ist, es nicht zum totalen Krieg kommen zu lassen. Und wenn er eine *drôle de guerre* zu sein scheint, so deshalb, weil es ein Krieg ist, bei dem es den Gegnern in erster Linie darauf ankommt, keinen Krieg zu führen.[2]

Mittwoch, 6. Dezember

Ich bin mit dem Telefon einigermaßen zu Rande gekommen. Am Ende kam mir das fast magisch vor, alle diese kleinen Klappen, die beim Herunterfallen klingelten, alle diese Stöpsel, die man in die Löcher steckte und die Stimmen ausspuckten, und vor allem die langen Gespräche, deren stummer Zeuge ich war. Das belustigte mich, ich hatte ein merkwürdiges Gefühl von Macht, als sei ich ein Zauberkünstler, der an seine Kunststücke glaubt. Nur der Ofen qualmte und bereitete mir heftige Kopfschmerzen. In den wenigen Ruhepausen las ich die *L'Education sentimentale* von Flaubert. Wie unbeholfen und unsympathisch das ist. Wie töricht dieses ständige Hin und Her zwischen stilisierten Dialogen, Beschreibungen und Realismus. Eine

1 Vgl. S. 294, Fußnote 1.

2 In seinen Briefen vom 5. und 6. Dezember rät Sartre S. de Beauvoir sehr «den bemerkenswerten Artikel von ***» zu lesen, «der (ihn) alle Gründe und Seinsweisen dieses Krieges verstehen ließ.» So bejaht er, ohne es zu ahnen, die Analysen, die sich eine von fast der gesamten Meinungspresse als kriegerisch eingeschätzte politische Persönlichkeit und ein Oberstleutnant teilen, der das bekannte spätere Schicksal hatte, jedoch zu jenem Zeitpunkt seitens des Generalstabs Gegenstand von Verachtung und Abfuhren dafür ist, daß er entgegen den offiziellen Militärthesen einen Kreuzzug für die Umorganisierung der französischen Armee führt.

jämmerliche Geschichte, in Marmor gehauen. Man sieht Zola durch einen parnassischen und plumpen Stil hervorlugen. Bis jetzt ist es übrigens völlig stupide: ohne einen Eindruck, ohne eine Idee, ohne einen Charakter, sogar ohne jene historischen Betrachtungen, zu denen Balzac fähig ist. Seine Beschreibungen schildern nicht. Der Satz ist schwerfällig und umständlich, wenn er die Dinge fassen, beispielsweise die Maschinen beschreiben will: *Le tapage s'absorbait dans le bruissement de la vapeur qui, s'échappant par des plaques de tôle, enveloppait tout d'une nuée blanchâtre tandis que la cloche à l'avant tintait sans discontinuer.* [Der Lärm absorbierte sich im Zischen des Dampfes, der, durch die Blechbeschläge entweichend, alles in einen weißlichen Nebel hüllte, während die Glocke vorn am Bug unablässig tönte.] Dieser Lärm, der *«sich absorbiert»* – und wie kann Dampf *durch Blechbeschläge* entweichen? *Le pont tremblait* sous *une petite vibration intérieure.* [Das Deck zitterte *unter* einer leichten inneren Erschütterung.] Unter? Er meint, daß eine leichte Erschütterung an den Seiten des Schiffs hochstieg und sich auf das Deck übertrug. Plattheit der Verben (in Ermangelung eines präzisen Terminus benutzt Flaubert im allgemeinen animistische Metaphern: die Ufer gleiten vorüber, die Gepäckstücke türmen sich, der Lärm absorbiert sich). Häufig verwendet er ein höchst unglückliches Passiv: *Un châle* était placé *sur son dos.*[1] [Ein Schal *war* auf ihren Rücken *gelegt.*] Ärgerlicher Gebrauch des Imperfekts (der auf die Goncourts hindeutet), um ein Genrebild zu malen und das, was an der *Handlung* unfein ist, in einer Art poetischer Wiederholung zu ertränken, die einem Ausweichen ins Wunderbare gleichkommt. *Mademoiselle Marthe courut vers lui et, cramponnée à son cou, elle tirait ses moustaches.* [Mademoiselle Marthe lief zu ihm hin, und um seinen Hals geklammert, zupfte sie ihn am Schnurrbart.] Ich möchte das den vergilschen Imperfekt nennen: *ibant obscuri sub sola nocte.*[2] Das typischste Beispiel (ich glaube, die vergilsche Reminiszenz ist hier frappierend – Nisos und Euryalos[3]): *Frédéric lui jeta la moitié de son manteau sur les épaules. Ils s'en enveloppèrent tous deux; et, se tenant par la taille, ils*

1 Genauer: «... *derrière son dos*» [hinter ihrem Rücken].

2 *Sie gingen, finster, in der einsamen Nacht.* (Aeneis, IV. Buch, Vers 268, dessen genauer Text lautet: *Ibant obscuri sola sub nocte.*)

3 Vgl. Aeneis, IX. Buch. Die Konstruktion der Verse 182 und 183 hat eine gewisse Ähnlichkeit mit den von Flaubert zitierten Sätzen; sie können wie folgt über-

marchaient dessous côte à côte. [Frédéric warf ihm die Hälfte seines Mantels um die Schultern. Sie hüllten sich beide darin ein, und einander um die Taille fassend, gingen sie Seite an Seite.] Man wird bemerken, daß dem Imperfekt jedesmal ein Partizip als Apposition des Subjekts vorausgeht. Stilistischer Trick: es soll marmorn wirken.

Beispiel für die Nachlässigkeit bei den Verben: *Une énergie impitoyable reposait dans ses yeux glauques.* [Eine unerbittliche Energie ruhte in seinen meergrünen Augen.] Nicht durch Zufall ist Flaubert gewählt in seinen Substantiven und nachlässig in seinen Verben: dieser Parnassien pflegt das *Schauspiel* und vernachlässigt das *Ereignis.* Das Ereignis bleibt für ihn skandalös: ich hasse die Bewegung, die die Zeilen durcheinanderbringt. Doch seine Sätze sind Kolosse auf tönernen Füßen: sie zerbröckeln in Wörter, weil die Gelenke nicht halten. Flauberts Bedeutung: sein Stil ist ein Übergangsstil. Die industrielle Zivilisation Louis-Philippes und die sozialen Bewegungen von 48 brachten die Geister dazu, über die *Dinge* zu sprechen (Maschinen, Werkzeuge usw.), und der Stil, den Flaubert vorfand, hatte sich langsam zur Beschreibung von Sitten und Menschen herausgebildet. Flaubert versucht zu *übersetzen.* Es geht darum, von den Gegenständen zu sprechen und dabei die *Haltung* des Stils zu wahren. Und die Unzulänglichkeiten Flauberts werden später die Brüder Goncourt zu ihren Wortfindungen veranlassen. Alles in allem, Flaubert, ein Feind des louis-philippeschen Bürgers, ist selbst ein Bürger, seine Kunst ein Produkt der Industrie von 48. Es ist das industrielle Bürgertum, das neugierig ist auf sich selbst, auf seine Kultur, seine Berufe, auf die Menschen und die Dinge, die es beherrscht, die es jedoch über gewisse kulturelle Tricks, über eine klassische Form kennenlernen möchte. Die spätere Lockerung wird auch eine Vulgarisierung sein, eine Preisgabe bestimmter Ansprüche. Man bedenke, daß die Korrekturen, die Maxime Du Camp, auf Flauberts Bitten, vorschlägt, allesamt konservativ sind, das heißt darauf abzielen, die Reinheit der Form zu wahren. Flaubert ist dafür überaus empfänglich.

Der schlimmste Fehler der *Éducation sentimentale* ist, daß dieses Buch vom Telefonisten einer Zentrale gelesen werden kann, der einen Satz liest, innehält, zu ihm zurückkehrt usw. Es gibt keinen Strom, der dadurch unterbrochen werden könnte. Im Gegenteil, ich stelle

setzt werden: «*Eine gleiche Liebe vereinte sie; gemeinsam stürzten sie in den Kampf; – Und an diesem Tag hielten sie Wache Seite an Seite.*»

mir vor, daß die ununterbrochene Lektüre unerträglich öde sein muß. Jeder Satz sondert sich ab, und man hat Mühe, sich von ihm loszureißen und zum nächsten Satz überzugehen.

Ich notiere hier ein paar Beispiele für die Schwäche des Verbs bei Flaubert:

Il était toujours irrité, et dans cette exaltation à la fois factice et naturelle qui constitue *les comédiens.* [Er war immer irritiert und in jener gleichzeitig künstlichen und natürlichen Exaltiertheit, die den Komödianten *bildet.*]

Son chapeau à bords retroussés le faisait reconnaître *de loin, dans les foules.* [Sein Hut mit dem aufgekrempelten Rand *ließ* ihn schon von weitem im Straßengewühl *erkennen.*]

Il enfonçait son âme dans la blancheur de cette chair féminine. [Er versenkte seine Seele in die Weiße dieses Frauenfleisches.]

Les maisons se succédaient (man ahnt es) *avec leurs façades grises, leurs fenêtres closes.* [Die Häuser *folgten einander* mit ihren grauen Fassaden, ihren geschlossenen Fenstern.]

Il éprouva comme une pénétration à tous les atomes de sa peau. (!!!) [Er spürte so etwas wie ein Eindringen in alle Atome seiner Haut.]

Des édifices que l'on n'apercevait pas faisaient des redoublements d'obscurité. [Gebäude, die man nicht sah, bewirkten Verdopplungen an Dunkelheit.]

Bei vielen jungen Schriftstellern gibt es eine Banalität des Adjektivs, die es erlaubt, die Qualifizierung vorauszusehen, sobald das Substantiv gegeben ist. Das Tal «lächelt» immer, beispielsweise. Bei Flaubert zieht die angeborene Schwäche des Verbs seine Banalität nach sich, und das ist noch mißlicher, weil das Substantiv die Bedeutung der Handlung meist schon in sich schließt, so daß sich das Verb an das Subjekt hängt wie ein normannischer Klotz. Beispiel: *Un vent léger* soufflait. [Ein leichter Wind *wehte.*] Na, was kann der Wind schon anderes tun als wehen? Besser wäre es, dann zu schreiben: «Leichter Wind», wie Loti. Weil mir davor ein bißchen graust, würde ich eher schreiben: «es gab einen leichten Wind», weil das «es gibt», vage und unbestimmt, der Fortsetzung nicht vorgreift und der Satz stark endet. Weiteres Beispiel bei Flaubert: *Un air humide l'enveloppa.* [Eine feuchte Luft hüllte ihn ein.] Noch so ein voluminöses und nutzloses Anhängsel. Flauberts Satz endet immer schwach. Und wie viele grobe normannische Tricks, die stören. Zum Beispiel: *Il se reconnut aux bords des quais.* [Er erkannte sich am Ufer der Quais wieder.] Um das Verb *être* [sein] zu vermeiden.

Weiter oben erwartet ein Zweispänner Frédéric Moreau am Bahnhof: ... *les deux chevaux n'appartenaient pas à sa mère.* [Die beiden Pferde gehörten nicht seiner Mutter.] Soll heißen, daß nur eines der beiden Pferde ihr gehörte, aber Flaubert hat sich geweigert, einen so schweren Satz hinzuschreiben. Folglich hat er eine noch schwerere gedankliche Inkorrektheit begangen. Denn «die beiden Pferde gehörten nicht seiner Mutter» heißt, daß keines von beiden ihr gehörte.

Typisches Beispiel für das schwache Enden der Sätze Flauberts, wegen der Kraftlosigkeit des Verbs:

Une faculté extraordinaire, dont il ne savait pas l'objet, lui était venue. [Eine außergewöhnliche Fähigkeit, deren Gegenstand er nicht kannte, war ihm gekommen.]

Son visage s'offrait à lui dans une glace. [Sein Gesicht bot sich ihm in einem Spiegel dar.]

Die geheime Erschlaffung dieses Marmors: die Konjunktionen: *où, en, par* [wo, in, durch], im vagen Sinn einer Verbindung benutzt (ein Fehler, den er allen Naturalisten und Realisten weitergeben sollte).

Beispiel: *Il fut saisi par un de ces frissons de l'âme* où *il vous semble qu' on est transporté dans un monde supérieur.* [Er wurde von einem jener Schauer der Seele ergriffen, *wo* einem zumute ist, als sei man in eine höhere Welt entrückt.]

Les réverbères brillaient en deux lignes droites. [Die Straßenlaternen leuchteten in zwei geraden Reihen.]

Und die als Apposition verwendeten Partizipien, die unterschiedslos «weil, obwohl, in Anbetracht dessen» bedeuten, usw.

Sénécal, interrogé, déclara ... usw. [Sénécal, nach seiner Meinung gefragt, erklärte ...]

Pellerin, croyant avoir trouvé un argument ... [Pellerin, ein Argument gefunden zu haben glaubend ...]

Im Grunde ersetzen die meisten dieser Appositionen ein *Verb,* infolgedessen eine Handlung. Immer die gleiche Schwäche:

On interrogea Sénécal et il déclara que ... [Man fragte Sénécal nach seiner Meinung, und er erklärte, daß ...]

Pellerin crut trouver un argument et ... [Pellerin glaubte, ein Argument zu finden, und ...]

Educ. sentim., Kap. 5: *L'entretien fut pénible ... il ne trouvait pas de joint pour y introduire ses sentiments.* [Die Unterhaltung war mühsam ... er fand keinen Anknüpfungspunkt, um seine Gefühle einzuführen.] Ein Anknüpfungspunkt ist dazu da, an etwas anzuknüpfen, und nicht, etwas einzuführen.

Ziemlich tiefgreifende Veränderung, seit ich in Morsbronn bin. Zunächst ähnelt das Hotel, in dem wir untergebracht sind, weit mehr einem klassischen Hauptquartier in Kriegszeiten als unsere friedliche Schule in Brumath. Alle Dienststellen sind hier versammelt. Die Soldaten und die Offiziere schlafen im Hotel, der Oberst nimmt sein Frühstück in einem der Speisesäle ein – und dort essen die Offiziere an einem mit einem Wachstuch bedeckten runden Tisch zu Mittag, auf dem den ganzen Tag über ihre Gedecke stehen, mit Serviettenringen, in die sie ihr Monogramm eingraviert haben. Das Hotel, einsam am Straßenrand gelegen – es ist etwa fünfhundert Meter von Morsbronn entfernt –, bietet übereinandergeschichtet alle Merkmale des Friedens und des Krieges. Von außen ist es *noch* ein Hotel – zweiter Klasse (es scheint sich vor allem um kleine Leute zu handeln: Sozialversicherung, Krankenkasse usw., die sich in Morsbronn behandeln lassen). Doch sobald man es betritt, überfällt einen ein Geruch von Verwahrlosung und langsamer Fäulnis, wie er für evakuierte Häuser typisch ist. Die Zimmer riechen nach Schimmel. Sie sind zum Bersten voll von Militärkram, Gepäckstücken, Mänteln, Brotbeuteln usw. Und dennoch schwebt ein Dunst ziviler Armseligkeit darüber. Unter den groben roten Überdecken sind die Matratzen dick und die Federkerne des Bettgestells vorzüglich, wie es sich für Rheumatiker gehört. Die zerrissenen und schmutzigen Blümchentapeten sind ziviler, individueller als die mit Ölfarbe gestrichenen Wände der Schule, in die sich der militärische Sozialismus ohne weiteres einfügen konnte; die Zimmer erinnern – im übrigen auf verlogene Weise – an die armseligen und verrufenen Hotelzimmer für Pariser Arbeiter. Der Raum der Schreiber, wo das Telefon steht, ist wirklich ein ganz besonderer und individueller Gegenstand geworden, wo diese verschiedenen Bedeutungsschichten miteinander verschmelzen. Es ist ein rechteckiger und sehr schmutziger Raum, der auf die Hauptstraße geht und diese aus ziemlicher Höhe durch eine lange Fensternische beherrscht. Die Holzdecke mit den hervortretenden Balken senkt sich in rascher Neigung vom hinteren Teil zur Fensternische. Sie ist weiß gestrichen, aber der Schmutz läßt sie ins Grau umschlagen. Abends verdunkelt man die Scheibe mit Decken und Teppichen, die einen orientalischen Eindruck machen: Zelt, Tierhaut, Lager – und vage, sehr vage die Vorstellung von tatarischem Luxus wecken. An die Wand hat man eine Anrichte, einen Spiegelschrank aus Eiche sowie eine kleine niedrige Kommode mit Marmorplatte geschoben. Ein sehr dunkles Stilleben und Werbeplakate: Suze, Mandarin, Lithia, Pernod fils, Dubonnet, Mineralwasser Carola, Dolfi. In einem goldenen Rahmen auf weißem Papier: *Lanson père et fils. Reims* hinter Glas. Doch darunter hängt eine schwarze Schiefertafel an einem Nagel: «Wachdienst: Mistler – Ordonnanz: Hantzinger.» Die Worte sind mit Kreide geschrieben. In der Mitte des Raums ein Kachelofen aus Nürnberg. An der Fensternische sieben rechteckige Tische mit Schreibmaschinen, Karteikästen, Aktendeckeln: der Stab. Aber neben dem letzten Tisch steht noch ein kleiner runder Tisch mit einem weiß-roten Tischtuch. Und auf diesem Tischtuch ein großes Stielglas mit künstlichen Blumen der Art Iris, das für sich ganz allein ein Restaurant darstellt. Ein Restaurant für Stammgäste mit gutbürgerlicher Küche. An der Wand neben der Tür Kleiderständer. An den Haken hängen Gasmasken, khakifarbene Mäntel. Die fünf mit Zeitungen verhängten Lampen breiten über das Ganze ein gedämpftes und trauliches Licht. Ich vergaß zwei seltsame Gegenstände, beide mechanisch, die sich jedoch zu den mechanischen Gegenständen verhalten wie Picassos Harlekine zu Menschen: die Telefondrähte, die jämmerlich von der Decke hängen wie verfilzte und dreckstarrende Haare, und – in der Mitte der Decke, surrealistisch zu dieser Jahreszeit und bei den Schwierigkeiten, die wir haben, uns zu wärmen – ein Ventilator, der sich unbarmherzig in Gang setzt, wenn man das Licht ein- oder ausschaltet. Die Nähe des Speisesaals der Offiziere gibt diesem Raum eine alimentäre Annehmlichkeit.

«Da hat er mir gesaaagt ...» Und Pieter wiederholt mit gewichtiger Miene die «Dikta» von irgendwem. Ich hatte immer nur die Gewichtigkeit bemerkt, aber heute, als er sich vertraulich zu mir beugte, um mir zu sagen: «Weißt du, ich habe Dubois getroffen. Wir haben geplaudert, und da hat er mir gesaaagt», kam mir eine Erleuchtung. Er vollzieht einen gesellschaftlichen Ritus. Er nimmt die «Dikta» und liebt sie, weil sie einen menschlichen Geruch haben. Ob sie sich nun auf die Klagen der Tabakverkäuferin beziehen oder auf die Art, wie man im Elsaß die Wurst zubereitet, es sind menschliche Dikta, und er erfüllt seine Funktion als Mensch, wenn er sie kolportiert. Somit gibt es zwei menschliche Kommunionen: diejenige, die während des «Diktums» stattfindet, und die, die beim Kolportieren des «Diktums» stattfindet. Er sagt: «Dubois hat mir gesaaagt ...», und seine Stimme wird warm, er klappert mit seinen schweren Augenlidern, er ist glücklich.

Heute morgen hat er mich geärgert, weil er unbedingt wollte, daß alle Soldaten, die er traf, zum 109. gehörten, weil er einen Kumpel hat, der zum 109. gehört. Und im Restaurant deutete er auf einen Soldaten, der ein Jagdhorn auf seinen Spiegeln trug, und sagte ganz aufgeregt: «Schau doch, der ist 109, ich sag dir, der ist 109.» Er will immer *wiedererkennen*: die Leute und die Dinge. Und wenn es nicht geht, findet er zumindest eine indirekte Beziehung zwischen ihnen und sich. Das ist seine Art, der Welt zuzulächeln, sich den Ereignissen freundlich zu öffnen, seinen Optimismus kundzutun.

Heute ist er krank, unser Engel, seine Flügel sind zerknittert, er hat Schwindelanfälle. Er zieht sein Kinn in seinen Mantelkragen und sieht ganz verwundert und ganz unschuldig aus. Er glaubte nicht an das Böse und daß man so leiden konnte. Übrigens leidet er gar nicht. «Mein Vater war wie ich, zum Schluß, mein armer Vater. Er plauderte mit mir, und dann drehte er sich dreißig Sekunden lang weg, er sagte nichts oder einfach: Oh, mein Herz, mein Herz! Und dann setzte er das Gespräch fort, als wäre nichts gewesen.» – «Was hatte er denn?» – «Angina pectoris.» Und angesichts meiner Miene: «Oh, ich bin sicher, daß er viel mehr litt als ich. Aber ...» – «Aber leidest du denn nicht?» – «Nein. Mir ist schwindlig.»

Überall, in den Schulen, in den Postämtern und Rathäusern, wo es Toiletten für Frauen und Toiletten für Männer gibt, eignen sich die Offiziere die Frauentoilette an, man schreibt «Offiziere» drüber. Das gibt ihnen einen Hauch von jungen Damen, der ihrer Uniform, ihrer eingezwängten Taille sehr gut steht. Ich will gern einräumen, daß die Offiziere das weibliche Element der Armee sind. Und daß wir, die Drohnen, mit unseren Quadratlatschen und unserer steifen Miene die Männchen sind. Aber Pieter geht immer andächtig aufs Offiziersklo, so viel Zartheit ist in seinem Herzen und seinem dicken Arsch.

Die Feldküche hatte sich zweihundert Meter von unserem Hotel installiert, aber Oberst Deligne hat verlangt, daß sie verlegt wird, weil es ihm den Appetit verschlug, wenn er die Männer mit ihren Blechnäpfen vorbeigehen sah.

Folgendes habe ich in Brumath nicht notiert. In der *Ecrevisse* gab es einen Soldaten, einen kleinen Burschen, der wie ein armer Schlucker aussah, mit einem bleichen, von breiten Ohren eingerahmten Gesicht, der eigensinnig und hoffnungslos sagte: «Als mein Vater 1916 heimgekommen ist, hat man mich in seine Arme geschubst und gesagt: Das ist dein Papa, und ich dachte: Was ist denn das für ein Herr? Jetzt bin ich dran, meinem Sohn wird's genauso gehen wie mir, er wird mich nicht wiedererkennen. Ihm wird's genauso gehen, ihm wird's genauso gehen.»

Ich habe etwas vergessen bezüglich der Dikta und Pieter. Was ihn bezaubert und mit verzückter und gleichsam mystischer Wichtigkeit erfüllt, ist gerade die Tatsache, daß *man* es sagt. Was Pieter überall und immer liebt, ist der Mensch in der Form des *man*. *Man* liebt, *man* redet, *man* stirbt. Indem er weiterträgt, was *man* sagt, zelebriert er die Messe seiner Unauthentizität. Pieter oder der Engel der Unauthentizität.

Donnerstag, 7.
Ich muß anfangen, meine Gedanken über die Moral zu ordnen.

Die erste Frage: die Moral ist das System der Zwecke; zu welchem Zweck also muß die menschliche-Realität handeln? Die einzige Antwort: zu ihrem eigenen Zweck. Kein anderes Ziel kann sich ihr bieten. Stellen wir zunächst fest, daß ein Zweck nur von einem Sein gesetzt werden kann, das seine eigenen Möglichkeiten ist, das heißt, das sich zu diesen Möglichkeiten hin in die Zukunft entwirft. Denn ein Zweck kann dem, der ihn als Zweck setzt, weder ganz transzendent noch ganz immanent sein. Transzendent wäre er nicht *sein* Mögliches. Immanent wäre er erträumt, aber nicht gewollt (siehe in diesem Heft Donnerstag, 23. Nov.). Die Verbindung des Agens zum Zweck setzt also ein bestimmtes Band vom Modus des «In-der-Welt-seins» voraus, das heißt eine menschliche Existenz. Das moralische Problem ist spezifisch menschlich. Es setzt einen begrenzten Willen voraus – es hat keinen Sinn außerhalb seiner, beim Tier oder im göttlichen Geist. Aber außerdem hat der Zweck einen ganz besonderen existentiellen Modus: er kann kein gegebenes Existierendes sein, sonst würde er sofort aufhören, Zweck zu sein. Aber er kann auch keine reine Virtualität im Sinne einer bloßen transzendenten Möglichkeit sein: dann würde er seine Anziehungskraft verlieren. Er hat eine vollständige und zukünftige Existenz, die aus der Zukunft wieder über die menschliche-Realität kommt und von ihr fordert, in einer Gegenwart verwirklicht zu werden. Aus diesem Grunde kann eine ewige und transzendente Existenz wie Gott oder der göttliche Wille für den menschlichen Willen nicht Zweck sein. Im Gegenteil, die menschliche-Realität kann und muß für sich selbst Zweck sein, weil sie immer *auf der Seite* der Zukunft steht, sie ist ihr eigener Aufschub.

Doch im übrigen ist die menschliche-Realität überall durch sie selbst begrenzt, und welches Ziel sie sich auch steckt, dieses Ziel ist immer sie selbst. Man erfaßt die Welt nur über eine Technik, eine Kultur, eine *conditio;* und ihrerseits bietet sich die so wahrgenommene Welt als menschliche dar und verweist auf die menschliche Natur. Jene giftigen Blumen, die Saint-Exupéry von seinem Flugzeug aus sieht, von den Winden aufs Meer gemalt, erfaßt er auf Grund seines Pilotenberufs als giftig. Aber ihre Giftigkeit wirft ihm wiederum den Entwurf einer menschlichen-Realität zurück, denn nur für den Menschen sind sie giftig. In *La Nausée* hatte ich geschrieben: «Die Existenz ist eine Fülle, die der Mensch nicht verlassen kann.» Ich widerrufe das nicht. Aber es muß hinzugefügt werden, daß diese Fülle menschlich ist. Das Menschliche ist eine existentielle Fülle, die die menschliche-Realität unabsehbar am Horizont wiederfindet. Der Mensch findet überall seinen Entwurf wieder, er findet *nur* seinen Entwurf wieder. In dieser Hinsicht läßt sich für eine Moral ohne Gott nichts Stärkeres sagen, als daß jede Moral menschlich ist, sogar die theologische Moral, jede Moral ist zum Zweck der menschlichen-Realität da, sogar die Moral Christi. Aber das bedeutet, daß die Moral *weder* ein gesellschaftlicher Utilitarismus sein muß *noch* ein Individualismus, in dem das Individuum sich selbst zum Zweck nimmt, *noch* ein sich ausdehnender Humanismus, in dem Sinne, in dem *die* Menschen, einzelne Menschheitspartikel, ein Zweck für den Menschen wären. Es bedeutet lediglich, daß die menschliche-Realität von einem existentiellen Typus der Art ist, daß ihre Existenz sie in Form eines durch ihre Freiheit zu verwirklichenden Werts konstituiert. Das bringt Heidegger zum Ausdruck, wenn er sagt, daß der Mensch «ein Wesen der Ferne» ist. Aber wohlgemerkt: dieses Wert-sein, das uns als Wert unserer Horizonte konstituiert, ist weder du noch ich, noch die Menschen, noch eine (im Sinn eines aristotelischen Eudämonismus) *gemachte* menschliche Wesenheit, es ist der stets wechselnde Aufschub der menschlichen-Realität selbst (gleichzeitig und in aller Undifferenziertheit ich und du und alle). Die menschliche-Realität existiert zum Zweck von sich. Und dieses *Sich* mit seinem eigenen Existenzmodus (als das, was es in der Zukunft erwartet, um durch seine Freiheit verwirklicht zu werden) ist der *Wert*. Es existiert kein anderer Wert als die menschliche-Realität für die menschliche-Realität. Und die Welt ist das, was die menschliche-Realität von ihrem Zweck trennt. Ohne Welt keinen Wert. Die Moral ist etwas spezifisch Menschliches, für die Engel oder für Gott hätte sie keinen Sinn. Man muß durch eine Welt von sich selbst getrennt sein, man muß wollen, man muß begrenzt sein, damit das moralische Problem existiert. Kant sprach von der Taube, die höher und besser zu fliegen meint, wenn man die Luft wegnimmt, die sie trägt. Er bezieht das Bild auf den Gebrauch der Kategorien. Zu diesem Punkt wäre einiges zu sagen. Aber das Bild gewinnt seine ganze Kraft, wenn man es auf die Moralität bezieht: der Mensch glaubt, er wäre moralischer, wenn er seiner *conditio humana* ledig wäre, wenn er Gott wäre, wenn er Engel wäre. Er macht sich nicht klar, daß mit seiner Menschlichkeit auch die Moralität und ihre Probleme verschwinden würden.

Aber wenn die menschliche-Realität sich selbst Zweck ist, wenn die Moral das Gesetz ist, das *über* die Welt das Verhältnis der menschlichen-Realität zu sich regelt, so folgt daraus zunächst, daß die menschliche-Realität über ihre Moralität nur sich selbst Rechenschaft schuldet. Dostojewski schrieb: «Wenn Gott nicht existiert, ist alles erlaubt.» Das ist der große Irrtum der Transzendenz. Ob Gott existiert oder nicht, die Moral ist eine Angelegenheit «unter Menschen», und Gott hat seine Nase da nicht hineinzustecken. Die Existenz der Moral, weit davon entfernt, Gott zu beweisen, hält ihn im Gegenteil fern, denn sie ist eine personale Struktur der menschlichen-Realität. Zweitens folgt daraus, daß es, um die Vorschriften dieser Moral zu bestimmen, keine andere Methode gibt, als die Natur der menschlichen-Realität zu bestimmen. Wir müssen hier aufpassen, daß wir nicht in den Irrtum verfallen, den Wert vom Faktum herzuleiten. Denn die menschliche-Realität ist kein Faktum.

Das Merkmal der menschlichen-Realität aus der Sicht, die uns beschäftigt, ist, daß sie sich selbst motiviert, ohne ihre eigene Begründung zu sein. Was wir ihre Freiheit nennen, ist, daß sie nie etwas ist, ohne daß sie sich motiviert, es zu sein. Nichts kann ihr je *von außen* zustoßen. Das liegt daran, daß die menschliche-Realität zuerst Bewußtsein ist, das heißt, daß sie nichts ist, wenn sie nicht Seinsbewußtsein ist. Sie motiviert ihre eigene Reaktion auf das Ereignis von außen, und das Ereignis in ihr ist diese Reaktion. Sie *entdeckt* im übrigen die Welt nur anläßlich ihrer eigenen Reaktionen. Sie ist also in dem Sinne frei, daß ihre Reaktionen sowie die Art, wie die Welt ihr erscheint, ihr voll und ganz zuzuschreiben sind. Aber die totale Freiheit kann nur für ein Sein existieren, das seine eigene Begründung ist, das heißt verantwortlich für seine Faktizität. Die Faktizität ist nichts anderes als das Faktum, daß es in der Welt in jedem Augenblick eine menschliche-Realität gibt. Das ist ein *Faktum*. Es leitet sich als solches von nichts her, es läßt sich auf nichts zurückführen. Und die Welt der Werte, die Notwendigkeit und die Freiheit, alles hängt an diesem ursprünglichen und absurden Faktum. Prüft man ein Bewußtsein, welches es auch sei, so findet man nichts darin, was ihm nicht zuzuschreiben wäre. Aber das Faktum, daß es ein Bewußtsein *gibt*, das seine eigene Struktur motiviert, ist unreduzierbar und absurd. Jedes Bewußtsein trägt in sich das Bewußtsein, für sich verantwortlich zu sein, sowie das Bewußtsein, nicht Ursache von seinem eigenen Sein zu sein. Diese Faktizität ist kein «Außen», aber ebensowenig ein «Innen». Sie ist nicht die Passivität eines erschaffenen und erhaltenen Gegenstands, aber auch nicht die totale Unabhängigkeit des *ens causa sui*. Wenn man die Dinge jedoch genauer betrachtet, sieht man deutlich, daß diese Faktizität nicht bedeutet, daß das Bewußtsein in etwas anderem gründet als in sich, zum Beispiel in Gott – denn jede transzendente Begründung des Bewußtseins würde das Bewußtsein mit eigenen Händen töten, sobald sie es gebiert. Es ist einfach so, daß das Bewußtsein *ohne* Grund existiert. Es ist eine Art dem Bewußtsein eigentümliches Nichts, das wir Grundlosigkeit [*gratuité*] nennen wollen. Diese unfühlbare Grundlosigkeit ist da, im ganzen Bewußtsein ausgebreitet, nirgends und überall. Diese Grundlosigkeit ließe sich mit einem Sturz in die Welt vergleichen und die Motivationen des Bewußtseins mit einer Art Beschleunigung, die sich selbst zu geben dem fallenden Stein freistünde. Anders gesagt, die Fallgeschwindigkeit hängt vom Bewußtsein ab, nicht der Fall selbst. Auf der Ebene der Grundlosigkeit ergibt sich für das Bewußtsein die Möglichkeit des Todes. Und deshalb ist das weder eine *seiner* Möglichkeiten noch seine eigenste Möglichkeit, wie Heidegger behauptet. Aber es ist auch nicht eine ihm äußerliche Möglichkeit. Die Sterblichkeit des Bewußtseins ist eins mit seiner Faktizität. Und das Bewußtsein, das seinen Tod nicht *konzipieren* kann, da es noch als Bewußtsein konzipiert, schließt ihn infolgedessen existentiell in sich ein auf der Ebene des Nichts, das es ganz und gar durchdringt. Es gibt kein «Sein zum Tod» im Heideggerschen Sinn, sondern jedes Bewußtsein ist vom Nichts und vom Tod durchdrungen, ohne sich diesem Nichts zuwenden und es anschauen zu können.

Die dem Bewußtsein eigentümliche Struktur besteht darin, sich nach vorn in die Welt zu werfen, um dieser Willkürlichkeit zu entrinnen. Aber es wirft sich zum Zweck seiner selbst hinein, um in der Zukunft seine eigene Begründung zu sein. Zu sagen, die menschliche-Realität existiere zum Zweck ihrer selbst, heißt letztlich, daß das Bewußtsein sich in die Zukunft wirft, um dort sein eigener Grund zu sein. Das heißt, es entwirft über die Welt hinaus, am Horizont, eine bestimmte Zukunft seiner selbst, in der Illusion, daß es, wenn es diese Zukunft sein wird, sie als sein eigener Grund sein wird. Diese Illusion ist transzendental und rührt daher, daß das Bewußtsein als freier Grund seiner Möglichkeiten Grund seines zukünftigen Seins ist, ohne Grund seines gegenwärtigen Seins sein zu können. Denn dieses *zukünftige* Sein ist ja, wie wir sahen, ohne gegenüber dem Bewußtsein die Transzendenz zu haben, die eine reale Möglichkeit gegenüber einem Ding hat, gleichwohl von einer noematischen Transzendenz affiziert. Als zukünftiges Sein des Bewußtseins ist es daher nicht mehr *vom* Bewußtsein. Und infolgedessen ist es völlig relativ zu ihm. Das ist es, was man den Willen nennt. Und meine Beschreibung schließt hier an diejenige an, die ich am Donnerstag, dem 23., und Freitag, dem 24., gab. Was dem Bewußtsein hier entgeht, ist der Umstand, daß es, wenn diese Zukunft Gegenwart werden wird, und sei es genauso, wie es sein *sollte*, Bewußtsein sein und folglich seine Motivation aus sich schöpfen wird, auch wenn es von Grundlosigkeit und Nichts durchdrungen ist.

Somit ist der erste Wert und der erste Gegenstand des Willens: sein eigener Grund zu sein. Das ist nicht als vergeblicher psychologischer Wunsch zu verstehen, sondern als die transzendentale Struktur der menschlichen-Realität. Es gibt Sündenfall und Streben nach Erlösung, und dieser Fall zusammen mit diesem Streben konstituiert die menschliche-Realität. Die menschliche-Realität ist moralisch, weil sie ihr eigener Grund sein will. Und der Mensch ist «ein Wesen der Ferne», weil er nur als Mögliches sein Grund sein kann. Der Mensch ist ein Sein, das vor sich in die Zukunft flieht. In allen seinen Unternehmungen sucht er nicht, sich zu erhalten, wie oft gesagt wurde, auch nicht, zu wachsen, sondern sich zu gründen. Und am Ende jeder dieser Unternehmungen findet er sich als das wieder, was er war: grundlos bis ins Mark. Daher die berühmten Enttäuschungen nach der Anstrengung, nach dem Sieg, nach der Liebe. Daher die Anstrengung des Schöpfers, daher, als niedrigste Äußerung dieses Begehrens, das Gefühl für Eigentum (in den beiden letzteren Fällen besteht Übertragung auf die Gegenstände: der *erschaffene* Gegenstand repräsentiert symbolisch die auf sich begründete menschliche-Realität. Der *besessene* Gegenstand repräsentiert symbolisch die menschliche-Realität im Besitz von sich. Die Liebe ist die Anstrengung der menschlichen-Realität, Grund von sich bei anderen zu sein). Daher der tiefe Ursprung des Gefühls, *Rechte* zu haben: das Recht besteht darin, die Faktizität der menschlichen-Realität zu überdecken, indem wir uns wählen als Existierendes-das-existiert-weil-es-das-Recht-hat-zu-existieren. Aber dieses Erfassen von sich selbst als rechtmäßig Existierendes kann nur anläßlich besonderer Gegenstände geschehen, auf die wir Rechte zu haben behaupten.

Somit ist die Quelle jedes Werts sowie der höchste Wert die Substantialität oder Natur des Seins, das sein eigener Grund ist. Diese Substantialität ist Teil der menschlichen Natur, aber nur als Entwurf, als konstituierender Wert. Und die menschliche-Realität unterscheidet sich vom reinen Bewußtsein darin, daß sie einen Wert vor sich hin entwirft: sie ist das Bewußtsein, das sich selbst zu diesem Ziel motiviert.

Das *Leben* ist der transzendente und psychische Gegenstand, den die menschliche-Realität auf der Suche nach seinem eigenen Grund konstruiert.

Indes ist diese Suche nach dem Absoluten auch ein Fliehen vor sich. Die Substantialität für die Zukunft gründen heißt die gegenwärtig gegebene Grundlosigkeit fliehen. Die menschliche-Realität verliert sich bei dem Versuch, sich zu gründen. Das *Leben*, das sie ausscheidet, ist nur scheinbar eine Totalität, es wird hinterrücks vom Tod angenagt, das *Recht* ist eine schändliche Lüge, die Liebe negiert sich durch die *Eifersucht* oder Erfassung der Unmöglichkeit, für andere der Grund der menschlichen-Realität zu sein. Die menschliche-Realität bleibt Gefangene ihrer nicht zu rechtfertigenden Faktizität, mit sich selbst am Horizont ihrer Suche, überall.

Dann geschieht es, daß sie die Erschöpfung kennenlernt und sich von der Qual der Freiheit befreit, indem sie sich mit ihrer Faktizität entschuldigt, das heißt versucht, sich die Tatsache, daß sie für immer dazu verurteilt ist, ihre eigene Motivation zu sein, durch die Tatsache zu verschleiern, daß sie nicht ihr eigener Grund ist. Sie gibt sich auf, sie wird Ding, sie verzichtet auf ihre Möglichkeiten, es sind nicht mehr ihre *eigenen* Möglichkeiten, sie erfaßt sie als äußere Möglichkeiten analog denen der Dinge. Zum Beispiel konnte der Krieg im letzten Jahr jedermann als eine äußere Möglichkeit erscheinen, eine mechanische Entfesselung, die jeder einzelnen menschlichen-Realität entging, so wie der rollenden Billardkugel die Falte im Tuch entgeht, die sie aufhalten wird. Diesen Zustand wollen wir die hin und her getriebene menschliche-Realität nennen, denn sie verwirklicht sich selbst als zwischen den Möglichkeiten hin und her getrieben, wie eine Planke in den Wellen.

Doch dieser Zustand selbst ist unauthentisch. Denn die menschliche-Realität verschleiert sich hier aus Erschöpfung die Tatsache, daß sie dazu verurteilt ist, sich selbst zu motivieren. Und sie motiviert sich selbst, sie zu verschleiern. Sie dankt ab, sie macht sich zum Ding, aber sie realisiert selbst diese Abdankung. Und auch diese Abdankung ist nur eine Episode bei der Suche nach der Substantialität. Sie dankt ab, um dem Zwang der Werte zu entgehen, um die Substantialität durch irgendein anderes Mittel zu realisieren usw. usw. Sie wird es zum Beispiel ablehnen, ein Ereignis auf sich zu nehmen, unter dem Vorwand, sie habe dessen Prinzip abgelehnt. In dieser Hinsicht ist der Typus des hin und her getriebenen Bewußtseins Paul, der mir neulich sagte: «Ich und Soldat? Ich halte mich für einen als Soldaten verkleideten Zivilisten.» Das wäre ausgezeichnet, wenn er sich nicht trotzdem durch seine Willensäußerungen, seine Wahrnehmungen, seine Emotionen zum Soldaten *machte*. Das heißt, er übernimmt die Befehle seiner Vorgesetzten für sich, um sie selbst auszuführen, Komplize also bis in seine Arme, die das Gewehr tragen, in seine Beine, die marschieren, Soldat in seinen Wahrnehmungen, seinen Emotionen und seinen Willensäußerungen. Er versteift sich also darauf, das zu *fliehen*, wozu er *sich macht*, was ihn in einen Zustand elender und verscheuchter Angst versetzt.

Und dieser elende Zustand *kann* ein Motiv dafür sein, daß das Bewußtsein zur richtigen Sicht seiner selbst zurückkehrt und aufhört, vor sich zu fliehen. Es geht für es nicht darum, einen anderen Wert als die Substantialität zu suchen, sonst würde es aufhören, *menschliches* Bewußtsein zu sein. Der Wert, der ihm seine neue Haltung zuweisen wird, bleibt der höchste Wert: sein eigener Grund zu sein. Es wird ebensowenig aufhören, diesen Wert zu behaupten und zu wollen, wie das kognitive Bewußtsein, nach der ἐποχή [1] von Husserl, aufhört, die Welt zu setzten. Beim ersten Sprung zur Substantialität muß die menschliche-Realität das Wert-Motiv schöpfen, das es ihr erlaubt, sich anzunehmen. Denn das hin und her getriebene Bewußtsein kann ja, in aller Freiheit, in seiner vollen Authentizität seine Anstrengung realisieren wollen, sich zu begründen. Und das nicht, weil die Authentizität ursprünglich Wert und der Inauthentizität überlegen wäre, sondern eher so, wie man eine unbeholfene und unwirksame Anstrengung korrigiert, indem man sie von allen nutzlosen und parasitären Gesten reinigt. Somit ist die Authentizität zwar ein Wert, aber nicht der primäre, sie bietet sich als ein Mittel dar, zur Substantialität zu gelangen. Sie beseitigt, was in der Suche *Flucht* ist. Aber natürlich ist dieser Authentizitätswert nur *vorgeschlagen*. Allein das Bewußtsein kann sich motivieren, die Konversion zu vollziehen.

Was ist das für eine Konversion? Die Suche nach einem Grund verlangt, daß man *auf sich nimmt*, was man gründet. Wenn der gründende Akt dem Existierenden, das man gründet, vorhergeht wie im Fall der Schöpfung, dann ist das Aufsichnehmen *a priori* im Akt des Gründens enthalten. Handelt es sich jedoch, wie im Fall, der uns hier beschäftigt, um eine Anstrengung, das zu gründen, was faktisch bereits existiert, dann muß das Aufsichnehmen dem Grund vorausgehen als eine Intuition, die offenbart, *was* man gründet. Auf sich nehmen bedeutet in keiner Weise akzeptieren, auch wenn in manchen Fällen beides zusammengeht. Wenn ich etwas auf mich nehme, dann tue ich es, *um* von dem, was ich auf mich nehme, einen bestimmten Gebrauch zu machen. Hier nehme ich etwas auf mich, *um* etwas zu gründen. Außerdem bedeutet auf sich nehmen, die Verantwortung übernehmen. Damit ist diese aufsichnehmende Konversion, die sich als ein Wert für das Bewußtsein darbietet, also nichts anderes als eine Intuition des Wollens, das darin besteht, die menschliche-Realität zu übernehmen. Und durch diese Übernahme wird die menschliche-

1 In-Klammern-setzen, Aussetzen des Urteils über die Existenz von Realitäten in der Welt; ein Aspekt der «phänomenologischen Reduktion» bei Husserl. Vgl. Heft I, S. 112, Fußnote 2.

Realität in einem Akt nichtthematischen Verstehens sich selbst enthüllt. Sie wird enthüllt, nicht insofern man sie begrifflich erkennen würde, sondern insofern sie *gewollt* ist.

Aber wenn sich die Übernahme als ein Authentizitätswert darbietet, dann deshalb, weil er schon vorher existiert. Der Wert schreibt also der menschlichen Freiheit nur das zu tun vor, was sie tut. Das Bewußtsein motiviert sich selbst, es ist frei, außer daß es nicht die Freiheit erwerben kann, nicht mehr frei zu sein. Wir haben gesehen, daß es auf seine Möglichkeiten nur verzichtet, indem es andere erwirbt. Es kann *sich aus freien Stücken* den Dingen ähnlich *machen*, aber es kann nicht Ding *sein*. Zu allem, was es ist, macht es sich. Alles, was ihm zustößt, muß ihm durch es selbst zustoßen, das ist das Gesetz seiner Freiheit. Daher ist die erste Übernahme, die die menschliche-Realität leisten kann und muß, wenn sie sich zu sich selbst zurückwendet, das Aufsichnehmen ihrer Freiheit. Was sich durch die Formel ausdrücken läßt: *man hat nie eine Entschuldigung.* Man erinnert sich ja, daß das hin und her getriebene Bewußtsein ein Bewußtsein war, das sich mit seiner Faktizität *entschuldigte.* Aber man muß wissen, daß die Faktizität hier nichts zu suchen hat. Gewiß ist es die Faktizität, die bewirkt, daß ich in den Krieg geworfen bin. Aber was der Krieg für mich sein wird, welches Gesicht er mir enthüllen wird, was ich selbst im Krieg und für den Krieg sein werde, das alles werde ich aus freien Stücken sein, und ich bin verantwortlich dafür. Das ist etwas Unannehmbares, über das man sich jedoch nicht beklagen kann, denn es ist auch unfaßbar, es ist jene Verpflichtung, mir *aufzuladen,* was mir zustößt. Das hat zweifellos den religiösen Begriff der *Prüfung* hervorgebracht, die der Himmel mir schickt. Aber indem ich die Entschuldigung ablehne und meine Freiheit auf mich nehme, eigne ich sie mir an. Natürlich geht es nicht nur darum, *anzuerkennen,* daß man keine Entschuldigung hat, sondern auch darum, keine haben zu *wollen.* Alle meine Feigheiten, alle meine Torheiten, alle meine Lügen schreibe ich auf mein Konto. Es geht nicht darum, wie der Heilige zu sagen: «Es ist zuviel, o Herr, es ist zuviel.» Nichts ist jemals zuviel. Denn in dem Augenblick, wo ich aufgebe, wo der Körper «mich beherrscht», wo ich unter physischen Qualen gestehe, was ich geheimhalten wollte, bestimme ich mich durch mich selbst, durch das freie Bewußtsein meiner Qual zum Geständnis. Jules Romains sagt, daß in den früheren Kriegen der Besiegte selber entschied, daß er besiegt war (denn es waren keine totalitären Kriege, und er verfügte noch über

Reserven an Männern, Waffen, Reichtümern). Nun, auf dieselbe Weise fällt mir die schreckliche Verantwortung zu, mich für besiegt zu erklären, und wo immer ich stehenbleibe, bin ich es, der beschlossen hat, daß ich nicht weitergehen konnte, und also hätte ich noch ein bißchen weitergehen können. Wenn ich aber anerkenne, daß ich keine Entschuldigung habe und nie eine haben will, dann wird meine Freiheit *meine*, ich nehme für immer diese schreckliche Verantwortung an.[1]

Das Annehmen meiner Freiheit muß natürlich mit dem meiner Faktizität einhergehen. Das heißt, ich muß sie wollen. Und zwar sie wollen, *um sie zu gründen*. Aber wir werden sehen, was daraus wird. Was heißt seine Faktizität wollen? Es heißt zunächst anerkennen, daß man ebensowenig Rechte hat wie Entschuldigungen. Ich erkenne an, daß ich kein Recht darauf habe, daß mir anderes zustößt, als was mir zustößt. Und auch hier will ich nur, was ist. Alles, was mir zustößt, hat einen doppelten Charakter: einerseits ist es mir *gegeben*, wegen meiner Faktizität und meiner Grundlosigkeit – und was es auch sei, es ist noch zuviel, gemessen an dem, was mir geschuldet ist, da meine Existenz selbst *gegeben* ist –, und andererseits bin ich dafür verantwortlich, weil ich mich selbst motiviere, es zu entdecken, wie ich oben gezeigt habe. Folglich habe ich keinerlei *Recht* darauf, daß mir das nicht zustößt. Zum Beispiel, der Krieg.[2]

1 Das Wesentliche der philosophischen Freiheitsauffassung, die Sartre in *Das Sein und das Nichts* darlegen wird, ist auf diesen wenigen Seiten erkennbar. Man wird bemerken, daß er bisher nicht den Begriff des *für-sich* entwickelt hat, um das Sein des Bewußtseins zu bezeichnen (das nicht *in sich* seinen eigenen Grund enthält), noch das Gegensatzpaar an-sich/für-sich (Sein des Seins/Sein des Bewußtseins). Der Umweg über die Frage des Seins scheint ihm noch nicht notwendig, wenn er nach der Möglichkeit einer Moral fragt. Es geht nur darum, die Bedingungen eines jeden menschlichen Verhaltens zu bestimmen. Allerdings wird er, als er einen Teil des hier Geschriebenen (mit einigen Veränderungen) für Simone de Beauvoir abschreibt, «So ist die Quelle eines jeden Wertes und der höchste Wert die Substanzialität oder Natur des Seins, die ihr eigener Grund ist» durch «So ist der erste konstitutive Wert der menschlichen Natur und Quelle aller Werte das Für-sich-sein-eigener-Grund-sein.» (Brief an Simone de Beauvoir vom 9. Dezember [dt. S. 491, von uns leicht verändert – Anm. d. Ü.])

2 Heft IV fehlt (vom 8. bis 16. Dezember). Siehe Anhang II, S. 608 ff.

Heft V

Dezember 1939
Morsbronn

«... und man hat sich ein bißchen am Kopf gekratzt. Es geht ausschließlich um schlafen und essen und nicht frieren. Das ist alles. Man kann kaum an etwas anderes denken ... Alles, was ich mir an Hand von Erzählungen und Büchern vorgestellt habe, bleibt hinter der Wirklichkeit zurück. Wir sind wirklich wie Tiere. Es ist unglaublich.

Ich versuche, mein Tagebuch zu führen, so gut es geht, aber es ist nicht einfach. Aber ich werde es nachträglich tun, jedenfalls vergesse ich nichts von dem, was ich zur Zeit sehe und tue.

Wenn ich bedenke, daß in diesem Moment Leute in Cafés, in Restaurants sitzen und in Zivil und sauber, Leute, die sich in ein Bett legen werden, dann muß ich lachen, und ich bin überhaupt nicht neidisch, ich kann mir nicht vorstellen, daß *mir* das passiert, und wenn man mir vorschlagen würde, mich an ihre Stelle zaubern zu lassen, würde ich zwar akzeptieren, aber mit einem skeptischen Achselzukken und ohne Begeisterung. Noch nie war ich in einer ähnlichen Situation.»[1]

Sonntag, 17.

Seit vierzehn Tagen hat Pieter trockene Lippen, Folge, so meint er, eines leichten Fiebers. Er leckt sie sich den ganzen Tag, um sie ein bißchen anzufeuchten. Zumindest anfangs tat er es deswegen. Aber allmählich hat sich die Gewohnheit festgesetzt, und es ist bei Pieter zum richtigen Laster geworden. Jetzt leckt er sich die Lippen, um sich zu berühren, wie die Knaben, die durch ihre Hosentaschen hindurch

1 Brief von Jacques-Laurent Bost (eingezogen) an Simone de Beauvoir, von dieser an Sartre am 11. Dezember geschickt. Dieser Brief hat S. de Beauvoir beunruhigt, die Bost wie ein Gespenst «woanders und verloren» sieht. Sartre ist nicht dieser Ansicht: das Desinteresse des jungen Mannes für das Zivilleben ist für ihn nur die Kehrseite eines gewaltigen Interesses für sein neues Leben.

an sich rumfummeln, er genehmigt sich diesen zärtlichen Kontakt der Schleimhaut wie eine Süßigkeit. Während er einem zuhört oder sogar mit einem spricht, setzt er eine verstohlene und sinnliche Miene auf, er schiebt seine Oberlippe zu einer Rinne vor, er zieht die Unterlippe in seinen Mund, wie ein Verführer ein kleines Mädchen zu sich zieht, er saugt sie ein, schlürft sie, und seinem Ruf gehorchend, schwillt sie an und dringt in seinen Mund, riesig und strotzend – und dort, Gott weiß, was er alles mit ihr treibt, Zungenküsse und durchschauernde Zärtlichkeiten, er beißt sie auch ein bißchen. Aber sein Hauptvergnügen, glaube ich, ist die allerprimitivste Wollust, die der nackten, erblühten Schleimhaut, die auf eine andere Schleimhaut gelegt ist wie eine trockene Feige auf eine andere Feige – und die Lust geht von einer Schleimhaut auf die andere über wie dickes Öl, durch Osmose. Doch damit der Genuß vollständig ist, muß er mit Geräusch verbunden sein. Pieter ist immer von einer Menge leiser Geräusche umgeben, sie sind trocken oder weich, melodiös und klagend oder ein wenig rauh, gleichsam der ewige, himmlische Gesang seiner Selbstvergessenheit. Während er seine Lippen masturbiert, stößt er tausend klebrige Schnalzlaute aus, sie erinnern an das gierige Saugen, das Schlabbern, das «Miam-miam» eines Säuglings, an das Keuchen des Männchens am Werk und das zustimmende Röcheln des befriedigten Weibchens, und dann schnellt die Lippe wieder heraus, obszön und schlaff, glänzend, erschöpft vor Glück. Wenn ich ihn dabei sehe, wenn ich auf seinem Gesicht diese verstohlene und schelmische Miene eines verdorbenen Kindes und alten Trottels sehe, erschrecke ich fast vor der organischen und infantilen Tiefe seines Narzißmus. Bei diesem kleinen Spiel hat er sich übrigens am Rand der Unterlippe eine dicke fahle Pustel zugezogen, die glänzt, und er ist heute morgen ganz unglücklich. Er leckt sich noch ein bißchen, weil er absolut unfähig ist, seine Naschhaftigkeit zu zügeln – aber behutsam, lustlos.

Pieter hat einen Kameraden eingeladen, einen Handlungsreisenden, der zufällig drei Kilometer von hier einquartiert ist. Er ist Jäger, und es scheint da drüben nicht eben lustig zuzugehen. Pieter verläßt uns einen Augenblick, und der Typ sagt mir mit einer Überzeugung, die seine Stimme um drei Töne sinken läßt: «Ah, sein Vater! der war eine Leuchte, dieser Mann! So gescheit!» Er fixiert mich mit einem lästigen Blick, der verlangt, daß ich heftig zustimme, und ich würde es gewiß tun, wenn ich Pieters Vater gekannt hätte. Aber was tun? Ich sage: «Ja, ja. Er hat mir gesagt ...» und lege in meine Stimme so viel Respekt für Pieters Meinung, wie ich nur kann. Aber es ist offenbar unzureichend. Der andere fährt fort: «Du konntest ihm jede Frage stellen. Er hatte so eine Art, die ich bei keinem andern gesehen habe. Ich kann sagen, er ist einer von den Männern und sogar, ja ... der einzige, den ich getroffen habe. Und außerdem ein Herkules. Du siehst den Tisch da, na, der hätte draufgeschlagen, und er wäre glatt zusammengebrochen. Und wenn er mit der Faust gegen eine Wand schlug, ich hab's gesehen, sag ich dir, ich war noch ganz klein: die Wand ist eingestürzt!»

Ich stelle mir gern diesen legendären Vater vor, über seinen Sohn, diesen naschhaften dicken Engel. Er war Pole, unter dem russischen Regime, und um 1898 Soldat in einer Sotnie. Ein Leutnant hat ihn geohrfeigt, einen Monat vor der Entlassung, und Pieters Vater hat ihn so tüchtig verprügelt, daß er auf der Strecke blieb. Er kam vor das Kriegsgericht, aber der Militärarzt, der Pieter (dem Vater) zugetan war, sagte ihm: «Ich kann dir bloß sagen, armer Irrer, wenn ich zufällig feststellen könnte, daß du ein geplatztes Trommelfell hast, dann könnte ich sagen, daß die Ohrfeige dir das Ohr demoliert hat und daß du in einem Anfall von Wut gehandelt hast.» Pieters Vater geht auf die Stube, nimmt Salmiakgeist und schüttet ihn in sein Ohr. Woraufhin die Militärbehörde es vorzog, die Sache niederzuschlagen, und der Soldat Pieter wurde mit Pensionsanspruch entlassen. Er ließ sich im Jahre 1900 in Paris nieder, dort wurde 1902 mein Pieter geboren. Die Pieters wohnten in der Rue des Rosiers, und das Kind ging an der Place des Vosges zur Schule; seine Kameraden waren hartgesottene Burschen, die davon träumten, später in der Rue de Lappe tanzen zu gehen und über sehr gefügige Mädchen zu herrschen. «Ah, die Rue de Lappe», sagt Pieter gern, «die ist nicht mehr, was sie mal war. Damals waren das echte Gauner.» Und oft stand er für zwei Sous Schmiere auf der Place des Vosges, während die Bosse der Bastille in der Anlage Pharo spielten, eine Decke über den Knien. Der Krieg brachte diese großen Helden nach und nach zum Verschwinden, und Pieters Kumpane setzten sich tolle Mützen auf und begannen, Erwachsene zu spielen; die Älteren hatten schon eine Frau oder zwei, die für sie arbeiteten. Pieter folgte ihnen in die Bordelle, wo sie versuchten, das große Wort zu führen. Hin und wieder kam es zu Schlägereien. Das alles hat für mich, besonders zu Anfang, diesen dicken Körper mit einer Poesie geschmückt, die er kaum verdiente. Zuerst Polen und das ähnliche Schicksal des Juden B.[1] und des Juden Pieterkowski. Ähnlich, aber auf verschiedenen Ebenen. B. gibt Wien und sein Medizinstudium auf, als er von einem mit Diamanten handelnden Vetter nach Paris geholt wird, und übernimmt nach dessen Tod mit seinen Brüdern die Leitung eines einträglichen Juwelenhandels. Pieterkowski läßt sich in der Rue des Rosiers nieder und stellt mühsam ein Geschäft auf die Beine, dann zieht er um und läßt sich in der Rue du Faubourg-du-Temple nieder. Hier gibt es irgendwie ein jüdisch-polnisches Schicksal, das ich schon bei Bianca gespürt habe und das mich bei Pieter ein bißchen rührt. Anfangs, als man glaubte, der Krieg sei ernst, sagte Pieter, vorsichtig wie immer: «Ich heiße Pieterkowski, aber ich lasse mich lieber Pieter nennen, weil die Deutschen, wenn sie mich gefangennehmen und sehen, daß ich einen polnischen Namen trage, mich sofort umbringen würden.» Und dann spüre ich bei ihm die ganz besondere Poesie eines Pariser Viertels, das ich ebensosehr liebe wie die schönsten. Wie oft bin ich mit dem Castor, mit Wanda, mit Olga, mit Bianca, mit dem kleinen Bost durch die Rue des Francs-Bourgeois, die Rue Vieille-du-Temple, die Rue de Rivoli gestreift, hinter dem Lycée Charlemagne, durch die Rue des Rosiers. Ich habe dort tausend Erinnerungen, an ein kleines dunkles Café in der Rue des Rosiers, gegenüber einem Trödler unter freiem Himmel, wo ich mit Wanda Rum trank, an einem schwülen Sommernachmittag, an dem ich bei meiner Rückkehr aus Laon mit Olga in den engen, dunklen Straßen spazierenging und meine Gefühle für sie noch nicht tot waren. Auch an einen 14. Juli und irgendeinen tödlich langweiligen Abend mit der F., an dem ich in der Nacht, nicht weit von der Rue des Rosiers, eine zauberhafte überdachte Passage entdeckte, vollgestopft mit Obst- und Gemüsekarren. Das alles umgab Pieter mit einem Nimbus – wie ungerecht war das doch! –, zumal er in meinen Augen die Glorie besaß, daß er in diesem Viertel *gewohnt* hatte, in dem ich immer nur Tourist gewesen bin, daß er dort gewohnt hatte als Jude unter Juden, Gauner unter all den kleinen Gaunern, die abends um das *Dupont de la Bastille* herumstreichen. Und dann noch etwas Tieferes, Verborgeneres: seine Jugend ist mit jenem poetischen und geheimnisvollen Paris des Krieges von 14 verbunden, mit jenem gedämpften Paris, wo sich die Vorkriegszeit, unter dem Druck der

1 Vater Biancas. Er regte Sartre zur Gestalt des Herrn Birnenschatz in *Der Aufschub* an.

Greuel, der Trauerfälle und der Verbote, unmerklich in die Nachkriegszeit verwandelte, so wie erkaltetes und mit einem Kolben komprimiertes Gas unmerklich in den flüssigen Zustand übergeht. Ich gestehe hier, da ich von verflüssigtem Gas spreche, daß ich diesen Vergleich nicht zum erstenmal heranziehe. In der Sekunda war ich entzückt gewesen, als ich von einem bestimmten Zustand dieser Gase hörte – unsichtbar, hinter den festen Wänden des Kolbenkörpers verborgen –, der weder der feste noch der flüssige Zustand war, sondern ein Mittelding zwischen beiden. Das kam mir geheimnisvoll und pervers vor, es schärfte meinen Geist wie ein Paradox und ist für mich gleichsam ein intellektuelles Schema der Zweideutigkeit geblieben – das man neben den «Tod der Sonne» und das «schmutzige Porzellan» stellen muß. So erschien mir diese Zweideutigkeit, die einem Systematiker ein Ärgernis gewesen wäre (und dabei bin ich doch ein Systematiker), jene Zweideutigkeit, die Kierkegaard gegen Hegel zu Hilfe ruft, zum erstenmal an Hand eines physikalischen Experiments, oder zumindest festigte dieses physikalische Experiment *gegen die Physik* jene Vorstellung zweideutiger Zustände. Jedenfalls, um die Parenthese zu schließen, hat dieses Paris des vergangenen Krieges erst kürzlich begonnen, mir poetisch vorzukommen, nämlich als es anfing, zwischen zwei toten Perioden, 1900 bis 1914 und 1918 bis 1939, mit seinem dunklen Licht zu leuchten, und als ich gelernt habe, ein wenig nach hinten zu träumen, um einen Augenblick dem Druck von vorn zu entrinnen. Es ist mir in seiner Zweideutigkeit erschienen, ein dunkles, mattes kleines Juwel, und Pieter, ich muß es gestehen, hat viel dazu beigetragen, mir seinen Zauber zu offenbaren, seine Erzählungen schilderten es mir als eine große nächtliche Stadt, die den schrecklichen Kindern überlassen ist. Zum Beispiel hatte ich zwar schon von jenen Kriegerwitwen gehört, die im Trauerkleid auf den Strich gingen, aber das war für mich ein winziges historisches und literarisches Faktum geblieben, ein Stück Sittengeschichte. Aber Pieter hat mit einer dieser Frauen seine Unschuld verloren. Er hatte gerade ein Paket bei einem Kunden abgegeben. Er wartete auf den Omnibus, irgendwo in der Nähe von Clichy, und auch diese Frau wartete auf ihn. Sie sind zusammen eine lange Avenue in Montmartre hochgegangen, eine düstere und traurige Avenue, und sie hielt ihm blöde und neckische Reden. Sie hat sich ihm hingegeben, in einem Hotelzimmer, sie hat hundert Sous akzeptiert, aber sie wollte ihn bei sich behalten, sie sagte zu ihm: «Bleib, bleib.» Er war es, der gehen wollte.

Er hat nie erfahren, ob es ihr vor allem auf Zärtlichkeit und Vergnügen ankam, mit einem kleinen zusätzlichen Verdienst, ober ob sie eine Professionelle der traurigen Erotik war. Und jetzt profitiert er davon, von diesen Erinnerungen, dieser Atmosphäre. Ich habe ein altes Foto von ihm gesehen – er war zwanzig Jahre alt –, das ihn auf einem Boot sitzend zeigt, am Ufer des Meeres, mager und hübsch mit schönen samtenen Augen unter schweren Lidern mit weiblichen Wimpern. Er schildert sich gern als Raufbold und Draufgänger. 1920, als er zwanzig war, ist er zu Geld gekommen, auch das ist klassisch, typisch «Nachkriegszeit» – er sagt: «Ich bin zu früh reich gewesen.» Ein Auto, Frauen, ein prächtiger Tripper, der sich ab und zu noch in gute Erinnerung bringt. Ich glaube zwar, daß er seine früheren Abenteuer ein wenig übertreibt. Aber trotzdem, wie ist er *das* geworden? *Das*, diese naschhafte und hausbackene Sanftmut, diese masturbierte Sinnlichkeit, diese radikalsozialistische Unauthentizität?

Ich habe in Heft 3 gesagt, daß ich mich einmal beim *Tun einer Handlung* beschreiben würde. Ich sehe noch nicht, daß das reif ist. Obwohl ich schon ein paar Kleinigkeiten wahrnehme: zum Beispiel die Gegenstände, die in meinen Händen zu Zauberlehrlingsbesen werden und Launen entwickeln mit einer Kraft, die mich bestürzt und alle meine Pläne vereitelt. Die Gegenstände sind für mich weder Maschinen noch Lebewesen. Es sind gestörte Mechanismen, die in ihren Verhaltensweisen etwas von einem bösen Geist bewahren, aber diesen bösen Zauberwillen durch eine geheuchelte Leichenstarre verschleiern. Ich mißtraue ihnen ungemein. Immer steckt in ihnen, sobald ich sie berühre, etwas Spöttisches, sie haben die Angewohnheit, auseinanderzufallen, wenn ich sie als Ganzes packen will: doch sobald ich mit dem Detail vorliebnehme, setzt sich das Ganze wieder zusammen, ohne daß ich es merke, und die geringste Veränderung, die ich am Einzelteil vornehme, breitet sich auf unvorhersehbare Weise auf das Ganze aus. Aber lassen wir das. Was ich heute zeigen möchte und was von der Handlung nicht so weit entfernt ist, betrifft die Art und Weise, wie ich einer einmal getroffenen Entscheidung treu bin. Zum Beispiel kann ich im großen und ganzen sagen, daß ich gestern und heute meinem Vorsatz treu geblieben bin, nur eine Mahlzeit am Tag einzunehmen und weder zu trinken noch Brot zu essen. Aber von nahem besehen, zerfällt dieser Sieg in einzelne kleine Niederlagen, so wie die Schlachten, von nahem besehen, immer Niederlagen für den

Sieger sind. Zuerst, als der Entschluß gefaßt war, hatte ich ein Gefühl der Reue, ich habe einen Nachsatz angehängt: allerdings werde ich trotzdem Brot zum Frühstück essen. Nicht so sehr, weil ich meinte, das sei ohne Bedeutung, sondern weil ich nach raschem Inspizieren meiner Möglichkeiten eingesehen habe, daß ich es nicht würde lassen können. Wenn man einen Entschluß fassen will, hält man Umschau und prüft seine Möglichkeiten. Manche sind hart wie Felsen, man muß sie umgehen, und andere bilden weiche, wabbelige Massen, auf sie muß man seine Anstrengung richten, diese muß man überrennen. Mein morgendliches Frühstück ist ein Felsen. Es ist mir völlig einerlei, ein Mittagessen zu überspringen oder sogar beide Mahlzeiten, mich von Brot zu ernähren oder im Gegenteil von Salat ohne Brot oder ein oder zwei Tage zu fasten. Ich kann auch ein oder zwei Nächte ohne Schlaf auskommen. Zur Zeit meiner Leidenschaft für Olga blieb ich oft vierzig Stunden auf den Beinen. Aber ich habe die größte Mühe, auf das Frühstück zu verzichten. Ich weiß nicht recht, warum, es ist eine Zeit, wo ich larvenhaft und unwillig bin, ich möchte mit mir allein sein, aber ich brauche einen Vorwand, der Vorwand ist die Schale Kaffee und die Brotschnitte. Wenn man sie mir gibt, bin ich selig, ich fühle mich poetisch und duftend. In diesem Moment mag ich keine Gesellschaft. Sogar den Castor kann ich schwer ertragen. Es ist vorgekommen, daß ich, wenn sie im *Rallye* auf mich wartete, ins *Café des Trois Mousquetaires* ging und rasch einen Kaffee und Croissants verschlang, um noch einen Augenblick von mir selbst und den nächtlichen Träumen umhüllt zu sein. In diesen Momenten ist mein Denken lebhaft und freundlich, ich erzähle mir Geschichten, ich komme auf Ideen. Ein Tag, der mit einem Frühstück begonnen hat, ist ein Glückstag. Und wenn es in den letzten Jahren vorkam, daß ich gegen elf Uhr aufstand, weil ich erst um vier Uhr morgens ins Bett gegangen war, zog ich es vor, im *Dôme* zwei schwarze Kaffee und Croissants zu mir zu nehmen, statt noch eine Stunde zu warten und Fleisch zu essen. Das war eine Art, glaube ich, den Vormittag auszudehnen. Sogar an solchen Tagen wollte ich meinen Vormittag gehabt haben. Ich habe Paul gequält, der ein Langschläfer ist, in Brumath, indem ich jeden Abend den Wecker auf 6 Uhr stellte, während wir erst um sieben hätten aufzustehen brauchen, nur um des Vergnügens willen, mit dem Fahrrad durch die Kälte zu fahren und in der *Taverne de la Rose* zwei pausbäckige Brötchen zu essen und ein Glas Zichorienbrühe zu trinken, das war ein zauberhafter Moment. Gegen Ende störte ihn Mistler, der kam, um mit mir über Heidegger zu sprechen. Und so sank mir der Mut, als ich begriff, daß diesem Frühstück etwas fehlen würde. Denn es muß aus Kaffee und Brot (oder Croissants) bestehen. Vergeblich hat Wanda wohl hundertmal darauf bestanden, daß ich Tee und Obst nehme. Ich habe es vorgezogen, am Morgen vor ihr hinunter ins *Café de la Poste* am Boulevard Rochechouart zu gehen und mich heimlich mit Croissants vollzustopfen.

(Ich erzähle das alles etwas selbstgefällig, ich fühle mich ein bißchen lächerlich und ein bißchen sympathisch; ich treibe meinen Spaß mit mir.) Kurz, erste kleine Niederlage. Ich notiere, daß sogar die drakonische Strenge meiner Vorsätze eine weitere war. Alle vier oder fünf Monate betrachte ich meinen Bauch in einem Spiegel und bin untröstlich. Und dann beschließe ich, eine strenge und sogar schwer erträgliche Diät einzuhalten. Der Widerwille, dick zu werden, ist mir erst spät gekommen: als ich aus Deutschland zurückkehrte, war ich ein kleiner Buddha, Guille packte meinen Bauch mit beiden Händen durch meinen Pullover hindurch, um Madame Morel zu zeigen, wie reichlich ich damit gesegnet sei, und ich lachte vor Behagen, es verdroß mich nicht sonderlich, fett zu sein. Aber als ich Olga kennenlernte, flößten mir dicke Leute Abscheu ein, und ich hatte furchtbare Angst, ein glatzköpfiger kleiner Dickwanst zu werden. Tatsächlich könnte ich leicht dazu neigen, wenn ich nicht auf mich achten würde. Aber das ist es ja gerade, ich kann nicht auf mich achten. Diese Dame und der Castor haben mich oft angefleht, eine leichte, aber kontinuierliche Diät einzuhalten. Aber ich bin absolut außerstande, mich zu kontrollieren, ohne schwach zu werden – und außerdem habe ich es eilig, die Ergebnisse meiner Diät zu sehen. Ich wähle also immer das Extrem und quäle mich lieber ein bißchen, weil mir scheint, daß ich die Fortschritte meiner Abmagerung an den Protesten meines Magens *spüre*. Und dann natürlich, wenn ich die Schraube ein wenig hart anziehe, habe ich den Eindruck, Herr meiner selbst, also frei zu sein. Madame Morel hat mir einmal gesagt: «Sie zwingen sich sehr gern zu etwas, was Sie nicht mögen.» Ja, aber mit Unterbrechungen. Einen Monat Zwang (und ich betrachte mich jeden Tag im Spiegel, um die Fortschritte zu sehen – und ich wiege mich jeden Tag auf den automatischen Waagen, die die Apotheker vor ihre Tür stellen), und wenn dann das Resultat erzielt ist – oder ich es für erzielt halte –, fange ich wieder an, nach meinem Geschmack zu leben, ich beobachte mich nicht mehr, ich werde fett, bis zu dem Tag, da ich sorgenvoll von neuem beginne, meinen Bauch zu betrachten und über die Maßnahmen nachzudenken, die ich ergreifen muß, um ihn loszuwerden. Es liegt also Schwäche in dem Vorsatz selbst, in seiner Brutalität, seinem Exzeß. Ich merke auch, daß ich ihn hier notiert habe, weil ich ihn nicht ausposaunen konnte, wie ich es gewöhnlich tue, nicht aus Prahlerei, sondern um die Brücken abzubrechen und mich stärker zu engagieren. Im übrigen gibt es hinter mir noch ein imaginatives Schema, das dafür sorgt, daß ich diese Vorsätze bis zum Ende durchhalte: ein heiliger Schrecken vor allen Leuten, die einmal im Vierteljahr beschließen, nicht mehr zu rauchen, ein oder zwei Tage durchhalten, und um welchen Preis!, und dann aufgeben und wieder anfangen. Sinclair Lewis hat in *Babbit*[1] einige davon beschrieben, und Babbitt ist für mich zum Musterbeispiel dieser Feiglinge geworden. Ich möchte hier nur zeigen, daß ich mich in meiner Art, durchzuhalten, nicht merklich von ihrer Art, aufzugeben, unterscheide.

Also bin ich allein ins Bahnhofsrestaurant essen gegangen, und da mein Vorsatz, noch frisch, an der Oberfläche blieb, bewahrte ich eine Art von tiefer und glücklicher, unformulierter Überzeugung, daß ich ein zwangloses, gutes Mahl zu mir nehmen, nach Herzenslust trinken und essen würde. Dort angekommen, habe ich mich an meinen Vorsatz vom Vormittag erinnert, und ich hielt ihn für eine objektive Unmöglichkeit. Ich habe mir gesagt: «Ach, ich hatte ganz vergessen, daß ich nichts trinken und kein Brot essen darf», in der Geistesverfassung, in der man sich befinden kann, wenn man sich sagt: «Ach, ich hatte ganz vergessen, daß der Sowieso (den man besuchen wollte) montags vormittags nie zu Hause ist.» Und sofort und ganz selbstverständlich, gerade weil ich, in meiner Aufrichtigkeit, diesen Beschluß für eine *objektive* Unmöglichkeit hielt, habe ich nach Mitteln gesucht, ihn zu umgehen – so wie man, nachdem man sich erinnert hat, daß der Sowieso montags vormittags nicht zu Hause ist, nach Mitteln sucht, ihn zu treffen: in seinem Büro, bei seinen Eltern usw. usw. Diese Überlegung hat nur einen Moment gedauert; gleich danach hat sie mir enthüllt, was wirklich das gefährlichste und erschreckendste war: das totale Fehlen an *Objektivität* in diesem Vorsatz, seine Immanenz und meine absolute Freiheit ihm gegenüber. Wenn Kierkegaard recht hat, die Angst als «die Möglichkeit der Freiheit» zu bezeichnen, dann habe

1 Französische Ausgabe mit einem Vorwort von Paul Morand bei Stock, Delamain et Boutelleau, Paris 1930.

ich nicht ohne ein wenig Angst gestern morgen ein weiteres Mal entdeckt, daß ich völlig frei war, das Stück Brot zu brechen, das die Kellnerin neben mich gelegt hatte, frei auch, die Stücke zu meinem Mund zu führen. Nichts auf der Welt konnte mich daran *hindern*, nicht einmal ich selbst. Denn sich enthalten heißt nicht sich hindern ... Sich enthalten heißt nur «aufschieben», in der Schwebe bleiben, aufmerksam andere Möglichkeiten ins Auge fassen. In der Idee von «sich hindern» steckt das Bild eines kräftigen Arms, der meinen Arm zurückhält. Aber ich verfüge über keinen hemmenden Arm, ich kann nicht in mir selbst Barrieren gegen mich und meine Möglichkeiten errichten – das hieße meiner Freiheit abschwören, und das kann ich nicht. Mir bleibt nur die Möglichkeit einer inneren Verringerung meiner Freiheit, die von innen zerfressen wird, bis sie einstürzt und sich aus freien Stücken, etwas weiter entfernt, neu bildet für irgendeine andere Möglichkeit. So daß mein Festhalten an den gefaßten Vorsätzen nichts von einem Zurückpfiff hatte, nicht den Adel eines *Nein* besaß. Es war vielmehr eine hinterhältige Art, meinem Wunsch, Brot zu essen, eine gewisse Schlappheit zu geben, eine Art, mir recht lahm zu sagen: «Ach, lohnt es sich denn, Brot zu essen? Habe ich wirklich Lust drauf? Wird es mir so viel Vergnügen machen, daß ich nicht bereue, meinen Eid gebrochen zu haben?» So daß der berühmte «Zurückpfiff» ganz kraftlos ist, einfach eine Art und Weise, das Zaudern zu verewigen, bis die Welt sich ändert, den Gegenstand der Wünsche beseitigt und einen dadurch aus der Klemme zieht, daß sie einem von sich aus eine Möglichkeit nimmt. So bin ich denn im Begriff zu essen, schlaffer als gewöhnlich, mit dem unangenehmen Gefühl, in einer «schwachen Gestalt» im Sinne Köhlers[1] zu sein, zu einem offenen und unausgeglichenen Ganzen zu gehören, während das Restaurant an den anderen Tagen zur Mittagszeit ein volles Ganzes war, rund und hart, in sich geschlossen, in dem ich meinen Platz hatte. Blieb der *Wein*. Mir half, daß er in diesem Restaurant nicht besonders gut ist, er hat eine rosa und trübe Farbe, die mich nicht reizt, und außerdem eine süße Säure, die eher an Apfel als an Traube erinnert. Aber da trifft nun die Sorte von Ereignis ein, mit der man

1 Wolfgang Köhler (1887–1967), Psychologe, einer der Begründer der Gestalttheorie, der den Assoziationismus widerlegt. Sartre bezieht sich auf seine Arbeiten in *L'Imaginaire* (Gallimard, Paris 1940); dt. *Das Imaginäre*, Rowohlt, Reinbek 1971.

immer rechnen muß, an die man nie denkt und die die Eigenschaft besitzt, einen zur Sünde zu verleiten, indem sie auf der Stelle eine Entschuldigung liefert: «Ich konnte nicht anders.» Die Kellnerin lächelte mir zu und ging, ohne daß ich etwas bestellt hätte, zum Faß, füllte einen Krug und stellte ihn auf meinen Tisch, als wollte sie sagen: «Sie sehen, ich kenne Ihren Geschmack.» Sie schien sich zu freuen, über die Vorlieben ihrer Kunden im Bilde zu sein, und ich brachte nicht den Mut auf, sie eines Besseren zu belehren. Da sitze ich nun mit diesem vollen Krug auf dem Tisch und einem leeren Glas neben meinem Teller. Aber damit nicht genug: denn wenn ich den Krug unangetastet lasse, wird sie sich am Ende der Mahlzeit darüber wundern und sagen: «Es hat also nicht geschmeckt» usw. Was tun? Trinken mit dem Gedanken: «Ich werde morgen mit meiner Diät anfangen, heute ist es unmöglich, und Unmögliches kann man von niemandem verlangen», trinken aus Achtung vor den anderen? Kurz, ich war fast dazu entschlossen, und ich habe gewissermaßen nachgegeben. Weil ich meinen Entschluß gefaßt hatte, als ob es auf der Welt nichts anderes gegeben hätte als eine Flasche, ein Glas und mich. Mein Entschluß betraf nur diese materiellen Gegenstände in einer toten Welt: «Von mir aus würde ich nie eine Flasche Wein bestellen.» Aber ich hatte den Fall nicht vorausgesehen, daß man mir eine Flasche bringen würde, ohne daß ich sie bestelle. Da ich diese Eventualität nicht bedacht hatte, hatte ich keine Vorkehrungen für den Fall getroffen, daß sie eintreten würde. Ich befand mich auf Neuland, und meine Selbstverpflichtung galt nicht mehr. Ich dachte sogar dunkel, daß ich mich durch diesen drakonischen Entschluß schon genug ärgerte und nicht obendrein noch eine Kellnerin zu vergrämen brauchte, das war in meinem Vertrag nicht vorgesehen. Was einen hier zu Fall bringt, ist die Tatsache, daß man seinen Entschluß im Hinblick auf eine sehr vereinfachte Situation getroffen hat und diese Situation nicht *wiedererkennt* in dem realen Ereignis, das dann eintritt und das immer komplexer ist. Was einen rettet, ist die Schlappheit. Ich habe die Entscheidung auf später verschoben, es gab ein Loch in meiner Aufmerksamkeit, und ich fand mich bei der Lektüre von Mérimées *Colomba* wieder, hundert Meilen von der Flasche und der Kellnerin entfernt. Und als sich dann erneut die Frage stellte, fand ich einen Ausweg: ich würde ein bißchen Wein in das Glas gießen. So würde die Kellnerin, wenn sie den halbleeren Krug sähe, einfach denken, ich hätte keinen großen Durst gehabt, und nicht merken, daß der Inhalt des Glases genau dem entsprach, was in der Flasche fehlte. Und um die Täuschung perfekt zu machen, würde ich daran nippen. Da bin ich also dabei, den Wein in das Glas zu gießen, ein zweideutiger Akt, der zwar auf der einen Seite der Situation durchaus angemessen war, mich auf der anderen jedoch schlicht und einfach in die Situation des fröhlichen Trinkers brachte, der sein Glas bis zum Rand vollgießt. Und gewiß bot mir dieser durch besondere Umstände gerechtfertigte Akt eine symbolische Befriedigung, er mimte, was zu tun mir verboten war. Wiederum Schwäche. Schwäche auch die Erlaubnis, die ich mir sofort gebe, einen Schluck zu trinken, überzeugt, daß er nicht zählt, weil er nicht vom Durst diktiert ist, weil er «der guten Sache» dient und ich nicht anders kann. Ich trinke ihn also, diesen Schluck, aber knausrig, denn trotz allem packt mich die Angst, daß ich mich zu weit hinreißen lasse. Sofort sinkt mir der Mut, und ich halte ein. Doch gleichzeitig, «wo ich ihn schon mal trinke», habe ich versucht, ihn soweit irgend möglich zu genießen, ich habe meine Aufmerksamkeit auf die Blume des Weins gerichtet, auf die Frische des Schlucks Flüssigkeit, ein heimliches, hinterhältiges Vergnügen, dem des Arztes ähnlich, der das Abhorchen einer schönen Patientin dazu «nutzt», seine ganze Sinnlichkeit in die Fingerspitzen fließen zu lassen, und sich ihrer mit den Fingern erfreut, ohne seine beruflichen Untersuchungen abzubrechen. Wieder Schwäche. Und Schwäche auch das brüske Innehalten, diese abrupte Art, das Glas hinzustellen, aus *Angst*, mein Wort zu brechen. Kurz, ich habe mit dem Teufel kokettiert, ohne den Mut zu haben, ganz zu versumpfen. Das erinnert mich an eine Passage aus Gides Tagebuch (1917): «Dennoch überließ ich mich heute nacht nicht völlig der Lust, aber da ich nicht einmal heute morgen den Widerwillen nutzte, der ihr folgte, befürchte ich, daß dieser Schein von Widerstand weit ärger ist. Man tut immer unrecht, mit dem Teufel ein Gespräch anzufangen, denn wie man es auch anstellt, er will immer das letzte Wort haben.»

Heute morgen dieselbe Konstellation: Pieter hatte einen Gast (den ich oben erwähnte); er hatte eine gute Flasche kommen lassen, er bestand darauf, daß ich mittrinke, es wäre unhöflich gewesen, völlig abzulehnen, also habe ich einen winzigen Tropfen getrunken. Warum das alles im Detail notieren? Weil es von außen betrachtet trotz allem eine *geglückte* Handlung ist. Von außen sieht man jemanden, der beschlossen hat, nicht zu trinken, und der in der Tat in jedem der genannten Fälle nur eine praktisch belanglose Menge trinkt – beispielsweise ein zehntel Glas statt wie gewohnt zwei volle Gläser. Er hatte gesagt, daß er kein Brot essen werde, und er hat keines gegessen. Ein Sieg also, aber ein Pyrrhussieg. Ich werde noch fünf oder sechs von dieser Sorte davontragen, und dann werde ich mich daran gewöhnen zu essen, ohne zu trinken, und auf diese Weise werde ich *tatsächlich* Wort gehalten haben. Aber wenn alle diese Schlappheiten verschwinden werden, wird auch das Bewußtsein schwinden, die Handlung wird automatisch sein. Daher habe ich, wenn man mich lobt, immer den Eindruck, daß man jemand anderen meint. Es gibt keine Handlung ohne geheime Schwäche. Die anderen sehen nur den Stil, ich aber sehe nur die Schwäche. Kurz, ich werde mein Wort halten – und immer besser –, bis zu meinem Urlaub. Das nennt man Willenskraft haben. Wir können ein Lied davon singen.

Montag, 18.

Die Menschen, sagt man – sagte Maheu in seinem letzten Brief –, *verdienen* den Frieden nicht. Das ist wahr. Wahr ganz einfach in dem Sinne, daß sie den Krieg *machen*. Keiner der Männer, die zur Zeit eingezogen sind (ich schließe mich natürlich nicht aus), verdient den Frieden, denn wenn er ihn wirklich verdiente, wäre er nicht hier. – Aber er kann gezwungen, genötigt worden sein ... Ta ta ta: er war frei. Ich sehe wohl, daß er in dem Glauben ausgezogen ist, daß er nicht anders konnte. Aber dieser Glaube war entscheidend. Und warum hat er so entschieden? Hier stoßen wir wieder auf die Anlässe und die Komplizenschaft. Aus Trägheit, Schlappheit, Ehrfurcht vor den Mächtigen, Angst vor einer Verurteilung – weil er die Chancen überschlagen und sich ausgerechnet hat, daß er weniger riskiert, wenn er gehorcht, als wenn er Widerstand leistet –, aus Geschmack an der Katastrophe – weil sein Leben ihn nicht genug *zurückhielt* (in diesem Sinne heißt sein Leben *glücklich führen*, soweit es die Natur der Sache erlaubt, für den Frieden arbeiten. Ich habe welche gesehen, die, weil ihre Ehe gescheitert war, im Oktober 38 erklärten, sie sähen dem Krieg gleichgültig entgegen; sie schienen nicht zu begreifen, daß ihre Situation als *historische Menschen* dieser Gleichgültigkeit Gewicht und Konsequenz verlieh und dem Krieg Vorschub leistete – nicht genug, um ihn ausbrechen zu lassen; genug, um sie zu Komplizen zu machen) – weil er eine große Katastrophe brauchte, um seinen Beruf als Mensch zu erfüllen – aus Wichtigtuerei, Dummheit, Naivität,

Konformismus – aus Entsetzen, frei zu denken – weil er ein Kampfhahn war. Das ist der Grund, warum es im Krieg keine unschuldigen Opfer gibt. Und sollten sie es anfangs auch gewesen sein, so würden sie doch den Krieg auf ihre Rechnung nehmen, durch tausenderlei Arten, sich im Alltag ihres Soldatenlebens zu seinem Komplizen zu machen. So daß der Mythos der Erlösung hier seine ganze moralische Kraft gewinnt: die Natur der Geschichtlichkeit ist so beschaffen, daß man erst dann aufhört, Komplize zu sein, wenn man Märtyrer wird. Den Krieg verdienen nur jene Menschen nicht, die bereit sind, die Märtyrer des Friedens zu sein. Sie allein sind unschuldig, denn die Kraft ihrer Verweigerung ist groß genug, daß sie Unglück und Tod ertragen. Es stimmt also, daß sie, indem sie die Folgen ihrer Weigerung annehmen, unschuldig für andere leiden; sie zahlen für die Schuld der anderen. Es gibt demnach keine andere Art, seine Geschichtlichkeit auf sich zu nehmen, als zum Märtyrer und Erlöser zu werden. Das hat mich mit Bewunderung für jenen Koestler erfüllt, den ausländischen Journalisten, der als Zuschauer dem Fall Malagas[1] beiwohnt. Seine Freunde verfrachten ihn in ein Auto, und sie fahren mitten in der allgemeinen Panik nach Alicante. Aber bei der ersten Verkehrsstockung springt er ab, er bleibt allein in Malaga zurück. Er sagt es nicht, aber man spürt, daß er zahlen will. Zahlen für die Generäle, die Verrat begangen haben, für die flüchtenden Soldaten, für die feigen demokratischen Regierungen, die nicht einzugreifen wagten. Zahlen, weil er sich für die menschliche-Realität verantwortlich fühlt und seine Geschichtlichkeit auf sich nehmen will. Komplize oder Märtyrer, das ist die Alternative. Und die eigene Entscheidung macht die Geschichte. Hätte ich den Krieg verweigert, dann hätte ich für die anderen bezahlt. Indem ich ihn akzeptiere, zahle ich auch, aber für mich allein.

Wir werden uns nicht mehr um das Telefon zu kümmern brauchen. Man schickt uns jemanden vom Pionierkorps zur Ablösung.

Ich möchte hier als Übung und als Beispiel und um den vorstehenden und folgenden Seiten ihre eigene Tonart zu geben, die Hauptmerkmale dessen notieren, was Lewin[2] meinen «hodologischen Raum»

1 Vgl. *Un testament espagnol.*
2 Kurt Lewin (1890–1947), Psychologe, der deutschen Gruppe der Gestalttheorie verbunden; er verließ 1933 Deutschland und emigrierte in die USA.

nennen würde, das heißt die Gestalt der Welt, so wie sie mir von diesem Hotel Bellevue aus erscheint, die Wege, die sie durchziehen, ihre Löcher, ihre Fallen, ihre Perspektiven. Zunächst ist es eine Welt, die ich mir *angeeignet* habe. In den ersten Tagen war sie kalt und inert, nun ist sie *mein;* dieses Land, diese Kälte, dieser besondere Standpunkt, von dem aus ich Frankreich, Deutschland, Europa sich rings um mich ausbreiten sehe, das alles gehört mir. Querencia. Ich befinde mich auf einem Kamm der Welt, auf dem Dach der Welt (= auf einem Hügel). Die Welt ist Ebene, beherrscht von diesem Kamm (die Alpen, die Pyrenäen sind *unten,* beherrscht von dem Dach. Hier offensichtlich Synthese der realen Höhe dieser niedrigen Erhebung und der Tatsache, daß sie auf einer Landkarte oberhalb des Massivs der Alpen und der Pyrenäen liegen würde). Gewiß stellt diese Erhebung, die sich als ein Dach der Welt präsentiert, symbolisch meinen Willen dar, *den Krieg zu beherrschen.* So befinde ich mich also hoch oben auf einem schönen Zuckerhut von beherrschender Gelassenheit. Höher als alle anderen, denn auf diesem Dach der Welt steht ein Haus, und ich wohne im ersten Stock dieses Hauses. Materialisierung meiner Verachtung für die Schreiber: ich blicke auf sie herab. Eisiger und grauer Wirbelwind rings um das Haus: das Haus ist bald ein Schiff auf dem Kamm einer Welle, bald ein Leuchtturm. Abends, wenn ich allein in dem warmen Zimmer bin, in dem wir uns gewöhnlich aufhalten, ist es ein Leuchtturm, ich *weiß,* daß ich in einem runden Turm bin. Der Wind und die Kälte kapseln mich ab. Für mich hat Kälte immer den affektiven Klang von «Reinheit» und «Einsamkeit» gehabt. Deutschland hat sich entfernt – ich weiß nicht, warum. In Brumath spürte ich es dicht bei uns, warm und giftig. Hier – obwohl ich es bei schönem Wetter *sehen* kann (die grauen Hügel im Nordosten) – hat es nur eine abstrakte Nähe. Vielmehr bin ich an einem Ende der Welt, hinter mir liegen die heißen und lärmenden Städte, die Menschen und die *Felder.* Gewiß drängt mich eine Verlagerung der Richtung Etappe–Front von hinten zu den vordersten Linien. Und diese Verlagerung zeigt sich mir in jenem poetischen Schema, das, wie ich meine, auf alle kindlichen Phantasien wirkt: Leuchtturm am Ende der Welt, *finis terrae* usw. *Avantgarde*-Stellung, auch hier sieht man das Symbol. Daher eine leichte Verschiebung der Richtungen: die Straße, die vor dem Hotel vorbeiführt und aus Morsbronn kommt, scheint mir die von hinten nach vorn zu sein, da Morsbronn der letzte Vorposten der Welt ist (= es gibt dort noch Zivilisten). Also führt sie nach vorn, nach Deutschland und zur Linie der Front. In Wirklichkeit geht sie nach *Norden*, und die Front befindet sich eher zu meiner Rechten, wenn ich diesen Weg einschlage. Aber da der Norden außerdem für mich Reinheit, Isolierung, Stillstand des Lebens, *finis terrae* bedeutet, folgt daraus, daß ich einmal meine, die Straße gehe nach *Osten*, ein andermal, sie gehe nach Norden, aber dann liegt Deutschland am Ende. Deutschland, ich sagte es schon, als dunkles Meer und nicht als Gefahr.

Diesen letzten Vorposten der Etappe, Morsbronn, spüre ich in der Ferne, hinter mir, wie einen drohenden und giftigen (tropischen), aber grauen Dunst, zum einen, weil Pieter manchmal dort gewesen ist und mir gesagt hat: «Das ist Schmu.» Zum anderen, weil man da hinten «als Soldat behandelt wird». Da hinten sind die Büros, wo man über mich verfügt, das Lazarett, wo man mich wegen eines Ja oder eines Nein nackt ausziehen lassen kann, wo man mich demnächst spritzen wird (die Spritze ist eine Gefahr, nicht an sich, da sie Anrecht auf 48 Stunden Ruhe verschafft, sondern weil sie dreimal im Abstand von jeweils acht Tagen verabreicht wird und man in der Zwischenzeit nicht in Urlaub fahren kann). Dennoch gibt es dort, im Herzen dieser giftigen Blume, warmes und ziviles Blut: ich stelle mir Salons mit Klavieren vor – weil Hantziger gesagt hat, er werde den Bürgermeister bitten, ihm Notenbücher zu leihen. Zwischen dem Dorf und dem Hotel Bellevue gibt es isolierte Vorposten: das Hotel, in dem die Poststelle untergebracht ist, und das Gehöft, das die Feldküche beherbergt. Wenn ich Paul zum Suppeholen begleite, wenn ich bei der Poststelle ein Päckchen abhole, bin ich *verkehrt*, ich gehe gegen den Strich, ich kehre meiner natürlichen Richtung, dem Norden, den Rücken, ich fühle so etwas wie einen empörten Luftwiderstand. Im Hotel selbst zwei Löcher im ersten Stock: ein Loch aus Licht und Wärme, das *home*, der den Wetterbeobachtern vorbehaltene Raum (Kabine des Kapitäns) – ein schwarzes Loch, in dem der Wind sich fängt und pfeift, ein eisiges Loch (weil Pieter den ganzen Tag das Fenster offenläßt): mein Zimmer. Es stößt ab: man taucht hinein wie in kaltes Wasser, wild entschlossen, die Zähne zusammenbeißend. Poetisch, weil es eine Art Schlitz auf das Land bildet: die Heide dringt durchs Fenster. Draußen die Kälte – eine Substanz, wie beim Wintersport – eine metallische und reine Substanz, die man *berühren* kann, schon frühmorgens, wenn man hinausgeht, wie eine schöne glatte Stahlwand. Der Himmel – meine Dimension in der Höhe (wegen der kleinen Ballons, die ich hinaufschicke). Regloses Grau mit Luftströmen, deren Kurve man zeichnen kann. Der Himmel, der in *Schichten* zerfällt. Sowohl mein Aufgabenbereich, Gegenstand meines technischen Wissens, als auch das, was mich beherrscht. Eine Verlängerung meiner selbst nach oben und gleichzeitig ein Aufenthalt außer Reichweite. Ich weiß, daß er sogar an sonnigen Tagen, so wie die Milch, seine geheime eisige Schwärze hat. Weil man uns jeden Tag seine Temperatur in der Höhe durchtelefoniert. Zum Beispiel: – 50 in 8000.

So sieht das Schema meiner jetzigen Situation aus: symbolische Richtungen, Orientierungen, die meine Sorgen widerspiegeln, meine Beschäftigungen, meinen Beruf. Ich bedauere, daß ich diese Arbeit nicht für Brumath und Marmoutier getan habe; man hat Interesse daran, diese affektiven Stätten zu fixieren und vielleicht zu vergleichen. Diese Topographie zeigt recht deutlich, wie der Geist sich der Stätten bemächtigt und sie herrichtet. Wenn ich heute genau bestimmen will, auf welcher Existenzebene diese Geographie liegt, würde ich sagen, sie befinde sich auf der niedrigsten, der vorthematischen Ebene. Es ist der Fuß der Klippen. Wenn ich sie thematisiere, mache ich sie zum Delirium eines Verrückten, aber sie wird eben nie thematisiert. Sie liegt in der Geste, die ich mache, in meiner Abneigung, den Osten dort hinzusetzen, wo er sich befindet, usw. In Brumath konnte Paul, trotz wiederholter Versuche, den Norden nie an die richtige Stelle bringen. Er klagte darüber, er sagte: «Wie ich es auch anstelle, ich lege ihn immer in den Osten.» Zugrunde lag diesem Irrtum, darauf würde ich schwören, ein Widerstand der affektiven Topographie.

Kierkegaard (*Der Begriff Angst*)[1]: «Das Verhältnis der Angst zu ihrem Gegenstand, zu etwas, was nichts ist (der Sprachgebrauch sagt denn auch prägnant: sich ängstigen um nichts) . . .»

Der Einfluß auf Heidegger ist unverkennbar: der Rekurs auf den prägnanten Satz «Wir ängstigen uns um nichts» steht fast wörtlich in *Sein und Zeit*.[2] Aber für Heidegger ist die Angst Angst-vor-dem-Nichts [*Néant*], das nicht das Nichts [*Rien*] ist, sondern, wie Wahl[3]

1 Französische Ausgabe *Le Concept d'angoisse*, übers. von P. H. Tisseau, Einführung von Jean Wahl, P. Alcan, Paris 1935, S. 85.

2 Dt. im Original. Sartre las dieses Buch einige Monate zuvor in der deutschen Ausgabe von 1927. Vgl. weiter unten, S. 392 ff.

3 Jean Wahl (1888–1974), Dichter und Philosoph, Autor des *Études Kierkegaardiennes* (Aubier, Paris 1938).

sagt, «ein kosmisches Faktum, von dem die Existenz sich abhebt». Dagegen geht es Kierkegaard um «eine psychologische Angst und um ein Nichts, das sich im Geist befindet». Dieses Nichts ist im Grunde die Möglichkeit. Möglichkeit, die noch nichts ist, da der Mensch im Stande der Unschuld noch nicht weiß, *wozu* sie Möglichkeit ist. Aber sie ist da, als Ankündigung der Freiheit: «Was an Adams Unschuld vorübergestreift ist als das Nichts der Angst, das ist nun in ihn selbst hineingetreten und ist hier wiederum ein Nichts, die ängstigende Möglichkeit zu *können*. Was er kann, davon hat er keine Vorstellung ... Bloß die Möglichkeit zu können ist vorhanden als eine höhere Form von Unwissenheit, als ein höherer Ausdruck von Angst ...»

Angst vor dem Nichts, mit Heidegger? Angst vor der Freiheit, mit Kierkegaard? Meiner Meinung nach ist das ein und dasselbe, denn die Freiheit ist das Erscheinen des Nichts in der Welt. Vor der Freiheit ist die Welt eine Fülle, die ist, was sie ist, ein dicker Brei. Nach der Freiheit gibt es unterschiedliche *Dinge*, weil die Freiheit die Negation hineingetragen hat. Und die Negation kann nur deshalb von der Freiheit in die Welt hineingetragen werden, weil die Freiheit ganz und gar vom Nichts durchdrungen ist. Die Freiheit ist ihr eigenes Nichts. Die Faktizität des Menschen besteht darin, der zu sein, der seine Faktizität nichtet. Dank der Freiheit können wir *imaginieren*, das heißt die Gegenstände der Welt sowohl nichten wie thematisieren. Dank der Freiheit können wir in jedem Augenblick von unserem Wesen abrücken, das dann seine Kraft verliert und im Nichts schwebt, unwirksam; die Freiheit bewirkt eine Unterbrechung, sie ist Abbruch des Kontakts. Sie ist Begründung der Transzendenz, weil sie über das hinaus, was ist, das entwerfen kann, *was noch nicht ist*. Schließlich negiert sie sich selbst, weil die künftige Freiheit Negation der gegenwärtigen Freiheit ist. Ich kann mich nicht engagieren, weil die Zukunft der Freiheit Nichts ist. Die Freiheit erschafft die Zukunft der Welt, indem sie ihre eigene nichtet. Und ich kann mich wiederum nicht engagieren, weil meine Vergangenheit gewordene Gegenwart durch meine kommende freie Gegenwart genichtet und aus dem Spiel gezogen werden wird. Ich werde ein andermal erklären, daß diese Merkmale der Freiheit keine anderen sind als die des Bewußtseins. Aber wenn nun durch den Menschen das Nichts in die Welt kommt, dann ist die Angst vor dem Nichts nichts anderes als die Angst vor der Freiheit oder, wenn man lieber will, die Angst der Freiheit vor sich selbst. Wenn ich beispielsweise gestern eine leise Angst vor dem Wein empfunden habe, den ich trinken *konnte*, aber nicht trinken *durfte*, so deshalb, weil das «ich darf nicht» bereits Vergangenheit war, es war weggerückt, ausgeschaltet, wie das Wesen, und *nichts* [*rien*] konnte mich daran hindern zu trinken. Genau vor diesem *nichts* ängstigte ich mich; vor diesem Nichts [*néant*] der Mittel des Einflusses meiner Vergangenheit auf meine Gegenwart. *Nichts* zu machen. Und das berühmte: «Ich habe Angst vor mir» ist ja gerade eine Angst vor *nichts*, weil *nichts* mir erlaubt, vorauszusehen, was ich tun werde, und weil, selbst wenn ich es voraussehen könnte, *nichts* mich daran hindern kann. So ist die Angst wirklich die Erfahrung des Nichts [*Néant*], und dennoch ist sie kein psychologisches Phänomen. Sie ist eine existentielle Struktur der menschlichen-Realität, was nichts anderes ist als die Freiheit, die sich ihrer selbst als ihres eigenen Nichts bewußt wird. Die Ängste vor dem Nichts [*Néant*] der Welt, vor den Ursprüngen des Existierenden sind abgeleitet und sekundär. Es sind Probleme, die im Licht der Freiheit erscheinen. Die Welt an sich *ist* und kann nicht nicht sein. Ihr *faktischer* Charakter erlaubt es nicht, sie zu deduzieren oder ihr ein *Vorher* zu unterstellen. Ein Problem des Ursprungs der Welt gibt es nur durch das Einwirken der Freiheit auf die Dinge. So ist das existentielle Erfassen unserer Faktizität der Ekel, und das existentielle Erfassen unserer Freiheit ist die Angst.

Dienstag, 19.
«Die Angst vor der Sünde bringt die Sünde hervor. Läßt man die böse Lust, die Konkupiszenz usf. dem Individuum angeboren sein, so erhält man nicht die Zweideutigkeit, in welcher das Individuum beides wird, schuldig wie unschuldig. In der Ohnmacht der Angst aber sinkt das Individuum zusammen, aber eben darum ist es beides, schuldig wie unschuldig» (Kierkegaard ebd., S. 122).

Die Angst vor einem Möglichen, das man nicht verwirklichen will, ist faktisch die Angst vor dem Nichts [*Néant*], das einen von diesem Möglichen trennt, vor dem Faktum, daß man durch *Nichts* [*Rien*] daran gehindert wird, es zu verwirklichen. Sie zielt also darauf ab, dieses Nichts zu beseitigen, indem sie das Mögliche verwirklicht. Sobald sie dieses Mögliche, statt es abzulehnen, zu ihrem eigenen Möglichen macht, besteht volle Zustimmung der Freiheit zu der Möglichkeit, Entwurf und Skizze der Handlung. In diesem Augenblick verschwindet das Nichts, es besteht Fülle. So bringt die Verfehlung vorübergehend die Angst zum Verschwinden, indem sie das Nichts durch die volle Faktizität ersetzt. Man muß auch bedenken, daß, wenn *nichts* uns daran hindert, die inkriminierte Handlung zu *tun*, uns auch *nichts* dazu zwingt. Und dieses andere *Nichts* ist ebenfalls in der Angst gegeben. Es ist das positive Nichts in der Freiheit, von ihm leitet sich die Verantwortung her. Dieses Nichts wird in der Tatsache erfaßt, daß die Anlässe, die geneigt machen könnten, ein Mögliches zu realisieren, von diesem Möglichen immer durch einen Hiatus von nichts [*néant*] getrennt sind. Anlässe, menschliches Wesen, Affektivität, Vergangenheit werden im Schoß der Freiheit festgehalten, sie sind in der Schwebe, und gleichzeitig umreißt die Freiheit in der Zukunft das zu realisierende Mögliche. Aber es besteht niemals *Kontakt* zwischen den so festgehaltenen Anlässen und dem so umrissenen Möglichen. Die Anlässe machen stets nur geneigt.

So fehlt im Innern des Bewußtseins ein Glied, und das Fehlen dieses Gliedes beraubt uns jeder Entschuldigung. Aber verstehen wir recht, daß dieses Nichts [*Néant*] nicht ein schlechthin gegebenes Loch ist. Wäre dem so, dann wäre dieses Nichts ein Gegebenes – was uns zum Sein und zur Faktizität zurückführen würde. Ein Nichts, das ein Sein wäre, das hat keinerlei Sinn. In Wirklichkeit ist dieses Nichts ein Nichts, das wir sind. Für das Bewußtsein ist die Existenz Nichtung von sich. Der Ursprung der Verantwortung ist dieses erste Faktum, daß wir uns als eine Lücke zwischen den Anlässen und der Handlung realisieren. Genau dafür sind wir vor allem verantwortlich: verantwortlich dafür, daß die Handlung nicht auf natürliche Weise den Anlässen entspringt. Aber das Mögliche selbst kann nur eine bestimmte Konkretion des Nichts sein, da seine Existenz als *mein* Mögliches nicht darin besteht, als eine Realität vorgesehen zu sein, die *sein wird* – sondern darin, als eine Realität aufrechterhalten zu werden, die *sein könnte*. Es gibt also in der Dringlichkeit des Möglichen eine bestimmte Nichtheit [*néantité*]. Man sieht auch, daß das Mögliche dem Sein nicht vorausgehen kann. Ganz im Gegenteil, die ursprünglichen Möglichkeiten sind meine eigenen Möglichkeiten und entspringen meiner «Faktizität-als-Sein-das-sein-eigenes-Nichts-ist». Die Möglichkeiten der Welt, durch äußere Beziehungen mit den Dingen verbunden, wie wenn ich zum Beispiel sage, «es ist möglich, daß das Feuer ausgeht – daß der Wind sich legt – daß die Flasche zerbricht», sind ganz offensichtlich abgeleitete Möglichkeiten, Spiegelungen meiner eigenen Möglichkeiten auf den Dingen. Wir finden also hier die Dreiheit wieder: Nichts – Mögliches – Sein, aber in einer neuen Reihenfolge. Das Sein hat Vorrang, und das Mögliche erscheint erst am Horizont eines Nichts. Freilich muß dieses Nichts Nichts eines Seins sein, das sein eigenes Nichts ist.

Man sieht, daß die Verfehlung ein Versuch ist, das Nichts mit Sein zu füllen. Die Verfehlung ist immer Ungeduld vor der Angst, Flucht des Nichts ins Reale.

Das Bewußtsein ist Erleichterung von Sein. Das Für-sich-sein ist ein Zerfallen des An-sich-seins. Das vom Nichts durchdrungene An-sich-sein wird zum Für-sich-sein.[1]

Man erkennt den Ursprung der dritten Hauptkategorie der Modalität: die Notwendigkeit. Es besteht Vorrang des Möglichen vor dem Notwendigen, wie Kant deutlich erkannt hat, der das Notwendige definiert als: Existenz, die durch die Möglichkeit selbst gegeben ist. Eben das, was wir den eigentlichen Gegenstand der Freiheit nennen werden. Die Freiheit ist wiederum Nichts [*Néant*], weil sie darauf abzielt, sich selbst zu beseitigen, indem sie das Nichts, das sie enthält, nichtet. Das Ideal der Freiheit ist also ein Mögliches, das sich verwirklicht, ohne der Verantwortung zu bedürfen, ein Mögliches, das sofort eine *Entschuldigung* ist. Der heimliche Traum jeder Freiheit ist die Beseitigung des Hiatus zwischen den Anlässen und der Handlung. Beseitigen wir durch das Denken den Hiatus, so sind wir deshalb noch nicht zur reinen Existenz gelangt, da wir den zeitlichen Abstand zwischen Anlässen und Möglichkeiten bewahren. Aber nun verwirklichen sich die Möglichkeiten von ihrer eigenen Konzeption her. Von diesem Augenblick an «ist das nicht meine Schuld». Jede Entschuldigung beruft sich also auf die Notwendigkeit. Aber die Notwendigkeit bleibt natürlich auf dem Boden der Werte und begibt sich niemals auf den Boden der Existenzen hinab. In dieser Hinsicht sieht man, was das Ideal aller Möglichkeiten ist: eine menschliche-Realität, die ihre eigene Notwendigkeit ist, das heißt, der es genügt, ihr eigenes Mögliches zu sein, um ihre eigene Existenz zu werden; eine

1 Der Diskurs über das Sein ist hervorgebrochen. Auf den kommenden Seiten wird er Vorrang gegenüber der Suche nach einer Moral gewinnen: bevor man sich fragt, was der Mensch tun kann und soll, muß man wissen, wie es um das Sein der menschlichen-Realität bestellt ist.

menschliche-Realität, in der die Leere des «Für-sich» ausgefüllt ist und die ihre eigene Begründung ist. Die Notwendigkeit ist also eine Kategorie des Handelns, eine *moralische* Kategorie, und nur durch das Einwirken der Freiheit auf die Dinge kann sie als eine Struktur des Realen erscheinen. Der erste Sinn der auf die Dinge bezogenen Notwendigkeit ist immer der einer *Entschuldigung*. «Was ich *notwendig* brauche» («Ich nehme mit, was ich notwendig brauche», «Unterscheiden wir das Überflüssige vom Notwendigen», «Seine Ausgaben auf das unbedingt Notwendige beschränken»), ist das, dessen Fehlen eine zeitweilige oder ständige Entschuldigung für mich wäre. Der Mangel an Notwendigem zum Beispiel kann bei einem «Notleidenden» eine *Entschuldigung* für den Diebstahl sein, den er begangen hat. Daher sind alle Wissenschaften des Notwendigen normative Wissenschaften, weil sie alle Fälle untersuchen, in denen das Bewußtsein abtreten kann. Und natürlich bleiben solche Fälle strikt ideal.

Wenn man dauernd mit denselben Leuten in der Defensive lebt, wird man am Ende gegen seinen Willen von dem Stil und dem Sinn jeder ihrer Gesten angefüllt, unmöglich, dem zu entgehen. Die Art, wie Pieter einen Stuhl holt, ist Pieter eigentümlich, und ich erkenne in ihr den ganzen Pieter. Mit Riesenschritten schleicht er sich an den Stuhl heran, etwas vorgebeugt, unheimlich leise und verschmitzt, er will, daß jeder merkt, wie leise er ist, wie Kinder es machen, und gleichzeitig ganz verwundert, etwas zu tun, was Zeit in Anspruch nimmt und trotzdem nicht ausdrücklich dem Gesellschaftlichen dient. Aber er pariert diese Verwunderung, dieses Unbehagen, das ihn befällt, als ob die Luft um ihn dünner würde, indem er sich das, was er tut, unter gesellschaftlichem Gesichtspunkt vorstellt. Man spürt, daß er sich zum Tribunal macht und sich mit Glückwünschen für die schöne und diskrete Art, mit der er den Stuhl geholt hat, freispricht. Aber es bleibt ihm etwas Spitzbübisches und Maliziöses, als würde er uns einen Streich spielen, immerhin weiß er, daß er Krach macht. Kurz, er kann nicht umhin, *für uns* einen Stuhl zu holen, obwohl wir in unsere Lektüre oder unsere Schreibarbeit vertieft sind. Er spielt die Komödie, einen Stuhl zu holen, in eben dem Augenblick, da er ihn holt. Eine gesittete und rechtschaffene Komödie im übrigen: «Ich hole einen Stuhl. Es ist mein gutes Recht, einen Stuhl zu holen. Jeder wird gutheißen, daß ich einen Stuhl hole» usw. Dennoch liegt Zärtlichkeit in der Art, wie er sich an den Stuhl heranschleicht, er wirkt wie die naschhafte Alte, die «sich was Gutes kocht». Er gibt sich ein zärtliches Stelldichein in der Zukunft; wie wird er sich bald lieben auf diesem Stuhl! Und mit sich und den anderen zufrieden, mit uns kommunizierend bei der kleinen Überraschung, die er sich bereiten wird, packt er den Stuhl mit gutmütiger Miene und trottet mit ihm zum Ofen, vor den er sich dann setzt.

Genau *das* möchte ich gern bei mir erfassen und beschreiben können: den Stil meiner Handlungen, wie sie jemandem vorkommen, der gereizte Nerven hat und den ich seit drei Monaten ärgere. Ich fürchte, daß es unmöglich ist, ich werde es trotzdem versuchen.

Meine Akoluthen werden den Gehilfen von K. in *Das Schloß* immer ähnlicher. Ich habe ihnen zu oft die Leviten gelesen – was sie vorderhand duckmäuserisch akzeptieren, ohne ein Wort zu sagen. Jetzt belauern sie mich, um mich bei einem Fehler zu ertappen, und zwingen mich, mich zusammenzunehmen. Pieter nennt mich einen «Kriegsgewinnler», weil ich vom Krieg Gewinn ziehe, um zu schreiben; er hat mich im Verdacht, daß ich an ihnen Argumente ausprobiere, moralische Grundsätze und Experimente, die mir als Vorlage dienen. Paul, der zum Gegenangriff übergeht, wirft mir meine Unaufrichtigkeit vor – weil ich angefangen habe, ihm die seine vorzuwerfen. Beide werden sauer, wenn ich sie rüge, und tun so, als glaubten sie, aus mir spreche schiere Aggressivität. Gleichzeitig überwachen sie mich. Beim ersten Fehler welch ein Triumph. Gestern zum Beispiel war ich mit Pieter essen gewesen, und als er sich wunderte, daß ich Brot und Wein ablehnte, erklärte ich ihm meine Diät. Nun ergab es sich aber, daß das Menü aus Kalbskotelett und Rosenkohl bestand. Die Koteletts waren reichlich dünn, und Rosenkohl mag ich nicht. So daß ich kaum etwas gegessen habe. Ich spürte übrigens, als ich die paar Happen kaute, die mir aufstießen, daß ich Entschuldigungen und Rechte sammelte – nur um sie am Abend verwenden zu können, wenn ich Lust dazu hätte; ich befand mich in der Situation des Heiligen, der sagt: «Es ist zuviel, o Herr, es ist zuviel!», wobei ich vage einige Gedanken wälzte wie: «Ja, ich habe beschlossen, abends zu fasten, aber nur unter der Voraussetzung, daß ich mittags eine anständige Mahlzeit zu mir nehme. Ich esse ja schon kein Brot ...» usw. usw. Die Klagen mochten ja noch angehen, wenn sie das Ergebnis einer aufrichtigen Entrüstung gewesen wären; aber sie waren beflissen und vorsorglich, sie sahen weit voraus. Es gäbe viel zu sagen über die geduldige Kunst, sich Entschuldigungen zu basteln, das heißt, sich etwas zurechtzuzimmern, was so konstruiert ist, daß es *notwendig* dem Druck der Umstände nachgeben muß. So wird man jene dünne Schicht an Nichts, die die Beweggründe von der Handlung trennt, so stark wie möglich komprimieren. Aber man vergißt immer, daß es die Freiheit ist, die urteilt, daß die Beziehung der Beweggründe zur Handlung notwendig ist, man verschiebt das Nichts, beseitigt es jedoch nicht: man bleibt ohne Entschuldigung. Da es sich um eine faule, innere Hexenküche handelte, war ich so taktvoll, Pieter nichts davon zu sagen, und ich hütete mich sogar, ihm mitzuteilen, daß ich fast nichts gegessen hatte, was die reine Wahrheit war. Gegen fünf Uhr abends fing ich an, Hunger zu haben. Eine knappe Stunde rutschte ich auf meinem Stuhl herum, dann stand ich auf, nahm ein Stück Brot und spießte es mit dem Messer auf: der Hunger hatte die seit Mittag sorgsam gespeicherten Klagen und Rechte geweckt und ihnen neues Leben eingehaucht. Dabei sind mir Entschuldigungen zuwider, und ich habe meinen Stolz immer darein gesetzt, keine zu haben: oder ich sage, wenn man mich ertappt, daß ich keine Entschuldigung habe – oder wenn die Entschuldigung parat ist wie gestern, drehe ich sie um, ich raube ihr den Sinn einer Entschuldigung und stelle mich in meinen Augen als einen hin, der sich nach Akteneinsicht frei entscheidet. Die Entschuldigung wird dann einfach ein sachliches Argument, das ich unparteiisch prüfe, in der einzigen Sorge, mich für das Beste zu entscheiden. Ich erklärte also in sachlichem Ton, den Akoluthen zugewandt: «Ich habe heute mittag sehr wenig gegessen, deshalb beschließe ich, heute abend eine kleine Ausnahme bei meiner Diät zu machen.» Ich sagte das völlig arglos, mehr für mich als für sie, da ich viel zu sehr von meinen inneren kleinen Schweinereien in Anspruch genommen war, um auf ihr Urteil zu achten. Daher war ich von dem Resultat wie vor den Kopf geschlagen: es gab ein fürchterliches Spektakel, sie bogen sich vor Lachen, prusteten los, stampften mit den Füßen, schnitten Grimassen und blinzelten mir zu. Pieter wollte etwas sagen, aber er konnte es nicht, weil er zu sehr lachte. Schließlich brachte er doch ein paar Worte heraus, die besagten, daß ich bloß Theater spiele und meinen Appetit ebensowenig zügeln könne wie andere. Ich hielt noch immer das mit dem Messer aufgespießte Brot, ich antwortete würdevoll, aber kleinlaut, daß ich wirklich sehr wenig zu Mittag gegessen hätte. Woraufhin Paul – der nicht im Restaurant gewesen war – Pieter fragte:

«Stimmt das? Er hat nicht viel gegessen?», im strengen Ton eines Richters, der sich informiert. Und Pieter: «Ach was! Er hat ganz normal gegessen.» Ich kochte vor Wut, aber was tun? Ich entschloß mich, darüber zu lachen, und sagte: «Ihr habt recht, ihr zeigt mir, was ich tun muß. Wie gut, daß ich euch habe!» Woraufhin ich das Brot zurücklegte, das Messer in meine Tasche steckte und mich wieder an die Arbeit machte. Ich rechnete damit, daß ihr Gelächter anhalten würde – ich selbst hätte in solchem Fall den Gegner bestimmt nicht losgelassen, ich wäre «am Mann» geblieben. Aber sie waren durch meine Zustimmung konsterniert, gaben keinen Laut mehr von sich und boten mir sogar, nachdem sie die Suppe geholt hatten, Bohnen an und baten mich, welche zu essen. Ich glaube, sie hatten Angst, ich könnte aus Eitelkeit verhungern. Ich lehnte natürlich alles ab, tief gekränkt und mit knurrendem Magen. Aber heute, zumindest was das Mittagessen betrifft, geht alles glatt, es kommt mir ganz *natürlich* vor, zum Essen nichts zu trinken und kein Brot zu essen. Und schon ist es fast *natürlich*, nicht zu Abend zu essen, das heißt, daß meine Tagzeit, die gestern noch von zwei Balken unterbrochen war, dem Mittagessen und dem Abendessen, heute in freiem Faltenwurf endet; der Nachmittag flattert weich und glatt unter dem Mittagessen wie eine Flagge auf Halbmast unter ihrem Schaft, ich erwarte nichts, was ihn verderben könnte.

So zwingen mich die Akoluthen, frei zu sein.

Der Castor schreibt mir (unter Samstag, dem 16.): «Ich habe den Eindruck, daß Sie seit Morsbronn weit mehr von der Welt abgeschnitten sind als vorher, weit mehr in der Einsamkeit eingeschlossen[1] ... Sie kommen mir vor Einsamkeit ganz wattiert vor, ganz eingesperrt mit dem Telefon[2], dem heißen Ofen und Ihren moralischen Gedanken.»

Stimmt das? Ich weiß es nicht. Mir scheint, daß ich mich an den Krieg und an Brumath bereits gewöhnte, als der Castor Anfang November herkam und ihr Kommen wie eine Zeitbombe gewirkt hat, meine Ruhe einige Tage nach ihrer Abreise ausrenkte und mich schließlich zu den Gefühlszuckungen vom November führte.[3] Und

1 Genauer: vergraben [*enfoui* statt enfermé].

2 S. de Beauvoir schreibt, eine Metapher Sartres aufgreifend: *mit dem Tier mit den verfilzten Haaren.*

3 Wegen Wanda. In seiner Antwort an S. de Beauvoir vom gleichen Tag schreibt Sartre: *«Ich denke, daß ich mich ein wenig in einer Periode der ‹Wiederauf-*

ich denke, daß ich mich nach der Krise, wie immer in solchen Fällen, sogleich wieder zugeknöpft habe, und als Reaktion darauf habe ich begonnen, mich nur noch um meine kleinen Angelegenheiten zu kümmern. Im Grunde bin ich sehr ruhig und zufrieden im Augenblick. Jedenfalls verstehe ich diesen November nicht ganz, es hat da einen seltsamen Seegang gegeben.

Heute morgen, als ich in dieses Heft schrieb, daß ich versuchen wollte, den Stil meiner Gesten einzufangen, habe ich wie ein Maniker der Analyse auf mich gewirkt, in der Art Amiels. Dabei habe ich mehr als fünfzehn Jahre hinter mich gebracht, ohne mir beim Leben zuzuschauen. Ich interessierte mich überhaupt nicht für mich. Ich war neugierig auf die Ideen und auf die Welt und auf das Herz der anderen. Die Psychologie der Introspektion schien mir mit Proust ihr Bestes gegeben zu haben, ich hatte mich zwischen meinem 17. und meinem 20. Lebensjahr voll Trunkenheit darin versucht, doch hatte ich den Eindruck, daß man in dieser Übung sehr rasch Meister wird und daß die Ergebnisse zudem recht eintönig sind. Und dann brachte mich der Hochmut davon ab, mir schien, daß man die kleinen Gemeinheiten nur vergrößerte, ihnen Kraft verlieh, wenn man seine Nase hineinsteckte. Erst der Krieg und mehrere neue Disziplinen (Phänomenologie, Psychoanalyse, Soziologie) sowie *L'Age d'homme*[1] brachten mich dazu, ein lebensgroßes Porträt von mir zu zeichnen. Und kaum habe ich mich auf dieses Unternehmen eingelassen, verbeiße ich mich schon, aus Hang zur Systematik, aus Neigung zur Totalität gebe ich mich ihm ganz hin, wie besessen. Ich will ein möglichst vollständiges Porträt zeichnen, so wie ich, als ich klein war, die ganze Serie von *Buffalo Bill* und *Nick Carter* haben wollte und wie ich, etwas später, alles über Stendhal wissen wollte usw. Bestimmt gibt es bei mir einen Mangel an Maß: Gleichgültigkeit oder manische Verbissenheit, entweder – oder. Aber ich denke nicht, daß es von Vorteil ist, sich sein Leben lang zu entblößen. Weit gefehlt. Ich verabscheute Tagebücher, und ich dachte, daß der Mensch nicht geschaffen ist, sich selbst zu betrachten, daß er seinen Blick immer nach vorn richten muß. Ich habe mich nicht verändert. Mir scheint nur, daß man unter besonderen Um-

nahme› befinde; Sie wissen, ich war es bereits einmal, länger und wegen einer Geschichte ungleich schwerwiegender als diese, die Geschichte mit Olga ...»

1 Von Michel Leiris, Gallimard, Paris 1939.

ständen und wenn man im Begriff ist, sein Leben zu ändern wie die Schlange, die sich häutet, diese tote Haut betrachten kann, dieses spröde Bild der Schlange, das man hinter sich läßt, um Bilanz zu ziehen. Nach dem Krieg werde ich dieses Heft nicht weiterführen, oder wenn ich es weiterführe, werde ich darin nicht mehr von mir sprechen. Ich will nicht bis ans Ende meiner Tage von mir selbst heimgesucht werden.

Gelesen – seit der letzten Aufzählung meiner Lektüre[1]:
Mac Orlan: *Sous la lumière froide*
Paul Morand: *Ouvert la nuit*[2]
Marivaux: *Théâtre choisi*
Mérimée: *Mosaïque*
Mérimée: *Colomba*
Flaubert: *L'Éducation sentimentale*
Mac Orlan: *La Cavalière Elsa* [dt. *Die Reiterin Elsa*]
Kierkegaard: *Le Concept d'angoisse* [dt. *Der Begriff Angst*]
Dorgelès: *Les Croix de bois* [dt. *Die hölzernen Kreuze*]

Heute erhalten:
Lucien Jacques: *Carnets de moleskine*[3]
Maurois: *Les Origines de la guerre de 1939*[4]
Mac Orlan: *Quai des brumes*[5]
Mac Orlan: *Maître Léonard*[6]
Lesage: *Le Diable boiteux* [dt. *Der hinkende Teufel*]
Larbaud: *Barnabooth*[7]

1 Alle, mit Ausnahme der letzten beiden Titel, sind erneute Lektüren.

2 Gallimard, Paris 1922. Nach den Briefen an S. de Beauvoir vom 12. und 18. Dezember hat er *Fermé la nuit* (1923) gelesen.

3 Tagebuch eines jungen Krankenträgers während des Krieges von 1914, Gallimard, Paris 1939.

4 Gallimard, Paris 1939.

5 *Le Quai des brumes*, Gallimard, Paris 1927.

6 Sartre irrt sich: der genaue Titel lautet *Le Nègre Léonard et maître Jean Mullin*, Gallimard, Paris 1920.

7 *A. O. Barnabooth, son journal intime*, Gallimard, Paris 1913.

Mittwoch, 20.
Schönes Vorwort von Giono zu den *Carnets de moleskine*. «Wenn man nicht genug Mut hat, Pazifist zu sein, ist man Krieger. Der Pazifist ist immer allein.»

«Der Krieger ist sicher, mit der größten Zahl übereinzustimmen. Wenn es eine Sache der Mehrheit ist, kann er ganz ruhig sein, er gehört dazu ... Wenn er Größe braucht, wie alle Welt, dann findet man für ihn gewöhnlich eine Größe ‹nach seiner Statur›. Alles ist schon für ihn vorbereitet. Wenn ein Mensch davor zittert, daß er eines Tages gezwungen sein könnte, über den Menschen hinauszuwachsen, so zittere er nicht mehr und werde Krieger, oder noch einfacher, lasse er alles mit sich machen, gebe sich auf, und man wird ihn offiziell zu den Kriegern stecken ... Das ganze Spiel des Krieges wird mit der Schwäche des Kriegers gespielt ... Der einfache Soldat: weder gut noch schlecht, darin verstrickt, weil er nicht dagegen ist. Er wird hier ohne Umstände das Los der Krieger erleiden, bis zu dem Tag, wo er, wie der Held von Faulkner, entdecken wird, daß ‹jeder aus Versehen blind in den Heroismus fallen kann, so wie man in einen weit offenen Gully mitten auf dem Bürgersteig stolpert›. Es ist absurd, zu behaupten, eine Armee, die aus Millionen Menschen besteht, sei die Personifizierung des Muts: es ist die Folge der Bequemlichkeit.»

Die Hefte selbst sind matt und grau, sie sagen nichts Neues. Retrospektiver Aspekt des Krieges von 1914 in allen diesen Büchern. Er erscheint mir nicht mehr, wie noch im letzten Jahr, als das Bild *des* Krieges, sondern als ein bestimmter Krieg, eine bestimmte ungeordnete Schlächterei, die stattgefunden hat, weil die Generäle die Technik dessen, was Romains die «Menschenmillion» nennt, noch nicht erfunden hatten.

Ville[1], Leutnant der Artillerie, schreibt an den Castor: «Die Lage ist so stagnierend, daß manche von Zeit zu Zeit wünschen, es möge sich ändern. Doch wenn sie plötzlich überlegen, daß wir, wenn es sich ändert, Schläge einstecken werden, nehmen sie ihre unbedachten Worte zurück und sprechen sich für den Status quo aus. Worauf ein anderer entgegnet, daß der Status quo uns dazu verurteile, bis zum Greisenalter hierzubleiben. Dann spricht man von etwas anderem.

1 Sartre hat die Bekanntschaft von J. A. Ville, junger Agrégé in Mathematik, und seiner Frau (die «Mondfrau») im Institut français in Berlin 1933 gemacht.

Das Problem ist sehr schwierig; unterdessen vergehen die Tage, leider.

Ich weiß nicht so recht, was in der Etappe vor sich geht; die Zeitungen sind so dumm, daß niemand sie liest, obwohl wir sie aus Gewohnheit kaufen. Was wir im Augenblick denken, läßt sich in einem Wort zusammenfassen: nichts. Wir warten auf den Frühling, graben, verkriechen uns unter Schichten von Rundholz. Vielleicht hätten wir ja ein paar persönliche Ideen, wenn wir manchmal allein sein könnten. Aber der Soldat ist niemals allein; oder wenn er es ist, hat er nasse Füße, und das lähmt den Verstand.»

Barnabooth verkauft all sein Hab und Gut: «seine Schlösser, seine Jacht, seine Automobile, seine großen Güter ...», und er nennt das «seinen Reichtum entmaterialisieren». Die Geste ist inspiriert von der Ménalques, von der Michels in *L'Immoraliste*. Eine Gidesche Geste. Das Wort «entmaterialisieren» macht mich nachdenklich. Denn im Grunde geht es ja darum, sich von den *Gütern* als dem konkreten Aspekt des Reichtums zu lösen und nur seinen *abstrakten* Aspekt zu bewahren: das Geld. Hier übrigens in Form von Aktienpaketen und Schecks. Und das ist im Grunde der Rat, den Gide gibt und den Barnabooth befolgt. Seinen realen Besitz einzutauschen gegen den symbolischen Besitz, den Reichtum in Form von Immobilien gegen den Reichtum in Form von Zeichen. Es ist kein Zufall, daß Gide die Verfügbarkeit predigt. Im Grunde ist das Gidesche Verfügbare der Mensch, der die Verfügbarkeit über seine Kapitalien besitzt. Und ich sah deutlich, daß Gides Moral einer der Mythen ist, die den Übergang vom bürgerlichen Grundeigentum – konkreter Besitz *des* Hauses, der Felder, *des* Bodens, intimer Luxus – zum abstrakten Eigentum des Kapitalismus kennzeichnen. Der verlorene Sohn, das ist der Sohn des reichen Getreidehändlers, der Bankier wird. Sein Vater hatte Kornsäcke, er hat Aktienpakete. Besitz von *nichts* , aber dieses Nichts ist eine Hypothek auf alles. Suche Gott, Nathanael, nicht anderswo als überall: wirf den materiellen Besitz von dir, der den Horizont versperrt und Gott zu einem tiefen Zurückgezogensein macht, tausche ihn gegen den symbolischen Besitz, der es dir erlauben wird, Eisenbahnen und Schiffe zu nehmen und Gott überall zu suchen. Und du wirst ihn überall finden, sofern du nur deine Unterschrift auf das kleine Stück Papier in deinem Scheckbuch setzt. Ich übertreibe nicht: genau das ist es, was der Gidesche Barnabooth «glühende Gottsuche» nennt. Und Gide selbst, bald Reisender, bald Oberhaupt der patriarchalischen Gemeinde von Cuverville, ist eine große Gestalt des Übergangs zwischen dem Besitzbürgertum des 19. und dem Kapitalismus des 20. Jahrhunderts. Außerdem muß man bedenken, daß der gänzlich gidesche Exotismus des 20. Jahrhunderts seiner Bedeutung nach Kapitalismus ist. Er hat nicht einmal mehr den wahren Sinn von *Ex*-otismus (also: sich vom Haus entfernen). Der alte Exotismus verstand sich in bezug auf feste Koordinaten: das *Gut*, das man in der Heimat besitzt:

Glücklich, wer wie Odysseus, nach einer langen Reise ...[1]

Der zeitgenössische Exotismus beginnt mit der Behauptung der Äquivalenz aller Koordinaten. Was heißt, daß man überall ein Pfund Sterling «wechseln» kann. Es gibt keinen privilegierten Standpunkt, die Welt zu sehen. Das heißt, man kann das Pfund Sterling als abstrakte Kaufkraft betrachten, die sich nach Belieben in Mark, Francs, Öre, Pengös usw. zerlegen läßt. Der klassische Exotismus, das ist der Seidenfabrikant von Lyon, der seinen jungen Sohn nach China schickt, um ihn für die Geschäfte auszubilden. Der junge Mann wird mitten in seinem chinesischen Leben Lyoner bleiben; er ist in China, um besser Lyoner zu sein, um später sein Lyoner Vermögen besser ausnutzen zu können. Der kapitalistische Exotismus hat keinerlei Haltepunkt: der Reisende ist in der Welt verloren. Er ist überall zu Hause und nirgends. Daher der neue Aspekt des literarischen Exotismus: alles, was man sieht, auf gemeinsame Strukturen zurückführen – statt wie früher den Fremdling dem Haus *entgegensetzen*. Im bunten Aspekt der lokalen Sitten den allgemeinen und überall gleichen Zwang des Kapitalismus zeigen. Den morschen, moribunden Aspekt der Sitten betonen, ihm poetische Effekte abgewinnen (während der alte Exotismus poetische Effekte aus der spontanen Üppigkeit der lokalen Sitten gewann). Zum Beispiel schreiben wie Larbaud in *Barnabooth*, daß Florenz «eine merkwürdige amerikanische Stadt im Stil der italienischen Renaissance» ist. In diesem Sinne erschien mir eine Mohammedanerin mit ihren Schleiern rittlings auf einem Fahrrad, die ich einmal zwischen Agadir und Marrakesch traf, als der Inbegriff des zeitgenössischen Exotismus.

1 Sartre zitiert du Bellay ungenau; *«Glücklich, wer, wie Odysseus, eine schöne Reise gemacht hat ...»* *(Les Regrets)*.

Die Affäre der *Graf von Spee.*[1] Vorsicht und List auf seiten der Alliierten. Man verkündet der ganzen Welt, daß die *Renown* und die *Ark Royal* das deutsche Schiff bei seinem Auslaufen aus dem Hafen erwarten. Es bekommt Angst und sinkt. Die *Renown* und die *Ark Royal* waren 1000 Meilen von dort entfernt. Vergleichbar mit unserem geheimen Rückzug Anfang Oktober: die Deutschen, vom Widerstand einiger Vorposten getäuscht, rücken ins Leere vor und geraten in ein Sperrfeuer. Zu vergleichen mit den Prinzipien von 14, dem Heldentum, dem fairen Krieg. Diesmal beabsichtigen wir, einen Krieg der Schwindler, der Falschspieler zu führen. Einen Krieg gegen die militärische Ehre. Die Deutschen machen es übrigens genauso: Selbstmord der *Graf von Spee.* Hitler hat zu Rauschning[2] gesagt: «Ich kann mit Rittern nichts anfangen.» Die französischen Zeitungen, die keine fürchten, haben die Kühnheit, es ihm vorzuwerfen und die Preisgabe der *Graf von Spee* zu tadeln. Aber nur, weil es gilt, die Legende der militärischen Ehre noch einige Zeit in der Etappe aufrechtzuerhalten. In Wirklichkeit wird der Krieg gegen sie geführt, so wie man ihn gegen den Krieg von 14 führt. Er wird für immer ruiniert daraus hervorgehen. Glücklicherweise. Gewiß hat es schon immer Kriegslisten gegeben. Aber dieser Krieg hier will nur mit Listen arbeiten. Noch zwei oder drei Jahre dieses Kalibers, und der Begriff der Tapferkeit wird sich mit dem Frieden, der Begriff der Feigheit mit dem Krieg verbinden. Übrigens scheint man ihn im Ausland genau unter diesem Aspekt der Langeweile ohne Größe zu sehen. Mein Schüler Christensen schreibt mir aus Norwegen: «Es gibt eine Mannerheimlinie, die Helsinki verteidigt. Diese Region erinnert an den Stellungskrieg, wie Sie ihn kennen. Und dort stirbt man vor Langeweile, zumindest im übertragenen Sinn. Trotzdem hoffe ich, daß das Verfassen einiger Bücher Sie ein wenig beschäftigt.»

1 Nach einem alliierten Angriff war dieser deutsche Panzerkreuzer nach Montevideo geflohen, um repariert zu werden. Die Alliierten verbreiteten daraufhin die falsche Nachricht, daß ihre Schiffe ihm in der Nähe auflauerten und daß der Kapitän der *Graf von Spee* diesen, da er ihn für verloren hielt, am 17. Dezember 1939 versenkte und Selbstmord beging.

2 Hermann Rauschning, Präsident des Senats von Danzig und persönlicher Freund Hitlers, wandte sich später gegen den Nazismus. Er ist der Verfasser insbesondere von *Gespräche mit Hitler* (frz. Ausgabe Coopération, Paris 1939) und *Die Revolution des Nihilismus* (frz. Ausgabe Gallimard, Paris 1939).

Donnerstag, 21.
Bezaubert von *Barnabooth*. Es ist edel und anmutig. Stark von Gide beeinflußt, dessen Themen das Buch bis ins Mark durchdringen. Das Wort «Inbrunst» [*ferveur*] wird sogar ausgesprochen. Und die Kritik der Barrès-Anhänger im Namen des Lebens: sich weigern, in die Uffizien zu gehen, und genüßlich in einem Tingeltangel versumpfen. Wir alle sind zu *dieser* Art des Reisens geschult worden. Wir alle haben genauso gewissenhaft den Barrio Chino von Barcelona, das Hafenviertel von Hamburg oder einfach die Arbeitersiedlungen von Trastevere besichtigt, wie sich die Deutschen zwanzig Jahre früher mit dem Baedeker in der Hand die Kupferstichsammlungen ansahen. Auch wir hatten unsere Baedeker, aber sie fielen nicht auf. Und auch jener kurze Abend, den ich in einem Bordell in Neapel verbrachte, in das Matrosen mich geführt hatten, war noch großer Tourismus. Kurz, ich habe in den Büchern und dem Klima der Zeit jene Neigung gefunden, die Gegenstände zu demokratisieren, eine Neigung, die vor fünfunddreißig Jahren heftige Gefechte mit der Feder und große Skandale auslöste – und die wie eine Fortsetzung des romantischen Kampfs um die Demokratisierung der Wörter anmutet. Um 1910 wurde die gleiche Arbeit gegen Gobelins und Gemälde, gegen seltene Bauwerke unternommen wie 1830 gegen die alten Wörter des Repertoires. Auch Gide hätte ein Glasfenster von Chartres, ein Porträt von Chardin als etwas Altmodisches behandeln können. Aber als *wir* kamen, war das Gefecht vorbei. Man hatte für uns das Recht erstritten, auf den Docks von London zu flanieren, statt in die National Gallery zu gehen, das Recht, sich im Boushbir von Casablanca Bauchtänze anzusehen, das Recht, ganze Tage in den armseligen Kneipen rings um den Berliner Alexanderplatz zu verbringen. Wir reisten so ganz zwanglos, «überall Gott suchend», ohne uns darüber klar zu sein. Der Adel, der die Menschen verlassen hatte, um sich in die Wörter zu flüchten, dann die Wörter verlassen hatte, um sich in die Dinge zu flüchten, war, überall gehetzt, aus dieser Welt verschwunden. Kapitalistische Demokratie. Das alles finde ich bei Barnabooth wieder. Und das alles ist reiner Gide. Dennoch sehe ich auch, wie sich bei ihm eine Idee bildet, die bei Gide nirgends vorkommt und die wir alle tief erlebt haben: die Idee, daß die Dinge einen *Sinn* haben. Und daß man ihn lesen können muß. Diese Idee stammt von Barrès. Nur war sie bei Barrès sehr verständlich und sogar rational, da sie auf die Behauptung hinauslief, daß die Gegen-

stände der *Kulturwissenschaft*[1], die Produktionen des Menschen, bedeutungsschwer sind und daß diese Bedeutung sich dem Künstler enthüllen kann. Gewiß überschritt diese Bedeutung immer das, was der Urheber bewußt *hineingelegt* hatte, aber sie gründete nichtsdestoweniger auf den bewußten Absichten des Schöpfers. Es gab eine Bedeutung von Aigues-Mortes als Aigues-Mortes, es ist die von den Menschen übernommene Natur, eine Bedeutung Lothringens, weil Lothringen ein bearbeitetes Land ist, eine Bedeutung von Toledo, weil Toledo das Produkt des wilden und ausdauernden Eifers des toledanischen Adels war. Ein Armenviertel als Produkt der Zufälle und des Elends hatte keine Bedeutung. Da Gide ganz damit beschäftigt war, der Literatur neue Landstriche zu erschließen, und auch zu sehr mit den sinnlichen Genüssen beschäftigt, hat er diese Seite der Frage vernachlässigt. Vergeblich suche ich in seinem Werk nach einer Anstrengung, diesen flüchtigen und losgelösten Sinn zu fassen, der sich verstohlen auf einem Dach, in einer Lache niederläßt. Aber der Generation der Gideaner ist die Synthese gelungen. Die Arbeit, die Barrès gewissenhaft an einigen aristokratischen Produkten leistete, wird sie an jedem Beliebigen leisten. Für Barrès hat nur Toledo sein «Geheimnis».[2] Für den Reisenden von 1925 gibt es nichts auf der Welt, was kein Geheimnis hat. Barnabooth sucht die italienische «Luft»; Duhamel kommt eines Abends in Köln an und spricht zu Aron vom «Geruch» Kölns. Lacretelle sucht die *Schlüssel* von Madrid.[3] Um diese Geheimnisse zu lüften, sind alle Mittel recht: die vulgärsten Gegenstände und die edelsten Gegenstände sind einander gleichwertig. Barnabooth versucht zum Beispiel den Sinn Italiens in dem zu finden, «was die großen Dichter singen ..., in den leitenden Prinzipien des Risorgimento». Aber er fügt hinzu: «Das ist weniger wichtig als das trostlose Rosa, mit dem die Docks in Neapel gestrichen sind.» Ich erkenne mich in Barnabooth wieder: auch ich habe geglaubt, als ich die grellen und glasierten kleinen Kuchen der Konditorei Caflish aß, durch den Mund jenen italienischen Geruch zu spüren, den das «trostlose Rosa» der neapolitanischen Häuser oder die triste und dürre Üppigkeit der Gärten im oberen Genua mir durch die Augen zu spüren gaben. Auch für mich war das italienische Geheimnis

1 Deutsch im Original.
2 Vgl. *Du sang, de la volupté et de la mort*, Charpentier et Fasquelle, Paris 1894.
3 Vgl. Jacques de Lacretelle, *Lettres espagnoles*, Gallimard, Paris 1927.

in jedem italienischen Ding enthalten, und die Zahnpasta aus Bologna hatte eine geheime Affinität zur Prosa von d'Annunzio und zum Faschismus. An Barnabooth bezaubert mich, daß diese «hermeneutische» Neigung noch stammelt. Er schreibt entschuldigend: «... Das Italien, für das ich eine endgültige Formel finden möchte (statt dieser tastenden Versuche) ... Ich habe Wörter angehäuft, ohne jene italienische *Luft* wiedergeben zu können, die ich doch so deutlich fühle.» Seither hat man Besseres gemacht – aber nichts so Anmutiges. Wenn man diese Seiten liest, kommt es einem vor, als neige man sich über eine naive literarische Vorahnung, so wie wenn man in den Briefen der Madame de Sévigné einige Naturbeschreibungen entdeckt. Larbaud selbst hatte Besseres gemacht – aber nicht so gut. Ich dagegen habe die Raserei des Geheimnisses – gegen Barrès – in *La Nausée* so weit getrieben, daß ich sogar das geheime Lächeln der absolut ohne die Menschen gesehenen Dinge einfangen wollte. Roquentin stand vor dem öffentlichen Park, wie ich selbst vor einer neapolitanischen Gasse stand: die Dinge gaben ihm Zeichen, es galt, sie zu entziffern. Und als ich beschlossen habe, Novellen zu schreiben, war mein Ziel ein ganz anderes, als ich es dann erreicht habe: es war mir aufgefallen, daß die reinen Wörter den Sinn der Straßen, der Landschaften hervorspringen lassen – wie Barnabooth bemerkt hat. Ich hatte begriffen, daß es galt, den Sinn zu präsentieren, der den Dingen noch anhaftet, denn er löst sich niemals vollständig von ihnen, und, um ihn vorzuführen, rasch einige der Gegenstände zu zeigen, die ihn bergen, und ihre Äquivalenz deutlich zu machen, so daß diese festen Körper im Geist des Lesers einander abstoßen und aufheben, so wie ein Nagel den andern vertreibt, und daß schließlich am Horizont dieses bunten Chaos nichts anderes mehr bleibt als ein diskreter und hartnäckiger, sehr präziser Sinn, der den Wörtern jedoch auf immer entgeht.[1] Und um den logischen Verbindungen zu entgehen, wie auch dem Fehler einer Aufzählung ohne Zusammenhang, war es das beste, so glaubte ich, diese heterokliten Dinge durch eine sehr kurze Handlung zu verbinden. Kurz, ich hätte Novellen in der Art von K. Mansfield verfaßt.

1 Das wird Sartre ein letztes Mal 1951 in seinem unvollendeten Text über Italien *La Reine Albemarle ou le dernier touriste* (postum bei Gallimard 1991 in Paris erschienen, dt. Ausgabe *Königin Albemarle oder Der letzte Tourist*, Rowohlt Verlag, Reinbek 1994) suchen.

Ich schrieb zwei: eine über Norwegen, *Le Soleil de minuit*[1], die ich dann auf einer Wanderung in den Causses, bei der ich meine Jacke über dem Arm trug, verloren habe; die andere, die völlig mißlungen war, über Neapel: *Dépaysement*[2]. Und zum Schluß führte mich die der Gattung «Novelle» eigene Logik dazu, *Le Mur* und *La Chambre* zu schreiben, die mit meinen ursprünglichen Absichten nichts mehr zu tun hatten. Kurz, ich habe den Hang zum Geheimnis so weit getrieben, daß ich das Geheimnis der Dinge völlig entmenschlichte. Aber ich meine, daß die große Mehrzahl der Geheimnisse menschlich ist. Und ich sehe das Ende der «tastenden Versuche» von Barnabooth in den heideggerschen Seiten von *Terre des hommes*, die ich in meinem dritten Heft zitierte, wo Saint-Exupéry ungefähr sagt: «Ein Gegenstand hat nur dann Sinn, wenn man ihn auf eine Zivilisation, eine Kultur, einen Beruf beziehen kann.» Da sind wir nun wieder beim In-der-Welt-sein. Und die Welt wird wieder zu jenem Komplex von Bedeutungen, «durch den die menschliche-Realität sich als das kundtut, was sie ist». Mir scheint also, daß eine neue Seite in der literarischen Geschichte des «Naturgefühls» aufgeschlagen worden ist. Barrès oder die Geheimnisse, Gide oder die Demokratisierung der Dinge. Larbaud und die ganze Nachkriegszeit oder die Demokratisierung der Geheimnisse. Und schließlich jener umfassendere Humanismus von 39: die Rückkehr zur Aktion und der *Beruf* als das beste Organ, die Geheimnisse zu erfassen. Ich sage bereitwillig, daß die Epoche Larbaud, in der es eine künstlerische Intuition der Geheimnisse zu geben schien, die jedem Menschen guten Willens zugänglich ist, teilhat an der kapitalistischen Abstraktion, von der ich gestern sprach. Hier ist der Mensch, der die Geheimnisse einfängt, eine abstrakte Antenne, es ist der berühmte «abstrakte Mensch» der Demokratien. Während ich bei Saint-Exupéry, der behauptet, das Geheimnis liege in der Geste des Arbeiters, irgendeine geheime Revolte gegen den Kapitalismus spüre, einen Wunsch, den konkreten Menschen wiederzufinden, ihn durch irgendein neues Mittel wieder an die Scholle zu binden, da das bürgerliche Haus eingestürzt ist. Diesmal wird es der Beruf sein. Zweifeln wir nicht daran, es gibt da eine vage Sehnsucht nach den Faschismen. Und ich selbst räume ein, daß es in meinem gegenwärtigen Denken

1 1935 während einer Kreuzfahrt in Norwegen mit seinen Eltern geschrieben.
2 Von einer Italienreise mit S. de Beauvoir angeregt. Vgl. Œuvres romanesques, Bibliothèque de la Pléiade, Gallimard, Paris 1981, Anhang I.

einen Hauch von Faschismus gibt (die Geschichtlichkeit, das In-der-Welt-sein, alles, was den Menschen an seine Zeit fesselt, alles, was ihn Wurzeln in seiner Erde, in seiner Situation schlagen läßt). Aber ich hasse den Faschismus und benutze ihn hier nur als die Prise Salz, die man an den Kuchen tut, damit er süßer wirkt.

Dieser Gegensatz zwischen dem Arbeiter und dem abstrakten Touristen ist bei Saint-Exupéry so stark, daß für ihn der Reisende (das heißt Barnabooth) die weißen Blumen des Meeres *sehen* kann, aber nur der Pilot *fühlt* ihre Giftigkeit. Und gewiß findet der gebildete Mensch bei Saint-Exupéry ohne Überraschung jene abrupten Übergänge von der Sahara nach Feuerland, von Paris zu den Anden wieder, an die die zeitgenössischen Schriftsteller uns gewöhnt haben. Nur, wenn er nicht aufpaßt, wird ihm der wesentliche Unterschied entgehen: für Barnabooth sind Norwegen, Frankreich, Italien aneinandergereihte Länder und Kulturen, die auf Grund ihrer eigenen Trägheit die Tendenz haben, sich zu trennen. Es ist ein Nebeneinander. Doch für Saint-Exupéry, den Flieger, gibt es zuerst die Einheit *seiner* Welt. Er ist-in-der-Welt durch den ursprünglichen Akt des *Fliegens*. Und vor diesem Welthintergrund erscheinen Städte und Länder als *Bestimmungsorte*. In diesem Sinne bedeutet das den Tod des Exotismus: jene Städte mit den magischen Namen Buenos Aires, Karthago, Marrakesch liegen neben ihm, damit er *sich ihrer bedienen* kann, so wie Nägel und Hobel auf der Werkbank liegen. Tanger ist zuerst ein Anhaltspunkt, ein Orientierungsmittel, eine Funkstation; sodann ist es eine Weisung, eine Aufgabe, die mit Hilfe des Berufs angepackt wird. Schließlich, je näher man kommt, öffnet sich die Blume, und da liegt nun die gelbe, trockene Stadt mit ihren armen und stolzen Spaniern und ihren schönen Kabylen. Aber das, diese Sanftheit, ist sie erst *an letzter Stelle*. Saint-Exupéry ist der Anti-Barnabooth.

Die Dinge sind also menschlich, wir können nichts daran ändern. Sie künden dem Menschen vom Menschen. Aber darunter darf man nicht verstehen, daß ihr menschlicher Sinn sich im Lauf der Generationen, im Lauf des individuellen Lebens in sukzessiven Schichten auf ihnen abgelagert hat. Es genügt, zu existieren, sich einmal in die Welt zu werfen, durch eine Öffnung aus Nichts, und unsere menschliche-Realität an den Horizont des Existierenden zu werfen als ein zu begründendes Ideal, damit jedes Ding uns diese menschliche-Realität zurückwirft, von ihr kündet, sie jedoch mit ihrem eigenen Index bricht. So erfahren wir uns an den Dingen. Aber der menschliche Sinn, den sie uns zurückwerfen, ist ganz beschwert und angereichert mit ihrer eigenen Substanz, und daher beschränkt sich das, was wir an den Dingen ablesen, nicht darauf, uns selbst zu offenbaren, es *erschafft* uns. Man darf zum Beispiel nicht glauben, wir hätten zuerst die psychologische Natur konstituiert: «hinterhältige und beunruhigende Schlaffheit, Niedrigkeit, der wir durch eigennützige Schmeichelei und Neigung zur Selbstdemütigung auf den Leim gehen, usw.», und dann *hinterher* die *Viskosität* als physikalisches Bild dieses Charakterzuges. Das hieße, daß das Bild immer Metapher wäre, Erfassen abstrakter Beziehungen, daß die Moral der Fabel vor der Fabel konzipiert worden sei. In Wirklichkeit ragt auf Grund der Tatsache, daß ich mich in die Welt werfe, jeder Gegenstand mit einem menschlichen Blick vor mir auf, noch bevor ich mich seiner zu bedienen und diesen Blick zu verstehen weiß. Die Viskosität beunruhigt und plagt mich, noch bevor ich wissen kann, daß bei den Menschen eine kriecherische und schlaffe Niedrigkeit existiert. Es gibt hier keine *Einfühlung*[1], keine *nachträgliche* Beseelung der Natur, ganz im Gegenteil, vor jedem psychologischen Gefühl, vor jeder empirischen *Einfühlung* zeigt sich die Viskosität als existentielle Kategorie, ihr dickes, klebriges Pech wird uns zu den anderen hinlenken, insofern es sich vom Hintergrund der menschlichen Welt abhebt. Menschlich ist die Viskosität, insofern sie die formale und pragmatische Kategorie eines Widerstands gegen den Menschen annimmt, einer Distanz zwischen Mensch und Mensch, eines Mittels der menschlichen-Realität, zu sich zu gelangen. Aber ihre eigene Natur tut ein übriges und wirft eine «menschliche-Viskosität» zurück. Das ist es, was den Ekel erklärt. Der Ekel ist immer Ekel des Menschen vor dem Menschen. Das Kind, das aus Versehen seine Hand in klebriges Pech taucht und sie vor Ekel weinend herauszieht, hat eine menschliche Erfahrung gemacht. Nicht, daß es die Niedrigkeit des Menschen *mittels* der Viskosität vorausahnte, es hat nur ein *Ding* erfahren. Aber dieses Ding ist in seiner Tiefenstruktur menschlich; es hat eine undifferenzierte Tiefe, in der tausend unbestimmte menschliche Möglichkeiten sich mischen, tausend dem weinenden Kind eigene Möglichkeiten. Die Viskosität ist *heimgesucht*. Von hier wird der Sturz in den Fetischis-

1 Deutsch im Original.

mus, dann in den Animismus einfach sein, aber die Natur ist weder fetischistisch noch animistisch. Die Dinge sind Hexen, aber nur weil sie unerschöpflich menschlich sind, sie bergen menschlichen Sinn, den wir ahnen, ohne ihn zu verstehen. Es gibt keine in der Viskosität verborgene Niedrigkeit, sondern nur menschliche-Viskosität, Viskosität-für-den-Menschen, Mutter aller Niedrigkeiten. Eine viskose menschliche-Realität ist am Horizont dieser Viskosität, und diese menschliche-Realität, die wir nicht einmal begreifen, sind wir selbst. Wir selbst: mögliches Geleimt-Werden unser selbst in der Viskosität. Mögliche Viskosifizierung unser selbst – die wir angstvoll ahnen, ohne überhaupt verstehen zu können, was sie ist. Daher bestünde Anlaß, das Inventar jener realen Kategorien aufzustellen, durch die der Mensch langsam zu sich selbst kommt: Viskosität, Elastizität, Brüchigkeit usw. usw. [1] In dieser Hinsicht kann ich sagen, daß ich etwas, was ich seit langem ahnte, jetzt deutlicher sehe: die Präsexualität. Die Freudianer haben erkannt, daß die unschuldige Handlung des Kindes, das Löcher bohrt, gar nicht so unschuldig ist. Ebensowenig, wie wenn es seinen Finger in das Loch einer Tür oder einer Mauer steckt. Sie haben das mit jener fäkalen Lust verglichen, die die Kinder empfinden, wenn sie Einläufe bekommen oder machen. Und sie hatten nicht unrecht. Aber der Kern der Frage bleibt: muß man alle diese Erfahrungen einzig auf die Erfahrung der analen Lust zurückführen? Ich finde, daß das eine mysteriöse Vergöttlichung des Triebes voraussetzt, denn das Kind, das seine Fäzes zurückhält, um die Lust der Entleerung zu genießen, kann nicht erraten, daß es einen After hat, auch nicht daß dieser After Ähnlichkeit mit den Löchern besitzt, in die es sofort seine Finger zu stecken versucht. Anders gesagt, Freud wird die Ansicht vertreten, daß für das Kind alle Löcher symbolisch After sind und es auf Grund dieser Verwandtschaft anziehen – ich dagegen frage mich eher, ob der After beim Kind nicht deshalb Lustobjekt ist, weil er ein Loch ist. Und gewiß ist das Arschloch das lebendigste aller Löcher, ein lyrisches Loch, das sich runzelt wie eine Stirn, das sich zusammenzieht wie ein verwundetes Tier, das endlich offensteht, besiegt und bereit, seine Geheimnisse preiszugeben; es ist das zarteste, verborgenste aller Löcher und was sonst noch alles, ich hindere die Freudianer nicht, Hymnen auf den After zu komponieren, aber das ändert

1 Siehe im vierten Teil von *Das Sein und das Nichts* das Kapitel II, § 3: «Über die Qualität als seinsenthüllend».

nichts daran, daß der Kult des Lochs dem des Afters vorausgeht und sich auf eine größere Zahl von Gegenständen bezieht. Und ich räume durchaus ein, daß er sich nach und nach mit Sexualität belädt, aber ich meine, daß er zuerst präsexuell ist, das heißt, daß er die Sexualität im undifferenzierten Zustand enthält und über sie hinausgeht. Ich denke, daß die Lust des Kindes, Einläufe zu machen (viele spielen Doktor, um diese Lust zu haben. Bei mir selbst ist das eine der ältesten Erinnerungen: meine Großmutter, die die Arme zum Himmel hebt, weil sie mich in einem Hotelzimmer in Seeligsberg dabei ertappt, wie ich einer gleichaltrigen kleinen Schweizerin einen Einlauf mache), präsexuell ist: es ist die Lust, in ein Loch einzudringen. Und die Situation: «Eindringen in ein Loch» ist selbst präsexuell. Darunter verstehen wir, daß sie weder psychologisch noch historisch ist, sie setzt keine im Verlauf der menschlichen Erfahrung verwirklichte Verbindung zwischen den Körperöffnungen und unseren Begierden voraus. Doch sobald ein Mensch in der Welt auftaucht, werden Löcher, Ritzen, alle Höhlungen, die ihn umgeben, menschlich. Die Welt ist ein Reich von Löchern. Ich sehe ja, daß das Loch an Ablehnung, Negation und an das Nichts gebunden ist. Das Loch ist in erster Linie, was *nicht ist*. Diese nichtende Funktion des Lochs wird durch vulgäre Ausdrücke offenbart, wie man sie hierzulande hört: «Arschloch ohne Backen», was bedeutet: nichts. Einen Gegner Arschloch ohne Backen nennen heißt ihn vernichten, ihn zu einem Nichts an Torheit, einer Null erklären. Denn natürlich bilden in der volkstümlichen Bilderwelt die Arschbacken die Ränder des Afters. Ich weise darauf hin, daß die Geister von der Idee des *Grunds* des Lochs gepeinigt werden. Man spricht von einem «Abgrund an Dummheit» und von bodenloser Dummheit. Es gibt hier eine verführerische Zweideutigkeit, eine Art Kitzel des Endlichen und des Unendlichen: in jedem Loch will man den Grund finden – da es Ränder hat –, aber andererseits ist das Nichts ein Unendliches, da es nur durch sich selbst begrenzt sein kann. Es gibt demnach eine Anziehungskraft des Nichts, eine zweideutige *Anziehungskraft*. Daher das *Versteck*spiel. Ein Versteck betreten heißt ursprünglich sich in einem Loch vergraben, sich vernichten, indem man sich mit der Leere identifiziert, die das Loch bildet. Sich schützen, wird man sagen. Zweifellos, aber sich schützen, indem man sich vernichtet, sich ins Unsichtbare verkriecht. Das Nichts des Lochs ist somit Nichts des Menschen, es ist sowohl Tod wie Freiheit, Negation des Gesellschaftlichen. Ich sah einmal eine freudianische Mutter mit gerührtem Blick ihre unter dem Tisch krabbelnde kleine Tochter betrachten. Sie war davon überzeugt, daß diese Vorliebe des Kindes für dunkle Verstecke der Wunsch war, zum pränatalen Zustand zurückzukehren; sie fühlte sich geschmeichelt, als würde das Kind an ihre Tür klopfen und die Traulichkeit ihres Schoßes betreten wollen. Ich vermute, sie war schon bereit, die Beine zu spreizen. Aber das ist Firlefanz. Das Schwindelgefühl beim Anblick des Lochs rührt daher, daß es die Vernichtung in Aussicht stellt, es entreißt der Faktizität. Und dieses Nichts zieht in das hinein, was man *Schwindel* nennt. Der Abgrund ist Loch, er stellt das *Verschlungenwerden* in Aussicht. Und das Verschlungenwerden zieht immer an als Nichtung, die ihr eigener Grund wäre. Natürlich ist das Hingezogensein zum Loch von Abscheu und Angst begleitet. Aber das Nichts des Lochs hat eine Farbe: es ist ein *schwarzes* Nichts, was hier eine andere Natur, eine andere Grundkategorie ins Spiel bringt: die Nacht. Die Natur des Lochs ist nächtlich. Das verleiht ihm seinen zweifelhaften, geheimnisvollen und heiligen Charakter. Und gerade weil es nächtlich ist, verbirgt es. Die Löcher des Tages sind Schlitze aus Nacht. Auf dem Grund der Nacht liegt *etwas*. Das Loch ist heilig, weil es verbirgt. Außerdem ist es Gelegenheit für eine Berührung mit dem, was man nicht sieht. Die besondere Situation des Menschen, der in einem Loch wühlt, ist die, daß seine Hände Feinden begegnen, die seine Augen nicht sehen können. Seine Augen sind noch im Reich des Lichts, aber ein blinder Teil von ihm ist schon in die Hölle hinabgestiegen. Ich habe bereits betont, daß das Loch häufig Widerstand ist. Man muß Druck ausüben, um sich hineinzwängen zu können. Dadurch ist es schon weiblich. Es ist Widerstand des Nichts, das heißt Scham. Offensichtlich zieht es deshalb die Sexualität an (Wille zur Macht, Vergewaltigung usw.). Aber gleichzeitig finden wir im Akt des Eindringens in ein Loch, der Vergewaltigung, Einbruch, Negation ist, den Arbeitsakt, das Loch zu *stopfen*. Das Kind, das den Finger in ein Loch im Boden steckt, empfindet die Freude des *Ausfüllens*. In gewissem Sinn verlangen alle Löcher dunkel, daß man sie fülle, sie sind Appelle: füllen = Sieg des Vollen über das Leere, der Existenz über das Nichts. Es handelt sich hier um einen handwerklichen Akt. Der Ausdruck «die Löcher stopfen» oder «Lückenbüßer» weist deutlich auf das menschliche Streben hin, Fülle herzustellen – im Gegensatz zum Taumel der Vernichtung, der Schwarze Magie ist. Ein Loch stopfen heißt die Leere in Fülle verwandeln und damit auf magische Weise Materie schaffen, die alle Eigenschaften der löcherigen Substanz besitzt. Wenn ich ein Loch in einer Backsteinmauer mit Erde zustopfe, mache ich Backstein aus Erde. Daher die Tendenz, die Löcher mit der eigenen Substanz zu füllen, was zur Identifizierung mit der löcherigen Substanz und schließlich zur Metamorphose führt. Das Kind, das seinen Finger in ein Loch im Boden steckt, ist eins mit dem Boden, den es verstopft, es verwandelt sich durch den Finger in Erde. Auf dem Grund dieser Zaubereien finde ich die handwerkliche Idee des *Ineinanderfügens* wieder, den ursprünglichen Aspekt der Notwendigkeit. Zwei Körper, die sich ineinanderfügen, sind füreinander geschaffen. Das Ineinanderfügen zieht auf magische Weise die Verschmelzung nach sich. Man sieht, daß die präsexuelle Natur des Lochs sehr gut geeignet ist, fast die ganze Sexualität zu polarisieren, sobald das Kind denken kann, daß es selbst das Loch ist, in das man eindringt, oder im Gegenteil, daß es mit seinem eigenen Fleisch in ein Loch eindringen und es verstopfen kann, ein Loch, das versteckt in einem lebendigen Körper lebt. Aber man sieht auch, daß nicht die Sexualität den Löchern ihre Anziehungskraft für das Kind verleiht, sondern daß im Gegenteil die kategoriale Natur des Lochs die grundlegende Bedeutungsschicht für die verschiedenen Arten von sexuellen Löchern bildet: Vagina, After, Mund usw. Das heißt zwar nicht, daß das Loch an sich kein Sexualobjekt ist, aber man muß beachten: 1. daß diese Sexualität undifferenziert ist, aufgelöst in der Gesamtheit der menschlichen Neigungen und der menschlichen Haltung gegenüber dem Loch; 2. daß sie sich nicht durch Ableitung und auf Grund seiner Analogie mit dem After an das Loch wendet, sondern direkt als konstitutiv für ihre Struktur selbst. Das Loch, weibliches und natürliches Organ der Natur, Luke ins Nichts, Symbol schamhafter und vergewaltigter Verweigerungen, Schattenmund, der verschlingt und assimiliert, wirft dem Menschen das menschliche Bild seiner eigenen Möglichkeiten zurück wie die Viskosität, wie die Brüchigkeit. Es kann eine menschliche Lust geben, und es gibt sie, ein Loch zu stopfen – die nicht eigentlich sexuell ist, so wie es eine menschliche Lust gibt, an einer brüchigen Substanz zu kratzen und Teile aus ihr herauszulösen. Die Freudianer haben sich zu den sexuellen Poeten des Lochs gemacht, aber sie haben die Natur seiner Anziehungskraft nicht erklärt. Dazu muß man den Schatten des Menschen auf den Spalten und Kratern der Natur projiziert sehen [1]. Der Castor erzählte mir, daß sie entsetzliche Ängste ausgestanden habe, als sie ein Buch, ich glaube mit dem Titel *Le Coureur de la jungle* [2], las. Unter anderen furchtbaren Geschichten enthielt es auch eine Erzählung, die, sofern man ein wenig darüber nachdenkt, alle Eigenschaften des Lochs vortrefflich ins Licht setzt: zwei Gefangene entdecken den Eingang eines schmalen und dunklen unterirdischen Ganges und fliehen, indem sie auf allen vieren hineinkriechen. Der Gang wird immer enger, und schließlich sieht sich der eine von beiden, der vorauskriecht, ein fröhlicher und sympathischer dicker Bursche, zwischen den Wänden eingeklemmt und kann nicht mehr vor und nicht mehr zurück. Unterdessen taucht eine Boa constrictor auf und verschlingt ihn buchstäblich, trotz seiner verzweifelten Schreie. Der andere, der die Geschichte erzählt, muß dem Verschlungenwerden des Unglücklichen ohnmächtig zusehen. Der ganze Schrecken der Geschichte, der den Castor oft am Einschlafen hinderte, rührt offensichtlich daher, daß sie in einem Loch spielt. Gewiß ist es nie angenehm, von einer Boa verschlungen zu werden, aber wenn das Ganze bei Tageslicht geschieht, gehört es zu jener Art Greuel, von denen es in Kinderbüchern nur so wimmelt und die die Kinder kaltblütig lesen, während sie ein Marmeladebrot essen. Hier jedoch weckt die kleine Geschichte die schreckensvolle und lüsterne Angst vor dem Loch. Wozu hier sexuelle Geschichten suchen? Die Episode spricht für sich. Ist es nicht gerade das Wesen des *Lochs*, dieser dunklen Öffnung, die man vergewaltigt und die zuerst nachgibt und die Nichts und Nacht ist und die sich dann langsam schließt wie ein Mund, wie ein Ringmuskel und in ihrer Tiefe etwas enthält, birgt – was? ein *anderes* Loch, mit einer verzehrenden und vernichtenden Macht begabt, eine Boa. Und ich weiß nicht, ob es tief unten in Castors Schrecken nicht eine dunkle Lust gab, weil dieses Verschlingen, dieser von den Mächten der Finsternis mit Haut und Haar gefressene Mann, für Geist und Herz etwas Befriedigendes hat.

Natürlich kann man das, was ich für das Loch zu tun versucht habe, für zehn, zwanzig andere präsexuelle Objekte tun, für den Finger, die

1 Vgl. a. a. O.

2 *Le Coureur des jungles* von Louis Jacolliot, C. Marpon und F. Flammarion, Paris 1888. Vgl. S. de Beauvoir, *Mémoires d'une jeune fille rangée*, coll. Folio, Gallimard, Paris 1958, S. 72; dt. *Memoiren einer Tochter aus gutem Hause*, Rowohlt Verlag, Reinbek 1968.

Wölbung, die Stellungen (Stellungen der Dinge zueinander, nebeneinander, übereinander – Stellung der Ringkämpfer, der Krieger, der Spieler und schließlich wechselseitige Stellungen des Mannes und der Frau beim Liebesspiel). Ich wollte lediglich den menschlichen Ursprung des Sinns der Dinge hervorheben, worunter ich nicht verstehe, daß der Mensch dem Sinn der Dinge vorausgeht, sondern daß die Welt menschlich ist und daß der Mensch in einer menschlichen Welt erscheint. Denn die Viskosität ist ja nicht zuerst Viskosität und *sodann* menschliche-Viskosität, ebensowenig wie das Loch zuerst Loch ist und *sodann* nächtliches Nichts, verschlingende Kraft usw. In ein und derselben Bewegung konstituieren sie sich als natürliche Gegenstände und als menschliche Gegenstände, denn ohne den Menschen und seine nichtende Kraft gäbe es weder Viskositäten noch Löcher, es gäbe nur eine Entfaltung undifferenzierter Fülle. Indem der Mensch sein Nichts in diese Fülle entwirft, macht er, durch die Negation, daß es Löcher gibt und daß diese Löcher Löcher-für-den-Menschen sind.[1]

Heute abend besucht uns Klein, der Chauffeur vom Oberst. Er hat unsere lauten Stimmen gehört (ich erklärte Pieter gerade, daß er ein weibliches Temperament habe, und er wurde böse), und das lockte ihn an: Licht, Wärme. Man hat ihm ein Stück Kuchen angeboten, und er hat Geschichten erzählt. Er ist der erste, dem ich begegne, der wirklich *gesehen* hat, in welchem Zustand sich die evakuierten Dörfer befinden. Neulich haben sie in einem Grenzdorf haltgemacht, und während der Oberst zu den Batterien ging, hat er einen Unteroffizier gebeten, ihm eines der Häuser zu öffnen und ihm den Zustand des Mobiliars zu zeigen. Ein erhebender Anblick: zerbrochene Schrankspiegel, mit Bajonetten zerhauene Möbel, geplünderte Wäsche – die Wäsche, die man nicht mitnehmen konnte, ist zerrissen. Die Dachziegel sind zerbrochen, das Silber verschwunden. In den Kellern haben die Kerle gesoffen, was sie konnten, und als sie nicht mehr konnten,

1 In seinem Brief vom gleichen Tag schreibt Sartre an S. de Beauvoir: «*Und durch die Lektüre Kierkegaards habe ich eine Theorie des Nichts gefunden. Gute Arbeit dieser Tage, ich glaube, meine kleinen Hefte von hier sind mit Abstand die besten. Philosophisches vielleicht, aber ohne Gestammel*» [dt. Ausgabe S. 520] (Sartre spielt auf das Heft IV und auf das an, an dem er gerade schreibt, da die ersten drei bei Simone de Beauvoir sind).

sind sie abgezogen und haben die Zapfhähne der Fässer offengelassen. Der Keller ist mit Wein überschwemmt. Eine Nähmaschine ist mittendurch gehackt. Mit der Axt? «Dabei war es Gußeisen», sagt Klein melancholisch. Vor kurzem sind Evakuierte mit einer Genehmigung für 24 Stunden in das Dorf und die benachbarten Dörfer zurückgekehrt, um Wäsche zu holen. Als sie aus ihren Häusern kamen, weinten die meisten vor Verzweiflung; sie hatten nichts mehr vorgefunden. Sie haben sich beim Kommandanten beschwert. Aber was tun? Die Verantwortlichen gehören nicht zu unserer Division, wahrscheinlich auch nicht zu der Division, die vor uns hier war. Das reicht in die ersten Zeiten des Krieges zurück. Wie Pieter richtig sagte, war es die Zeit, als man glaubte, der Krieg wäre eine Katastrophe. Die Soldaten beeilten sich zu plündern, weil sie glaubten, daß nach einem Artilleriebeschuß zusammen mit den geplünderten Häusern auch jede Spur einer Plünderung ausgelöscht sein würde. Aber dann ist der Krieg zu einem langen Verdruß, einer langen Warterei geworden, und die geplünderten Häuser bleiben stehen, skandalös und indiskret. «Unmöglich», sagte der Unteroffizier, «unmöglich, daß man sie ihnen so zurückgibt, das gibt Ärger. Man müßte ihnen sagen, daß die Boches alles geplündert haben. Aber dazu müßten die Boches angreifen ...» Anscheinend fingen die Offiziere damit an. In Herrlisheim sind Waggons, die angeblich schadhafte Munition enthielten, entsiegelt worden: sie waren voller Wäsche, Nähmaschinen, Silber. Keiner weiß, ob die Zivilisten, die warme Sachen holen kommen, nicht ebenfalls plündern. Sie haben einen Passierschein, das ist alles. Man weiß auch nicht, ob sie in ihr eigenes Haus gehen oder vielleicht in das des reichen Nachbarn. Nur der Bürgermeister könnte es sagen, aber der Bürgermeister ist nicht da, er ist im Limousin. Man spricht über Straßburg. Er sagt, daß die Polizei dort gut organisiert und streng ist. Ein alter Kauz, den er kannte, ein Schirmhändler, wollte sich nicht evakuieren lassen, er hat sich in seinem Haus versteckt und die anderen weggehen lassen, dann hat er allein gelebt und sich von Konserven ernährt. Schließlich ist er kühner geworden und hat abends die Lampen angezündet. Eines Nachts haben die Streifenpolizisten Licht gesehen. Sie haben gerufen und geschrien, der Alte hat nicht geantwortet. Sie haben dreimal gerufen, und der Alte schwieg immer noch, wahrscheinlich aus Angst, daß man ihn mit Gewalt evakuiert. Beim drittenmal haben sie durchs Fenster geschossen, und die erste Salve hat ihn auf der Stelle getötet.

Freitag, 22.
Ich bin nach Pfaffenhofen «gepilgert», der Wiege meiner Familie mütterlicherseits, wenn ich mich recht erinnere. Jedenfalls verbrachte ich dort im Sommer 1913 meine Ferien bei meiner Tante Caroline Biedermann[1], die ein Wäschegeschäft besaß, das reichste der Stadt (à propos: wie fand sich mein Großvater, der in bezug auf den geistigen Adel doch so pingelig war, mit der Mesalliance seiner Schwester ab?). Ich erinnere mich dunkel, daß ich bei dieser Gelegenheit das silbrige Schillern eines deutschen Regiments gesehen hatte, das nach der schrillen Musik der Querpfeife vor unseren Fenstern vorbeimarschierte. Aus Pfaffenhofen stammt meine erste «literarische» Erinnerung. Ich schrieb einen Abenteuerroman, *Pour un papillon,* an einem Sekretär, mit dem Rücken zum Fenster sitzend. Das Papier, das ich benutzte, war liniert: es war eher ein Liniensystem als einfache Linien: alle zwei Zentimeter waren zwei parallele Linien gezogen, einen viertel Zentimeter auseinander und dazu bestimmt, meine Schülerhandschrift von oben und von unten zu umschließen, das gab mir ein unangenehmes Gefühl von Geiz. Ich kaufte diese dünnen deutschen Hefte bei Rosenfelder[2], einem armen Papierwarenhändler, dessen Laden genau gegenüber dem riesigen Geschäft der Biedermann mich auch mit Federn und Bonbons versorgte. Die Bonbons waren in mir eine seltsame Verbindung mit diesen Federn und Heften eingegangen, und ich aß sie mit dem Gefühl, Papier zu kauen. Für mein Herz waren es fleißige Bonbons, etwas langweilig und um so anziehender, Arbeitsbonbons. Ständig trieb ich mich in dem Papierwarengeschäft herum, und meine Tante Caroline, die ein altes Ekel war, machte unfreundliche Bemerkungen: «Belästige Herrn Rosenfelder nicht wegen Einkäufen von ein paar Pfennigen.» Doch soweit ich mich erinnere, war Herr Rosenfelder, kahl und wohlwollend, mit Brille, kein Mann, der ein paar Pfennige mißachtete. Nach dem Krieg kam ich mit meinem Großvater noch mal nach Pfaffenhofen, wahrscheinlich 1920 oder 1921. Tante Caroline war immer noch so widerwärtig. Ich erinnere mich auch an den Garten, wo ich mit ihrem

1 Schwester von Charles Schweitzer, Großvater Sartres mütterlicherseits.
2 Die Erinnerung verwischt sich später: als Sartre *Die Wörter* schrieb, machte er aus Rosenfelder einen Kolonialwarenhändler namens Blumenfeld. (Der Papierwarenladen mit dem Schild «Rosenfelder» existiert noch heute.)

Großneffen Theo spielte, und an ihre Schwiegertochter, mit der ich vierhändig Klavier spielte, und an ihre Tochter Anna, die einen Buckel hatte und mich «Pipele» und «Ripele» sagen ließ, um sich über meinen französischen Akzent zu amüsieren. Auch an eine Spazierfahrt zum Schloß Lichtenberg in einer Kutsche. Auf dem Heimweg hatten wir in einer Gartenwirtschaft zu Abend gegessen; Kusine Mathilde und Kusine Anna hatten tüchtig gefuttert auf elsässische Art, und die Dämpfe der Mahlzeit hatten ihre Gesichter stark gerötet. Das hatte mich beeindruckt, vielmehr hatte ich gewollt, daß es mich beeindruckt: ich war in dem Alter, in dem man gern auf Alain-Fournier macht, in dem man sich raffiniert fühlt, weil man von den Frauen eine anmutige Irrealität verlangt, was es erlaubt, wenn man hübsch und schon begehrt ist, sich ihnen gegenüber äußerst tyrannisch und launenhaft zu benehmen, um sie für ihre schreckliche Sünde, aus Fleisch und Blut zu sein, teuer zahlen zu lassen, und, wenn man häßlich ist, mit verächtlicher Bitterkeit Laforgue zu lesen. Ich hatte ein bißchen von dieser Köstlichkeit probiert, aber nur wenig. Es war eine mögliche Richtung. Fast sofort schlugen Nizan und ich den anderen Weg ein, den Kult des Körpers. Ich erinnere mich, daß wir uns – auch aus Attitüde – im *Cluny* belustigten, als wir eine stämmige Blondine herzhaft in ein Sandwich mit kaltem Fleisch beißen sahen. Wir hätten durchaus wie Larbaud schreiben können: «Ich finde, daß es nicht viele Dinge gibt, die angenehmer anzuschauen sind als eine hübsche Frau in halblangem Kleid, die mit Appetit schön blutiges Fleisch ißt.»[1] Und vielleicht stand am Ursprung vieler Gespräche, die wir über dieses Thema führten, dieser kleine Text von Larbaud. Aber vor allem stimmte es mit unserem Kartesianismus überein: ein Körper ist ein Körper, man liebt den Körper einer Frau, man muß ihn ganz akzeptieren, es gibt keine «Schwächen» des Körpers usw. Das Ganze mit einer Prise Heidentum gewürzt, versteht sich: es war die Epoche, wo wir die «Hymnen an den Körper» von Montherlant lasen. Natürlich waren wir unschlüssig genug, um von Zeit zu Zeit in die seraphische Köstlichkeit zurückzufallen, und in solchen Fällen beschwor ich gern die Erinnerung an jene beiden Frauen herauf, deren Wangen glühten. Sie diente mir als Goldgarantie für meine Verdikte. Denn in jener Zeit, da ich schneller konstruierte, als ich gründen konnte, war meine größte Sorge, mir in jedem Fall eine Erinnerungsgarantie zu sichern. Ein

1 In *A. O. Barnabooth, son journal intime*, Florenz, Sonntag, 30. April.

paar Jahre später brachte ich Madame Morel sehr zum Lachen, als ich ihr in jenem entschiedenen Ton erklärte, den ich damals an mir hatte und den Guille den «Friedrich-Ton»[1] nannte: «Ich verabscheue Frauen, die beim Essen rot werden.» Das waren die einzigen Erinnerungen, die mir von Pfaffenhofen blieben. Dennoch habe ich mich verpflichtet gefühlt, dorthin zu pilgern. Warum? Letzten Endes hoffte ich ein wenig, daß sich durch diesen plötzlichen Kontakt mit einer Stadt, in der ich einmal gelebt hatte, auf einmal ein ganzer Schwarm von Erinnerungen kristallisieren würde. Und dann kam sie mir poetisch vor, diese auf dem Grund meines Gedächtnisses verschüttete kleine Stadt, wie die Stadt Ys auf dem Grund des Meeres (ich glaube, es gibt darüber eine große Sache bei Renan).[2] Es drehte sich darum, Wasserstoff bei der Kompanie der Luftschiffer zu holen, und ich habe Paul gebeten, mich hinschicken zu lassen. Heute morgen, bevor ich aufbrach, bereute ich fast meine Entscheidung, einfach weil ich mich immer ein bißchen zwingen muß, mich in Bewegung zu setzen. Außerdem mußte man Gewehr und Helm mitnehmen, und das paßte mir nicht, es sind nicht gerade die klassischen Requisiten des Pilgers, und außerdem, ich muß es gestehen, war ich wütend, daß ich auf die poetische Stunde meines Frühstücks verzichten sollte. Wir sind auf einem Lastwagen losgefahren, der dicke Grener und ich. Ich saß neben dem Chauffeur, einem vierzigjährigen schnurrbärtigen Elsässer, und Grener saß hinten. Es war «ideales Wetter», wie mir bei der Abfahrt Courcy, dieser Joseph Prudhomme, in genau dem Tonfall gesagt hatte, der nötig ist, um die Sätze, die man sagt, zu entschärfen, eine Art biedere und matte Vornehmheit, eine lässige Beflissenheit, die den Satz mit unsichtbaren Anführungszeichen zieren und zu verstehen geben, daß es darum geht, zu sagen, was gesagt werden muß, aber keineswegs darum, es zu denken, vor allem nicht, es zu

1 In seiner Jugend hatte Sartre einen Roman geschrieben, der von den Beziehungen zwischen Friedrich Nietzsche und Wagner inspiriert war. Vgl. S. 174, Fußnote 1.

2 *«Mir scheint oft, ich habe in der Tiefe des Herzens eine Stadt Ys, die noch die Glocken läutet, um hartnäckig Gläubige, die nicht mehr hören, zur heiligen Messe zu rufen (...) Vor allem mit nahendem Alter fand ich während der Sommerruhe Freude daran, diese fernen Geräusche eines verschwundenen Atlantis zu empfangen.» Souvenirs d'Enfance et de Jeunesse*, 1883 (vgl. *Œuvres complètes*, Bd. II, Calmann-Lévy, Paris 1948).

denken – sei es nun über das Wetter oder die Musik von Beethoven. Bei Courcy ist das Wort das beste Heilmittel gegen das Denken. Der Boden war steinhart, rissig und gelb, vom Frost gebleicht. Eine zauberhafte fahle Sonne beschien erwachende Dörfer, Eberbach, Schweighausen, Niedermodern. Auf den Feldern standen schwerfällige, vor Artilleriewagen gespannte Percheronpferde, aber das Land übernahm sie und machte sie zu Ackergäulen und die Soldaten zu Bauern. Trockene, schneidende Winterlandschaft. Es waren minus 9 Grad. Ich habe nichts wiedererkannt. In einem Café traf ich einen Meteorologen, der am Abend auf Urlaub fuhr und darauf bestand, eine Runde Schnaps auszugeben. Woraufhin ich ebenfalls eine ausgegeben habe, dann Grener, dann der Chauffeur. Von dort aus bin ich zur Bank gegangen, wo hinter einem Schalter die Meteorologiekompanie des Armeekorps ihren Sitz hat. Man hat Rum getrunken. Ein bißchen angesäuselt bin ich rausgegangen und durch diese große, reiche und etwas traurige Ortschaft geirrt, die mir nichts sagte. Die ganze Vergangenheit ist gut verschüttet, nichts kann sie wieder hervorholen. Ich habe Frottiertücher für Hauptmann Orcel gekauft, Briefpapier für Unterleutnant Ulrich. An einer Straßenecke fand ich mich vor einem großen ockerfarbenen, sehr häßlichen Gebäude mit Schieferdächern, Erkern und Giebeln: es war das Kaufhaus Biedermann. Auch hier blieb mein Gedächtnis stumm. Ich bin gegenüber bei Rosenfelder eingetreten, wie früher, und habe Papier gekauft, wie früher. Der Laden hat sich modernisiert, er macht wenig her, er hat die strenge Nüchternheit eines protestantischen Geschäfts, scheint jedoch voll niedlicher Schreibwaren zu sein, schöner Register, Ringbücher, Füllfederhalter usw. Keine Bonbons mehr. Danach habe ich mich ein bißchen vor dem Kaufhaus Biedermann herumgedrückt. Caroline ist tot, Mathilde auch. Anna ist wahrscheinlich evakuiert (sie wohnte in Straßburg). Theo ist wohl eingezogen. Nur der alte Georges[1] muß noch dasein; in der Familie tippte man sich gewöhnlich an die Stirn, wenn man von ihm sprach. Ich hatte bestimmt keine Lust hineinzugehen, aber ich habe Formen gesehen, eine weibliche Gestalt, die plötzlich aufgetaucht ist und sich an die Scheibe gedrückt hat; ich weiß nicht, warum, aber das erschien mir herzzerreißend – eine Sekunde lang. Wahrscheinlich die symbolische Lust, ein Interieur zu betreten, wieder Zivilisten zu sehen, die zivilen Beschäfti-

1 Sartes Onkel mütterlicherseits.

gungen nachgingen, in das dunkle und sanfte Herz des Friedens einzudringen, mit einer Frau zu sprechen. Kurz, ich hatte Lust abzuhauen. Ich bin in das Café zurückgegangen, wo Grener auf mich wartete. Die Meteorologen hatten mir einen Packen Zeitungen gegeben, darunter die *Lumière*[1] vom 15. Dezember, in der Emile Bouvier über mich schreibt: «Ich bezweifle, daß Herr Sartre ein großer Romancier wird, denn er scheint den Kunstgriff zu verabscheuen; und im Kunstgriff steckt ‹Kunst›. Es steht zu befürchten, daß er, da er seine Mission zu ernst nimmt und merkt, daß die Ausdrucksmittel, über die er verfügt, notwendig gezinkt sein müssen, die Literatur aufgibt und sich der Philosophie, dem Mystizismus oder der sozialen Predigt zuwendet.»

Ich war baff: niemals hätte ich geglaubt, daß man mich auf diese Weise zum Mystizismus abschieben würde. Und was die soziale Predigt angeht, mag Herr Bouvier beruhigt sein. Und welch merkwürdige Vorstellung hat er von mir, wenn er meint, ich verabscheue den Kunstgriff. Mein Gott, ich weiß sehr gut, daß man in einem Roman lügen muß, um wahrhaftig zu sein. Ich liebe doch diese Kunstgriffe, ich bin Lügner aus Neigung, sonst würde ich nicht schreiben. Das hat mich etwas verdrossen, zumal es durch einen jener Zufälle, die in meinem Leben so häufig sind, am Tag nach einem Brief von Bianca kam, die mir schrieb, daß Lévy mich mehr «als Philosophen denn als Romancier» schätzt, weil es mir an Phantasie fehle. Weiter unten wirft mir derselbe Herr Bouvier vor, ich vergäße, daß der Roman «Unterhaltung» ist. Das sagt *er*. Daß der Gegenstand des Romans etwas Irreales ist, einverstanden. Aber es bedarf schon eines recht groben Utilitarismus, um daraus zu schließen, daß der Roman selbst Unterhaltung ist. Derselbe erklärt im Kapitel «Lob», daß sich in meinen Büchern «eine schöne Lebensdichte mit gelassener Schamlosigkeit ausbreitet». Ein Satz, der mich gestört hat, mehr als das übrige: wenn man von «Lebensdichte» spricht, denke ich an Rabelais, an *Tripes d'or* von Crommelynck[2], was weiß ich. Aber «Leben» bei mir, der ich ein Griesgram, ein Sauertopf bin? Und meine Schamlosigkeit hat überhaupt nichts Gelassenes. Außerdem ist es nicht mal Scham-

1 Sozialistische Wochenzeitung von Georges Boris und Georges Gombault.

2 Louis Jouvet inszenierte dieses Stück 1925 in der Comédie des Champs-Élysées. Fernand Crommelynck (1886–1970) ist auch der Autor von *Le Cocu magnifique*.

losigkeit. – Daraufhin gibt Grener einen aus, ich gebe einen aus, der Chauffeur gibt einen aus, und wir fahren leicht angeheitert zurück. Das Land ist rötlicher, die Sonne gelber. Es ist Mittag. Ich verstehe nicht, warum der Mittag im Ruf steht, gerecht zu sein, bloß weil er den Dingen keinen Schatten gibt.[1] Die wahre Gerechtigkeit, die bittere Gerechtigkeit des Geistes ist die des frühen Morgens. Als ich leicht verschmutzt in Morsbronn eintraf, etwas erstaunt, einen Nachmittag verbringen zu müssen, bereute ich meine fröhliche Gerechtigkeit vom Morgen bitter; der Chauffeur hat mir gesagt: «Ich mach mir gern Freunde; so bin ich halt. Darf ich kommen und den Weihnachtsabend mit euch verbringen?» – «Natürlich.» Aber ich zähle auf Paul und Keller für seine Unterhaltung. Ja, es stimmt: in zwei Tagen ist Weihnachten. Den meisten hier liegt sehr viel daran, für sie ist es die Zeit des Vermissens. Weihnachten ist einer der Augenblicke im Jahr, wo die Familie am muffigsten riecht, und eben diesen Geruch vermissen sie. Die Militärbehörde, der ihre Moral am Herzen liegt, bereitet ihnen an diesem Tag eine kleine Überraschung. Es wird für uns einen Weihnachtsbaum im Bahnhofsrestaurant geben. Vielleicht gehe ich hin. Ich will dieses Soldatenweihnachten sehen. Aber als Tourist. Man müßte davon gepackt sein. Übrigens hat mich Paul beauftragt, ihm eine gute Flasche Wein aus Pfaffenhofen mitzubringen, weil er morgen Geburtstag hat. Wir feiern ihn also, bestimmt wird es Kuchen geben. Ich werde mich revanchieren müssen: wir feiern den meinen am 21. Juni. Ich finde das lächerlich und ein bißchen rührend.

Brief von Paulhan. Aragon «ist immer noch Major in einem Regiment von ‹Arbeitern› (einige Selbstmorde). Meint, daß die UdSSR, während wir ‹so tun, als ob›, Hitler täglich mehr unter Druck setzt.»[2]

Samstag, 23.

– 10 Grad heute morgen. Eine antiseptische und bezaubernde Kälte, eine Kälte in der Art von lokalen Narkosen, tiefgefrorenem Fleisch, verflüssigtem Gas. Man spürt ihre Dichte, wenn man auf der frost-

1 Das erinnert an den Ausdruck von Paul Valéry «Mittag der Gerechte» in «Le Cimetière marin» [Der Matrosenfriedhof].

2 Es sei daran erinnert, daß Aragon dem Deutsch-Sowjetischen Vertrag zustimmte, da er meinte, die UdSSR habe ihn unterzeichnet, um den Frieden zu fördern.

staubigen Straße geht. Die Gegenstände sind kleiner und deutlicher, scheinen jedoch durch ein strahlenbrechendes Medium von mir getrennt zu sein, und wenn ich die vereiste Straße hinuntergehe, um im Bahnhofsrestaurant zu frühstücken, habe ich den Eindruck, in eine Glasscheibe einzudringen. Jetzt sind morgens die Cafés den Militärs untersagt, und ich esse – eine große Gunst – in der Küche des Restaurants an einem schmutzigen Wachstuch bei Wasserrauschen und einem faden Fleischgeruch (es ist da, das Fleisch, hinter meinem Rükken, ein Haufen hellrosa Fetzen mit bläulichen Knochen wie Augen), und auf einer Stange, die auf der Kante des Spülbeckens und einem Fenstersims liegt, wimmeln dicke schwärzliche Würste wie Würmer. Und ich führe mein morgendliches Gespräch mit den Gästen des Lokals: mit dem Koch des Offizierskasinos, dem Militärmetzger, der auf seinen Lieferwagen wartet, um am *Carrefour des Tsiganes* das Fleisch abzuholen, dem behelmten Jäger mit dem langen Pferdegesicht, der die heimkehrenden Urlauber direkt am Bus einsammelt. Immer dieselben Sätze – die aber immer aus dem Herzen kommen, was sie etwas belebt und ihnen einen Rest Frische verleiht. «Das beißt heut früh.» – «Minus neun!» – «Daheim ging's einem besser.» – «Wo bleibt mein Lieferwagen: was treibt bloß der Kerl.» – «Oh, die Kühler heutzutage ...» – «Tja, der Große von der Hippokompanie, der Chauffeur, für den hat man gestern einen Wagen holen müssen, um seinen abzuschleppen. Sie haben ihn fünfhundert Meter gezogen, trotzdem ist er nicht angesprungen.» Sie schauen auf meine Bücher: «Immer noch am Lesen?» Und ich entschuldige mich beschämt: «Sonst gibt's ja nichts zu tun.» Und sie entschuldigen mich nachsichtig, ermuntern mich sogar mit gutmütiger Überlegenheit: «Hast recht. Solang du's kannst ...» Von Zeit zu Zeit schleicht grinsend der Depp des Restaurants vorbei, ein großer magerer Kerl mit buschigem Gesicht. Neulich bin ich zu der Örtlichkeit gegangen, die sie hier nach deutscher Mode «Pissoir» nennen. Eine der Klotüren stand offen: eine der Kellnerinnen erleichterte sich gerade, bequem sitzend, alle ihre Röcke um sie herum. Der Depp saß draußen auf einer Trittleiter und unterhielt sich mit ihr, während er Kartoffeln schälte. Als sie mich sah, hat sie «Entschuldigung» gesagt und die Tür zugeschlagen.

Zweiter Brief von Bost[1]: «Es erstaunt mich – das war mir schon vor ein paar Tagen aufgefallen, aber hier denkt man nicht oft –, wie natürlich mir das Leben vorkommt, das ich führe. Am ersten Tag fühlt man ein leichtes Erstaunen ... aber das vergeht gleich – und es kommt nur selten wieder. Komisch, daß es mich heute abend erwischt hat, als ich Ihren Brief zu Ende gelesen hatte. Ich habe ihn in den Umschlag zurückgesteckt und stupide gekichert, und das Stupide ist mir aufgefallen. Mich verblüfft in diesem Moment einfach, wie normal mir mein Leben vorkommt. Man wundert sich nicht mehr über den Dreck, man friert nicht mehr allzusehr, man hält es für ganz natürlich, auf Stroh zu schlafen, und die Vorstellung, sich zu waschen, erscheint anormal. Der Zustand, der im zivilen Leben der ‹Ernsthaftigkeit› entspricht, ist hier Niedergeschlagenheit. Das reicht nicht weiter als bis zu einem ‹Nicht zu glauben!›, und man fühlt sich weder wirklich trübsinnig noch bedrückt, man fühlt sich allein und abscheulich. Ich sage abscheulich, ich weiß nicht, warum, weil man natürlich kein moralisches Urteil fällt, aber mir kommt es so vor, daß man genau das fühlt. In der übrigen Zeit grölt man, redet Schwachsinn, raucht und flucht. Ich habe Angst, aufs Tragische zu verfallen, und das will ich keineswegs. Es ist überhaupt nicht tragisch, es ist mies, aber vor allem kommt man nie dazu, sich wirklich zu entrüsten. Ich sage Ihnen, daß man sich abscheulich *fühlt*, aber das stimmt nicht. Man fühlt nicht wirklich, man hat Kenntnisse, und es berührt einen nicht. Im Moment bin ich nicht traurig, ich bin *nie* traurig und *nie* müde. Wenn ich schreibe, daß ich müde bin, dann ist das falsch, ich bin einfach leer und abgestumpft: so was kommt häufig vor, aber man ist nicht abgestumpft vor Müdigkeit – man ist einfach abgestumpft. Ich glaube, meine Rettung ist, daß es mich interessiert, was ich im Augenblick sehe, ich bin sogar sicher, man fühlt sich ein bißchen aufgeblasen vor Wichtigkeit. Ich weiß nicht, ob ich Ihnen gesagt habe, wie zum Beispiel Lavice und Vala waren. Sie platzen vor Stolz – aber nicht auf schweinische Weise: etwa weil sie sich interessant und als künftige alte Frontkämpfer vorkämen. Es ist ein naiver Stolz, wenn sie sehen, daß sie, die nie aus ihrem Loch herausgekommen sind, aktiv und aus der Nähe an einem Weltereignis teilnehmen. Das freut sie und läßt sie alles ernst und gewissenhaft ertragen. Bei mir ist es im Grunde genauso, und ich muß darüber lachen, weil es mir klargeworden ist,

1 An Simone de Beauvoir adressiert.

als ich sie sah. Denn im Augenblick habe ich den Eindruck, daß ich etwas Gewaltiges und Denkwürdiges sehe. Der Chemiker-Bruder hatte mir geschrieben, daß er nur ungern in die Heimat zurückkehre, weil er das Gefühl habe, so etwas wie das Kap Raz im Sturm zu versäumen, und ich hatte mich grausam über ihn lustig gemacht, aber er hatte gar nicht so unrecht. Ich werde es mir merken. Da ist schon was dran.

Wissen Sie, daß ich oft guter Laune bin? Seit ich im Wald bin, ist das das Beherrschende, außer morgens und wenn man uns piesackt, aber man piesackt uns wenig. Es ist eine blödsinnige gute Laune, aber das macht nichts ...

Natürlich passiert nichts. Man steht gegen acht Uhr auf, man arbeitet ein bißchen an Blockhäusern und Hütteneinrichtungen, man holt die Suppe (abends mitten in der Dunkelheit, ein komischer Frondienst). Heute nachmittag sind wir duschen gegangen, wir mußten 4 Kilometer in tiefem Schlamm zurücklegen, ein tolles Schauspiel, ich schwör's Ihnen. Haben Sie die *Aufzeichnungen aus einem Totenhaus* gelesen? Alles, was er da über die Mentalität der Zuchthäusler sagt, trifft auch für die der Soldaten zu. Alles, was er über das Verhältnis der Männer untereinander sagt, über das Verhältnis zu ihrer Arbeit, ihrem Geld, ihrem Tabak, die Art, wie sie sich mit ihrer unbequemen Lage abfinden, läßt sich auch auf uns anwenden, ohne daß man ein Komma dran ändern müßte, obwohl es sich um Russen handelt. Es verblüfft mich sogar, daß es so ähnlich ist. Ich denke, daß es von dem Moment an, wo man Leute zusammenpfercht, immer dasselbe ist. Haargenau dasselbe. Alles ist Theater und Attitüde und Betäubung.»[1]

Alles, was er sagt, stimmt. Erstens stimmt es, daß der Krieg, wie Giono sagt, auf die Schwäche des Kriegers setzt, das heißt auf eine gewisse Trägheit der Herzen und eine gewisse Neigung, alles auf das *Natürliche* zurückzuführen. Vierzehn Tage Leben im Krieg verändern die Koordinaten der Welt. Barnabooth schreibt anläßlich eines Besuchs im Gefängnis von Florenz: «Durch das vergitterte Fenster in der Zellentür habe ich hundertmal denselben Pierrot in gelb und grün gestreifter Kleidung gesehen, der sich mit den Ellbogen auf dasselbe

1 J. L. Bost ist zu jener Zeit in den Ardennen. Seine Kriegserfahrung (die härter als die Sartres war) wird er in *Le Dernier des métiers* [Der letzte der Berufe] erzählen, 1946 bei Gallimard in Paris erschienen.

Tischchen stützt unter einem Rechteck aus hellblauem Tageslicht. Die Strafe schien mir nutzlos und noch nutzloser die Tat, die bestraft wurde. Das Leben hatte hier diese Form angenommen, das war alles.» Das ist das Beherrschende bei diesen Gefangenen, die wir sind, Pierrots in Khaki oder Marineblau: das Leben hat diese Form angenommen, das ist alles. Und auf der Ebene dieses Lebens sucht man sich dann genauso gierig wie früher nette kleine Vergnügungen und Attitüden. Wie Bost habe ich seit Beginn des Krieges nur Attitüden um mich herum gesehen. Attitüden und Betäubung, wie er so schön sagt, und dann wühlt von unten her die kleine gefräßige Pflanze gierig in der harten Erde und setzt sich fest. Da wird sie leben. Und zweitens stimmt es, daß auf einer bestimmten Ebene, wie Koestler[1] ungefähr sagt, die Traurigkeit sich zusammenrollt und nachläßt. Die Traurigkeit ist zu keinem unendlichen Wachstum fähig: wie die Welt Einsteins ist sie unbestimmt: sobald ein bestimmter Grad überschritten ist, tritt man nicht aus ihr heraus, sondern fällt in die geringere Traurigkeit zurück, die Welt der Traurigkeit ist unbegrenzt und endlich. Und dann stimmt es völlig, daß der Krieg Rechtfertigungen liefert. Wir alle sind gerechtfertigt, hier zu sein, nichts zu tun, uns zu langweilen, uns tausend kleine feige Genehmigungen zu erteilen. Wir sind alle zutiefst von dem Gefühl durchdrungen, wie er sagt, an einem Weltereignis teilzunehmen. Zwar haben wir schon immer an Weltereignissen teilgenommen, es ist kein Augenblick vergangen, in dem wir nicht historisch waren, aber der Krieg macht jedem seine Geschichtlichkeit spürbar. Dann landet man bei stupiden kleinen Frondiensten, von der Dummheit eines Feldwebels auferlegt, bei «Ernst und Gewissenhaftigkeit», wie sie historischen Kreaturen zukommen. Täuschungsmanöver: *während des Friedens* hätten wir diese Gewissenhaftigkeit und diesen Ernst aufbringen sollen; vielleicht hätten wir den Krieg vermieden. Aber der Friede wird wiederkommen und jedem von uns erlauben, sich «anachronistisch» zu fühlen; jeder Frieden war bisher nur Verzettelung.

Wie Giono in seinem Vorwort so richtig erklärt, neigt der Mensch sowohl zur Größe wie zur Bequemlichkeit, und der Krieg bringt Größe durch Bequemlichkeit.

1 In *Un testament espagnol*. Arthur Koestler erzählt darin über seinen Aufenthalt in Gefängnissen Francos während des Spanienkrieges.

Keller kommt aus dem Urlaub zurück. Man hört seinen schweren und langsamen Schritt auf der Treppe, er tritt ein, unveränderlich und ruhig, mit zufriedener Miene. Der Urlaub ist an ihm abgeglitten, ohne Spuren zu hinterlassen. Freudig erregt, ihn zu sehen, weil er aus Paris kommt, aber auch verärgert, weil Paris hinter ihm verstellt ist, verstopft durch seine dicke undurchsichtige Masse. Er ist dort gewesen, er hat *gesehen*, er hat alles gesehen, wie ich hätte sehen können, er war in unmittelbarer Berührung mit der Pariser Luft, mit den Straßen, dem Licht. Diese Berührung war total gewesen; trotz all meiner Gierigkeit hätte ich nicht in mehr Dingen *mittendrin-sein* können als er. Ganz Paris ist ihm geschenkt worden, nur hat er anders gewählt als ich, und das reicht aus, daß diese ganze ungeheure Erfahrung, die sein In-Paris-sein war, hinter ihm bleibt, unbrauchbar, verloren. Und dennoch ist sie gewesen.

Er sagt, daß die Urlauber, die aus Paris zurückkehren, aus Leibeskräften gegen «die jungen Drückeberger in den Fabriken» wettern. Sein ganzes Abteil war ein einziger Schrei der Empörung. «Am lautesten schimpfte einer, der im letzten Krieg zwei Finger der linken Hand verloren und zwei Kugeln in die Lunge gekriegt hat. Er hat sie noch: 65 % Invalide. Trotzdem haben sie ihn genommen.

Er rauchte, ich schwör's dir. Er sagte: ‹Ich hab verstanden, morgen melde ich mich krank.› Dagegen hat ein Angestellter der Metro, ein ehemaliger Boxer, der sich bei einem Kampf in London einen Finger der rechten Hand gebrochen hat und den man ausmustern wollte, die Ausmusterung abgelehnt, ‹weil ich dann meine Stelle verliere›.»

In Port d'Atelier machte ein besoffener Urlauber Radau bei der Abfahrt. Ein ganz junger Leutnant nähert sich: «Stellen Sie sich mit den andern in die Reihe.» Der andere: «Hören Sie mal, als ich da oben war, da ließ man mich nicht in die Reihe treten.» Sie verhandeln, und der Leutnant, der spürt, daß er den Boden unter den Füßen verliert: «Gehorchen Sie, sonst rufe ich die Wache und lasse Ihnen den Urlaub streichen.» Alle Urlauber scharen sich nun um ihren Kameraden und schreien dem Leutnant zu: «Soll sie doch kommen, die Wache, die haben wir schnell auf die Gleise geschmissen.» Woraufhin sich der Leutnant aus dem Staub macht.

Davon abgesehen sind es Geschichten über die Lebenshaltungskosten, die Verteuerung von Öl und Kaffee. Er leiert alles mit ruhiger und gleichgültiger Stimme herunter, mit langen und unvorhersehbaren Pausen zwischen den Sätzen.

Gestern lief in Port d'Atelier das Gerücht um, daß ein Zug mit Urlaubern in Chaumont entgleist sei. Diese Entrüstung der Urlauber über die Drückeberger in der Etappe widert mich an. Es ist immer dasselbe: ihre Entrüstung kann oder will sich nicht dort Luft machen, wo es nötig wäre. Also hält sie sich an ihresgleichen schadlos. Sie wollen die skandalöse Schande des Krieges nur in den kleinen Privilegien von «Leuten wie sie» sehen. Dabei leiden sie unter dem Krieg, sie langweilen sich, sie haben – und das ist die Grundlage ihrer Wut – den Katzenjammer, weil sie zu ihm zurückkehren. Aber statt sich zu freuen, daß einige das Glück oder die Schlauheit hatten, ihm zu entwischen, möchten sie sie in die Patsche ziehen und sie mit drin ersäufen. Da sie den Krieg für andere wünschen, sind sie also durchaus würdig, ihn zu führen, sie *verdienen* ihn. Je weiter ich komme, desto mehr sehe ich, daß die Menschen den Krieg verdienen und ihn desto mehr verdienen, je länger sie ihn führen. Es ist wie Adams Sünde, die nach Kierkegaard jedes Individuum freiwillig auf sich nimmt. Die Kriegserklärung, die das Vergehen einiger Menschen war, nehmen wir alle auf uns, mit unserer Freiheit. Diesen Krieg haben wir alle irgendwann einmal erklärt. Aber statt ihn zu sühnen, statt zu sagen, das ist *mein* Krieg, und zu versuchen, ihn zu leben, flüchten sie sich alle vor ihm in Attitüden, sie weisen ihn unaufrichtig von sich, genauso wie man ein Vergehen von sich weist, das man gerade begangen hat. Sie bedecken ihn mit einem Schleier aus *Natürlichkeit* und *Normalität*. Und alle diese Schweinehunde werden im Frieden einer nach dem andern vom Glorienschein des unschuldigen Opfers und von den Lorbeeren des alten Frontkämpfers profitieren.

Alles in allem habe ich bisher folgende diverse Gestalten im Krieg getroffen: «die Zurückgebliebenen und Verirrten», wie Lanson in seinem Handbuch[1] sagt, jene, die geschützt und im Warmen noch einmal den Traum des Kriegs von 14–18 träumen – jene, denen man nichts vormachen kann, am entgegengesetzten Ende, davon überzeugt, daß dieser Krieg ein übler Streich ist, den die Regierungen ihren Untertanen spielen, und die fast an ein geheimes Einvernehmen zwischen Hitler, Stalin, Daladier und Chamberlain glauben – das

1 In seiner *Histoire de la littérature française* (erste Ausgabe bei Hachette 1894 in Paris) widmet Gustave Lanson ein Kapitel unter dem Titel «Zurückgebliebene und Verirrte» bestimmten Autoren des 17. Jahrhunderts, z. B. Agrippa d'Aubigné und Vincent Voiture.

Gros der Unzufriedenen, von denen die meisten mit einer Attitüde losgezogen sind, die sie nicht durchhalten konnten, und die sich zu *Kleinhändlern* der Unzufriedenheit gemacht haben, weil sie in bezug auf die allgemeinen Prinzipien einer Revolte unschlüssig bleiben, und so taumeln sie von einer Beschwerde zur andern, sie flüchten sich in die Beschwerde – die Beamten, die nach einer Zeit der Verwirrung ungestört ihre kleinen zivilen Gewohnheiten wieder angenommen haben, sprechen von ihrem künftigen Urlaub genauso wie von ihren bezahlten Ferien, klammern sich an ihren Papierkram, an kleine Gewohnheiten – Courcy, der abends auf der Hotelveranda seine Pfeife raucht und mit einem Lächeln verzückter Eitelkeit sagt, wobei er den Satz in Anführungszeichen setzt: «Alles in allem haben wir unseren *living-room*» – die Angsterfüllten, jene ...[1]

1 Die folgenden fünf Hefte fehlen (vom 23. Dezember 1939 bis zum 31. Januar 1940). Siehe Anhang III, S. 611–625.

Heft XI

Februar 1940
Morsbronn – Paris – Bouxwiller

[Paul][1] meinte, der Beruf würde uns vereinen, er gehört zu jenen Lehrern, jenen Beamten, die sich von ihren Kollegen sofort angezogen fühlen. Wir hätten uns zusammenschließen, berufliche Fragen erörtern, mitten im Krieg die Unvergänglichkeit des Geistes behaupten können. Ich aber werfe ihm gerade vor, daß er Lehrer ist, ich mag nicht, daß man mich mitten im Krieg gezwungen hat, zu jeder Tageszeit eine Karikatur meiner selbst zu sehen. Ich *fühle* mich nicht auf seine Art als Lehrer, und jedesmal, wenn er versuchte, mich an sich zu ziehen, stellte ich mir jene Welt vor, die er zu seiner Weide macht, Kollegen, Frauen von Kollegen, Gewerkschaften, Teegesellschaften und [die Gespräche] mit den Damen, die [akade]mische Hingabe an die Natur, die sozialistische Geistigkeit, die Angst und der Haß gegenüber dem Gymnasialdirektor. Ich wies ihn mit allen Kräften von mir. Er jedoch erklärte sich meine Widerstände auf seine Weise: er ist der Sohn einer Volksschullehrerin, Ehemann einer Volksschullehrerin, *professeur licencié*. Man kennt die schäbige elitäre Überlegenheit, die die *agrégés* gegenüber den *licenciés* zur Schau tragen. Die meisten *licenciés* sind nicht viel besser; in ihrem Haß, ihrer Eifersucht, ihren Forderungen steckt gegen ihren Willen eine Anerkennung dieser Überlegenheit, sie haben sich nie zur Verachtung aufgeschwungen. Paul hat [die Zurückhaltung], die ich zeigte, einem Unterschied [der Situation] innerhalb des Lehrbetriebs zugeschrieben. Eines Tages, als Pieter von dem astronomischen Unterschied sprach, der zwischen Hauptmann Orcel, einem reichen Industriellen, und Oberleutnant Munot, einem kleinen Ingenieur, bestand, hat Paul in ironischem und resigniertem Ton gesagt: «Also der Unterschied wie zwischen mir und Sartre.» Und erst neulich wieder, als ich jemandem, ich weiß nicht mehr, wem, vorwarf, daß er ein Idiot sei, hat er sich katzen-

1 Einige Seiten dieses Heftes sind durch Feuchtigkeit beschädigt. Unleserliche Wörter wurden nach unseren Vermutungen wiederhergestellt und in eckige Klammern gesetzt.

freundlich eingemischt: «Glaubst du nicht, Sartre, daß dich dein ausschließlicher Umgang mit *normaliens*[1] zu anspruchsvoll gemacht hat?» Worauf ich erwiderte, daß ich fast überhaupt keinen Umgang mit *normaliens* hätte, aber das zeigt recht deutlich, wie er [meine Situation] sieht: die gleiche wie die seine, aber in einer Superuniversität, kollegiale Beziehungen zur «Creme», Paris statt Provinz usw. Kurzum, seiner Meinung nach habe ich ihn mit Verachtung gestraft. Und so sieht die reale Struktur unserer Beziehungen innerhalb der Gruppe aus: ein gereizter Widerwille meinerseits gegen den Akademiker, den er so gründlich repräsentiert, und seinerseits eine resignierte und mißtrauische Würde, die wohl nicht bis zum Neid geht, aber bestimmt verletzt ist. Ich bin «zu stolz», ich poche zu sehr auf die «Elite», zu der ich gehöre, und dieser übertriebene Stolz führt dazu, daß ich auf meinen Beruf [beschränkt] bin. Andererseits jedoch, wenn er in seiner Umgebung ein amüsantes kleines physikalisches Phänomen feststellt, kann er nicht umhin, sich an mich zu wenden und es mir mitzuteilen, Pieter und Keller geflissentlich übergehend, um einige Sekunden lang jene intellektuelle Gemeinschaft zu verwirklichen, die er ohne Zweifel mit dem Geographielehrer der Quarta hatte und die es ihm erlaubte, die Rechte der Intelligenz zu verspüren. Er hat Pech, ich verstehe nichts von Physik, und es interessiert mich nicht. Er merkt es, und das bestärkt ihn in der Meinung, daß ich es aus Geringschätzung tue.

Aber die wesentliche Struktur meines Verhältnisses zu Paul, diejenige, die den Angelpunkt [unserer Beziehung] bildet, ist eine andere. Paul verkörpert die Autorität. In gewissem Sinn schämt er sich, Vorgesetzter zu sein, doch andererseits versucht er, seine Autorität auf tausend hinterhältige Arten auszuüben, nicht aus Lust am Kommandieren, sondern aus Angst vor der Verantwortung, die ihm zufällt. Aber ich leiste Widerstand, weil es mir ein Greuel ist, herumkommandiert zu werden; man braucht mir nur einen Befehl zu erteilen, und schon sträube ich mich, und dieser Unabhängigkeitsdrang führt dazu, daß ich dem in Pauls Liebenswürdigkeiten versteckten oder verpackten Befehl auf die Spur komme. Desto unwilliger, je verpackter er ist. Natürlich weigere ich mich, ihn zu befolgen. Aber meine Weigerung ärgert Paul nicht nur [wegen seiner] Angst vor Verantwortung. Er hält ihr immer entgegen, daß er in aller Freiheit bedauere, Vorge-

1 Absolventen der École Normale Supérieure.

setzter zu sein, und daß er folglich mein Komplize sein müsse, wenn ich ihm Widerstand leiste. In seiner Moral angegriffen, leistet Paul durch Unaufrichtigkeit Widerstand. Und das ist unsere wesentliche Beziehung, sie verläuft quer durch unsere organische Gruppe. Er ist ein Vorgesetzter, der sich schämt, es zu sein, und trotzdem will, daß ich ihm gehorche, und ich bin der aufsässige Soldat, der ihm nicht gehorchen will und sich auf den Sozialisten in ihm gegen den Vorgesetzten beruft. Um dieses rigide und chronische Verhältnis (er wird nicht nachgeben, ich werde nicht nachgeben) ordnet sich die ganze Gruppe. Ich habe tatsächlich gedacht, da er Demokrat ist, ihm dadurch Widerstand zu leisten, daß ich an die Mehrheit [appelliere]. Und ich [schaffe] gegen ihn eine Mehrheit: Pieter, der von Natur aus friedfertig ist und ein bißchen auf Paul schimpft, aber so wie eine Frau auf ihren Mann, darauf bedacht, nicht «zu weit zu gehen», läßt sich trotzdem durch Überrumpelung zur Mehrheit herüberziehen. Man muß seiner Zustimmung etwas Gewalt antun, ihn mit aufgerissenen Augen anschauen und sein gehauchtes Ja an die große Glocke hängen, bevor er Zeit hat, es zurückzunehmen. Keller brummt ein undeutliches Ja, aus Spaß, dem Gefreiten einen Streich zu spielen. So hält eine bei jeder Gelegenheit flugs neugruppierte Opposition Pauls [weihevolle Autorität in Schach], und jedesmal ist er ratlos, weil er gegen das Prinzip der Mehrheit nichts einwenden kann. Er täuscht sich nicht darüber und nennt mich «die Opposition».

Dennoch bemüht er sich heimlich um ein genau umgekehrtes Kräfteverhältnis, das übrigens nicht mehr die Bedeutung einer Mehrheit hat, sondern darauf abzielt, mich gegenüber der öffentlichen Meinung zu isolieren. Da ich mich, ohne daß jemand mich darum gebeten hätte, zu ihrem Gewissen aufgeworfen habe, sagte ich, daß sie versuchten, mich in die Klemme zu bringen, mich bei den Fehlern zu ertappen, die ich ihnen vorwerfe. Sie belauern mich [ständig]; Pieter führt den [Reigen] und kläfft mich recht unschuldig an. Aber Paul paßt den richtigen Moment ab und schlägt sich plötzlich auf seine Seite, mit einer kleinen Tatsache oder einem Argument, wenn er spürt, daß ein Beitrag nötig ist. Keller bleibt entschlossen neutral oder geht weg. Nichtsdestoweniger sind die beiden anderen gegen mich. Umgekehrt ergibt sich niemals die Struktur Paul, Keller und ich gegen Pieter. So hat unsere Gruppe große Ähnlichkeit mit einer beweglichen Scheibe, die sich bald nach rechts, bald nach links neigt, mit Kugeln darauf, die auf die eine oder die andere Seite rollen, je nach dem Gefälle, [das ihr die Bewegung verleiht], die [durch die] innere Spannung aufrechterhalten wird, die von uns zu Paul oder von ihnen zu mir verläuft. Was die wesentliche Rolle von Pieter definiert, «die Ebene, der Sumpf», der die Struktur völlig umkehrt, je nachdem, ob er sich auf meine Seite schlägt oder zu Paul überläuft.

Aber es gibt noch andere Beziehungen: insbesondere die Beziehung von Pieter zu mir. Irgend etwas vereint uns und schafft zwischen uns die Verbindung, die, Paul zufolge, zwischen Paul und mir hätte existieren sollen: unsere gemeinsame Neugier für das *Draußen*. Wir sind gewissermaßen die Fühler, die unsere Gruppe in die Welt streckt, in die Restaurants, die Cafés, zu den anderen. Außerdem [gibt es trotz allem] Paris, das uns gemeinsam ist, [und] dann, zu meiner Schande muß ich es gestehen, das Geld. Nicht, daß Paul nicht genausoviel hätte wie ich, aber ein ängstlicher Hang zur Sparsamkeit hält ihn zurück, obgleich er für die Zeit nach dem Krieg mit einem Bankrott rechnet. Daher verkörpern wir die ein wenig verrückte *jeunesse dorée*, die das Geld ausgibt. Wir bringen viel Wind von draußen mit, wenn wir in die Gruppe zurückkehren. Diese Verbindung durch Geldausgeben und Ausflüge schafft jeden Tag eine andere, parallele Verbindung: die Verbindung Keller – Paul, diejenigen, die zu Hause bleiben, die Hüter des Herdes. Oder auch diejenigen, die [in der Feldküche] essen, neben [denen], die ins Restaurant gehen. Oder auch die starken Esser (denn sie essen wahllos alles und sehr viel) gegenüber den Feinschmeckern. Allerdings fehlt es der Gruppe Paul – Keller an Zusammenhalt: Paul ist in keiner Weise neidisch auf uns, gelegentlich begleitet er uns sogar. Keller, geizig und wenig begütert, beneidet und haßt uns jedesmal, wenn wir ausgehen. So daß er unser Tandem zusammenschweißt, indem er uns gegen unseren Willen ein Schuldbewußtsein unserer Klasse einflößt. Wir spüren, daß wir gegen ihn zusammen ins Restaurant gehen. Keller verkörpert im übrigen das Proletariat in unserer Gruppe und Pieter den Kapitalisten. Im Grunde betrachtet uns Keller, [mittellos], durch seine Masse, seine Trägheit ganz tief nach unten gezogen, aus der Froschperspektive, stumm, mißtrauisch und neidisch. Er fühlt sich niemandem von uns verbunden. Jeden Abend zahlt einer von uns die Runde, spendiert Kuchen, Obst, irgend etwas. Keller nimmt alles an und fühlt sich in keiner Weise verpflichtet, sich zu revanchieren, wie er es trotz seinem Geiz in seinem Milieu sicherlich wäre. Es ist eine Art individueller Wiederaneignung. Uns, besonders Pieter und mir gegenüber *spürt er seine*

Klasse. Paul gegenüber verhält er sich, ich sagte es vorhin, wie ein Arbeiter gegenüber einem Vorarbeiter. Er [errichtet innerhalb] des Organismus eine weitere Struktur: die Klassenstruktur. Was eine Art Wechselseitigkeit in den Beziehungen zwischen ihm und mir herbeiführt, denn ich habe ein schlechtes Gewissen, er imponiert mir durch seine Brutalität, und ich behandle ihn mit einer Art Hochachtung, die er im Rahmen seiner Möglichkeiten erwidert. Wir haben Angst voreinander. Er steht zwar nicht außerhalb der Gruppe, aber die Beziehungen, die man außerhalb des versteckten Klassenverhältnisses zu ihm haben kann, sind unstrukturiert. Es ist eine Art amorpher Immanenz: er schwimmt in der Gruppe und läßt sich durch Härtung von ihr durchdringen.

Desgleichen bilden die Beziehungen zwischen Paul und Pieter eine schwache Form. Außer wenn sie [es darauf anlegen], mich in die Klemme zu bringen. Im übrigen ist der Beistand, den sie einander in solchen Momenten leisten, nicht ohne Hintergedanken, denn jeder fühlt sich mehr mit mir solidarisch als mit seinem Verbündeten, jeder meint, daß er auf seine Weise und auf seinem Gebiet gegen mich recht hat, und es fällt mir im allgemeinen nicht schwer, sie zu entzweien, ihre Angriffe zu spalten. Pieter hält Paul gern für einen unbedarften kleinen Jungen, einen Grünschnabel; er sagt gern zu ihm: «Wenn du mal nach Paris kommst, werden *wir* (das heißt Sartre und ich) dich mit Frauen bekannt machen.» Auch für einen Provinzler. Sobald er ihm eine Kleinlichkeit vorzuwerfen hat [, sagt er]: «Na ja, das Provinzleben!» Paul wirft Pieter eine Art taktlosen Übermut vor, sie bilden nie ein Paar. Wenn es daher darum ging, unserer Gruppe eine praktische Struktur zu geben, hat sie sich ganz natürlich in zwei Zweiergruppen gespalten: Pieter und ich – Paul und Keller. Jede Gruppe übernimmt abwechselnd die Meßarbeiten, während die andere sich um die Hausarbeit kümmert. Diese technische Struktur, die sich spät herausgebildet hat, ist von erheblicher Bedeutung; sie hat unsere Gruppe wirklich aufgeteilt und die anderen Strukturen abgeschwächt. Zum Beispiel ist der Kampf zwischen Paul und mir weniger rauh, weil wir ihn vom Ballast [der Verantwortung] für unsere Messungen stark befreit haben. Dagegen hat sich das Band Paul–Keller, Vorarbeiter–Arbeiter, gefestigt. Natürlich lösen sich alle diese Strukturen auf und werden durch eine provisorische Homogenität ersetzt, wenn wir gegen die Außenwelt für unsere gemeinsamen Interessen kämpfen.

Ein letzter Pinselstrich zur Vervollständigung des Hotels, in dem wir leben. Seit gestern haben die Funker, die im Zimmer neben uns wohnen, die Krätze. Zwei von ihnen hat es ernsthaft erwischt, der dritte steht unter Beobachtung. Vor zwei Wochen hatten sie drei andere Funker abgelöst, und von denen hat anscheinend auch einer die [Krätze. Der Arzt] hat sie gefragt: «Wo wohnt ihr?» – «Im Hotel Bellevue.» – «Ach so, jetzt verstehe ich: dort wurden in Friedenszeiten die Krätzekranken behandelt.» Die Kunden des Hotels waren Rheumatiker und Hautkranke. Ich gestehe, daß ich seit einiger Zeit ein nervöses Jucken an den Händen, im Gesicht und auf dem Kopf spüre.

In Romains' letzten beiden Bänden, die seit der Kriegserklärung erschienen sind[1], spekulieren Jallez und Jerphanion ausgiebig über den Tod Gottes. Jerphanion prophezeit Düsteres für das Jahr 1937 (Romains war so zartfühlend, nicht 1939 hinzuschreiben). Er vergleicht den Krieg von 14 mit einem jener schweren Gewitter, die einen ganzen Sommer verderben. Die Dada-Bewegung erscheint Jallez sehr symptomatisch. Romains sieht Europa «den Kräften des inneren Zerfalls preisgegeben». Zweifellos hätte sein Buch, das im Jahr 1919 spielt, ganz anders geklungen, wenn der Krieg nicht ausgebrochen wäre. Und ebenso zeigt uns Drieu in *Gilles* zwischen den Jahren 17 und 37 ein sterbendes Europa: «Der Krieg hat Frankreich getötet, es wird sich nicht mehr davon erholen.» Es wird Mode werden, im Licht der gegenwärtigen Ereignisse nach den Anzeichen des Zerfalls im Frankreich zwischen 1920 und 1935 zu suchen. Man wird darin eine düstere Periode der Erschöpfung, der Entwurzelung sehen, von einigen kurzen [fiebrigen] Ruhepausen [unterbrochen], eine Zeit der Demoralisierung und Zerstörung. Ganz besonders hervorheben wird man den Surrealismus[2] wegen seiner Negierungen, man wird uns eine zerrüttete, verrückt gewordene, aus dem Gleichgewicht geratene Epoche zeichnen. Das darf man nicht zulassen. Es stimmt nicht. Sicherlich hat der Krieg 14–18 zum Krieg von 40 geführt. Und zwar aus einer Menge von Gründen, von denen die meisten be-

1 Die Bände XVII und XVIII, *Vorge contre Quinette* und *La Douceur de la vie*, Flammarion, Paris 1939.

2 Im Heft X (nicht wieder aufgefunden) hat Sartre darüber geschrieben, was er dem Surrealismus schuldet. Siehe unter dem Datum des 28. Januar, Anhang III.

kannt sind, die anderen werden die Historiker aufdecken. Sicherlich hat es Wirren gegeben, Erschütterungen und Krämpfe, Störungen des Gleichgewichts. Aber nicht *nur* das. Zumindest in Frankreich konnte man die «Süße des Lebens» kennenlernen – ich habe sie kennengelernt. Das Glück war möglich, die [Ruhe ebenfalls]. Zwischen 25 und 33 bin ich oft glücklich gewesen, ich habe um mich herum eine Menge glücklicher Leute kennengelernt, und es war kein frenetisches, ungesundes Glück. Sie waren wirklich und gelassen glücklich. Vielleicht gab es Dinge, die schwieriger waren als früher, härtere Augenblicke. Aber das störte nicht wirklich. Und vielleicht waren ja ein Drieu, ein Montherlant durch den Krieg angeschlagen, aber ich erwidere, daß *meine* Generation, die die Ablösung übernahm, als dieser Krieg gekommen ist, völlig ausgeglichen war. Ich suche unter den Leuten, die ich kennengelernt habe, nach solchen, die den Halt verloren hatten, und gewiß finde ich welche, aber nur wenige, und ihre Charakterschwäche läßt vermuten, daß sie ihn zu jeder Zeit verloren hätten. Doch hat es vor dem Krieg viele junge Leute gegeben, die *gefestigter* waren als wir? Gefestigter als Nizan, als Guille, als Aron, als der Castor? Wir wollten weder zerstören noch uns in erregende und wahnwitzige Ekstasen stürzen. Wir wollten brav und geduldig die Welt verstehen, sie entdecken und uns in ihr unseren Platz schaffen. Wir wollten Wissen und Weisheit erwerben. Vielleicht war der Platz, den wir in der Welt einnehmen wollten, nicht sehr bescheiden, vielleicht hatten wir es ein bißchen eiliger, ihn zu erobern, als unsere Vorgänger. Aber es gab da nichts sonderlich Übertriebenes. Diejenigen von uns, die die Welt verändern wollten und zum Beispiel Kommunisten wurden, wurden es auf vernünftige Weise, nachdem sie das Für und Wider abgewogen hatten. Und woran ich mich am besten erinnere, was ich immer vermissen werde, ist das einzigartige Klima der intellektuellen Stärke und Fröhlichkeit, das uns umgab. Man hat gesagt, daß wir zu intelligent waren. Warum «zu»? Niemals bin ich bei einem von denen, deren nähere oder ferne Bekanntschaft ich machte, auf das Bild jener Zyniker und mit ihren Lastern angebenden Typen gestoßen, das die damalige – schlechte – Literatur zu popularisieren sich bemühte. Wir genossen zwar eine ziemlich große sexuelle Freiheit, aber wir bemühten uns, über die kleinen Gefühlsangelegenheiten unseres Lebens redlich nachzudenken. Wir waren härter als unsere Vorgänger, als ein Alain-Fournier, ein Rivière[1]; zum Teil aus Angabe und zum Teil auch deshalb, weil es immerhin den Krieg gegeben hatte und wir das Leben nicht als Lustpartie betrachteten. Aber man soll uns nicht einerseits dieses Bemühen um Härte vorwerfen, die eine reale Selbstdisziplin und einen gesunden Zynismus mit sich brachte – und andererseits irgendwelche Schwächeanfälle, die wir nie gehabt haben ... Man wird mir Beispiele entgegenhalten, die den halben Beichten[2] in diesem Heft entnommen sind, meine Krise kindischen Hochmuts mit Nizan[3], meine politische Gleichgültigkeit usw. Darauf antworte ich, daß die Selbstbeherrschung und die «moralische Gesundheit», wie sie sagen, nichts mit der Bescheidenheit des Veilchens und staatsbürgerlicher Gesinnung zu tun haben. Ich weiß, daß ich vollkommen Herr meiner selbst bin, ohne geistige Verwirrungen, und daß ich harte Schläge einstecken kann. Ich weiß auch, daß mir die Moral am Herzen liegt. Ich habe versucht, so manche alten Ideologien zu zerstören, aber immer mit einem konstruktiven Ziel. Es mag mir an «Wurzeln» gefehlt haben, aber nie an Ausgeglichenheit. Warum meine ich, das alles [aufschreiben] zu müssen? Weil ich sehe, daß unsere Epoche im Begriff ist, eine Vorstellung von sich zu konstruieren, um den Historikern den Boden

1 Wie Nizan und Sartre waren der Autor des *Grand Meaulnes* und Jacques Rivière (1886–1925) von Jugend an Freunde. Letzterer schrieb insbesondere *De la sincérité envers soi-même* [Von der Aufrichtigkeit sich selbst gegenüber] (1912). Die zwei jungen Leute standen von 1905 bis 1914 im Briefwechsel (1926 und 1928 von Gallimard in Paris veröffentlicht). Alain-Fournier fiel zu Beginn des Ersten Weltkrieges.

2 Sartre hat es sich unmöglich gemacht, alles über sich selbst in diesen Heften zu sagen.

3 Sartre spielt hier wahrscheinlich auf ein Zerwürfnis zwischen Nizan und ihm 1923 an. Damals arbeiteten sie an einer Jugendzeitschrift mit, der *Revue sams titre*; vielleicht handelte es sich um verratene Freundschaft oder verletzten Stolz, verbunden mit der Einschätzung einer seiner Schriften durch Nizan. Eine wenig später von Sartre geschriebene Erzählung, *La Semence et le Scaphandre*, erzählt in romanhafter Form die Entstehung der Zeitschrift; Nizan und er selbst tauchen unter den Namen Lucelles und Tailleur auf; ohne Zweifel wüßten wir mehr über den Konflikt, wenn das Manuskript nicht unvollendet geblieben wäre. Sartre erzählte uns, daß Nizan eines Tages zu Dritten von ihm als von einem «provisorischen Freund» sprach; hat das seinen Stolz verletzt, die «Krise kindischen Hochmuts» provoziert? Wie dem auch sei, in *Une défaite*, einem zwei oder drei Jahre später geschriebenem Roman, ähnelt eine namenlose Gestalt, der «Ehemalige Freund», sehr Paul Nizan. Vgl. *Écrits de jeunesse*.

unter den Füßen wegzuziehen. Sie will wenigstens den Ruhm davontragen, ein Urteil über sich gefällt zu haben, und sie will ihnen eine fertige Arbeit hinterlassen. Und gegen diese Schwarzmalerei protestiere ich. Ich habe Angst, daß sie überlebt. Ich sehe mit Sorge, daß man sich bereits bemüht, das herrliche Überschäumen von Ideen und Werken in der Zeit zwischen 1918 und 1928 als Zeichen von Verwesung und die wirkliche Freiheit, die die Menschen damals genossen, als anarchische Zügellosigkeit zu betrachten. Alle diese primitiven Ansichten sind falscher Schmuck. Bei Drieu mag das noch angehen, er ist ein Schwachkopf, aber es gibt noch zu viele andere, die Bilanz ziehen wollen. Ich finde, daß man warten soll. Die Epoche ist tot, das steht fest, aber sie ist noch ganz warm. Man möge doch so taktvoll sein und warten, bis sich ihre Leiche ein wenig abgekühlt hat.

Das Problem der Negation ist immer verschleiert worden als ein Problem des Seins, weil das «Nicht-sein» das Urteil eines Geistes zu sein schien, der sich zwei Gegenstände vor Augen führen ließ, um deren Andersheit zu behaupten. Wenn ich beispielsweise sage, das Papier *ist nicht* porös, dann schreibe [ich] diese Verneinung nicht dem Papier zu, das von sich aus keinen Bezug zum Porösen hat, sondern meinem Geist. Man verstehe jedoch recht: die Negation ist kein Seinsmodus meines Geistes, der verneinend einen *vollen Akt* des Urteilens vollzieht – und der für die meisten Philosophen reiner Akt ist, Existenzfülle, zur gleichen Zeit, da er verneint. So wird die Negation ein λεκτόν[1], ein *Nichts [rien]*. Sie ist *weder* der Geist noch *im* Geist, *noch* im Papier, *noch* im Porösen, *noch* ein existierendes Verhältnis nach Art einer abstoßenden Kraft zwischen dem Papier und dem Porösen. Letztlich ist sie nur eine Kategorie, die es dem Geist erlaubt, auf Distanz eine Synthese des Porösen und des Papiers herzustellen, ohne deren Natur im geringsten anzutasten, ohne ihre wechselseitige Stellung zu verändern, ohne sie einander anzunähern oder voneinander zu entfernen. Somit ging das Bemühen der Philosophie dahin, die Negation immer dünner zu machen, bis sie nur noch ein dünner Film zwischen dem Geist und den Dingen war, ein Nichts. Und gewiß muß man zugeben, daß die Negationen, die ich in der Welt ausmache, keine ursprünglichen und substantiellen Beziehungen zwischen den Dingen sind. Es bedarf der Mitwirkung meines Bewußtseins, um die

1 Ein Abstraktum.

Negation der Zugehörigkeit des Porösen zum Papier entstehen zu lassen. Es liegt nicht *im Sein* des Papiers, nicht porös zu sein. Aber das Problem wird ein ganz anderes, wenn wir zum Beispiel vom Bewußtsein sagen, daß es *nicht* ausgedehnt *ist*. Ohne Zweifel werden wir, wenn wir uns darauf beschränken, dieses Urteil über das Bewußtsein anderer zu fällen, indem wir es als eine durch Erfahrung erwiesene Gegebenheit betrachten, dazu neigen, es in die Kategorie der oben genannten Urteile einzuordnen und zu sagen, daß wir die Ausdehnung des Bewußtseins so verneinen wie die Porosität des Papiers. Nur, wenn es um das Bewußtsein geht, das wir *sind*, verhält es sich ganz anders, denn es *ist* selbst sein eigenes Nichts [*néant*] an Ausdehnung. Das heißt, es gibt hier keinen dritten Menschen, der feststellt, daß zwei inerte Substanzen, das Bewußtsein und die Ausdehnung, keine Zugehörigkeitsbeziehung haben. Aber es ist im Sein des Bewußtseins, nicht Ausdehnung zu sein. Das heißt, daß das *nicht* ein existentielles Merkmal ist. Man wird das sofort verstehen, wenn man folgende zwei Urteile vergleicht: «die Ausdehnung ist nicht Bewußtsein» und «das Bewußtsein ist nicht ausgedehnt». Im ersten Fall handelt es sich ganz offenkundig um eine nachträglich von einem kontemplativen Bewußtsein hergestellte Beziehung, denn es liegt nicht in der Natur der Ausdehnung, Bewußtsein zu sein oder nicht Bewußtsein zu sein, sondern nur, ausgedehnt zu sein. Im zweiten Fall dagegen werden alle Spiritualisten darin übereinstimmen, daß es ein Merkmal des Bewußtseins ist, nicht ausgedehnt zu sein. Man hat die Frage umgehen wollen, weil es widersprüchlich erschien, in einem wie immer gearteten Sein negative Eigenschaften zuzulassen, indem man positive Begriffe schuf, die dieser Eigenschaft Rechnung tragen sollten. Zum Beispiel Begriffe wie unausgedehnt, Immaterialität. Aber schon eine Prüfung des Worts reicht aus, um zu zeigen, daß unausgedehnt ein bloßes Wort ist, das eine verschämte Negation birgt. Unausgedehnt sein bedeutet für das Bewußtsein keine positive Eigenschaft, es ist allenfalls eine verkrampfte Art, die Tatsache zu bezeichnen, daß das Bewußtsein *nicht* ausgedehnt *ist*. Es gehört also zur inneren Struktur des Bewußtseins, *nicht* ausgedehnt *zu sein*. Dieses Nicht-sein wird weder festgestellt noch bewertet, sondern, wie wir neulich sagten, es *wird von Sein besetzt [est été]*.

Gleichwohl hatten mich meine Überlegungen bisher vor allem dazu geführt, den Fall zu erwägen, in dem das Bewußtsein nicht ist, was es ist, das heißt, in dem die Negation in der Homogenität ein und derselben Existenz aufbricht und das Negierte von sich aus auf das verweist, von dem es negiert wird, da es ein und dasselbe Sein ist. Hier aber kompliziert sich das Problem in Gestalt des einfachen Prinzips der Widerspruchslosigkeit, denn das Bewußtsein ist nicht, was es nicht ist. Denn wenn man diese scheinbare Binsenwahrheit untersucht, sieht man, daß eine der Negationen die andere zerstört. Denn wenn das Bewußtsein *nicht* Ausdehnung *ist*, was nach der klassischen Theorie die totale Abwesenheit jeder Beziehung zwischen Bewußtsein und Ausdehnung voraussetzen würde, und da es außerdem keinen dritten Menschen gibt, der zwischen Bewußtsein und Ausdehnung die ganz äußerliche Negativitätsbeziehung herstellt, sieht man nicht, wie dieses Bewußtsein durch es selbst genügend Beziehungen zur Ausdehnung in sich enthalten könnte, um sich eben von sich aus zur Negation der Ausdehnung zu machen. Das ist jedoch der Fall, und unsere vorstehenden Bemerkungen sollen uns über einen Punkt aufklären: jede Negation setzt einen bestimmten Modus synthetischer Einheit der Realitäten voraus, die sie verneint. Wenn die Negation ein «λεκτόν» ist wie im Fall des Urteils «das Papier ist nicht porös», dann ist die unitarische Synthese ebenfalls ein «λεκτόν», eine rein kategoriale Annäherung, die die Gegenstände völlig unberührt läßt. Wenn die Negation mindestens eines der beiden Seine *von Sein besetzt ist*, dann erscheint sie auf dem Hintergrund einer realen synthetischen Einheit dieser beiden Seine. Mit einem Wort, damit das Bewußtsein wirklich aus sich selbst und von Natur aus, ohne den kontemplativen Eingriff eines dritten Menschen, *nicht die Ausdehnung sein* kann, muß es in seinem tiefsten Sein eine unitarische Beziehung zu dieser Ausdehnung bergen, die es nicht ist. Aber diese primäre Beziehung läßt sich nicht durch Termini der Abstoßung, Produktion, Projektion usw. ausdrücken, die alle eine konstituierte Welt und das Problem des Seins als geklärt voraussetzen. Es handelt sich ganz offensichtlich um eine ursprüngliche Seinsbeziehung zwischen zwei Seinen. Die Verbindung muß so eng wie möglich sein, damit genau *das* es ist, was das Bewußtsein nicht ist, die Ausdehnung muß dem Bewußtsein allenthalben gegenwärtig sein und es sogar in seiner ganzen Breite durchqueren, damit das Bewußtsein endlich der Ausdehnung, an der es allenthalben festzukleben droht, nur dann entgehen kann, wenn es *nicht ist*. Nicht nur, wenn es *nicht* die Ausdehnung *ist*, sondern wenn es *nichts ist*. Die Einheit von Bewußtsein und Ausdehnung ist so geartet, daß das Bewußtsein nur in dem Maße die Ausdehnung *nicht ist*, wie es *nicht es selbst ist*, wie es nichts ist. Nichts Positives wiegt das Nicht-ausgedehnt-sein auf. Eben weil das Bewußtsein sein eigenes Nichts [*néant*] ist, ist es nicht ausgedehnt. Diese Seinsbeziehung der Ausdehnung zum Bewußtsein wollen wir Durchdringung [*investissement*] nennen. Aber gerade weil das Bewußtsein sich definiert als seiend, was es nicht ist, und als nicht seiend, was es ist, kann es nicht einfach nur *sein*, was nicht die Ausdehnung ist. Sein Modus, zu sein, was nicht die Ausdehnung ist, ist ganz und gar vom Nichts [*Néant*] durchdrungen, es *ist*, was nicht die Ausdehnung ist nach dem nichtenden Modus der Spiegelung und des Gespiegelten, das heißt, daß die Formel «das Bewußtsein ist nicht ausgedehnt» korrigiert werden muß zu «das Bewußtsein ist nicht *die* Ausdehnung», was bedeutet, 1. daß diese Negation die Durchdringung des Bewußtseins durch die Ausdehnung impliziert und 2. daß diese Durchdringung nur insofern für das Bewußtsein sein kann, als das Bewußtsein Bewußtsein von sich selbst als unausgedehnt ist, das heißt als von der Ausdehnung durchdrungen, die nicht zu sein es sich bewußt ist. Mit anderen Worten, wenn das Bewußtsein wäre, was es ist, das heißt nach dem Modus des An-sich existierte, wäre es ausgedehnt. Aber in eben dem Maße, wie es sich selbst entgeht, indem es nicht ist, was es ist, ist es nicht die Ausdehnung, sondern Bewußtsein *von* der Ausdehnung. Somit ist das Bewußtsein Nichtung der Ausdehnung, und diese Nichtung kann nur in Form von Bewußtsein *von* der Ausdehnung geschehen. Die Ausdehnung ist hier natürlich nur ein Beispiel. Ganz allgemein gibt es keine andere mögliche Vernichtung eines an sich Existierenden als durch das Erscheinen eines Bewußtseins *von* diesem Existierenden.[1]

Donnerstag, 1. Febraur

Das Erscheinen des Nichts kann nur auf dem Hintergrund eines Seins erfolgen, das es *nicht ist*. Die *Abwesenheit*, die ein Bewußtsein ist, kann Abwesenheit nur *vor einer Anwesenheit* sein. Das Unausgedehnte erscheint auf dem Hintergrund der Ausdehnung und als Negation dieser Ausdehnung für sich. Ganz allgemein kann das *Für-sich* nur in Verbindung mit der Totalität des An-sich auftauchen, das es umschließt. Das Für-sich hält vor sich und um sich das An-sich fest

1 Vgl. *Das Sein und das Nichts*, insbesondere das erste Kapitel des ersten Teils «Der Ursprung der Negation».

als das, was es nicht ist. Es bedarf des Seins, um nicht zu sein. Das Für-sich nichtet sich in bezug auf die Totalität des An-sich. Diese erste Verbindung des Für-sich zur Totalität des An-sich als zu dem, was es nicht ist, nennen wir das In-der-Welt-sein. In-der-Welt-sein heißt sich zur Abwesenheit *der* Welt machen. Die Einheit von Bewußtsein und Welt existiert vor dem Bewußtsein und der Welt. Bewußtsein sein heißt sich in Anwesenheit der Welt zu Nicht-Welt machen, heißt sich genau und konkret zu dem machen, was nicht *diese Welt hier* ist. Im übrigen darf man diese Negation nicht als eine Flucht aus der Welt auffassen. Die nichtende Bewegung des Für-sich ist kein Rückzug. Wäre die Nichtung von Rückzug begleitet, dann wäre sie *Nichtung von nichts* [*rien*] und würde ins An-sich zurückfallen. Vielleicht muß man so den Tod verstehen. Die Nichtung dagegen impliziert ein unmittelbares und distanzloses Haften der Welt am Für-sich. Diese Anwesenheit der Welt beim Bewußtsein – das durch *nichts* von der Welt getrennt ist, außer daß es selbst ein Nichts ist – ist die Transzendenz. Das An-sich durchdringt das Bewußtsein, um von ihm im Nichts [*Néant*] überschritten zu werden. Aber nicht, wie Heidegger glaubt, im Nichts, das die Welt in sich festhält: im Nichts, das das Bewußtsein selbst *ist*. Das Bewußtsein überschreitet in seinem Für-sich die Welt auf es selbst hin. Es ist in genau dem Maße vom An-sich durchdrungen, wie es vom Nichts durchdrungen ist.

Nehmen wir ein einfaches Beispiel: wir sagen beispielsweise, daß die Wahrnehmung *dieses* Baums vor allem ein existentielles Phänomen ist: den Baum wahrnehmen heißt für das Bewußtsein, den Baum auf sein eigenes Nichts an Baum hin überschreiten. Natürlich darf man in dem Wort *Überschreitung* nicht irgendeinen Hinweis auf eine *Handlung* sehen. Es ist lediglich ein Existenzmodus. Das Bewußtsein existiert für sich jenseits dieses Baums als das, was *nicht* dieser Baum *ist*; das nichtende Band der Spiegelung und des Gespiegelten bewirkt, daß es für es selbst nur sein kann, indem es sich spiegelt als Nichts [*néant*] der Welt, *in der* es diesen Baum gibt. Was bedeutet, daß es nichtthetisches Bewußtsein von sich selbst als thetisches Bewußtsein *von* diesem Baum ist; der Baum ist das transzendente Thema seiner Nichtung. So ist zum Beispiel die intuitive Erkenntnis Einbruch des Nichts [*rien*] in die Immanenz, die in der Transzendenz des Für-sich die Immanenz des An-sich verwandelt. So läßt das reine Ereignis, das bewirkt, daß das Sein sein eigenes Nichts [*néant*] ist, die Welt erscheinen als Totalität des vom sich nichtenden Sein überschrittenen An-sich. In der Welt sein und vom Nichts druchdrungen sein ist ein und dasselbe.

Ich möchte an einer genauen Analyse die unreduzierbare Notwendigkeit zeigen, in der wir uns befinden, auf diese Idee des *Nichts* [*Néant*] zurückzugreifen, und ich werde die Idee der *Berührung* als Beispiel nehmen. Ich will zeigen, daß die scheinbar so einfache Idee: der Tisch ist mit der Wand in Berührung, notwendig auf das In-der-Welt-sein und auf das Nichts verweist.

Wenn ich nämlich den Sinn dieses Begriffs *vollständig* erfassen will, stelle ich fest, daß ich zwischen zwei antinomischen Ideen hin und her getrieben bin: der Idee der immanenten Fülle des An-sich und der Idee des absoluten Rückzugs ins Nichts. Denn wenn ich vom Tisch sage, er *berühre* die Wand, kann ich darunter nicht verstehen wollen, daß er *neben* der Wand steht, wenn auch so dicht wie nur möglich oder nur durch eine unendlich kleine Distanz von ihr getrennt. Unter *Berührung* verstehe ich eine innere Seinsbeziehung zwischen den beiden Gegenständen. Aber diese Seinsbeziehung führt natürlich zum An-sich, das heißt zur Immanenz. Nun zielt aber dieser glitschige Begriff der Berührung darauf ab, unterwegs stehenzubleiben. Ich will die totale Trennung der beiden Individualitäten aufrechterhalten. Berührung heißt ja nicht Verschmelzung. Da bin ich also auf die Idee einer Distanz zurückverwiesen, die, so gering sie auch sein mag, die beiden Gegenstände wenigstens voneinander trennt. Aber in diesem Augenblick schwindet die Idee der Berührung. Wenn ich nämlich zu erfassen versuche, was sie fordert, sehe ich, daß die beiden Individualitäten, damit es zur Berührung zwischen ihnen kommen kann, wenigstens an einem Punkt ihrer Oberfläche keine Distanz haben dürfen und dennoch getrennt sein müssen. Aber *wodurch* getrennt? Durch *nichts*. Aber dieses Nichts ist hier unerläßlich. In der Geometrie zum Beispiel haben zwei Kurven (beispielsweise Tangente und Kreis), die einander berühren, gemeinsame Punkte. Es könnte demnach so aussehen, als bildeten sie nur noch eine einzige Kurve. Dennoch halten wir zu Recht an ihrer Unabhängigkeit fest. Selbst an dem Ort, an dem sie einander berühren, sind sie getrennt. Gleichwohl gibt es hier nicht *zwei* Reihen von Punkten, sondern nur eine einzige. Die Trennung findet also im Innern jedes einzelnen Punktes statt. Diese Trennung ist weder Fraktionierung, denn der Punkt ist unteilbar, noch Verdopplung. Und dennoch existiert sie.

Jemand wie Köhler würde wohl sagen, daß jede Gestalt, die «gerade» Form wie die in sich geschlossene «Kreis»-Form, alle Punkte, aus der sie besteht, an sich zieht.[1] Und das ist richtig. In diesem Sinne ist es die Individualität der prägnanten Form, die die Berührung davor bewahrt, in Verschmelzung zu enden. Aber eben das ist nur möglich, wenn eine diskrete Negation die Formen dort zerteilt, wo es geboten ist. Die Berührungspunkte müssen von der Gesamtheit der Punkte, die die andere Form bilden, eben durch *nichts* [*rien*] getrennt sein. Sie müssen in gewisser Weise vom Nichts [*Néant*] *durchdrungen* sein. Genauso wie ein Bewußtsein.

Aber diese Bedingungen hätten an sich selbst keinen Sinn, wenn sie nicht eben von einem Bewußtsein gesetzt wären. Von sich selbst würden sie zur absoluten Trennung oder zur Verschmelzung führen, wenn es keine Bewußtseine gäbe. Damit generell Berührungen in der Welt gegeben sind, müssen Bewußtseine als von der Welt durchdrungen gegeben sein. Weil der Begriff des Sich-Berührens, wie Heidegger richtig gesehen hat, nur durch Spiegelung den Dingen angehört. In der Tat berührt ein Stuhl nicht die Wand, falls er nicht in die Einheit einer von der menschlichen-Realität transzendierten Welt getragen wird. Ursprünglich ist es die menschliche-Realität, die die Gegenstände *berührt*, sie *ergreift*, sie *zurückstößt* usw.

Die Berührung ist ihrer Natur nach Berührung der ergreifenden Hand mit dem ergriffenen Gegenstand. Nur bleibt sogar auf diese Weise der Begriff dunkel, wenn man die Hand als einen materiellen Gegenstand inmitten anderer Gegenstände betrachtet. Die Hand selbst kann nicht das Nichts erzeugen, das sie vom Messer, das sie ergreift, trennt. Sie selbst sowie das Messer müssen als sekundäre Strukturen Teil einer *primären Totalität der Berührung* sein. Diese Totalität kann nur die Transzendenzbeziehung des Bewußtseins zur Welt sein. Das Bewußtsein ist *in Berührung* mit der Welt. Auf dieser Ebene betrachtet, wird der Begriff Berührung klar. In bezug auf das Bewußtsein ist ja die Welt ohne Distanz gegeben, da das Bewußtsein Negation der Distanz ist. Sie ist sogar noch dringlicher als eine Anwesenheit ohne Distanz, da sie das Bewußtsein durchdringt und *sich* durch es hindurch berührt. Gleichzeitig jedoch entgeht ihr das Be-

1 Vgl. S. 326. Gemäß der deutschen Schule der Gestalttheorie wird die Wahrnehmung nicht von isolierten Eindrücken gebildet, die sich vereinen oder zusammenfügen, sondern man erfaßt mit einem Mal Gestalten oder Strukturen.

wußtsein, insofern es vom Nichts [*Néant*] durchdrungen ist, insofern es nichts [*rien*] ist. Obwohl das Bewußtsein mit der Welt, insofern es *ist*, verschmolzen ist, entgeht es ihr und trennt sich von ihr, insofern es *nicht ist*. So ist das Verhältnis der Welt zum Bewußtsein ein Berührungsverhältnis. Die Welt existiert für das Bewußtsein, insofern sie auf konkrete und besondere Weise ist, was es nicht ist. Es berührt sie in dem Sinn, daß seine partielle Nichtung nur eine Exteriorität ohne Distanz zwischen ihm und ihr herzustellen vermag. Die Welt ist weder subjektiv noch objektiv: sie ist das An-sich, das das Bewußtsein durchdringt und in Berührung mit ihm ist, so wie es sie in seinem Nichts überschreitet.

Ein ausgezeichneter Ausdruck von Julien Green in *Le Figaro* zur Bezeichnung der Woche, die dem Krieg vorausging: «eine Katastrophe *in Zeitlupe*».[1]

Wie Frauen ihnen die Moral heben: Bruchstück eines Briefs einer verliebten christlichen Verlobten, auf dem Klo gefunden:

«Wenn Sie mir sagen, daß Sie sich nun schon seit drei Tagen nicht gewaschen haben, so ist das unwichtig, eine Kleinigkeit, Sie werden bestimmt viel hübscher aussehen, wenn Sie sich gereinigt haben werden; ich selbst habe heute morgen meinen Herd gründlich gereinigt, ich war dreckig, ein richtiger Schornsteinfeger, ich hätte Ihnen Angst gemacht, wenn Sie mich so überrascht hätten.»

Im übrigen ist sie etwas besorgt, denn weiter unten bittet sie Gott, ihrem Verlobten «eine gute Moral zu erhalten». Der auf diese Weise Gott befohlene Verlobte hat nicht gezögert, sich mit diesem Liebesbrief den Arsch abzuwischen.

Wenn ich verstehen will, welchen Anteil die Freiheit und das Schicksal an dem haben, was man «einem Einfluß unterliegen» nennt, kann ich über den Einfluß nachdenken, den Heidegger auf mich ausgeübt hat. Dieser Einfluß ist mir in letzter Zeit manchmal schicksalhaft vorgekommen, da er mich die Authentizität und die Geschichtlichkeit genau in dem Augenblick gelehrt hat, als der Krieg mir diese Begriffe unerläßlich zu machen drohte. Wenn ich mir vorzustellen versuche, was ich ohne diese Werkzeuge mit meinem Denken angefangen

1 In *Le Figaro* vom 31. Januar 1940.

hätte, bekomme ich nachträglich Angst. Wieviel Zeit habe ich gewonnen. Ich würde noch immer vor den großen geschlossenen Ideen auf der Stelle treten: Frankreich, die Geschichte, der Tod; mich vielleicht noch immer über den Krieg entrüsten, ihn mit all meinem Sein ablehnen. Aber wenn ich weiter nachdenke, sehe ich, daß in dieser Konstellation sehr viel weniger Zufall steckt, als es zunächst scheint. Gewiß, *wenn* Corbin seine Übersetzung von *Was ist Metaphysik?*[1] nicht veröffentlicht hätte, hätte ich sie nicht gelesen. Und wenn ich sie nicht gelesen hätte, hätte ich an letztem Pfingsten nicht begonnen, *Sein und Zeit*[2] zu lesen. Und sicherlich könnte es zunächst so aussehen, als habe das Erscheinen von *Was ist Metaphysik?* absolut nicht von mir abgehangen und sei für mich wirklich ein Zusammentreffen gewesen. Aber tatsächlich ist das nicht mein erstes Zusammentreffen mit Heidegger. Ich hatte, lange bevor ich nach Berlin ging, von ihm gehört[3]; man rechnete ihn gemeinhin zu den «Phänomenologen», und da ich in der Absicht fortging, die Phänomenologen zu studieren, war ich entschlossen, auch ihn zu studieren. Ich habe *Sein und Zeit* im Dezember in Berlin gekauft und mir vorgenommen, nach Pfingsten mit der Lektüre zu beginnen, da ich das erste Semester dem Studium Husserls zu widmen gedachte. Doch als ich gegen April mit Heidegger anfing, passierte es, daß ich von Husserl gesättigt war. Mein Irrtum hatte in dem Glauben bestanden, daß man nacheinander zwei so bedeutende Philosophen *lernen* kann, so wie man nacheinander die Außenhandelsbeziehungen zweier europäischer Länder lernt. Husserl hatte mich gepackt, ich sah alles durch die Perspektiven seiner Philosophie, die mir übrigens auf Grund seines anscheinenden Kartesianismus zugänglicher war. Ich war «Husserlianer» und sollte es lange bleiben. Gleichzeitig hatte mich die Anstrengung, zu *verstehen*, das heißt meine persönlichen Vorurteile zu durchbrechen und die Ideen Husserls nach seinen eigenen Prinzipien und nicht nach meinen zu erfassen, für dieses Jahr philosophisch erschöpft. Ich habe mit Hei-

1 Antrittsvorlesung von Martin Heidegger an der Universität Freiburg am 24. Juli 1929.

2 Erstausgabe 1927 beim Max Niemeyer Verlag in Halle.

3 Ich hatte im Jahre 1930 *Was ist Metaphysik?* in der Zeitschrift *Bifur* gelesen, ohne es zu verstehen. (Anm. d. Autors) [Dieser Text erschien im Juni 1931 in der Zeitschrift. In der gleichen Nummer erschien ein Fragment des ersten philosophischen Versuchs Sartres, «Légende de la vérité».]

degger begonnen und 50 Seiten gelesen, aber sein schwieriges Vokabular stieß mich ab. Freilich war diese Schwierigkeit nicht unüberwindbar für mich, da ich ihn an letztem Pfingsten mühelos lesen konnte, obgleich meine Deutschkenntnisse in der Zwischenzeit kaum besser geworden waren. Ich füge hinzu, daß der Frühling für mich schon immer Anlaß zu einem totalen Nachlassen meiner Anstrengungen gewesen ist. Ich arbeite, wenn die Murmeltiere schlafen. Sobald sie erwachen, gehe ich spazieren, suche irgendein Abenteuer. Das Schicksal hatte es gut mit mir gemeint und mir in diesem Jahr eines beschert. Aber das Wesentliche war sicherlich mein Widerwille, mir diese barbarische und so wenig gelehrte Philosophie nach der genialen *akademischen* Synthese von Husserl einzuverleiben. Es schien, als sei mit Heidegger die Philosophie wieder in die Kindheit zurückgefallen, ich erkannte in ihr die traditionellen Probleme nicht mehr wieder, das Bewußtsein, die Erkenntnis, die Wahrheit und den Irrtum, die Wahrnehmung, den Körper, den Realismus und den Idealismus usw. Ich konnte zu Heidegger erst kommen, nachdem ich Husserl ausgeschöpft hatte. Und für mich heißt einen Philosophen ausschöpfen in seinen Perspektiven nachdenken, mir persönliche Gedanken auf seine Kosten machen, bis ich in eine Sackgasse gerate. Ich brauchte vier Jahre, um Husserl auszuschöpfen. Ich schrieb ein ganzes Buch (außer den letzten Kapiteln) unter seiner Inspiration: *L'Imaginaire.*[1] Eigentlich gegen ihn, aber so, wie eben ein Schüler gegen seinen Meister schreiben kann. Ich schrieb auch einen Aufsatz gegen ihn: *l'Ego transcendantal.*[2] Woraufhin ich, ermutigt, meine Ideen darzulegen versuchte und im Herbst 1937 ein dickes Buch begann, *La Psyché.*[3] Ich schrieb vierhundert Seiten in drei Monaten voller Begeisterung, und dann hörte ich aus Vernunftgründen auf: ich wollte meinen Novellenband beenden. Ich war von meinen Forschungen noch so durchdrungen, daß mir meine literarische Arbeit über zwei Monate lang höchst unverbindlich vorkam. Und dann häuften sich

1 Bei Gallimard im März 1940 in Paris erschienen. Dt. *Das Imaginäre,* Rowohlt Verlag, Reinbek 1971.

2 «La Transcendance de l'Ego», in: *Recherches philosophiques* Nr. 6, 1936–1937. Dt. *Die Transzendenz des Ego,* in: J.-P. Sartre, Die Transzendenz des Ego. Drei Essays. Rowohlt Verlag, Reinbek 1964, jetzt in: Philosophische Schriften I/1, Rowohlt Taschenbuch Verlag, Reinbek 1994.

3 Vgl. S. 68, Fußnote 2.

nach und nach die Schwierigkeiten, ohne daß ich es so recht merkte, ein immer tieferer Graben trennte mich von Husserl: seine Philosophie entwickelte sich im Grunde zum Idealismus, was ich nicht hinnehmen konnte, und vor allem hatte seine Philosophie, wie jeder Idealismus oder wie jede mit ihm sympathisierende Lehre, ihre *passive Materie*, ihre «Hyle», die von einer Form gestaltet wird (Kantsche Kategorien oder Intentionalität). Ich hatte vor, über diesen in der modernen Philosophie so wesentlichen Begriff der *Passivität* zu schreiben. Je weiter ich mich inzwischen von *La Psyché* entfernte, desto weniger war ich damit zufrieden. Zunächst wegen des Problems der «Hyle», dem ich ausgewichen war, sodann wegen zahlreicher Schwächen, für die ich selbst verantwortlich war.[1] Ich suchte wieder nach einer *realistischen* Lösung. Insbesondere konnte ich, obwohl ich viele Ideen über die Erkenntnis des Anderen hatte, nur dann daran arbeiten, wenn ich mich fest vergewissert hatte, daß zwei verschiedene Bewußtseine wirklich *dieselbe* Welt wahrnehmen. Die Werke, die von Husserl erschienen waren, gaben mir keinerlei Antwort. Und seine Widerlegung des Solipsismus war wenig schlüssig und kümmerlich. Sicherlich wandte ich mich Heidegger zu, um aus dieser Husserlschen Sackgasse herauszukommen. Schon mehrfach hatte ich sein Buch aufgeschlagen, das ich aus Berlin mitgebracht hatte, aber es fehlte mir immer an Zeit und auch am festen Vorsatz, es zu beenden. Man sieht, daß ich Heidegger nicht früher studieren *konnte*, als ich es getan habe. Ihn lesen ging ja noch, mit der Neugier eines Dilettanten, aber nicht, zu ihm zu gelangen mit der Absicht, ihn zu verstehen. Zudem brachte mich die bedrohliche Lage im Frühjahr 1938 und dann im Herbst allmählich dahin, eine Philosophie zu suchen, die nicht nur Kontemplation war, sondern Weisheit, Heroismus, Heiligkeit, irgend etwas, was mir helfen konnte durchzuhalten. Ich befand mich genau in der Lage der Athener nach dem Tod Alexanders, die sich von der aristotelischen Wissenschaft abkehrten, um sich die brutaleren, aber «totalitäreren» Lehren der Stoiker und der Epikureer anzueignen, die sie *leben* lehrten. Und außerdem war *die Geschichte* überall um mich herum gegenwärtig. Zunächst philosophisch: Aron hatte gerade seine *Introduction à la philosophie de l'histoire* geschrieben, und ich

1 Sartre argumentiert gegen den Husserlschen Begriff der *Hylé* (der den sinnlichen Erlebnisfluß ohne Intentionalität bezeichnet) in *Das Sein und das Nichts*. Vgl. Einleitung, IV. Das Sein des *percipi*.

las ihn. Sodann umgab und umschloß sie mich wie alle meine Zeitgenossen, sie ließ mich ihre Gegenwart spüren. Ich war noch schlecht gerüstet, sie zu verstehen und zu erfassen, aber ich wollte es unbedingt; ich bemühte mich darum mit den Mitteln, die mir zur Verfügung standen. Und da erschien das Buch von Corbin. Genau zur richtigen Zeit. Da ich von Husserl genügend Abstand hatte und mir eine «pathetische» Philosophie wünschte, war ich reif, Heidegger zu verstehen. Gut, wird man sagen. Immerhin hätte das Buch auch nicht erscheinen können. Zum einen kann ich nicht garantieren, daß ich nicht trotzdem begonnen hätte, *Sein und Zeit* zu lesen. Zum anderen und vor allem ist die Veröffentlichung von *Was ist Metaphysik?* ein *historisches* Ereignis, zu dem ich ja selbst beigetragen habe. Zu der Zeit nämlich, als ich nach Berlin ging, herrschte unter den Studenten eine Neugier gegenüber der Phänomenologie. Ich habe diese Mode genauso geteilt wie die Mode der Pariser für Wintersport. Das heißt, ich habe die Wörter aufgegriffen, die hier und da herumlagen, ich habe einige wenige französische Werke gelesen, die sich mit der Frage befaßten, ich habe über Begriffe sinniert, die ich schlecht kannte, und wollte mehr davon kennenlernen. Woraufhin ich nach Berlin gegangen bin. Viele Studenten waren in meiner Lage – und junge Lehrer. Bei meiner Rückkehr wußte ich ein bißchen mehr, und ich habe gelehrt, was ich wußte. Ich habe also das Publikum der Neugierigen vergrößert. Einer meiner ehemaligen Schüler, Chastaing, veröffentlichte sogar einen Aufsatz über das Heideggersche «man»[1]. Ich will gewiß nicht behaupten, daß ich für diesen Aufsatz verantwortlich bin. Ich will nur zeigen, wie sehr ich mich als *aktives* und *verantwortliches* Mitglied in eine Gemeinschaft von Neugierigen und Suchenden eingefügt habe, die sich selbst zu einem Publikum machte. *Für uns* hat Corbin seine Übersetzung gemacht. Diese erste Neugier war nötig. Und das Fehlen dieser Neugier war schuld daran gewesen, daß man in Frankreich zwölf oder fünfzehn Jahre gewartet hatte. Sie erwachte nach und nach mit Übersetzungen wie der aus *Bifur* (1930), den *Recherches philosophiques* (1933), um sich am Ende wirklich zu organisieren und Auskünfte zu *fordern*. Und mehr noch: diese Welle der Neugier, deren verantwortlicher Komplize ich war und die zunächst Bücher wie *Vers le concret* von Jean Wahl[2] hervorbrachte, hatte ihre

1 Deutsch im Original.
2 Bei Vrin 1932 in Paris erschienen.

Quelle im Altern der französischen Philosophie und in dem Bedürfnis, das wir alle verspürten, sie zu verjüngen. Wenn also Corbin *Was ist Metaphysik?* übersetzt hat, so deshalb, weil ich mich (unter vielen anderen) aus freien Stücken als *Publikum* konstituiert habe, das auf diese Übersetzung wartete, und darin übernahm ich meine Situation, meine Generation und meine Epoche. Aber warum war die erste Übersetzung die von Heidegger und nicht die von Husserl, wird man fragen, da doch ein ernsthaftes Studium mit dem Meister Husserl beginnen sollte, um dann zu Heidegger zu kommen, dem abtrünnigen Schüler. Darauf kann ich antworten, denn ich habe gesehen, wie die Frage in der *Nouvelle Revue française* diskutiert wurde. Der Erfolg des Buchs von Corbin hat Groethuysen[1] dazu angeregt, eine Übersetzung Husserls zu planen. Husserl ist nämlich nicht publikumswirksam. Das «Pathetische» bei Heidegger beeindruckt, obwohl der Mehrheit unverständlich, mit seinen hier und da eingestreuten Wörtern wie Tod, Schicksal, Nichts. Vor allem aber kam er *zur rechten Zeit*. Ich habe gesagt, daß ich ihn dunkel erwartete, ich wünschte, daß man mir Werkzeuge an die Hand gäbe, um die Geschichte und mein Schicksal zu verstehen. Aber wir waren eben viele, die diese Wünsche hatten. Und sie *zu diesem Zeitpunkt* hatten. Wir waren es, die diese Wahl diktierten.

Mit anderen Worten, meine Epoche, meine Situation und meine Freiheit haben über meine Begegnung mit Heidegger entschieden. Es gibt hier weder Zufall noch Determinismus, sondern historische Übereinstimmung. Dennoch könnte man meinen, daß die Frage: Doch weshalb hat es einen Heidegger gegeben? außerhalb des Zyklus bleibt. Und im Grunde entgeht sie dem auch in gewisser Hinsicht, insofern Heidegger das Erscheinen eines freien Bewußtseins in der Welt ist. Doch in einem ganz anderen Sinn erscheint sie mir nicht gar so «exzentrisch». Denn Heideggers Philosophie ist ein freies Aufsichnehmen ihrer Epoche. Und ihre Epoche war ja gerade die tragische Epoche des *Untergangs*[2] und der Verzweiflung für Deutschland. Es war die Nachkriegszeit, die Epoche, in der für viele Leute, die es bisher für ganz *natürlich* gehalten hatten, Deutsche zu sein, Deutschland auf

1 Bernard Groethuysen (1880–1946), Philosoph deutscher Herkunft, Freund der *N. R. F.*, der insbesondere eine *Introduction à la pensée allemande depuis Nietzsche* bei Stock, Delamain et Boutelleau 1926 in Paris veröffentlichte.

2 Deutsch im Original.

Grund des Elends und des Kriegs als eine kontingente Realität mit einem Schicksal erschien. Wie Rauschning an einer Stelle sagt, die ich schon einmal zitiert habe[1]: «Hier offenbart sich ... der einmalige Charakter und die Einsamkeit dieser Nation, ihre Mission und ihre Verdammnis.» Und Heideggers Haltung ist offensichtlich eine freie Überschreitung dieses pathetischen Profils der Geschichte auf die Philosophie hin. Ich will nicht behaupten, daß die Umstände für uns in diesem Moment die gleichen sind. Aber es stimmt, daß es eine Beziehung historischer Übereinstimmung zwischen unserer Situation und der seinen gibt. Und die eine wie die andere sind die Folgen des Krieges von 14, sie hängen zusammen. Und so kann ich dieses Aufsichnehmen seines Schicksals als Deutscher im elenden Deutschland der Nachkriegszeit wiederfinden, was mir hilft, mein Schicksal als Franzose im Frankreich von 40 auf mich zu nehmen.

Keller verläßt uns. Wahrscheinlich morgen oder übermorgen. In Anbetracht seines Alters ist er den Truppen im Innern zugeteilt worden.

Ich habe zu zeigen versucht, inwiefern Begriffe wie die Berührung, die voll zu sein scheinen, in Wirklichkeit die Idee des Nichts [*Néant*] bergen. Aber umgekehrt muß man auch zeigen, wie andere, scheinbar rein negative Begriffe auf die Transzendenz des An-sich in bezug auf das Bewußtsein verweisen. Nimmt man zum Beispiel den Begriff der *Abwesenheit* in seiner geläufigsten Form – unsere lieben Abwesenden, ich war abwesend, jemand hat mich während meiner Abwesenheit besucht, die Abwesenden haben immer unrecht –, dann merkt man sogleich, daß die Abwesenheit nicht reine Negation ist, sie setzt die Einheit der Abwesenden im *Sein* voraus. Es gibt ein Sein der Abwesenheit. Tatsächlich darf man die Abwesenheit nicht mit der bloßen Entfernung verwechseln, in dem Sinne, in dem man sagt, daß zwei Dörfer 20 Kilometer voneinander entfernt sind. Die Entfernung gehört zu jenen negativen Synthesen, die das Bewußtsein zwischen den Dingen herstellt, ohne sie in ihrer Natur zu verändern, und von denen ich gestern sprach. Ohne das Bewußtsein würde die Distanz zwischen A und B nicht existieren; indem das Bewußtsein die Welt transzendiert, läßt es Distanzen in ihr auftauchen. Aber die Abwesenheit liegt in den Dingen selbst, es ist die besondere Eigenschaft eines

1 Wahrscheinlich im nicht wieder aufgefundenen Heft VI.

Gegenstandes, abwesend zu sein. Vergeblich würde man versuchen, diese Eigenschaft auf eine bloße Sehweise des Geistes zurückzuführen, indem man zum Beispiel sagt, daß Pierre nicht von zu Hause *abwesend* ist, daß er einfach von seinem Haus entfernt *ist* und daß man all das Vermissen, das diese Entfernung bei seiner Frau und bei ihm selbst auslöst, mit dem gängigen Namen Abwesenheit belegt. Das hieße das Pferd beim Schwanz aufzäumen. In Wirklichkeit setzt all dieses Vermissen voraus, daß so etwas wie die Abwesenheit existiert, die ein bestimmter *Seinsmodus* ist, obgleich sie ansonsten reine Negativität ist. Die Abwesenheit ist eigentlich ein Seinsmodus des Für-andere. Nie ist ein Ding wirklich abwesend, außer in dem Maße, wie es einen Moment lang einem Andern assimiliert ist. Aber die Abwesenheit ist ein bestimmtes Verhältnis meines Seins zum Sein des Anderen. Es ist eine bestimmte Art von mir, ihm gegeben zu sein. Diese Art, ihm gegeben zu sein, setzt eine vorherige Einheit voraus, die Einheit der *Anwesenheit*. In der Anwesenheit *bin* ich in meiner aktuellen konkreten Realität, insofern ich für andere bin und umgekehrt, und gleichzeitig erfasse ich die Welt nicht nur als Welt, in der *ich* bin, sondern als Welt, die vom In-der-Welt-sein Anderer definiert ist. Aber die nackte Anwesenheit kann nicht die Begründung der Abwesenheit sein, sie würde nicht ausreichen, denn die *Anwesenheit* eines einfachen Passanten kann seine Abwesenheit nicht begründen, wenn er sich entfernt. Diese Anwesenheit darf nicht nur als Anwesenheit gegeben sein, sie muß auch den wesenhaften und konstituierenden Seinsmodus eines konkreten Für-andere konstituieren. Eine *Abwesenheit* Pierres kann es beispielsweise nur in bezug auf seine Frau geben, weil hier Pierres Existenz das Für-sich seiner Frau in seinem Sein verändert, und zwar seinem Wesen nach. Pierres Anwesenheit ist konstitutiv für das *Sein* seiner Frau als Für-sich und umgekehrt. Nur auf dem Hintergrund dieser vorherigen Seinseinheit kann die Abwesenheit zwischen Pierre und seiner Frau gegeben sein. Aber sie ist nicht reine Vernichtung. Selbst wenn sie es wäre, wäre sie Vernichtung *von* diesen Beziehungen. Aber in Wirklichkeit ist sie es nicht. Sie ist ein *neuer* Verbindungsmodus von Pierre und seiner Frau, der auf dem ursprünglichen Hintergrund von Anwesenheit erscheint. Diesen ursprünglichen Hintergrund von Anwesenheit *hebt* sie *auf* und negiert sie, aber er ist es, der sie möglich macht. Und sie selbst ist ein Typus spezieller Einheit zwischen Pierre und seiner Frau. Das heißt: wenn sie nicht thematisiert ist. Jede Thematisierung der Abwesenheit verweist uns auf ein anderes frei nichtendes Vermögen des Bewußtseins – das es nur insofern besitzt, als es selbst vom Nichts durchdrungen ist: die Imagination. Aber die erlebte und nicht thematisierte Abwesenheit läßt sich nur als ein konkretes Verhältnis zwischen zwei Existierenden auf dem ursprünglichen Hintergrund einer Berührungseinheit begreifen. Pierres Frau ist Pierre unmittelbar als *nicht daseiend* gegeben. Damit hat die Abwesenheit, die eine Negation ist, zwei Seinsmerkmale: 1. Sie erscheint auf dem existentiellen Einheitshintergrund, den sie negiert, und behält als das Wesen seiner Negation diese positive Einheit zurück. Sie bezieht ihr *Sein* aus dieser positiven Einheit, sie *entlehnt* es ihr. Die Abwesenheit wird von Sein besetzt. 2. Sie stellt zwischen zwei Seinen eine synthetische Negationseinheit her, das heißt, sie nähert sie eben dadurch einander an, daß sie ihre Anwesenheit negiert. Pierre und seine Frau sind einander durch diese Negation gegeben; oder: diese Negation ist ein besonderer Modus der unitarischen Verbindung von Pierre und seiner Frau. Kurz, sobald Pierre und seine Frau ein Ganzes bilden, ist der einzige unitarische Negationsmodus, der dieses Ganze *nichten wird*, ohne es zu *zerstören* (Scheidung, Vergessen usw. sind Zerstörungen), die Abwesenheit. Das jedoch erklärt uns *einerseits* konkret die Natur der ursprünglichen Nichtung oder Erscheinung der Bewußtseine, die ja gerade eine Abwesenheit in bezug auf das Ganze des An-sich ist und die das ursprüngliche Immanenzverhältnis des An-sich *nichtet*, ohne es zu zerstören, ja sogar nur auf diesem ursprünglichen Immanenzhintergrund nichten kann – und es *verweist andererseits* für seine erste Erklärung auf die ursprüngliche Abwesenheit, die gerade die Abwesenheit des Bewußtseins in bezug auf die Welt ist, von der es durchdrungen ist. Ohne diese erste und metaphysische Abwesenheit könnten alle Abwesenheiten, die wir soeben beschrieben, nicht existieren, es gäbe nicht einmal Distanz. Der Ursprung aller Abwesenheiten ist die metaphysische Abwesenheit des Bewußtseins als Typus synthetischer und unitarischer Verbindung des Bewußtseins und der Welt.[1]

1 Vgl. *Das Sein und das Nichts*, Erster Teil, Erstes Kapitel, IV. «Die phänomenologische Auffassung des Nichts» und V. «Der Ursprung des Nichts». Siehe auch das erste Kapitel des dritten Teils «Die Existenz Anderer».

Freitag, 2.
Die Divison wird in drei oder vier Tagen abrücken. Sicher nach Bouxwiller, in Ruhestellung.

Gestern Nippert getroffen, der vom Urlaub zurück ist. Ich frage ihn: «Na, war's schön?» Und er voller Überzeugung – einer Überzeugung, die mich um so mehr überrascht, als er niedergeschlagen weggefahren war: «O ja! Es war ein schöner Urlaub!» Ich kann die Betonung nicht wiedergeben, mit der er diese letzten Worte aussprach. Es lag darin irgendwie eine erbauliche und apologetische Gewichtigkeit, der Ton eines *Naturfreunds*[1], der ein Veilchen preist, etwas wie: «Sieh nur, mein Kind, Gott hat schöne und gute Dinge für den Menschen geschaffen.» Natürlich ist es der verheiratete Mann, der Hauspriester, der mit dieser Sicherheit spricht: er lehrt, daß es gut ist, sich im Schoß der Familie «aufzutanken». Und der Urlaub trifft sich mit der Familie in der Kategorie der *natürlichen* Dinge, die Gott zu seinem Ruhm erschaffen hat; seit Erschaffung der Welt hat es Familien und Urlaube gegeben. Aber gleichzeitig bricht hinter dem doktrinären Tonfall ein aufrichtiges und kindliches, fast charmantes Entzücken durch, das mich an das jenes arabischen Mädchens auf dem Deck der *Théophile Gautier* erinnerte: «Wir haben feine Sachen gegessen.» Er fügt hinzu: «Leider zu kurz!», und dann, um auch nicht einen Augenblick in Verdacht zu geraten, das Werk Gottes und des Oberkommandos zu kritisieren: «Wie alles Schöne.» Als wäre die Kürze des Urlaubs nicht einfach von den äußeren Umständen und den Ereignissen diktiert, sondern seine innerste und köstlichste Eigenschaft, ja die Quelle seiner Schönheit und jenes heimlichen Todes, der Barrès auf jungen Gesichtern so rührte.

Zunächst konnte ich darüber nur lachen, und dann ist mir klargeworden, daß auch ich auf meine Weise den Urlaub so auffaßte. Als etwas Gegebenes, nicht als ein Recht. Und dann als eine Schönheit. Ich sehe ihm entgegen mit der ihm eigenen Zeit von zehn Tagen, die mir nicht als willkürliche Beschränkung, sondern als persönliche Eigenschaft dieser Schönheit vorkommt, genau wie der Rhythmus und die Dauer einer Melodie. Die platte und amorphe Zeit des Alltags, die lebe ich hier, hier sammelt sie sich an; *da unten* werde ich, so scheint mir, eine andere Zeit kennenlernen, die Zeit der Musik und der Aben-

1 Deutsch im Original.

teuer, wo das Ende schon im Anfang gegenwärtig ist. Es ist, als würde ich mich selbst in eine unerbittliche kleine Novelle einführen, die zwar nicht sehr gut ausgeht, aber schön ist. Und ich bin ein bißchen unwillig, wenn ich daran denke, daß all dieses kostbare Material, das in sie einfließen wird, der Castor, Paris, Wanda, die Muße, früher alltäglich war. Ich erlebte das alles mit der lässigen und unbestimmten, ausgiebigen und breiigen Zeit voll kleiner tückischer Zusammenbrüche, die meine hiesige Zeit ist. Mir scheint, daß ich alle diese außergewöhnlichen Wohltaten nicht mit der ihnen gebührenden Achtung behandelte – daß die einzige Art, wie man sie behandeln mußte, die von seltenen und strahlenden Anwesenheiten unterbrochene Abwesenheit war. Als ob diese *Abwesenheit* in bezug auf alles, was der Mensch liebt, zum Menschsein gehörte. Ich möchte gern, daß diese zehn Tage in ihrem Stoff selbst eine bestimmte Qualität haben, die man gewöhnlich nur in Büchern findet, bei K. Mansfield, in *La Chartreuse de Parme*, in den besten Novellen von Barrès, daß sie nicht von gieriger Raserei geprägt sind, sondern vielmehr von einer Art ferner und etwas grausamer Süße, auch einer Art Aristokratie, die ich noch nie im Leben gekannt hatte. Zwar habe ich durchaus Augenblicke des Glücks gehabt, aber das war Glück en gros, reichlich, dickflüssig wie schwerer Rotwein; es hatte keine «Qualität». Und das lag nicht etwa an der Natur meiner Chancen, die gut waren (ist es nicht eine gute Chance, das morgendliche Erwachen am Fuße der Stufen des Theaters von Epidauros, der Castor an meiner Seite, oder eine eilige Rückkehr bei Einbruch der Dunkelheit in den Gassen von Fes, wenn die ersten Lichter angehen und man die dunklen kleinen Straßen rechts und links auf unserem Weg mit Ketten versperrt, oder ein Spaziergang um die Wallanlagen von Aigues-Mortes mit Wanda), sondern weil meine persönliche Natur, zusammen mit einer gewissen Blutarmut, einen gewissen zynischen Argwohn gegenüber dem Kostbaren enthält, die Furcht, betrogen zu werden, auf Alain-Fournier, auf Wunderbares zu machen – und dann gibt es immer Details, die schockieren und die doch *auch* zum Augenblick gehören, und dann spielt das trotz allem in einer recht alltäglichen Zeit: der Spaziergang durch die Straßen von Fes schiebt sich in das ärgerliche Warten auf eine Postanweisung, die nicht kommt, der von Aigues-Mortes zwischen zwei heftige Kräche mit Wanda. Pieter warf mir vorhin vor, Geld zu vergeuden, nun, mir scheint, daß ich auch mein Leben vergeude. Nicht auf Grund einer Gier, so intensiv wie möglich zu leben, was ja gerade keine Vergeudung wäre, sondern auf Grund einer gewissen Lässigkeit, die Augenblicke in die Vergangenheit fließen zu lassen, weil ich sicher bin, daß keiner unersetzbar ist, und weil mir völlig die Lust fehlt, wie Faust zum Augenblick zu sagen «Verweile doch». Dieser Sinn für das Unersetzbare und Besondere, den sogar der arme Drieu besitzt oder zu besitzen behauptet (freilich war das Mode, als er debütierte), geht mir ab. Vielleicht hätte ich mich in manchen Fällen mehr bemühen sollen. Aber sogar dann scheint mir, daß das nicht zu machen ist, daß man nachhilft, daß es einem an Aufrichtigkeit fehlt. In Mykene, allein mit dem Castor, unter einem schönen Gewitterhimmel, mitten unter diesen merkwürdigen Gräbern und diesen Felsen, hätte ich um ein Haar einen kostbaren Augenblick erlebt. Aber man hätte an Agamemnon denken müssen, das war absolut unerläßlich. Es wäre zu lang, hier zu erklären, warum. Jedenfalls sträubte ich mich dagegen. Der verfallene Palast verlangte die Anwesenheit der Atriden, und ich wollte ihn nicht mit legendären Helden bevölkern. Er blieb verfallen, und ich verlor dort etwas. So ist es immer, und ich nenne das je nach Laune Blutarmut oder geistige Redlichkeit.

Das heißt, ich fürchte diese geistige Redlichkeit ein wenig für die nächste Zeit. Von ferne kommen mir diese zehn Tage überaus kostbar vor; mir scheint, als könnte ich endlich einmal ein edles Glück erleben. Aber ich habe ein wenig Angst, gerade innerhalb dieser zehn Tage den überquellenden und lymphatischen Schaum meiner hiesigen Zeit wiederzufinden, ich habe Angst, Anwandlungen lässiger Großzügigkeit zu kriegen, ich habe Angst, daß mein Geist zu redlich ist. Gewiß will ich sie *authentisch* erleben. Aber in dieser Authentizität selbst ist Raum für etwas Selteneres, Außergewöhnliches. Kurz, man gibt ihn mir, diesen Urlaub, aber ich muß ihn auch nehmen. Es ist ein Unternehmen. Ich habe schon oft über die Schwierigkeiten nachgedacht, die «da unten» auf die Urlauber warten. Ich habe schon gedacht, daß ein Urlaub *schwierig* ist. Es ist zum Beispiel gar nicht so einfach, eine Frau «wiederzufinden». Für mich existieren derartige Schwierigkeiten nicht, aber es gibt andere, die ich gerade erwähnt habe. Ich werde hier notieren, ob mir mein Urlaub «gelungen» ist. Ich habe schon jetzt den Eindruck, daß Mistler und Nippert den ihren «gewonnen» haben, so erstaunlich das für den letzteren erscheinen mag – daß Courcy und der Feldwebel ihn verloren haben. Was Pieter betrifft, so hat er ihn hinter sich gebracht, ohne zu merken, daß es eine Partie zu spielen gab (außer was seine Geschäfte angeht), aber seine natürliche Zutraulichkeit, seine Liebenswürdigkeit und sein Glück wie auch sein dickes Fell haben verhindert, daß er verliert: unentschieden.

Plötzliche Unordnung in unserer Gruppe, es war Zeit, daß ich sie beschreibe, morgen wird sie nicht mehr existieren. Morgen fährt Keller nach Paris, und ich gehe auf Urlaub. In vier oder fünf Tagen kommt die Ablösung, die ganze Division begibt sich nach Bouxwiller. Paul und Pieter werden allein zusammensein, in einer neuen Stadt. Diese abrupten Gleichgewichtsstörungen, die plötzlich die Formen genau in dem Augenblick zersetzen, wo sie am organisiertesten zu sein scheinen, sind bezeichnend für die militärische Unstetigkeit.

Samstag, 3. Februar
Aufbruch in den Urlaub.

Sonntag, 4.
9 Uhr 30. Nachdem ich die Nacht im Zug verbracht habe, steige ich mit Keller, der bepackt ist wie ein Esel, in Aiguevilliers (Haute-Saône) aus, dem Sammelplatz. Komischer Ort, Holzbaracken, den berühmten Vilgrain-Baracken ähnlich, unterhalb des Bahndamms, in einem Wäldchen. Die Stadt und der Zivilbahnhof sind gute zwanzig Minuten Fußmarsch entfernt. Etwa dreißig Baracken, mit einem gewissen Sinn für Symmetrie angeordnet, deren Eingänge einander gegenüberliegen. Schnee scheint in der Haute-Saône nicht gefallen zu sein; der Boden ist schwarz und schlammig, ein einziger Morast, die Luft lau und saftig. Magere, ästige Bäume, zahlreich und unregelmäßig wie Unkraut. Man fühlt sich *zuerst* wie in einem Wald. Und dann plötzlich in diesem Wald eine Menschenansammlung mit stark menschlichem Geruch. Trotz der Uniformen hat diese Ansammlung nichts wirklich Militärisches an sich. Es liegt eine Art Muße auf den Gesichtern und eine leichte, verstörte Schwermut, die in keiner Weise der leeren Erwartung gleicht, die man auf ihnen liest, wenn die Soldaten in Reih und Glied stehen. Die Uniformen sind lax, die Mäntel offen, viele stützen sich auf dicke, liebevoll geschnitzte Stöcke, andere halten einen Hund an der Leine, andere tragen Klapperdosen, aus denen kleine Schreie dringen. Mit diesen Stöcken und ihrer glockenförmigen Silhouette (Pakete, Helm, Feldflasche, Gasmaske machen

sie dick um die Taille und bauchen sie nach unten zu aus) ähneln sie eher den entlassenen «Soldaten» von Andersen, die als halbe Räuber heimkehrten. Sie sehen aus, als hätten sie «einiges durchgemacht», manches Friedliche und auch etwas Schlimmes, was in Gegensatz steht zu der Schafsmiene, die sie im Dienst haben. Ein paar Besoffene – nicht viele. Weniger als gestern. Sie haben ihren Rausch im Nachtzug ausgeschlafen. Was aber dieser Versammlung, deren Mitglieder aus allen Richtungen kommen und in alle Richtungen gehen, ihren ganz besonderen Charakter verleiht, sind die Böen aus den Lautsprechern, die in allen Baracken und auf dem Dach der meisten angebracht sind. Hin und wieder ist es Musik. Selten – vorhin *Plaisir d'amour*[1]. Meistens jedoch sind es Auskünfte, Ermahnungen, Ratschläge usw. Das Ganze erteilt nach den besten Grundsätzen der Radiosprecher. Die Stimme ist deutlich und gesetzt, man sucht nach der treffenden Formulierung, auch Slogans, Bonmots und Witze sind zugelassen. Die Art, wie wir behandelt werden, ist mehr zivil als militärisch. Eigentlich ein Mittelding zwischen der Anrede «Die Herren Reisenden ...» der Eisenbahn und der Anrede «Soldaten!» des Hauptmanns oder im Tagesrapport. Man ruft uns zu: «Urlauber! Beachten Sie folgendes: nur für den grünen Zug, Antreten hinter der Durchgangsbaracke. Nur für den grünen Zug. Hallo, hallo, alle, die nicht zum grünen Zug gehören, bitte ich, ihre Quartiere aufzusuchen, damit sie den Verkehr nicht behindern. Es lohnt sich nicht, unnötig naß zu werden.» Auffallend ist, daß man sich an unsere *Vernunft* wendet. Zwar eine noch kindliche Vernunft, die man beeindrucken, durch Wiederholungen überzeugen muß. Aber immerhin eine Vernunft. Man *erklärt* uns das Warum der Anordnungen. Und dadurch wird die Anordnung lediglich ein Ratschlag. Schon der Titel «Urlauber» – übrigens der einzige, den man uns hier gibt – bezeichnet eine Wirklichkeit zwischen Zivilisten und Soldaten. Etwa wie «Reisende!» oder noch besser «Die Inhaber einer Karte für kinderreiche Familien» oder und vor allem: «Besitzer ermäßigter Fahrkarten für die Wochenendreise zu den Loire-Schlössern». Diese völlig neue Synthese von ziviler Organisation (es ist wirklich sehr gut organisiert), Uniformen und Befehl mit versteckten Drohungen, Appellen an die Initiative des ein-

1 Französisches Volkslied, dessen Text vom Fabeldichter Jean-Pierre Claris de Florian (1755–1794) und die Musik von Jean-Paul Schwartzendorf, gen. J. P. Martini (1741–1816) stammt.

zelnen (eine Initiative freilich, deren einzig mögliche Richtung streng festgelegt worden ist), dieses Bemühen um einen derben, modernen Massenkomfort (Möglichkeit, Telegramme aufzugeben, Vesper im Soldaten-Foyer, kostenlose Tasse Kaffee in der Kantine), das alles verleiht dem Ganzen den Charakter einer *faschistischen Festveranstaltung;* ich erkenne im Mikrofon einen Tonfall wieder, den ich schon einmal gehört habe, in Deutschland, bei den Feiern von Tempelhof usw. Ein Eindruck, der übrigens durch diese harte, stumme, gleichgültige und verschlossene Miene der meisten Leute angeknackst ist.

Es fällt nämlich auf, daß die Soldaten nicht aussehen, als würden sie sich freuen. Sie sind ruhig und sogar etwas düster. Ich bin wie sie. Dabei befinden sich unter ihnen welche, die vierzehn Tage darum gekämpft haben (ich gehöre dazu), heute fahren zu dürfen. Aber sie wirken nachdenklich, so als wäre es sowohl ein Unternehmen wie eine Prüfung. Sie scheinen etwas besorgt zu sein. Ich verstehe diese Beklommenheit sehr gut und teile sie. Außer den ganz Jungen möchten alle, daß «es *gut* geht», und sie sind sich nicht sicher, ob es so sein wird.

Trotzdem ein kurzer Freudenausbruch in unserer Baracke, als der Lautsprecher verkündet: «Urlauber für den blauen Zug. Antreten.» Die Leute schreien ein bißchen, und das erstirbt rasch. Keine weiteren Äußerungen: ein paar Pfiffe, als der Lautsprecher von der Polizei redet.

Der ganz besondere Aspekt dieser Ansammlung rührt offensichtlich daher, daß sie von Zivilisten unter militärischer Kontrolle organisiert worden ist. Hinweisschilder, Dienstleistungen, Lautsprecher usw. sind, dessen bin ich sicher, das Werk der Eisenbahn. Und für die Eisenbahn sind wir «Urlauber». Das heißt zu einer Gratisfahrt in Sonderzügen Berechtigte.

Die Baracken: etwa dreißig Meter lang und acht Meter breit, Holzfußboden, Trennwände aus weißem Holz, drei Fenster aus Milchglas und acht Oberlichter an den beiden längsten Trennwänden. Vier Glühbirnen an der Decke, weiße Holzbänke mit Lehnen, dicht nebeneinander; zwischen diesen Bänken, vom einen Ende der Baracke zum andern, ein Gang, der zu den beiden einander gegenüberliegenden Türen führt.

Beispiel für den *Ton* des Lautsprechers: «Um neun Uhr ist die Kantine nur für die Urlauber des rosa Zugs in Betrieb. Wer sich in die

Gruppe einschleichen sollte, ohne einen rosa Urlaubsschein zu haben ...» Pause. Man erwartet: ... bekommt vier Tage Bau. Aber nein, die Stimme fährt in väterlichem Ton fort: «... wird in der Kantine nicht zugelassen. Und die Kantine ist weit weg. Man braucht zwanzig Minuten hin und zwanzig Minuten zurück. Er hat also vierzig Minuten für nichts verloren.»

Gegen 10 Uhr 30 sendet der Lautsprecher *Ta main dans ma main* von Charles Trenet. Ich sehe mich mit Bost und dem Castor in einem Arbeiterviertel von Marseille wieder, in einer schönen Augustnacht, wo ich versuchte, mich an die Melodie dieses Chansons zu erinnern. Eine heftige plötzliche Rührung, die in keiner Beziehung steht zu meinem nachdenklichen Mißmut einen Augenblick vorher, macht mir die Augen feucht. Ich zerdrücke meine Tränen und tue so, als würde ich meine Brille putzen. Darin steckt bestimmt eine ziemlich abscheuliche Rührseligkeit. Und auch Sentimentalität nach einer ziemlich anstrengenden Nacht. Aber auch weil alle jene vergangenen Dinge, alle jene schönen Dinge, an die ich noch gestern wie an Tote dachte, mir für einen Moment auf wunderbare und trügerische Weise *zugänglich* erschienen sind. Man hat sie mir *zurückgegeben*. Ich schreibe das gemütlich in dem rosa Zug, der um 11 Uhr 16 abfährt. Es ist elf Uhr, ich höre noch unkenntliche Fetzen einer pathetischen Musik. Und von Zeit zu Zeit: «Nachzügler für den rosa Zug, beeilen Sie sich», was ein wenig klingt wie «Proletarier aller Länder, vereinigt euch».

16. Februar

Aus dem Urlaub zurück. Ich habe dieses Heft während meines Aufenthalts in Paris nicht angerührt, und ich habe gut daran getan. Alles, was mir dort zugestoßen ist, betraf es im Grunde nicht. Es ist ein Kriegstagebuch und hat nur als solches Sinn. Und außerdem wollte ich mich dem Leben hingeben, ohne nachzudenken. Oder besser gesagt, ohne meine Gedanken sofort einzugrenzen und festzuhalten, ohne zu wissen, daß ich dachte. Trotzdem werde ich hier notieren, was für das «Im Krieg-sein» von Interesse sein kann, denn immerhin ist der Urlaub eine Episode des Kriegs. Als erstes kann ich sagen, daß ich überglücklich war. Alles war vorzüglich. Keine verlorene Stunde. Ich glaube nicht, daß man es besser machen kann. Ich habe den Castor und Wanda gesehen, ich bin keinen Augenblick allein gewesen, aber die Einsamkeit hatte ich ja in Brumath und Morsbronn zur Genüge gekostet, um die Süße des Zu-zweit-seins zu verdienen. Die Leute haben mich nicht enttäuscht, ganz im Gegenteil. Es gab sogar eine freudige Überraschung – die zu meinem Privatleben gehört. Doch nachdem ich die Vollkommenheit dieses Urlaubs hervorgehoben habe, muß ich bekennen, daß er in keiner Weise meinen Vorstellungen, insbesondere denen vom Freitag, dem 2., entsprochen hat. Er war nicht *kostbar*. Und das liegt in erster Linie an der Natur der Zeit, die, dort wie hier, Dutzendware war. Daran kann man nichts ändern. Es gibt nur eine Zeit, die Zeit der Existenz. Die Tatsache, daß ich schon bei meiner Ankunft diese zehn Tage als Tage empfand, die ein Ende haben, zehn-Tage-sein mußten, änderte daran überhaupt nichts. Weil mir Paris, vor allem am Anfang, alltäglich vorkam. Ich spürte dort den Krieg nicht sehr. In den Straßen vielleicht, am Abend. Aber an den sorgfältig ausgewählten Orten, zu denen ich mit dem Castor ging, hatte der Krieg fast nichts gestört. Alle meine Gewohnheiten hatten mich wider Willen ereilt, und ich fühlte mich zu Hause. Die fünf Monate, die ich im Elsaß verbracht hatte, kamen mir wie ein Traum vor. Um die Mitte meines Urlaubs begann ich, die vielen Krüppel und Greise zu bemerken, und ich empfand Paris als eine blutleere Stadt, die eine Hämorrhagie ihrer Menschen beraubt hatte. Vor allem die Traurigkeit der Abende machte mir zu schaffen. Montmartre war tot und trostlos. Die Place Saint-Charles schien mir in der Fata Morgana der Nacht die düstere Größe einer vorstädtischen Landstraßenkreuzung zu haben. Wenn ich die Rue Pigalle hinunterging, sah ich hier und da, wie gläserne Ritzen, die fahlen Lichter der Tanzlokale durch die Vorhänge. Ich wußte bereits, daß der Jazz schlecht geworden war, und was Wanda sagte, informierte mich noch besser über seine Agonie: «Gehen wir nicht ins *Chantilly*, es ist zu kalt dort.» Im übrigen lag noch etwas Subtileres in der Luft, das der Castor mir sehr deutlich zu spüren gab: es war eine Stadt mit Menschen ohne Zukunft. «Familienleben», sagte sie zu mir. In der Tat waren die Leute in Friedenszeiten dadurch so angenehm voneinander getrennt, daß jeder Mann und jede Frau eine Tür zu sein schien, die sich nach draußen öffnete, auf eine unbekannte Zukunft. Jeder wartete auf etwas, was ich nicht kannte und was zum Teil von ihnen abhing, und es war diese unbekannte Zukunft, die ihn von mir abschnitt, nicht die Omnibusplattform oder die Ecke des Bürgersteigs, die uns im Gegenteil in der Gegenwart vereinten. Das alles ist verschwunden: die meisten Leute, die ich gesehen habe, in den Cafés, auf den Straßen, in den Tanzlokalen, sehen ganz normal aus, reden nicht vom Krieg und amüsieren sich gelegentlich sogar. Trotzdem weiß ich, daß ihr Schicksal stillsteht wie das der Toten; sie warten nur noch auf das Ende des Krieges, das nicht von ihnen abhängt. Inzwischen beschäftigen sie sich, so gut sie können; sie lassen den Krieg über sich hinfließen und machen sich klein. Ja, Paris wirkte auf mich wie ein Familiengrab, und auch das trug nicht wenig dazu bei, meinem Urlaub das «Kostbare» zu nehmen. Diese Stadt, die ich so gerne hatte wiedersehen wollen, war entweder ganz alltäglich, ich hatte nicht einmal mehr genügend Abstand, um zu spüren, daß ich sie wiedergefunden hatte – oder aber ich entdeckte sie mit einemmal zu meinen Füßen, aber sie war arm und tot – von schauerlicher Armut. Und diese Armut war so groß, daß die beiden einzigen starken Eindrücke, die ich in Paris hatte, genau das Gegenteil von denen waren, die ich erwartet hatte: ich stellte mir vor, daß ich mich verloren fühlen würde in einer riesigen und wimmelnden fremden Stadt, wie es mir in Berlin, in London, in Neapel passiert ist. Aber das Gegenteil traf ein: an einem der letzten Abende war der Castor in ein Café auf den Champs-Élysées gegangen, ins *Rond-Point*, und ich wartete draußen auf sie, betört von dieser neuen, gedämpften Diskretion, die den Cafés abends den klandestinen Anstrich eines Bordells geben, betört von einem Himmel, der nicht aufhörte zu verglühen, und von einigen Edelsteinen an den Gaslaternen, die schimmerten, ohne zu leuchten, von einer blauen Nacht voller Geflüster, die an den Sommer erinnerte. Und mit einemmal überkam mich eine Art Freude bei dem Gedanken, daß ich mich lebendig in dieser herrlichen, toten Stadt befand, daß ich genau deshalb lebendig war, weil ich ihr nicht gehörte, weil mein Schicksal woanders auf dem Spiel stand und weil ich in dem Maße, wie ich den Krieg *machte*, immerhin sein Schmied war. In diesem Augenblick fühlte ich mich wie ein Reisender, der sich einer Stadt hingibt und den woanders etwas erwartet. Und zweifellos war das bitter, weil ich bald alle verlassen mußte, die ich am meisten liebte, und weil ich gerade an jenem Tag heftiger liebte denn je. Aber es war eine wirklich hochmütige Erleichterung, mitten in dieser Bitterkeit, nicht darin gefangen zu sein. Ich kann diesen Eindruck nur mit dem vergleichen, den der Castor und ich angesichts der herrlichen, mit Toten bevölkerten griechischen oder marokkanischen Städte hatten. Zum Beispiel in Sparta, als wir die griechische Jugend im großen Café der Stadt ihren Aperitif trinken sahen, in den

Suks von Fes. Wir waren so fasziniert, daß wir uns beinahe da hineinfallen ließen, und dennoch erleichtert, leicht, weil wir Leute von anderswo waren.

Ein andermal, mit Wanda beim Pferderennen, hatte ich einen ähnlichen, aber weniger reinen Eindruck. Ich liebte Wanda sehr, und sie schien mich zu lieben. Und es waren andere Paare da, sehr junge (die Burschen waren wohl nicht mobilisierbar), die sich ebenfalls sehr zu lieben schienen. Und ich fühlte, daß ich gegen meinen Willen dieser Liebe entglitt, weil ich wegfahren mußte. Sie taten nichts anderes, als zu lieben. Und ich liebte vielleicht mehr als sie, aber ich war allein, ich konnte mich dieser Liebe nur leihweise hingeben, denn ich mußte ja wegfahren. Abgesehen von diesen beiden kurzen Momenten lebte ich wie früher, beglückt gewiß, an jedem Augenblick interessiert, aber jenes Seltene, das ich erhoffte, zeigte sich nicht, ich bin entschieden nicht für seltene Gemütsbewegungen geschaffen.

Gelernt habe ich auch, und ich notiere es hier, ohne es auszuführen, daß es sich im Krieg viel leichter anständig und authentisch leben läßt als im Frieden.[1]

17. Februar

Alles in allem war dieser Urlaub ein Ganzes, eine volle, runde Form, die ich von fern erblickte, und im Januar dachte ich, sie mir aneignen zu können. Aber auf diesen Gegenstand habe ich letztlich nur blind zielen können. In dem Moment, da ich ihn fast zu halten wähnte, ist er mir entgangen. Von hier zu der Schlußfolgerung, daß er immer nur in meiner Phantasie existiert hat, ist es nur ein Schritt, den Proust

1 Sartre war in Paris doppelt unauthentisch: auf Bitte von Simone de Beauvoir hat er Wanda seine ersten fünf (von zehn) Urlaubstagen verschwiegen; doch muß er mit Mühen seine Ungeduld verborgen haben, das junge Mädchen wiederzusehen, denn auf der Rückfahrt schreibt er an S. de Beauvoir: «*Ich hatte Angst, während meines Urlaubs nicht freundlich genug gewesen zu sein.*» Andererseits hatte er Bianca nichts von diesem Urlaub gesagt; so las er «mit schrecklichen Gewissensbissen» die Briefe, die sie ihm während seines Paris-Aufenthaltes an die Front geschickt hatte (Brief an S. de Beauvoir vom 16. Februar, unveröffentlichter Absatz).

Drei Tage zuvor hatte er sich gefragt, ob «*es nicht besser wäre, sein Leben lang einer einzigen Person treu zu sein*» (vgl. S. de Beauvoir, *Kriegstagebuch*, 10. und 13. Februar 1940).

zum Beispiel rasch getan hätte. Aber ich werde mich davor hüten. Der Castor hat mir nämlich etwas Neues beigebracht: in ihrem Roman[1] beklagt sich Elisabeth darüber, daß sie von Gegenständen umgeben ist, deren sie sich erfreuen möchte, die sie jedoch nicht «realisieren» kann. Es ist bedauerlich, daß sie diesen Gedanken Elisabeth in den Mund gelegt hat, einer unsympathischen und steifen Person, die dessen Tragweite verringert. Denn meistens fühlt Elisabeth nur *scheinbar*. Aber der Castor sah weiter. Sie wollte sagen, daß wir von *Unrealisierbarem* umgeben sind. Es handelt sich um existierende Gegenstände, die wir von ferne denken und beschreiben, aber niemals *sehen* können. Dennoch sind sie da, in Reichweite; sie ziehen unseren Blick auf sich, wir wenden uns ihnen zu und finden nichts. Im allgemeinen sind es Gegenstände, die *uns* betreffen. Das von Elisabeth gewählte Beispiel ist ausgezeichnet: man kann die Beziehung von dem, was man gewesen ist, zu dem, was man ist, nicht wirklich leben. Zum Beispiel kommt es vor, daß ich sage: alles, was ich in meiner Jugend wollte, habe ich bekommen, aber nicht so, wie ich es wollte. Das *denke* ich, wenn ich das, was gewollt zu haben ich mich erinnere, mit dem vergleiche, was ich erhalten habe. Ich denke es, aber *sehe* es nicht. Es scheint immer, als könnten wir unsere Freude darüber, ein Unternehmen glücklich zu Ende gebracht zu haben, dadurch verdoppeln, daß wir diesen Erfolg von unseren vergangenen Hoffnungen und Befürchtungen her betrachten: ich wünschte es mir so sehr, und jetzt habe ich es. Aber in den meisten Fällen ist das unmöglich. Unsere großen Hoffnungen sind tot, und statt daß wir unseren Erfolg von ihnen her sehen könnten, sind sie es, die wir von unserem Erfolg her betrachten. Und so kommt es, daß uns dieser höchst erregende Gegenstand, den wir sehr gut fassen können, wenn es sich um andere handelt, grundsätzlich entgeht. Und doch ist er *da*. Aron würde sagen, das sei eine Illusion, eine Art, mich auf den Gesichtspunkt Gottes zu berufen (das heißt des Wesens, für das das Unrealisierbare Realität ist). Nein, ich bin viel bescheidener. Diese Gegenstände existieren, weil man sie *in Wahrheit* denken kann. Mein Urlaub existiert, weil die Gesellschaft ihm eine reale Existenz verliehen hat, weil er die Bedeutung meines Aufenthalts in Paris ist und weil er trotzdem allen

1 *L'Invitée.* [Sie kam und blieb], dessen Manuskript Sartre einige Tage zuvor während seines Urlaubs gelesen hat (vgl. S. de Beauvoir, *Kriegstagebuch*). Der Roman wird erst 1943 erscheinen.

Augenblicken dieses Aufenthalts, auch den unbedeutendsten, eine besondere Nuance gibt. Und dennoch liegt er außerhalb meiner Reichweite. Ebenso kann die Beziehung meiner jugendlichen Ambitionen zu meinem reifen Alter beispielsweise für den Castor existieren. Aber nicht für mich. Von der gleichen Art ist, würde ich sagen, jenes «Abenteuer», das mitten in den außergewöhnlichsten Konstellationen immer vor dem Abenteurer flieht und dennoch eine Wesenskategorie des menschlichen Handelns ist. In *La Nausée* schien ich zu sagen, daß es nicht *existiert*. Aber das war falsch. Man sollte besser sagen, daß es etwas Unrealisierbares ist. Das Abenteuer ist ein Existierendes, das naturgemäß nur in der Vergangenheit erscheint, über die Erzählung, in die man es kleidet. Das Verwirrende an diesen unrealisierbaren Dingen ist, daß ich sie in allen Einzelheiten zu Ende denken und sie mit Hilfe von Wörtern von anderen realisieren lassen kann. Wenn ich zum Beispiel Interesse hätte, eine Novelle mit dem Titel «Der Urlaub» zu schreiben, dann könnte ich diesen Urlaub so beschreiben, wie er hätte sein sollen, mit seiner pathetischen und kostbaren Natur. Ich könnte dafür sorgen, daß der Leser ihn wie eine Melodie realisiert, die unerbittlich auf ihr Ende zuläuft. Aber das wäre Kunst. Die Kunst ist eines der Mittel, die wir besitzen, unser Unrealisierbares von anderen auf lebendige und «imaginäre» Weise realisieren zu lassen. Ich benutze diese Gelegenheit, um anzumerken, daß das Unrealisierbare keineswegs von derselben Art ist wie das Imaginäre. Es ist real, es ist überall, aber außer Reichweite. Andere können es nach dem realisierenden oder dem imaginären Modus fassen. Aber die Authentizität neigt dazu, meine ich, ihm rings um uns seinen Platz als Unrealisierbares zuzuweisen. Man darf es weder verleugnen noch vergeblich versuchen, es zu realisieren, sondern man muß es als Unrealisierbares auf sich nehmen. Diesen Fehler, den der Castor und ich bei anderen oft unter dem Namen *Schein* entdeckt haben («Schein sein», «auf wunderbar machen»), besteht im wesentlichen in einer bestimmten Art von Unaufrichtigkeit, durch die wir etwas als realisiert ausgeben, was dem Prinzip nach unrealisierbar ist. Wandas Reinheit dagegen beruht auf einer prinzipiellen Blindheit gegenüber dem Unrealisierbaren. Sie wird nie auf den Gedanken verfallen, meinen Aufenthalt bei ihr als einen *Urlaub* zu denken. Es ist ganz einfach eine Anwesenheit zwischen zwei Abwesenheiten. Sie wird ihre vielen Geschichten im *Bal Nègre* nicht Abenteuer nennen. Bei jeder war sie vom Augenblick fasziniert. Aber trotz allem fehlen ihr diese Gegenstände, es fehlt ihrer Aktivität an Triebfedern. Weil man in jedem Fall bestimmen muß, was das Unrealisierbare ist und was sich realisieren läßt. Paris zum Beispiel ist ein reales Existierendes, das steht außer Zweifel. Aber ist es ein für mich realisierbares Existierendes? Ich kann denken, daß ich in Paris bin. Aber kann ich *sein-in* Paris? Darüber haben der Castor und ich vor zwei Jahren sehr lange diskutiert anläßlich eines Aufsatzes von Caillois über den Mythos der Großstadt.[1] Ich glaube, daß ich in diesem Fall gegen den Castor recht hatte (wir stellten die Frage übrigens schlecht, eben weil uns der Begriff des Unrealisierbaren fehlte. Wir fragten uns, ob Paris existiert oder nur ein Mythos ist). Ich glaube, man kann sein-in Paris. Es versteht sich, daß ich «einen Gegenstand *realisieren*» nicht das bloße Faktum nenne, sich diesen Gegenstand mehr oder weniger lebhaft vorzustellen. Man realisiert einen Gegenstand, wenn uns die Anwesenheit dieses Gegenstandes als eine mehr oder minder wesenhafte Veränderung unseres Seins und durch diese Veränderung gegeben ist. Ein Abenteuer haben heißt nicht sich vorstellen, daß man ein Abenteuer hat, sondern sein-in dem Abenteuer – was, wie ich in *La Nausée* gezeigt habe, unmöglich ist. Das Unrealisierbare läßt sich immer vorstellen, aber es läßt sich nicht *genießen*, und eben das verleiht ihm seinen quälenden und zweideutigen Charakter. Ich denke, daß die Hälfte aller menschlichen Handlungen das Ziel hat, das Unrealisierbare zu realisieren. Ich denke, daß die meisten unserer subtilsten Enttäuschungen daher rühren, daß uns etwas Unrealisierbares in der Zukunft und nachträglich in der Vergangenheit als realisierbar erscheint und wir dann deutlich spüren, daß wir es nicht realisiert haben. Und gegenwärtig spüre ich genau, daß diese zehn Tage, die hinter mir liegen, die so zusammengeschnurrt sind, daß ihr Ende ihren Anfang berührt, im Begriff sind, in meiner Erinnerung genau zu *dem* Urlaub zu werden, den ich haben wollte, als ich am 2. Februar von ihm träumte.

Ich will von meiner Rückkehr berichten. Vorgestern, am 15. Februar, habe ich gegen halb neun meine von einem zivilen Schneider ausgebesserte Uniform angezogen, ich besaß neue Wickelgamaschen, Skistiefel (diejenigen, die ich bisher getragen hatte, gehörten dem Castor),

1 «Paris, mythe moderne». Dieser Artikel erschien im Mai 1937 in der *N. R. F.*, dann in dem Band mit dem Titel *Le Mythe et l'homme*, Gallimard, Paris 1938.

ich war sauberer, als ich seit Beginn des Krieges je gewesen bin. Ich bin um neun Uhr auf dem Bahnsteig im Gare de l'Est angekommen, und ich habe mühelos einen Platz gefunden. Viele Frauen begleiteten die Soldaten, sehr wenige Männer. Sie klammerten sich an ihre Arme und sahen sie mit einer Art Gier an. Aber die meisten Soldaten, sauber und rasiert, auch sie sauberer, als sie je waren, sahen sie nicht an, sie waren bereits abgefahren, sie sahen ins Vage oder sahen die anderen Soldaten an. Ich verallgemeinere nicht eilfertig, ich bin den ganzen Bahnsteig entlanggegangen, und überall sind mir diese komischen Gruppen aufgefallen, diese Bewegung, diese angeklammerte kleinere Gestalt, die versuchte, die Gruppe wieder zu schließen, sie zu einem Ganzen gegen die Außenwelt zu machen, und die größere, stumme, schwere und fast passive Gestalt, die sich langsam von der anderen löste und sich von vorn zeigte, wenn die andere im Profil war, diese zwei Blicke, von denen der eine festhalten und bewahren wollte und der andere, senkrecht zum ersten, auf der Flucht auf die Zukunft hin war. Von Zeit zu Zeit weinte eine Frau, ihr Mann merkte es und sagte unbeholfen: «Mußt nicht weinen», aber er blieb stehen, wußte nicht, was er noch sagen sollte, zutiefst davon überzeugt, daß sie allen Grund zum Weinen hatte. Eine Frau und ihr Mann haben zusammen zu schluchzen angefangen, aber das wurde von der Menge nicht sehr gut aufgenommen. Ein vorbeilaufender Soldat hat gerufen: «Achtung, Hochwasser», und die Leute haben gelacht. Komisches gesellschaftliches Ereignis im schmutzigen Grau und schlammigen Khaki, diese ganz und gar primitive Selektion zwischen Männern, die alle abgeholt wurden, und den nachlässig geschminkten, von der schlaflosen Nacht angeschlagenen, hastig angekleideten Frauen, die dableiben mußten. Es gab zwei Züge, die einander gegenüberstanden, meiner fuhr als zweiter ab. Um 9 Uhr 30 fuhr der andere ab, und ich sah ein Defilee von Frauen. Die Paare, von denen der männliche Teil meinen Zug nahm, waren etwas zurückgetreten und betrachteten das Defilee, ohne ein Wort zu sagen. Wahrscheinlich dachten die Frauen, die sich an die Arme ihrer Männer klammerten, daß sie eine Viertelstunde später genauso dastehen würden. Es war ein langsames und stummes Defilee mit einer Art zaghafter Anmut. Alle Frauen weinten, außer einer oder zweien, es war fast schon komisch: alte und junge, große und dicke, braune und blonde durcheinander, alle mit denselben Ringen um die geröteten Augen. Eine oder zwei fielen mir auf, besonders eine, eine große elegante Blondine mit Pelzmantel und welkem Gesicht, die nicht weinte, die mit langen Schritten ging, den Kopf zur Seite gewandt, und unseren Zug mit zutraulicher und verwirrter Miene ansah. Sie kam mir angeschlagener vor als die anderen. Auch ein kleines Mädchen, das genau die gleiche Haltung und Miene hatte wie die Frauen, die nach der Kommunion wieder an ihre Plätze gehen. Beim Anblick ihres verstohlenen inneren Lächelns und ihrer gesenkten Augen schien mir, daß sie ihre Erinnerungen in sich spürte wie eine Hostie. Dann schrie man «Einsteigen», und wir sind in unsere Waggons geklettert. In meinem Abteil stellten sich die Soldaten einer nach dem anderen an die Wagentür, und nachdem jeder die ihm entgegengestreckten Hände geschüttelt oder eine Frau an den Schultern zu sich emporgehoben hatte, trat er zurück und sagte höflich: «Der nächste.» Der Zug ist abgefahren. Die Männer waren wortkarg und trübsinnig. Im Gang lachte haßvoll ein hübscher Blonder. Jemand sagte zu ihm: «Mußt dich nicht aufregen, es nützt nichts», und er antwortete mit zischender Ironie: «Natürlich! Reine Gewohnheit. In zehn Jahren wird es mir nichts mehr ausmachen.» Ein Soldat sprach vom nächsten Urlaub, und ein anderer erwiderte mit finsterer Miene: «O ja! Reden wir vom nächsten Urlaub.» Und ein Schnurrbärtiger schloß, wie für sich allein: «Das wär's für vier Monate.» Einem bebrillten kleinen Juden fiel eine ganze Ausrüstung auf den Kopf. Jemand entschuldigte sich, und der kleine Jude sagte mit resignierter Heiterkeit: «Oh, jetzt oder später ... Na ja, trotzdem so spät wie möglich.» Sie redeten noch eine Weile, undeutliche Worte, die sich an niemand richteten und keine Antwort enthielten. An diesen Worten glaubte ich zu verstehen, daß sie alle panische Angst vor einer Frühjahrsoffensive hatten; das war es, was ihrer Abfahrt diesen tragischen Aspekt verlieh. Nach einer Viertelstunde waren alle verstummt. Einige lasen, andere schliefen, wieder andere starrten vor sich hin. Ich habe den *Bismarck* von Ludwig[1] gelesen. Dann und wann legte ich mein Buch weg und ging auf dem Gang rauchen. Ich war nicht traurig, aber sehr aufgewühlt, in einem Zustand, den man sehr genau als pathetisch bezeichnen könnte und in dem sich die Insekten befinden müssen, wenn sie dabei sind, sich umzuwandeln. Hin und wieder gelang es mir, meiner Lektüre Interesse abzugewinnen, und dann übertrug ich mein Pathos auf Bismarck, der mir beinahe Tränen in die Augen trieb.

1 Frz. Ausgabe bei Payot 1929 in Paris.

Der Zug hielt. Es war 16 Uhr 30. Wir sind ausgestiegen in den Schnee, und wir haben sofort begriffen, was los war: ein Lautsprecher fing an, uns anzuschnauzen, sobald wir den Fuß auf den Bahnsteig gesetzt hatten. Wir waren keine «Urlauber» mehr, sondern «Männer», und es war keine Rede mehr davon, uns höflich zuzureden wie in Aiguevilliers, sondern man drohte uns mit den schlimmsten Strafen: «Es ist streng verboten ... Jeder Mann, der gegen ... verstößt, hat die strengsten Strafen zu erwarten.» Ich fühlte mich nicht betroffen, nur belustigt, ich war abgebrüht. «Ihre Art, uns zu begrüßen», sagte mein Nachbar. Baracken. Es ist Port d'Atelier. Ich habe Bier aus der Flasche getrunken, ich habe meine Baracke gewählt. Warum unter all diesen gleich aussehenden Baracken wählen? Letzter Rest von Zivilistengewohnheit. Ich bin in einen finsteren großen Saal mit Holzwänden eingetreten. Männer schliefen auf Bänken, andere saßen mit hängendem Kopf da, andere aßen. Ich habe Wanda geschrieben und dem Castor, und dann habe ich die *Gespräche mit Hitler*[1] gelesen. Die Nacht ist gekommen, es begann kalt zu werden. Es gab drei zu einem Dreieck um den Ofen angeordnete Bänke im Halbdunkel. Ich habe mich hingesetzt. Wir waren etwa zwanzig Soldaten, Schenkel an Schenkel sitzend, mit starrem Blick. Mir fielen eine Menge Erinnerungen ein, und ich wußte, daß jeder meiner Nachbarn auf dieselbe Weise Erinnerungen wachrief. Einer ist hereingekommen: «Das ist ja 'ne Welt ohne Frauen hier. Wo sind denn die Frauen?» Von Zeit zu Zeit informierte uns der Lautsprecher über die bevorstehende Abfahrt eines Zuges. Er kündigte uns verfrüht die Abfahrt des unseren an, und einen Moment lang herrschte Verwirrung. Um halb acht bin ich aus der Baracke gegangen: man kündigte die Vorführung eines Tonfilms an. Ich habe mit den anderen Schlange gestanden, und als ich dann an die Reihe kam, bin ich weggegangen. Ich wollte mich von dieser finsteren und starken Welt nicht ablenken, ich wollte mich nicht vom Imaginären faszinieren lassen. Ich bin in meine Baracke zurückgekehrt. Um neun Uhr zwanzig sind wir nachts im Schnee zu unserem Zug gerannt, völlig ungeordnet, über Stacheldrähte kletternd, über die Gleise springend, während die Feldwebel in der Ferne hinter uns herkläfften. Ich habe den Grund für diese Unordnung nicht recht verstanden. Mir wäre es recht gewesen, den angezeigten Wegen zu folgen. Hatte es Fehler bei unseren Vorgesetzten gegeben,

1 Von H. Rauschning.

Panik, ungeduldigen Heroismus? Diese Abfahrt ähnelte einer Flucht. Wir befanden uns zu viert in einem Abteil, das weder beleuchtet noch geheizt war, der Dampf war in den Rohren eingefroren. Wir machten uns Licht mit unseren Taschenlampen, um unser Gepäck in den Netzen zu verstauen. Ich habe zu schlafen versucht, aber es war sehr kalt, und wir wurden von einem faden Geruch nach Desinfektionsmitteln belästigt. Meine Nachbarn schnaubten und stöhnten: «Die Drecksäcke, die wollen wohl, daß wir verrecken. Herrgott, was für eine Kälte.» Schließlich sagte ich ihnen, wir könnten vielleicht versuchen, an der nächsten Station auszusteigen und an die Spitze des Zuges zu laufen, da hätten wir mehr Chancen, geheizte Waggons zu finden. Aber sie stöhnten lieber. Ich bin trotzdem ausgestiegen, sobald der Zug hielt, und sie sind mir gefolgt, wir sind im Schnee den Zug entlanggerannt, zwei Burschen haben sich unterwegs verirrt und irgendwo reingezwängt. Ich fand mich allein mit einem dicken Blonden in einem angenehm warmen Abteil, dann sind zwei Jäger zugestiegen, und ich bin eingeschlafen wie ein Sack. Wir sollten um 4 Uhr 37 ankommen, aber als ich gegen 6 Uhr aufwachte, fuhr der Zug immer noch. Einer der Jäger, blutjung mit angenehmem, gebräuntem Gesicht, hat uns mit sachlicher Miene erzählt, daß sein Hauptmann Rutengänger sei. Von seinem Büro aus prüfte er mit seinem Pendel, ob sich seine Maschinengewehrabteilungen genau an dem Platz befanden, den er ihnen zugewiesen hatte, und wenn sie nicht dort waren, telefonierte er, um Rechenschaft zu fordern. Der Mann sprach langsam und gewissenhaft. Als er fertig war, fügte er im selben Ton hinzu: «Er ist ein Schwachkopf.» Überall auf meiner Strecke habe ich denselben Haß auf die Offiziere angetroffen, einen gedämpften und tiefen Haß, der nichts mit dem Antimilitarismus gemein hat, sondern im Gegenteil ganz konkret und empirisch ist und immer einhergeht mit einem «Ich sag ja nicht, daß es keine anständigen gibt, aber ich hab noch keinen gesehen». Die beiden Jäger waren im Saarland gewesen. Sie sprachen mit weit aufgerissenen Augen über jene ersten Tage im September, an denen die Minen unter ihren Füßen explodierten. Sie hatten einen unvorsichtigen Leutnant in die Luft fliegen und mit zerfetzten Augen herunterfallen sehen; sie hatten einen großen Lastwagen explodieren sehen, der Fahrer war fast unverletzt an einem Baum hängengeblieben, mit seinen versengten Kleidern. Um sechs Uhr dreißig Ankunft in Dettwiller (meine Division ist aus Morsbronn nach Bouxwiller gezogen). Baracken. Neben mir wettert einer, und die anderen pflichten ihm bei: es geht immer noch um die Offiziere. Ein Hauptmann hat angeblich ein paar Männer zur Strafe mit der Nase zur Wand zwei Stunden lang strammstehen lassen. Diese Strafe erregt sie in einer Weise, die mir ziemlich unverständlich bleibt. Mir wäre das lieber als vier Tage Bau, aber es trifft sie in ihrer männlichen Würde: «Wir sind doch keine Kinder mehr, verdammt noch mal!» Ein anderer, ein Dicker, der friedfertig aussieht, sagt mit schläfriger Stimme: «Geduld! Wir werden uns das nicht immer gefallen lassen, es dauert ja vielleicht nicht ewig.» Trotzdem erkennen sie übereinstimmend die Notwendigkeit des Krieges an. Einer sagt: «Am Anfang, da war der Krieg wegen einem Ideal, aber das wird mit Interessefragen enden, wie der andere.» Derselbe spricht wenig später davon, sich wegen seines Herzens ausmustern zu lassen: «Ich bin so nervös wegen dem Herz, daß ich, ob ihr mir glaubt oder nicht, wenn ich jemand treffe, den ich fünf Monate nicht mehr gesehen hab, daß ich dann minutenlang wie ein Schaf dastehe.» Gegen acht Uhr pfercht man uns in Busse, und um zwanzig vor neun bin ich in Bouxwiller.

Hang, der in Saumur auf Urlaub war, ist mit einer großen Wut auf die Zivilisten zurückgekehrt. Er erzählt mir von einem gewissen Deck, der ihm bei seiner Rückkehr aus dem Urlaub gesagt hat: «Wäre meine Frau nicht gewesen, dann hätte ich nach zwei Tagen beantragt, zurückkommen zu dürfen», und von einem anderen, der gesagt hatte: «Die Pariser hätten es verdient, wenn man sie zweimal in der Woche bombardieren würde.» Ich teile seine Meinung ganz und gar nicht: die Pariser kamen mir schlaff und traurig vor. Ich denke mir, daß die langsame und verhängnisvolle Verwandlung des Soldaten in einen Unverstandenen beginnt.

Sonntag, 18. Februar

Die beiden Jäger, die Pieter kennt, haben uns wieder besucht. Vor zwei Monaten beklagten sie sich über einen ziemlich törichten Hang zur Theatralik unter den Kameraden. Man warf ihnen vor, sie würden sich drücken, wenn sie sich nicht als Freiwillige für gefährliche Aufgaben meldeten. Heute sagen sie, daß die Moral der Truppe sehr schlecht sei. Das habe ich seit einiger Zeit überall feststellen können.

Das Penetrante bei den Relativisten ist ihre Anschuldigung, man würde immer heimlich bei Gott Zuflucht suchen. Zum Beispiel hält Aron jede Anstrengung, ein historisches Ereignis so zu erfassen, *wie es war* (und nicht so, wie es durch technische oder kulturelle Bedeutungsschichten, durch ihrerseits historische Vorurteile, durch die Postulate einer individuellen Philosophie erscheint), für eine Zuflucht zu Gott. Das Ereignis an sich ist das Ereignis, wie es Gott erscheinen würde. In diesem Sinn konnte er mir sagen, daß seine *Introduction à la philosophie de l'Histoire* ein Plädoyer für den philosophischen und methodologischen Atheismus sei. Ich räume gern ein, daß das Argument einen technischen Wert hat (es stimmt, daß der Historiker *technisch* historisch ist) und einen psychologischen (es stimmt, daß die Suche nach dem Faktum, *so wie es war*, psychologisch beim Suchenden meistens einer Hingabe an Gott gleichkommt). Aber die geheime Schwäche dieser idealistischen Penetranz besteht darin, daß sie ein riesiges Postulat in sich trägt, das sie zu einem Zirkelschluß macht. Dieses Postulat ist der Idealismus selbst. Zu sagen, daß jede Suche nach dem An-sich eine Zuflucht zu Gott sei, heißt ganz einfach behaupten: *esse est percipi*[1]; heißt das Sein in Erkenntnis, das Ansich in Sein-für auflösen. Man hat die Frage durch eine recht geschickte List verfälscht. Wenn ich frage, was ein Faktum absolut ist, antwortet man mir, daß ein Faktum nur «für» ein absolutes Sein absolut sein kann, und so bin ich auf Gott verwiesen. Aber diese Herabsetzung des An-sich zum Sein-für lehne ich gerade ab, und ich glaube in diesen Heften im Gegenteil gezeigt zu haben, daß das Sein-für nur auf dem Hintergrund des *An-sich* erscheinen kann, dessen Nichtung es ist. Aber man muß weiter gehen und zeigen, daß es zum Beispiel ein bestimmtes *An-sich* nicht des *Für-mich*, sondern des Für-andere gibt. Wenn ich eine jener wechselseitigen Anwesenheiten zweier Fürsich annehme, die ein Für-andere bilden, dann habe ich erklärt, daß sich diese Anwesenheit auf dem Hintergrund von An-sich zeigt. Aber wir würden in den idealistischen Irrtum des Primats der Erkenntnis zurückfallen, wenn wir annehmen würden, dieses Für-andere existiere nur, *insofern* es eine Seinsmodifikation für jedes der Für-sich

1 *Sein ist Wahrgenommensein;* Anspielung auf das Prinzip des «Immaterialismus» des Philosophen George Berkeley (1685–1753), wonach es *«unmöglich ist, daß die nichtdenkenden Dinge irgendeine Existenz außerhalb des Geistes oder der denkenden Dinge haben, die sie wahrnehmen»*.

ist. Zweifellos gibt es ein *Für-andere* nur als wechselseitige existentielle Modifikation von zwei (oder mehreren) *Für-sich*. Aber wenn jedes dieser Für-sich sein Für-andere über *seine* eigene existentielle Modifikation verwirklicht, was können wir dann über die *wechselseitige* existentielle Modifikation sagen? Ist sie nur die *Summe* der beiden individuellen Modifikationen? Aber diese Summe kann sich nur auf dem Hintergrund einer vorgängigen Einheit bilden. Existiert sie nur *für* eine dritte Person? Das ist anscheinend möglich, und wir würden in den Idealismus und letztlich in die Zuflucht zu Gott zurückfallen, da letztlich die wechselseitige existentielle Modifikation absolut *an sich* nur für das absolute Sein existieren würde, das Ursache von sich ist. Oder gibt es schließlich eine eigene Existenz der wechselseitigen existentiellen Modifikation, eine Existenz, die sich weder in Termini des *Für-sich* noch in Termini des *Für-andere* stellen würde?

Ein Beispiel: Pieter tritt ein, er sieht mich, er spricht mit mir, und schon beschneidet er mich in meiner Existenz, und ich bohre mich meinerseits wie ein Messer in die seine. Und schon sind wir in eine Unterhaltung verwickelt. Ich frage mich, ob diese *«Unterhaltung»* Existenz nur hat für mich, der ich mich unterhalte, *und* für ihn, der sich unterhält. Oder ob sie außerdem noch existiert, zwar nicht unabhängig von ihm und von mir, aber unabhängig vom Für-sich-sein jedes einzelnen von uns. Das ist nicht einfach, denn das Für-sich existiert nur als Nichtung des An-sich. Wohin wir uns daher auch wenden mögen, wir finden nur *genichtetes An-sich*. Aber das An-sich erfaßt aufs neue, was ihm in der Nichtung entgeht, indem es eben dieser Nichtung den Wert eines innerhalb des An-sich erschienenen *Faktums* verleiht. Durch die *Faktizität* wird das Bewußtsein in seiner Nichtung des An-sich hinterrücks durch das von ihm genichtete An-sich wiedererfaßt, und genau das meine ich, wenn ich sage, daß das An-sich sein eigenes Nichts ist. Nicht, daß es selbst Grund für das Nichts ist, aber damit das Nichts das An-sich nichten kann, muß es aus eben dem An-sich heraustreten, muß es *von Sein besetzt werden*. Und dieser dünne Existenzfilm, durch den das An-sich seine eigene Nichtung wiedererlangt, genau das ist die Faktizität oder Grenze der Transparenz des Bewußtseins. Nicht, daß es *hinter* dieser Transparenz nichts gäbe, aber allein das *Faktum*, wie-für-sich-zu-sein, ist die opake Grenze dieser Transluzidität. Kurz, es *ist* ein jeder Nichtung entgehendes Faktum *an sich*, daß in diesem Augenblick ein *Für-sich* existiert, das Nichtung des An-sich ist. Die Reflexion kann diese Faktizität zwar überwinden, indem sie die faktische Existenz des reflektierten Bewußtseins nichtet, aber dann hat sie es mit der reflexiven Faktizität zu tun, die Faktizität ist nur verschoben worden. Dieses Faktum existiert-für niemanden. Wenn das Bewußtsein sich ihm zuwendet, um es zu befragen, *sieht* es das Faktum nicht, es sieht nur die unendliche und nichtende Freiheit seiner eigenen Motivationen. Es *ist* einfach. Nicht in den Augen Gottes: an sich.[1] Das führt uns dicht an die Frage der Zeit heran, die ich in den nächsten Tagen untersuchen will. Genau dieser Faktizitätsfilm verleiht meiner Unterhaltung mit Pieter eine Existenz *an sich*.

Das Eigentümliche des Nichts ist nicht nur, daß es das Sein nichtet, sondern daß es sich selbst zum An-sich hin nichtet. Daher besteht die Transzendenz des Bewußtseins darin, die Welt zu einer Selbstheit [*ipséité*] hin zu überschreiten, die es als ein *An-sich* will. Aber dieses An-sich, das es über die Welt hinaus entwirft, bewahrt die Wesensmerkmale des Bewußseins in sich selbst auf. Es ist ein An-sich, das sich selbst seine eigene Begründung ist, so wie das Bewußtsein sich selbst seine eigene Motivation ist, ein An-sich, von dem die Faktizität umhüllt, überschritten und in seinem Schoß aufbewahrt wird. Ein An-sich, das sich selbst ein Für-sich ist. Diese zwitterhafte Projektion des An-sich und des Für-sich ist die einzige Art und Weise, auf die das Bewußtsein sich selbst das An-sich zum Zweck geben kann. Genau das nennt man «Ursache von sich». Ein An-sich, das Für-sich wäre, ist Ursache-von-sich. Die Transzendenz ist das Sein des Bewußtseins, insofern es ist, um Ursache-von-sich zu sein.

Wir essen mit fünf Jägern zu Mittag, den beiden von Pieter und drei anderen. Immer wieder diese herbe Verbitterung über die Offiziere. Sie alle haben unter ihnen gestöhnt und erinnern sich ohne Prahlerei, mit einer Art zynischer Härte, die mir gefällt, an die übelsten Orte, über unsere Köpfe hinweg. Sie reden gerne davon, daß sie ihre Offiziere umlegen wollen. Freilich wird keiner es tun, aber das Verblüffende ist, daß das nicht aufrührerisch und mit geballten Fäusten gesagt wird, sondern in ungezwungenem Plauderton, wie etwas, was

1 Vgl. *Das Sein und das Nichts*, zweiter Teil, erstes Kapitel «Die unmittelbaren Strukturen des Für-sich» und dritter Teil, erstes Kapitel «Die Existenz Anderer».

sich von selbst versteht. Sie beabsichtigen nicht einmal, sie eigenhändig umzulegen, sondern konstatieren objektiv als eine Tatsache, daß Oberst Deligne, wenn er nachts die Vorposten besichtigen kommt, «umgelegt wird». Einige ihrer Offiziere haben mit ihnen auf dem Fußboden geschlafen, aber sie haben das Stadium hinter sich, in dem man das imponierend findet; sie sagen einfach: «Wie geschickt.» Mehr als Zorn empfinden sie Verachtung für sie. Einer von ihnen, aus Epinal, den ich zum erstenmal sehe – dicker Schädel, blonder Schnurrbart –, erzählt sehr schön: «Der Hauptmann, der regt sich beim Reden auf, schließlich gerät er ganz allein in Wut, er sagt uns: wer raucht, dem jage ich eine Kugel in den Kopf, ich hänge am Leben.» Mitleidiges Achselzucken. Ein anderer, ein Musiklehrer, beschreibt seinen Hauptmann: «Er ist Grundschullehrer, er kann nicht befehlen, ich werfe ihm das ja nicht vor, aber was hat er da zu suchen? Er hat Angst, immerzu Angst. Wenn er uns bestraft, jammert er: ‹Ich bin euch nicht böse, ich bin euch nicht böse, aber ich muß es tun. Zwei Wochen Bau, ihr meint bestimmt, das ist hart, aber was wollt ihr, ich bin nicht allein.› Bevor es an die Front geht, versammelt er uns: ‹Stillgestanden, rührt euch. Bisher sind wir nur Eingezogene gewesen, jetzt werden wir Kämpfer sein. Vielleicht falle ich als erster. Ich bin sicher, daß neunzig Prozent von euch ...› Wir sind ganz grün geworden, wir glaubten, er wollte sagen: ... daß neunzig Prozent von euch auf der Strecke bleiben. Aber nein: ‹Ich bin sicher, daß neunzig Prozent von euch mich aus den feindlichen Linien holen werden, wenn ich dort falle. Ich bitte nur um eines, daß ich nicht in deutscher Erde die Augen schließe. Es lebe Frankreich!› Oberst Deligne war wütend auf ihn, er hat ihm gesagt: ‹Betrachten Sie sich als moralisch bestraft.› Acht Tage später, als etwas schiefging, ist er in Harnisch geraten, er hat geflucht: ‹Verdammt noch mal, ich will nicht zweimal bestraft werden, ich bin schon moralisch bestraft worden, das reicht!›»

Ich kann mir Paul sehr gut vorstellen, ein zwischen seiner Angst und seinem sozialistischen Gewissen schwankender Offizier. Er soll übrigens nach meiner Abreise zweimal geschluchzt haben. Am Abend meiner Abreise hat er einen Brief von seiner Frau bekommen, die ihm ankündigt, daß sein Sohn ein bißchen abgespannt sei. Erster Schluchzer. Am nächsten Tag bekommt er ein Telegramm, er wird grün und dreht es zehn Minuten in seinen Fingern, ohne es aufzumachen. Gereizt sagt Pieter zu ihm: «Mach es auf.» Endlich reißt er es halb auf, liest ein paar belanglose Worte: seine Frau ist nach Châteauroux berufen worden, in eine Oberschule, glaube ich. Er hatte das Schlimmste befürchtet. Er bricht zusammen und schluchzt «wie eine Frau», sagt Pieter entrüstet.

Um zu meinen Jägern zurückzukehren – wir fragen sie, ob sie angegriffen worden sind: «Wir glaubten es. Einmal hat es eine fürchterliche Schießerei gegeben, wir sind zu unseren Waffen gestürzt, man hat uns Befehle zugebrüllt, und danach hat man uns gesagt, daß es in einem anderen Abschnitt war. Aber die Wahrheit, die haben wir am nächsten Tag von einem Wachtposten erfahren, der hat gehört, wie der Hauptmann zu einem Feldwebel sagte: ‹Diese Kerle! Fünfzehnhundert Patronen haben wir verschossen, um sie in Stimmung zu bringen.›»

Ich sage nicht, daß das stimmt. Aber es stimmt, daß alle es denken. Der gleiche Eindruck gestern beim Abendessen mit anderen Jägern. Sie glauben zwar nicht sehr an eine Frühjahrsoffensive, aber sie haben es satt. Die meisten sagen uns: «Es wird von innen zusammenbrechen. Hier und drüben.»

Der Feldwebel hat den Refrain gewechselt. Er meint, daß man ein Expeditionskorps nach Finnland entsenden wird und daß er dabeisein wird. «Ich gehe mit», sagt er, «um Väterchen Stalin seinen Schnurrbart zu schneiden.»[1]

Meine gestrige Bemerkung über das Unrealisierbare ist geeignet, Verwirrung zu stiften. Was unrealisierbar ist, ist niemals ein *Gegenstand*. Es ist eine *Situation*. Nicht Paris, sondern das In-Paris-sein ist der Anlaß, bei dem sich die Frage des Unrealisierbaren stellt.

Ein Feldwebel, der unsere Gesellschaft sucht, weil er eine unglückliche Liebe zur Intelligenz hat, erzählt Pieter, daß er in einer heute evakuierten elsässischen Region ein «nettes Heim» hatte. «Ich hatte

1 Seit einigen Wochen hegen Daladier und Chamberlain den Gedanken, ein Expeditionskorps aufzustellen, um Finnland zu helfen; die öffentliche Meinung, vom verzweifelten Widerstand der Finnen gegen die Invasion der sowjetischen Truppen bewegt, ist dafür. Aber abgesehen davon, daß es den Alliierten an Material und Transportmitteln fehlt, müßten sie in den Krieg gegen die UdSSR eingreifen. Finnland wird vergebens auf diese Hilfe warten und sich erst am 12. März besiegt erklären.

schöne Möbel gekauft, ich hatte mir ein hübsches Boudoir eingerichtet mit Sofas und zwölf Puppen. Ach, mein armer Freund! Als ich neulich hingegangen bin, habe ich geheult. Sie hatten alles verwüstet; wäre mir ein Soldat über den Weg gelaufen, ich hätte ihn aufgehängt. Und meine hübschen Puppen hatten sie im Kreis hingesetzt und in die Mitte geschissen!»

Hang hat seine Moral eingebüßt, sein Urlaub hat ihn mitgenommen. Er will sich krank schreiben lassen und sagt kopfschüttelnd: «Wenn das so weitergeht, ohne daß was passiert, haben wir bald die Revolution, und zwar zuerst in der Armee.»

Heftige und düstere Raserei wegen eines Briefes, der nicht war, was er hätte sein sollen. Ich gehe spazieren, um mich zu beruhigen. Ich durchquere das Dorf und komme oben auf eine kurvenreiche und abschüssige breite Straße. Soldaten, Mädchen, Kinder rasen mit Schlitten hinunter. Oft sind vier oder fünf Schlitten aneinandergekoppelt, und das wirkt wie ein kleiner Bobsleigh. Die Hälfte dieser Mannschaften kippt unterwegs lachend um. Auf beiden Seiten der Straße drängen sich Soldaten, wie das Publikum in Chamonix beim Skispringen. Wenn die Schlitten vorbeikommen, werfen sie lachend Schneebälle nach ihnen. Sehnsucht nach Skifahren. Ich kehre völlig ruhig zurück. Ich notiere hier diese schwarzen Rasereien, die bei mir so häufig sind, daß sie einen Charakterzug bilden.

Fast schäme ich mich, mit der Untersuchung der Zeitlichkeit zu beginnen. Die Zeit ist für mich philosophisch immer eine harte Nuß gewesen, und ich habe, ohne darauf zu achten, eine Philosophie des Augenblicks gemacht (was mir Koyré[1] an einem Abend im Juni 39 vorwarf), weil ich die Dauer nicht begriff. In *La Nausée* behaupte ich, daß die Vergangenheit nicht ist, und früher versuchte ich, das Gedächtnis auf eine wahre Fiktion zu reduzieren. In meinen Unterrichtsstunden übertrieb ich den Anteil der Rekonstruktion in der Erinnerung, weil sich die Rekonstruktion *in der Gegenwart* vollzieht. Dieses Unverständnis paßte sehr gut zu meinem Mangel an Solidarität mit mir selbst, der dafür sorgte, daß ich meine tote Vergangenheit

1 Alexandre Koyré (1882–1964), Philosoph, Wissenschaftshistoriker, gemeinsam mit Gaston Bachelard, Etienne Souriau und H. C. Puech einer der Redakteure der Zeitschrift *Recherches philosophiques*, in der Sartre «Die Transzendenz des Ego» veröffentlicht hatte. Vgl. S. 394.

anmaßend aus der Höhe meiner Gegenwart beurteilte. Die Schwierigkeiten einer Theorie des Gedächtnisses sowie Husserls Einfluß veranlaßten mich, der Vergangenheit eine gewisse Existenz zuzusprechen, ganz genau die Existenz in der *Vergangenheit*. Und ich akzeptierte diese neue Idee um so leichter, als ich überaus bestürzt und gekränkt darüber war, mich, den einzigen Augenblicksphilosophen, mitten in die zeitgenössischen Philosophien geworfen zu sehen, die allesamt Philosophien der Zeit sind. Ich versuchte in *La Psyché* die Zeit dialektisch aus der Freiheit abzuleiten. Für mich war das eine Kühnheit. Aber das alles war noch nicht reif. Und jetzt erahne ich eine Theorie der Zeit. Ich fühle mich eingeschüchtert, noch bevor ich sie darlege, ich fühle mich wie ein Kind.

Zunächst stelle ich fest, daß die Zeit nicht ursprünglich von derselben Natur ist wie das An-sich. Sie ist also weder ein Milieu noch ein Rahmen, noch eine apriorische Form der Sensibilität, noch ein Entwicklungsgesetz. Vielmehr ist sie ganz vom Nichts durchdrungen. Wenn ich sie von einer bestimmten Warte aus betrachte, *ist* sie, und wenn ich sie von einer anderen Warte aus betrachte, ist sie nicht: die Zukunft *ist noch nicht*, die Vergangenheit *ist nicht mehr*, die Gegenwart gerinnt zu einem unendlich kleinen Punkt, die Zeit ist nur noch ein Traum.

Ich sehe auch deutlich, daß die Zeit nicht von derselben Natur ist wie das Für-sich, wie die zeitgenössischen Theorien uns einreden wollen. Ich bin nicht *in* der Zeit, das steht fest, aber ich bin auch nicht meine eigene Zeit, so wie Heidegger es versteht, sonst gäbe es eine zeitliche Transluzidität, die mit der Transluzidität des Bewußtseins zusammenfiele; das Bewußtsein wäre Zeit, insofern es Bewußtsein der Zeit wäre. Aber mit der Zeit verhält es sich nicht wie mit der Lust, die für das Bewußtsein nur existieren kann, wenn sie Bewußtsein ist. Ich brauche mich nicht zu Zeit zu machen, um zeitlich zu sein. Die Zeit ist die opake Grenze des Bewußtseins. Im übrigen ist es eine ungreifbare Opazität in einer totalen Transluzidität. Alle unsere Handlungen setzen ein vorontologisches Verstehen der Zeit voraus, und außerdem kann man die Zeit thematisieren, sie zum Gegenstand einer Theorie machen. Aber die Zeit ist weder *vor uns* wie ein Gegenstand der Welt noch *wir selbst* als Für-sich. Sie kann nicht der Gegenstand einer Intuition sein, wie Bergson meint, sie kann auch keine Situation sein in dem Sinne, in dem die Situation nur existiert, um überschritten zu werden. Dennoch *sind* wir Zeit, aber wir *verzeit-*

lichen uns nicht. In Wirklichkeit erscheint uns die Zeit nur dank der *Vergangenheit* oder der *Zukunft*, es ist uns nicht gegeben, sie in ihrem fortgesetzten Fluß zu leben. In dem Maße also, wie wir Zeit *sind*, *sind* wir etwas nach einem anderen Modus als nach dem des Für-sich. Und dennoch ist dieses Etwas *nichts* [*rien*]; wenn wir uns ihm zuwenden, um es zu erfassen, zerstiebt es in punktförmige Gegenwart, in das, was nicht mehr ist, in das, was noch nicht ist. Es erscheint zuerst als das Nichts [*rien*], das das Bewußtsein von seinen Anlässen und von seinem Wesen trennt. Es scheint sich nicht vom Prozeß der Nichtung des An-sich im Für-sich zu unterscheiden. Ich entgehe nämlich *in der Zeit* meinen eigenen Anlässen, *in der Zeit* meinem Wesen, denn das Wesen ist, was gewesen ist[1]. Dennoch ist das offensichtlich nicht dasselbe, da ich mein eigenes Nichts [*néant*] und nicht meine eigene Zeit bin. Wenn man lieber will: es gibt keinerlei Unterschied zwischen Nichtung und Verzeitlichung, es sei denn, daß das Für-sich *sich* nichtet und verzeitlicht *wird*. Und trotzdem sind Nichtung und Verzeitlichung in ein und derselben Bewegung gegeben, wenngleich existentiell unterschieden. Die Zeit ist die Faktizität der Nichtung. Unsere Zeitlichkeit und unsere Faktizität sind ein und dasselbe.

Ich werde morgen weitermachen.

Meinung von Zivilisten: Madame X sagt zu meiner Mutter: «Eigentlich sollte man ihnen keinen Urlaub geben, weil ihre Moral bei der Rückkehr dann schlechter ist.»

19. Januar[2]

Mistler ist nicht mehr hier. Er war Jahrgang 02, und man hat ihn kurz nach Keller als Schreiber zum Generalstab der 5. Armee nach Wangenbourg beordert.

Ich lese durcheinander (da ich alles gleichzeitig angefangen habe): *Plutarque a menti*: Pierrefeu[3]

1 Deutsch im Original. Sartre ordnet diesen Satz Hegel zu (siehe insbes. im zweiten Teil von *Das Sein und das Nichts* das Zweite Kapitel, I. «Phänomenologie der drei zeitlichen Dimensionen»).

2 Irrtum im Datum: es handelt sich um den 19. Februar.

3 Bei Bernard Grasset 1923 in Paris erschienen. Der Autor analysiert den Ablauf des Krieges von 1914 und das Verhalten der Generäle.

Le Siège de Paris: Duveau[1]
Bismarck: Ludwig
La Guerre de 1870–71: Chuquet[2]

Ich habe auch, auf deutsch, *Dichtung und Wahrheit*[3] von Goethe angefangen, was ich in der Bibliothek unserer Gastgeber fand. In Reserve einen «Marat», ich weiß nicht von wem[4], den ich aus Castors Zimmer mitgenommen habe, sowie Auszüge aus Saint-Simon über die Régence.

Ich komme auf die Zeit zurück. Das Eindringen des Für-sich in das Sein als Nichtung des An-sich ist als ein nicht auf das An-sich reduzierbarer Existenzmodus gekennzeichnet. Das Für-sich ist das Sein, das in seinem Sein nicht ist, was es ist, und ist, was es nicht ist. Es wäre vergeblich, wollte man durch Ausdrücke wie «Bewußtseinszustand» versuchen, den Seinsmodus des Für-sich zu *reduzieren*: es entgeht dem An-sich allenthalben, es ist das genichtete An-sich. Und obwohl es auf einem Hintergrund an An-sich erscheint und synthetisch mit dem An-sich durch eben die Negation verbunden ist, die es an ihm verwirklicht, entgeht es ihm, eben weil es es nichtet. Zum Beispiel kann sich das Für-sich nicht ohne die Ausdehnung erfassen, deren Negation es ist. Es ist vom An-sich gerade durch die Tatsache abhängig, daß es als ihm Entgehendes existiert. Diese Abhängigkeit ist jedoch unter einem anderen Gesichtspunkt totale Unabhängigkeit, da sich das Für-sich in bezug auf die Ausdehnung als das konstituiert, was nicht die Ausdehnung ist. Es *macht sich* zur Nicht-Ausdehnung, es ist seine eigene Unausgedehntheit. Das alles haben wir bereits dargelegt. Aber dafür erfaßt das An-sich das Für-sich von neuem, da das Für-sich Nichtung eines bestimmten An-sich *ist*. Mit einem Wort, das Für-sich, das Nichtung des An-sich ist und nur diese Nichtung ist, insofern es Für-sich ist, erscheint in der Einheit des An-sich als ein bestimmtes Existierendes, das durch ein Phänomen synthetischer Verbindung zur Totalität gehört. Das *Äußere* des Für-sich ist, daß es als Negation des An-sich nach der Art des An-sich *ist*. Das nannten

1 Bei Hachette 1939 in Paris erschienen.
2 Bei L. Chailley 1895 in Paris erschienen.
3 Deutsch im Original.
4 Vielleicht *Jean-Paul Marat, l'Ami du Peuple* von Louis Gottschalk, aus dem Engl. übers., bei Payot 1939 in Paris erschienen.

wir die Faktizität. Aber diese Faktizität selbst, die nur eine notwendige Spiegelung des An-sich auf dem Für-sich ist, kann nicht die Konsistenz des An-sich haben, sonst würde sie das Für-sich *lähmen*. Sie spielt sich an der Oberfläche des Für-sich ab, und sie ist so etwas wie ein inkonsistentes Phantom von An-sich. Mit einem Wort: wenn sich das Für-sich innen wie außen zur Nichtung des An-sich macht, kann es nicht nur das synthetische Verhältnis der Negation zum An-sich haben: es muß von diesem An-sich in Form einer synthetischen Einheit wiedererfaßt werden, *die diesmal vom An-sich kommt*. Diese Bedingungen sind erfüllt, da die Nichtung innerhalb des An-sich geschieht, und das Für-sich läßt sich nicht betrachten, als konstituiere es sich schlagartig *außerhalb* des An-sich, sondern im Gegenteil *innerhalb* des An-sich wie ein nagender Wurm. Ich werde dieses «An-sich», von dem das Für-sich gefärbt ist und das ihm ein Äußeres konstituiert, mit jenen Spiegelungen vergleichen, die man auf einer Glasscheibe sehen kann, wenn man sie von der Seite betrachtet, und die plötzlich deren Durchsichtigkeit verdecken, um sofort zu verschwinden, sobald man seine Stellung in bezug auf die Scheibe verändert. Mit dieser Beschreibung, so scheint mir, läßt sich darüber Aufschluß geben, daß ich immer behaupten darf, daß Pieters Bewußtsein *existiert* und durch eine bestimmte Koexistenzbeziehung mit diesen Tischen, diesen Gläsern und meinem Bewußtsein verbunden ist, obwohl es überhaupt nicht denselben Existenzmodus hat wie die Tische, die Gläser und die Wände. Nur, diese schwindende, schillernde und bewegliche Spiegelung des An-sich, die sich an der Oberfläche des Für-sich abspielt und die ich Faktizität nenne, diese völlig *inkonsistente* Spiegelung läßt sich nicht wie die opake und kompakte Existenz der *Dinge* betrachten. Das An-sich-sein des Für-sich in seiner unerfaßbaren Realität werden wir *Ereignis* nennen. Das Ereignis ist weder ein Vorkommnis noch etwas, was im Rahmen der Zeitlichkeit geschieht. Das Ereignis ist das existentielle Merkmal des Bewußtseins, insofern es vom An-sich wiedererfaßt ist. Jenes Vergnügen zum Beispiel, das ich empfinde, existiert nur, sofern ich mir seiner bewußt bin, und seine tiefe Existenz ist die des Wechselspiels von Spiegelung und Gespiegeltem. Aber *daß* dieses Vergnügen, das so geartet ist, daß es in seinem Sein um sein Sein geht, nach dem Modus des Für-sich ist, eben das nenne ich Ereignis. Und die Seinsverbindung, die in der Einheit des An-sich von außen *dieses* Für-sich wieder mit der Intimität des An-sich vereint, ist die *Simultaneität*. Die Simultaneität ist ebensowenig wie das Ereignis etwas, was innerhalb der konstituierten Zeit geschehen würde, zum Beispel das für mehrere Gegenstände kontingente Faktum, daß sie sich in derselben Gegenwart befinden. Es ist im Gegenteil ein existentielles Merkmal, das für die Zeit konstitutiv sein wird: die Notwendigkeit, die für ein Für-sich besteht, insofern es von An-sich gefärbt ist, mit der Totalität des An-sich zu koexistieren, zu dessen Negation es sich macht. Das An-sich der Nichtung des An-sich, das ist das Ereignis; die Einheit des genichteten An-sich mit dem An-sich der Nichtung *dieses* An-sich, das ist die Simultaneität.

Dennoch kann das Für-sich in bezug auf das An-sich, das es ist, nur in Form von Nichtung sein. Das heißt, daß die Faktizität des Für-sich alsbald genichtet wird, oder vielmehr, daß das Für-sich nicht Für-sich sein kann, wenn es sich nicht selbst als von dieser Faktizität durch *nichts* getrennt gibt. Die Faktizität ist dem Für-sich niemals *gegeben*, insofern sie das Äußere bildet, das es *ist*, sie ist ihm nur insofern gegenwärtig, als es sie bereits auf ganz spezielle Weise als das negiert, was es *nicht mehr* ist. Das Für-sich kann nur sein, indem es dem Sein, das es ist, entgeht, und diese Flucht des Nichts vor dem An-sich konstituiert die Zeitlichkeit. Denn man muß begreifen, daß diesem An-sich, das sich niemals bilden kann, ohne daß das Für-sich ihm entgeht, das Für-sich niemals entgehen kann, ohne vom An-sich des Ereignisses und der Simultaneität wiederergriffen zu werden. Das Für-sich kann dem An-sich nur im An-sich entgehen. So hat das, was man Gegenwart nennt, das heißt das Ereignis in der Simultaneität, niemals Konsistenz, es ist, um sich zu verflüchtigen, sein Sein fällt mit seinem Verschwinden zusammen, sonst würde das Für-sich ganz und gar am An-sich festkleben. In diesem Sinne gibt sich jede Gegenwart als *negierte Vergangenheit*, meine Gegenwart ist die Negation dessen, was *ich bin*, jede Gegenwart definiert sich als durch *nichts* von einem Gewesenen [*a été*] getrennt, mag das Gewesene der Gegenwart auch noch so nahe sein. Aber aus diesem Grunde wird das verworfene, als gewesen gesetzte Für-sich im Ganzen vom An-sich wiedererfaßt und total festgeklebt. Die Vergangenheit ist ein An-sich, das Für-sich war. Genau hier können wir den Sinn von «das *war*» verstehen. Der Unterschied zwischen der Negation der Ausdehnung durch das Für-sich und der Negation des Für-sich durch es selbst ist ganz und gar durch die Tatsache gegeben, daß im ersten Fall das Bewußtsein nicht ist, was es nicht ist, während es im zweiten Fall nicht ist, was es ist. Trotzdem muß man noch unterscheiden: das *gegenwärtige* Sein des Für-sich ist in seiner existentiellen Aktualität gekennzeichnet als nicht das seiend, was es ist. Innerhalb des Für-sich ist die Nichtung *von Sein besetzt*. Der Fall der Vergangenheit ist anders, er liegt zwischen der Nichtung, die zum Beispiel der Ausdehnung entgeht, und der interstrukturellen Nichtung des Für-sich. Wenn man vom Für-sich sagt, es war, dann sagt man, daß es nicht ist, was es ist, in der Art, in der es nicht ist, was es nicht ist. Das heißt es *macht sich* in der Totalität seines Für-sich zu anderem, als es als Totalität ist. In diesem Fall bleibt das erste Für-sich völlig erhalten, es existiert immer noch; es gibt sogar dem gegenwärtigen Für-sich seinen Sinn als das, was negiert ist, was überschritten ist, dies und nichts anderes, und das gegenwärtige Für-sich entgeht dem ersten Für-sich nur dadurch, daß es *nichts ist*. Nur erhält diese Negation die tiefe Einheit des Für-sich aufrecht, ich kann der Vergangenheit nur entgehen als nicht das seiend, was *ich* bin. Und gleichzeitig erfährt das erste Für-sich eine wesenhafte Modifikation. Es nichtet sich nicht, ganz im Gegenteil: nur ein Bewußtsein kann sich nichten, und diese Nichtung definiert gerade seine Gegenwart. Es vernichtet sich nicht, sondern wird vom An-sich wiederergriffen. Nicht aus irgendeinem mystischen Grund, sondern weil es, sowohl *vor* dem reinen Ereignis oder Nichten wie *danach*, überall nur An-sich gibt. Die Vergangenheit halt also gegenüber dem Bewußtsein die ganze Überlegenheit der Konsistenz und Solidität, auch Opazität, die ihr das An-sich verleiht. Nur in der Vergangenheit kann das Bewußtsein nach dem Modus des An-sich existieren, und die Vergangenheit ist nichts anderes als die Existenz des Für-sich nach dem Modus des An-sich. Trotzdem ist die Existenz des An-sich, das vormals Für-sich war, und des gegenwärtigen Für-sich nicht *Ko*existenz, eben weil das gegenwärtige Für-sich in seiner Totalität das andere ausschließt. Damit ist der Modus der Durchdringung des Für-sich durch das Für-sich, das es war, nicht die «*Anwesenheit*» in dem Sinne, in dem wir sie für die Welt definiert hatten. Es ist eben gerade die *Vergangenheit*. Und da diese unmittelbare Vergangenheit Negation einer ferneren Vergangenheit ist und so fort, definiert sich das in seiner Anwesenheit gegenwärtige Für-sich durch diese Nichtung des ganzen Blocks an Vergangenheit, die es *gewesen ist*. So läßt sich nicht die Frage stellen, warum die Freiheit dieser Vergangenheit nicht entgehen oder uns eine andere geben kann, denn wir sind ja gerade frei *in bezug* auf diese Vergangenheit. Wäre sie nicht Freiheit in bezug auf etwas, dann würde die Freiheit nichts mehr bedeuten.

So zeigt eine erste Beschreibung, daß das Für-sich nicht in die Welt eindringen kann ohne Koexistenz in der Gegenwart mit der Totalität des An-sich und ohne eine präzise Verbindung mit einem Gewesenen, das es *ist* und zugleich *nicht ist*. Wie steht es nun um die Zukunft? Das Für-sich kann nur dann von einem An-sich durchdrungen sein, wenn es dieses zur «causa sui»[1] hin überschreitet, die es ist-um-zu-sein. Das Für-sich flieht vor dem An-sich durch das An-sich zum An-sich. Die «causa sui» ist seit dem Eindringen des Für-sich ins An-sich gegeben, und zwar weder als ein *Gegenstand* noch als eine *Vorstellung*, noch als ein thematisierter *Wert*, sondern als das, zu dem das Für-sich vor seiner Faktizität flieht. Als unmögliche Synthese von An-sich und Für-sich, von totaler Opazität und totaler Freiheit, ist die «causa sui» sowohl das, wohin die Flucht geht, durch die das Für-sich sich von sich selbst losreißt, als auch das, wohin sich das Überschreiten des zu dieser Welt konstituierten An-sich vollzieht. Die «causa sui» ist der *Sinn der Welt*; die Welt kündigt sie an und macht sich, indem sie sie ankündigt, zur Welt; durch sie wird, sobald das Für-sich ins An-sich eindringt, das An-sich *vermenschlicht* und *verweltlicht*, was auf dasselbe hinausläuft. Dennoch gehört uns die «causa sui» nicht so, als bilde sie mit unserem Entwurf ein Ganzes. Sie ist die transzendente Einheit des Entwurfs, wodurch das Für-sich sich-selbst-entgeht hin zu ... Aber sie muß dem Wesen nach außer Reichweite bleiben. Ich habe es bereits gesagt, die Nichtung des An-sich in Für-sich ist kein *Abstandgewinnen* gegenüber dem An-sich: es ist vielmehr ein Zusammenbruch, eine Dekompression. Das Für-sich ist in dem Maße unausgedehnt, wie es *nichts* [*rien*] ist. Aber dieses Nichts selbst *ist* es nicht, man findet an ihm nicht einmal jene Konsistenz, *nichts* zu sein. Das Nichts ist Flucht des Nichts zur «causa sui», Nichtung des Nichts zum An-sich hin. Die Zukunft ist die Welt, insofern sie menschlich ist, sie ist die Welt, insofern das *ens causa sui* ihr Sinn ist als das, zu dem das Für-sich vor sich selbst flieht. Man darf die Welt nicht mit dem An-sich verwechseln. Die Welt ist das An-sich *für* das Für-sich. Ebenso ist die Zukunft nicht das An-sich. Die Zukunft ist die Welt. Irgendein Für-sich erfaßt einen Aspekt der Welt nur als eine Gelegenheit, jenen Mangel, der es selbst ist, im An-sich zu nichten. Welchen

1 (Ens) causa sui: ein Seiendes, das Ursache seiner selbst ist.

Gegenstand man auch betrachtet, er ist Ersuchen an das Für-sich, sich über ihn hinaus als *causa sui* zu entwerfen. Und sei es ein Sessel, der «uns die Arme entgegenstreckt» – entwerfen, sich auf ihn zu setzen, heißt sich in diesen Sessel entwerfen als das Existierende, das sich selbst dazu bestimmt hat, als in einem Sessel sitzend zu existieren, und das mit der Fülle des An-sich sitzend existieren wird. Das Für-sich kann alles vor sich hin entwerfen, nur nicht, daß es – wohin es auch gehen oder was es auch tun mag – immer noch ein Für-sich sein wird.

So läßt das Eindringen des Für-sich ins An-sich mit einem Schlag die Zeitlichkeit erscheinen mit ihrer dreifachen Dimension von Gegenwart, Vergangenheit und Zukunft. Die Zeitlichkeit ist weder An-sich noch Für-sich, sie ist die Art, auf die das An-sich das Für-sich wiedererfaßt oder, wenn man lieber will, die Existenz an sich des Für-sich. Insofern das Für-sich, das vor der Faktizität, von der es wiedererfaßt wird, in die Zukunft flieht, trotz allem Faktizität ist, *ist* das Für-sich, ohne seine eigene Zeitlichkeit zu sein, trotz allem Zeitlichkeit. Es ist genichtetes An-sich zwischen einem An-sich, das es nicht mehr ist (man darf nicht sagen, daß die Vergangenheit nicht mehr ist, sondern daß *wir* nicht mehr die Vergangenheit nach dem Modus des Für-sich sind), und einem An-sich, das es noch nicht ist (dasselbe gilt für die Zukunft). Und seine Natur ist es, nichtende Gegenwart zu sein, die unaufhörlich sich selbst zur Zukunft hin entgeht und unaufhörlich vom An-sich wiederergriffen wird.

Bleibt noch der genaue Seinsmodus der Vergangenheit und der Zukunft zu bestimmen. Jedenfalls können wir sagen, daß mit dem Für-sich die Zeitlichkeit in die Welt eindringt. Wenn das Bewußtsein, wie Valéry sagt, eine Abwesenheit ist, dann ist die Zeitlichkeit das Haften dieser Abwesenheit als solcher an der Welt.[1]

1 Diese Theorie wird in *Das Sein und das Nichts* wieder aufgenommen. Siehe im zweiten Teil dieser Arbeit das Kapitel über die Zeitlichkeit.

Heft XII

Februar 1940
Bouxwiller

Dienstag, 20. Februar
Ein wenig glaube ich, daß ich vor meinem Urlaub authentisch war. Wahrscheinlich, weil ich allein war. In Paris bin ich es nicht gewesen. Im Augenblick bin ich gar nichts mehr. Das veranlaßt mich, einige Punkte bezüglich der Authentizität zu präzisieren. Zuallererst folgenden: die Authentizität erlangt man als Ganzes, man ist authentisch, oder man ist es nicht. Aber das soll nicht heißen, daß man die Authentizität ein für allemal erwirbt. Ich habe schon gesagt, daß die Gegenwart nichts über die Zukunft vermag und die Vergangenheit nichts über die Gegenwart. In der Moral ebensowenig wie im Roman «profitiert man vom erworbenen Elan», wie Gide meint. Und die Authentizität des vorherigen Elans bewahrt uns im nächsten Augenblick in keiner Weise vor einem Sturz in die Unauthentizität. Allenfalls kann man sagen, daß es weniger schwierig ist, die Authentizität zu erhalten, als sie zu erwerben. Aber kann man wirklich von «erhalten» sprechen? Der kommende Augenblick ist neu, die Situation ist neu; man muß eine neue Authentizität erfinden. Immerhin, so wird man sagen, muß uns die Erinnerung an die Authentizität ein wenig vor der Unauthentizität bewahren. Aber die Erinnerung an das Authentische in der Unauthentizität ist selbst unauthentisch.

Das veranlaßt mich auch zu präzisieren, was ich über den Wunsch nach Authentizität gesagt habe. In der Unauthentizität können wir einen gewissen Wunsch nach Authentizität haben. Gewöhnlich meint man, dieser Wunsch nach Authentizität sei «immerhin etwas, mehr als nichts». Damit bringt man klammheimlich und auf Umwegen wieder die Kontinuität ins Spiel, die man zuerst weggeschoben hatte. Dann erkennt man die unauthentischen Menschen, die sich in ihrer Unauthentizität suhlen – sodann jene, die ein schon lobenswerter Wunsch in ihrem Schlamm bedrängt, und schließlich jene, die sich des Authentischen erfreuen. Aber auf diesem Umweg würden wir zur Moral der Tugenden zurückkehren. Es muß gesagt werden: entweder – oder: entweder quält uns der Wunsch nach Authentizität innerhalb der Unauthentizität – und dann ist er selbst unauthentisch –, oder er ist schon die ganze Authentizität, die sich jedoch nicht kennt, sich noch nicht erfaßt hat. Es gibt keinen Platz für einen dritten Zustand. Ich sehe zum Beispiel, wie sehr Biancas Wunsch nach Authentizität durch die Unauthentizität vergiftet ist. Sie möchte authentisch sein aus Zuneigung zu uns, aus Vertrauen zu uns, um zu uns zu stoßen – und auch aus einer Vorstellung von Verdienst. Sie leidet, wenn sie sieht, daß ein höchster Wert gesetzt wird, der ihr fremd ist, sie möchte authentisch sein, so wie sie vielleicht eine gute Skifahrerin oder eine fähige Philosophin werden möchte. Ihr scheint auch, daß sie, wenn sie diese Authentizität erwerben würde, gegenüber dem Leben und den Menschen mehr *Verdienst* erwerben würde. Ohne Zweifel hat sie klar verstanden, daß der authentische Mensch jede Idee von Verdienst *a priori* zurückweist, aber sie kann sich der Idee nicht erwehren, daß er gerade in seiner Art, das Verdienst abzulehnen, um so verdienstvoller ist. Ich sehe hier nur einen völlig vergifteten Wunsch, der, auf welcher Reflexionsebene auch immer, durch und durch vergiftet bleibt. Und ich sage nicht einmal, daß dieser Wunsch unter gewissen Umständen nicht eine totale Umwandlung veranlassen kann, die gerade die Authentizität gewährt. Ich sage lediglich, daß er nicht von sich aus zum Authentischen führen kann. Er muß innerhalb eines bereits authentischen Bewußtseins aufgegriffen und umgewandelt werden.

Dagegen kann ich mir sehr gut vorstellen, daß die durch eine freie Umwälzung erworbene Authentizität sich zuerst in Form eines Wunsches nach Authentizität äußert. Dieser bringt dann nur zum Ausdruck, daß die Sache gewonnen ist. Denn obwohl die Authentizität ein Ganzes ist, genügt es nicht, sie einmal bei einer besonderen und konkreten Gelegenheit erworben zu haben, damit sie sich ganz von selbst auf alle Situationen ausdehnt, in denen wir stecken. Ich denke zum Beispiel an einen Eingezogenen, der ein äußerst unauthentischer Bürger war und in den vielen gesellschaftlichen Situationen, in die er geworfen war, Familie, Beruf usw., unauthentisch lebte. Ich nehme an, daß der Schock des Krieges ihn plötzlich zu einer Konversion zum Authentischen bestimmt hat, was ihn dazu führt, gegenüber dem Krieg auf authentische Weise *in einer Situation* zu sein. Aber diese Authentizität will neue Gebiete erobern, wenn sie *wahr* ist. Sie zeigt sich zuerst in Form eines Wunsches, die alten Situationen im Licht dieser Veränderung zu überprüfen. Sie äußert sich zuerst als Unruhe und kritischer Wunsch. Hier darf diese Art, die Authentizität *auszu-*

dehnen, auf keinen Fall mit einem Gewinn an Authentizität verwechselt werden. Die Authentizität *ist schon da*. Nur gilt es, sie zu konsolidieren und auszudehnen. Das würde sich anders darstellen, wenn die vorher erlebten Situationen gegenwärtig wären. Aber sie sind weggerückt. Der Eingezogene befindet sich nicht mehr «im Familienkreis», er übt seinen Beruf nicht mehr aus usw. Er wird veranlaßt, über diese Situation *nachzudenken*, Beschlüsse für die Zukunft zu fassen, Leitfäden zu legen, um die Authentizität beim Übergang zu anderen Ereignissen zu *bewahren*. Der Wunsch, die Authentizität zu erwerben, ist im Grunde nur ein Wunsch, klarer zu sehen und sie nicht zu verlieren. Und der Widerstand kommt nicht von Rückständen an Unauthentizität, die in einem schlecht abgestaubten Bewußtsein hier und dort noch übrig wären, sondern einfach daher, daß die früheren Situationen der Veränderung als *Dinge* Widerstand leisten. Er hat sie bisher auf eine bestimmte Art gelebt, und indem er sie lebte, hat er sie *konstituiert*. Sie sind *Institutionen* geworden, sie haben außerhalb von ihm ihre eigene Permanenz und entwickeln sich sogar gegen seinen Willen. Man muß *erneut in Frage stellen*. Der Wunsch, erneut in Frage zu stellen, kann, wenn er aufrichtig ist, nur vor einem Hintergrund an Authentizität erscheinen. Und es genügt nicht, in Frage zu stellen, man muß verändern. Aber diese revolutionären Veränderungen, die sich durch einen Kampf gegen die Kohärenz der Institutionen äußern, unterscheiden sich ihrer Natur nach nicht von den Veränderungen, die ein Politiker an den gesellschaftlichen Institutionen vornehmen will, und begegnen den gleichen Widerständen. Es genügt also nicht, authentisch zu sein, man muß sein Leben an seine Authentizität anpassen. Daher jener tiefe Wunsch und jene Furcht und jene Angst auf dem Grund jeder Authentizität, die Besorgnisse *vor dem Leben* sind. Gleichwohl muß man richtig verstehen, daß die Authentizität unteilbar ist. Diese Furcht rührt daher, daß sich die ins Auge gefaßten Situationen am Horizont befinden, außer Reichweite, daher, daß man sie später wiederfinden wird, ohne sich gegenwärtig in ihnen zu befinden. Und wie immer man auch sein mag, es gibt stets eine große Zahl ferner Situationen am Horizont, derentwegen man sich im Authentischen «sorgt». Nimmt man jedoch an, eine dieser Situationen bildet sich unverhofft um mich herum von neuem, und ich bin authentisch, dann werde ich mich als authentisch erweisen, ohne mich in dieser wiedererstandenen Situation zu befragen, ohne einen Übergang vorbereiten zu müssen, einfach weil ich es *bin*. Wenn zum Beispiel die Frau dieses Eingezogenen ihn in seinem Abschnitt besucht, wird er mühelos *anders* mit ihr sein, ohne Nachdenken, ohne thematische Vorbereitung, einfach weil er anders *ist*. Aber, so wird man sagen, sie wird ihm sehr schnell das Bild seiner ursprünglichen Unauthentizität vorhalten. Ja, und das wird der Prüfstein sein, nicht für seine Authentizität selbst, sondern für den Willen, mit dem er sich an sie klammert. Vielleicht wird er nachgeben, aber er kann gegenüber dieser Frau nicht in seine alten Irrtümer zurückfallen, ohne mit einem Schlag kopfüber in die Unauthentizität zu stürzen, und davon wird dann sogar sein Im-Krieg-sein affiziert. Man muß nämlich bedenken, daß ein Wesen, das Unauthentisches von uns erwartet, uns bis ins Herz vor Unauthentizität erstarren läßt, indem es unsere alte Liebe wiedererweckt.[1] Es ist eine erlittene Unauthentizität, gegen die es leicht, aber schmerzhaft ist, sich zu wehren.

Wenn der Krieg nicht allzu lange dauert, befürchte ich seit meinem Urlaub, daß ich mich so, wie ich im letzten Jahr war, bei dem Treffen einfinden werde, das ich mir für nach dem Krieg vorgenommen hatte.

Pierrefeu schreibt in Übereinstimmung mit Gide in *Plutarque a menti*: «Ich behaupte, daß jeder Mensch von mittlerem Verstande, ohne besondere Begabung, einfach durch den Gebrauch seines Denkvermögens mühelos in jedes militärische Problem eindringen kann. Ebensogut wie ein Spezialist, vielleicht besser, wird er das Wahre und das Falsche einer taktischen oder strategischen Situation erkennen, vorausgesetzt, daß man keine technischen Sonderfragen aufwirft, die übrigens nur den Geist durch Einzelheiten verwirren und den Blick auf das Ganze und die großen Linien verhüllen.»[2]

Und er zeigt sehr gut, wie der Generalstab von 14 sich gegen das kartesianische und kostspielige Recht auf freie Prüfung wehrte und

1 Sartre scheint zwischen dem Beispiel eines beliebigen Eingezogenen in einer unbefriedigenden zivilen Situation x und sich selbst hin und her zu schwanken, der selbst einem bestimmten, aber nicht klar ausgedrückten Problem gegenübersteht. Der Absatz enthält vielleicht eine versteckte Beichte. Die hier angedeutete Gefühlslage ähnelt jedenfalls der Mathieus, dem Helden seines Romans, gegenüber Marcelle, der er schließlich gesteht, daß er sie nicht mehr liebt.

2 Zu dem, was Gide über dieses Thema dachte, siehe sein *Tagebuch* vom 25. Oktober 1916, das Sartre hier zitiert (Heft I, S. 38/39).

sich auf die Bergsonsche Intuition berief. Da er seine Überlegenheit nicht auf das Wissen des Technikers stützen konnte, suchte er sie mit der Unfehlbarkeit des Priesters zu begründen. Auf welche Weise auch immer, der Generalstab sollte ein Kollegium von Eingeweihten sein. Der Krieg von 14 hat ihn um seine Unfehlbarkeit gebracht. Die Männer von heute haben nicht mehr dieses religiöse Vertrauen in ihre Vorgesetzten. Sie haben sogar überhaupt keine Art von Vertrauen. Sie sind davon überzeugt, daß man einen totalen Krieg aus ökonomischen und politischen Gründen gewinnt, und was die militärischen Siege betrifft, so meinen sie, daß nur die Überlegenheit der Rüstung darüber entscheidet. Ich habe hier nie von Gamelin[1] sprechen hören. Niemals, auch nicht im schlechten Sinn. Er existiert überhaupt nicht. Nicht, daß man Mißtrauen gegen die Vorgesetzten hegte. Man nimmt sie demokratisch hin als gewählte Beamte. Es muß ja welche geben. Diese oder andere ... Und die Gläubigen von heute ahnen vielleicht nicht, welchen Schlag sie der militärischen Geistlichkeit versetzen, wenn sie schreiben, daß im modernen Krieg die Organisation bei weitem wichtiger ist als die Strategie. Denn ein Mensch von mittlerem Verstand, der ausdauernd und arbeitsam ist und von Untergebenen desselben Kalibers unterstützt wird, kann immer organisieren. Da im übrigen die Organisation der Einzelheiten in der Armee immer skandalös ist, ist die Schlußfolgerung rasch gezogen.

Man wundert sich, daß in der *Revue de Paris* vom 15. Februar 1920 ein anonymer Adept der Doktrin (offensichtlich ein höherer Offizier) noch zu schreiben gewagt hat: «Die Fortschritte der Rüstung begünstigen von selbst die Offensive auf Kosten der Defensive.»[2]

Großartige Passage: Die deutschen Generäle sind nach der Marneschlacht auf dem Rückzug: «Die Regel des Kriegsspiels fordert in der Tat, daß jede Armee, die auf ihren Flanken bedroht ist, sich als unterlegen betrachtet. Sie gehorchten unverzüglich der Spielregel, was unseren vollständigen Sieg und die Rettung ihrer Armee sicherte. Im folgenden werden wir sehen, wie jegliche Regel verschwindet und der Krieg ohne Rücksicht auf irgendwelche Regel jahrelang dauert. Das unselige Prinzip der Abnützung der Kräfte trat an die Stelle der Ma-

1 General Gamelin (1872–1958) war damals Oberkommandierender der alliierten Streitkräfte in Frankreich.

2 Von Jean de Pierrefeu zitiert.

növeridee und bezeichnet den erstaunlichsten Rückschritt der Kriegskunst, den man jemals erlebt hat.»[1]

Richtig, die Kriegskunst ist tot, und der Krieg siecht dahin. Dieser Krieg von 1940 ist ein mehr als zur Hälfte unmöglicher Krieg. Hitler hat es gespürt, aber er sah darin nur den Tod einer *bestimmten Form* von Krieg, da der Krieg ja für ihn die ewige Form der menschlichen Beziehungen ist. Und auf der Stelle hat sein autodidaktischer Erfindergeist sich der Erfindung einer neuen Form des Kriegs zugewandt. Ich gestehe, daß mich das, was er Rauschning über «seinen» Krieg sagt, nicht sehr beeindruckt hat. Das sind doch nur Kindereien und abgedroschenes Zeug. Der Propagandakrieg war schon 14/18 intensiv gewesen, ebenso die Spionage. Was den Angriff des Feindes von innen her betrifft, so dachte schon der deutsche Generalstab daran, als er Lenin nach Rußland einreisen ließ.

Im übrigen weist er darauf hin, daß die forcierte Offensive aus innenpolitischen Gründen gewollt war. Der Autor des Artikels vom 15. Februar 1920 schreibt: «War es nicht geboten, ein Abflauen der Volksbegeisterung, eine Schwächung des allgemeinen Vertrauens durch eine zaghafte, zögernde Haltung zu vermeiden, die man zu Beginn des Feldzugs einnahm, von dem man spürte, er müsse entscheidend sein?» Nun lese ich aber bei Duveau und Chuquet, daß 1870 ähnliche Überlegungen die Armee von MacMahon daran gehindert hatten, sich nach Paris zurückzuziehen, wo sie seelenruhig den Ansturm des Feindes hätte abwarten können. Auf Metz zu marschieren war zwar Wahnsinn, aber das Land hätte einen Rückzug und eine endlose Warterei vor den Toren von Paris nicht hingenommen. Dieselbe Sorge, die sich ein halbes Jahrhundert später wiederholt und im einen wie im anderen Fall verheerende Folgen hatte, erlaubt es, die Veränderung der öffentlichen Meinung in diesen letzten Jahren zu ermessen. Gewiß ist heute alle Welt davon überzeugt, daß die Verteidigung leichter durchzuhalten ist als die Offensive, und dieser etwas abstrakte Gedanke wird auch dem unbedarftesten Geist durch die Existenz zweier Linien illustriert, der Maginot- und der Siegfriedlinie. Aber immerhin lehrte sie die alte zivile Weisheit der Militärs – die sie in militärische Tollheiten stürzte –, daß man enorme Risiken eingeht, wenn man eine Nation, die man zum Krieg angestachelt hat, mit Abwarten und ruhmloser Defensive hinhält. Es muß Blut fließen, um so

1 Ebd.

schnell wie möglich etwas Irreparables hinter die Soldaten zu legen und ihnen den Weg abzuschneiden. Man muß die Menschen gegen ihren Willen, unter Ausnutzung ihrer ersten Begeisterung, in die Trunkenheit des Sieges oder die Komplizenschaft der Niederlage stürzen. Heute weiß man, daß die aufwendigen und vergeblichen Handstreiche von Schützengraben zu Schützengraben, die die Soldaten von 15 bis 18 so irritierten, vor allem das Ziel verfolgten, die Moral, das heißt den Haß, aufrechtzuerhalten. Alain hat hinlänglich gezeigt, daß der Feind für das Funktionieren der Militärmaschine unerläßlich ist. Er ist das Ziel der Flucht nach vorn. Sein Druck, der den Druck ausgleicht, den die Etappe auf den Soldaten ausübt, bestimmt die *Spannung* in ihm, das heißt den militärischen Geist. Solange kein Blut geflossen ist, nimmt die Etappe den Krieg nicht ernst.

Nun ist jedoch unsere Armee seit sechs Monaten auf den Krieg eingestellt. Die Männer werden von ihrem Heim, ihren Berufen ferngehalten und der militärischen Disziplin unterworfen. Es wird eine Diktatur auf die Presse, die Reden, das Denken ausgeübt. Unser ganzes Leben hat das Äußere des Krieges. Aber die Kriegsmaschine läuft leer, der Feind ist ungreifbar, unsichtbar, und die Männer warten Gewehr bei Fuß. Die ganze Armee wartet, in jener «zaghaften und zögernden» Haltung, die der Generalstab wie die Pest vermeiden wollte. Mehr noch, diese Haltung ist nicht einmal defensiv, denn damit man in der Defensive ist, muß der Feind angreifen oder es beabsichtigen. Doch seit sechs Monaten ruhen die Deutschen sich aus; um aus der Situation das Beste zu machen, haben sie überall Schilder aufgestellt, die ihren Wunsch nach Frieden beteuern. Außerdem haben sie uns nicht den Krieg erklärt, sie erklärten uns im Gegenteil den Frieden, während sie in Polen einfielen, und wir sind die Aggressoren. Wir haben einfach ein Ultimatum geschickt und sind, nachdem es abgewiesen wurde, in den Krieg eingetreten. Was ist von einem Krieg zu halten, bei dem der Aggressor nicht angreift? Schlimmer noch, die paar Quadratkilometer, die wir im Saarland besetzten, haben wir in aller Eile zurückgegeben, sobald der Feind die Zähne gezeigt hat – ganz genau, sobald er mit Polen fertig war. Warten, Zaghaftigkeit, Zögern, Rückzüge, der Generalstab hat wissentlich alles akzeptiert. Es hätte nicht des zehnten Teils davon bedurft, um die Revolution von 70 zu beschleunigen, um 1914 patriotische oder sozialistische Wutausbrüche zu entfesseln.

Und tatsächlich, dieses Warten, das nicht einmal ein Warten auf etwas ist, da viele meinen, daß die Deutschen nicht angreifen werden, hat seine Wirkung nicht verfehlt: die Etappe interessiert sich nicht für uns, wir selbst denken kaum mit offensiven Absichten an die Deutschen. Viele hoffen auf ein «Arrangement». Erst gestern sagte mir ein Unteroffizier mit einem albernen Hoffnungsschimmer in den Augen: «Also, wenn Sie mich fragen, wird sich das arrangieren, England wird Wasser in seinen Wein gießen.» Die meisten sind recht empfänglich für die Hitlerpropaganda. Man langweilt sich, die «Moral» sinkt. Man stelle sich einmal vor, wie bestürzt die Soldaten von 14 gewesen wären, wenn sie, zwei oder drei Tage nach ihrem lärmenden Aufbruch, in einer endlosen und ruhmlosen Warterei gesteckt hätten. Wir, wir akzeptieren das, keiner protestiert. Niemals protestieren wir dagegen. Die meisten von uns rechnen resigniert damit, drei oder vier Jahre so zu verbringen, und wenn ich ihnen dann sage, um sie auf die Probe zu stellen: «Das ist immerhin besser als ein Gemetzel», dann sagen sie alle: «O ja, natürlich!» Nichts zeigt besser, daß die Kriegsmentalität in Frankreich am Verschwinden ist. Daraus sollte man nicht, wie einige Schwachköpfe, schließen, daß wir degenerieren. Die Männer haben vom ersten Tag an Schlimmes mitgemacht, und sie haben alles ertragen, ohne zu murren, sie meinten nicht einmal das Recht zu haben, beklagt zu werden. Sie waren von keinem patriotischen oder ideologischen Ideal getragen. Sie mochten den Hitlerismus nicht, aber sie waren auch nicht scharf auf die Demokratie, Polen war ihnen völlig schnuppe. Obendrein hatten sie das vage Gefühl, hintergangen worden zu sein. Trotzdem haben sie alles mit einer Art unspektakulärer Würde ertragen, einfach weil es da war. Sie hatten keinerlei Sehnsucht nach einem Sieg, nur den tiefen Wunsch, daß «das aufhört». An diese neue Situation, diesen unauffindbaren Krieg, der sie in ihrem *Denken* überraschen kann, sind sie in ihrem *Sein* gründlich *angepaßt*. Es ist wirklich *ihr* Krieg, dieser Geduldskrieg ohne Kriegskunst, ohne Heiligkeit, ohne Schlächtereien (bis jetzt, versteht sich), in dem sie den Eindruck haben, nicht einmal das Hauptelement zu sein, das Ganze nur zu ergänzen, ohne das ruhmreiche Ansehen des Kriegers zu genießen.

Zur oben zitierten Passage von Pierrefeu (*Plutarque*): ich glaube, er war es, der Romains zu einigen seiner Bemerkungen inspiriert hat, die ich wohl in meine Hefte geschrieben habe und in denen das geregelte Kriegs*spiel* zur Zeit der Kriegskunst dem totalen Krieg als eine

Anstrengung ohne Regeln – ohne irgendwelche Regel – und ohne Kunst entgegengestellt wird.

Jedes Glück hat seinen Preis, und es gibt keine Geschichte, die gut ausgeht. Ich schreibe das nicht pathetisch, sondern ganz schlicht und trocken, weil ich es immer gedacht habe und es hier einfach sagen mußte. Das hat mich zwar nicht davon abgehalten, mich in Geschichten zu stürzen, aber ich war immer der Überzeugung, daß sie ein böses Ende nehmen würden, und es ist mir noch nie ein Glück zugestoßen, ohne daß ich sofort daran denke, was wohl *danach* kommt.[1]

Pierrefeu 200ff: «In Wahrheit gibt es keine Kriegskunst ohne ein Minimum an Regeln, die von beiden Seiten akzeptiert werden müssen. Doch sobald ein Krieg aufhört, ein Spiel von Fachleuten zu sein, daß heißt, sobald er dem Volkskrieg den Platz räumt, werden die Regeln nicht mehr eingehalten, und die Kriegskunst existiert nicht mehr ... Mit der durchgehenden Front stürzt das ganze Gebäude der alten Erfahrungen zusammen, ist nur noch ein gegenstandsloser und nutzloser Plunder. Wozu dient jetzt die Manövrierkunst? Es gibt ja keine Flügel mehr. Wozu dient es, den Plan des Gegners zu erraten? Es gibt ja keinen Plan mehr. Wozu die mühsamen Arbeiten über den Annäherungskampf, die Vorschriften, die die Bewegung und die Verwendung der Vorhut, der Nachhut, der Hauptarmee regeln? Die Wirklichkeit des Krieges beschränkt sich auf Truppen, die auf Tausenden von Kilometern einander gegenüberliegen und einander aus nächster Nähe beschießen ... Ganz offensichtlich hat der moderne Krieg nicht die Gestalt gefunden, die ihm zukommt und die ihn weniger mörderisch und weniger lang machen würde ... Wir stehen am Anfang einer neuen Kriegskunst, an einem Neubeginn. Der Krieg von 1914

1 An diesem Tag schreibt Sartre an S. de Beauvoir, daß er *«ein wenig die Lebensfreude verloren»* hat. Seine Lügen verfolgen ihn: er befürchtet, Wanda könnte erfahren haben, daß er ihr einen Teil seines Urlaubs verheimlicht hat; außerdem denkt er an einen Abschiedsbrief an Bianca, aber ist er sich seiner Sache sicher? Obwohl er von seiner «Leidenschaft» zu Wanda ergriffen ist, ahnt er, dieses Gefühl sei gegen Olga konstruiert – in die er sich 1936 ernsthaft verliebt hat und die ihn abgewiesen hat – und von der Ähnlichkeit zwischen den beiden Schwestern gestützt (das wird er jedenfalls viele Jahre später sagen). Über Bianca wird S. de Beauvoir schreiben: «*Sie ist die einzige Person, der wir wirklich weh getan haben, aber wir haben es getan.*» (Brief an Sartre vom 13. Dezember 1945.)

wird in den Augen der Zukunft wie ein unförmiger Entwurf, wie ein erster grober Versuch des industrialisierten Krieges erscheinen, den der Fortschritt der Wissenschaft und der Industrie den Völkern aufgedrängt hat.»

Zweifellos, aber es liegt ein Widerspruch in diesen Zeilen. Eine Kriegskunst beruht wie jede Kunst, Pierrefeu sagt es, auf Regeln. Aber ein *Volks*krieg weist prinzipiell jede Regel zurück. Daraus resultiert viel eher das irreparable Ende der Kriegskunst als deren eventuelle Umgestaltung. Man sollte besser sagen: die Ära der Volkskriege hat die Kriegskunst unmöglich gemacht.

Und wie steht es mit uns in diesem Krieg hier? Nun, wir beginnen mit einer durchgehenden Front, genau wie 1915. Sie ist nur besser eingerichtet, bewohnbarer. Aber wir haben auf beiden Seiten erkannt, daß es völlig nutzlos ist, sich auf der durchgehenden Front zu *schlagen*, weil es keine Flügel zu überlaufen und keinen Durchbruch zu erzielen gibt. Also tun wir gar nichts mehr.

Zwei Patrouillengänger und zwei Infanteristen, die einander nicht kennen, essen neben Pieter zu Mittag. Sie beginnen voll Groll, die 35. Division zu verhöhnen, die in Wissembourg unsere Division abgelöst hat: «Die verdammten Kerle aus Bordeaux, wir haben den Abschnitt zwei Monate gehalten, und die, die haben nichts anderes gekonnt, als zwei Kilometer (?) zu verlieren, seit sie da sind.» Merkwürdiger Stolz auf das Korps und die Region. Woraufhin sie übereinander herziehen, die Patrouillengänger sagen zu den Infanteristen: «Wir tun das meiste!», und die Infanteristen antworten: «Wir sind am meisten in Gefahr!» Fast werden sie handgreiflich, aber Pieter sagt ihnen plötzlich: «Seid doch nicht verrückt, wir stecken alle in der Patsche!» Da beruhigen sie sich schlagartig und geben ihm einen aus.

Kleins Frau, Krankenschwester im Hospital von Straßburg, das ein paar Kilometer nach hinten verlegt worden ist, hat eine böse Blinddarmentzündung. Aber es gibt nur einen Chirurgen in diesem gemischten Hospital, wo man sowohl Zivilisten wie Soldaten behandelt. Und seine Situation ist recht merkwürdig. Da er als Invalide ausgemustert ist, wird er nicht eingezogen, obwohl er sehr jung ist, sondern dienstverpflichtet, was ihn übrigens sehr wehmütig stimmt: wäre er Major, dann bekäme er seinen Sold. Als Zivilist arbeitet er für die Armee den ganzen Tag ohne Lohn. Jede Operation muß er von der

Militärbehörde genehmigen lassen. Er untersucht Madame Klein und beschließt, sie sofort zu operieren. Aber die Genehmigung läßt 48 Stunden auf sich warten, und Madame Klein stirbt auf dem Operationstisch.

Die Vergangenheit kann nur als Vergangenheit eines Für-sich existieren. Nur ein Für-sich hat eine Vergangenheit, und der Seinsmodus dieser Vergangenheit ist ein ganz besonderer. Zweifellos ist es vor allem ein An-sich; das An-sich hat hier das Für-sich ganz und gar wiederergriffen und es damit beseitigt, aber trotz allem ist es ein Für-sich gewesen, das vor dem An-sich in die Welt und in die Zukunft floh. Es hat also den Doppelcharakter, ein gelähmtes, erstarrtes, Ding gewordenes Für-sich zu sein, das heißt ein versteinertes Ereignis und ein «Zukunft-gehabt-habendes», ob diese Zukunft nun verwirklicht worden ist oder nicht. In dieser *realen* Form wird die Existenz der Vergangenheit nicht thematisch. Und wir schleppen unsere ganze Vergangenheit hinter uns her als das, was wir nicht mehr sind. Wenn wir diese Vergangenheit thematisieren, wird sie imaginär.[1]

Mittwoch, 21. Februar

Dieser Krieg hier ähnelt dem von 14 mehr, als es zunächst scheint. Pierrefeu: «Die Abnutzung Deutschlands! Darauf also baut man! In diesem Augenblick erfindet man die Formel: ‹Die Zeit arbeitet für uns.› Die Überlegenheit der Nationen der Entente an Ressourcen ist so offenkundig, daß auch der schließliche Erfolg offenkundig zu sein scheint. Und die von den Zweiten Büros[2] aufgestellten Verlustrechnungen weisen darauf hin, daß man, auch um den Preis einiger Irrtümer, diesem Glauben eine solide Grundlage zu geben versuchte. Die Abnutzung des Feindes, das war der einzige Ausweg, den der Generalstab für diesen endlosen Krieg ins Auge faßte ... Aber das ist nun wirklich eine Konzeption, die die Kriegskunst zerstört und völlig negiert.»

Aber was ist unsere Hoffnung im Jahr 1940? Genau dieselbe: wir

1 Siehe *Das Sein und das Nichts*, zweiter Teil, zweites Kapitel, «Die Zeitlichkeit».
2 Abwehrdienst der Armee.

wünschen uns, daß der Feind sich abnutzt. Und gerade lese ich einen Artikel von Pierre Cot[1] in *L'Œuvre* von heute, in dem er schreibt:

«Frankreich und England, durch das Meer mit den Vereinigten Staaten verbunden, sind für den Abnutzungskrieg besser geeignet als Deutschland, das mit der Sowjetunion durch die Ostsee und ein schlechtes Eisenbahnnetz verbunden ist ... Ich bin überzeugt, daß wir den langen Krieg gewinnen werden ... Einen langen Abnutzungskrieg vorbereiten ist das beste Mittel, diesen Abnutzungskrieg so kurz wie möglich zu machen ...»

Sogar der Terminus ist dem anderen Krieg entlehnt und auch die Sache. Nur ist die Abnutzung nicht mehr eine Abnutzung von Menschen und Material, sondern bislang nur von Material. Gleichzeitig kümmert man sich mehr darum (und das ist der Sinn des Artikels von Pierre Cot), den Widerstand gegen die Abnutzung im Innern der kriegführenden Länder zu organisieren: «Man sieht, wie notwendig es ist, eine exportorientierte Wirtschaftspolitik zu haben. Die Politik, die nur sagen würde: ‹Alles – Kredite und Spezialisten – für die Kriegsindustrie, nichts für die Exportindustrie›, wäre heller Wahnsinn.» Aber das wesentliche Prinzip bleibt das gleiche. Und es kann gar nicht anders sein, da es im Volkskrieg keine Spielregeln mehr gibt. Jedes Land kann durchhalten – bis zur Vernichtung. Also sucht man eben diese langsame Vernichtung zu bewerkstelligen.

Die Lektüre des vorzüglichen Buches von Pierrefeu bestärkt mich in einer Idee, die mir im Oktober gekommen war: er zeigt, daß die Kriegskunst im Krieg von 14 ihre Regeln verloren hatte. Und ich meinte, als ich mir die Anfänge des jetzigen Kriegs vor Augen hielt, daß wir einen Krieg nach Art der nichteuklidischen Mathematik führten, wo man zunächst den willkürlichen Charakter eines jeden Postulats anerkennt. Im Grunde hat der Krieg von 14 eine gewisse Zahl von Postulaten ad absurdum geführt, die der Kriegskunst zugrunde liegen, Postulate, die ohne weiteres durch andere ersetzt werden konnten, vorausgesetzt, der Gegner nahm diese anderen zur gleichen Zeit an. Der Krieg von 15/18 ist ohne Postulate geführt worden, aber er ließ sich auch nicht mehr *denken*. Pierrefeu sagt sehr schön: «Die Heeresleitung hat während des Krieges an viele Abstraktheiten ge-

1 Linker Politiker, ehemaliger Luftfahrtminister. Der Artikel stand unter dem Titel «Guerre et Commerce extérieur» [Krieg und Außenhandel].

glaubt, in dem Wunsch, die formlose Materie, die sie zu kneten hatte, zu vergeistigen, aber jede von ihnen erwies sich als Luftgespinst.» Nach fünfundzwanzig Jahren denkt die Heeresleitung erneut über diesen Krieg nach, erkennt die Willkür der Postulate und lockert die Begriffe, entweder indem sie sie ohne Postulate zu konstruieren sucht oder indem sie die *bequemsten* Postulate verwendet, ohne sich über ihren schlechthin willkürlichen Wert zu täuschen. Daher der Ausdruck «wissenschaftlicher Krieg», den ich damals verwendete, ein wissenschaftlicher Krieg, der im übrigen, wenn er stattfindet, beim Zusammenprall der Waffen in einen barbarischen Massenkampf ausarten kann.

Seit ich Paris wiedergesehen habe, kommt es mir vor, als hätte ich es begraben. Meine jüngsten und zärtlichsten Erinnerungen kommen mir jetzt aus diesem sterbenden Paris. Und ich glaube wirklich, daß mich mit dem anderen, dem Paris meines vergangenen Lebens, überhaupt nichts mehr verbindet. Zum erstenmal seit Beginn des Krieges bin ich schroff gegenüber meiner Vergangenheit. Ich hänge nur noch an Personen, und wenn ich daran denke, sie wiederzusehen, dann versetze ich unsere Begegnungen ins Paris des Krieges. Mein Urlaub hat den Bruch mit meiner Vergangenheit vollendet. Ich gewinne Abstand von ihr, und eines Tages – vielleicht morgen – werde ich sagen können, was Paris für mich bedeutete. Ich bin mir klar, daß ich wenn nicht Patriot, so doch Lokalpatriot und Regionalist war. Paris war mein Dorf, wie es in einem Chanson heißt.[1] Als Citoyen von Paris wäre ich Chauvinist gewesen.

Wanda, die meine Hefte liest, sagt mir: «Das überrascht mich. Ich bin so sehr an die Dummköpfe gewöhnt, die etwas beweisen wollen, daß ich vor dem Grundlosen die Fassung verliere.» Das entzückt mich, und es stimmt. Völlige Grundlosigkeit dieses Hefts wie des Denkens im allgemeinen. Morgen werde ich über Paris schreiben. Aber wozu? Ohne Grund, weil es mir Spaß macht. Und hier hat nichts einen Grund; alles ist Spiel. Vor allem tue ich meinem Denken nie Gewalt

1 *Mon Paris*, ein berühmtes Chanson von 1925. Musik von Jean Boyer und Vincent Scotto, Text Lucien Boyer, interpretiert u. a. von Maurice Chevalier. Der Refrain lautete: «Ah! qu'il était beau mon village/Mon Paris, notre Paris!» [Ah! Wie schön war mein Dorf/Mein Paris, unser Paris!]

an. Würde ich ein durchdachtes Buch schreiben, dann würde ich weiter gehen, wie die Soldaten im Krieg, die man immer zwingt, etwas länger durchzuhalten, als sie können. Während ich hier abbreche, sobald ich im Begriff bin, mir Gewalt anzutun.

Donnerstag, 22. Februar
Über die Natur der Zukunft. Die Zukunft ist ein transzendentes Existierendes, das seine Quelle im Für-sich hat. Das An-sich hat keine Zukunft, denn es ist in seiner Totalität *alles, was es ist,* es gibt also nichts außerhalb von ihm, was es sein kann. Das Identitätsprinzip als existentielles Gesetz des An-sich weist jede Möglichkeit einer Zukunft zurück. Die Zukunft kann nur als Komplement eines Mangels in der Gegenwart existieren. Sie ist die Bedeutung dieses Mangels selbst. Aber dieser Begriff des Mangelns muß noch definiert werden. Es ist ganz und gar überraschend, daß man in allen Philosophien und in allen Psychologien den Willen, das Begehren, die Leidenschaft eingehend beschreiben konnte, ohne das wesentliche Faktum zu erkennen, daß keines dieser Phänomene überhaupt gedacht werden kann, wenn das Sein, das will, leidet, begehrt, in seinem Sein nicht als mit einem existentiellen Mangel behaftet erfaßt wird. Vielleicht ist das Christentum dieser notwendigen Feststellung am nächsten gekommen, indem es die menschliche Seele als durch den Mangel an Gott «beseelt» zeigte, und die Schriften der Mystiker sind reich an beeindruckenden Beschreibungen dieses inneren Nichts im Herzen des Menschen. Allerdings haben die meisten christlichen Denker, verwirrt von ihrer monistischen Auffassung des Seins als eines *An-sich*, das existentielle Nichts des menschlichen Bewußtseins mit seiner Endlichkeit verwechselt – wie übrigens auch Heidegger. Nun kann aber die Endlichkeit, die eine äußere Grenze des Seins ist, nicht am Ursprung des Mangels stehen, der sich mitten im Bewußtsein selbst befindet. Wenn dieses Bewußtsein für sich selbst seine eigene Endlichkeit ist, so ist das eine Frage, die ich hier nicht zu erörtern habe, aber es zeigt sich deutlich, daß das Begehren niemals zu erklären ist, wenn man nicht auf einen existentiellen Mangel zurückgreift. Wenn ich mir zum Beispiel die inzwischen klassisch gewordenen psychophysiologischen Beschreibungen des Hungers oder des Durstes vornehme, sehe ich, daß man ziemlich naiv oder ziemlich verbohrt sein muß, um sich damit zufriedenzugeben. Denn was wird uns gezeigt?

Zum Beispiel eine Verarmung des Bluts wie beim Ersticken – die Irritation des Bulbus durch das Venenblut, die spasmische Kontraktionen des Zwerchfells hervorruft –, beim Hunger Kontraktionen der Tunica, Speichelabsonderung, eine gesteigerte Reizbarkeit, die Kaubewegungen auslöst, usw. Das alles ist schön und gut, aber es bringt uns nicht weiter, denn wir versteifen uns darauf, in Form von An-sich existierende *Zustände* zu beschreiben, die zwar aufeinander einwirken mögen, aber in keiner Weise von sich aus als *Begierden* erscheinen können und dem Begehren ebensowenig ähneln, wie eine Schwingung des Äthers der Farbe Rot ähnelt. Und es ist keine befriedigende Antwort, wenn man sagt, daß das Bewußtsein diesen körperlichen Zustand in Begehren *verwandelt*, ihn in Form von Begehren erfaßt, denn falls man ihm keine magische Kraft zuspricht, muß noch erklärt werden, warum es diese körperlichen Veränderungen nicht in Form eines *Zustands* erfaßt. Denn man muß blind sein, um nicht zu sehen, daß der wesentliche Unterschied zwischen dem Begehren und dem physiologischen *Zustand*, den man ihm zugrunde legen will, existentieller Ordnung ist. Es geht nicht darum, daß das Begehren *gedacht* wird, Vorstellung ist, geistig, unausgedehnt ist und was noch alles. Wenn man es zu einem *Zustand* macht, begreift man gar nichts mehr. Nun gründet aber der Parallelismus auf der absurden Idee, daß einem *Zustand* des Körpers ein psychischer *Zustand* entspricht. Doch der so aufgefaßte Zustand wird niemals aus sich heraustreten, weil er einen wie auch immer gearteten transzendenten Gegenstand «braucht». Wenn wir einen Organismus als einen bestimmten Typus physiologischer Verknüpfung begreifen, sehe ich zwar, daß er, wenn ihm das Wasser entzogen wird, bestimmte Zustände bis zum Endzustand oder Tod durchläuft. Aber ich sehe nicht, was das Begehren damit zu tun hat. Ich meine übrigens, daß in dieser Konzeption des Organismus ein schwerer Irrtum liegt, aber es ist hier nicht der Ort, darüber zu diskutieren. Damit es Begehren gibt, muß der begehrte Gegenstand – er und kein anderer – in der tiefen Intimität des Für-sich konkret gegenwärtig sein, aber gegenwärtig als ein Nichts, das es affiziert, oder genauer als ein Mangel. Und das ist nur möglich, wenn das Für-sich in seiner Existenz selbst durch diesen Mangel definiert werden kann. Das heißt, daß kein Mangel dem Für-sich von außen geschehen kann. So wie bei der Unaufrichtigkeit das Belügen seiner selbst nur möglich ist, wenn das Bewußtsein von Natur aus ist, was es nicht ist, so ist auch das Begehren nur möglich, wenn das Für-sich *von*

Natur aus Begehren ist, das heißt, wenn es von Natur aus *Mangel* ist.[1] Die Absurdität des «Willens zur Macht» bei Schopenhauer oder Nietzsche besteht darin, daß man, wenn man ihn als eine Kraft auffaßt, niemals verstehen kann, daß er sich durch *Begierden* oder *Willensäußerungen* ausdrückt. Er wird Kraft bleiben und ganz einfach durch antagonistische Kräfte ausgeglichen werden. Es nützt dann nichts, zu sagen, daß es sich um «geistige» Kräfte handelt, es sei denn, man hat den Geist als das vom Nichts durchdrungene An-sich definiert. Wenn also an den Ursprung aller Begierden und des Willens der existentielle Mangel als Merkmal des Bewußtseins zu setzen ist, dann müssen wir uns die beiden Vorfragen stellen: was ist ein Mangel – was mangelt?

Der Mangel gehört eindeutig zur Kategorie des «nicht sein», in dem Sinne, in dem das «nicht sein» ein konkretes und sozusagen positives Band zwischen dem Für-sich und einem anderen Existierenden ist. Aber er ist ein Sonderfall des «nicht sein». Wenn wir sagen, das Bewußtsein ist nicht ausgedehnt, dann meinen wir damit nicht, daß ihm die Ausdehnung *mangelt*. Halten wir zunächst fest, daß der Mangel nicht so betrachtet werden darf, wie wir ihn von außen feststellen können, wie wenn wir zum Beispiel sagen, daß dem Stuhl ein Bein «mangelt». Dieser gewissermaßen hypothetische Mangel läßt den Stuhl mit seinen drei Beinen völlig intakt. Nur für den Fall, daß wir uns setzen möchten, «mangelt» dem Stuhl ein Bein, oder vielmehr *uns* fehlt das Bein. Diese Art, den Mangel zu betrachten, hat den Nachteil, daß man ihn als etwas Äußeres, kurz gesagt, als einen Aspekt der Endlichkeit des Stuhls zeigt. Wir schwanken zwischen der praktischen Auffassung des Stuhls als eines Geräts, dem ein wesentlicher Teil fehlt, und der theoretischen und kontemplativen Auffassung dieses Stuhls «an sich», eines Gegenstandes, der so ist, wie er ist, mit drei Beinen, und dem nichts fehlt. So fassen wir gewöhnlich unsere psychischen Zustände auf. Wir sehen sie jeweils vollständig als

1 *«Denn damit der menschlichen-Realität etwas mangelt, muß sie von der Art sein, daß ihr prinzipiell etwas mangeln kann. Doch weder die Psychologie der Zustände noch Husserl, noch selbst Heidegger erwähnen diese offensichtliche Wahrheit. Wenn dem Bewußtsein im allgemeinen etwas mangeln können soll, muß die existentielle Natur des Bewußtseins die eines Mangels sein.»* (Brief an S. de Beauvoir vom gleichen Tag, in: J.-P. Sartre, *Briefe an S. de Beauvoir und andere.* Rd. 2, 1940–1963, Rowohlt Taschenbuch Verlag, Reinbek 1985, S. 93.)

An-sich, und in dieser Hinsicht mangelt ihnen nichts, aber wenn man sie wieder in einen Gesamtprozeß stellt, wird man von außen konstatieren, daß ihnen etwas fehlt (zum Beispiel dem Abwesenden fehlt jemand oder etwas); das heißt, man denkt: zur Erreichung des Idealzustands, den sie erreichen sollten (Glück, Seelenruhe usw.), fehlt ihnen etwas. Aber so genommen, wie sie sich darbieten, sind sie vollständig. Somit ist der Mangel hypothetisch und in gewisser Weise beliebig. Es fehlt ihnen etwas für einen Dritten, der diese Feststellung objektiv treffen würde. Aber damit vergißt man, daß das Für-sich ein Sein ist, das so geartet ist, daß es in seinem Sein um sein Sein *geht*. Nichts geschieht ihm von außen, und ein Mangel für das Bewußtsein ist Bewußtsein von Mangel. Durch das Spiel der Spiegelung und des Gespiegelten kann das Für-sich nur *für es selbst sein eigener Mangel sein*. Damit ist es existentiell als Mangel definiert. Für-sich sein heißt etwas ermangeln, und etwas ermangeln definiert sich: sich selbst als *nicht das seiend* bestimmen, dessen Existenz notwendig und hinreichend wäre, um einem eine vollkommene Existenz zu geben. Das Für-sich *ist nicht* ausgedehnt, aber es mangelt ihm nicht an Ausdehnung, weil es, obgleich die Ausdehnung dem An-sich zugehört, nicht so geartet ist, daß ihm die Existenz der Ausdehnung in ihm die vollkommene Existenz des An-sich verleihen könnte. Dagegen mangelt es dem Für-sich an der *Welt* (insofern die Welt *auch* die Ausdehnung in sich schließt), denn die Welt ist für das Für-sich die konkrete Totalität des An-sich, die es *nicht ist*. Wir verstehen darunter, daß das Für-sich, das nicht die Welt ist, insofern es sich selbst nichtet, sich selbst durch Nichtung als Mangel am An-sich bestimmt und eben dadurch das An-sich als Welt bestimmt. Die Welt ist die Totalität dessen, was dem Für-sich mangelt, um An-sich zu werden. Und das Eindringen des Für-sich in die Welt entspricht einer existentiellen und konstitutiven Selbstbestimmung des Für-sich als das, dem es gegenüber dem An-sich an An-sich *mangelt*. Bewußtsein sein von ... (in dem Sinne, in dem Husserl sagt: jedes Bewußtsein ist Bewußtsein *von* etwas) heißt also sich für sich durch das Spiel der Spiegelung und des Gespiegelten selbst bestimmen als etwas *ermangelnd*. Und wie ich bereits in Heft 3, glaube ich, sagte, ist jedes Bewußtsein *zuerst* Bewußtsein von der Welt. Was die Welt betrifft, so ist sie das gegenwärtige An-sich als das, was das Für-sich durch Absorption in *ens causa sui* verwandeln kann. Die Einheit und der Sinn der Welt ist das *ens causa sui* als ideelle Synthese des Für-sich und der Welt im An-sich. Man muß nämlich festhalten, daß die Idee der *Ursache* vom Für-sich sich selbst entnommen ist; das kausale Band ist ursprünglich die existentielle Verbindung zwischen der Spiegelung und dem Spiegelnden. Aber wir müssen immer bedenken, daß der *Mangel* nicht im idealistischen Sinn verstanden werden darf. Was dem Für-sich mangelt, ist *da*, vor ihm; genau an diesem mangelt es ihm, nämlich am An-sich, insofern es dem Für-sich gegenwärtig ist, insofern Für-sich und An-sich durch *nichts* getrennt sind. Der Mangel ist nicht schöpferisch, sondern das Für-sich konstituiert sich gegenüber dem An-sich als das, dem es von Natur aus an An-sich *mangelt*. Gleichwohl wird das An-sich gerade dadurch dem Für-sich gegenwärtig, was es zwar in keiner Weise in ihm selbst und in seiner Existenz als An-sich berührt, was jedoch das Für-sich als das konstituiert, dem die Welt gegenwärtig ist als das, an dem es ihm mangelt, um *ens causa sui* zu werden. Von hier aus können wir das Zukünftige definieren.

In dem Maße, wie das Für-sich sich nichtet, ist es Mangel. Aber *was* sich im Für-sich nichtet, ist das An-sich. Der Mangel, wie jede Form des Nichts, *wird von Sein besetzt*. In seiner negativen Form, sofern er genichtetes Nichts ist, ist der Mangel Intentionalität, *Bewußtsein von* im Husserlschen Sinn. Insofern er Nichtung von *An-sich* ist, das heißt, insofern das *An-sich* es ist, das sein eigener Mangel *ist*, ist der Mangel unter seinem positiven Aspekt *Begehren*. Oder, anders gesagt, Wille. So ließe sich die ständige Flucht des Für-sich vor dem An-sich, das es erstarren läßt, mit der Beweglichkeit eines schnellen Flusses vergleichen, der bei großer Kälte dank der Schnelligkeit seines Laufs dem Frost entgehen kann. Sobald er innehält, erstarrt er. Aber der Fluß ist gerichtet, er fließt zu etwas hin. Ebenso flieht das Für-sich vor dem An-sich in der Welt zum *ens causa sui*, das es sein will. Wir haben hier jene offene Totalität, die das Für-sich ist. Das Für-sich ist sich selbst sein eigenes Nichts als An-sich, das sich in Form von Für-sich nichtet. Und was das Für-sich sich selbst ist, ist ein Mangel, eben der Mangel an Totalität, deren Negation es ist, oder Welt. Das An-sich ist ihm gegenüber gegenwärtig als das, was es nicht ist, und das Für-sich *ist nichts* [*rien*], es ist an sich selbst nichts als eine totale Transluzidität, die wiederum Herabminderung des An-sich ist. Aber dieses Nichts wird nun gerade in der totalen Transluzidität des Für-sich erfaßt als *Mangel an* etwas. Das vom An-sich in Form eines Ereignisses wiedererfaßte Für-sich entgeht sich ständig selbst in eben dem Augenblick, da es sich erfassen will, und diese Flucht geht in

Richtung auf das, was ihm mangelt, das heißt zur Welt. So ist die Vergangenheit das vom An-sich wiedererfaßte Für-sich, und die Zukunft ist die Welt, insofern sie dem Für-sich mangelte als das, dessen Absorption es in *causa sui* verwandeln würde. Das An-sich, insofern es dem Für-sich erscheint, ist bereits zukünftig. Dieses Glas, insofern es sich darbietet als zu Ergreifendes, dieser Stuhl, insofern er sich darbietet als das, worauf ich mich setzen werde, usw. usw., alles ist *in der Zukunft*. Das Für-sich ist zeitgleich mit dem An-sich, insofern es von ihm durchdrungen ist, aber die Welt ist für es in der Zukunft, insofern sie ihm *mangelt*. Das heißt, wenn sich das Für-sich zur Existenz schlechthin bestimmen könnte, wäre es zeitgleich mit dem An-sich. Aber insofern es Mangel ist, erscheint ihm die Welt als zukünftig auf der Grundlage der gegenwärtigen Durchdringung. Ich will damit sagen, daß es ein Taschenspielertrick ist, zu behaupten, daß dieser Füllfederhalter, den ich ergreifen werde, ganz in der Zukunft ist. Als Füllfederhalter ist er gewiß in der Zukunft. Aber als An-sich, das mein Für-sich durchdringt, ist er gegenwärtig, ist er *eine* Anwesenheit. Jedes Ding ist eine unmittelbare Anwesenheit, die wir erst in der Zukunft erreichen können. Das ist der Sinn der Transzendenz oder Überschreitung der gegenwärtigen Durchdringung zum «zukünftigen Ding» der Welt.[1]

Pieter vertraut mir an: «Junge, was hab ich Spaß gehabt vor meiner Heirat. Tolle Abenteuer hatten wir, ich und meine zwei Kumpels! Manchmal hockten wir uns danach zusammen und erzählten sie uns eins nach dem andern, um uns dran zu erinnern. Jeden Samstag nahm man das Auto und ging auf Jagd. Irgendwann, da hatte ich sogar mal drei feste Freundinnen auf einmal, aber das machte nichts, ich ging trotzdem auf Jagd, abends um Mitternacht, wenn ich von ihnen zurückkam, zum Spaß, damit ich noch eine mehr in der Sammlung hätte. Oh, man kriegte sie nicht mit schönen Worten rum, man schlug ihnen vor, den Abend im Tanzlokal zu verbringen, und wenn sie emanzipiert waren, dann verbrachten sie die Nacht mit uns, und am nächsten Tag fuhr man sie im Auto ins *Touquet* und zahlte ihnen ein gutes Essen. Und am Abend trennte man sich dann, einfach so, und wenn sie gute Kumpels gewesen waren, konnten sie immer kom-

1 Vgl. *Das Sein und das Nichts*, zweiter Teil, erstes Kapitel, III. «Das Für-sich und das Sein des Wertes» und das zweite Kapitel.

men und dann mit uns essen. Man war nicht eifersüchtig, man arrangierte sich. Nur einmal gab es einen, der wollte eine für sich allein, er war nicht verknallt, aber er bildete sich ein, daß er eine Eroberung gemacht hätte, er sagte ganz im Ernst: ‹Die da, die ist nicht wie die andern.› Und dabei war es eine ganz schnippische Ziege, und wir wollten ihm einen Streich spielen. Eines Abends sagt er zu uns: ‹Geht ihr mal für mich zu Hélène, ich bin verhindert, ich brauch eine Stunde.› Gut, wir gehen ins Café, und statt ihr zu sagen, er kommt in einer Stunde, erzählen wir ihr, was weiß ich, daß er mit 'ner andern Frau losgezogen ist. Na, mein Lieber, diese Frau da, die hat doch aus Eifersucht, aus Rache sofort mit mir schlafen wollen. Ich geh mit hoch auf ihr Zimmer, ich schlafe mit ihr, und dann wurde ich wütend auf sie, ich tat das ja bloß, um ihn zu ärgern, keine Ahnung, was ich ihr alles an den Kopf geworfen habe, schließlich sage ich zu ihr: ‹Du bist eine Schlampe wie alle andern, du hast Jules betrogen›, und ich erzähl ihr die ganze Sache. Du würdest nie drauf kommen, was sie mir geantwortet hat. Sie hat zu mir gesagt: ‹Also den Jules, den hab ich gar nicht betrogen, ich bin gar nicht gekommen.› Aber sonst, weißt du, sonst teilte man alles, man nahm sie, wie's grade so kam. Einmal waren wir achtundvierzig Stunden mit kleinen Mädchen auf einem Zimmer, die bloß zum Jux herkamen, wir haben sie der Reihe nach bestiegen. Wir waren nicht für Parties, weißt du, nein, es war bloß zum Spaß; wir haben sie vor unseren Augen zusammen schlafen lassen, haben uns Essen hochbringen lassen. Erst als wir merkten, daß sie Moos wollten, also da waren wir große Klasse. Da haben wir uns am meisten amüsiert, verstehst du, man versprach nichts Genaues, aber man machte Andeutungen, du verstehst schon, und sie fielen drauf rein, und das lustigste war dann, daß wir sie ohne einen Sou sitzenließen. Und einmal, da nehmen wir eine elegante große Blondine im Auto mit, in den Wald. Ich saß am Steuer, mein Kumpel hinten; er zeigt ihr einen Fünfhundertfrancsschein im Licht einer Gaslampe, und dann bespringt er sie, und danach gibt er ihr ein weißes Stück Papier, das er extra vorbereitet hatte. Sie steckt es in ihr Strumpfband, ohne was zu merken. Daraufhin lasse ich meinem Kumpel das Steuer, setze mich nach hinten zu der Frau, und jetzt bin ich dran. Danach wollte sie noch mal Geld, aber ich hab nein gesagt. Da ist sie wütend geworden, sie hat sich heimfahren lassen, und beim Aussteigen hat sie mir gesagt: ‹Ihr Freund ist ein Gentleman, aber Sie sind ein Flegel.› Kannst dir denken, was wir gelacht haben. Wir sagten: ‹Sie wird eine Enttäuschung erleben.› Damals ging ich oft mit einem Pelzhändler aus Lyon auf Achse, wir kannten ihn zwar kaum, aber er kam an, zahlte seinen Anteil, und wir teilten uns die Frauen. Junge, was 'ne Type, in der Praxis Null! Aber ein erstklassiger Jäger. Ein richtiger Psychologe; er sagte, bei neun Frauen von zehn wäre der schwache Punkt das Geld. Und so kam er klar, er machte Versprechungen, er kriegte sie alle. Du zogst mit ihm los, er sagte dir: ‹Willst du eine Frau?› Und hopp, in Null Komma nichts war's geschafft. Aber, weißt du, doch zu frech. Da er ihnen nie was gab, bekam er schließlich Scherereien mit allen Weibern. Da gab es eine, die ist ihm frühmorgens schreiend auf der Straße nachgerannt – stell dir vor, eine Frau, die passabel aussah, die müssen doch völlig verhurt sein. Er behält die Ruhe, er sieht einen Polizisten, er sagt zu ihm: ‹Ich kenne die Dame nicht, schaffen Sie sie mir vom Hals.› Ein andermal zerreißt ihm eine wütende Frau das Hemd, damit er nicht abhaut, ohne zu zahlen. Er fackelt nicht lange, er nimmt die Stiefel der Frau und schmeißt sie aus dem Fenster. Was mir wegen dem für Geschichten passiert sind! Die könnten in deinen Roman passen! Deswegen ging ich nicht so gern mit ihm auf Jagd, er trieb es zu arg. Zum Beispiel, einmal hatte er Krach mit seinem Kumpel, und schließlich zieht er mit mir los. Er sagt zu mir: ‹Gehen wir jagen?› Gut, sage ich, gehen wir jagen. Wir fahren mit seinem Rosengart ins Quartier Latin, gehen ins Tanzlokal, unten im *Soufflot*, dem alten, du weißt schon. Dort war der Trick, daß man die Frau so lange aufhalten mußte, bis sie ihre letzte Metro verpaßte. Dann schlug man ihr vor, sie im Auto heimzufahren, man arrangierte sich, verstehst du? Man trifft zwei Mädchen, sie lassen sich bitten. Mein Kumpel verspricht ihnen, wenn sie mit uns kämen, würden wir sie am nächsten Tag nach Fontainebleau ausführen, ihnen Strümpfe kaufen und Hüte, mindestens für fünfhundert Francs Sachen, natürlich hatten wir keinen einzigen Sou davon. Sie sträuben sich, wir lassen nicht locker; wir verlassen das Lokal mit ihnen, sie wollten immer noch nicht; sie haben sich so lange geziert, daß wir noch um vier Uhr morgens, stell dir vor, vor einem Hotel in Montmartre herumstanden und über die Sache verhandelten. Zum Schluß überlegen sie sich's, mein Freund parkt seinen Wagen in einer Garage nebenan, und wir gehen alle vier ins Hotel. Und da gab's dann noch mal einen Riesenzirkus. Sie wollten ein Zimmer für sich, ein Zimmer für uns. Wir sagen ja. Wir gehen hoch; und oben sagen wir zu ihnen: ‹Dürfen wir nicht bei euch schlafen? Wir werden brav sein.› – ‹Na gut, aber nur angezogen!› Kannst dir denken, was das für 'ne Schufterei war. Endlich schlafe ich im einen Zimmer mit der einen, mein Freund im andern Zimmer mit der andern. Ich ficke meine und penne ein. Das Aas! Um sieben Uhr früh weckt sie mich. Ich reibe mir die Augen: ‹Was ist?› – ‹Na, wir müssen los! Wir müssen los!› – ‹Was? Was?› – ‹Na, nach Fontainebleau.› – ‹Ach ja›, sage ich. Ich saß ganz schön in der Patsche, kannst dir ja denken, daß nie die Rede davon war, dahinzufahren, nach Fontainebleau, vor allem wo wir ihnen einen Haufen Sachen versprochen hatten und keinen Sou hatten, sie zu bezahlen. ‹Gut›, sage ich, ‹steh auf und komm mit zu meinem Kumpel.› Wir gehen hin, wecken sie auf. Und da merkt mein Freund, als er aufwacht, daß er die Häßlichere gefickt hat und ich die Hübschere. Das wurmt ihn. Und wie! Das Schwein hätte ruhig damit zufrieden sein können. Aber nein! Er sagt zu mir: ‹Du gehst mit Renée einkaufen.› (Renée war die, mit der er im Bett war.) Ein Trick, damit er mit meiner allein sein konnte, und hinterher hab ich erfahren, daß er sie ohne Mühe gefickt hat. Ich gehe also mit der andern runter, ich konnte schlecht nein sagen, aber ich fluchte. Ich sage zu mir: was tun? Ich kaufe eine Zeitung an einem Kiosk und tue so, als ob ich die Schlagzeilen lese, damit ich Zeit zum Nachdenken habe. Und da fällt mir ein Café ein, nicht weit von da, das zwei Eingänge hat. Ich sage zu der Frau: ‹Wir gehen frühstücken. Wir brauchen uns nicht zu beeilen, die werden schon warten.› Wir gehen hin, ich bestelle zwei Frühstück und zahle gleich. Man plaudert, und dann sage ich plötzlich zu ihr: ‹Entschuldigen Sie, ich muß mal.› Und ich haue durch den zweiten Eingang ab und tue so, als ob ich aufs Klo gehe. Junge, Junge! Die Fortsetzung hab ich am nächsten Tag erfahren. Nach einer halben Stunde Warten riecht die Tante den Braten, sie geht ins Hotel zurück, und da hat mein Typ jetzt die zwei Weiber am Hals. Er ist über mich hergezogen, wie er nur konnte, er hat gesagt, daß ich ein Rüpel bin und daß er mich kaum kennt. Aber sie waren mißtrauisch geworden; bis vier Uhr nachmittags konnte er sie nicht loswerden. Er sagte: ‹Ich gehe in die Garage und hole das Auto.› – ‹Gut, wir kommen mit.› Schließlich hat er mitten im Wald eine Panne kriegen müssen. Er hat ihnen gesagt, sie sollen aussteigen und das Werkzeug von hinten holen, und dann, als sie sich bückten, hopp, da ist er abgezischt. Weißt du, wenn man das alles erlebt hat in meinem Alter, dann interessieren einen die Geschichten nicht mehr. Ich hab zuviel Spaß gehabt, verstehst du, was ich meine? Typen, die in meinem Alter Geschichten haben, das sind Typen wie Paul, die noch nichts erlebt haben. Aber ich, nein. Das interessiert mich nicht, ich bin meiner Frau treu.»

Um das Porträt zu vervollständigen, muß ich hinzufügen, daß Pieter ansonsten immer einen moralischen Abscheu vor der Zuhälterei gehabt hat. Er kann für Zuhälter gar keine Worte finden, die beleidigend genug wären. Und so legt er, zumindest auf der einen Seite, strenge moralische Maßstäbe an sexuelle Beziehungen. Erst heute hat er durch ein komisches Zusammentreffen einen neuen Beweis dafür geliefert. Es war wegen Hantziger, dieses romantischen und schwermütigen und gefräßigen traurigen Pierrot, der seit Beginn des Krieges zwischen zwei Frauen schwankt. Er ist Direktor oder stellvertretender Direktor der französischen Filiale einer amerikanischen Filmgesellschaft. Als der Krieg kam, verlor er seine Einnahmequelle. Zwei Monate vor dem Einmarsch in Polen hatte er seine fromme und reizlose Frau verlassen, die er in zu jungen Jahren geheiratet hatte, und er beabsichtigte, seine Geliebte zu heiraten, eine junge englische Stenotypistin, glaube ich. Der Krieg hat ihn in einen Wachtraum versetzt. Sehr wenig empfänglich für militärische Ereignisse und, wie es schien, sogar im unklaren über seine Situation in der Armee, brachte er seine Zeit damit zu, sich zu fragen: Welche? Sollte er sich scheiden lassen, um die Engländerin zu heiraten? Sollte er zu seiner Frau zurückkehren? Tagelang aß er Süßigkeiten, raufte seine fahlweißen Albinohaare, sah mit seinen großen roten Kaninchenaugen ins Leere, und abends setzte er sich, um seine Stimmung zu heben, ans Klavier und spielte kleine leichte Walzer, die er auf den Tasten zerquetschte. Man hielt ihn für verstört, aber man meinte auch, daß ihm seine Verstörtheit einträglich sein mußte; er schien einen diskreten und zärtlichen Sinn für seine Interessen zu haben. Er ging von einem zum andern und fragte jeden: «Welche soll ich nehmen? Da, lies diesen Brief!» Der ganze Stab war auf dem laufenden. Die Spießer rieten ihm, zu seiner Frau zurückzukehren, die anderen, doch lieber die Junge zu nehmen. Er blieb mit seiner Frau in Verbindung, weil er ja immerhin diese Scheidungssache regeln mußte. Sie schickte ihm weinerliche und würdevolle Briefe, und ihre im übrigen recht schlaue Argumentation lautete: «Reich die Scheidung ein, wenn du willst, ich werde aus Liebe zu dir einwilligen. Aber verlange nicht von mir, daß ich selbst Schritte gegen meine Religion und meine Liebe unternehme.» Was darauf hinauslief, ihm die Dinge besonders schwer zu machen, da er ja an der Front war. Aber sie ließ sich noch schlauere Mittel einfallen, sie schickte ihm Süßigkeiten, Honigtöpfe, Kuchen, die er mit krankhafter Gefräßigkeit verschlang, und zum Schluß einen Fünfzigfrancsschein. Diesmal suchte er mich auf: «Sartre, du bist doch Philosoph, meinst du, ich soll ihn annehmen, meinst du, es ist eine Falle?» Ich antwortete ihm, daß ich den Charakter seiner Frau nicht kennte (er zeigte mir höchst gediegene Briefe, die nach Heimtücke stanken), daß ich außerdem nicht zu entscheiden hätte, ob er sich scheiden lassen oder sich mit ihr versöhnen solle, aber daß er, falls er zum Bruch entschlossen sei, das Geld schnell zurückschicken müsse. Er nickte, sagte, daß ich recht hätte, und ich hörte nie mehr etwas von diesen fünfzig Francs. Heute bin ich überzeugt, daß er sie behalten hat. Als sein Urlaub näherrückte, wurde er immer ängstlicher: wo sollte er ihn verbringen? Die junge Engländerin zog ihn sinnlich an. «Aber», erklärte er uns, «bei meiner Frau werde ich die Möbel wiederfinden, die ich gerade gekauft hatte, als wir uns trennten, schöne geräumige Zimmer und ein Klavier.» Ich weiß nicht, wozu er sich schließlich durchgerungen hatte, als er wegfuhr, denn ich war selber in Paris. Jedenfalls ist er gestern zurückgekehrt, mit seiner Frau versöhnt, die ihren Lebensunterhalt verdient, und mit einem Haufen Geld. Er hat ein großes Paket mit Kuchen, Honig, Marmelade, Würsten, trockenen Feigen usw.; er hat tausend Francs, er, der immer blank war, und als erstes hat er sich gestern mit einem Sonderauftrag nach Saverne schicken lassen. Dort hat er bei der Militärgenossenschaft eine Hose für 140 Francs und Stiefel für 300 Francs gekauft. Fast hätte er auch noch eine Jacke erstanden, aber er sagt, das werde er später sehen. Mehr noch als Pieters Miene triumphierender und engelhafter Bescheidenheit entzückt mich seine Entrüstung. «Das ist doch ein Zuhälter!» rief er mir vorhin zu, als er hereinkam. «Also nein! Wirklich allerhand. Ich, wenn ich an Scheidung gedacht hätte und mich dann mit meiner Frau versöhnt hätte, dann wäre ich vielleicht im Urlaub bei ihr zu Hause gewesen, aber es hätte mir sehr daran gelegen, keinen Sou von ihr anzunehmen, wenigstens am Anfang.» Er überlegt einen Augenblick und fügt dann redlicherweise hinzu: «Oder höchstens hundert Francs.»

Man darf nie versuchen, das Nichts durch die Endlichkeit zu erklären, denn die Endlichkeit scheint, für sich allein genommen, ein Merkmal zu sein, das dem betrachteten Individuum äußerlich ist. Wenn man jedoch, wie es wohl manchmal bei den christlichen Philosophen vorkommt, die Endlichkeit als ein inneres Merkmal der menschlichen-Realität betrachtet, dann muß man sich im Gegensatz zur gewohnten Methode dazu entschließen, sie auf das Nichts zu gründen. Ein Sein, das sein eigenes Nichts *ist*, ist gerade deshalb endlich. Sollte man sich wundern, daß das An-sich, sobald es genichtet ist, zur endlichen Individualität herabsinkt, so ist die Antwort einfach: ein Bewußtsein, das dieselbe Ausdehnung hätte wie die unendliche Totalität des An-sich, kann prinzipiell nicht existieren. Die Negation verdichtet. Gerade weil das Für-sich das An-sich *nicht ist*, die Ausdehnung nicht ist, der Widerstand, die Kraft usw. nicht ist, ist es ein Individuum. Jede neue Negation drängt es weiter zusammen, und am Ende konstituiert sich das Für-sich als endliches Individuum *in bezug* auf die Totalität des An-sich; das Bewußtsein taucht aus dem totalen An-sich auf, und es wäre absurd, nur ein kleines Stück genichtetes An-sich darin zu sehen. Nur kann die Nichtung des An-sich in seiner Totalität nur in Form des Eindringens eines besonderen Bewußtseins in die Welt geschehen. Nur das *Sein* kann unendlich oder unbestimmt sein. Die Negation ist naturgemäß endlich.

Freitag, 23. Februar

Ein Feldjäger, der aus Paris zurückkommt: «Ich hatte da unten den Eindruck, daß man uns für Arbeitslose hält.»

Wie kann der Mangel – oder erster Bezug des Bewußtseins zur Welt – zu besonderen Begierden führen? Halten wir zunächst fest, daß jedes besondere Begehren eine Spezifizierung des Begehrens nach der Welt ist. Oder, wenn man lieber will, der begehrte Gegenstand erscheint an der Spitze der begehrten Welt und symbolisiert die begehrte Welt. Einen Gegenstand begehren heißt die Welt in der Person dieses Gegenstands begehren. Und was begehrt man vom Gegenstand? Man begehrt, ihn sich *anzueignen*. Und was ist Aneignung? Es ist merkwürdig, daß so viele soziale Kontroversen das Eigentum zum Thema hatten und daß man nie auf den Gedanken gekommen ist, den Akt der Aneignung und die Eigentumssituation phänomenologisch zu beschreiben. Zunächst fällt auf, daß sich die Aneignung nicht als ein äußerer Bezug zwischen zwei Substanzen auffassen läßt. Eine «realistische» Theorie der Aneignung begegnet denselben Schwierigkeiten wie eine dogmatische und realistische Theorie der Erkenntnis: wie kann es zwischen zwei vollen an sich existierenden Substanzen eine innere Beziehung wie die der Erkenntnis, wie die des Eigentums geben? Das ist offenbar nicht möglich. Der Idealismus löst das Problem, indem er die *Unselbständigkeit*[1] auf die Seite der Welt stellt; ich dagegen stelle eine *Unselbständigkeit*[1] neuen Typs auf die Seite des Bewußtseins. Eine Substanz kann sich also keine andere Substanz aneignen. Die Aneignung hat einen ganz anderen Sinn als den physischen. Was heißt, einen Gegenstand besitzen? Ich sehe zwar, daß es in unseren aktuellen Gesellschaften ein negatives Recht ist, das Recht, daß niemand außer mir ihn sich aneignet. Aber lassen wir diese negative Sicht beiseite, und wenden wir uns dem Positiven zu. Ich sehe auch, daß sich einen Gegenstand aneignen ihn *benutzen* können heißt. Dennoch bin ich nicht zufrieden: ich sehe, daß ich hier den Tisch und die Gläser benutze, und trotzdem gehören sie mir nicht. Können wir sagen, daß ein Gegenstand mir gehört, wenn ich das Recht habe, ihn zu zerstören? Aber das wäre zum einen sehr abstrakt, und ich denke kaum daran. Zum anderen kann ein Unternehmer eine Fabrik besitzen und nicht das Recht haben, sie zu schließen. Ich werde auch nicht annehmen, daß das Eigentum eine bloße soziale Funktion ist, denn obwohl das Soziale dem Eigentum einen rechtlichen Charakter, einen heiligen Charakter verleihen kann, gibt es ja *das, was* heilig zu werden vermag, was sich unter dem sozialen Band befindet, dem primären Band des Menschen zum Ding, das Besitz heißt. Natürlich hat jede Erklärung durch Kauf oder Verkauf nur einen juristischen Sinn und erledigt die Frage nicht. Wenn ich also alle diese Definitionen des Eigentums als zweitrangig wegschiebe, bleibt das Problem bestehen: was heißt besitzen? Nun merke ich aber, daß uns in dieser Frage, wie in vielen anderen, die Magie leiten kann. Ich stelle fest, daß man einen Menschen einen Besessenen nennt, wenn die Dämonen in seinem Körper sind. Aber ich sehe auch, daß in diesem Fall die Dämonen nicht nur in ihm sind, sie *sind er*; sie vollenden sich in ihm; schließlich ist es eine bestimmte Eigenschaft des besessenen Menschen, besessen zu sein, er ist in ihm selbst gegeben als *gehörig zu* ... Und ich sehe auch, daß man bei primitiven Beerdigungen mit dem Toten auch die Gegenstände beerdigt, die ihm gehören. Die rationale Erklärung, «damit er sich ihrer bedienen kann», ist offenbar nachträglich er-

1 Deutsch im Original.

funden. Es sieht vielmehr so aus, als gebe es hier gar keine Frage: der Tote und seine Gegenstände bilden ein Ganzes. Es kommt ebensowenig in Frage, den Toten ohne seine Gebrauchsgegenstände zu beerdigen, wie ihn beispielsweise ohne eines seiner Beine zu beerdigen. Jenseits der diskontinuierlichen Existenz aller dieser Gegenstände lebt ein großer Organismus, den man als ganzen beerdigt. Der Leichnam, die Schale, aus der er trank, das Messer, das er benutzte, usw. sind *ein einziger Toter.* Daher ist der Brauch, die malabarischen Witwen zu verbrennen, obgleich barbarisch, in seinen Ergebnissen und in seinem Prinzip sehr gut zu verstehen. Die Frau ist *besessen* worden. Sie bildet also einen Teil des Toten, rechtlich ist sie tot, man muß ihr nur noch sterben helfen. Diejenigen Gegenstände, die sich nicht begraben lassen, werden heimgesucht. Zwar sind die Gespenster, die die Wohnstätte heimsuchen, herabgesunkene Hausgötter. Aber was sind Hausgötter selbst, wenn nicht Gespenster? Das Gespenst ist nichts anderes als das, was von dem Menschen übrigbleibt in dem Haus, das er besessen hat. Wenn man sagt, daß es in einem Haus spukt, meint man, daß weder das Geld noch die Mühe seines zweiten Besitzers die metaphysische und absolute Tatsache auslöschen können, daß der erste Erwerber das Haus *in Besitz* gehabt hat. So zeigen uns Aberglaube und Religion das Eigentum als verlängertes Sein des Eigentümers. Der Mensch ist mit seinem Eigentum durch einen Seinsbezug metaphysisch verbunden. Es wäre zwecklos, einzuwenden, daß der Aberglaube keine Begründung hat. Er hat im Gegenteil seine Begründung in der menschlichen-Realität. Jeder Aberglaube, jeder magische Glaube enthüllt, wenn man ihn richtig befragt, eine Wahrheit über die menschliche-Realität, denn der Mensch ist dem Wesen nach ein Zauberer. Das alles ist bereits gesagt worden, uns interessiert jedoch, nachdem wir schon das An-sich vom Für-sich unterschieden haben, daß das Eigentum die Verlängerung des Für-sich im An-sich ist. *Sich eine Sache aneignen heißt in dieser Sache nach dem Modus des An-sich existieren.* (Der Fall des Besitzes einer geliebten Person ist komplizierter, aber wir lassen ihn absichtlich beiseite, da er nicht primär ist.) Bleibt noch, diese letzte Formel zu erklären. Sie hat keinen anderen Sinn als diesen: der Wille des Für-sich ist nichts anderes, als aus sich selbst ein An-sich zu gewinnen, das symbolisch das Für-sich selbst ist. Das führt uns zum Ursprung des Symbols, über das ich morgen sprechen werde. Im Augenblick jedoch stehen wir vor dem Faktum der Transsubstantiation. Eigentum ist Transsubstantiation. Eigentümer eines Gegenstandes sein heißt in diesem Gegenstand das Für-sich selbst als An-sich sein. In diesem Sinne ist ein besessener Gegenstand ein Gegenstand, der in der Welt die Wechselfälle des Für-sich spiegelt, das ihn besitzt. Ein besessener Gegenstand ist der Repräsentant des Für-sich im An-sich. Und gleichzeitig repräsentiert der Besitz, der besessene Gegenstand für das Für-sich die ganze Welt. Somit ist der besessene Gegenstand, Symbol an sich des Für-sich, für das Für-sich symbolisch die Welt. Wer zum Beispiel zu Hause bleibt und seinen Garten bestellt, für den ist der Garten die Welt. Er ist die äußerste Spitze der Welt, und gleichzeitig ist die ganze Welt in ihm. Damit ist das ursprüngliche Besitzverhältnis das des Für-sich zur Welt. Aber auf dem Hintergrund der Welt erscheint ein besonderer Gegenstand, der *als* Welt besessen wird. Er *beruhigt* die menschliche-Realität, denn sie sieht sich in ihm existieren als Permanenz, als An-sich. Was ich besitze, bin ich, als opak, als *an sich*. Und da ich mir *beschaffen* muß, was ich besitze, stellt sich das An-sich hier dar als durch das Für-sich motiviert, anders gesagt, jeder Besitz spiegelt als *An-sich* das Bild des Für-sich als Ursache von sich.[1] Bleibt, daß ich persönlich keinen Sinn für Eigentum habe. Das versuche ich morgen zu beschreiben und zu erklären.

Was dieses Heft hier (vom 20. Februar an) schlecht widerspiegelt, ist der Zustand von Nervosität und Angst, in dem ich mich wegen einer Sache befinde, die da unten in Paris sehr schlecht läuft.[2] Dennoch ist meine Sache gerecht. Heute abend (zugegeben, nach einigen Zechereien) bin ich von einer Art Begeisterung ergriffen worden bei dem Gedanken, eine so gerechte Sache zu verteidigen. Verführt hat mich hier die Idee der Aktion. So oft schon habe ich, von irgendwelchen Personen in flagranti ertappt, aus Gutmütigkeit, aus Schlaffheit die

1 Sartre hat diese Darstellung der Aneignung in *Das Sein und das Nichts* umgearbeitet – siehe das zweite Kapitel des vierten Teils, B. «Handeln und Haben: Der Besitz».

2 Es handelt sich um die Entdeckung eines Abenteuers Sartres durch Wanda: er ist ihr gegenüber nicht schuldig, denn das Abenteuer fand vor ihrer Idylle statt, aber «die Geschichte mit Colette X.» wird eine Zeitlang das Verhältnis zu Wanda und selbst zu S. de Beauvoir aus dem Gleichgewicht bringen (vgl. Briefe an S. de Beauvoir vom 23. zum 29. Februar und weiter oben, S. 43, Fußnote 1).

Flut meiner Beredsamkeit und meiner Gründe verschwendet. Ich überzeugte immer. Heute ist die Sache schwierig, aber ich bin nicht schuldig. Und außerdem hänge ich an W. wie an meinen Augäpfeln. In diesem verzweifelten Fall muß ich aus der Ferne, von perfiden Freunden bekämpft, mit goldener Zunge reden wie in so vielen Fällen, wo ich es leichthin getan habe. Das erregt und erbost mich. Ich bin fast froh, daß ich diese Aktion unternehmen muß, und um ein Haar würde ich zu mir sagen wie der Kaiser während des Frankreichfeldzugs: «Bonaparte, rette Napoleon!»

W. hält mich im Augenblick für einen geilen Bock. Das wirkt ebenso empörend auf mich wie damals, als ich, nach den vielen Erzählungen derer, die ihn kannten, Jules Romains für einen Knauser hielt. Ich habe vor mir, wie vor ihm, denselben Eindruck eines nicht zu rechtfertigenden Fehlers, der jedoch allenthalben von der Freiheit überschritten wird. Mir graut ein bißchen vor mir, obwohl ich weiß, daß dieser Vorwurf nicht sehr gerecht ist, und ich will mich ändern.

Samstag, 24.

Seit drei Tagen Tauwetter. Matsch, geschmolzener Schnee; die Straßen haben heute morgen einen komischen weiblichen Geruch. Dieses feuchte, milde, graue Wetter dreht einem den Magen um. Ich war ein bißchen betrunken gestern abend, als ich die beiden letzten Bemerkungen hinschrieb. Nicht, daß ich mich absichtlich besoffen hätte, aber Pieter, der auf Urlaub fuhr, hat die Runde bezahlt, danach hatte ich Durst und habe einen Schoppen getrunken, kurz, ich war so gereizt, daß der Alkohol mir in den Kopf gestiegen ist. Gerade genug, um mir eine Vorstellung von mir selbst zu geben. Letztlich ist *das* bei mir Trunkenheit: wenn ich blau bin, habe ich eine Vorstellung von mir. Heute früh bin ich trocken und trübsinnig, und tief in mir ist etwas, von dem ich spüre, daß es bald herauskommen wird, das bestimmt gegen ein Uhr mittags herauskommen wird.

Es gibt eine Art Beständigkeit und Notwendigkeit in den Enten und «Gerüchten» über den Krieg. In mein erstes Heft habe ich folgende Parole von 14 notiert: «Die deutsche Armee von Frankreich angesaugt.» Denselben Slogan finde ich im Jahre 1870. Ich lese im *Tage-*

buch eines Ordonnanzoffiziers (Hérisson, S. 38)[1]: «Man hörte ernsthafte, gesetzte, reiche, intelligente Männer sagen, daß unsere Niederlagen am Rhein in gewisser Weise schicksalhaft waren, insofern sie alle preußischen Armeen zu uns lockten, die dann in Frankreich ihr Grab fanden.»

Der Ursprung dieser Parole scheint mir der Rückzug aus Rußland zu sein und vielleicht auch die Schwierigkeiten, die Napoleon in Spanien hatte.

Gestern versuchte ich zu zeigen, daß der Sinn der Aneignung eine Wesensstruktur des Menschen ist. Und zwar ungeachtet irgendeiner politischen Theorie, denn daneben kann man durchaus Sozialist oder Kommunist sein. Aber wenn das richtig wäre, wie läßt sich dann erklären, daß ich, der ich diese Zeilen schreibe, keinen Sinn für Eigentum habe? Und habe ich wirklich keinen?

Am leichtesten läßt sich feststellen, daß ich keinen Sinn für Eigentum bei anderen habe. Ich könnte durchaus einer von jenen Plünderern sein, die ich in den vorangegangenen Heften erwähne, wenn in der *Aktion* des Plünderns nicht etwas zutiefst Gemeines läge, was ganz und gar außerhalb des heiligen Charakters des Eigentums ist. An anderer Stelle habe ich erwähnt, daß ich keinerlei Skrupel hatte, einen Brief zu öffnen, der nicht für mich bestimmt war. Wie oft habe ich in vertraulichen Papieren geblättert, die sorgfältig versteckt worden waren und die ich entdeckt hatte. Und außerdem habe ich oft gestohlen, als ich jung war. Im Notfall würde ich auch jetzt noch stehlen. Vor drei Jahren, auf der Gare du Nord, als ich kein Geld mehr hatte, um mir einen Kriminalroman zu kaufen, habe ich skrupellos an einem Zeitungskiosk einen geklaut. Ich borge sehr gern, und wenn ich zurückgebe – ich gebe immer pünktlich zurück –, dann wegen des *Bewußtseins* des Anderen, nicht wegen seines Eigentumsrechts, ich möchte nicht, daß man *denkt*, ich sei ein ehrloser Schnorrer. Aber es wäre mir einerlei, es zu *sein*. Wenn jemand, den ich liebe, auf einen Gegenstand großen Wert legt, werde ich ihn pfleglich behandeln. Aber nur, weil ich mir intensiv die Betrübnis meines Freundes vorstelle, wenn der Gegenstand kaputtginge. Auch hier habe ich das Bewußtsein im Auge, nicht das Eigentum.

Was mich betrifft, so stimmt es, daß ich nie Lust auf viel Geld hatte. Ich könnte nur ein klein wenig mehr gebrauchen, als ich habe. Ganz

1 Bei Paul Ollendorf 1885 in Paris erschienen.

einfach, weil ich das Geld verschleudere, das ich verdiene. Ich schaffe es nicht, mein Guthaben auf den ganzen Monat zu verteilen. Um den 20. herum, gleichgültig, welche Bedürfnisse ich habe und über welche Summe ich verfüge, pfeife ich auf dem letzten Loch, und ich borge. Wenn mich dieser Zustand vor dem Krieg allmählich anwiderte, lag das eher daran, daß ich ängstlich zu allen meinen Freunden rennen mußte, um mir mein Mittagessen für den nächsten Tag zusammenzubetteln, als an der Unmöglichkeit, «mein eigenes Geld» zu haben. Scheine, Münzen in meiner Tasche geben mir eine Art Vertrauen, verleihen mir Ansehen, aber eigentlich dauert dieses Vergnügen nicht lange, das Geld zerrinnt, und wenn welches übrigbleibt, widert es mich an. Ich muß ausgeben. Nicht um etwas zu *kaufen*, sondern um diese monetäre Energie explodieren zu lassen, sie mir gewissermaßen vom Hals zu schaffen und weit von mir wegzuschleudern wie eine Handgranate. Es gibt so etwas wie eine Vergänglichkeit des Geldes, die ich liebe: ich liebe es, es mir durch die Finger rinnen und verschwinden zu sehen. Aber es darf nicht durch irgendeinen festen und bequemen Gegenstand ersetzt werden, dessen Permanenz noch kompakter wäre als die des Geldes. Es muß in ungreifbaren Feuerwerken davonstieben. Zum Beispiel an einem *Abend*. In irgendein Tanzlokal gehen, dort viel ausgeben, im Taxi herumfahren usw. usw., kurz, damit vom Geld nichts übrigbleibt als eine Erinnerung – manchmal *weniger* als eine Erinnerung. Gewöhnlich habe ich schon an dem Abend, an dem ich mein Gehalt bekomme, ein Drittel davon ausgegeben. Im übrigen rechne ich nie, wenigstens nicht in den ersten Tagen. Das Geld muß die Verlängerung meiner Gesten sein, ich muß ausgeben, wie ich atme, es darf nur die Wirksamkeit meiner Gesten darstellen. Nach ein paar Tagen bin ich dann niedergeschmettert, weil fast nichts mehr übrig ist und man von neuem mühsam rechnen muß. Als ich jung war, hatte Guille sich ein kleines Heft gekauft, in das er eifrig seine täglichen Ausgaben eintrug, und er ermahnte mich lebhaft, das gleiche zu kaufen. Aber ich konnte mich nie dazu aufraffen. Ich bewunderte Guille, daß er auf diese Weise Buch führte, aber es wäre mir unangenehm und schäbig vorgekommen, mich dem zu unterwerfen. Überall, wo ich hinkomme, erregt meine Art des Ausgebens Aufsehen – sogar bei den großzügigsten Menschen. Guille war das genaue Gegenteil eines Geizkragens, und doch zuckte er die Achseln, wenn er mich sah; der kleine Bost hat mir wohl hundertmal mit heiterer Mißbilligung gesagt: «Sie kommen schlecht zu Rande.»

Auffallend ist vor allem, daß ich dieses Geld, das ich ausgebe, *für nichts* ausgebe. Ich habe Maniker wie Albert Morel[1] kennengelernt, die ihr Geld in tausend Lappalien umsetzten, in Kompasse, perfektionierte Korkenzieher, geniale kleine Maschinen. Diese Leute wollen besitzen; sie halten das Geld für zu abstrakt, sie stützen sich mit aller Kraft auf diese tausend Kinkerlitzchen, sie beschützen sie und umgeben sie mit einer vertrauten Runde. Andere, wie Nizan, machen sich Geschenke. Geheimnisvoll zieht er los und kauft sich ein schönes Paar Schuhe, und dieser Kauf ist gleichsam eine heilige und prunkvolle Zeremonie seiner Beziehungen zu sich selbst. Nizans Verhältnis zu *seinen* Gegenständen ist absolut bezaubernd; er betätschelt sie schelmisch und zärtlich, es sind sowohl kleine Haustiere wie lustige Streiche, die man anderen Leuten gespielt hat. Für einen ordnungsgemäß bezahlten Regenschirm empfindet er ebensoviel Zuneigung, als wenn er ihn entwendet hätte. Ich weiß auch, was für ein ungewöhnliches, mühsames und heiliges Unternehmen es für manche ist, für Keller zum Beispiel, etwas einzukaufen. Man denkt lange im voraus daran, man träumt, man erkundigt sich, man geht in mehrere Geschäfte, ohne zu kaufen. Ist der Gegenstand dann erworben, so betrachtet man ihn mit etwas verdrießlichem Ernst, sogar mit leiser Furcht, wie einen unvermuteten und unbekannten Gefährten, dessen Fehler und Tugenden man noch nicht kennt. Wie oft habe ich gesehen, wie Keller mißbilligend die Feuersteine betrachtete, die er gerade beim Tabakhändler erstanden hatte, und streng erklärte, noch bevor er sie benutzt hatte: «Sie sind nicht so gut wie in Paris.» Für diese Leute sind Kauf und Aneignung Momente eines ungewissen und gefahrvollen Paktes, den man am Ende wohl oder übel mit einem bestimmten Gegenstand schließen muß, ohne recht zu wissen, wohin er einen führt. Keller, der seine Pfeife zerbrochen hatte und erwägen mußte, eine neue zu kaufen, war zu diesem Zweck mit mir in Pfaffenhofen. Aber kaum hatte er den Fuß in die Stadt gesetzt, verließ ihn der Mut; er irrte von Tabakladen zu Tabakladen wie eine Seele in Not. Von dort aus fuhren wir nach Hagenau, und es war genauso. Schließlich zog er es vor, seinen zerbrochenen Pfeifenkopf mit Draht zu umwickeln, und sagte: «Ich habe noch eine bei mir zu Hause, ich lasse sie mir schicken.» Und ich weiß wohl, daß viel Knausrigkeit dahintersteckt.

1 Sohn von Frau Morel, genannt «diese Dame», dem Sartre Privatstunden gab, als er an der École normale studierte.

Aber was eigentlich ist Knausrigkeit? Mehr als die Angst, nach dem Kauf weniger Geld zu haben, erkannte ich bei Keller eine Art Schrekken vor dem Neuen. Es gab hier eine beängstigende «Ablösung» der Gegenstände, und er fühlte sich nicht mutig genug, ihr beizuwohnen. Wieder andere, wie die beiden Kosakiewicz [1], umgeben sich mit einem winzigen, lebendigen Universum, das zwischen einem anmutigen Surrealismus und einer bloßen Spielzeugwelt schwankt. Tausend Feen, Elfen, Trolle, zahme Kobolde umgeben und beschützen sie, filtern für sie die wahre Welt, *gehören ihnen*. Toulouse [2] trieb die Sache so weit, daß sie mit ihren Gegenständen Gespräche führte, sie rügte, sie belehrte oder sich belehren ließ. Aber weder die Welt der Kobolde, die die Schwestern Kosakiewicz besitzen, noch jene mittelalterlichen Gegenstände, die sich mit Toulouse unterhalten, sind gekauft. Ihr Preis rührt vom Geschenkt-sein her. Und vielleicht ist das ja die ursprünglichste und heiligste Form des Eigentums: alle diese Gegenstände sind *geschenkte* Besitztümer, es hat eine Übergabezeremonie und Beziehungen von Bewußtsein zu Bewußtsein gegeben. Die beiden K.s sind übrigens nicht im eigentlichen Sinne verschwenderisch, sie ignorieren die Existenz des Geldes völlig, was sie nicht daran hindert, sehr grimmige Besitzerinnen zu sein.

In allen diesen Arten des Besitzens sehe ich die Entstehung des Luxus, denn der Luxus beruht weder auf der Zahl noch auf der Qualität der besessenen Gegenstände, sondern auf einer überaus tiefen, stillen und intimen Beziehung zwischen dem Besitzenden und dem Gegenstand, den er besitzt: die Sache muß nicht nur sehr selten sein, sie muß auch bei dem geboren sein, der sie besitzt, und speziell für ihn zur Existenz gelangt sein. Geld wird niemals zu Luxus verhelfen. Was mich betrifft, so bin ich genau das Gegenteil eines luxuriösen Menschen, denn ich habe keinerlei Lust, die Gegenstände zu besitzen, ich wüßte nicht, was ich damit anfangen sollte. Darin bin ich ganz gewiß ein Kind meiner Epoche, ich spüre das Geld als eine abstrakte und flüchtige Macht, ich sehe es gern dahinschwinden und fühle mich fremd vor den Gegenständen, die es verschafft. Nie habe ich im bürgerlichen Leben irgend etwas für mich gehabt, weder Möbel noch Bücher, noch Nippes. Mir wäre höchst unwohl in einer Wohnung, und sie würde sich auch schnell in einen Stall verwandeln. Seit zehn

1 Olga und Wanda Kosakiewicz.
2 Spitzname von Simone Jollivet. Vgl. S. 263, Fußnote 1.

Jahren habe ich immer nur meine Pfeife und meinen Füllfederhalter für mich gehabt. Und sogar in diesen Dingen bin ich verschwenderisch: ich verliere die Füllfederhalter und Pfeifen, ich hänge nicht an ihnen, sie sind bei mir im Exil und leben in einer Atmosphäre, die kaum intimer ist als das kalte Licht, in das sie getaucht waren, als sie neben ihren Brüdern im Schaufenster lagen. Ich liebe sie nicht, eine neue Pfeife mag mir zwei Tage Spaß machen, danach benutze ich sie, ohne darauf zu achten. Wenn man mir ein Geschenk macht, bin ich immer verwirrt und sehr verlegen, weil ich dunkel spüre, daß ich es nicht so entgegennehme, wie ich sollte. Zwar bewegt mich die Aufmerksamkeit vielleicht mehr als andere (zumal man mir fast nie ein Geschenk macht. Die Leute spüren wohl, daß sie an die falsche Adresse geraten würden. Sie mögen noch so sehr an mir hängen, sie schenken mir nichts. Auch kommt es selten vor, daß man mich fotografiert. Das gehört zusammen). Aber die unmittelbare Aufmerksamkeit, wie sie sich auf dem zärtlichen Gesicht der Person malt, die schenkt, genau diese Aufmerksamkeit bewegt mich. Ich bedanke mich zu überschwenglich, weil ich ein schlechtes Gewissen habe, ich weiß, ich sollte die Gunst, die man mir erweist, weniger auf dem Gesicht und mehr an dem Gegenstand spüren. Es ist ein Vergnügen, Wanda etwas zu schenken, sie bedankt sich nie, weil sich das Geschenkt-sein dem geschenkten Gegenstand einprägt. Sie denkt kaum an die Person, aber der Gegenstand wird dadurch sehr kostbar für sie. Ich selbst sehe nur einen nützlichen oder gefälligen Gegenstand, der, wie die anderen, ein kümmerliches Leben bei mir führen wird und den ich am Ende verlieren oder kaputtmachen werde. Weniger aus Ungeschick oder Zerfahrenheit als wegen der Abwesenheit jenes konkreten Bandes, das bewirkt, wie ich gestern sagte, daß man die toten Pharaonen mit der Schale beerdigte, aus der sie tranken, und das Eigentum ist. Ebensowenig wie man daran denkt, mir Geschenke zu machen, würde man, glaube ich, auf die Idee verfallen, mich mit meinen Habseligkeiten zu beerdigen, wenn ich stürbe. Meine Erben, falls ich welche hätte, würden sie in alle Winde verstreuen, abgestoßen von irgendeinem eisigen Aspekt dieser Gegenstände, der die einzige Erinnerung an ihren Verkehr mit mir wäre. Eine Zeitlang habe ich schöne Hemden gemocht, seidene Unterwäsche, elegante Anzüge – eine ziemlich unglückliche Liebe im übrigen, da ich kein Geld hatte, welche zu kaufen. Aber ich wollte sie nicht besitzen. Ich wollte sie nur haben, um mich wohl zu fühlen und um zu gefallen. Seit einiger Zeit ist sogar das verschwunden. Ich bescheide mich sehr gut mit ganz gewöhnlichen Hemden und damit, meine Anzüge lange zu tragen. In letzter Zeit hatte ich nur einen im Jahr, den ich bei allen Gelegenheiten trug. Ich verwandte meine Koketterie – falls ich überhaupt welche besaß – darauf, nachlässig zu sein. Die schönen Hemden, der wie aus dem Ei gepellte kleine Mann, das gehörte vor allem in die Zeit des «korsischen Feldwebels». Als der «große blonde Norweger» auftauchte, orientierte ich mich eher an alten Klamotten, an Lumpen, die einen Hauch Eleganz bewahrten. Aber ich lehnte es immer ab, zwei Konfektionsanzüge fürs Jahr zu kaufen, was mir erlaubt hätte, immer sauber zu sein. Lieber ließ ich mir zum selben Preis in einem guten Haus einen einzigen anfertigen, der dann rasch den Glanz verlor. Vielleicht muß man darin ein vages Rudiment der Lust am Eigentum sehen und gleichsam einen lächerlichen und unmerklichen Hang zum Luxus.

Aber auch wenn ich nichts für mich besitze, wenn ich die Habe der anderen nicht respektiere, so habe ich doch ein direktes und starkes Band zum Eigentum: ich habe die Neigung, die anderen besitzen zu lassen. Ich gebe oft meine eigenen Sachen her, manchmal mit einer gewissen Überschwenglichkeit; wenn ich schöne Gegenstände in einem Schaufenster sehe, kommt es vor, daß ich sie lüstern anschaue, als wolle ich sie für mich haben. Aber in Wirklichkeit ist es eine Lüsternheit *für andere*. Sie betrachtend, sage ich mir: «Wie schön sie sind! Wenn ich bloß Geld hätte, würde ich sie X oder Y schenken.» Und gewiß handelt es sich zuerst um eine gewisse imperialistische Neigung, auf andere einzuwirken, das Gewissen der Leute zu plagen, sie auf diese oder jene Art zu zwingen, sich an mich zu erinnern, indiskret in ihr Innenleben einzudringen wie ein Splitter. Das könnte mich veranlassen, über meine Beziehungen zu den Leuten nachzudenken, und ich glaube, daß ich es bald tun werde, denn das ist – besonders im Moment – eine offene Wunde.[1] Aber da ist etwas Tieferes: ich empfinde gleichsam ein tiefes Bedauern darüber, nicht besitzen zu können, und indem ich gebe, zu geben träume, delegiere ich meine Fähigkeiten an die anderen, ich besitze auf die einzige Art und Weise, die mir zugänglich ist: in Stellvertretung. Wenn ich Wanda etwas schenke und sehe, mit welcher Sorgfalt sie mein Ge-

1 Er wird es vom 27. Februar an tun; aber auch noch am 24. April wird er S. de Beauvoir schreiben: «Ich verstehe es nicht, die Menschen gut zu lieben.»

schenk behandelt – eine Sorgfalt, die dem Gegenstand keineswegs deshalb gilt, weil er von mir kommt, sondern weil er schön ist –, komme ich mir ein wenig wie jener impotente Gangster aus *Die Freistatt* vor, der einen anderen Mann zwang, mit der Frau zu schlafen, die er begehrte.[1] Ich habe etwas von dieser grämlichen und einsamen Freude des Voyeurs. Ich freue mich, weil sie den Gegenstand *durch mich* besitzt; ich bin es, der dieses Eigentumsverhältnis geschaffen hat. Ich bleibe am Rand des Aneignungskultes stehen, aber ich sehe ihn von weitem, ich genieße ihn mit den Augen und weiß, daß ich sein Urheber bin. Ich habe also sehr wohl ein Verhältnis zu dem Gegenstand. Desgleichen könnte ich mich nicht mit einem «Interieur» abfinden, aber ich mag das Interieur von anderen. Es gibt zwei Wohnungen, die für mich den poetischsten Zauber der Welt besitzen und in denen ich mich gern und lange aufhalte: die Wohnung von Madame Morel in der Rue Vavin und die Wohnung von Toulouse in Montmartre. Ich genieße sie, weil ich sie *besessen* fühle, und genau in dieser Atmosphäre des Besitzes lebe ich gern. Ich mag es, daß alle Gegenstände jemandem gehören, der zudem mein Freund ist und sie mich in bestimmtem Maße benutzen läßt. Offen gesagt werde ich ihrer rasch überdrüssig, und ich ziehe es vor – oder zumindest werde ich dessen nicht überdrüssig –, mich auf Stühle zu setzen, die niemandem gehören – oder allen, wenn man so will –, an Tische, die niemandem gehören. Aus diesem Grunde gehe ich zum Arbeiten in Cafés, ich gelange zu einer Art von Einsamkeit und Abstraktion. Aber von Zeit zu Zeit gefällt es mir, in dieser strahlenden Wärme zu versinken, die nicht die meine ist, aber einen Augenblick lang für mich ist. Es besteht jedoch kein Zweifel, daß keiner besser als ich mit einer Kollektivierung des Eigentums zurechtkäme, denn dabei würde ich nur das Vergnügen des Gebens einbüßen – und außerdem könnte ich auf tausend andere Arten geben.

Daß ich dieses totale Fehlen der Lust am Eigentum mit der Geschichte und der Bildung erkläre, scheint mir vor allem daran zu liegen, daß ich aus einem Beamtenmilieu stamme. Das Geld, das jeden Monat ins Haus floß, mit der geregelten Monotonie des Menstruationsflusses, schien meinem Großvater nicht in unmittelbarer Beziehung zu der Arbeit zu stehen, die er leistete. Und tatsächlich wäre ihm

1 Es handelt sich um Popeye im Roman von W. Faulkner, frz. Ausgabe bei Gallimard, Paris 1933.

eine Verbesserung der Qualität dieser Arbeit nicht bezahlt worden. Im übrigen setzte er so sehr seine Ehre darein, mit priesterlicher Mission zu unterrichten, daß er das Verhältnis dieser Arbeit zu seinen Bezügen völlig vergaß. Ebenso erstaunt und naiv angesichts dieser Geldscheine, die er monatlich empfing, wie die Eingeborenen der Koralleninseln angesichts der Schwangerschaft ihrer Frauen, die sie jeder beliebigen Ursache zuschrieben, nur nicht ihrem eigenen Tun. Mein Großvater wurde auf seine alten Tage geizig, aus Altersschwachsinn, aber lange Zeit ist er mit losen Goldstücken in seinen Taschen herumspaziert, ohne zu ahnen, welche Menge Goldes er mit sich schleppte. Meine Großmutter stahl ihm nachts welches aus seiner Jacke, er hat es nie gemerkt. Als Akademiker wie er habe ich nie den Eindruck gehabt, Geld zu *verdienen*. Mein Beruf scheint mir eine unverbindliche, zuweilen amüsante, oft langweilige soziale Verpflichtung zu sein, die jedoch in keiner Beziehung zu dem Geld steht, das man mir am Ende des Monats gibt. Für mich ist dieses Geld immer von einer gewissen Unverbindlichkeit. Ich habe nicht den Eindruck, daß man es mir schuldet. Daher ist es mir leicht, ich streue es sorglos in alle Winde, in der Gewißheit, daß sich das Wunder am Ende des Monats von neuem ereignen wird. Ich kenne auf diesem Gebiet weder Schrecken noch besonderen Genuß. Es zählt nicht. Es ist wie die Luft, die ich atme, oder das Wasser, das ich trinke. Auch da habe ich keine *Wurzeln*. Nichts verwurzelt stärker als eine harte finanzielle *Situation*. Ich habe in meiner Kindheit nie jemanden gesehen, der hart und voller Angst arbeiten mußte, um ein paar Sous zu verdienen: das Geld fiel vom Himmel wie reife Früchte. Es war ein kleiner Goldregen. Ich erinnere mich an den Referendar Delarue, nebenbei auch Schauspielschüler bei Dullin, der meine Schüler anschnauzte und zu ihnen sagte – er geriet beim Sprechen in Rage, ohne sie anzuschauen, aus Schüchternheit, und wurde am Schluß rot vor Zorn: «Ihr macht euch über die Wilden lustig, weil sie glauben, daß Regen fallen wird, wenn sie trommeln. Aber was macht ihr denn, he? Ihr dreht den Lichtschalter, eine gebieterische und magische Geste, deren Sinn ihr nicht kennt – und erwartet wie die Wilden, daß es hell wird. Wer von euch hat jemals an die menschliche Arbeit gedacht, die nötig war, um den elektrischen Strom durch die Leitungen fließen zu lassen?» Nun, was das Geld betrifft, bin ich dem Wilden ähnlich. Die Geste, mit der ich einen Schein auf den Tisch lege, kommt mir wie eine rituelle und magische Geste vor, wie eine Zeremonie, fast nie denke ich daran, was dieser

Schein *repräsentiert*. Bestimmt hat Keller, wenn er einkauft, den Eindruck, daß er seine Arbeit gegen einen Gegenstand tauscht. Ich nicht: ich führe die Reihe der nötigen Gesten aus, damit der Gegenstand geboren wird. Das ist alles. Ich füge hinzu, daß ich aus einer Familie stamme, die keine Immobilien besitzt; zwar habe ich im Alter von zwanzig Jahren eine kleine Erbschaft gemacht, die ich innerhalb von wenigen Jahren verschleudert habe. Doch abgesehen von diesem einmaligen Umstand besaß bei uns niemand etwas, weder Land noch Vermögen. Eine Mietwohnung, mehr nicht. Von der Wohnung, die mein Stiefvater, mein Großvater gemietet hatten, bis zu dem Hotelzimmer, in dem ich lebe, ist es weniger weit als von einem Landhaus, das man rechtmäßig als Erbe besitzt, bis zu einer Mietwohnung. Obwohl mein Stiefvater mir chronisch vorwirft, daß ich im Hotel wohne, gehe ich im Grunde den Weg meiner ganzen Familie: keine Güter, ich erwarte keine Erbschaft und werde keine hinterlassen, ich besitze das Zimmer nicht, in dem ich wohne. Die große Veränderung hat vor meiner Zeit stattgefunden, als die elsässischen Bauern, die Großväter meines Großvaters, von den Feldern in die Stadt zogen, als der Vater meines Großvaters Lehrer geworden ist. Was mich angeht, so verstärke ich lediglich die Entwicklung. Insoweit bin ich übrigens kein «Bohemien» – vielleicht wäre ich es 1848 gewesen. Ich nähere mich nur jenem amerikanischen Kleinbürgertum zum Beispiel, dessen Domizil ein Mittelding zwischen unserer Wohnung und unserem Hotelzimmer ist. In diesem Sinne bin ich, Urenkel von Bauern, Enkel von Beamten, selber Beamter, in einem fortgeschrittenen Grad kollektiviert. Das meine ich nur in bezug auf das Eigentum, denn diese materielle Kollektivierung verstärkt bei mir den Individualismus und den Hang zur Freiheit.

Denn diese Erklärung kann nicht ausreichen, und es fehlt nicht an Beamten und Beamtensöhnen, die einen Hang zum «Heim», einen Hang zum Besitz haben. Das ist sogar die Regel. Zumindest werden sie Bücher besitzen wollen. Und sicherlich kann man noch etwas weiter gehen und sagen, daß ich von einem unpersönlichen Rationalismus geprägt worden bin, der mir den Sinn für die Unpersönlichkeit der Ideen verliehen hat. Weil eine Idee von Pascal, sobald ich sie kenne, ebenso mir wie Pascal oder meinem Nachbarn zu gehören scheint oder, besser, weil sie mir als Kollektiveigentum erscheint. Daher habe ich kein Bedürfnis, einen ledergebundenen Pascal in meiner Bibliothek zu besitzen. Bei anderen Leuten mag es innigere Beziehungen zu Büchern geben. Sie kommen ihnen wohl noch bewohnt vor, sie streicheln sie, sie meinen, daß sie ein unerschöpfliches Geheimnis bergen und daß man sie bei sich zu Hause besitzen muß, aus Angst, dieses Geheimnis könnte entweichen, Papier, Einband, Buchstaben und Ideen bilden ein Ganzes. Aber für mich ist ein gelesenes Buch ein Leichnam. Man kann es nur noch wegwerfen. Und wenn ich mich an bestimmte Stellen erinnern will, verschmähe ich es nicht, sie in einer öffentlichen Bibliothek nachzulesen. In Le Havre verwirklichte ich das Maximum an Kollektivierung, indem ich im Hotel schlief und meine Tage zwischen dem Café *Guillaume Tell* und der Stadtbibliothek aufteilte. Ich finde sogar Geschmack an Bibliotheken, und es ist mir wirklich absolut gleichgültig, daß das Buch nicht mir gehört, daß darin geblättert worden ist und daß es noch durch viele Hände gehen wird. Im Gegenteil, mir scheint, gerade das ist seine wahre Natur.

Aber um die wirkliche Erklärung zu finden, muß man trotz allem zu jenem In-der-Welt-sein kommen, das bei mir wie bei jedem Menschen seine historische Situation zur Einsamkeit hin überschreitet.

Ich will nicht besitzen, zuallererst aus metaphysischem Stolz. Ich genüge mir selbst in der nichtenden Einsamkeit des Für-sich. Ich würde keinerlei Trost in jenen substantiierten Surrogaten meiner selbst finden. Ich fühle mich nur in der Freiheit wohl, den Gegenständen entgehend, mir selbst entgehend; ich fühle mich wohl nur im Nichts, ich bin ein vor Hochmut trunkenes und durchsichtiges wahres Nichts. Freilich löst das nicht die metaphysische Frage, denn Stolz hin, Stolz her, ich bin ein *Mangel*, und es mangelt mir genau *an der Welt*. Daher will ich die Welt besitzen. Aber ohne symbolisches Surrogat. Auch das ist eine Sache des Hochmuts: ich würde nie akzeptieren, die Welt *in der Person* dieses oder jenes Gegenstandes zu besitzen. Ich, ein Individuum, stehe vor der Totalität der Welt, und eben diese Totalität will ich besitzen. Aber dieser Besitz ist von besonderer Art: ich will sie als *Erkenntnis* besitzen. Es ist mein Ehrgeiz, die Welt für mich ganz allein zu erkennen, nicht in ihren Einzelheiten (Wissenschaft), sondern als Totalität (Metaphysik). Und für mich hat die Erkenntnis einen magischen Sinn von Aneignung. Erkennen heißt sich aneignen, genauso wie für den Primitiven den geheimen Namen eines Menschen kennen sich diesen Menschen aneignen und ihn versklaven heißt. Dieser Besitz besteht im wesentlichen darin, den Sinn der Welt durch Sätze einzufangen. Aber dazu reicht die Metaphysik nicht aus; es bedarf auch der Kunst, denn der einfangende Satz befriedigt mich nur dann, wenn er selbst Gegenstand ist, das heißt, wenn der Sinn der Welt darin nicht in seiner begrifflichen Nacktheit, sondern über eine Materie erscheint. Man muß den Sinn mit Hilfe eines einfangenden Dings einfangen, und ein solches Ding ist der ästhetische Satz, ein von mir erschaffener Gegenstand, der durch sich allein existiert. Zudem wird mein Wunsch nach Besitz der Dinge von einem komplexeren Wunsch verhüllt und gebremst, der gesondert beschrieben werden müßte, meinem Wunsch nach Besitz des *Anderen*. Und gewiß ist der Besitz hier von ganz anderer Art, aber es erscheint mir sicher, daß man die beiden Wünsche nicht zur selben Zeit haben kann, den, die Dinge zu besitzen, und den, die Leute zu besitzen. Und so erscheint mir die Welt einheitlicher und uniformer als vielen anderen. Sie hat nicht jene lauen Schattenlöcher, jene rettenden Häfen, die die besessenen Gegenstände darstellen. In gewissem Sinn bin ich ihr gegenüber verlassener und einsamer. Und in einem anderen Sinn auf hochmütigere Weise Eroberer. So ist die Metaphysik Wunsch nach Aneignung.

Sonntag, 25. Februar

Das berühmte «Kein Morgen Land» von Daladier, das 1939 die Stunde des Ruhms erlebte[1], erinnert fatal an eine nicht minder berühmte Erklärung von Jules Favre in einem Rundschreiben von 1870: «Keinen Zoll unseres Territoriums, keinen Stein unserer Festungen.»

Ich habe das plötzliche Vermögen von Hantziger erwähnt. Er ist bieder davon geworden. Gestern sagte er, die Augen niederschlagend, zu jemand, der ihm was von «Eroberungen machen» erzählte: «O nein, mein Lieber, die Ehe, das ist das einzige.» Aber um der Wahrheit willen muß ich sagen, daß er behauptet, das Geld stamme von seinem Direktor, der ihm bei seiner Durchreise in Paris ein Monatsgehalt ausgezahlt habe. Das ist möglich, aber ich bezweifle es. Warum sollte er ihm plötzlich nach sechs Monaten Krieg dieses Geld geben? Jedenfalls ist er ganz aufgeregt. Er wird zum Gefreiten befördert werden,

1 *«Ich habe gesagt und ich bleibe dabei, daß wir weder einen Morgen unseres Landes noch ein einziges unserer Rechte aufgeben werden.»* Radioansprache am 29. März 1939.

und er möchte davon profitieren und sich vor den kleinen Dreckarbeiten drücken: fegen, Suppe holen. Aber Klein faßt ihn hart an; gestern hat er zu ihm gesagt: «Solange du die Suppe nicht holst, ißt du auch nicht mit uns.» Gestern hat Hantziger durchgehalten. Mittags ist er ins Restaurant gegangen, und abends hat er Konserven gegessen. Aber Klein ist hartnäckig und wird ihn mit dem Hunger weichkriegen. Klein ist stark. Er hat vor drei Wochen seine Frau verloren, aber er läßt sich nichts anmerken. Entweder ist es ihm schnuppe, oder er kann sich verdammt gut beherrschen. Aber ich glaube, es ist ihm nicht schnuppe.

Heute habe ich die Gedichte eines jungen Mannes namens Alain Borne[1] erhalten, ich habe sie gelesen und muß gestehen, daß ich nichts begreife. Aus Ärger und um mir klarzuwerden und auch, weil ich mich in den letzten Tagen in einem unleidlichen, aber poetischen Zustand befinde, habe ich versucht, ein Gedicht zu machen. Ich führe es hier an, so wie es ist, aus Masochismus.

Fondus les crissements de lumière sous les arbres morts
En eau les mille lumières d'eau qui cachaient leur nom
Fondu le sel pur de l'hiver, mes mains sèchent.
J'égoutte entre les maisons la douce étoupe grasse de l'air et
Le ciel est un jardin botanique qui sent la plante revenue.
Aux fenêtres des grandes halles désertes
Des fantômes poudrés voient couler dans les rues la lente colle
noire.
Fondues les aiguilles de joie blanche en mon cœur
Mon cœur sent le poisson.

1 Es handelt sich um einen Gedichtband unter dem Titel *Cicatrices de Songes* [Traumnarben], der von den Feuillets de lîlot, Rodez 1939 veröffentlicht wurde, mit einem Vorwort von Henri Lambert. Alain Borne (1915–1962) ist damals fünfundzwanzig Jahre alt; er schreibt in verschiedenen Poesie-Zeitschriften, u. a. in *Poètes casqués* [Behelmte Dichter] von Pierre Seghers. Das erste Gedicht des von Sartre empfangenen Bandes «Lecture» beginnt so:
Il faut que le poème jaillisse du silence
blanc comme une mariée secrète et pâle
que chacun croira vierge (...)
[Das Gedicht muß hervorschießen aus dem Schweigen
weiß wie eine heimliche blasse Braut
die jeder jungfräulich glaubt (...)]

Printemps vénéneux qui commence
Ne me fais pas de mal
Mon cœur était si dur à la peine
Et voici qu'il s'écœure de printemps

Printemps qui commence en mon cœur
Puisses-tu brûler comme une torche
Et que la pierre torride de l'été touche
Et sèche les herbes souples.

Souffle embrasé j'ai glissé sur la pierre
Et les germes brûlaient, incendiés par le vent
Souffle glacé sur la neige
J'ai glissé, dur et transparent
Et le monde était de marbre et j'étais le vent
Mais voici revenu l'exil du printemps.

[Geschmolzen das Knirschen des Lichts unter den toten Bäumen.
Zu Wasser die tausend Lichter aus Wasser, die ihren Namen verbargen
Geschmolzen das reine Salz des Winters, meine Hände trocknen.
Ich tropfe zwischen den Häusern das weiche fette Werg der Luft ab und
Der Himmel ist ein botanischer Garten und riecht nach wiedergekehrter Pflanze
An den Fenstern der großen verlassenen Hallen
Sehen gepuderte Phantome den langsamen schwarzen Leim in den Straßen fließen
Geschmolzen die Nadeln weißer Freude in meinem Herzen
Mein Herz riecht nach Fisch.

Giftiger Frühling, der beginnt
Tu mir nicht weh
Mein Herz war so hart durch die Mühsal
Und nun wird ihm übel vom Frühling

Frühling, der in meinem Herzen beginnt
Könntest du brennen wie eine Fackel
Und der sengende Stein des Sommers berühre
Und trockne die biegsamen Gräser.

Gluthauch bin ich über den Stein geglitten
Und die Keime brannten, entfacht vom Wind
Eisiger Hauch über dem Schnee
Bin ich geglitten, hart und durchsichtig
Und die Welt war aus Marmor und ich war der Wind
Aber nun ist zurück das Exil des Frühlings.]

In all diesen Tagen arbeitete ich morgens und abends im *Hôtel du Soleil*, einem großen kalten Café, das mich, ich weiß nicht, warum, an das 18. Jahrhundert der Jesuiten erinnert. Aber die Anweisungen sind strenger geworden, seit der General aus dem Urlaub zurück ist, und heute morgen hat mich ein Gendarm richtiggehend rausgeschmissen. Ich bin in den ersten Stock gestiegen, in einen großen Saal, der in Friedenszeiten als Kino benutzt wurde und den die Heilsarmee als Soldaten-Foyer hergerichtet hat. An der hinteren Wand hängt noch eine Leinwand. Der langgestreckte, ziemlich dunkle Saal enthält etwa fünfzehn Tische, eine Menge Stühle, ein Pingpongspiel, ein russisches Billard und ist mit pietätvoller Koketterie geschmückt. Auf den Tischen karierte Tischtücher und Blumen in Vasen. Fünfzig stumme Soldaten in den Hauptzeiten, die hier spielen, lesen, schreiben; auf ihren Gesichtern die stumpfe Resignation von Männern, die zur Messe gehen. Eine kleine Alte mit Backfischwangen und harter Miene trippelt zwischen den Tischen. Das riecht nach englischem Club, Altersheim und Stadtbibliothek. Ein Radioapparat überträgt diskret ernste Musik. Ich war fast glücklich, hier zu sein. Jedenfalls froh, das gesehen zu haben. Ich werde jetzt jeden Tag herkommen, morgens und abends, denn ich habe kein anderes Asyl.

Ich lese noch mal mein Gedicht von vorhin und schäme mich, nicht nur, weil es schlecht ist, sondern weil es ein Gedicht ist, das heißt für mich eine Obszönität. Daß ich den Frühling geduzt habe, geschah zwar widerwillig, jedenfalls habe ich es getan. Um das Gedicht erträglicher zu machen, müßte man, so scheint mir, fast alles streichen und es wie folgt schreiben:

Fondus les crissements de lumière sous les arbres morts
En eau les mille lumières d'eau qui cachaient leur nom
Fondu le sel pur de l'hiver, mes mains sèchent
Je tords entre mes mains l'étoupe grasse du ciel

Fondues les aiguilles de joie blanche en mon cœur.

Das ist alles. Der Rest gehört in den Papierkorb.

Montag, 26. Februar
Mit großer Bewunderung noch einmal die ersten sechzig Seiten der *Chartreuse de Parme* gelesen. Die Natürlichkeit, der Charme, die Lebhaftigkeit von Stendhals Phantasie sind unerreicht. Dieses bei mir so seltene Gefühl der Bewunderung hatte ich vollauf. Und welche Kunst des Romans, welche Einheit in der Bewegung.

Dienstag, 27. Februar
Paul ist zurück, absolut heiter, ich frage mich, warum. Ich hätte eher erwartet, daß er in einem Zustand der Niedergeschlagenheit vom Urlaub zurückkommt. Aber er ist aufgekratzt, hat ständig ein Lächeln auf den Lippen, das er vergeblich zu zügeln versucht. So daß ich mich frage, ob er heute früh in Dettwiller nicht was getrunken hat. Er sagt mir, er habe *L'Enfance d'un chef* gelesen und zwei seiner Kollegen zu lesen gegeben. «Sie haben mir gesagt: Ihr Kamerad ist ja ein Antisemit. Und ich muß sagen, wenn ich dich nicht kennen würde ...»

Das Leben hier ist immer dasselbe. Ohne jeden Reiz, ohne irgend etwas Aufregendes. Man lebt vor sich hin. Was mir zustößt, kommt von da unten, aus Paris, und ich kann hier nicht davon sprechen. Aber seit gestern spüre ich, wie sich die Gegenwart wieder wie eine Kruste um mich bildet. Ich habe mir mein Nest gebaut, wie Mistler sagt. Das bedeutet, daß die Gegenstände stärker hervortreten; es gibt in mir kleine Erwartungen, begrenzt auf die unmittelbar folgenden Stunden, mein Leben hier umgibt mich wie dicker Nebel und verhindert, daß ich vergeblich beunruhigenden Abwesenheiten oder fernen Zukünften zustrebe. Von neuem entsteht in mir eine trübe Lebensfreude, ich achte auf den Geschmack des Tabaks, den Duft eines Kaffees, die Atmosphäre des Foyers. Das ganze Problem der Gefühle (Kummer, Fröhlichkeit, Gleichgültigkeit) hängt von den verschiedenen Graden der *Dichte* der Gegenwart ab. In den meisten Fällen von Trübsal ist die Gegenwart so dünn und so durchsichtig geworden, daß der Blick durch sie hindurchdringt, sie ist nur noch die Glaswand, die von der Zukunft trennt und die man nicht zerbrechen kann; sie wird von einem theoretischen Licht erleuchtet, einem Atelierlicht ohne Schatten, man fühlt sich unwohl darin wie in einem großen menschenleeren Saal.

In jedem Gefühlsimperialismus wie dem meinen steckt irgendeine Unauthentizität. Es ist ein Versuch, der Einsamkeit zu entrinnen. Aber man muß verstehen, was das heißt. Heute morgen frappiert mich diese universelle Forderung: «geliebt werden» wollen. Auf den ersten Blick ist es gar nicht so einleuchtend, daß man geliebt werden will, wenn man liebt. Vor allem bei den landläufig anerkannten psychologischen Prinzipien. Wenn man diese akzeptiert und wenn der Mensch eine existentielle Fülle ist, müßte er den Gegenstand, den er liebt, besitzen wollen, Tag und Nacht über ihn verfügen und in seinen unterwürfigen Blicken und seinem Lächeln seine totale Abhängigkeit lesen wollen. Was braucht er weiter zu gehen? Nun kommt aber eine solche Abhängigkeit häufiger vor, als man glaubt, und es ist sattsam bekannt, daß sie bei weitem nicht befriedigt; sie erhöht nur die Hartnäckigkeit dieser Suche, die, über die absolute Unterwerfung hinaus, dem zustrebt, was der Knechtschaft selbst entgeht, zu jenem freien Bewußtsein, dessen Liebe man will. Ich verstehe gut, daß für den Besitzer die Liebe des lebendigen Wesens, das sein Eigentum ist, die Dinge sehr vereinfacht. Dennoch sehe ich auch, daß derjenige, der die absolute Macht will, auf die Liebe pfeift: er begnügt sich mit der Angst. Die absoluten Monarchen und die Diktatoren haben die Liebe ihrer Untertanen immer nur aus politischem Interesse zu erringen gesucht – und wenn sie ein ökonomischeres Mittel fanden, sie zu knechten, benutzten sie es sofort. Aber umgekehrt kommt es auch vor, daß eine totale Unterjochung des geliebten Wesens bei dem, der liebt, die Liebe tötet. Es ist immer beruhigend und mißlich, mehr geliebt zu werden, als man liebt. Diese Wahrheiten des gemeinen Verstandes zeigen hinlänglich, daß der Liebende nicht von der totalen Unterjochung des Geliebten träumt. Er legt keinen Wert darauf, Gegenstand einer überschwenglichen und mechanischen Leidenschaft zu werden. Er will nur eine Nadelspitze, ein labiles Gleichgewicht zwischen Leidenschaft und Freiheit. Vor allem will er, daß die Freiheit sich selbst dazu bestimmt, Liebe zu werden, und zwar nicht nur zu Beginn des Abenteuers, sondern in jedem Augenblick. Nichts ist für den Liebenden kostbarer als das, was ich die Autonomie der Liebe beim geliebten Wesen nennen möchte. Ich selbst habe immer mit heimlichem Mißvergnügen diese Liebestrankgeschichten bei Wagner oder Bédier gelesen. Wenn Tristan und Isolde durch einen Liebestrank betört worden sind, interessieren sie mich nicht mehr im geringsten; ihre Liebe ist nur eine Krankheit, eine Vergiftung des Bluts. Und ich erinnere mich, daß mich die ergreifendsten Episoden dieser Geschichte kaltließen, weil ich den Ursprung dieser Liebe nicht aus den Augen verlieren konnte. Und wenn man mir vorschlagen würde, die schönste Frau der Welt durch ein Zaubermittel für mich zu begeistern, dann könnte man mir ebensogut anbieten, mit einer lebensgroßen Puppe zu schlafen. Nichts ist mir teurer als die Freiheit derer, die ich liebe. Das ist aber ein sonderbarer Imperialismus, wird man sagen. Ja, doch diese Freiheit ist mir nur unter der Bedingung teuer, daß ich sie überhaupt nicht respektiere. Es geht nicht darum, sie zu beseitigen, sondern schlicht und einfach darum, sie zu schänden. Aber kann eine Freiheit, die man schändet, Freiheit bleiben? Bleibt eine «verführte» Frau frei? Genau das ist die Frage. Aber mir scheint gerade, daß es in der Liebe ein sicheres und gleichsam metaphysisches Wissen um die Antwort gibt: die Freiheit kann in keinem Fall aufhören, frei zu sein. Ich weiß, daß ein etwas antiquiertes Beiwerk der Liebe die Hörigkeit ist, symbolisiert durch die Ketten, die Eisen und diesen ganzen Plunder. Aber ich nehme die Leute nicht allzu ernst, die sich beklagen, gefangen zu sein. Aber, wird man sagen, man muß wählen: wenn die Freiheit ihrem Wesen nach frei bleiben muß, wenn nichts sie in Ketten legen kann, wie soll man sie dann schänden? Darin liegt ein Widerspruch, wie kann man das in Ketten legen wollen, von dem man will, daß es frei bleibt? Das ist jedoch ohne jeden Zweifel die Bedeutung des Wunsches, geliebt zu werden: den anderen in seiner absoluten Freiheit treffen zu wollen. Das ist die Wurzel des Sadismus zum Beispiel, dessen Ideal darin besteht, zum Stöhnen zu bringen. Der Sadist treibt die Martern bis zu dem Punkt, wo das Opfer sich nicht enthalten kann, um Gnade zu flehen, und er genießt es, diesen Schrei der Freiheit des Gemarterten zuzurechnen; er *konnte* auch nicht schreien, er konnte wählen, unter den Schlägen umzukommen, ohne den Mund aufzumachen. So sieht man häufig, daß der Sadist zuvor eine Wahl vorschlägt: entweder du fügst dich willig in das Geschäft, das dir widerstrebt – das du verurteilst –, oder du wirst in deinem Fleisch leiden. Die Wahl wird deshalb vorgeschlagen, um beim Opfer einen Freiheitstaumel hervorzurufen und die ganze Verhandlung auf dem Terrain der Autonomie zu führen. Das gezähmte Opfer, das nachgibt, der geschundene Jude, der «Nieder mit den Juden» schreit, trifft nichtsdestoweniger eine reale Wahl. Der Augenblick des Orgasmus beim Sadisten ist genau dieser zwiespältige Augenblick, in dem der Zwang die Freiheit auslöst, in dem die Freiheit den Zwang, den der Sadist auferlegt, auf sich nimmt. Und der Sadist weiß, daß es immer einen Moment gibt, wo die Wahl getroffen sein wird, und daß er nur abzuwarten braucht, indem er von Augenblick zu Augenblick seinen Zwang verstärkt, und daß das Opfer in eben dem Augenblick, da es nachgibt, dennoch frei bleiben wird. Diese Gewißheit, daß die Freiheit sich nicht zerstören läßt, könnte den Sadisten entmutigen – oder vielmehr, sie würde jeden anderen entmutigen –, aber der Sadist ist so beschaffen, daß ihn gerade dieser Widerspruch erregt, genau diese Unmöglichkeit, diese Verbindung von Wörtern, die sich beißen: eine versklavte Freiheit, das ist es, was ihn anzieht. Es gibt immer eine wesenhafte Leere im Herzen des Lasters, und die Lust des Lasterhaften ist bitter. Ich sage nicht, daß die Liebe ein Sadismus sei, aber der Sadismus schöpft aus der Quelle der Liebe. Wer geliebt werden will, übt keinen Zwang auf die freie Wahl aus. Aber die Gesten und Sätze, die ihn am stärksten bewegen, sind jene, die dem geliebten Wesen «entschlüpfen». Das heißt jene, die zeigen, daß der Wille nach Diskretion, Zurückhaltung, Weigerung plötzlich von einer ganz neuen Freiheit besiegt ist, der Freiheit, die nachgibt, die die Hinnahme wählt, die beschließt, sich fallenzulassen. Diese Freiheit ist *von ihr selbst* gefangen, sie zieht sich auf sich selbst zurück, wie im Wahnsinn, wie im Traum, um ihre Gefangenschaft zu wollen. Eine Freiheit, die sich selbst ihr Bedürfnis schafft, das geliebte Wesen zu sehen, zu berühren, zu liebkosen, eben das verlangen wir von denen, die wir lieben. Und damit diese Freiheit auch in dieser Verwirrung Freiheit bleibt, wollen wir fürchten, daß sie sich losmacht und ausbricht, daß sie sich wieder fängt und sich einen Augenblick später als Freiheit *gegen* das stellt, was sie war. Genau das aber ist die Natur der Freiheit. Jeder Liebesgedanke und jedes Liebesgeständnis bringen uns zum Augenblick zurück, pressen uns an die Gegenwart, weil sie die Folge einer Freiheit sind, die in der Zukunft absolut frei ist. Sie mögen die Zukunft noch so sehr festlegen, wer liebt, wird nicht aufhören, angesichts dieser Schwüre zu zittern, weil in der Liebe ein dumpfes Wissen um die Freiheit gegeben ist. Der Beweis dafür ist, daß wir uns bei dem geliebten Wesen nicht mit einer Liebe begnügen würden, die reine Treue zum Treueid wäre, den wir ihm soeben entrissen haben. Eine Frau, die uns antwortet: «Ich liebe Sie, weil ich Ihnen einmal mein Wort gegeben habe und es nicht zurücknehmen will, aus Treue zu mir selbst», könnte sicher sein, daß wir in die Luft gehen. Wir wollen, daß sie uns liebt, heute wie gestern, in einer Freiheit, die ihre Freiheit darein setzt, sich selbst zu entschlüpfen. Was uns nicht hindert, im nächsten Augenblick einen neuen Liebesschwur zu fordern. Wir wollen also vom Anderen genau diese immer schwankende und immer wieder erneuerte Freiheit, die auf uns zugeht und uns immerfort als ihre Haupttriebfeder nimmt. Wir fordern vom geliebten Wesen, daß seine Freiheit für uns den Determinismus aus Leidenschaft *spielt*.

Nun müssen wir noch verstehen, *warum* wir es wollen. Denn diese Form der Liebe, die die häufigste und stärkste ist, die Liebe, die die sklavische Freiheit verlangt, die Liebe, die die Freiheit beim Anderen nur will, um sie schänden zu können, ist ganz und gar unauthentisch. Es gibt andere Arten zu lieben. Aber gerade diese Unauthentizität kann als Wegweiser dienen, denn es ist eine Tatsache, daß jede Form unauthentischer Existenz ihrer Unauthentizität wegen gewollt ist. Man weiß, daß die Unauthentizität darin besteht, sich einen Grund zu suchen, um die absurde Irrationalität der Faktizität «aufzuheben». Der Wunsch, geliebt zu werden, scheint mir das Ziel zu haben, den Anderen als Grund unserer eigenen Existenz zu setzen. Wer uns liebt – vorausgesetzt, wir lieben ihn –, wird unsere Faktizität aufheben.

Das möchte ich nun erklären.

Man muß sehen, daß die Liebe die Beziehungen zum Anderen nicht schafft; sie erscheint auf dem existentiellen Hintergrund des *Für-andere*, das uns in unserer Existenz selbst angreift. Ich habe gesagt, daß es in der Natur des Für-sich liegt, *für andere* zu existieren, das heißt, als ein wehrloses, auf die unendliche Freiheit des Anderen entworfenes Außen zu existieren. Eben das für-mich innerhalb des Für-sich zu sein liegt in meiner Natur. Meine einzige Art, der Andere *nicht* zu *sein, ist, für* den Anderen zu *sein*. Und in dem Maße, in dem ich mir selbst mein eigenes «Nicht-der-Andre-sein» bin, bin ich mir selbst mein eigenes «Sein-für-den-Anderen». Von Natur aus gebe ich mir vor dem Anderen «eine Blöße», bin ich mir selbst «in Gefahr» angesichts der unendlichen Freiheit des Anderen. Es ist mir unmöglich, mich nicht darum zu kümmern, indem ich vorgebe, der Andere habe eine «Vorstellung» von mir, die mich nicht berührt. Das stimmt nicht: in Wirklichkeit bin ich im Anderen einfach durch meine Existenz *verstrickt*, verstrickt in seine Freiheit, auf die ich prinzipiell in keiner Weise einwirken kann. Das zielt darauf ab, die gewöhnlichen Beziehungen zwischen den Bewußtseinen darzustellen, die auf der Tatsache gründen, daß die Bewußtseine in der Vereinigung des Für-andere im Plural existieren. Die Unauthentizität besteht hier darin, sich die existentielle Einheit des Für-andere zu verhüllen, indem man behauptet, daß der Andere «sich ein Bild von mir macht». Aber das im Eindringen des Für-sich in die Welt selbst gegebene vorontologische Verstehen macht diese Versuche, sich die Wahrheit zu verhüllen, unwirksam oder zumindest immer stockend; dann kommt es zu einer Enthüllung. Die Schüchternheit ist eine dieser Enthüllungen. Vom Anderen geliebt werden wollen heißt sein Sein-für-andere «wiedererlangen» wollen, indem man darauf hinwirkt, daß die Freiheit des Anderen sich selbst gefangennimmt angesichts der wehrlosen Nacktheit, die wir *für* sie sind. Gleichwohl muß man vermeiden, diesen Willen, geliebt zu werden, zum Beispiel mit dem Willen, geachtet zu werden, zu verwechseln. Im Fall des Willens, geachtet zu werden, bietet man sich dem Anderen als ein Existierendes dar, über das der Andere gemäß seinen eigenen Prinzipien bestimmte Urteile fällen soll. Aber der Andere bleibt absolut frei, er kann zum Beispiel unaufrichtig sein. Im Fall der Liebe dagegen erwarten wir, daß der Andere sich selbst in seiner eigenen Freiheit verhext, daß er seine Freiheit darein setzt, uns gegenüber seine Freiheit zu leugnen. Nur insofern hören wir auf, uns vor seiner Freiheit eine Blöße zu geben. Wenn sich die Freiheit uns gegenüber in Ketten legt, hören wir auf, ihr gegenüber wehrlos zu sein, und soweit es überhaupt möglich ist, hört das *Außen*, das wir ihr gegenüber sind, auf, ein *Außen* zu sein. Mit dem, was wir *für sie* sind, unterhalten wir Beziehungen, die denen des Für-sich zu sich selbst ähneln. Statt daß das Für-andere vom Für-sich losgerissen wird, scheint es dessen natürliche Verlängerung zu sein. Im Schoße der Freiheit desjenigen, der uns liebt, und für die ganze Zeit, in der man uns lieben wird, sind wir *in Sicherheit*. Also heißt von jemandem geliebt werden wollen nicht, ihm ein schmeichelhaftes Bild von sich selbst zu geben versuchen, sondern *im Schoß seiner Freiheit in Sicherheit existieren*.

Aber das ist nicht alles: neulich habe ich gezeigt, daß jeder Wunsch *Wunsch nach Aneignung* ist. Und daß jede Aneignung Aneignung der Welt über einen besonderen Gegenstand ist. Der Wunsch ist so geartet, daß der begehrte Gegenstand uns immer als die unabdingbare Voraussetzung erscheint, die unser In-der-Welt-sein möglich macht. Ich habe das vor fünf oder sechs Jahren gemerkt, als ich den Entschluß gefaßt hatte, nicht mehr zu rauchen. Was mich bis dahin hinderte, mich dazu zu entschließen, war nicht der Gedanke an die tausend kleinen besonderen Entbehrungen, die mich im Laufe des Tages quälen würden. Sondern mir schien, daß die «Welt ohne Tabak» völlig farblos und wie tot wäre; ich sah nicht mehr, welches Vergnügen ich im Kino haben sollte, wenn ich mir den Film nicht pfeiferauchend anschauen könnte. Ich erwartete nichts Angenehmes mehr von einem Glas Alkohol, wenn ich nicht zwischen zwei Schluck einen Zug tun könnte – nicht einmal von einem Gespräch mit Freunden, wenn ich die Pfeife nicht in der Hand hätte. Auf irgendeines der Dinge verzichten, die man liebt, heißt sich in eine andere Welt begeben. Und wenn man sieht, wie einem der Gegenstand eines Begehrens entgeht, scheint es, als zerrönne die Welt zwischen den Fingern. Wahrscheinlich deshalb besteht eine angemessene Heilmethode darin, den Gegenstand auf ihn selbst zu reduzieren. Aber nach dieser Reduktion hängt man auch nicht mehr an ihm. Als ich mir einfallen ließ, Tabak nur noch als das zu betrachten, was er ist, nämlich ein bestimmtes Vergnügen unter anderen *in* der Welt, konnte ich mühelos das Rauchen aufgeben. Also ist das Begehren Begehren *nach* der Welt, und die Aneignung bedeutet Verschmelzung des An-sich und des Für-sich in der ideellen Einheit der «Ursache von sich». Wenn mich nun jemand liebt und begehrt, dann bin ich nicht nur bezüglich seiner Freiheit beruhigt, sondern dieses «Für-andere», das ich für den bin, der mich liebt, ist *die Welt*. Da bin ich nun ein reales Existierendes (nach dem Modus des Für-andere) als die unabdingbare Voraussetzung, die das In-der-Welt-sein-des-Anderen ermöglicht. Und diese Welt, die ich bin, ist genau jene, die der erste Gegenstand meiner Begierden ist, diese Bäume, diese Straßen, dieser Himmel, dieses Meer (das ist der tiefe Sinn von Stendhals Kristallisierung[1]: das in Welt verwandelte geliebte Wesen), weil wir, der Andere und ich, nur noch ein und dieselbe Welt haben. So existiert das nichtende und genichtete Für-sich, das seiner ersten Struktur nach Begehren nach der Welt ist, als für-den-Anderen genau wie die begehrte Welt. Das heißt, daß die Vereinigung des Für-sich und der Welt um einen Grad enger wird, da sie

1 Siehe *De l'amour.*

jetzt für ein und dieselbe menschliche-Realität *der* Typus der Einheit des Für-sich und des Für-andere ist. Genau das heißt geliebt werden wollen: *Die Vereinigung des Für-sich und der Welt nach dem Typus der Einheit des Für-sich und des Für-andere verwirklichen, indem man in Sicherheit im Schoß einer Freiheit existiert, die sich gefangennimmt, um einen als Welt zu begehren.*

Man wird sagen, daß ich sehr einfache Dinge sehr kompliziert ausdrücke und daß man schon seit langem weiß, daß der Liebende für den Geliebten «alles auf der Welt sein» will. Ich weiß das sehr gut und beabsichtige keine Psychologie der Liebe. Ich will nur betonen, daß es, wenn das Verhältnis der menschlichen-Realitäten zueinander nicht nach dem Modus des *Für-andere* ist, völlig zwecklos ist, verstehen zu wollen, warum sich jemand eines schönen Tages in den Kopf setzen sollte, für eine Frau «alles auf der Welt» zu sein. Weil er an ihr hängt? Aber wenn er sie den ganzen Tag sehen kann, mit ihr schlafen kann, sooft er will, ist das nicht nötig. Weil er will, daß sie genauso an ihm hängt wie er an ihr? Aber warum sollte er das wollen? Aus Willen zur Macht? Aber der Wille zur Macht, das habe ich neulich gezeigt, verlangt selbst eine existentielle Erklärung.[1] Der Irrtum der Psychologie ähnelte bisher demjenigen, den ein Physiker beginge, wenn er ein Röhrchen voll Luft umgekehrt in ein Becken mit Quecksilber stecken würde, um zu zeigen, wie durch den Druck das Quecksilber in das Röhrchen steigt. Das Quecksilber würde nicht steigen, *weil das Röhrchen leer sein muß*. Und wenn wir nicht selbst eine existentielle Leere sind, werden wir nie jene merkwürdige Eitelkeit verstehen, die Pascal zufolge bewirkt, daß wir zu den ärgsten Verrücktheiten fähig sind, um den Leuten schmeichelhafte «Bilder» von uns zu geben.

Doch fahren wir fort, denn genau hier verbirgt sich die Unauthentizität. Wir begehren, daß das geliebte Wesen uns liebt, um es mit unserer Existenz beglücken zu können. Aber diese Hingabe ist eigennützig: diese Existenz, die wir von nun an *gerufen* fühlen, verliert in unseren Augen ihre Faktizität, wir behaupten, uns selbst aus freien Stücken zur Existenz zu bringen, um das Begehren eines freien Bewußtseins zu befriedigen. Diese geliebten Adern auf unseren Händen existieren aus Güte. Wie gut sind wir, daß wir Augen, Haare, Augenbrauen haben und sie unermüdlich in überschwenglicher Hingabe an jenes unermüdliche Begehren des Anderen verschwenden. Während

1 Siehe unter dem 22. Februar, S. 450ff.

wir, bevor wir geliebt wurden, beunruhigt waren über diese ungerechtfertigte Protuberanz, die unsere Existenz war und sich in alle Richtungen entfaltete, wird jetzt diese Existenz selbst in allen ihren unendlichen Einzelheiten angenommen und gewollt von einer der unseren analogen Freiheit – einer Freiheit, die wir selbst mit der unseren wollen. Das ist der Kern der Liebesfreude: sich berechtigt fühlen zu existieren. Tatsächlich sind wir es überhaupt nicht, wir haben bloß unsere Einsamkeit verloren, das Wesen, das uns liebt, nimmt uns in sich auf, und wir stecken unseren Kopf in seinen Schoß wie der Vogel Strauß den seinen in den Sand. Denn unsere Einsamkeit existiert nicht, ohne daß wir unsere nicht zu rechtfertigende Faktizität auf uns genommen haben. Keine Liebe kann uns berechtigen zu existieren. Im Grunde habe ich den Leuten, die geliebt werden wollen, ohne zu lieben, vor allem diese Unauthentizität vorzuwerfen. Aber ich bin ja sehr oft selbst einer von ihnen gewesen. Was mich am häufigsten in eine Geschichte hineinzog, war das Bedürfnis, einem Bewußtsein nach Art eines Kunstwerks «notwendig» zu erscheinen. Als Manna, das sich selbst erzeugt hätte, um es zu beglücken. Aber ich muß sagen, daß man, sobald man seinerseits liebt, gleichgültig, welche Liebe das geliebte Wesen einem entgegenbringt, in die Einsamkeit emportaucht. Aber es wäre zu lang, hier darüber zu sprechen, denn dann müßte man erklären, was Liebe ist. Zwar habe ich meine Ideen darüber, aber es wäre zweifellos ein ganzes Buch nötig.[1] Zumal die Liebe ihrer Natur nach *sexuell* ist. Ich wollte nur rasch jene merkwürdige Unauthentizität zu fassen kriegen, die uns von einer Person *abhängig* macht, eben weil wir für sie alles sind. Es sieht zwar nicht so aus, aber ich habe mich mit dieser metaphysischen Beschreibung in voller Größe selbst gemalt. Morgen werde ich versuchen, mich in meinen Beziehungen zu anderen einfacher zu beschreiben. Ich muß auch darauf hinweisen, daß ich im Begriff bin, jene Art Authentizität, die ich bei meiner Reise nach Paris verloren hatte, mühsam wiederzuerobern. Das heißt im Grunde, daß ich mich von neuem allein fühle. Nicht allein *neben* den Leuten und den Dingen, die ich liebe (es ist der alte und absurde monadische Anarchismus), sondern allein *jenseits* all derer, an denen ich hänge und die an mir hängen können. Ich finde «meinen» Krieg und mein Schicksal wieder. Zumal es im Moment

1 Vgl. *Das Sein und das Nichts*, dritter Teil, drittes Kapitel, «Die konkreten Beziehungen zu Anderen».

nicht gut aussieht und die Zeit, wie irgendeine italienische Zeitung sagte, in keiner Weise gegen Deutschland zu arbeiten scheint. Die in Schrecken versetzten skandinavischen Länder lassen zu, daß Finnland stranguliert wird, und versprechen, schön brav zu sein. Italien scheint eine Annäherung ans Reich zu vollziehen[1], wir scheinen noch immer nicht zu wissen, an welchem Ende wir den Feind fassen sollen. Ziemlich düstere Aussichten, die ausreichen, mich von meinen persönlichen kleinen Geschichten abzulenken.

Heute 10 Uhr 15, erste Impfung gegen Typhus. Es ist jetzt 19 Uhr 45, und ich habe nur ein bißchen Fieber und einen leichten Schmerz unter dem Arm gehabt. Den Tag im Foyer verbracht. Jetzt gefällt es mir dort recht gut. Brief von Mistler, der zum Generalstab der Armee, zum 3. Büro in Wangenbourg versetzt worden ist: «Nach zehn Tagen grüble ich immer noch über bestimmte bürokratische Zwänge, die dem Krieg hier ein komisches Gesicht geben. Schade, daß ich nichts zu den Heften beitragen kann. Wie soll ich das machen ... Hier bin ich ‹der, der von der Front kommt›. Zum Lachen! Aber was für ein Ansehen bei denen, die hier seit sechs Monaten ein Kasernenleben führen, das sich um so besser erhalten hat, als die meisten von ihnen im September aus einem solchen kamen.»

Der rasend schnelle Rhythmus der zweiten Urlaubswelle macht die Soldaten höchst mißtrauisch. Sie fragen: «Heißt das, man fürchtet den großen Knall fürs Frühjahr?» Und seufzend fügen sie hinzu: «Na ja, das hätten wir dann schon mal.» Die Optimistischsten weisen darauf hin, daß man, wenn die zweite Welle am 30. April zu Ende ist, zwei Urlaube innerhalb von acht Monaten gehabt hat, gerade das Nötige, und daß die Heeresleitung vielleicht die Fahrten nur deshalb beschleunige, um mit ihren eigenen Entscheidungen in Übereinstimmung zu sein. Man sagt auch feixend: «Das tun sie wegen der Moral.» Und alle, gewitzt: «Da steckt was dahinter, die tun doch nie was wegen nichts.» Bei uns gibt es welche, die sich weigern wegzufahren, weil sie gerade erst von ihrem ersten Urlaub zurück sind, und andere mit etwas bitterer Ironie: «Man wird meinen, daß man uns dauernd zu sehen kriegt in der Heimat.»

1 Italien hatte bis dahin trotz des mit Deutschland im Mai 1939 abgeschlossenen Vertrages gezögert, an der Seite des Reichs in den Krieg einzutreten. Mussolini wird sich am 18. März 1940 dazu entscheiden.

Mittwoch, 28.
Gute, aber etwas fiebrige Nacht. Ich habe einen bitteren Geschmack im Mund. Ich erfahre, daß unter den gestern Geimpften zwei kräftige Burschen im Laufe des Tages «umgekippt» sind. Da erinnere ich mich, daß gestern eine verderbliche Süße in mir war, auf die ich kaum geachtet hatte. Ich hätte nur dafür zu sorgen brauchen, daß sie mich ganz überschwemmt, und ich wäre bestimmt auch umgekippt. Wieder einmal denke ich mit gewisser Befriedigung, wie sehr doch Ohnmacht, Nervenkrise, Seekrankheit usw. eine Sache der Zustimmung sind. Irgendwann einmal werde ich ausführen, wie sich die Leute nach der Natur ihrer Zustimmung zu sich selbst klassifizieren lassen. Wie der Castor, wenn wir wandern, ihrer Müdigkeit zustimmt und sich darin badet, so daß das ein angenehmer und begehrter Zustand wird, wie sehr mir dagegen dieselbe Müdigkeit unangenehm ist, bis ich mich endgültig «hinüber» fühle, weil ich ihr nicht zustimme. Es gibt eine Art, zu sich selbst zu stehen, die mir fremd ist, was seine Vor- und Nachteile hat.

Aber heute möchte ich, aus rein deskriptiver und historischer Sicht, die Frage meines Imperialismus und meiner Beziehungen zu anderen aufgereifen.[1]

Ich sagte schon, und es mag überraschen, daß ich in meiner Kindheit hübsch gewesen bin. Hübsch und verhätschelt, das heißt lieb Kind bei allen. Ich hatte «Verlobte» in allen Städten, in die ich kam, und die gerührten Familien beschirmten diese Verlobungen (ich war sechs oder sieben Jahre alt). Eindeutig zog ich die Gesellschaft von Mädchen der von Jungen vor. Im übrigen hatte ich weder Vater noch Bruder, die mir Härte hätten beibringen können, und so thronte ich wie ein kleiner König in einer Welt von Frauen. Übrigens war ich schon zu jener Zeit Komödiant. Ich wollte durch rein ästhetisch orientierte Erfindungen gefallen, Erfindung von Spielen, poetischen Fik-

1 *«Ich habe angefangen, über meine Beziehungen zu den Leuten nachzudenken und zu schreiben, aber da muß ich wieder lügen, weil W. die Hefte wird sehen wollen. Ich gebe mir Mühe, sowenig wie möglich zurecht zu rücken, aber allmählich belastet mich das.»* (Brief an S. de Beauvoir vom 29. Februar, dt. Ausgabe S. 118.) Ist Wanda die einzige Ursache dieser Selbstzensur? Man wird bemerken, daß Sartre im Heft XI die Daten seiner Abfahrt in den Urlaub und seiner Rückkehr nennt, die er ihr verheimlicht hat: er wird ihr also jedenfalls nicht alle Hefte zeigen.

tionen, Reden usw. Schon in meinem neunten Lebensjahr hatte mir meine Mutter einen Kasperle gekauft, und immer wenn ich ein bißchen Geld hatte, erstand ich einen neuen Schauspieler für mein Theater. Ich hatte: den Juden, den Gendarmen, die Alte, Kasperle selbst usw. sowie eine Figur, die mich mit starrer Bewunderung erfüllte, obwohl ich sie noch nicht richtig zu benutzen verstand, Bu-Ba-Bo, die im Casino von Vichy verkauft wurde und die die Besonderheit besaß, daß man ihr Gewand wechseln konnte, da der Kopf abnehmbar war. Diese Figuren enttäuschten mich alle ein wenig, weil ihre Köpfe aus Pappmaché waren oder (wie bei Bi-Ba-Bo) aus Zelluloid. Mir wären die schweren und prächtigen Holzköpfe des Lyoner Kasperls lieber gewesen. Wie dem auch sei: wie viele Kinder war ich empfänglich für das Geläuterte, Unmenschliche, Künstliche und Notwendige eines Marionettenstücks. Es hat lange gedauert, bis ich begriff, daß man alle Charaktere auch im richtigen Theater findet, wenn man sich nicht von einem stupiden Realismus ablenken läßt. Ich las damals ein sehr altes Kinderbuch mit dem Titel *Monsieur le Vent et Madame la Pluie*[1], das mir überaus ehrwürdig vorkam, weil es nach Schimmel roch, weil es zerrissen und fleckig war; es hatte wohl die Kindheit meiner Mutter verzaubert. Dieses Buch entzückte mich. Noch heute sage ich mir oft, daß ich es gern wiederfände. In diesem Buch besaß einer der Helden ein magisches Puppentheater, man schlug dreimal mit dem Zauberstab, und die Puppen bewegten sich ganz von allein. Ich erinnere mich noch dunkel an die Stiche, die mich mit religiöser Ekstase erfüllten und auf denen Soldaten abgebildet waren, deren kleine Holzarme starr von dicken Fäden hochgezogen wurden. Kurz, ich dachte mir viele Stücke aus und spielte sie selbst. Zuerst im Klo unserer Wohnung (ich wohnte damals bei meinen Großeltern im sechsten Stock in der Rue Le Goff, die auf die Rue Soufflot geht). Nach und nach wurde ich dann kühner: ich trug meine Puppen in einer Aktentasche in den Luxembourg, ich suchte mir in einer der Alleen der «Englischen Gärten» einen Stuhl aus, hockte mich hinter den Stuhl, dessen Beine ich mit meiner Aktentasche verdeckte, und ließ die über meine erhobenen Hände gestülpten Puppen zwischen den Stäben der Rückenlehne erscheinen. Damit war der Stuhl in eine durchaus akzeptable Bühne verwandelt. Ich spielte und sprach laut, wie mit mir selbst. Aber ich wußte genau, worauf ich wartete, was

1 Erzählung von Paul de Musset, 1879.

auch, schon beim erstenmal, nach einer Viertelstunde eintraf: die Kinder unterbrachen ihre Spiele, setzten sich artig auf Stühle und sahen sich aufmerksam dieses unentgeltliche Schauspiel an.[1] Auf diese Weise machte ich mir Freundinnen, besonders eine gewisse Nicole, die in meinem Alter sein mußte und deren Gesicht mit Sommersprossen übersät war. Sie wurde meine «Verlobte» des Augenblicks, und sie war mir besonders teuer, weil ich ihre Zuneigung durch meine Erfindungen errungen hatte.[2] Schon in jener Zeit verband ich – und das war vielleicht das Tiefste in meinem Wunsch zu schreiben – Kunst und Liebe so miteinander, daß es mir unmöglich erschien, die Zuneigung dieser kleinen Mädchen anders zu erringen als durch meine schauspielerischen und erzählerischen Talente. Nicht nur unmöglich, sondern auch gemein. Ich hätte es verabscheut, wenn man mich meines Gesichts oder meines körperlichen Reizes wegen geliebt hätte, man mußte durch den Zauber meiner Erfindungen, meiner Komödien, meiner Reden, meiner Gedichte verführt werden und von hier aus dazu kommen, mich zu lieben. Darum bezauberten mich damals *Les Bouffons* von Miguel Zamacoïs[3] über alle Maßen, weil darin eine Prinzessin vorkam, die von einem wortgewandten Burschen namens Jacasse betört war, obwohl er einen riesigen Buckel hatte (es war übrigens ein künstlicher Buckel, aber die Prinzessin wußte das nicht). Man wird sagen, das seien die Hoffnungen eines häßlichen Mannes: sich mit schönen Reden schadlos halten. Aber ich betone, daß ich noch nicht häßlich war. Ich hatte schöne blonde Haare, volle Wangen, mein Schielen war noch kaum bemerkbar. Sagen wir eher, daß ich mich, auch wenn ich noch nicht häßlich war, mit sicherem Instinkt darauf vorbereitete, es zu sein. Wenn *Les Bouffons* mich entzückte, so empörte und betrübte mich Cyrano.[4] Wie konnte Roxane den tö-

1 Sartre vergißt hier, daß der junge Held von *Monsieur le Vent* ... selbst durch das Geschenk verzauberter Marionettenpuppen dazu angeregt wird, Autor *zu* werden, wie Philippe Lejeune in seiner Untersuchung über die Kindheitslektüren Sartres und ihre Erinnerung in seinen Werken bemerkt (vgl. *Lectures de Sartre*, textes réunis et présentés par C. Burgelin, Presses universitaires de Lyon, 1986).

2 Weder *Monsieur le Vent* ... noch diese Kindheitserfolge sind in *Die Wörter* (1964) präsent, wo der Jardin du Luxembourg nur noch Vereinsamungserinnerungen weckt. Dieselben Kindheitserinnerungen sind dort im allgemeinen in einem viel düsteren Ton gehalten als in den *Heften*.

3 Stück in Versen, von der Librairie théâtrale 1907 veröffentlicht.

4 *Cyrano de Bergerac* von Edmond Rostand (1887).

richten Christian lieben, warum hatte sie nicht vom ersten Tag an Cyrano erkoren? Cyrano verkörperte damals für mich den Typus des vollkommenen Liebhabers. Auf dem Grund all dieser Dinge gab es, mehr als eine Vorahnung meiner künftigen Häßlichkeit, eine bestimmte Auffassung von der menschlichen Größe, die mich, auch wenn sie diese naive Form abgestreift hat, seither nicht mehr verlassen hat. Ich habe in Heft 2 darüber gesprochen.[1] Die Größe erhob sich für mich über das Abscheuliche. Der Geist nahm die Gebrechen des Körpers auf sich, beherrschte sie, beseitigte sie in gewisser Weise und strahlte, indem er sich in dem entstellten Körper äußerte, nur um so heller. Ich liebte das Märchen *La Belle et la Bête*, weil das Tier die Schöne zuerst in seiner Tiergestalt interessiert und rührt. Später, etwa im Alter von sechzehn Jahren, schrieb ich sogar ein Märchen über dieses Thema.[2] In einer Regung, die wie ein Blitz vorüberging, fand ich sehr viel später, in der École Normale, etwas von diesem ursprünglichen Gefühl wieder. Ich las gerade ein Buch von André Bellesort über Balzac;[3] man berichtete darin von Balzacs erster Begegnung mit Madame Hanska. Sie kannten einander nicht, sie sollten sich, glaube ich, auf der Promenade treffen und hatten irgendein Erkennungszeichen verabredet. Madame Hanska sah voll Entsetzen einen mit aufdringlicher Eleganz gekleideten dicken Mann auf sie zukommen, der das verabredete Zeichen trug. Sie bekam es mit der Angst und wollte schon weglaufen. «Aber», sagte Bellesort, «sie erblickte seine Augen und blieb.» Mehr war nicht nötig, um mich einige Augenblicke lang zutiefst zu verwirren. Es stimmt, daß ich zur damaligen Zeit meine Häßlichkeit entdeckt hatte und darunter litt. Die romantischen Bücher, die ich etwa in meinem zehnten Lebensjahr las, haben sicherlich dazu beigetragen, diese Idee der Größe zu entwikkeln: Triboulet[4] und viele andere erhabene Seelen in mißgestalten Körpern. Aber es war eigentlich nicht die Erhabenheit der Seele, um die ich sie beneidete, sondern eher jene Fähigkeit, Verse zu wunderba-

1 In seinem Brief an S. de Beauvoir vom 6. November 1939 spielt Sartre auf «Betrachtungen über seine Kindheit und Jugend» an, die er in sein Heft II (nicht wieder aufgefunden) niederschreibt. Vielleicht geht es dort um seine Auffassung von Größe. In Heft I spricht er jedenfalls darüber.

2 Eine unvollendete Version dieser Erzählung findet sich in *Écrits de jeunesse*.

3 *Balzac et son œuvre*, Perrin, Paris 1925.

4 Der Narr in *Le Roi s'amuse* von Victor Hugo.

ren Tiraden aneinanderzureihen, die, so schien mir, eine Frau wie angewurzelt dastehen lassen und dem Rezitierenden ausliefern mußten. Es versteht sich von selbst, daß die Lieben, die ich mir ausdachte, keusch waren: der Rezitierende nahm sie in seine Arme und liebkoste sie sanft. Dabei ließ es die Geschichte bewenden. Ich sah nicht nur nicht die körperlichen Freuden, die sich aus dieser poetischen Rezitation ergeben mußten, ich kümmerte mich auch nicht darum, die Fortsetzung des Abenteuers auszumalen. Nun, gewiß liebten sie sich zärtlich und waren sehr glücklich miteinander. Aber diese Perspektive langweilte mich eher. Mich entzückte vor allem das Unternehmen der Verführung. War die Frau einmal verführt, überließ ich sie ihrem Schicksal. Und schon erwog ich für den Helden neue Verführungsunternehmen. Sicher schöpfte ich diese Idee der verführerischen Kraft der *Worte* aus dem akademischen Klima, in dem ich lebte. Und es war wiederum eine Art, die Überlegenheit der geistigen Werte anzuerkennen, wenn ich davon träumte, ein gebildeter Don Juan zu sein, der die Frauen durch die Kraft seiner schönen Reden umlegt. Und gewiß lag in alledem auch die spiritualistische Unkenntnis darüber, was ein Körper ist, sowie die Unmöglichkeit, mir deutlich vorzustellen, was körperliche Erregung sein kann. Eine Unmöglichkeit, die bei einem achtjährigen Kind völlig normal ist, jedoch ungeheuerlich erscheint, wenn man weiß, daß ich sie bis zum Ende meiner Jugend behielt. Nicht, daß mir die Sache im Alter von fünfundzwanzig Jahren unbekannt war, aber sie erschien mir als ein unvernünftiger Skandal. Ein bereitwillig bewunderndes Publikum umgab mich in meiner Kindheit und ermunterte meine Wörter. Ich faßte immer mehr Vertrauen und wurde vollends unerträglich, obwohl ich schlau genug war, es nicht allzusehr zu zeigen. Trotzdem war ich nicht wirklich hochmütig – der Hochmut kam später –, ich spielte mir selbst die Komödie des Hochmuts vor. Als ich zehn Jahre alt war, gingen wir in Vic-sur-Cère, wo ich mit meinen Eltern die Ferien verbrachte, oft in Begleitung eines ehemaligen *censeur*, der durch seinen Beruf meinem Großvater nahestand, mit dessen Frau und einer hübschen Frau spazieren, die, glaube ich, Madame Lebrun hieß und deren Mann eingezogen war. Diese Ansammlung von Personen, die so gütig waren, mich als Wunderkind zu betrachten (das war die Spielregel), zeigt recht gut die Art Gesellschaft, in der ich damals meine Artigkeiten entfaltete: alte Akademiker im Ruhestand, Greise und Greisinnen, die mich verwöhnten, und hin und wieder eine junge Frau im Schlepptau. Diese junge Frau,

Madame Lebrun, begehrte ich, wie ein zehnjähriges Kind eine Frau nur begehren kann, das heißt, ich hätte gern ihren Busen gesehen und ihre Schultern berührt. Ich machte ihr den Hof, und eines Tages, von meiner Schwärmerei so hingerissen, daß ich mein Alter vergaß, vertraute ich ihr an, daß mir ein Mädchen großes Leid zugefügt habe und daß ich aus Rache beschlossen hätte, alle Frauen leiden zu lassen, die mir begegnen würden. Natürlich war das eine Erfindung des Augenblicks, aber ich spürte sogleich sehr heftig und pathetisch die imaginäre Kränkung, die die Treulose mir zugefügt hatte. Noch heute kann ich nicht ohne Zähneknirschen an diese kleine Episode denken, und ich schließe daraus, daß ich damals völlig verdorben war. Wenig später erklärte Madame Lebrun allen Ernstes: «Ich würde den Kleinen gern sehen, wenn er zwanzig ist. Ich bin sicher, daß dann alle Frauen verrückt nach ihm sind.» Ich akzeptierte diese Vorhersage, ohne mit der Wimper zu zucken. Sie kam mir sogar ganz natürlich vor. Ich war ein infames kleines Königskind. Zu meiner Verteidigung kann ich nur vorbringen, daß ich im Grunde lieben wollte wie in den Büchern. Ich hielt die Liebe für ein höfisches Abenteuer, ein Spiel mit Regeln, denen sehr ähnlich, die an den Minnehöfen üblich waren. Auch eine unbestimmte Idee von Ritterlichkeit spielte mit, aber nur gedämpft. Ich sah mich irgendein schönes Mädchen retten. Manchmal gefiel es mir auch, mich verkannt zu sehen, irrtümlich angeklagt, von allen verlassen, sogar von der, die ich liebte, und dann zehn Jahre später rehabilitiert. Offen gesagt war ich mir unschlüssig über die Rolle der Geliebten: damit mein Unglück vollständig und mein endlicher Sieg ungetrübt wäre, müßte sie mich zuerst verkennen. Doch überall las ich und hatte mich leicht überzeugen lassen, daß die Liebe eine Art wahrsagerischen Instinkt einschließt. Wenn diese Frau mich also wirklich liebte, durfte sie an meiner Unschuld keinerlei Zweifel hegen. Ich zog mich aus der Schlinge, indem ich alle möglichen Hindernisse zwischen unsere Liebe warf. Auf dem Grund dieser schaurigen und ergreifenden Abenteuer sehe ich, daß es mir unmöglich war, mir eine glückliche Liebe *nach* der Verführung vorzustellen. Sobald die Frau erobert war, wußte ich nichts mehr mit ihr anzufangen, und wenn ich die Geschichte trotzdem fortsetzen wollte, galt es, Mißverständnisse und Hindernisse zu erfinden, so daß jede Versöhnung einer neuen Verführung gleichkam. Und im Grunde gab es für mich lange Zeit – vielleicht heute noch – nichts Ergreifenderes als den Augenblick, da das Liebesgeständnis endlich heraus ist. Und ich denke heute, daß das, was mich schon in meiner Kindheit an diesem Geständnis faszinierte, die verhexte Freiheit war, der es entspringt.

Für das gehätschelte Kind, das ich war, hatte die Liebe einen Spottpreis, sie entstand auf Schritt und Tritt. Unter den alten Damen fand ich keine, die grausam war. Und so fiel ich aus allen Wolken, als ich mich in La Rochelle häßlich und verlassen wiederfand, als ich feststellte, daß es schwierig war, die Liebe einer Frau zu erringen, und daß es anderen besser gelang als mir. Ich versank in tiefe Schwermut und lernte die Qualen nicht erwiderter Liebe kennen. Nicht zu einem Mädchen, sondern zu zwei meiner Kameraden, Pelletier und Boutillier. Es handelte sich nicht um homosexuelle Zärtlichkeit, sondern um eine grenzenlose Bewunderung und Zuneigung, die von den beiden Burschen sofort ausgenutzt wurde. Sie ließen mich zappeln, und ich machte mich zu ihrem Lakeien. Ihretwegen bestahl ich meine Mutter, ich prügelte mich wohl hundertmal für sie, und sie verrieten mich schändlich. Gleichzeitig wurde ich, damals zu meinem großen Unglück, für die Zukunft zu meinem großen Glück, der Sündenbock aller Kinder im Gymnasium. Entstand vielleicht zu jener Zeit in mir der Wunsch nach einer ausgewählten Gesellschaft, in der ich König wäre? Ich vermute es. Zumal für mich der Ursprung dieses Traums aus irgendwelchem Grund mit einem Stück von Verlaine verbunden ist, *Les Uns et les autres*, das ich damals las. Ich glaube, es war eine Kompensation. Ich dachte mir also ein richtiges kleines Phalansterium aus, mit eleganten, intelligenten und starken schönen Jünglingen und bezaubernden Mädchen. Und dort saß ich und herrschte durch die Macht des Geistes, durch den Charme. Und diese Fiktion, die eine soziale war bei mir, der ich doch so wenig sozial war, hegte ich sicherlich aus Rache, denn mir gegenüber gab es zwar eine Gruppe, in der ich jedoch nicht König war, ich war ihr Sündenbock, sie stand ganz und gar gegen mich. Dabei hatte ich weder eine Freundin noch eine *poule*, um dieses abscheuliche Wort zu verwenden, das sie damals benutzten, und verbrachte meine Zeit damit, darüber zu verzweifeln. Von diesem Moment an war zu lieben und geliebt zu werden die große Sache für mich. Vor allem geliebt zu werden. Ich verstand nicht, warum dieses Gefühl, das mir in meiner Kindheit so spottbillig erschien, nun so selten und so kostbar geworden war. Melancholisch wiederholte ich mir die Prophezeiung von Madame Lebrun: «Wenn er zwanzig ist, werden alle Frauen verrückt nach ihm sein.» Ich hoffte ein wenig, daß sich in meinem zwanzigsten Lebensjahr die Dinge ändern würden. Aber inzwischen verging die Zeit, und ich war immer tiefer vom Gefühl meiner Häßlichkeit durchdrungen. Gleichzeitig wurde der Traum von verführerischen Reden, zu denen man mir freilich keine Gelegenheit gab, präziser und tiefer. Es hätte darum gehen müssen, einer Frau die Welt zu «präsentieren», die verhülltesten Bedeutungen der Landschaften oder der Augenblicke für sie herauszuschälen, ihr ein vorgekautes Werk zu schenken, mich immer und überall an die Stelle ihrer Person, ihres Denkens, ihrer Wahrnehmung zu setzen, ihr schon bearbeitete, schon wahrgenommene Gegenstände zu präsentieren, kurz, den Zauberer zu spielen, immer derjenige zu sein, dessen Gegenwart bewirkt, daß die Bäume mehr als Bäume, die Häuser mehr als Häuser sind, daß die Welt mit einemmal stärker existiert. Dazu war ich damals natürlich ganz unfähig. Aber ich erwähne diesen Wunsch, weil es ein weiteres Mal darum ging, den Einklang von Kunst und Liebe zu verwirklichen. Schreiben, das hieß den Sinn der Dinge erfassen und ihn so gut wie möglich wiedergeben. Und verführen war schlechthin dasselbe. Und ich sehe mit Bestürzung, wie tief der Imperialismus war, der darin lag. Denn immerhin ging es um nichts Geringeres, als an der Stelle einer Frau wahrzunehmen, an ihrer Stelle zu denken, ihr ihre Gedanken zu stehlen und sie durch meine zu ersetzen. Auf diese Weise wären meine Gedanken, von einem verzauberten Bewußtsein erfahren, in meinen eigenen Augen Zaubereien geworden, hätten gerade nur so viel Relief und Abstand gewonnen, daß ich mich selbst an ihnen berücken konnte. Doch inzwischen trat die zu verführende Frau noch immer nicht in Erscheinung. Was mich damals freilich nicht daran hinderte, zu beschließen, daß ich die Gesellschaft von Frauen der von Männern vorzog. Ich werde darauf zurückkommen. Zu jener Zeit tat mein Stiefvater einen Ausspruch, der mich mit glühendem Eisen stempelte: «Er ist wie ich», sagte er, auf mich deutend, «er wird nie in der Lage sein, zu Frauen zu sprechen.» Ich sehe die Geschichte dieses Ausspruchs sehr gut. Ich kann mir sehr gut vorstellen, wie er gesagt wurde, ins Blaue, zerstreut, ohne irgendwelche Bosheit seitens meines Stiefvaters, der damit wohl eher seine Wertschätzung für den fleißigen, tüchtigen und wenig brillanten Knaben ausdrücken wollte, für den er mich hielt. Aber im Leben eines Kindes gibt es immer solche zerstreut hingeworfenen Sprüche, die wie das Streichholz des zerstreuten Rauchers einen ganzen Wald in Brand stecken. Ich bin nicht sicher, ob dieser Ausspruch nicht eine der Hauptursachen all jener Gespräche ist, die ich später töricht damit vergeudet habe, Artigkeiten von mir zu geben, um mir zu beweisen, daß ich durchaus in der Lage war, zu Frauen zu sprechen. Und bestimmt hat mein Stiefvater ihn schon seit Jahren vergessen. Zumal er mir später in aller Strenge sagte (er meinte es als Rüge, für mein Herz war es Balsam, der alles auslöschte): «Pah, du bist ein Weiberheld.» Darunter verstand er wohl einen Mann, der fähig ist, für die Frauen Tollheiten zu begehen. Ich verstand darunter lieber: einen Mann, der mit Frauen eingedeckt ist. Aber bestimmt haben diese beiden Aussprüche einen außerordentlichen Einfluß auf mich gehabt. In La Rochelle hatte ich also keinen Erfolg bei Frauen. Als ich nach Paris kam, war es kaum anders, und Jules Laforgue wurde mein Lieblingsautor: er rühmte sich hochmütig, tausend Paläste in seinem Herzen zu haben, und nur die Dummheit der Frauen hielte sie davon ab, sie zu besichtigen. Ich kam auf meine Kosten. Ich weinte über diesen Versen. Besonders eines Nachts, als ich mit meinen Eltern eine Operette namens *Madame* gesehen hatte, in der eine charmante häßliche Frau namens Davia «Sie ist gar nicht so übel»[1] sang. Sie hatte mein Herz erobert. Zu Hause las ich dann Gedichte von Laforgue und schluchzte, oder beinahe. Auch Nizan verfiel in diese Schwermut, obwohl er mehr Erfolg hatte als ich. Doch was sich seit meiner Ankunft in Paris völlig verändert hatte, war, daß ich Kameraden und einen Freund gefunden hatte. Die Freundschaft war das wichtigste Faktum. Es ist etwas, was mit meinem sechzehnten Lebensjahr und Nizan in mein Leben getreten

1 *La beauté n'étant pas mon rôle,*
Je tâche d'avoir de l'esprit,
Je fais des frais pour être drôle
Jusqu'à ce que les gens, surpris,
Insensiblement se ravissent.
Et comme vous un jour se disent:
Elle n'est pas du tout si mal que ça, etc.
[Da die Schönheit nicht meine Sache ist
Versuch ich es mit Geist
Ich scheue keine Mühe, komisch zu sein
Bis die Leute, überrascht, unmerklich sich besinnen
Und wie Sie befinden: Sie ist gar nicht so übel ...]
Das singt Chicorée, Gestalt aus *Madame,* von Henri Christiné, Libretto von Albert Willemetz. Frl. Davia spielte die Hauptrolle; das war im Dezember 1923, im Theater Daunou. Sartre war achtzehn Jahre alt.

ist und es in unterschiedlichen Formen nicht mehr verlassen hat. Ich habe drei «intime Freunde» gehabt, und jeder entsprach einer bestimmten Periode meines Lebens: Nizan – Guille – den Castor (denn der Castor ist *auch* mein Freund gewesen und ist es noch). Die Freundschaft bescherte mir, weit mehr als nur Zuneigung (wie groß sie auch gewesen sein mag), eine Bündniswelt, in der mein Freund und ich alle unsere Werte, alle unsere Gedanken, alle unsere Neigungen zusammenlegten. Und diese Welt wurde durch eine unaufhörliche Erfindung immer wieder erneuert. Gleichzeitig stützte jeder von uns den anderen, und daraus erwuchs ein *Paar* von beträchtlicher Stärke. Vielleicht trifft das auf meine Freundschaft mit Guille weniger zu, denn es ist uns nie gelungen, unsere Welten zusammenzulegen. Obwohl wir uns zueinander hingezogen fühlten und die größte Achtung voreinander hatten, trennten uns doch zu viele Dinge. Und zudem bildeten wir keine geschlossene Gruppe: da war Maheu, da war vor allem Madame Morel, die Guille mir deutlich vorzog und die ich zum Schluß ihm vorzog. Aber in den beiden anderen Fällen zählte vor allem das mächtige Paar, das wir bildeten. In der École Normale hieß es lange Zeit: «Sartre und Nizan», und diese Vorstellung war so stark, daß man uns gelegentlich verwechselte. Noch lange danach schrieb man mir *Antoine Bloyé*[1] zu und meinte, Nizan sei Lehrer in Le Havre. Noch im letzten Jahr sagte mir Brunschvicg[2], als ich ihn bei Gallimard traf: «Ich muß Ihnen sagen, daß ich trotz aller Angriffe, die Sie gegen mich veröffentlicht haben, Ihre Bücher sehr liebe.» Ich war verblüfft, während er sich entfernte, ohne mir Zeit zu lassen, ihm zu antworten. Denn die Angriffe gegen Brunschvicg hatte Nizan in *Les Chiens de garde*[3] verfaßt. Und welche Bücher «liebte» er? Das war schwer zu sagen. *La Conspiration? Les Chiens de garde? La Nausée?*[4] Wichtig ist jedenfalls, daß wir eine beneidete und geachtete *Kraft* waren. Kurzum, seit meinem siebzehnten Lebensjahr habe ich immer als Paar gelebt, und damit meine ich in keiner Weise als Liebespaar. Ich will sagen, daß ich in eine strahlende und ein wenig sengende Existenzform verstrickt war, die kein Innenleben und keine Geheimnisse

1 Bei Grasset in Paris 1933 veröffentlicht.
2 Es handelt sich um den Philosophen Léon Brunschvicg.
3 Vgl. Heft I, S. 149, Fußnote 1.
4 *La Conspiration* von Paul Nizan und *La Nausée* [*Der Ekel*] von Sartre wurden im gleichen Jahr (1938) bei Gallimard in Paris veröffentlicht.

kannte, in der ich ständig den totalen Druck einer anderen Anwesenheit auf mir spürte und in der ich mich abhärtete, diese Anwesenheit zu ertragen. Das Leben als Paar machte mich hart und durchsichtig wie einen Diamanten, sonst hätte ich es nicht ausgehalten. Das ist zweifellos eine der großen Ursachen für die «Öffentlichkeit» meines Lebens. Ich sagte, daß auch meine geringsten Gefühle, meine geringsten Gedanken von ihrer Entstehung an öffentlich waren. Wanda wunderte sich, daß ich überhaupt erwägen konnte, Tagebücher von totaler Aufrichtigkeit zu veröffentlichen. Aber das ist mir zur Natur geworden, und ich glaube fast, daß das an meinen Freundschaften liegt. In jedem Augenblick hatte ich den Eindruck, daß meine Freunde in meinem Herzen lesen konnten, daß sie sahen, wie meine Gedanken sich formten, auch wenn sie erst breiige Blasen waren, und daß das, was mir erst klar wurde, für sie bereits klar war. Ich spürte ihren Blick tief in mir selbst, und das zwang mich, mir so schnell wie möglich Klarheit zu verschaffen, die Schatten in mir zu vertreiben, und sobald ein Gedanke in aller seiner Durchsichtigkeit mir gehörte, gehörte er auch ihnen. Seit jener Epoche herrschte in meinem Geist eine unbarmherzige Klarheit, er war ein Operationssaal, hygienisch, ohne Schatten, ohne Winkel, ohne Mikroben, unter einem kalten Licht. Aber da sich die Intimität nie ganz vertreiben läßt, gab es jenseits dieser Aufrichtigkeit des öffentlichen Bekenntnisses, oder vielmehr diesseits, eine Art Unaufrichtigkeit, die wirklich mir gehörte, die ich war, nicht so sehr in der Tatsache, Geheimnisse zu haben, als vielmehr in einer bestimmten Art, mich aus eben dieser Aufrichtigkeit davonzustehlen und mich ihr nicht hinzugeben. Wenn man so will, war ich in gewissem Sinn völlig bei der Sache, und in einem anderen Sinn entwischte ich ihr, indem ich mich bei der Sache *sah* und mich von diesem öffentlichen Teil meiner selbst allein dadurch distanzierte, daß ich ihn betrachtete. Ich sagte ja schon, daß die wesentliche Form meines Hochmuts darin besteht, keine Solidarität mit mir selbst zu haben. Hat sie sich als Abwehr gegen die erstickende Durchsichtigkeit der Freundschaft herausgebildet, oder ist im Gegenteil sie es gewesen, die es mir erlaubt hat, dieses helle öffentliche Leben zu ertragen? Ich weiß es nicht, aber die Beziehung ist evident. Nur das unerschütterliche Bewußtsein, immer über das hinaus zu sein, was ich war, hat es mir erlaubt, mich meinen Freunden jahrelang ohne Schleier, in völliger Nacktheit zu zeigen. Nur mein Hochmut hat mir diese totale Aufrichtigkeit ermöglicht. Eine Aufrichtigkeit, die im übrigen nur *in den geäußerten Tatsachen* total war, die jedoch meine *Haltung gegenüber meiner Aufrichtigkeit* unberührt ließ. Alles, was ich über mich sagte, löste sich von mir ab, wenn ich es sagte, wurde Gemeingut, Bundesschatz; es war viel mehr *wir* als ich. Was aber war ich dann selbst?[1] Ein einfacher Blick, weder traurig noch fröhlich, kontemplativ und zurückhaltend gegenüber dem, was ich sagte, was mir in den Sinn oder ins Herz kam. Ich lebte von mir selbst getrennt, wie Monsieur Teste[2]; ich hatte nicht jene warme und intime Promiskuität mit mir selbst, die so vielen Leuten als Trost und Wiegenlied dient. Alles, was ich fühlte, nahm ich behutsam in die Hand und drückte es in Worten aus, noch bevor ich es sich voll entfalten ließ, ich bog es ein wenig zurecht und servierte es brühwarm dem Freund. Und sogleich gab mir dieser seine Meinung über die Sache kund und half mir eben damit, sie vollständig hervorzubringen. Kaum geboren, erhielt eine Regung der Laune oder der Zärtlichkeit, der Großmut oder des Egoismus ihr Etikett, wurde unter andere ähnliche Regungen abgeheftet und sogar mit einem Wert verknüpft; wir beschlossen gemeinsam, ob es im Hinblick auf die Moral, die wir beide vertraten, tadelnswert oder löblich war. Aus diesem Grunde fehlte etwas in mir. Was fehlte[3], läßt sich nicht ausdrücken, so daß ich lange gelebt habe, ohne es zu bemerken, es war gar nichts, nur eine bestimmte Art, sich

1 Kam S. de Beauvoir bei dieser «Transluzidität» immer auf ihre Kosten? Während seines letzten Urlaubs fragte sie Sartre: «Was ist ein Gefühl in Ihrem Kopf?» Während er diese Zeilen schreibt, ist Sartre immer noch von der «Geschichte» mit Colette X. erschüttert, durch die er fast die Liebe Wandas und indirekt das Vertrauen S. de Beauvoirs verloren hätte. Er hat innerhalb weniger Tage zweimal seine Liebe zu S. de Beauvoir verleugnet: in seinem Abschiedsbrief an Bianca hat er, um den Schock zu mildern, behauptet, er empfinde weder für die eine noch für die andere etwas; gegenüber Wanda hat er, um ihren Zorn *zu* besänftigen, gesagt, er würde aus Liebe zu ihr «über den Bauch des Castors hinweggehen». Er scheint einen Rückfall in seinen «Wahn» zu befürchten: *«Sie wissen, ich bin im Moment in einem komischen Zustand, ich habe mich noch nie so unwohl in meiner Haut gefühlt, seit ich verrückt war (...) eine Art gefühlsmäßiges und moralisches Ungleichgewicht, wie ich es seit meinem Wahnsinn nicht mehr erlebt habe.»* Brief an S. de Beauvoir vom 29. Februar (dt. Ausgabe S. 116).

2 Von Paul Valéry 1896 geschaffene Gestalt.

3 Hier befinden sich zwei der seltenen Streichungen in den Heften; Sartre hatte zunächst geschrieben: *Etwas ... war in mir abgestorben. Was abgestorben war»*, usw.

in sich auszuruhen, mit sich eins zu sein. Wanda dagegen, die allein in Laigle war und nur auf sich selbst zählen konnte, gelangte zu einer Intimität mit sich, die zwar, das will ich gern einräumen, eine gewisse Unaufrichtigkeit nicht ausschloß, jedoch süß war wie eine Liebkosung. Die Gefühle in ihr, unbenannt und unnennbar, entfalteten sich mit einer Art Lässigkeit bis zu dem Punkt, den sie erreichen wollten, weiter nicht, ohne Gefahr zu laufen, sogleich an den Haaren gezogen, heftig zappelnd ans Licht gezerrt, mit einem gekonnten Faustschlag auf den Nacken getötet und dann katalogisiert, einbalsamiert oder ausgestopft zu werden. Was der Castor mit den Worten ausdrückte: «Sie sind nicht psychologisch», was nicht heißen soll, daß ich nicht dieselben psychologischen Reaktionen habe wie die anderen, sondern vielmehr, daß sie von vornherein wie getrocknete Pflanzen in einem Herbarium in mir auftauchen. Diese totale Durchsichtigkeit, das muß ich sagen, war eher mein Werk als das meiner Freunde, woraus ich bei näherem Nachdenken schließe, daß eher ich es war, der die Freundschaft auf diesen Boden stellte. Sogar der Castor hat stets Zonen des Schattens oder der Scham zu wahren verstanden, die ein Herd von «Psychologischem» waren, wo sich tausend zärtliche oder bittere Viren entwickelten. Nizan und Guille wahrten natürlich ihr Selbstgefühl peinlich genau. Dennoch zog ich sie ein wenig in diese Strahlung kalten Lichts hinein. Das Resultat dieses Bundes, als er mit dem Castor zu seiner höchsten Vollendung gelangte, war ein überwältigendes Glück, dem Sommer ähnlich. Der Castor hat sich in ihrem Roman leise darüber beklagt. Ihre Heldin, Françoise[1], steht manchmal ganz fassungslos vor diesem Glück, das ihr nicht einmal die Möglichkeit läßt, etwas anderes zu wünschen, und das dennoch bisweilen vor der dunklen Anmut sanfter Gesichter, die einander nicht kennen, unerträglich hart erscheinen kann. Das ist etwas, was ich in diesen Heften wohl nicht deutlich genug hervorgehoben habe, obwohl es mich erklärt: bis zu diesem Krieg habe ich *öffentlich gelebt*. Und im Grunde sind auch diese Hefte noch eine Art, öffentlich zu leben. Häufig biege ich meine Eindrücke zurecht. Man verstehe mich richtig: ich biege sie in die richtige Richtung, aber ein frischer, düsterer Irrtum wäre vielleicht ihrer blendenden Wahrheit vorzuziehen. Denn diese Wahrheit hat nichts Historisches mehr, sie betrifft nicht mehr den Menschen, der ich an jenem Tag, zu jener Stunde war. Es ist eine *Wesens*-Wahr-

1 Vgl. *L'Invitée* [*Sie kam und blieb*].

heit: seinem Wesen nach mußte ein bestimmter Mensch bei dieser oder jener Gelegenheit diesen oder jenen Eindruck empfinden. Umstände, Charakter, Eindruck werden gewissenhaft definiert: aber das alles bin schon nicht mehr ich. In Wirklichkeit behandle ich meine Gefühle wie Ideen: eine Idee bearbeitet man so lange, bis sie platzt oder endlich zu dem wird, «was sie war». Doch wenn der Psychologe das Recht hat, auf diese Weise mit den Gefühlen umzuspringen, so schreit der *Mensch* um Gnade, er möchte einmal Reaktionen haben, die er nicht benennen kann. Aber ich bin nicht «psychologisch», eben weil ich mich mir selbst gegenüber als Psychologe verhalte. Und sicherlich haben meine Freundschaften dazu beigetragen, mir diese Haltung zu geben. Doch während ich mich ihnen voll hingab, während ich Maheu so sehr bestürmte, daß ich ihn strapazierte, während ich mit dem Castor unermüdliche Scheinwerfer konstruierte, träumte ich von einem anderen Menschen, der schön, zaudernd, dunkel, in seinen Gedanken langsam und gewissenhaft gewesen wäre, der keine erworbene Anmut, sondern eine stille und spontane Anmut gehabt hätte; ich weiß nicht, warum ich ihn mir als Arbeiter und Vagabunden im amerikanischen Osten vorstellte. Wie gern hätte ich gespürt, daß sich Ideen in mir bilden, langsam, geduldig, wie gern hätte ich vor finsterem Zorn gekocht, wie gern wäre ich vor grundlosen Zärtlichkeiten schwach geworden. Das alles konnte mein amerikanischer Arbeiter (er ähnelte Gary Cooper) tun und spüren. Ich sah ihn auf einer Eisenbahnböschung sitzen, müde und staubig; er wartete auf den Viehwaggon, auf den er unerkannt springen würde, und ich wäre gern *er* gewesen. Ich erfand sogar mit dem Castor eine (in meinen Augen) reizende Figur, den kleinen Crâne, der wenig dachte, wenig sprach und immer tat, was nötig war. Da mir durch eine merkwürdige Fügung des Schicksals immer zustößt, was ich mir ausmale, begegnete ich zum Schluß dem kleinen Crâne: es war der kleine Bost. Ich komme noch darauf zurück. Fest steht, daß ich aus dem Schoß der Freundschaft heraus die Liebe immer als einen Anlaß betrachtet habe, den Kopf zu verlieren und endlich handeln zu können, ohne zu wissen, was ich tue.

Ich sagte schon, das Gegenstück zu dieser erdrückenden Durchsichtigkeit war die Stärke, die olympische Sicherheit und das Glück. Die verschiedenen Paare, von denen ich ein Glied war, sind den Leuten unserer Umgebung immer überwältigend vorgekommen. Und sie waren es. Vor allem das letzte, das ich mit dem Castor gebildet habe.

Unsere Bindung war so fest und faszinierend für andere, daß niemand einen von uns beiden lieben konnte, ohne von wilder Eifersucht auf den anderen ergriffen zu sein, die schließlich in unwiderstehliche Anziehung umschlug, noch bevor man ihn gesehen hatte, auf Grund bloßer Erzählungen. So daß die Freundschaft für mich immer nicht eine vage affektive Verbindung, sondern ein Milieu, eine Welt und eine Kraft gewesen ist.

Dennoch bin ich nicht für die Freundschaft geschaffen. Ich habe alle meine Freunde enttäuscht, nicht aus Verrat, Unachtsamkeit oder mangelnder Rücksichtnahme, sondern auf Grund eines tiefen Mangels an Wärme. Ich bin immer rücksichtsvoll gegen jedermann gewesen, ich habe keine Verabredung verpaßt, ich machte mich keiner Nachlässigkeit schuldig. Aber es war etwas Beflissenes dabei, das sich gegen meinen Willen verraten mußte. Guille warf mir vor, daß ich mich immer «perfekt» zu zeigen suchte; er behauptete, ich würde mir, wenn ich Madame Morels Haus verließ, sicher die Hände reiben und dem Castor sagen: «Nun, lieber Castor, haben Sie gesehen, ich war wieder mal perfekt.» In der Tat war Guille in unserer Freundschaft der Nachlässigere, der Launischere und über lange Perioden der Gleichgültigere. Aber er hatte meistens eine kommunikative Wärme, eine fast weibliche Zärtlichkeit, einen eifersüchtigen Ausschließlichkeitsdrang, den ich selbst bei weitem nicht besaß. Ich ärgerte mich nie. Dabei kam es vor, daß er mich harten Prüfungen aussetzte: ich kam zu Madame Morel, um ihn zu treffen – er hatte sich mit mir verabredet –, und ich fand einen Zettel auf dem Tisch im Salon: «Wir sind mit dem Auto nach Saint-Germain gefahren, warte auf uns.» Ich wartete zwei Stunden, drei Stunden und las galante Erzählungen aus dem 17. Jahrhundert, die ich in der Bibliothek des Salons fand. Dann kamen sie zurück, und Guille sagte: «Diese Dame war unausstehlich, immerfort sagte sie: Der arme Sartre, er wartet auf uns, und sie wollte umkehren. Aber das Wetter war so schön ...» Doch mein Zug nach Le Havre ging um zwanzig Uhr, so daß ich gerade noch Zeit hatte, sie eine Viertelstunde zu unterhalten. Ich ärgerte mich nicht. Ich ärgerte mich nie, aber ich bin mir nicht sicher, ob mein Gleichmut mir nicht zur Last gelegt wurde; er wirkte wie Gleichgültigkeit, und in gewisser Weise war er es auch. Ich erinnere mich nicht, daß ich jemals, wenn mich der Zug nach Paris zu Guille trug, die gleiche freudige Erregung verspürt habe, die er bestimmt empfand, wenn er guter Laune war und mich vom Bahnhof abholte. Ich dachte nicht einmal, daß ich ihn bald sehen würde. Wenn er mich zwei Stunden in Madame Morels Salon allein ließ, langweilte ich mich nicht, sondern war ganz damit beschäftigt, zu lesen, es zu genießen dazusein (ich sagte ja schon, daß ich die Wohnung der anderen mochte und besonders diese hier), ich fand meine Einsamkeit poetisch. Wenn Guille mir eine gewisse Zärtlichkeit entgegenbrachte – immer sehr diskret und charmant –, war mir das ebenso peinlich, als hätte mir ein Homosexueller einen Antrag gemacht. Sobald die Beziehungen zu einem Mann nicht mehr oberflächlich und herzlich sind, stört mich das. Ich mag mich nicht ausliefern, und ich mag auch nicht, daß er sich ausliefert. Nicht, daß ich diskret bin. Im Gegenteil, es kommt vor, daß ich über mein Leben spreche und dabei Details preisgebe, die man für Vertraulichkeiten halten könnte. Aber in meinen Augen sind es keine: ich sage nichts, was ich nicht aller Welt zu sagen bereit wäre. Was ich Vertraulichkeit nenne, definiert sich mehr durch die Form als durch den Inhalt, durch ein bestimmtes Sichgehenlassen, eine bestimmte feuchte Hingabe, einen Wunsch, verstanden und unterstützt zu werden. Wenn ein Mann mir damit kommt, erstarre ich zu Eis. Sicher, für Pelletier und Boutillier, für Nizan habe ich leidenschaftliche Gefühle gehabt. Aber das war zu der Zeit, als meine Sexualität noch nicht genau definiert war, und sicherlich ging auch platonische Liebe in meine Gefühle ein. Die seelische oder körperliche Nacktheit eines Mannes schockiert mich in höchstem Maße. Guille fand nichts dabei, sich nackt vor mir auszuziehen, aber mir war das äußerst peinlich, und ich wußte nicht, wo ich hinschauen sollte. In diesen Heften habe ich geschrieben, daß das vielleicht verdrängte Päderastie war, und der Castor hat sich halb totgelacht, als sie diese Bemerkung las. Ich meine ja auch, daß es keine ist. Aber was ist es dann? Ich weiß es nicht; vielleicht fordert eine gewisse Rauheit im Bau des männlichen Körpers mich selber zur Rauheit heraus, und da ein großer Teil von mir Härte und Rauheit ist, ergreift er hier vielleicht die Gelegenheit, sich zu äußern. Oder vielleicht ist die Zärtlichkeit bei mir so eindeutig sexuell wie auch die Intimität, daß ich mir nicht vorstellen kann, zu einem Mann zärtlich zu sein, ohne daß ich sogleich einen kurzen Schub von Sexualität verspüre, die keine Verwendung findet und mich sofort abstößt und stört. Ich will gar nicht von *Begierde* sprechen, aber ich sehe zum Beispiel genau, wie meine rein freundschaftliche Zärtlichkeit für Madame Morel Nahrung findet in der Feinheit ihrer Züge, ihrer Haut, ihrer Gesten. Es besteht hier gleichsam eine natürliche

Verwandtschaft. Im übrigen habe ich in der Zärtlichkeit häufig eine sonderbare Ununterscheidbarkeit bemerkt, die sich zwischen dem Gesicht des Anderen und dem meinen herstellt. Wenn dieses Phänomen zu stark wird, hat es in der Psychiatrie einen Namen: es gibt Kranke, die ihr Glas zum Mund führen und zu ihrem Nachbarn sagen: «Ach, Sie trinken?» oder umgekehrt selbst zu trinken meinen, wenn sie ihren Nachbarn einen Schluck trinken sehen. Und genau das stößt mir zu, wenn meine Zärtlichkeit erwidert wird: ich lese mein eigenes Mienenspiel auf dem Gesicht des Anderen, mir scheint, daß ich genauso aussehe. Ohne Zweifel liegt das daran, daß meine eigene Miene, wie es bei erwiderter Liebe vorkommt, den Anderen rührt und sogleich das sanfte Lächeln hervorruft, das ich auf seinen Lippen sehe. Daher habe ich den Eindruck, daß es mein Lächeln ist, das dort auf diesen schönen Lippen entsteht. Aber das Faktum besteht, ich habe immer den Eindruck, mit Hilfe des Körpers des Anderen zärtlich zu sein. Trotzdem spüre ich mich noch, ich reguliere mein Mienenspiel, aber ich nehme es dort auf jenem anderen Gesicht wahr. So daß für mich die Zärtlichkeit nicht nur ein Gefühl ist, sondern vielmehr eine Situation zu zweit. Und natürlich, wenn der Andere ein Mann ist, bildet die Rauheit seines Äußeren ein unüberwindliches Hindernis für die Herstellung dieser Situation. Daher habe ich immer besser als andere die Widerstände verstanden, die ein junges Mädchen überwinden muß, bevor sie einen Mann wirklich begehrt, was der Castor und ich, nach einem Ausspruch von Charles Du Bos in einem schlechten Vorwort zu einem schlechten Roman von Hope Mirrlees[1], den «Nymphencharakter» jedes jungen Mädchens nannten. Der Körper eines Mannes erschien mir immer zu stark gewürzt, zu kräftig, zu scharf, als daß er auf Anhieb begehrt werden konnte. Bestimmt bedarf es einer Lehrzeit. Olga hatte es mir eines Tages bestätigt, als sie im *Café Victor* in Rouen sagte, daß der Charme einer Frau oder eines Knaben sofort zu erkennen ist, während es einer langen Gewöhnung und besonderer Aufmerksamkeit bedarf, damit der eines Mannes sich offenbart. Wenn ich mit Entzücken einen frischen und zarten Mund

1 Es handelt sich um den Roman *The Counterplot*, der 1929 bei Plon unter dem Titel *Le Choc en retour* erschienen ist. In seinem Nachwort zitiert Charles du Bos Hope Mirrlees: *«Die Schriftsteller neigen in unseren Tagen zu sehr dazu zu vergessen, daß in vielen jungen Mädchen noch etwas von der Nymphe überlebt.»*

küßte, mußte ich immer daran denken, welch merkwürdigen Eindruck der meine wohl machte, der rauh war und nach Tabak stank. Man wird sagen, daß die Frau den Mann begehrt, weil sie Frau ist, aber für mich besagt das gar nichts. Ich denke im Gegenteil, daß, sowohl für die Frau wie für den Mann, die Frau das absolute Objekt der Begierde ist. Damit der Mann seinerseits begehrenswert wird, muß eine «Übertragung» erfolgen. Aber hier ist nicht der Ort, das zu erörtern. Ich wollte nur anmerken, daß ich mir, was meine Person betrifft, keine Zärtlichkeit in meinen Beziehungen zu Männern vorstellen kann. Außerdem bin ich immer nur mit «Frauen-Männern», wie ich sie nenne, befreundet gewesen, einer sehr seltenen Spezies, die sich von den anderen durch ihren körperlichen Charme und manchmal durch ihre Schönheit sowie durch tausend innere Tugenden abheben, die die gewöhnlichen Männer nicht kennen. In seinen guten Momenten konnte Guille stundenlang mit mir über ein Gesicht, eine flüchtige Nuance des Lichts oder seiner Stimmung, über eine unbedeutende Szene sprechen, die sich gerade vor uns abgespielt hatte. Und so bin ich selber, glaube ich, trotz meiner Häßlichkeit, Frau-Mann, zumindest bei meinen Hauptbeschäftigungen. Aber die anderen Männer sind ganz draußen, ich sagte es anderswo; sie vergessen sich völlig, es sind Rechner. Diese langweilen und irritieren mich; ich fliehe sie, und lange Zeit – solange ich jung war – schmeichelte ich mir, gegen sie der Komplize der Frauen zu sein. Ich erinnere mich, daß erst vor zwei Jahren die kleine Lucile, eine lasterhafte und verlogene Schauspielerin vom *Atelier*, eine, die sich an jeden heranmachte, voll plumper weiblicher Tricks, aber immerhin eine Frau, mich durch ihren «Kerl» zum Essen einladen ließ, einen herrlichen Ägypter mit glühenden Augen, finster eifersüchtig, der mir den vollkommenen Typ des männlichen Mannes zu verkörpern schien, den Mann, der am Busen eines Weibes vor Wollust vergeht, sie mit starker Hand beschützt, wenn sie es gar nicht nötig hat, nach großen Gewittern vor ihr auf den Knien liegt, sie mit unbeholfenen Aufmerksamkeiten überhäuft, ohne irgend etwas von ihrem Charakter zu verstehen, der verrückt ist vor Angst, wenn sie ihn liebt, und friedfertig, wenn sie an einen anderen denkt, manchmal laut schluchzt und sich an der Nase herumführen läßt. Sie liebte ihn, das ist sicher, und sie fühlte sich gerade deswegen allein neben diesem großen Körper, dessen sinnliche Wärme sie durchdrang; sie liebte ihn, weil sie ihn betrügen konnte. Sie hatte versucht, sich an mich heranzumachen, aber ich war nicht darauf eingegangen, denn ich wußte, daß sie, ohne sich selbst anrühren zu lassen, allen Schauspielern des *Atelier*, mochten sie nun fünfzehn oder sechzig Jahre alt sein, die eindeutigsten Liebkosungen hatte angedeihen lassen. Wir hatten ein oder zwei Tage lang mit dummer Hinterhältigkeit gekämpft, und ich hatte sie bezwungen, ich weiß nicht recht, was für ein sonderbares Vergnügen ich an diesem Spiel fand. Jedenfalls stieß sie mich während des ganzen Essens mit Füßen und Knien an. Es ging dabei keineswegs darum, mir zu zeigen, daß sie bereit sei, mir ihre Gunst zu erweisen, da ich ja Bescheid wußte und die Sache zwischen uns bereinigt war. Ich glaubte, daß es ihr ein tückisches Vergnügen bereitete, ihren Kerl zu betrügen, ich glaube sogar, daß sie bei dieser Geste, die weder für sie noch für mich reale Folgen hatte, da sie keinen von uns beiden mehr entflammen konnte, an ihn und nicht an mich dachte. Ihn auf diese Weise gefahrlos zum Gespött zu machen, in seiner Anwesenheit, während er sehr höflich mit mir über sein Juraexamen sprach, das war ihre Art, ihn zu lieben; bestimmt war sie ganz naß vor Sinnlichkeit, die keineswegs mir, sondern ihm galt. Mich amüsierte nur, daß sie gerade mich zum Komplizen erkoren hatte *gegen diesen männlichen Mann*, den sie liebte. Sie konnte nicht hoffen, mich zu verwirren, ich hatte das mit ihr geklärt, sie wußte genau, was ich von ihrem Spiel hielt, aber gerade deshalb zog sie mich mit derselben Schamlosigkeit in dieses Spiel hinein, als wenn ich ein Eunuch oder eine Frau gewesen wäre. Sie wußte irgendwie, ich stand auf ihrer Seite und war weiblich genug, daß man sich *mit mir* über einen Mann lustig machen konnte (wäre ich fähig gewesen, mich von diesem Drängen verwirren zu lassen, dann hätte sie sich ganz allein und gegen mich über ihren Mann mokiert, aber das Spiel wäre gefährlicher gewesen). Das war meine letzte und flüchtige Komplikation dieser Art. In der Geschichte mit Olga K. habe ich mich meinerseits männlich gefühlt, leider.

Und dann hat die Freundschaft etwas Nüchternes, was mich langweilt und bedrückt. Gerade weil ich nichts Besonderes in mir fühle, stellt sie sich in meinen Augen vor allem als Pflicht dar. Ich habe versucht, freundschaftliche Beziehungen zu Frauen zu bewahren, mit denen ich durch Bande ganz anderer Art vereint gewesen war. Aber sobald ich nicht mehr liebe, langweile ich mich. Ich glaube, daß ich keinen Freund *brauche*, weil ich im Grunde niemanden brauche, ich brauche keine Hilfe, auch nicht jenen nüchternen und stetigen

Beistand, den die Freundschaft bietet. Seit ich nun im Krieg bin, habe ich zum Beispiel nie Lust gehabt, jemanden zu treffen, der meine Art von Intelligenz besäße und den Dingen dasselbe Interesse entgegenbrächte wie ich. Ich beziehe lieber alles aus mir selbst. Andererseits verstehe ich es schlecht, die anderen zu benutzen; der Castor hat mir oft gesagt, daß ich den Geschichten, die man mir erzählt, nicht zuhöre. Das ist zwar ein bißchen ungerecht, aber ich bin wirklich ein ziemlich schlechter Zuhörer, und oft rutsche ich auf meinem Stuhl und warte, daß die Geschichte endlich zu Ende ist. Mit den Freunden geht es mir wie mit den Philosophien der andern, die mir anzueignen mir so schwerfällt. Da ich ohnehin keine Lust habe, ihnen etwas von mir zu erzählen, langweile ich mich schnell. Bestimmt fehlt mir ein individueller Humanismus. Ich bin von Menschenmengen angetan, von Leuten, die vorbeigehen, aber für die Individuen empfinde ich nicht jene Sympathie auf den ersten Blick, auf die sich eine gute Freundschaft gründen ließe. Meine erste Regung ist im Gegenteil Mißtrauen und Argwohn. Ich schreibe das im Soldatenfoyer; es sind hundert Männer im Saal. Als Masse rühren sie mich ein wenig, aber wenn ich sie einzeln betrachte, gibt es nur wenige, die mich durch ihre Haltung oder ihre Redeweise nicht schockieren. Es ist kein einziger darunter, dessen Bekanntschaft ich machen möchte. Ich mag eben Männer nicht, das heißt die männlichen dieser Gattung.

Doch in der École Normale entdeckte ich mit Nizan die Kameradschaft, und das war für mich eine gute Verwendung der Männer. In einer Bande leben, das reizte mich plötzlich. Ich denke, es ist ein ganz besonderes Vergnügen, sich vor dem Hintergrund, den eine Gruppe bildet, abzuheben, um sich herum eine Art Solidarität zu spüren, der man in eben dem Augenblick entgeht, da man sich ihr beugt. Ich glaube, mich reizte vor allem die empfundene Simultaneität. Während ich schreibe, blättert mein Nachbar normalerweise in einer Zeitschrift, nicht weit von mir spielen zwei Männer Schach, auch das ist eine Simultaneität. Aber in gewissem Sinn ist sie abstrakt, sie zerfällt in tausend kleine lokale und vereinzelte Handlungen. Ich denke sie nur und empfinde sie kaum. Während auf Grund der Solidarität, die uns damals vereinte, sich jede meiner Gesten in der Einheit unserer Gruppe als Simultaneität zu irgendeiner Geste eines meiner Kameraden zeigte: das verlieh ihr eine Art Notwendigkeit. Mit Entsetzen habe ich in Berlin gesehen, wie sehr die Deutschen diese Art Simultaneität genießen. In der *Neuen Welt*, einem riesigen Schuppen, in der Tausende von Deutschen Bier trinken gehen, traten auf der Bühne Gruppen von Bayern auf, die nichts anderes zustande brachten, als diese Simultaneität lebhaft an den Tag zu legen; einer warf seinen Hut in die Luft, während der andere tanzte und der dritte in ein Jagdhorn blies usw. Der Reiz der Darbietung war ganz offenkundig das «während», das nichts gemein hat mit der Mannigfaltigkeit in der Einheit einer Balletttruppe, denn sie ist reale Vielfalt in einer bloß affektiven Einheit. Das war also etwas, was wir sehr stark spürten und was mich beglückte. Und außerdem wollte ich Anführer sein, zumindest «Animator». Sicherlich, um mich für die in La Rochelle erlittenen Demütigungen zu rächen, die mich, ich sagte es bereits, tief getroffen hatten. Bin ich dieser Anführer gewesen? Animator vielleicht – aber obwohl man mich fürchten und manchmal bewundern mochte, obwohl ich bestimmt amüsant war (ich verausgabte mich rückhaltlos, führte Parodien auf, sang kleine Liedchen, organisierte tausend Possen mit Nizan), habe ich um mich herum immer eine Art von republikanischem Mißtrauen gesehen, wenn es darum ging, mich offiziell zum Anführer einer Unternehmung zu wählen. Man würde mir zweifellos weder Unternehmungsgeist noch Beharrlichkeit absprechen, aber ich wirke beängstigend, weil es mir an Würde fehlt, bestimmt ist etwas Possenhaftes an mir, und in sozialen Gruppierungen gewinnt meine Possenhaftigkeit die Oberhand. Die Leute betrachten mich mit einer Mischung aus Belustigung und Unwillen, sie sind auf der Hut. Im übrigen habe ich fast unmittelbar danach begriffen, wie schändlich es ist, ein Anführer zu sein. Aber meine Herrschsucht nahm nur eine andere Gestalt an. Ich hatte den Traum nicht verloren, durch Liebe über eine anmutige und müßiggehende Gemeinschaft zu herrschen. Nach und nach verwandelte sich der Traum noch mehr (ich muß sagen, daß ich auch hier zu wiederholten Malen bekommen habe, was ich begehrte) und wurde Wunsch nach geistiger Autorität. Ich wäre gern ein Weiser gewesen, den man um Rat fragt, genauer einer von den Starosten, wie sie bei Dostojewski vorkommen. Ich bin nicht sicher, ob ich, wenn ich tief genug in mir schürfen würde, nicht noch Bruchstücke dieses alten Wunsches fände. Ich fühlte mich sehr heimatlos und trist, als ich dieses Gruppenleben nach Abschluß der École Normale verließ. Keine Freundschaft, keine Liebe vermochte zunächst diese Dichte eines besonderen und leichten Lebens zu ersetzen. Heute wäre sie mir unerträglich. Noch Jahre später habe ich mich jedesmal, wenn ich mich in einer Männergesellschaft befand, als bissiger und eigenbrötlerischer Zensor erwiesen. Das Erstaunliche aber ist, daß ich trotz allem Sympathien wecke: Brunschwig und Copeau in Berlin, Pieter hier. Ich schwöre, daß sie nicht verdient waren. Wenn ich aus Spaß am Abenteuer, aus Neugier einen Artgenossen an mich herangelassen habe, hege ich nur noch einen Wunsch: ihn fallenzulassen, sobald die Umstände es erlauben. Die Beziehungen unter Männern, die man in meinem Alter zu knüpfen pflegt und die weder Beziehungen der Bandenkameradschaft noch Freundschaft sind, sind mir unerträglich. Schon seit Jahren habe ich nicht *verlangt*, einen Mann zu treffen, und mich nicht im mindesten darum bemüht, einem zu begegnen. Sie bemühen sich um mich, und ich erdulde sie. Ich lebe in einem Kreis von Frauen, die alle viel darum geben würden, einen Faulkner oder einen Caldwell kennenzulernen. Ich dagegen, obwohl ich den einen zutiefst bewundere und für den anderen große Sympathien hege, habe nicht die geringst Lust, sie zu sehen. Auch nicht Hemingway, von dem jeder sagt, er sei so unterhaltsam. Brauchte man nur über die Straße zu gehen und in einen dritten Stock zu steigen, dann würde ich es sicher tun, aber sehr viel weiter würde ich nicht gehen. Oder besser, ich würde viel darum geben, sie leben zu sehen, wobei ich selber unsichtbar wäre, um unbemerkt in ihrem Haus herumzuspuken. Es widert mich jedoch schon im voraus an, daß die Beziehung eine wechselseitige ist, daß ich von ihnen gesehen werde, während ich sie sehe, daß es ein affektives Band zwischen uns geben kann, und sei es bloß ein Band der Herzlichkeit oder auch nur der Höflichkeit.

Kurz, habe ich jemals einen Mann meines Alters wirklich geliebt – von Nizan früher abgesehen? Ich glaube nicht. Auch nie gewünscht, daß man mich lieben möge. In der Freundschaft bleiben die Bewußtseine von einer Festigkeit und Freiheit, die mir sehr nüchtern vorkamen, ich hatte nicht das Bedürfnis, mich diesen Bewußtseinen auszuliefern (nicht, daß ich den Scharfsinn ihres Urteils fürchtete, aber sie waren eher schöne Frauen aus Marmor, die meine Begierde nicht weckten). Nur Sinnenrausch und die freiwillige Versklavung der verliebten Bewußtseine zogen mich an. Kurz, für mich existiert eine Hälfte der Menschheit kaum. Die andere – nun, ich muß es gestehen, die andere ist mein einziges, mein ständiges Anliegen. Nur die Gesellschaft von Frauen bereitet mir Vergnügen, nur für Frauen hege ich Achtung, Zärtlichkeit, Freundschaft. Ich würde keinen Fuß vor den anderen setzen, um Faulkner zu treffen, aber ich würde eine lange

Reise machen, um Rosamond Lehmann kennenzulernen. Um mit Bost zu reden: «Auf Knien würde ich hinrutschen!» Ich erröte, das alles aufzuschreiben, weil es ein bißchen klingt wie *J'aime les femmes à la folie*, ein Lied, das Tino Rossi[1] singt, aber es ist eine Tatsache. Anfangs hätte man glauben können, diese Leidenschaft, die nicht wählerisch war – oder nur wenig –, entspringe bei einem sehr jungen Mann einer pubertären Romantik. Aber nun bin ich bald fünfunddreißig Jahre alt, und schon seit Jahren bin ich von Frauen umgeben und will immer neue kennenlernen, zumindest wollte ich es noch vor kurzem, jetzt ist das vorbei.[2] Ich, der ich mich in Gesellschaft von Männern unsäglich langweile, erlebe nur äußerst selten, daß die Gesellschaft von Frauen mich nicht unterhält. Ich ziehe es vor, mit einer Frau über die kleinsten Dinge zu sprechen, statt mit Aron über Philosophie. Weil es diese kleinen Dinge sind, die für mich existieren, und jede Frau, sogar die dümmste, so darüber spricht, wie ich selbst darüber zu sprechen liebe; ich *verstehe mich* mit den Frauen. Ich liebe ihre Art zu sprechen, die Dinge zu sagen und zu sehen, ich liebe ihre Art zu denken, ich liebe die Themen, über die sie nachdenken. Sehr lange habe ich geglaubt, die Achtung, die ich für sie empfinde, am besten dadurch auszudrücken, daß ich sie für den Männern gleichwertig erklärte und Gleichberechtigung für sie forderte. Gleichzeitig weigerte ich mich, irgendeinen radikalen Unterschied zwischen den Geschlechtern anzuerkennen, und legte die sekundären Unterschiede der Erziehung und der Gesellschaft zur Last. Doch damit erwies ich ihrer Sache einen schlechten Dienst. Daß sie dieselben Rechte haben müssen wie wir, steht außer Zweifel. Aber man macht ihnen wirklich ein schönes Kompliment, wenn man sagt, sie seien den Männern «gleich», und ihnen versichert, daß es ihnen ohne ihre niedrige gesellschaftliche Situation bestimmt gelänge, ebensogut zu denken wie wir. Die Dummheit, die Auguste Comte mit Eklat begangen hatte, bestand darin, ihnen großmütig Sensibilität zuzusprechen. Als ob das irgend etwas besagte. Als ob es eine menschliche Fähigkeit gäbe, die Sensibilität hieße und mit der bestimmte Vertreter der Gattung in größerem Maße ausgestattet wären als die anderen. Als ob nicht jede

1 Anspielung auf ein Chanson von 1936, *J'aime les femmes, c'est ma folie*, ein großer Erfolg des korsischen Sängers.

2 Diese Aussage ist vielleicht nicht allzu wörtlich zu nehmen. Vgl. S. 488, Fußnote 1

menschliche-Realität bei jedem ihrer Schritte in der Totalität existierte. Die ganze Frage muß neu aufgerollt werden. Aber man löst das Problem bestimmt nicht dadurch, daß man, als guter kantianischer Rationalist, die Gleichheit der Geschlechter bekräftigt; dieser Begriff der Gleichheit taugt nichts, und ich täuschte mich völlig.

29. Februar

Ich weiß nicht, ob ich eine Zeitlang die Gesellschaft der Frauen nicht deshalb gesucht habe, um mich von der Last meiner Häßlichkeit zu befreien. Wenn ich sie anschaute, zu ihnen sprach, mich bemühte, auf ihren Gesichtern einen angeregten und glücklichen Ausdruck hervorzurufen, verlor ich mich in ihnen und vergaß mich. Es muß so etwas gewesen sein, denn zur gleichen Zeit (ungefähr zwischen meinem 20. und 25. Lebensjahr) spürte ich, sobald ich mit einer häßlichen oder mißgestalten Frau zusammen war, sehr lebhaft und zynisch das Paar, das wir bildeten. Ich rettete sie nicht, im Gegenteil, und das Ganze war ebenso häßlich wie seine Teile. Dann haßte ich uns unbarmherzig. Mir schien sogar – sehr zu Unrecht –, daß eine Umgebung schöner Frauen mich rettete, daß bei dieser Kombination, die wir bildeten, das beherrschende Element die Schönheit war. Wenn ich ausdrücken wollte, was ich damals empfand, würde ich wohl sagen, daß ich auf keinen Fall ein anderes Gesicht hätte haben wollen, sondern nur gewünscht hätte, daß sich die Schönheit wie eine wirksame Gnade auf eben diesem Gesicht hier ausbreite. Sicherlich hatte ich ein Verlangen nach Schönheit, das nicht wirklich sinnlich, sondern eher magisch war. Ich hätte die Schönheit essen und mir einverleiben mögen, ich denke, daß ich in gewisser Weise gegenüber allen hübschen Personen an einem Identifikationskomplex litt, und das erklärt, daß ich mir immer schöne Männer zu Freunden erkoren habe oder solche, die ich für schön hielt. Maheu sagte einmal ziemlich perfide zum Castor: «Das Große und Tragische an Sartre ist, daß er in allem eine ganz und gar unglückliche Liebe zur Schönheit hat.» Darunter verstand er nicht nur, daß ich es bedauerte, häßlich zu sein, daß ich schöne Frauen liebte, sondern auch, daß ich versuchte, in meinen literarischen Essays eine Schönheit zu erhaschen, für die ich nicht geschaffen war. Er war von Barrès und Gide sehr angetan und begriff die Schönheit des Geschriebenen nur in einer bestimmten, sehr engen Form. Im übrigen ist es richtig, daß ich damals versuchte, kantige und spröde Gedanken im Stil von Anatole France wiederzugeben, und daß daraus in der Tat mißglückte Werke entstanden, vergebliche Anstrengungen, die Schönheit einzufangen. Aber heute scheint mir, daß Maheus Gedanke noch viel richtiger war, als er selbst meinte. Ich bin nur Sehnsucht nach Schönheit und außerhalb davon Leere, nichts. Und unter Schönheit verstehe ich nicht nur das sinnliche Vergnügen der Augenblicke, sondern eher die Einheit und Notwendigkeit im Ablauf der Zeit. Rhythmen, wiederkehrende Perioden oder Refrains entlocken mir Tränen, die elementarsten Formen der Periodizität bewegen mich. Ich weise darauf hin, daß diese geregelten Abläufe ihrem Wesen nach zeitliche sein müssen, denn räumliche Symmetrie läßt mich gleichgültig. Ein gutes Beispiel dafür ist der Wunsch, den ich im Februar hatte, mein Urlaub möge *kostbar* sein, das heißt, ich möge ihn bis zum Schluß spüren als einen geregelten Fluß, der seinem Ende zuströmt. Es versteht sich von selbst, daß deshalb die Musik für mich die ergreifendste und am unmittelbarsten zugängliche Form des Schönen ist. Was ich immer leidenschaftlich begehrt habe, was ich noch heute begehre, obwohl ohne jede Hoffnung, ist im Grunde, im Mittelpunkt eines schönen *Ereignisses* zu stehen. Eines Ereignisses, das heißt eines zeitlichen Stromes, der mir *zustößt*, der mir nicht *gegenüber* ist wie ein Bild oder eine Melodie, sondern rings um mein Leben und in meinem Leben geschieht, mit meiner Zeit. Ein Ereignis, dessen Hauptakteur ich bin, das meine Wünsche und Begierden mit sich trägt, aber von meinen Wünschen und Begierden gelenkt wird, dessen Urheber ich bin, so wie der Maler der Urheber seines Bildes ist. Und daß dieses Ereignis schön sei, das heißt, daß es die herrliche und bittere Notwendigkeit einer Tragödie, einer Melodie oder eines Rhythmus habe, all jener zeitlichen Formen, die in geregelter Wiederkehr majestätisch einem Ende zustreben, das sie in ihrem Schoß tragen. Das alles habe ich schon in *La Nausée* erklärt, bald wird man sehen, warum ich darauf zurückkomme. Zuvor möchte ich notieren, daß ich diese heftige und vergebliche Sehnsucht nach zeitlicher Schönheit dem Menschen zuschrieb. Während ich sie heute für meine Eigenart halte. Ich sehe, daß der Castor vor allem von der Darbietung einer ganz nichtmenschlichen ästhetischen Notwendigkeit außerhalb ihrer Person bewegt wird – sagen wir von einer Fuge von Bach, einem Bild von Braque; sie wünscht nicht, daß ihr Leben das Material dieser Notwendigkeit sei. Olga Kosakiewicz dagegen wurde vom sinnlichen Inhalt einer schönen Form bewegt. Ich sehe sie noch, wie sie mit einer Art Aggressivität im Zimmer von Zuorro zu uns sagte: «Komposition und Melodie sind für mich nebensächlich; mich bewegen die Noten.» Fast glaube ich, daß eine sinnliche Augenblickspracht ausreichen würde, sie zu beglücken. In Wirklichkeit ist die Sache komplizierter, da der Augenblick niemals ausreicht, aber zumindest ist das für sie ein ideeller Wert, und alles in allem ist dieser unrealisierbare Traum nicht widersprüchlicher als der meine, er ist genauso widersprüchlich. Letzte Woche sprach ich vom Unrealisierbaren. Sagen wir, daß ich mein eigenes Unrealisierbares habe: die Schönheit des Ereignisses. Wenn ich sage, daß ich mein eigenes Unrealisierbares habe, meine ich nicht, daß ich manchmal einen vagen Traum hege. Nein: Ich bin in diese Situation geworfen, mein In-der-Welt-sein ist ein In-einer-unrealisierbaren-Situation-sein, ich bin ganz und gar in diesem Ereignis, dessen Schönheit mich anzieht und mich flieht: es ist mein Leben. Was die Komödien erklärt, die ich ständig spiele, ohne mich ganz darüber zu täuschen, es sind gleichsam Pantomimen, um das Unrealisierbare einzufangen, magische Tänze, was auch jene plötzlichen Anfälle von Grobheit und Zynismus erklärt, die die Leute meiner Umgebung oft verwirrt oder schockiert haben. Kurz, es ist meine Leidenschaft, und meine Leidenschaft bin ich.

Ich betone das, weil ich darin die Hauptursache meiner Amouren sehe. Lange – fast bis heute – habe ich die Illusion gehabt, daß das Ereignis der Liebe jenes notwendige, mit einem Wort schöne Ereignis sein könnte und sollte, nach dem ich strebte. Das lag sicher daran, daß ich die Liebe als ein höfisches Verführungsspiel betrachtete. Als solches trug es ihr Ende in sich. Das Ende war das Geständnis – später war es der Liebesakt, den Leiris mit der Tötung im Stierkampf vergleicht. Es ging wirklich um ein geregeltes Fortschreiten hin zu einem bekannten Ziel – doch bekannt wie die Lösung des Knotens in den griechischen Tragödien, die die Athener voraussahen und dennoch fürchteten und begehrten –, bekannt wie die Auflösungen einer Melodie, vorausgesehen und doch ganz unvorhersehbar. Und dieses Schlußereignis mußte ich durch meine Worte und meine Gesten herbeiführen. Man sieht, wie weit ich davon entfernt war, die bloß sinnliche Erregung zu begreifen. Sie war mir nicht unbekannt, aber ich spürte sie nicht. Und mir lag nicht sehr daran, daß meine Partnerin sie zuerst empfand, ebensowenig wie der Torero wünschen kann, daß der Stier, nach dem Setzen der Banderillas von einem Blutsturz betroffen, in die Knie sinkt. Sie mußte *verdient* sein, das heißt sich am Ende der

Komödie einstellen, genau in dem Augenblick, da der Vorhang fällt, herbeigeführt von der letzten Replik. Sicherlich hätte mich eine starke sinnliche Leidenschaft, die diese oder jene Frau für mich empfunden hätte, völlig aus der Fassung gebracht und schockiert. Für mich war die Frau – sicherlich auf Grund meiner Lektüre – ein Wesen, das zuerst nein sagt und sich dann nach und nach umgarnen läßt, immer Widerstand leistend, aber jedesmal ein bißchen weniger. So hatte jeder von uns seine im voraus festgelegte Rolle. Die Frau versagte sich, und ich insistierte sanft, geduldig, gewann jeden Tag ein wenig an Boden. Aber ich betrachtete die Verführung nicht als ein machiavellistisches Feuerwerk wie der junge Stendhal. Es hätte mir sehr mißfallen, eine Frau durch Finten herumzukriegen, und gerade das beweist zur Genüge, daß mir weniger an der Frau lag als an der Komödie, zu der sie mir Gelegenheit bot, daß ich nicht akzeptiert hätte, sie durch ein beliebiges Mittel zu erringen. Noch einmal, ihr Besitz zählte weniger als die Verheißung von Besitz. Zur Verführung zählte ich einzig auf mein Wort. Ich erinnere mich noch an meine Verlegenheit in Berlin: ich war mit dem festen Vorsatz fortgefahren, die Liebe der deutschen Frauen kennenzulernen, aber nach kurzer Zeit begriff ich, daß ich für ein Gespräch nicht genug Deutsch konnte. Somit meiner Waffe beraubt, stand ich ganz blöde da und wagte nicht, etwas zu unternehmen; ich mußte mit einer Französin vorliebnehmen. Und wie sympathisch war mir da jene naive Bemerkung, die ein abgeblitzter Ungar zum Castor machte: «Wenn Sie wüßten, wie geistreich ich auf ungarisch bin.»

Dabei ging es mir gar nicht darum, geistreich zu sein oder auch nur zu glänzen. Ich sagte es schon, es ging darum, die Welt in Worten einzufangen, sie *für* meine Gefährtin einzufangen, sie stärker und schöner existieren zu lassen, ihr zu helfen, sich zu «manifestieren», wie Gide in *Narcisse*[1] sagt. Man mußte übrigens nicht nur reden. Man mußte auch geschickt die Pausen nutzen und die Gesichtspunkte wählen. Im Grunde war es eine richtige literarische Arbeit. Und mein Ziel war nicht, mich als Dragoman, als Vermittler zwischen der Welt und ihr unentbehrlich zu machen, sondern eher, in ihren Augen unauflöslich mit der Schönheit der Welt zu verschmelzen. Alles in allem ging es darum, die Kristallisation künstlich herbeizuführen. Abgesehen davon, daß dieses kleine Kunstwerk im geregelten Ablauf der

1 *Le Traité du Narcisse* (1891).

Verführung seinen Platz hatte, gefiel es mir auch an sich, so wie ein Ausführen des Themas in der Mitte der Melodie gefallen kann, ohne daß man es deswegen vom Ganzen abtrennt. Daran lag mir sogar am meisten. Und da die meisten meiner Gefährtinnen intelligent und anspruchsvoll waren, mußte ich mich anstrengen, und am Abend trug ich die befriedigende Erinnerung mit nach Hause, «gute Arbeit geleistet» zu haben. Heute, da ich mit Abstand über diese vergangene Zeit sprechen kann, meine ich, daß das, was ich sagte, sogar zu den besten Frauen der Welt, meinesgleichen, recht kläglich war. Um bestehen zu können, mußte es gestützt werden durch die Örtlichkeit, die Stimmung, die Uhrzeit und jene heimliche Gewißheit, in der wir uns beide befanden, Liebesbeziehungen anzuknüpfen. Letztlich war alles leicht, viel zu leicht und, wie der Castor später sagte, «viel Luft». Zur gleichen Zeit verwendeten wir auch zur Charakterisierung der Sache den Ausdruck «auf wunderbar machen». Heute verabscheue ich diese Reden, diese Pausen und diese Artigkeiten, aber verabscheute ich sie nicht schon damals, während ich sie genoß? Nach solchen Rendezvous war mein Mund trocken, die Gesichtsmuskeln müde vom vielen Lächeln, die Stimme noch von Honig verklebt, ich empfand eine Übelkeit, die ich mir nicht eingestehen wollte und die von der Befreiung überdeckt wurde, «meine Sache vorangebracht», das Aufleuchten eines Blicks, ein paar unfreiwillige Bewegungen entdeckt zu haben. Witzig ist, daß ich – obwohl mir selbst ziemlich bewußt, daß ich Komödie spielte – mir keine Sekunde vorstellte, daß die Frau vielleicht ihrerseits Komödie spielte und daß diese verhaltenen Geständnisse, diese entschlüpften Vertraulichkeiten ebenso sorgfältig abgestimmt waren wie meine Reden. Ganz bestimmt war das meistens der Fall – es handelt sich natürlich um jene halbbewußten und nicht allzu zynischen Komödien, die man in den meisten Liebesbeziehungen antrifft –, und das lag nicht nur am Charakter der Frau, sondern daran, wie mir scheint, daß ich diese Komödien durch mein Getue herbeirief. Wenn ich es gewußt hätte, wäre ich außer mir gewesen. Es ging für mich nicht um einen Sketch zu zweit, in dem jeder seine Rolle zu spielen hatte, ich erkenne jetzt genau, daß ich seitens der Frau eine totale Naivität brauchte. In diesem vergänglichen Kunstwerk, das ich zu schaffen versuchte, stellte die Frau das Rohmaterial dar, das ich gestalten mußte.[1]

1 Das Heft XIII fehlt (vom 1.–5. März). Siehe Anhang IV, S. 626.

Heft XIV

März 1940
Bouxwiller – Brumath

6. März 40

Eine Zeichnung in *Le Petit Parisien* von heute. Ein herkulischer böser Bube hält eine junge Person umklammert, die sich energisch, aber vergeblich zur Wehr setzt. Eng an die Wand gedrückt, voller Angst betrachtet ein winziger Soldat in mittleren Jahren reglos die Szene. Und die junge Person schreit ihm empört zu: «He, Urlauber, du hättest mir nicht zu sagen brauchen, daß du bei Handstreichen ein As warst.»[1] Diese Zeichnung scheint mir nach vielen anderen und nach dem Chanson von Chevalier, das ich in einem meiner Hefte kommentiert habe[2], bezeichnend zu sein. Es ist die Zerstörung der militärischen Idee. Die militärische Idee, entstanden zur Zeit der Berufsheere, verleiht dem Soldaten *a fortiori* Zivilcourage. Und tatsächlich ist der Soldat, mehr oder weniger Söldner, immer ein bißchen ein «Hitzkopf», wie die berühmten amerikanischen Matrosen der Filmserie, die mit «Eine Frau in jedem Hafen» begann. Gerade wegen seiner Qualitäten als Raufbold wurde er vom Anwerber oft ausgesucht, und sie sind ihm im Krieg auch nützlich, man kämpft mit dem Säbel, mit dem Messer und zum Schluß mit den Fäusten. Aber das «Volk in Waffen» hat das alles verändert, weil nicht mehr der starke Mann des Dorfs Soldat wird, sondern der Krämer, der Bäcker, der Standesbeamte, alle diese schwächlichen, friedfertigen Menschen, über deren kleine Fehler die Zeitungen in Friedenszeiten freundlich spotteten: Knausrigkeit, Feigheit, Kleinkrämerei usw. Blieb die Tatsache, daß es zweierlei ist, ein Volk in Waffen zu sein und sich als Volk in Waffen

1 *Le Petit Parisien* vom 6. März (wenigstens die letzte Ausgabe, die in der Bibliothèque nationale hinterlegt wurde) enthält nicht diese Zeichnung; auch die Exemplare der Vortage nicht. Vielleicht wurde sie von der Zensur zwischen zwei Ausgaben entfernt.

2 Im fehlenden Heft II (vgl. den Brief an S. de Beauvoir vom 18. Dezember). Sicherlich handelt es sich um das im Jahre 1939 von Maurice Chevalier kreierte Chanson *D'excellents Français*, das von einem biederen Patriotismus geprägt ist.

seiner selbst bewußt zu werden. Genauso wie es zweierlei ist, die Arbeiterklasse zu *sein* und sich als Proletariat seiner selbst bewußt zu werden. Mir scheint, daß die erste Reaktion des Volks in Waffen auf sich selbst mythologisch war. 1914 gab es ein goldenes Buch des Krämers, des Bäckers usw. Die Zeichnungen, an die ich mich erinnere, waren idealisierend. Zwar erkannte man die schmächtigen Körper, die unbeholfenen Gesten, die zivilen Köpfe wieder, aber die Kunst verlieh diesen etwas mageren Gesichtern unbezähmbare Energie, sie waren von asketischer Magerkeit, heiliger Zorn stand in ihren Augen, und in ihrer linkischen Haltung lag kriegerische Tatkraft. Abel Faivre[1] war Spezialist dieser *Legenda aurea*. Sie sind nach Hause zurückgekehrt, sie haben ihren Beruf und ihre Gewohnheiten wieder aufgenommen, und nun ist der zweite Volkskrieg da. Mir scheint, daß sich das Volk in Waffen diesmal seiner selbst bewußt geworden ist. Dieses lange Warten zu Beginn des Krieges hat ihm Zeit dazu gelassen. Und diesmal weiß man, daß die Soldaten, die an der Maginotlinie auf den Feind warten, *dieselben sind* wie die kleinen liberalen Händler, die kleinen Beamten der Friedenszeit. Sicher meint man – denn man meint es immer gut –, daß sie für das Kriegshandwerk tauglich und sogar hinlänglich geeignet sind. Aber es kommt zu einer deutlichen Trennung zwischen den verschiedenen Formen des Muts und der Aktion. Dieser oder jener Soldat, der vor einem Boss zittert, ist ein As bei Handstreichen. Weil der Handstreich seine Spielregeln hat – Überraschung, Einkreisung, Gewehrschüsse, aber kein Nahkampf. Unter guter Anleitung kann der Krämer bei einem Handstreich Erfolg haben. Aber das befähigt ihn nicht, sich gehörig mit Fäusten zu schlagen. Er ist nicht heilig geworden, man sucht in seinen Augen nicht nach einem unbezähmbaren Funkeln. Und wenn man meint, daß er da unten seinem «Menschenberuf» nachgeht, meint man, daß er die Kraft dazu aus einer Art biederem Humanismus schöpft; eben jenem Humanismus, der ihm in Friedenszeiten half, mit gebeugtem Nacken die harten Schläge zu überstehen. Das nenne ich Antiheroismus. Und ein demokratisches Volk in Waffen, das sich als solches seiner selbst bewußt wird, befindet sich, so behaupte ich, an den Antipoden des Heroismus. Denn der Heroismus ist immer eine Sache von Spezialisten gewesen und muß es auch sein. Er muß von Geheimnis und Undurchdringlichem umwittert bleiben. Wenn man jedoch entdeckt,

1 Maler, Graphiker und Karikaturist (1867–1945).

wie Faulkner sagt, daß «jeder in den Heroismus fallen kann», gibt es keine Helden mehr. Das «Volk in Waffen» zerstört das heilige Privileg des Krieges, denn es stellt die Funktion des Kriegers einer zivilen Dienstleistung gleich, die allen obliegt. Gerade dadurch gibt es eine Zivilisierung des Krieges. Ganz zu Anfang hielt man sich noch in respektvoller Entfernung von den Mobilisierten. Und meine Schüler Chauffard und Kanapa[1] schrieben mir noch: «Einem ‹Nichtmobilisierten› fällt es schwer, einem Mobilisierten zu schreiben.» Aber jetzt spuckt man ihm auf den Kopf, und das ist gut so. Wie das alles werden soll, wenn es wirklich zum Krieg kommt, weiß ich nicht. Ich weiß nur, daß alle Soldaten sich leise über die ironische und gönnerhafte Vertraulichkeit der Zivilisten ihnen gegenüber beklagen. Und das ist fatal, denn der Zivilist *arbeitet*, er übt noch einen Beruf aus, auf den er stolz ist, für den er sein Bestes gibt. Wenn nun aber der Soldat aufgehört hat, ein Held zu sein, dann ist er nur noch ein Faulpelz wider Willen, der nicht mehr von den Erfordernissen eines technischen Berufs gezügelt und gerettet wird und den man fürs Nichtstun durchfüttert. Kurz, wie jemand so richtig sagte, ein Arbeitsloser. Und darüber sollte man sich freuen, trotz diesem Groll, der sich im Herzen der Soldaten staut, weil auch das dazu beiträgt, den Krieg zu töten.

Wenn ich mich über diese Zersetzung des militärischen Geistes freue, dann sage ich nur, was ich sehe, mehr nicht. Ich verkenne nicht, daß der Geist in Deutschland ein ganz anderer ist. Und wenn ich nicht von ihm spreche, so deshalb, weil ich ihn nicht kenne. Aber ich weiß, daß diese Veränderung, die der französische Geist anzeigt, vom Sieg der Demokratien abhängig ist. Würden wir dagegen besiegt werden, dann würde ein kalt denkender künftiger Historiker darin einen Beweis für unsere Dekadenz und den tieferen Grund unserer Niederlage erblicken. Somit ist der tiefere Sinn dieser öffentlichen Geisteshaltung zweideutig. Aber auch wenn ich auf einen Endsieg der Pluto-

1 Es handelt sich um R.-J. Chauffard, späterer Schauspieler – er spielte insbesondere die Rolle des Zimmerkellners in *Geschlossene Gesellschaft* bei der Uraufführung –, und Jean Kanapa, später kommunistischer Journalist, mit dem Sartre 1954 eine politische Auseinandersetzung haben wird (vgl. «Opération Kanapa», in: *Les Temps Modernes*, März 1954, in *Situations VII* wiederabgedruckt), dt. in: J. P. Sartre, *Krieg im Frieden 2 – Reden Polemiken Stellungnahmen 1952–1956*, Rowohlt Taschenbuch Verlag, Reinbek 1982.

demokratien hoffe, baue ich dennoch nicht auf ihren Heroismus, sondern auf ihren Reichtum. Ich rechne mit einem Krieg ohne «Größe», vor allem einem ökonomischen. In diesem Fall kann die «Dekadenz» harmlos bleiben und im Gegenteil zu einem günstigen Faktor werden. Das ganze Problem kreist um die Frage: gibt es ein ehernes Gesetz der Geschichte, nach dem die «allzu» zivilisierten und «allzu» friedfertigen Völker eben auf Grund dieser Zivilisation am Ende verschlungen werden? Oder gilt dieses Gesetz nur für die «kriegerische» Ära, das heißt für die vergangene Epoche, in der die militärischen Probleme und die ökonomischen Probleme relativ getrennt waren? Wenn das eherne Gesetz noch existiert, dann stehen wir vor dem Un-Sinn, daß eine bestimmte Dosis an absurder Brutalität, die den Mythos des Helden sowie die Unfehlbarkeit des Heerführers einschließt, für die Gesundheit eines Volkes unerläßlich ist, und sei sie auch von der Vernunft verurteilt, und zwar genau deshalb, weil jede vernünftige Verurteilung, indem sie die Macht dieser Brutalität schwächt, das Volk selbst und damit den Frieden schwächt. Dann wird die «Gesundheit» eines Volkes zu einer Art Gleichgewicht zwischen einer bestimmten Dosis an primärer Aggressivität und der Vernunft. Wenn jedoch der zynische ökonomische Materialismus dem Krieger die Flügel stutzt, wenn Erdöl für den Krieg unerläßlicher ist als Mut, dann kann, was als verderbliche, widerliche Feigheit *allzu* zivilisierter Leute erscheinen mochte, zum neuen Geist werden. Und die größelose Erdrosselung des Kriegers durch die Feiglinge wird nunmehr zum neuen ehernen Gesetz. Dann ist der Historiker, der die Ideologie nach ihrem Erfolg beurteilt, gezwungen, in dieser angeblich dekadenten Ideologie den Ausdruck der Widersprüche des zeitgenössischen Kapitalismus zu sehen, der zum Krieg führt und ihn *nicht* führen *kann*. Und eben dadurch, daß der Sieg dem Reichsten und nicht dem Tapfersten zufällt, kann diese Ideologie ein Faktor des Fortschritts werden. Aus diesem wie aus vielen anderen Gründen bleibt es daher richtig, daß wir uns an einem Wendepunkt befinden, denn allein der Sieg wird über den Wert *unserer* Ideologie oder der Naziideologie entscheiden.

1888 – Rede von Bismarck auf der Tribüne des Reichstags. Darin drückt er zum letztenmal die Konzeption des Volks in Waffen aus, und zwar *aus der Sicht* der veralteten Konzeption des Berufsheeres.

«Wenn wir in Deutschland einen Krieg mit der vollen Wirkung unserer Nationalkraft führen wollen, so ... muß es ... ein Volkskrieg sein ... Ein Krieg, zu dem wir nicht vom Volkswillen getragen werden, der wird geführt werden, wenn schließlich die verordnenden Obrigkeiten ihn für nötig halten und erklären, aber es wird nicht von Hause aus der Elan und das Feuer dahinter sein ... Natürlich glaubt jeder Soldat, dem Gegner überlegen zu sein, er würde beinahe aufhören, ein brauchbarer Soldat zu sein, wenn er den Krieg nicht wünschte und an seinen Sieg darin glaubte.» [1]

Welche Überraschung hätte ihm dieser Krieg bereitet: wir glauben nicht, daß wir den deutschen Soldaten überlegen sind, wir wünschten diesen Krieg nicht, im Gegenteil, wir lehnten ihn mit allen Kräften ab. Schließlich *hoffen* wir auf den Sieg, und wir alle haben den Eindruck, daß er von Konstellationen abhängt, die unserem militärischen Wert völlig äußerlich sind: von ökonomischen Konstellationen. Und trotzdem sind wir brauchbare Soldaten.

Sicher bin ich das monströse Produkt des Kapitalismus, des Parlamentarismus, der Zentralisierung und des Beamtentums. Oder das sind, wenn man so will, die primären Situationen, über die hinaus ich mich projiziert habe. Dem Kapitalismus verdanke ich, daß ich von den arbeitenden Klassen abgeschnitten bin, ohne deshalb zu den Kreisen Zugang zu haben, die Politik und Wirtschaft lenken. Dem Parlamentarismus verdanke ich die Idee der bürgerlichen Freiheiten, die am Ursprung meiner manischen Leidenschaft für die Freiheit steht. Der Zentralisierung verdanke ich, daß ich die Landarbeit nie kennengelernt habe, daß ich die Provinz hasse, daß mir jede regionale Bindung fehlt und daß ich mehr als jeder andere für den Mythos «Paris-Großstadt», wie Caillois [2] sagt, empfänglich bin. Dem Beamtentum verdanke ich die völlige Ahnungslosigkeit in Geldsachen, die sicher die letzte Verkörperung der «Integrität» und der «Uneigennützigkeit» einer Beamtenfamilie ist; ich verdanke ihm auch die Idee der Universalität der Vernunft, denn der Beamte in Frankreich ist die Vestalin des Rationalismus. Allen diesen Abstraktionen zusammen verdanke ich, daß ich ein Abstrakter und ein Entwurzelter bin. Ich wäre vielleicht gerettet worden, wenn ich von Natur aus sinnlich wäre, aber ich bin kalt. Ich hänge also «in der Luft», ohne jegliche Zugehörigkeit, weder habe ich durch Feldarbeit Verbundenheit mit der Erde kennen-

1 In *Bismarck* von Emil Ludwig, Ernst Rowohlt Verlag, Berlin 1928, S. 597.
2 Vgl. Fußnote 1, S. 413.

gelernt noch durch Solidarität der Interessen Verbundenheit mit einer Klasse, noch durch Lust Verbundenheit mit den Körpern. Der Tod meines Vaters, die Wiederheirat meiner Mutter und die Meinungsverschiedenheiten mit meinem Stiefvater haben mich frühzeitig dem Familieneinfluß entzogen, die Feindseligkeit meiner Klassenkameraden in La Rochelle hat mir beigebracht, mich auf mich selbst zurückzuziehen. Mein gesunder, kräftiger, williger und diskreter Körper meldet sich nie, außer er revoltiert einmal geräuschvoll bei einer Nierenkolik. Ich bin mit nichts solidarisch, nicht einmal mit mir selbst; ich brauche niemanden und nichts. So sieht die Persönlichkeit aus, die ich mir in vierunddreißig Lebensjahren gemacht habe. Wirklich das, was die Nazis den «abstrakten Menschen der Plutodemokratien» nennen. Ich habe keinerlei Sympathie für diese Persönlichkeit und will mich ändern. Verstanden habe ich, daß die Freiheit nichts mit dem stoischen Verzicht auf Liebe und Güter zu tun hat. Im Gegenteil, sie setzt eine tiefe Verwurzelung in der Welt voraus, und *jenseits* dieser Verwurzelung ist man frei, jenseits der Menge, der Nation, der Klasse und Freunde ist man allein. Statt dessen behauptete ich meine Einsamkeit und meine Freiheit *gegen* die Menge, die Nation usw. Der Castor schreibt mir gerade, daß die wirkliche Authentizität nicht darin besteht, sein Leben nach allen Seiten überquellen zu lassen oder zurückzutreten, um über es zu urteilen, oder sich jeden Augenblick von ihm zu befreien, sondern im Gegenteil in es hineinzutauchen und mit ihm eins zu sein. Aber das ist leichter gesagt als getan, wenn man vierunddreißig Jahre alt ist, wenn man von allem abgeschnitten und ein Luftgewächs ist. Alles, was ich im Augenblick tun kann, ist, diese Freiheit in der Luft zu kritisieren, die ich mir beharrlich verschafft habe, und an dem Grundsatz festzuhalten, daß man sich verwurzeln muß. Damit will ich nicht sagen, man müsse an bestimmten Dingen *hängen*, denn ich hänge mit aller Kraft an einem Haufen Dinge. Ich meine aber, daß die Persönlichkeit einen *Inhalt* haben muß. Man muß aus Lehm sein, und ich bin aus Wind.

Da ich keine große Leidenschaft für die Gesellschaft habe, da ich außerhalb meiner Klasse und meiner Zeit lebe, ähnele ich dem Kaninchen von Claude Bernard, das zu experimentellen Zwecken isoliert ist, fasten muß und sich selbst verdaut.

«Die Freiheit, wie die Vernunft, existiert und manifestiert sich nur durch die unaufhörliche Verwerfung ihrer eigenen Werke; sie geht zugrunde, sobald sie sich anbetet. Darum war die Ironie zu allen Zeiten das Merkmal des philosophischen und liberalen Genius, das Siegel des menschlichen Geistes, das unwiderstehliche Werkzeug des Fortschritts.» (Proudhon: *Confessions d'un révolutionnaire*)

7. März

Mit großem Interesse lese ich *Wilhelm II.* von Emil Ludwig.[1] Über ihn versuche ich, ein Problem aufzugreifen und zu wenden, das mich seit einiger Zeit plagt – genau seit September 38. Wir haben oft darüber diskutiert, der Castor und ich: mit Aron räume ich ein, daß man sowohl in der Erklärung wie im Verstehen des historischen Ereignisses verschiedene Bedeutungsschichten finden kann. Und diese Bedeutungsschichten erlauben es, die Entwicklung des historischen Prozesses auf befriedigende Weise zu beschreiben, jede auf ihrer eigenen Ebene. Aber diese Bedeutungen laufen parallel, und es ist nicht möglich, von einer zur anderen überzugehen. So läßt sich der Krieg von 14 durch die Rivalität des deutschen und des englischen Imperialismus erklären. Wir befinden uns auf dem Boden der marxistischen und streng ökonomischen Erklärung. Wir gelangen zu Lenins Buch über Imperialismus und Kapitalismus.[2] Aber man kann den Krieg *auch* erklären, indem man sich auf ein historischeres Bedeutungsfeld begibt, und den Pangermanismus als Ausdruck der Tendenz Deutschlands darstellen, seine von Bismarck begonnene Vereinigung zu vollenden. Man kann, auf derselben Ebene und sich allein an die deutsche Verantwortlichkeit haltend, darauf hinweisen, daß die Hegemonie Preußens der Herrschaft eines Adels von militarisierten Junkern entspricht. Auf einer «diplomatischen» Bedeutungsebene kann man zeigen, wie der Zusammenbruch der Bismarckschen Bündnisse mit Rußland und Österreich – Bündnisse, die das Ziel hatten, diese beiden Mächte in Zaum zu halten, die immer auf dem Sprung waren, wegen der Balkanländer aneinanderzugeraten – dazu geführt hat, Rußland in das Bündnis mit Frankreich zu treiben und den österreichisch-russischen Antagonismus auszulösen. Schließlich kann man zum Hof von Kaiser Wilhelm gelangen, zu seiner Regierung, seinen Beratern,

1 (1926), frz. Ausgabe 1930 bei Payot in Paris.

2 *Der Imperialismus als höchstes Stadium des Kapitalismus* (1917), frz. Ausg. Librairie de *L'Humanité*, Paris 1925.

seiner Persönlichkeit. Auf jeder Ebene ist die Beschreibung des Prozesses befriedigend, und es lassen sich sogar Ursachen finden, wenn man, gemäß der von Aron aufgegriffenen Formulierung von Weber[1], die Ursache dann entdeckt hat, wenn man feststellen kann, daß es bei einem Fehlen des entsprechenden Phänomens sehr wahrscheinlich ist, daß das Phänomen nicht stattgefunden hat.[2] Aber alle diese Beschreibungen und Erklärungen fügen sich *niemals* zusammen. Der häufige Irrtum der Historiker besteht darin, diese Erklärungen auf dieselbe Ebene zu stellen und sie durch ein «und» zu verknüpfen, als müsse aus ihrem Nebeneinander eine organisierte Totalität mit hierarchischen Strukturen hervorgehen, die das Phänomen selbst wäre mit seinen Ursachen und seinen verschiedenen Prozessen. Tatsächlich jedoch bleiben die Bedeutungen getrennt. In einer anderen Ideenordnung kann man eine Verbindung herstellen zwischen der Genfer Herkunft von Rousseau und dem *Contrat social* – also den *Contrat social* von den ideologischen Strömungen in Genf her «hervorbringen». Man kann den *Contrat social* aber auch aus Rousseaus Persönlichkeit ableiten, das heißt von Rousseaus Persönlichkeit ausgehen, um zu zeigen, daß er, *wenn* er einen *Contrat social* schrieb, ihn *so* schreiben mußte. Dann würden wir einen Charakterzug Rousseaus bis hin zu seiner Projektion im *Contrat social* verfolgen. Ebenso könnten wir das Buch durch die früheren Werke Rousseaus und durch ihn selbst erklären, das heißt das Werk von den früheren Ideen Rousseaus *herleiten* oder ein bestimmtes Kapitel des Werkes durch den inneren Zusammenhang des Buches und durch die Notwendigkeit der Logik erklären. Aber in keinem Fall können diese Erklärungen gleichzeitig gegeben werden. Sie beziehen sich nämlich auf autonome Existenzbereiche, und in jedem von ihnen wird das Werk unter einem anderen Gesichtspunkt betrachtet. Es liegt zum Beispiel auf der Hand, daß Rousseaus Persönlichkeit in den Hintergrund tritt, wenn man

1 Raymond Aron hat sich mit dem Soziologen Max Weber in seinem *Essai sur une théorie de l'histoire dans l'Allemagne contemporaine; la philosoplie de l'histoire*, Vrin, Paris 1938 beschäftigt.

2 Sartres Formulierung ist nicht klar: wenn man annehmen kann, daß ein historisches Ereignis beim Fehlen von jener vorausgegangenen Erscheinung nicht stattgefunden hätte, ist man berechtigt, letztere als Ursache dieses Ereignisses zu betrachten: die historische Kausalität kann nach Max Weber nicht Gegenstand eines absoluten Wissens sein, sie beruht auf einer rückwirkenden Berechnung der Wahrscheinlichkeit.

den *Contrat social* mit Genf erklärt, Rousseau wird dann lediglich zu dem abstrakten Bewußtsein, dem bezeichnenden Medium, in dem sich die Verbindung zwischen der Genfer Ideologie und dem *Contrat social* herstellt als *einem* juristischen Werk, einer Synthese dieser ideologischen Strömungen unter anderen. Betrachte ich dagegen den *Contrat* von Rousseau her, dann wird er zu einer bloßen Verlängerung seiner Persönlichkeit, einer Objektivierung seiner persönlichen Neigungen, kurz, zu einem rein individuellen und unvergleichlichen Gegenstand. In diesem Fall wird die Bestimmung der Verständnisverbindungen Rousseaus zu seinem Buch eine reine Sache der Psychologie. Betrachtet man das Buch schließlich im Rahmen von Rousseaus Gesamtwerk und an sich selbst, dann haben wir es mit Ideen zu tun, die sich nach ihrer konkreten Logik und fast autonom entwickeln. Und sicherlich ist das Buch all das, aber nicht all das *auf einmal*. Daher jener historische Skeptizismus bei Aron.

Von alldem war ich im September 38 völlig überzeugt. Ich erinnere mich, auf welche Schwierigkeiten wir stießen, der Castor und ich, als wir die Ursachen des drohenden Krieges erfassen wollten. Nicht, daß sie fehlten, ganz im Gegenteil. Aber nach welchen Prinzipien sie koordinieren und hierarchisieren? Wie von der Rivalität der proletarischen Völker mit den Plutodemokratien zur Persönlichkeit Hitlers gelangen? Es war vielleicht um so verwirrender, als Hitler und seine Berater wirklich mehrfach die freie Wahl zwischen Krieg und Frieden gehabt haben. Und das trifft im September 39 vielleicht noch mehr zu, wo es wirklich nur einer Geste bedurft hätte, um den Frieden zu bewahren. Und ich sehe heute, daß der Streit über die Kriegsziele daher rührt, daß jeder einzelne sich «gemäß seiner eigenen Philosophie», wie Aron sagen würde, auf eine bestimmte Bedeutungsebene stellt, um die Verantwortlichkeiten für den Krieg zu erörtern. Denn wenn man ihn fortan verhindern will, muß man ihn in seiner Ursache treffen. Wer sich damit begnügte, den Zusammenbruch des Nationalsozialismus zu erleben, stellt sich auf die individuelle Bedeutungsebene: die Verantwortlichen sind Hitler und seine Offiziere. Man beseitige Hitler, und der Friede wird zurückkehren. Wer dagegen eine Zerstückelung Deutschlands und die Annexion des linken Rheinufers will und erklärt, daß «die Völker für ihre Regierung verantwortlich sind», stellt sich auf die Ebene der historischen Kollektivität. Er kann das mit mehr oder weniger Erfolg tun, sei es, daß er die Fabel vom «bösen Boche» wiederauflegt und an ein angeborenes Prinzip des

Bösen glaubt, das die Seele jedes Deutschen an der Wurzel verdirbt, sei es, daß er sich auf wirklich historische Gründe stützt: auf die Ursprünge der deutschen Einheit, die ständige Drohung, die ein zentrales Reich darstellt, die geographische Situation Deutschlands, durch die es ständig in Gefahr und gefährlich ist, usw. Und wenn schließlich Valois[1] behauptet, der Friede sei nur durch eine echte ökonomische Revolution und einen neuen Typus der Organisation von Produktion und Konsumtion zu erreichen, dann hält er den Krieg für eine Folge der großen Wirtschaftskrisen des 20. Jahrhunderts sowie des Kampfs der neuen, proletarischen Völker gegen das riesige englisch-französische Imperium. Das ist die «materialistische» Erklärung. Und zweifellos könnte man sagen, daß wir, wenn wir den Sieg davontragen, alles *zugleich* tun müssen: Hitler stürzen, Vorsichtsmaßnahmen gegen die deutsche Nation ergreifen sowie eine bessere Verteilung der Reichtümer realisieren. Nichtsdestoweniger sind diese Ideen logisch voneinander unabhängig. Es ist zum Beispiel keineswegs dasselbe, ob man Hitler für einen Usurpator hält, der infolge der Verstörtheit eines besiegten Volkes die Macht an sich gerissen hat und diese Macht durch Terror aufrechterhält – oder für eine Emanation der deutschen Nation, den vollkommenen und adäquaten Ausdruck germanischer Wünsche und Bedürfnisse[2], die «Inkarnation» dieses Volkes – oder für das austauschbare Werkzeug einer großen ökonomischen Evolution. Wenn man unter Berücksichtigung der drei oben erwähnten Erfordernisse Frieden schließen würde, so geschähe das, weil sich die Führer über den wesentlichen Faktor des Krieges im unklaren wären.

Obwohl mir das alles sehr richtig erscheint, halte ich es doch nicht für ganz befriedigend. Denn schließlich darf man nicht vergessen, daß diese verschiedenen Bedeutungsschichten *menschliche* sind und als solche hervorgebracht von einer menschlichen-Realität, die sich vergeschichtlicht. Zum Beispiel schreibt Marx in *Das Elend der Philosophie*, daß das Elend eine «revolutionäre Kraft» sein kann. Und Al-

1 Vgl. S 246 Fußnote 1. Von Georges Valois ist gerade *Prométhée vainqueur ou explication de la guerre* [Der siegreiche Prometheus oder die Erklärung des Krieges] im Verlag Liberté in Paris erschienen. Er veröffentlicht eine tägliche Seite, *Nouvel Âge*, die Sartre damals liest.

2 Sartre wird auf die Frage der «Inkarnation» in der Geschichte in der *Kritik der dialektischen Vernunft* (1960) zurückkommen; siehe insbesondere den zweiten Band «Die Intelligibilität der Geschichte» (postum bei Gallimard, Paris 1985).

bert Ollivier (*La Commune*)[1] antwortet ihm zu Recht, daß die Wirkung des Elends für sich allein nur lähmend sein kann. Denn damit das Elend eine revolutionäre Kraft wird, muß es von den Elenden als *ihr* Elend übernommen werden. Und nicht nur das, es muß auch als Situation, die *sich ändern soll*, übernommen werden, das heißt, es muß vom Elenden wieder in eine menschliche Welt gestellt werden, in der es wirklich unerträglich ist. Aber das Elend für sich allein ist nie unerträglich: es ist wirklich *nichts*. Der Lebensstandard der Arbeiter von 1835 war unendlich niedriger als der, den die Benachteiligtsten von heute für zumutbar halten würden. Und dennoch ertrugen sie ihn, da sie ihn nicht als kontingente, ihrem Wesen nicht inhärente Situation begriffen hatten. Ebensowenig darf derjenige, der die miteinander kämpfenden oder sich im Gleichgewicht befindenden ökonomischen Kräfte zeigt, nicht vergessen, daß es menschliche Kräfte sind. Wenn man von Marktrivalitäten oder auch von der geographischen Situation eines Landes spricht, wenn man zum Beispiel zeigt, daß die geographische Situation Deutschlands für seine Geschichte bestimmend ist, darf man nicht vergessen, daß diese Rivalitäten menschliche sind und daß es eine «Situation», ob eine geographische oder eine andere, nur für eine menschliche-Realität gibt, die sich über diese Situation zu sich selbst hin ent-wirft. Keine Situation wird je *erlitten*. Wäre der Mensch ein «innerweltliches» Sein, dann gäbe es niemals eine Situation, es gäbe nur Positionen. Und die menschliche-Realität bringt die Situation nicht nur zum «Aufblühen», indem sie in die Welt eindringt, sondern sie entscheidet auch allein und in ihrem ursprünglichen Ent-wurf über den Sinn dieser Situation. Daher gibt es keine mechanische Kraft, die über die Geschichte entscheiden kann, und wir können in einem anderen Sinn den berühmten Satz von Marx aufgreifen, der besagt, daß «die Menschen Verfasser und Schausteller ihres eigenen Dramas» sind. Aber das macht die Parallelität der historischen Bedeutungen noch irritierender, denn wenn wir den Menschen überall als Verfasser und Schausteller seines eigenen Dramas wiederfinden, wenn alle Bedeutungen menschliche sind und wenn der Mensch eine einheitliche Totalität ist, wie soll man dann der scharfen und unaufhebbaren Trennung zwischen den Bedeutungsschichten Rechnung tragen?

Das Problem ist um so komplexer, als der Mensch unter dem Ge-

1 Bei Gallimard, Paris 1939.

setz des *Mit-sein*[1] existiert, was bedeutet, daß man jedesmal, wenn man in einem Individuum den Schlüssel zu einem gesellschaftlichen Ereignis finden will, von ihm auf andere Individuen zurückgeworfen ist. Napoleon hat die Schlacht von Waterloo verloren, weil er sie zu früh begonnen hatte. Ja. Aber wenn Grouchy ... usw., dann hätte Napoleon die Schlacht, obwohl er sie falsch begonnen hatte, vielleicht gewonnen. Und würde man dann sagen, er habe sie zu früh begonnen? Und wenn, wie Pierrefeu sagt, Wellington nicht so dumm gewesen wäre, hätte er sehr bald gemerkt, daß er geschlagen war, und sich nach den Spielregeln zurückgezogen, statt töricht auf dem Terrain auszuharren, was ihm schließlich den Sieg bescherte. So wird man von Bewußtsein zu Bewußtsein verwiesen, ohne jemals das hinreichende Bewußtsein, das wirksame Bewußtsein zu finden und ohne daß eine Addition der Bewußtseine ein organisches Ganzes zu bilden vermag. Es gibt noch ein weiteres Problem; der historische Relativismus à la Simmel hätte kaum Schwierigkeiten, das Ereignis in *Vorstellungen* sich verflüchtigen zu lassen, was dem vorhin erwähnten Skeptizismus im Grunde eine theoretische Basis gäbe und ihm gleichzeitig ermöglichte, innerhalb der menschlichen Grenzen zu bleiben. Aber es liegt auf der Hand, daß das Ereignis, obwohl es *menschlich* ist, das heißt nach dem Modus des Für-sich gefühlt und gelebt wird, trotzdem *ist*, das heißt, daß es hinterrücks vom An-sich wieder erfaßt wird. Das heißt, daß es sich nicht auf Ansichten von Bewußtseinen übereinander reduzieren läßt, es entgeht den Bewußtseinen – und transzendiert sie, insofern es plötzlich wechselseitige Existenz dieser Bewußtseine ist. Ich habe das in Heft 12 erläutert. Obwohl das Ereignis den Menschen zum «Verfasser und Schausteller» hat, entgeht es ihm jetzt und beherrscht ihn plötzlich. Um den Vergleich von Marx weiterzuverfolgen, stelle ich mir einen Schauspieler-Verfasser wie Shakespeare oder Molière vor, der obendrein noch Regisseur ist und ein bestimmtes Stück schreibt, inszeniert und spielt. Alles ist auf seinem Boden gewachsen. Wenn ich ihn aus dem Besitz einer Sache vertreiben will, werde ich sogleich auf die Bewußtseine der anderen Schauspieler und schließlich auf die der Zuschauer zurückfallen. Dennoch gibt es etwas jenseits von alldem. Ich meine nicht so sehr, daß es *das* Theaterstück ist. Gewiß, der Schauspieler-Verfasser ist nicht «drin», auch nicht die anderen Schauspieler und auch nicht das

1 Deutsch im Original; vgl. Anhang III, S. 621.

Publikum. Es ist vor ihnen; wenn man so will, ist es zwischen der Bühne und der Rampe. Nur, obwohl *Gegenstand,* ist es Gegenstand *für* Bewußtseine. Es ist die transzendente Einheit der Bewußtseine, die ihm *zu*streben, es existiert nur in bezug auf Bewußtseine. Was jedoch viel weniger menschlich und rational ist, was Verfasser, Zuschauer und Schauspieler in der Unterscheidbarkeit einer Existenz *an sich* wiedererfaßt, ist das *Faktum,* daß alle diese Bewußtseine ein und demselben Stück zugestrebt sind, nämlich am 6. Mai 1680 im Hôtel de Bourgogne. Und mögen auch das Hôtel de Bourgogne wie der 6. Mai ihres substantiellen Seins durch die Bemerkung entledigt werden, daß es ein Hôtel oder ein Datum nur für Bewußtseine geben kann, so bleibt doch die Tatsache bestehen, daß in einem nicht datierten Ablauf eine bestimmte synthetische Einheit von Bewußtseinen nach dem Modus des *An-sich* existiert hat. Und diese Einheit ist opak und unerschöpflich; es ist ein wirkliches Absolutes. Ich füge hinzu, daß sein Inhalt ganz und gar menschlich ist, daß aber die Einheit selbst als Existenz *an sich* radikal nichtmenschlich ist. Das ist die Faktizität des Für-andere. Der Mensch kann ja nur insofern existieren, als er Für-sich oder Für-andere ist. Aber er entgeht sich selbst durch seine Faktizität, die dieses Für-sich mit einer bestimmten Dichte von An-sich umhüllt. Dasselbe gilt für die wechselseitigen Beziehungen des Für-andere. Das ist das *Ereignis.* Nun ist es aber dieses Ereignis in seiner absoluten Existenz, auf das der Historiker abzielt. Man braucht nur zu sehen, auf welche Weise er davon spricht. Zum Beispiel Emil Ludwig, wenn er von den dauernden Streitigkeiten zwischen Holstein und Eulenburg spricht: «In solchen Zerrungen zweier Neurastheniker wurde damals die auswärtige Politik des Deutschen Reichs hin und her gerissen.» Es ist evident, daß er, um so sprechen zu können, auf das abzielt, was keines dieser beiden Bewußtseine erfassen kann, daß er sich auf eine Wahrheit stützt, die von der Evidenz des Für-sich nicht garantiert ist. Auch wenn er schreibt: «Seine Mutter tut nichts dagegen», hat er zwar ein Bewußtsein als Garanten, das zu sich selbst sagte: «Ich werde nichts dagegen tun.» Aber man sieht, daß er über dieses Bewußtsein hinaus auf die Ebene steigt, auf der es ein *Faktum* geworden ist, für das Kaiserin Viktoria – insofern es Faktum ist – nicht mehr verantwortlich ist. Der Historiker steht immer auf der Ebene der Faktizität. Nur besteht die tiefe Zweideutigkeit der historischen Forschung darin, daß sie dieses absolute Ereignis *datiert,* das heißt es in menschliche Perspektiven zurückversetzt, während es doch das nichtmenschliche An-sich der menschlichen-Realität ist, seine Faktizität selbst oder das Faktum, daß die menschliche-Realität nicht ihre eigene Begründung ist. Und er verfährt deshalb so, weil dieses nichtmenschliche Faktum zunächst einen menschlichen Inhalt hat und sodann von anderen Bewußtseinen aufgegriffen, übernommen, transzendiert wird, Bewußtseinen, die sich über die Faktizität des Ereignisses hinaus entwerfen und es in *Situation* verwandeln. Letztlich ist *das* das Nichtmenschliche in der Geschichte – ein metaphysisches Nichtmenschliches – und nicht die geographische Existenz von Erdölquellen in Rumänien oder Mexiko. Denn die Erdölquelle ist «schon-in-der-Welt», wenn das Eindringen einer menschlichen-Realität sie «für sie selbst zum Aufblühen bringt». Wohingegen das historische Ereignis jenseits dessen ist, was bewirkt, daß es eine Welt gibt.

So daß der Mensch letztlich auf das Faktum «Pierre ist gestern nicht zu Thérèse gegangen» genauso reagiert wie auf das Faktum «Es gibt einen Graben zur Linken». In beiden Fällen betrachtet er sich als in Anwesenheit des An-sich. Er beweist es durch seine Handlungen. Nur wird dadurch das nichtmenschliche An-sich vermenschlicht, in die Welt zurückversetzt, übernommen und transzendiert: «Pierre ist nicht zu Thérèse gegangen? – Gut, ich habe noch Zeit zu telefonieren» usw. Somit ist das *Ereignis* zweideutig: nichtmenschlich, insofern es jede menschliche-Realität umschließt und überschreitet, insofern das An-sich das Für-sich wiedererfaßt, das ihm sich nichtend entgeht – menschlich, insofern es, sobald es auftaucht, «Welt» wird für andere menschliche-Realitäten, die es «zum Aufblühen» bringen, die es transzendieren und für die es *Situation* wird. In der nichtenden Einheit des Für-sich erlebt, im nichtmenschlichen Leim des An-sich wiedererfaßt, von einem anderen Bewußtsein übernommen und überschritten – wie übrigens die Totalität des An-sich –, ist das Ereignis strenggenommen unbeschreibbar. Und der Historiker selbst bewegt sich auf drei Ebenen: der des Für-sich, auf der er zu zeigen versucht, wie die Entscheidung ihr selbst erscheint bei der historischen Person – auf der des An-sich, auf der diese Entscheidung absolutes, zeitliches, aber nicht datiertes Faktum ist – schließlich auf der des Für-andere, auf der das reine Ereignis von anderen Bewußtseinen als «Welt» seiend wiedererfaßt, datiert und überschritten wird. Was klar ist, wenn beispielsweise ein Historiker sich bemüht, das, was der Sturm auf die Bastille an sich *war*, von dem zu unterscheiden, was man daraus *machte*. Sonst hätte die Debatte gar nicht eingesetzt: wäre der Historiker ein Relativist à la Simmel, dann würde sich das Ereignis nicht von dem unterscheiden, was man daraus gemacht hat.

Aber von dieser wesenhaften Zweideutigkeit einmal abgesehen: ist es denn nicht möglich, eine ähnliche Konversion herbeizuführen, wie es A. Comte tat, als er zeigte, daß die Soziologie, als zeitlich letzte der Wissenschaften und von allen anderen abhängig, sich zu den Wissenschaften zurückwandte, um sie alle zu umfangen und in ihrer individuellen Konkretion zu begründen? Könnte man nicht versuchen, *nicht* die Situation zu zeigen, die auf den Menschen einwirkt, was zur Trennung der Bedeutungsschichten führt, sondern den Menschen, der sich durch die Situationen hindurchwirft und sie in der Einheit der menschlichen-Realität erlebt? Würde es damit nicht gelingen, eine unerwartete und unvorhersehbare Einheit der Bedeutungsschichten zu verwirklichen? Bleiben die Bedeutungsschichten nicht parallel, genauso wie zunächst die Wissenschaften bei Comte, weil man sie zunächst isoliert betrachtet? Wenn man sie nun aber vom Entwurf der menschlichen-Realität her betrachtet? Für den klassischen Historiker sind zum Beispiel die Politik Wilhelms II. gegenüber England einerseits und die Atrophie seines linken Arms andererseits zwei sehr verschiedene Arten psychologischer Motivationen. Aber nur, weil man damit beginnt, die Atrophie des linken Arms als ein *Faktum* und die Existenz von englisch-deutschen Beziehungen als ein anderes Faktum zu setzen. Angenommen, wir gingen von Wilhelm II. als menschlicher-Realität aus, die sich über eine Reihe von Situationen entwirft. Wer weiß, ob wir dann nicht einen inneren Verständnisbezug zwischen dieser englischen Politik und diesem verkrüppelten Arm finden? Und Ludwig ermöglicht es gerade, sich dessen zu versichern. Nur darf man nicht den Standpunkt der Psychoanalyse einnehmen, der wiederum ein Determinismus ist und als solcher – obwohl er sich rühmt, die historische Erklärung in das Leben des Individuums eingeführt zu haben – antihistorisch ist. Denn die Geschichte läßt sich ja nur durch *das Wiederaufgreifen und die Übernahme der Denkmäler* verstehen. Es gibt nur dann Geschichte, wenn es Übernahme der Vergangenheit gibt und nicht reine kausale Wirkung dieser Vergangenheit. Ich möchte hier versuchen, nach Ludwigs Interpretationen das Porträt Wilhelms II. als einer menschlichen-Realität zu zeichnen, die die Situationen auf sich nimmt und transzendiert, um herauszufinden, ob die verschiedenen Bedeutungsschichten (einschließlich der geographischen und gesellschaftlichen) nicht innerhalb ein und desselben Entwurfs vereint sind, und zu bestimmen, inwieweit Wilhelm II. eine *Ursache* des Krieges von 14 ist. Ich werde also einen anderen Typus historischer Beschreibung skizzieren, der die Erklärung umkehrt und vom Menschen zur Situation geht und nicht von der Situation zum Menschen. Es tut wenig zur Sache, ob Ludwigs Interpretationen *alle* richtig sind. Es genügt, sie als Arbeitshypothese für wahr zu halten, denn es geht darum, ein methodisches Beispiel zu geben, und nicht darum, eine historische Tatsachenwahrheit zu entdecken. Es geht sogar weniger darum, Verfahrensweisen zu entwickeln, die der Geschichte nützlich sein könnten, als darum, eine Art Metaphysik der Geschichtlichkeit zu instituieren und zu zeigen, inwiefern der historische Mensch sich im Rahmen bestimmter Situationen frei vergeschichtlicht. Ich werde das wohl morgen in Angriff nehmen.

Ein junger Mann mit Brille, schmächtig, mit der Miene eines Dummkopfs, der mit der Intelligenz umzugehen weiß, sieht, daß ich *La Commune* von Ollivier lese, und spricht mich vorsichtig an, enthüllt mir dann, daß er Sozialist ist und «sich aktiv mit der Arbeiterbewegung befaßt». Er beschreibt mir ausführlich die Orientierungslosigkeit der Arbeiterparteien, ihren Pessimismus. «Man hat vom Krieg dermaßen die Schnauze voll, daß Daladier, wenn er jetzt den Frieden brächte, ein Gott wäre, er könnte machen, was er wollte, das Proletariat ließe sich einen Maulkorb umhängen.» Ich sage, um ihm auf den Zahn zu fühlen: «Na, glücklicherweise ist er dazu ganz und gar unfähig.» Aber er denkt seine Ideen nicht zu Ende. Er kommt aus dem Urlaub zurück, und er hat nicht wenige Zwangsverpflichtete gesehen, die in den Fabriken der Pariser Region arbeiten. «Der reinste Terror in den Fabriken», sagt er, «sobald ein Arbeiter sich öffentlich beschwert, hopp, wird er eingesperrt und ohne Urteil in ein Konzentrationslager gesteckt. Die Arbeiter sind niedergeschlagen und verstört.» Die Information erscheint mir wertvoll, aber die Person des Mannes schmälert ihre Bedeutung; sagt er mir doch mit verschwörerischer Miene: «Und ... man läßt dich diese Bücher da lesen, hier ... deine Offiziere ...? Du ... versteckst dich nicht ein bißchen ... vorsichtshalber?» Ich stelle mir also vor, daß dieser Mann, wenn er nicht einem Terrorregime unterworfen wäre, sich seinen eigenen kleinen Terror erfinden würde. Er schließt in optimistischem Ton: «Die Arbeiterbewegung ist bis ins Mark vom Kommunismus verseucht, aber Rußland wird als erstes zusammenbrechen, und ich glaube, dann wird die Arbeiterbewegung ihre Reinheit zurückgewinnen.» So mißtrauisch er ist, wenn es um Regierungsmaßnahmen geht, und so nüchtern er das partielle Scheitern der Blockade feststellt, so naiv wird er wieder, sobald es um das Proletariat geht, und er rechnet noch immer mit einem Volksaufstand in Deutschland.

Freitag, 8. März

Jacques Chardonne zitiert in *Chronique privée*[1] einen Historiker, dessen Namen er nicht nennt: «Alles ist sehr schlecht verlaufen, immer.»

Der klassische Historiker, der die Geschichte Wilhelms II. schreiben wollte, wäre zunächst versucht, das *Faktum* oder besser die Gesamtheit der Fakten zu erkennen, die vor seiner Individualität zu existieren und die Entwicklung seiner Persönlichkeit zu beeinflussen scheinen. Diese Fakten sind klar genug, daß man die wichtigsten aufzählen kann, und sie erscheinen sofort als unreduzierbaren Bedeutungsschichten zugehörig. Ich würde sagen, daß das erste Faktum das des Reichs ist, das heißt diese heilige Macht, die in der Zukunft auf ihn wartet, ohne daß er sie auf besondere Weise verdienen oder erobern müßte. Aber hier geht es nicht um irgendein Reich. Dieses konkrete Reich ist ganz neu, es ist endgültig erst im Jahre 1871 besiegelt worden. Und der «kaiserliche Held» ist auch Oberhaupt eines Militärstaats, er ist König von Preußen. Als solcher wird er Oberbefehlshaber des Heeres und *Kriegsherr*[2] sein wie sein Großvater. Man müßte hier sehr genau die Vollmachten definieren, die ihm die deutsche Verfassung gewährt, um eine klare Vorstellung von dieser kaiserlichen Funktion zu bekommen, die Bismarck für ihn geschaffen hat und die seiner harrt.

Das zweite Faktum betrifft seine *Familie*. Man müßte ihn zuerst als Enkel Wilhelms I. einerseits und – über die Mutter – Königin Viktorias andererseits zeigen. Als Neffen Eduards VII. Als Sohn eines schwachen und einfältigen Preußen und einer anglomanen Engländerin, die ihn zum Liberalismus bekehrt hatte. Man müßte den ganz besonderen Charakter des Vaters hervorheben, des ewigen Kronprinzen, der im Schatten des Throns verkümmert. So daß Wilhelm II. nicht *Königssohn*, sondern Königsenkel ist. Das Erbe überspringt

1 Bei Stock 1940 in Paris erschienen.
2 Deutsch im Original.

eine Generation. Und wenn sein Vater endlich den Thron besteigt, weiß bereits jeder, daß er im Sterben liegt.

Das dritte Faktum, das übrigens mit diesem Fehlen einer Übergangsgeneration zusammenhängt, ist, daß das Führungs*personal* in keinem Verhältnis zum Alter des künftigen Herrschers steht. In den meisten Fällen handelt es sich um Greise, häufig achtzigjährige, wie am Hof Ludwigs XIV. im Jahre 1713. Ganz offensichtlich kann ein junger Herrscher mit einem so alten Personal nicht regieren. Es ist zwar ein künftiges, aber vollkommen voraussehbares Faktum, daß er es wird erneuern müssen. Da jedoch der allmächtige Herr über Deutschland Bismarck ist, wird diese Erneuerung den Aspekt einer Palastrevolution annehmen müssen, denn Bismarck, der Chef des Personals, wird sich nur durch eine Revolution vertreiben lassen.

Das vierte Faktum ist, daß der ganze Regierungsapparat *von* Bismarck und *für* Bismarck geschaffen worden ist. Die Schwäche dieser Institution liegt darin, daß sie nur dann Sinn hat, wenn Bismarck sie selbst kontrolliert und dirigiert. Wilhelm wird den Reichstag so vorfinden, wie Bismarcks Terror ihn für ihn geschaffen hat. Nach seinem Sturz räumt Bismarck es ein und beklagt es: «Ich habe mit dem Reichstage jahrzehntelang aufs Blut gekämpft; aber ich sehe, daß diese Institution sich gerade im Kampfe mit Kaiser Wilhelm I. und mir abgeschwächt hat ... Wir brauchen frische Luft in der Kritik.» Folglich ist das, was Wilhelm II. erwartet, kein altes Königsgewand, das, von vielen Vorgängern getragen, geschmeidig geworden wäre, es ist ein ganz neues und für einen anderen geschneidertes Gewand.

Die folgenden Fakten sind überall beschrieben worden: geographische, ökonomische, soziale und kulturelle Situation Deutschlands zur damaligen Zeit: Aufschwung der Industrie, Geburtenproblem, Fortschritt der Sozialdemokratie.

Schließlich das letzte, der Person des Kaisers sowohl innerliche wie äußerliche Faktum: die angeborene Atrophie seines linken Arms.

Diese ungeordnet aufgezählten Fakten (ein Historiker würde mit der Schilderung des Zustands Deutschlands beginnen, von hier zum Thron übergehen, zum Werk Bismarcks, zum Führungspersonal, zur Familie und schließlich zum körperlichen Gebrechen – woraufhin er einige allgemeine Betrachtungen über den Charakter des Kaisers anstellen würde) gehören als solche ganz verschiedenen Bedeutungsschichten an. Der Historiker, davon beeindruckt, daß sie alle vom Handeln Wilhelms II. *unabhängig* sind, würde sie als *Motivationen* seines Handelns darstellen. Zwar würde er den Charakter des Kaisers nicht gerade als unberührtes Wachs zeigen, aber seine psychologische Beschreibung wäre doch so vage, daß er diesen Charakter als von diesen verschiedenen Kräften geprägt präsentieren könnte.

Sehen wir uns an, wie es damit steht. Zunächst stelle ich fest, daß die Persönlichkeit eines Erbprinzen in erster Linie durch die künftige Krone definiert wird und daß es sinnlos ist, seinen Charakter von seiner Natur als Kronprinz zu trennen, wie man es gewöhnlich tut. Es gibt hier nicht *einen* schwachen und zaudernden Menschen, der *außerdem*, ein kontingentes Faktum, einer Würde und Macht gegenübersteht, die er eines Tages bekleiden wird. Sondern jede Schwäche und jedes Zaudern erscheint auf dem primären Hintergrund des wesenhaften und «apriorischen» Verhältnisses des Menschen zur Krone. Was hier täuscht, ist, daß wir alle in einem bestimmten Alter für einen Beruf optiert haben und mit dieser sozialen Funktion nicht gar so sehr verbunden sind. Wir haben vielleicht schon andere ausgeübt und können uns durchaus in irgendeiner anderen Situation vorstellen. Aber man muß zugeben, daß Könige eine andere Menschengattung sind. Der Kronprinz hat eine versperrte und festgelegte Zukunft, sobald er in der Welt auftaucht. Sein Sein ist ein «Sein-zum-Herrschen», so wie das Sein des Menschen ein «Sein-zum-Tode» ist. Sobald er sich seiner bewußt ist, sieht er diese Zukunft vor sich, in der *Herrschen* seine wesentlichste und individuellste Möglichkeit ist. Und auch wenn es Kronprinzen gibt, die das Herrschen ablehnen, so entscheiden sie sich doch gegenüber ihrem wesentlichen Schicksal, sie können ihrem «Sein-zum-Herrschen» nicht ausweichen, sie können nichts dagegen tun, daß sie im tiefsten Grund ihrer Natur Kronprinzen gewesen sind, sie können nichts dagegen tun, daß das Sein-zum-Herrschen ein *quasiexistentielles* Merkmal für sie ist. Ihre Zukunft hat nicht den kontingenten Charakter wie die unsere – die unsere, die verdient werden muß und die uns entgeht, sogar wenn sie verdient ist, die «in Gottes Hand» liegt. Und sollte die ihre kontingent sein, sollte sie verdient sein können, dann nur jenseits des ersten existentiellen Faktums, daß das Königtum *auf sie wartet*. Es ist oft gesagt worden, daß Könige allein sind. Das ist zwar richtig, aber man hat nicht den wahren Grund dafür angegeben. Allein sind sie, weil immer auf die Fülle ihrer Individualität zurückgeworfen, da sie ihrer Natur nach dem «Man» der alltäglichen Banalität entgehen, allein wie einer, der auf seinen Tod sinnt. Das einzige Werden, das sie verdienen können, ist das eines *großen* Königs, ein Titel, den sie nach der Krönung erwerben und der auf diese Krönung selbst zurückkommt, um sie zu rechtfertigen. Ein Titel, der ihnen endlich eine Gesellschaft gibt – denn man ist ein großer König *unter* Königen –, jedoch ohne sie aus ihrer Isolierung zu ziehen. Gleichwohl wird diese erste Situation nicht erlitten, sie ist keine passiv empfangene Eigenschaft. Im Gegenteil, sie ist die primäre Spannung, der ursprüngliche und freie Vor-wurf auf eine endliche Zukunft hin, die man auf sich selbst hin überschreitet. Das Königtum ist – wie es Heidegger von der Welt sagt – das, wodurch der künftige Herrscher sich als das ankündigen läßt, was er ist. Es scheint mir also, daß die erste Freiheit Wilhelms II. Königtum heißt. Im übrigen greift die Freiheit noch in *die Art und Weise* des Seins-zum-Herrschen ein. Ich sehe, daß Wilhelm zuerst «großer» König sein will. Aber gerade das verlangt eine Beschreibung. Man kann ein großer König sein wollen, um sich dafür zu entschuldigen, daß man König ist, man kann sich des Königtums *bedienen* wollen, um groß zu sein. Aber Wilhelm betrachtet die Größe nur als die Individualisierung des Königtums. Er will groß sein, um *dieser* König zu sein, um auf tiefere, individuellere Weise König zu sein, um sich den Königstitel fester anzueignen. Unter diesen Bedingungen ist es absolut normal, daß ein König diese ursprüngliche Situation in der Form des Rechts von Gottes Gnaden frei erfaßt. Das ist bei Wilhelm II. der Fall. Er verleiht der Tatsache, daß sein Sein, allein unter den Menschen, ein Sein-zum-Herrschen ist, einen mythischen Ausdruck. Er *ist* die Herrschaft. Und das konstatiert er *in seinem Sein,* sein vorontologisches Verständnis von sich koinzidiert mit dem Vor-wurf seiner selbst auf die Krönung hin. Kurz, in der Konstitution seines Seins als Sein-zum-Herrschen selbst bleibt der Kronprinz frei, seine Faktizität auf sich zu nehmen (ich bin, um zu herrschen, aber meine Existenz selbst hat keine Rechtfertigung) oder sie sich zu verschleiern (die Begründung meiner Existenz ist die Herrschaft – ich bin nicht nur, um zu herrschen, sondern ich *existiere,* um zu herrschen). Hier schließt sich der Kreis des Rechts von Gottes Gnaden, und der künftige Herrscher sperrt sich in seiner unauthentischen Einsamkeit ein. Da ist er nun *in seinem Sein* voll und ganz verantwortlich für das, was der Historiker uns zuerst als ein äußeres und kontingentes Faktum vorstellte. Die Herrschaft ist für Wilhelm II. nichts *Äußeres.* Es ist auch keine innere und privilegierte Vorstellung. Er *ist* die Herrschaft.

Halten wir hier jedoch fest, daß der Mann, der herrschen wird, ein Krüppel ist. Er hat einen gelähmten Arm. Ich möchte darauf aufmerksam machen, daß sich dieses Gebrechen in keiner Weise mit anderen, physiologisch ähnlichen Gebrechen vergleichen läßt, die bei *Untertanen* oder *freien Bürgern* auftreten können. Beim künftigen freien Bürger wird das Gebrechen aufgefaßt als eine unbestimmte Behinderung, die eine nicht genau festgelegte Kategorie von Möglichkeiten ausschließt. Doch zur gleichen Zeit, wie sie sie ausschließt, orientiert sie, insofern sie erfaßt und transzendiert wird, auf andere Möglichkeiten hin. Meine Art, *mein gelähmter Arm zu sein*, bedeutet einerseits, daß ich auf die militärische Karriere verzichte, dem Sport entsage, vielleicht sogar den Sport verachte, und andererseits, daß ich mich über dieses Gebrechen hinaus dem Studium, den freien Berufen, der Kunst usw. zuwende. Meine Art, mein blindes Auge zu sein, ist sicherlich meine Art, durch geistige Verführung geliebt werden zu wollen, eine Nachlässigkeit abzulehnen, die mir nicht stehen würde, sowie auch, es mit Bedauern abzulehnen, an Anaglyphensitzungen teilzunehmen oder in Stereoskope zu schauen. Ich *bin* dieser Mensch mit dem erloschenen Auge nur dann, wenn ich es aus freien Stücken bin. Und ich bin es in dem Maße, wie ich mich über dieses erloschene Auge hinaus wähle. Wie aber steht es um einen künftigen König, der *bereits* König ist, wenn er sich als Krüppel auf sich nimmt? Es tut hier wenig zur Sache, ob eine dieser Entdeckungen der anderen chronologisch vorausgeht. Das Wesentliche ist die Hierarchie. Der König ist, um-zu-herrschen, aber er ist nicht, um-Krüppel-zu-sein. Das Gebrechen enthüllt sich vor dem Hintergrund des Rechts von Gottes Gnaden. Stellen wir fest, daß das Sein-zum-Herrschen hier ein sehr besonderes ist. Die Würde des Königs von Preußen verleiht dieser Herrschaft einen militärischen Charakter. Der König ist Soldatenkönig. Damit kann das Gebrechen nicht so erscheinen, als präzisiere es die Konturen eines Lebens, indem es bestimmte Kategorien von Möglichkeiten streicht. Es kann ebensowenig am Herrschen hindern, wie es am Sterben hindern wird. Es wird also von einem Sein erfaßt, das, *bereits König*, auf es zurückkommt; es wird vom Königtum her begriffen. Es ist die ständige Behinderung, die ständig überwunden werden muß und *niemals hingenommen* werden darf. Denn das Hinnehmen käme der Preisgabe bestimmter Möglichkeiten gleich, die Wilhelm aus freien Stücken als seinem eigenen Sein zugehörig konstituiert hat. Die hier frei angenommene Haltung ist die der Ablehnung, denn das Gebrechen ist der geheime Riß im Königtum. Es repräsentiert den *Skandal* und ganz genau die Faktizität, die man leugnen will. Wilhelm kann also nur hinnehmen, sie zu *verschleiern* und zu *kompensieren*. Natürlich handelt es sich dabei nur um magische Verfahren. Aber wenn wir hier das Wort Minderwertigkeitskomplex verwenden, so verstehen wir es in einem ganz speziellen Sinn. Ein Minderwertigkeitskomplex kann für einen König nicht vom selben Typus sein wie bei einem Bürger, denn beim König erscheint er auf dem Hintergrund des Seins-zum-Herrschen, das den König bereits isoliert hat und ihn über die Menschen erhebt. Es handelt sich gewissermaßen um eine absolute Minderwertigkeit, die nicht Minderwertigkeit gegenüber jemandem ist, da sich jeder Vergleich verbietet (was natürlich eine gewisse melancholische Trauer angesichts der zwei kräftigen und geschickten Arme eines Generalstabsoffiziers nicht ausschließt). Daher die Neigung, alle seine wesentlichen Möglichkeiten *trotz* der körperlichen Minderwertigkeit zu bewahren. Daher der spezielle Umhang, der den linken Arm verbirgt, daher eine um so ausgeprägtere Neigung für militärische und sportliche Übungen sowie für die Jagd. Daher tausend Listen: «Geschickt lernte er, die Linke in den Gürtel, in die Tasche zu stützen, aus der normalen Rechten die Zügel in die Linke gleiten zu lassen, Hantierungen aller Art ohne Diener zu betreiben; dadurch wurde der rechte Arm so überentwickelt, daß der arme Junge beim Reiten oft rechts vom Pferd glitt.» Daher auch ausgemachte Lügen. Besonders die der Jagd. Der Kaiser konnte nicht richtig jagen: «Da muß der Leibjäger, seinen rechten Arm auf eine lange Stange stützend, dem Prinzen als Stützpunkt zum Auflegen der Büchse dienen.» Und trotzdem will er der erste Jüger im Königreich sein. So verwandelt er jede Jagd in eine Treibjagd: «Ein Heer von Forstbeamten war zu Rad, zu Wagen, zu Pferde so in Tätigkeit, daß tatsächlich jeder Punkt dauernd unter schärfster Observation lag ... Die Jagden waren entsetzlich ... Seltsamerweise hat niemand an seinem Hof das Gefühl dafür, daß es zum Glanz eines Königs nicht unbedingt gehört, armes Wild in eine große Umzäunung zu treiben, in deren Mitte die hohen Schützen aufgestellt sind, die nun so lange auf das atemlos und verzweifelt immer an den äußeren Zäunen entlangrasende Wild schießen, bis alles tot ist oder sich todwund heranschleppt, bis ihm am Schluß der Jagd der Fang gegeben wird.» Ausgeschlossen, daß Wilhelm die *Komplizenschaft* seiner Umgebung in diesem wie in vielen anderen Fällen nicht spürt. Dennoch konnte er in seinem 43. Lebensjahr auf einen Granitblock in goldene Lettern setzen lassen: «Hier erlegte S. M. Kaiser Wilhelm II. Allerhöchst seine 50000. Kreatur, einen weißen Fasanhahn.» Sollte das eine Selbstlüge sein, so ist es eine Lüge, die auf der Totalität der menschlichen-Realität beruht, eine königliche Lüge. Weil nämlich das Gottesgnadentum seinem Nutznießer, da es ihn von den anderen Menschen trennt, Recht auf eine heilige Komplizenschaft verleiht. Die rituelle Lüge gehört zu den Zeremonien, durch die die Untertanen mit dem tabuierten Gegenstand kommunizieren. Es ist eine Huldigung, die der Herrscher von den anderen Menschen *erwartet*. Und der Glaube, den er ihr schenkt, verdunkelt die Hellsicht, ohne sie ganz zu verhindern. Es ist ein zeremoniöser Glaube. Um so zeremoniöser, als der Herrscher zeremoniöse Beziehungen zu sich selbst unterhält. Gerade die Tonalität seiner innerbewußtheitlichen Beziehungen ist, auf der Ebene, wo das Bewußtsein Bewußtsein von sich ist, das Heilige. Der Untertan ist es sich schuldig zu lügen, und der Herrscher ist es sich schuldig, an die Lüge zu glauben. Denn die einzigen menschlichen Beziehungen, die die Lüge ausschließen, sind die der Gleichheit, und der Herrscher ist derjenige, der die Gleichheit nicht wollen kann.

Dennoch ist die Art, wie er sein Gebrechen verbirgt, nicht nur Flucht, es ist eine freie und energische Anstrengung, es zu überschreiten. Und Ludwig hat recht, wenn er schreibt: «Die wenigen, die damals die Bedeutung dieses Sieges der moralischen Kraft über körperliche Schwäche ermessen konnten, fühlten sich seit der Zeit zu den stolzesten Hoffnungen auf diese Persönlichkeit berechtigt. In Wahrheit ist der moralische Sieg über die Physis sein Verderben geworden. Wenn dies der größte Tag des jungen Prinzen war, in glänzender Uniform auf galoppierendem Pferd im Morgensonnenscheine an der Spitze seines Regimentes den Vätern zu imponieren, so war dies nur das Vorspiel zahlloser Auftritte und Einzüge, klirrender Reden und drohender Fäuste, mit denen er sich jahrzehntelang vor seinem Selbstgefühl zu legitimieren suchte.»

Und ein anderer Text macht verständlich, worin Wilhelms «Schwäche» besteht: «Nur wer diesen lebenslangen Kampf gegen die angeborene Schwäche nachfühlt, wird ihm gerecht, wenn er den späteren Kaiser seine Nervenkraft überspannen oder verlieren sieht. Der stete Kampf gegen ein nur allzu offensichtliches Übel, das er lieber auf ganz natürliche Weise hätte zeigen sollen, dieses stündliche, lebenslange Bestreben, ein angeborenes, nicht einmal abstoßendes Zeichen der Natur zu verstecken, hat seine gesamte Charakterbildung mit entschieden. Der Schwache suchte die Stärke zu betonen, doch statt sie im Geiste zu suchen, wo sein beweglicher Intellekt sie finden konnte, trieben ihn Tradition und Ehrgeiz, sie in einem helden-, das heißt offiziersmäßigen Auftreten zu beweisen.»

Ludwig behandelt Wilhelm hier zu Unrecht wie einen beliebigen Bürger, sonst würde er sich nicht wundern, daß er ein «nur allzu offensichtliches Übel» zu verstecken trachtet. Die heilige Komplizenschaft, die von jedem zu fordern er sich das Recht zuspricht, erlaubt es Wilhelm, den Grundsatz aufzustellen, daß jede *Zeremonie*, die das Ziel verfolgt, ein sonst sichtbares Übel zu verbergen, auf magische Weise erreichen muß, daß sich jedermanns Augen mit einem Nebelschleier überziehen. Wilhelms heilige Unaufrichtigkeit ist ein – auf dem Gottesgnadentum gründender – Anspruch auf die Unaufrichtigkeit seiner Untertanen. Außerdem sagt er zu Unrecht, in Begriffen einer vulgären Kausalität, daß Tradition und Ehrgeiz «ihn trieben», sein Gebrechen durch ein offiziersmäßiges Auftreten zu kompensieren. Weil Ludwig das Gebrechen des Kaisers isoliert betrachtet. Er nähert sich ihm nicht *ausgehend* vom Sein-zum-Herrschen des Kaisers. Vom Sein-zum-Herrschen in Preußen, als Soldatenkönig. Die freie Wahl wird nicht auf der Ebene der Haltung gegenüber dem Gebrechen getroffen. Sie ist weit totaler, da sie mit Rücksicht auf das Sein-für-den-Thron erfolgt. Ein Wilhelm, der «im Geiste» zu reüssieren trachtete, wäre nicht nur ein anderer Mensch, sondern ein anderer *König*, der eine andere Herrschaft und ein anderes Preußen wählte – sich bemühte, Preußen zu verändern –, und diese Veränderung wäre so einschneidend gewesen, daß selbst Ludwig deutlich sieht, daß sie den ganzen weiteren Verlauf der Geschichte modifiziert hätte. Nur auf der Ebene des freien Entwurfs seines «In-der-Welt-seins» wäre die Wahl möglich gewesen, und dann hätte Wilhelm, sich als *Anderer* über sein Gebrechen hinaus entwerfend, an einem *anderen* Gebrechen gelitten. Bleibt, daß die Wahl, die die Totalität der Person verpflichtete, möglich gewesen wäre. Was uns verständlich macht, daß Wilhelm seine Schwäche *gewählt* hat. Man darf nicht wie Ludwig sagen: «Der Schwache suchte die Stärke zu betonen», denn wenn er sich auf geistigem Gebiet hervorgetan und sein Gebrechen zynisch aufgedeckt hätte, dann hätte er *wirklich stark sein* können. Doch da er sich selbst als Soldatenkaiser von Gottes Gnaden verstand, der sein Gebrechen als Skandal durch steten Kampf überschreiten und verleugnen mußte, *wählte* er, daß seine Stärke Schwäche war. Er *wählte* den geheimen Riß. Er hat sich schwach «*gemacht*». Das heißt, er hat sich gewählt, mit einem Fehler behaftet zu sein. Aber Ludwigs

Text, den wir soeben zitierten, hat den großen Vorteil, uns zu zeigen, daß Wilhelms Gebrechen nicht einfach ein körperliches und sichtbares Übel sein kann, eine gewisse Atrophie eines Arms. So betrachtet, wie ein klassischer Historiker es betrachten würde, steht es in keinerlei Beziehung zur Politik Wilhelms gegenüber England zum Beispiel. Nun ist aber bereits deutlich geworden, daß es für ihn nur als bedeutende Situation existieren kann. Schon Ludwig zeigt uns, durch das Gebrechen, «Auftritte und Einzüge, klirrende Reden und drohende Fäuste». Aber es ist nicht *Ursache*, nicht einmal *Anlaß* dieser Manifestationen. Doch diese Manifestationen zeigen, *auf welche Weise* das Gebrechen als Situation wahrgenommen wird. Aus dieser Sicht werden wir beispielsweise Wilhelms Krügerdepesche[1] begreifen als eine Weise, *sein-eigenes-Gebrechen zu sein.*

Aber das kann nicht ausreichen, und wir werden von daher sehen, wie sich scheinbar nichtassimilierbare Bedeutungsschichten plötzlich mit diesem angeborenen Gebrechen verbinden. Es steht nämlich fest: für Wilhelm heißt Gebrechen = England und England besiegen = sein Gebrechen beseitigen. Ich werde morgen fortfahren.

Es war das Bürgertum, das 38 den Krieg verhindert und die Kapitulation von München beschlossen hat, mehr noch aus Angst vor dem Sieg als vor der Niederlage. Es fürchtete, daß der Krieg dem Kommunismus nützen könnte. Im September 39 dagegen wird der Krieg vom Bürgertum begrüßt, weil der deutsch-russische Pakt den Kommunismus in Verruf gebracht hat und weil man jetzt weiß, daß dieser Krieg, der, direkt oder indirekt, gegen die Sowjets geführt wird, notwendig mit einer Polizeioperation im Innern einhergehen wird. Die Kommunistische Partei wird aufgelöst werden. Was zehn Jahre Politik nicht zustande gebracht hatten, wird der Krieg in einem Monat leisten. Das ist, so scheint mir, der Hauptgrund für die Zustimmung des Bürgertums zum Krieg. Unter seinem äußeren Aspekt eines Volkskrieges ist er zum großen Teil ein Bürgerkrieg. Während

1 Wilhelm II. trug sich mit der vagen Absicht, England wegen des Transvaal, das proenglische Truppen angegriffen hatten, den Krieg zu erklären. Da die Republik Transvaal diese ohne seine Hilfe zurückgeschlagen hatte, schickte der Kaiser im Januar 1896 ihrem Präsidenten Paul Krüger eine Glückwunschdepesche. Diese überflüssige Geste vergiftete die englisch-deutschen Beziehungen.

viele von uns gegen die Hitlerideologie kämpfen, liquidiert man unterderhand alles, was von der kommunistischen Ideologie übrigbleibt. Im Jahre 38 wäre der Krieg möglicherweise Anlaß für eine Revolution gewesen. Im Jahre 40 ist er Anlaß für eine Konterrevolution. Im Jahre 38 wäre der Krieg ein «linker» Krieg gewesen – der von 39 ist ein «rechter» Krieg. Hitlers Ungeschick bestand darin, nicht zu sehen, daß sich im Jahre 38 die kapitalistischen Demokratien auf zwei Fronten verteidigten: in ihrem Imperialismus von den Ambitionen der Nazis bedroht, waren sie in ihrer inneren Verfassung von der kommunistischen Aktion bedroht. Sie wollten den Krieg nicht, um sich nicht auf zwei Fronten gleichzeitig verteidigen zu müssen. Indem Hitler mit Stalin eine Front bildet, entlastet er sie, indem er ihnen erlaubt, dem Kommunismus den Garaus zu machen, der nun als eine *äußere* Gefahr gilt. Und zweifellos hoffte er sehr, beide Fronten zu halten, er rechnete mit der Auflösung der «moralischen Front». Aber warum hat er die rasche Repression nicht in Betracht gezogen, die durchzuführen die bürgerlichen Regierungen nur *allzu glücklich sein* mußten?

Ich lese das *Livre jaune français*[1] und bemerke, daß hier nirgendwo von dem berühmten «Handstreich vom 2. Juli» die Rede ist, dem angeblichen Putschversuch in Danzig, dem ein deutsches Zurückweichen gefolgt sein soll.[2] Dabei war das Gerücht damals in aller Munde gewesen, und natürlich hatte Tabouis[3] es ausposaunt. Auf einer Versammlung der *Nouvelle Revue française*, der ich am 1. Juli, glaube ich, beiwohnte, war lange darüber gesprochen worden, und Nizan hatte mir gesagt: «Wir riskieren, daß morgen der Krieg ausbricht.» Der Ursprung dieses Gerüchts war, wir mir scheint, ein Bericht von Herrn Coulondre[4] vom 27. Juni, der auf die Möglichkeit einer von

1 Im Jahre 1939 vom Quai d'Orsay veröffentlicht, enthält es die wichtigsten diplomatischen Dokumente seit den Münchner Verträgen bis zur Kriegserklärung.

2 Der «Putsch» soll am 2. Juli 1939 versucht worden sein. Da es Hitler nicht gelungen war, Polen zu zwingen, die Annektierung der Freien Stadt Danzig durch das Reich zu akzeptieren, hatte er sich damals bemüht, eine «Volksbewegung» ins Leben zu rufen, die in der Lage gewesen wäre, in dieser Stadt mit der Nazimehrheit einen Putsch durchzuführen.

3 Geneviève Tabouis, Journalistin. Ihre außenpolitischen Rundfunkkommentare wurden aufmerksam verfolgt.

4 Botschafter Frankreichs in Berlin.

innen her durchgeführten Annexion Danzigs hinweist, sowie eine Note von Georges Bonnet[1] an den französischen Botschafter in London, in der er ihn auffordert, Lord Halifax[2] zu bitten, in seiner für den 29. Juni vorgesehenen Rede[3] das Manöver zu vereiteln – ein Grenzzwischenfall, den die deutsche und die polnische Presse verschwiegen hatten (eine Gruppe von Hitlerjungen hatte in Pommern die Grenze überschritten), sowie das Gespräch Bonnets mit dem deutschen Botschafter in Paris.

Samstag, 9. März

Ich komme auf Wilhelm zurück. Ich will zeigen, daß es keine äußeren Fakten gibt, die auf seine Persönlichkeit *eingewirkt* haben, sondern daß er selbst eine Totalität in einer Situation *ist*, daß die Situationen nur durch seine Art und Weise existieren, sich durch sie hindurch als Totalität zu entwerfen. Ich will zeigen, daß sein Gebrechen nicht nur ein physiologischer Defekt ist, sondern eine bedeutende Situation. Ich habe gezeigt, daß es Auftritte und Einzüge und drohende Fäuste *bedeutete*. Nun will ich sein bedeutendes Verhältnis zu Wilhelms Englandpolitik zeigen. Zunächst muß man sich mit der *Familie* befassen. Auch hier unterscheidet sich der Herrscher radikal von seinen Untertanen. Wilhelm ist Enkel der Königin Viktoria, und als diese ihn wegen seines Verhaltens gegenüber Lord Salisbury rügt, schreibt sie: «Ich zweifle, ob jemals ein Monarch in solchem Ton an einen andern Monarchen geschrieben hat, und nun gar an seine leibliche Großmutter ...» Staatsbeziehungen sind für den Herrscher Familienbeziehungen. Freilich darf man den Familienbegriff auch nicht in dem Sinne verstehen, wie man ihn versteht, wenn es sich um Bürger handelt. Dort könnte man umgekehrt sagen, daß Familienbeziehungen Staats-

1 Französischer Außenminister.

2 Sekretär des Foreign Office.

3 *«Es scheint mir sehr wünschenswert, daß Lord Halifax in der Rede, die er heute abend halten soll, die Gelegenheit findet, den Führern des Reichs eine klare Warnung hinsichtlich der gemeinsamen Entschlossenheit der beiden Regierungen zukommen zu lassen, ihre Beistandspflichten gegenüber Polen zu erfüllen, welche versteckten Mitteln Deutschland auch ins Werk setzt, um den tatsächlichen Charakter seiner Handlung zu vertuschen.»* Von G. Bonnet an M. Corbin, Botschafter Frankreichs in London, am 29. Juni 1939, in: *Le Livre jaune français.*

beziehungen sind. Viktorias Brief ist bezeichnend. In erster Linie wirft sie Wilhelm vor, gegen die Zeremonien verstoßen zu haben, wie sie unter Monarchen üblich sind. Und die Tatsache, daß eine dieser herrschenden Persönlichkeiten die Großmutter des anderen ist, wird als *erschwerender* Umstand dargestellt. Ich kann das nur mit der Achtung vergleichen, die unsere Offiziere von uns fordern: ich muß meinen Oberst achten, *weil* er Oberst ist. Und wenn er obendrein fünfundsechzig ist, hat dieser Umstand zwar Gewicht, aber nur als Dreingabe, als *Nuance* meiner Achtung. Ich wäre sehr schlecht beraten, ihm beispielsweise zu sagen: «Sie haben Recht auf meine Achtung als alter Mann, aber nicht als Oberst.» Es gibt hier also eine Besonderheit – die sich zum Beispiel in der Tatsache äußert, daß Wilhelm, als frischgebackener Kaiser, seinen Onkel Eduard, der damals einfacher Thronfolger war, seine Würde spüren läßt. «Bei seinem ersten Besuch in Wien, September 88, macht der junge Kaiser, weil Eduard sich zugleich angesagt hat, die Bedingung, allein empfangen zu werden, lehnt sogar Eduards Anerbieten ab, ihn in preußischer Uniform auf dem Wiener Bahnhof zu empfangen, zwingt ihn, für eine Woche von Wien weg und nach Ungarn zu gehen.» Dabei war Eduard zwanzig Jahre älter als er. Die Familienbeziehungen färben auf die Beziehungen unter Monarchen ab, sie markieren konkret, daß die Monarchen *Standesgenossen* sind; freilich schließt diese Gleichheit die Isolierung nicht aus, weil es eine heilige Gleichheit ist. Zudem erhält jedes Familientreffen eine internationale und diplomatische Dimension. Es bedeutet «Annäherung». 1899 zum Beispiel ist Königin Viktoria aus politischen Gründen dagegen, daß ihr Enkel sie an ihrem achtzigsten Geburtstag besucht. Kurz, im Sein-zum-Herrschen jedes einzelnen ist das Sein-zum-Herrschen des Anderen gegeben. Und die konkrete Verbindung dieses herrschenden Anderen zum Monarchen besteht darin, *aus seiner Familie* zu sein. Und da jeder in seinem Sein-zum-Herrschen von Gottes Gnaden der Staat *ist*, über den er herrscht, sind die Beziehungen des Monarchen zu den Ländern der anderen Herrscher Familienbeziehungen. Wilhelm II. ist über seine Mutter Engländer, würden wir sagen, wenn wir es mit einem einfachen Bürger zu tun hätten. Doch bei einem Herrscher schockiert ein solcher Satz. Er ist nicht Engländer, weil er zuerst Kaiser ist. Aber als Kaiser gehört er einer großen Familie von Einsamen an, von der jedes Mitglied ein bestimmtes Land *ist*. Und die Beziehungen des einzelnen Herrschers zu den Ländern der anderen Herrscher sind durch folgendes definiert:

sie sind *konkret, individuell, affektiv* und folglich leicht *emotional* und *heilig*. Zwischen dem Herrscher und den anderen Nationen besteht ein *Blutsband*. Wilhelms II. Sein-zum-Herrschen über Deutschland impliziert von Anfang an ein seltsames, heiliges und emotionales Blutsband zum Beispiel mit England. Es gibt bei Wilhelm von Anfang an eine heilige Familiengeographie, ähnlich den berühmten *Du côté de chez Swann* und *Le côté de Guermantes* von Proust. Es ist wirklich ein heiliger und primitiver «hodologischer» Raum, der große Ähnlichkeit mit dem der australischen Clans aufweist. Österreich, Rußland, England sind heilige Richtungen und Homogenitätsvektoren. Ludwig hat dieses besondere Merkmal der Welt unterstrichen: «Der Kaiser dagegen sagte zu seinen Generalen: ‹Rußland will Bulgarien besetzen und fordert dafür unsre Neutralität. Ich aber habe dem Kaiser von Österreich Treue gelobt und dem Zaren erwidert, ich könnte Österreich nicht im Stiche lassen.› ... Die Freundschaft für Österreich, die Deutschland am Ende ruinieren sollte, ist, soweit sie der Kaiser pflegte, nur auf das feudale Haus Habsburg gegründet gewesen und wäre einem Staatenbunde wie der Schweiz, wenn die 8 Staaten anstatt in der Monarchie in einer Republik zusammengefaßt wären, von ihm niemals erwiesen worden ... Seine Freundschaft mit Habsburg und dem Sultan [war] weniger politischer Gedanke, es waren dynastische Gefühle, die ihn mit diesen beiden Kaisern und nur mit ihnen in dauernder Verbindung hielten. Nichts ist echter an Wilhelm dem Zweiten gewesen als der fatale Gedanke solcher ‹Brudertreue›, doch nur, weil sie der Kaiser nur dem gleichberechtigten Fürsten, nicht etwa einem teilweise deutschen Volke hielt.

Darum war der Kaiser zeitlebens zwischen Wien und Petersburg im Gewissenskonflikt.»

Weil der «fatale Gedanke solcher Brudertreue» kein «Gefühl» ist: es ist eine ursprünglich im freien-Entwurf seiner selbst auf die Herrschaft hin erfaßte Situation. Die räumliche Orientierung ist im Sein-zum-Herrschen als das ursprüngliche Sein-für-andere gegeben. Natürlich werden die Republiken in dieser geographischen und dynastischen Karte gesperrte und verbotene Zonen bilden. Wir werden später den familiären Ursprung der Furcht und des Hasses kennenlernen, die der Kaiser ihnen entgegenbrachte. Aber vor jedem Haß sind, im Entwurf seiner selbst auf die Herrschaft hin, die Republiken als tote Zonen gegeben, Niemandsländer. Ich werde nach dem Essen fortfahren.

Ich unterbreche und notiere das Gespräch dreier Jäger hinter mir. Der eine: «Der Hauptmann hat drohend gesagt: ‹Ich werd euch schon Gelegenheit geben, euch freizukaufen, zählt nur auf mich.› Also, ich schwör's dir, wenn ich ein Loch finde, schmeiß ich mich rein. Ich brauche mich nicht freizukaufen.» Ein anderer: «Weiß Gott, um sich freizukaufen, muß man verkauft worden sein: ich bin nicht verkauft worden.»

Ausnahmsweise stimme ich Montherlant (*Nouvelle Revue française*)[1] zu, Anmerkung zu *Les Olympiques*:

«Das Spiel ist die einzige Aktionsform, die sich vertreten läßt; die einzige, die menschenwürdig ist, weil intelligent und zugleich konstruktiv[2], und es ist im übrigen schon einmal gesagt worden: ‹Der Mensch ... ist nur da ganz Mensch, wo er spielt› (Schiller).»

Weshalb muß er töricht hinzufügen, diese Aktionsform sei «die einzige, die ernst genommen werden kann»? Sieht er denn nicht, daß das Spiel seiner Natur nach die Idee des Ernstes ausschließt? Wenn es irgendeine Einheit in meinem Leben gibt, dann die, daß ich nie ernst habe leben wollen. Ich konnte Theater spielen, das Pathos und die Angst und die Freude kennenlernen. Aber niemals, niemals habe ich den Ernst kennengelernt. Mein ganzes Leben ist nur ein Spiel gewesen, das manchmal lang, ungenießbar, manchmal geschmacklos war – aber doch ein Spiel, und dieser Krieg ist für mich nur ein Spiel. Es gibt eine gewisse Konsistenz des Realen, die es zu einer Art Birnenpudding macht und die ich Gott sei Dank nicht kenne; ich habe erlebt, daß sich Leute auf diese Grießspeise stürzten, und mir schauderte vor ihnen. Ich werde hier erklären müssen, wenn ich mit Wilhelm fertig bin, der mich anzuöden beginnt, was ein Spiel ist – die glückliche Verwandlung des Kontingenten in Willkürliches – und warum auch die Übernahme seiner selbst ein Spiel ist.[3] Das Gegenstück dazu ist sicherlich mein namenloser Leichtsinn. Ein lyrischer und unangenehmer Zustand in diesem Moment; es gibt ein Klavier im Foyer, hinter schwarzen Vorhängen verborgen, jemand spielt – ausgezeichnet – Jazzmelodien. Das erinnert mich an das milchige Licht jener

1 Nummer von März 1940.
2 Im Text heißt es *instinktiv*.
3 Zu *Spiel* und *Geist der Ernsthaftigkeit* vgl. *Das Sein und das Nichts*, vierter Teil, zweites Kapitel, «Handeln und Haben».

Sommerabende, an die Pianisten des *College-Inn*; Wanda und ich saßen an der Bar; ab und zu öffnete sich der Vorhang der Eingangstür über der Nacht, die rund und blau war wie eine Weltkarte, und das war der Friede.

Einen Brief von Adrienne Monnier[1] erhalten. Sie schreibt mir: «Ihre Unterschrift hat sich ein wenig verändert. Das J. P. ist etwas Erstaunliches geworden, etwas sehr ... Luftiges – bestimmt der Einfluß der Meteorologie!» Ich hatte die Schwäche, davon gerührt zu sein, ich sah darin ein Zeichen jener Veränderungen, die in mir zu erreichen ich mich bemühe, ein Zeichen und eine Verheißung.

Ich möchte rasend werden, daß ich kein Dichter bin, daß ich so fest an der Prosa klebe. Ich möchte gern solche funkelnden, absurden Dinge schaffen können wie Gedichte, die einem Schiff in einer Flasche ähneln und wie die Ewigkeit eines Augenblicks sind. Aber es ist etwas Verkrampftes in mir, eine geheime Scham, ein zu gründlich erlernter Zynismus und auch Unbeholfenheit; meine Gefühle haben ihre Sprache nicht gefunden, ich spüre sie, ich strecke schüchtern einen Finger aus, und sobald ich sie berühre, verwandle ich sie in Prosa. Die Wahl der Wörter verrät mich. Wenn ich anfange, wenn ich einen poetischen Satz finde, hat sich ein Wort hineingeschlichen, das ihn zerreißt, ein zu pointiertes, zu scharfes Wort; die Bewegung des Satzes ist oratorisch, er fließt – und wenn ich ihn anhalten will, steht er plump und tönend da in der prächtigen Reglosigkeit eines Maulhelden. Ich weiß nicht, was nötig wäre. Vielleicht sich auf regelmäßige Rhythmen stützen. Oder vielmehr, ich weiß es nur allzu gut: ich sollte schweigen. An das alles denke ich, während ich diese Verse lese – ich weiß nicht, von wem, von Aragon vielleicht –, die ich hier abschreibe, weil sie schön sind und ich gern ebensolche machen würde: – nach näherer Überlegung schreibe ich sie doch nicht ab, jetzt ärgern sie mich, sie sind nicht rein. Mir gefallen die folgenden besser, die anscheinend aus einem Chanson stammen:

1 Leiterin von «La Maison des Amis des Livres», berühmte Buchhandlung und Bibliothek in der Rue de l'Odéon, die Sartre wie viele Schriftsteller regelmäßig besuchte.

Y a des cailloux sur toutes les routes,
Sur toutes les routes y a du chagrin ...[1]

[Es gibt Steine auf allen Landstraßen,
Auf allen Landstraßen gibt es Kummer ...]

Sonntag, 10. März
Brief von J. Duboin[2] an Bayet[3] über den Überfluß:

«Der Krieg verlangsamt den Rhythmus des technischen Fortschritts nicht, im Gegenteil, er beschleunigt ihn. Das ergibt sich aus folgender Feststellung. Es existieren auf der Welt 25 Millionen eingezogene Männer: was für die Produktion Null bedeutet. Außerdem gibt es 75 Millionen Menschen, die Waffen und Munition herstellen; von dem besonderen Gesichtspunkt aus, der uns interessiert, ist diese notwendige Produktion unnütze Produktion. Das macht insgesamt 100 Millionen Menschen, die außerhalb der nützlichen Produktion stehen, aber von der Arbeit der anderen leben. Daher verwenden diese anderen immer bessere Techniken, um ihre zahlenmäßige Unterlegenheit wettzumachen.»

Was mich an diesem Text interessiert: der Krieg als *weltweites Phänomen*: 100 Millionen Menschen außerhalb des Kreislaufs nütz-

1 Richtig *des chagrins*. Aus einem bekannten Marschlied, in Jugendorganisationen und bei Soldaten bekannt. Sartre zitiert die beiden ersten Verse nach Elsa Triolet, von der er gerade in der März-Ausgabe der *N.R.F.* die «Souvenirs de la guerre de 1939, III» [Erinnerungen an den Krieg von 1939, III] liest. Die Verse, die er kopieren wollte, sind die letzten eines Gedichts des eingezogenen Aragons, die E. Triolet zitiert, ohne ihn zu nennen, und zwar aus «Les Amants séparés»:
Ce refrain peut paraître un tradéridéra
Mais peut-être qu'un jour les mots que murmura
Ce cœur usé ce cœur banal seront l'aura
D'un monde merveilleux dont toi seule sauras
Que si le soleil brille et si l'amour frissone
C'est que sans croire même au printemps dès l'automne
J'aurai dit tradéridéra comme personne.
Le Crève-cœur, Gallimard, Paris 1941.

2 Ökonom, Theoretiker des Überflusses. Er schrieb unter anderem *La grande relève des hommes par la machine* (1933) und *En route vers l'abondance* (1935).

3 Professor und Publizist (1880–1961). Während des Zweiten Weltkriegs Vorsitzender des Verbandes der Untergrundpresse.

licher Arbeit, davon 25 Millionen Zerstörer. Zu vergleichen mit folgender Bemerkung von Ramuz (*Nouvelle Revue française*, März): «*Asymmetrie*: Es besteht ein großes Mißverhältnis zwischen schaffen und abschaffen, aufbauen und zerstören. Das heißt zwischen der Zeit, die der Mensch benötigt, um etwas zu errichten, und der Zeit, die er braucht, es zu beseitigen. Der Bau eines Hauses verlangt wochen- und monatelang die Arbeit eines ganzen Maurerteams: es bedarf nur eines Augenblicks, um es dem Erdboden gleichzumachen. Es besteht Asymmetrie, denn auch wenn die Natur diese Verfahren ebenfalls kennt, so benutzt sie sie doch nur ausnahmsweise. Langsam errichtet sie eine Bergkette und verschleißt sie ebenso langsam; sie baut langsam einen Menschen und vernichtet ihn meistens ganz allmählich.» [1]

In Kürze wird man uns in die Etappe abberufen. Hauptmann Munier hatte Oberst Weissenburger geschrieben, dem Bataillonschef des Departements Air, um ihm zu melden, daß wir Hilfskräfte seien und er uns folglich die Gewehre wegnehmen müsse. Worauf Oberst Weissenburger antwortete: «Unmöglich, die Gewehre wegzunehmen, aber ich nehme die Männer weg.» Man wird also diesen Gewehren, alten ausgedienten Karabinern, die Männer geben, die zu ihnen passen, junge Berufssoldaten. Und wir, wohin werden wir gehen? Sollte es Tours sein – oder irgendein Ort dieser Art –, dann freue ich mich: ich könnte öfter nach Paris fahren und meine Freunde aus Paris kommen lassen. Aber ich frage mich, ob ich dann noch dieses Heft führen werde. Seine wichtigste Bedeutung bestand ja darin, meine Isolierung aufzuzeigen sowie den Bruch zwischen meinem vergangenen Leben und meinem gegenwärtigen Leben. Solange ich «in Schußlinie» war, zehn Kilometer von den Vorposten entfernt, und bombardiert werden konnte, hatte es seinen Sinn. In der Etappe wird man vielleicht einen Schlußpunkt unter diese «Infragestellung» setzen und wieder mit dem Konstruieren anfangen müssen: meinen Roman beenden – eine Philosophie des Nichts schreiben. Und da ich hier täglich Jäger sah, die von den Vorposten kamen, Offiziere usw., war ich ganz unmittelbar in den Krieg verwickelt. Werde ich es auch in der Etappe sein? Und lohnt es sich dann, täglich belanglosen Klatsch zu notieren? Oder ich

1 In «Pages d'un neutre» [Seiten eines Neutralen] des Schweizer Schriftstellers C. F. Ramuz, *N.R.F.* vom März 1940.

setze dieses Tagebuch fort, aber nur sporadisch. Jedenfalls wird es wohl noch zwei Monate dauern, bis die Abberufung erfolgt. Ich bin froh, aber trotzdem geht etwas zu Ende: meine erste Kriegsperiode.

Ich komme auf Wilhelm zurück. Ich habe jene seltsamen Familienbeziehungen erwähnt, die den Herrscher charakterisieren. Wichtig aber ist im Fall Wilhelms, daß England für ihn *ein Zuhause* war. Seine Mutter ist Engländerin und Anglomanin. Und England ist zunächst seine Mutter. Aber diese Mutter verachtet und haßt ihn, vor allem weil er ein Krüppel ist. «Die ehrgeizige Viktoria, Tochter der mächtigen Königin von England und ihres klugen Gatten, verzeiht nicht einem Kind, das unvollkommen war, zumal sie das Blut ihres Gatten geringer als das ihres Vaters schätzte ... Statt Mitleid trug sie heimliche Vorwürfe gegen den entstellten Sohn im Herzen, gerade weil es der Erstgeborene war, und zog ihm ihre anderen ... Kinder in unverhüllter Parteinahme vor.» Demütigungen in der Kindheit. *Englische* Demütigungen, das Kind wird englisch erzogen, und es haßt seine englische Erziehung. Trotzdem bleibt es beherrscht von der englischen Hoffart, England gegenüber hat es seinen Minderwertigkeitskomplex. Aber es findet gerade in der Besonderheit seines Seins-zum-Herrschen eine Art Revanche. Friedrich Wilhelm, sein Vater, vertrocknet im Schatten des Throns. Er ist nicht Monarch, vielleicht wird er es niemals sein, jedenfalls nicht für lange; der wahre Erbprinz ist Wilhelm. Er begreift sich selbst als solchen, und da er nicht der Erbe eines herrschenden *Vaters* ist, da die Krone vom Großvater auf den Enkel übergeht, versteht er sich nicht als einen, der sein Recht auf die Herrschaft vom Vater erhält; es gibt bei ihm eine Art Urzeugung des Gottesgnadentums, die *keine Wurzeln* hat. Er wirft sich zum Herrschen, *gegen* seine Eltern. Es versteht sich, daß das «gegen» zweideutig ist: er will sie beherrschen und endlich ihre Bewunderung erzwingen. Das aber verleiht seinem Sein-zum-Herrschen von Anfang an einen gespannten, unruhigen, unsicheren Charakter. Dieses Gottesgnadentum ist eine Revanche. Er wird gegen diesen Vater und diese Mutter herrschen, die den Thron nicht zu erringen verstanden oder ihn nur für sehr kurze Zeit besessen haben werden. Seiner «Herrschaft» fehlt es an Tradition, er ist ein Parvenü auf dem Thron, auch wenn er von Gottes Gnaden herrscht. Es liegt im Sein Wilhelms, daß er im Sein-zum-Herrschen gleichsam ein Parvenü von Gottes Gnaden ist. Aber aus diesem Grunde ist-er-um-jung-zu-herrschen.

Ludwig schreibt, es sei für ihn ein großes Unglück gewesen, daß er seine Herrschaft schon im Alter von dreißig Jahren, also vor der Reife, angetreten habe. Aber schon seit langem hatte er sich darauf vorbereitet, mit jungen Jahren zu herrschen. Diese verfrühte Krönung war kein plötzliches Ereignis. Es war eine lange im voraus erlebte und für Wilhelms Sein konstitutive Situation, die er in seiner Jugend nach und nach entdeckt hat. Es war seine eigene Möglichkeit, und er lebte sie bereits seit fünfzehn Jahren, als er sie endlich verwirklichte. Was wäre geschehen, wenn Friedrich Wilhelm nicht von einem englischen Arzt umgebracht, sondern von einem deutschen Arzt geheilt worden wäre? Ich weiß es nicht. Jedenfalls wäre in Wilhelms neue Haltung, da er nun verurteilt gewesen wäre, lange Erbprinz zu bleiben, jene konkrete Möglichkeit, jung zu herrschen, sicherlich als Hauptkomponente eingegangen, zumindest wäre sie, bevor sie zusammengebrochen wäre, jahrelang seine *eigene* Möglichkeit gewesen. So hat er sich nun zum König von Gottes Gnaden gemacht, sich zum jungen König gemacht, lange bevor er es ist. König gegen seinen Vater, gegen seine Mutter, gegen England und gleichzeitig aus einem Wurf aus sich selbst, bevor er sie überhaupt verstand, gegen die liberalen Ideen, die seine Mutter seinem Vater einzutrichtern versuchte. «Je liberaler ihn die Eltern haben wollten, um so unnahbarer trat er auf. In Kassel (er war zwölf Jahre alt) war er schon ‹ganz der künftige Kaiser›.» Dieser Haß auf den Liberalismus, der sich in einem «gegen-den-Liberalismus-herrschen» ausdrücken sollte, ist der Haß auf England und zugleich die Weigerung, im Geistesleben Hilfe gegen sein Gebrechen zu suchen, sowie die ursprüngliche Bestimmung, *auf preußische Art* zu herrschen.

Man sieht, daß Thron und Gebrechen untrennbar verbunden sind, in der Einheit ein und desselben Entwurfs von sich, der vom Thron auf das Gebrechen zurückfällt und, ausgehend von dem Gebrechen, das Sein-zum-Herrschen nuanciert. Man sieht, daß weder *Thron* noch *verfrühte Krönung*, noch *Familie*, noch *Mißbildung* kontingente Fakten sind, in dem Sinne, daß sie andere sein könnten und von außen auf Wilhelm einwirkten oder daß man sich Wilhelm zwar anders, aber trotzdem im Kern identisch vorstellen könnte, wenn andere Fakten ihn beeinflußt hätten. In Wirklichkeit ist es unmöglich, sich einen *anderen* Wilhelm vorzustellen als den, der sich durch diese Situation hindurch geworfen hat, der freier Entwurf seiner selbst in diese Situation *ist*. Sein Charakter ist nicht *eine* Sache und sein Sein-zum-Herrschen eine andere – sein Temperament eine Sache und sein Gebrechen eine andere. Es gibt eine freie menschliche Totalität, die nichts *an* sich selbst ist, in einer Immanenz, die vorgezeichnet wäre, und die ganz und gar in ihrem Entwurf ist. In diesem Sinne könnte man vom «Herrschen» des Seins-zum-Herrschen sagen, daß es – wie Heidegger von der Welt sagt – weder subjektiv noch objektiv ist. Weder subjektiv: es ist keine innere Eigenart Wilhelms, etwas, was in seinem Innenleben wie eine Eigenschaft wäre – noch objektiv: es ist kein äußeres Faktum, denn das Sein-zum-Herrschen ist eine Einheit, und das «Herrschen» läßt sich nicht aus dem Sein-zum-Herrschen herauslösen. Anders gesagt, Wilhelm ist nichts anderes als die Art, wie er sich *vergeschichtlicht*. Und man sieht, daß in der Einheit dieser Vergeschichtlichung die verschiedensten Bedeutungsschichten verbunden sind: die Herrschaft enthüllt das Gebrechen, das wiederum die Familie, England, den Antiliberalismus und den preußischen Militarismus anzeigt. Es handelt sich nicht um ein und dieselbe Sache, sondern um Situationen, die sich hierarchisieren und sich gemäß der Einheit ein und desselben ursprünglichen Entwurfs unterordnen. Man müßte nun zeigen, inwiefern Bismarcks Sturz am Ende dieses Entwurfs steht (die Erneuerung eines zu alten Personals – es stammt aus der Zeit seines Großvaters – muß eine Revolution sein. Würde der Vater herrschen, dann wäre es eine langsame Evolution. Und gerade weil der Prinz sich als Parvenü von Gottes Gnaden versteht, steht diese Revolution am Ende seines Entwurfs, unabhängig von seinem schwankenden Verhalten gegenüber Bismarck); inwiefern auch die Haltung des Prinzen gegenüber dem Proletariat (Haß auf die Sozialdemokratie und Angst vor ihr, Versuche, die Arbeiter zu gewinnen) in dem ursprünglichen Entwurf inbegriffen ist. So daß dieser Entwurf wirklich ein Vor-wurf von sich in die Welt ist und die wechselnde und schwache Politik des Prinzen gegenüber England, Rußland, dem Proletariat keine Folge von Wilhelms II. Charakter ist, sondern Wilhelm II. selbst *ist*, wie er sich in der Welt vergeschichtlicht. Aber das alles versteht sich von selbst, wenn man die vorhergehenden Beschreibungen akzeptiert. Natürlich müßte man – und das ist eine große Lücke in diesem Essay – die päderastischen Neigungen Wilhelms erörtern und sehen, ob sie in der Einheit des ersten Entwurfs sowie ihrem hierarchischen Verhältnis zum Sein-zum-Herrschen begriffen werden können. Was ist ein päderastischer König – was ist ein päderastischer König von Preußen? Doch wenn ich das nicht erörtere, so ist das nicht meine Schuld: es liegt daran, daß Ludwig bei diesem wichtigen Thema äußerst vage und zurückhaltend ist. Ich wollte lediglich zeigen, daß nur die historische Methode und die psychologischen Vorurteile, die sie beherrschen – und nicht die Struktur der Dinge selbst –, zu dieser Aufspaltung der historischen Faktoren in parallele Bedeutungsschichten führen. Dieser Parallelismus verschwindet, wenn man die historische Person von der Einheit ihrer Vergeschichtlichung her behandelt. Aber ich gebe zu, daß das, was ich gezeigt zu haben glaube, nur in dem Fall gültig ist, in dem die historische Untersuchung eine *Monographie* ist und das Individuum als Schmied seines eigenen Schicksals zeigt. Bleibt die Tatsache, daß es auch *auf die anderen* einwirkt. In ein paar Tagen – sofern das Buch von Ludwig sich dazu hergibt – werde ich versuchen, darüber nachzudenken, welche «Verantwortung» Wilhelm II. am Krieg von 14 trägt.

C. gesehen, stellvertretender Direktor der Agence Havas. Ein schöner großer Typ mit weißen Haaren, könnte Gary Cooper ähneln, wenn er nicht etwas dick wäre. Gewöhnlich sehr reserviert und wenig beliebt. Trägt frech zur Schau, daß er von anderer Art ist. Er geruht, mit mir zu sprechen und meine Hand zu berühren, sogar um mich zu werben – denn meine Trägheit und mein Mangel an Sympathie für männliche Männer führen dazu, daß ich ihn nicht einmal grüße, wenn ich ihm begegne, und so tue, als sähe ich ihn nicht; also kommt er auf mich zu, mit der Lässigkeit eines Segelschiffs. Ich selbst habe Nachsicht mit ihm, weil er schön ist. Wäre er häßlich, dann würde ich ihn nicht ertragen. Ich habe bereits erklärt, auf Grund welcher Mechanismen. Übrigens ist er es, von dem ich in einem meiner ersten Hefte gesprochen habe und sagte, daß ich mich wegen seiner Schönheit vage von ihm angezogen fühlte. Immer dieser Hang, die Schönheit zu unterwerfen, wo sie auch sei, und, da ich sie nicht an mir besitzen kann, dieses Verlangen, sie «durch eine Mittelsperson» zu besitzen. Aber wenn es sich um einen Mann handelt, geht das nicht sehr weit. Er scheint nicht dumm zu sein, zumindest hat er einen gewissen Schliff. Er ist stolz, *licencié ès lettres* zu sein. Neulich hat er mich im Foyer angesprochen, um mir mit gespielter Lässigkeit eine Nummer von *Match* zu zeigen, die halb zerrissen auf einem Tisch herumlag: «Da bin ich drin», hat er zu mir gesagt. Ich habe hingesehen: auf einem Foto, das den Direktor der Agence Havas mit seinen Mitarbeitern zeigte, sah man ihn, prachtvoll, in schwarzer Jacke mit steifem Kragen, halb zum Direktor gebeugt. Diese Naivität hat mir gefallen. Er hatte sich als Zivilist in einer toten zivilen Welt wiederentdeckt, in der er seinen Platz hatte; er hatte seine Entdeckung nicht für sich behalten können, sie mußte von jemandem registriert werden. Ein wenig wie der Castor, die sagt, es würde ihr davor grauen zu sterben, ohne daß jemand da wäre, es festzustellen. Die Auferstehung seiner Vergangenheit wäre nicht so total gewesen, hätte sie keinen Zeugen gehabt.

Heute saß ich im Foyer auf einem Stuhl neben dem Ofen, während die diensthabenden Soldaten damit beschäftigt waren, alle Fenster für die Kinovorführung zu verhängen. Es war ein Uhr mittags. Draußen Sonne, goldener Halbschatten in dem menschenleeren Saal. Atmosphäre der Erwartung; ich genoß sie, wenngleich fest entschlossen, vor Beginn der Vorführung abzuhauen. Ich wollte *Un oiseau rare*[1] nicht sehen, ebensowenig einen Dokumentarfilm über die Maginotlinie. Doch in diesem dunklen und vergoldeten Dunst, der den Saal erfüllte, blieb etwas hängen, gleichsam eine dunkle Erinnerung an jene Frühlingsnachmittage (Sonntagnachmittage wie diesen hier), die der Castor und ich vor sechs oder sieben Jahren im *Cinéma des Ursulines* verbrachten, einem frischen und dunklen Raum, wobei wir uns der Sonnenflut, die draußen niederging, deutlich bewußt waren; wie Saint-John Perse sagt, die Sonne wurde nicht genannt, aber ihre Anwesenheit war mitten unter uns.[2] Ich las, ich dachte über den Begriff «Situation» nach, ich war auf eine Idee gekommen, und dann ist sie mir wegen C. abhanden gekommen. Ich werde sie wiederfinden, ich rechne mit Wiederholungen. Man denkt immer in Wiederholungen; nie ist eine vergessene Idee verloren: man findet sie zwar nicht wieder, wenn man sie sucht, aber es fällt einem eine andere, ganz neue ein – und es ist dieselbe.

C. rückt also an, ich sehe ihn, ich tue so, als sähe ich ihn nicht, ich senke den Kopf, und schließlich sehe ich seine Stiefel vor mir strammstehen. Man grüßt sich mit gesuchter Gleichgültigkeit. Er gibt mir

1 Nach dem Brief an S. de Beauvoir von diesem Tag hat Sartre schließlich einen Teil dieser Komödie von Richard Pottier (1935) gesehen – Drehbuch und Dialoge von Jacques Prévert, mit den Darstellern Max Dearly, Pierre Brasseur und Monique Rolland.

2 *«Et le soleil n'est point nommé, mais sa puissance est parmi nous»* [Und die Sonne wird nicht genannt, doch ihre Macht ist unter uns], in: *Anabase I*, 1924.

das Geheimnis seiner verbitterten Seele preis: «Sie gehen also weg, wie es scheint?» – «Ja.» – «Ich bleibe lieber hier. Wenn man schon den Idioten spielen muß, dann besser hier.» – «Ja. Man ist freier. Aber bedenken Sie, wieviel Schwierigkeiten Sie hatten, Ihre Frau kommen zu lassen. Wären Sie in der Etappe, dann könnten Sie sich mit Ihrer Familie arrangieren.» Er, schroff: «Die Familie ist nicht alles.» Sogar in seinen harten Sätzen ist immer eine heimliche Ungezwungenheit, als stünde er über dem, was er gerade sagte. Allmählich betreten die Soldaten den Saal und setzen sich. Stühle rücken. Er fährt fort, ohne mich anzusehen, er ist im Profil, und ich sehe sein eigensinniges Kinn: «Ich will nichts tun, ich wasche meine Hände in Unschuld; wenn die Heeresleitung meint, daß sie einen *licencié ès lettres* braucht, um die Öfen anzuzünden, soll sie dafür die Verantwortung tragen. Ich rühre mich nicht vom Fleck.» – «Gut», sage ich, «aber Havas hätte Sie ja zu besonderer Verwendung abberufen können.» Er ist der einzige hier, den ich sieze und der mich siezt. Anfangs duzte ich ihn, aber da er mich hartnäckig siezt, mache ich es genauso. «Ja», sagt er. Und dann schnell: «Havas hat keinen stellvertretenden Direktor mehr ...» Frostig fährt er fort: «Die müssen selber wissen, ob sie mich brauchen. Ich rühre mich nicht vom Fleck ... Und Kurse absolvieren, um Offizier zu werden ... auf die andere Seite der Barrikade überwechseln ... Nein. Also: ich bleibe beim militärischen Proletariat, wo man mich hingesteckt hat.» Kurz, er schmollt; hier der Kern der Affäre: er hätte es gern gesehen, daß man ihm einen Sonderauftrag oder einen Leutnantsgrad auf einem silbernen Tablett serviert hätte. Wenig später nähert sich Hantziger; sein birnenförmiges Gesicht glüht, und seine wimpernlosen Augen blinzeln. «C.», sagt Hantziger in jenem flüsternden und flehenden Ton, in den er fällt, wenn er um einen Gefallen bittet, «wenn du zu Havas gehst, wenn du Urlaub hast, dann bring mir doch eine englische oder kanadische Zeitung mit.» – «Ich weiß nicht, ob ich zu Havas gehe», sagt C. im selben düsteren Ton. «Wenn man mal in einer Firma gearbeitet hat, soll man nicht wieder hin. Man stört bloß. Es gibt dort einen Haufen Neue, dauernd stolpert man über sie, sie wissen nicht, was sie einem sagen sollen.» – «Traurig», sagt Hantziger, «all diese Neuen, die unsere Plätze eingenommen haben, wie sollen wir die bloß loswerden, wenn wieder Friede ist?» Die düstere Miene von C. wird noch düsterer und boshafter: «Keine Bange. Wir räumen da schon auf. Wer aus dem Krieg heimkommt, ist bestimmt nicht in demselben idiotischen Zustand nationaler Euphorie wie die von 18. Er ist fest entschlossen, sich zu wehren: man hat uns zu sehr zum Narren gehabt, wir werden die Zähne zeigen. Das kann nicht schwer sein, wenn es eine starke Solidarität zwischen uns gibt. Nicht die der alten Frontkämpfer, die unter dem Arc de Triomphe vorbeiziehen. Eine andere: eine Solidarität, die Forderungen stellt. Und wenn dann eine Gruppe auftaucht, die das organisiert, dann wollen wir doch mal sehen.»

Ich notiere hier eine merkwürdige kleine Schweinerei, die bei mir häufig vorkommt und deren Ursprung ich kenne. Sie gehört in das Schema: verkannte und rehabilitierte Größe. Ich erwähnte bereits die Bedeutung dieses Schemas, das mich in meiner Kindheit zu masochistisch angehauchten Träumereien veranlaßte – die aber im Grunde sehr wenig masochistisch waren. Ich vergoß einige Tränen wegen Grisélidis[1]; noch heute rührt mich Cordelia, König Lears Tochter. Es gibt also zuerst einen Irrtum – rechtlicher oder anderer Art – und eine Katastrophe, die jemand würdevoll und stumm erduldet. Woraufhin die Apotheose kommt, die gerade seiner Verlassenheit und seinem Schweigen entspringt. So trägt auch der furchtbarste Sturz seinen Lohn in sich. Die Prüfung hat nichts Christliches, denn kein Gott wägt das schließliche Glück gegen die erlittenen Qualen ab: das kommt aus einem selbst. Der Lohn ist der natürliche Abschluß der Prüfung. Was meine Vereinsamung während der Prüfung betrifft, so ist sie recht charakteristisch und im Grunde dem Schmollen von C. sehr ähnlich, beispielsweise. Man wehrt sich nicht, man zieht sich zurück – ganz und gar jene Art, die ich hier schon erwähnt habe, eine absolute Distanz zwischen die anderen Menschen und mich zu legen: beim erstbesten Vorwand entferne ich mich; immer wieder mein Hochmut. Und schließlich warte ich, daß man auf mich zukommt. Mein ganzes Leben habe ich darauf gewartet, daß man auf mich zukommt, ich habe nie den ersten Schritt getan, ich will umworben werden. Als ich 14 Jahre alt war, ging ich an einer Gruppe meiner besten

1 Die berühmte Heldin der Erzählung Giovanni Boccaccios lieferte den Stoff für zahlreiche Erzählungen, Theaterstücke, Poeme etc. Sartre hatte sicherlich als Kind die Version von Charles Perrault, *La Marquise de Salusses ou la patience de Grisélidis* gelesen: *«Was mir in dieser wenig empfehlenswerten Erzählung gefiel, war der Sadismus des Opfers und diese unbeugsame Tugend, die schließlich den Henkergatten in die Knie zwingt.» Die Wörter* (1964)

Klassenkameraden vorbei und tat so, als sähe ich sie nicht, um ihnen Gelegenheit zu geben, mich zu rufen. Leider war der Zeitpunkt schlecht gewählt: ich war für sie ein Sündenbock und ohne Belang; sie riefen mich nicht. Dann rannte ich einen großen Umweg, um abermals an ihnen vorbeizugehen, wieder mit abwesender Miene, und ihnen erneut Gelegenheit zu geben, mir zuzurufen. Und so weiter, bis einer von ihnen zu mir sagte: «Du Idiot, was schleichst du seit einer dreiviertel Stunde dauernd um uns rum?» Im übrigen zweifle ich bei diesen Träumereien nicht daran, daß man zum Schluß doch auf mich zukommt. Diese Einsamkeit ist nicht rein: der Held meiner Träume geht nicht weg, um die Menschen endgültig zu fliehen, sondern in der Gewißheit, daß ihm die Menschen eines Tages zu Füßen liegen werden. Hochmut, falsche Einsamkeit, Optimismus, seltsam, daß das alles schon in meinen ersten Kinderträumen vorhanden ist. Und sogar in der Idee, die ich mir von der Größe machte, lag der Anspruch auf eine Belohnung. Das ist mir geblieben. Ich meine, ich kenne zwar so einen kalten Schmerz mit starrem Blick, der Selbstvergessenheit ist und wirklich unerträglich. Den schätze ich am meisten. Aber über manchen meiner Trübseligkeiten schwebt immer ein Engel, der sich herabbeugt, mir scheint, daß eine Gunst des Schicksals dafür sorgt, daß die schönste Belohnung dieser Traurigkeit selbst entspringen wird: jede Traurigkeit muß ihre schöne Auflösung haben. Im Grunde sah ich den Krieg sehr schnell nach diesem Schema. Jahre der Prüfungen und Größe, für die ich mit einer Erneuerung und einer zweiten Jugend belohnt würde. Ich würde bestimmt nicht an die verlorenen Leiden des Krieges, an die verlorenen Leiden der Liebe glauben. Doch gestern wollte ich genau dahin kommen, so schwermütig war ich, kein Dichter zu sein, und ich habe in dieses Heft geschrieben, daß ich schwermütig sei. Und der Flügel eines Engels streichelte diese Schwermut; diese Schwermut trug die ganz versteckte Hoffnung in sich, daß gerade die Stelle, in der ich meine Trauer darüber beschrieb, kein Dichter zu sein, sich durch eine spontane Belohnung unter meinen Händen in die schönste Prosa verwandeln würde, ohne daß es mir bewußt wäre, und daß ich kurze Zeit später, wenn ich diese sehr bescheidene und redliche Klage noch einmal läse, mit verzückter Bestürzung entdecken würde, daß ich mit meiner Prosa genau den schönen Gegenstand geschaffen hätte, das Schiff in der Flasche, den ich von der Poesie vergeblich erheischte. Ich kann nicht sagen, daß diese infame Hoffnung der *Anlaß* war, der mich schreiben ließ. Nein, Gott sei's gelobt. Aber sie färbte mein Schreiben. Wissen, ob man es bemerkt haben wird. Jedenfalls erkennt man das Schema: in tiefer Verzweiflung, weil er nicht Musiker ist, schwitzt er einfach seinen Schmerz aus, und *siehe da*, sein Schmerz wird Musik, diese karge und unschuldige Klage ist mit einemmal die schönste Harmonie.

Montag, 11. März

Ich wollte eine Passage aus Gides Tagebuch über das «bißchen Realität» abschreiben[1] und habe es leider nicht getan. Er erklärt Roger Martin du Gard, daß ihm ein bestimmtes Gefühl für das Reale fehle und ihm die wichtigsten Ereignisse wie Maskeraden vorkämen.[2] Mir geht es genauso, und daher kommt wohl meine Frivolität. Ich war lange im Zweifel, ob das ein bestimmter Charakterzug mancher Leute sei, zu denen auch ich gehöre, oder ob im Grunde nicht jeder so sei, ob die Realität nicht ein unmöglich zu spürendes, im Unendlichen liegendes Ideal sei. Noch heute weiß ich nichts Genaues darüber, aber ich stelle fest, daß wir, Gide als Großbürger und ich als Beamter aus einer Beamtenfamilie, nur allzu bereit waren, das Reale für Staffage zu halten. Letztlich hat Gide ebensowenig wie ich etwas Irreparables erlebt. Ich habe das Irreparable nur ein- oder zweimal geahnt, zum Beispiel, als ich verrückt zu werden glaubte. In dem Moment habe ich entdeckt, daß *mir* alles zustoßen konnte. Das ist ein kostbares und für die Authentizität unbedingt notwendiges Gefühl, und ich bemühe mich, es zu bewahren, soweit ich nur kann. Aber es ist sehr unbeständig, und außer bei großen Katastrophen bedarf es einer gewissen Anstrengung, es in sich aufrechtzuerhalten. Und im übrigen, außer in jenem Fall vermeintlichen Wahnsinns, wo mein höchstes Bewußtsein an der Gurgel gepackt wurde, befreite ich mich von diesen Ängsten um *mein* Schicksal oft dadurch, daß ich mich in den Schoß eines absoluten und kontemplativen höchsten Bewußtseins flüchtete, für das mein Schicksal und sogar der Zusammenbruch meiner Person nur

1 Sartre entlehnt diesen Ausdruck sicherlich von André Breton, der 1927 eine *Introduction au discours sur le peu de réalité* geschrieben hat.

2 «*C'est le sentiment de la réalité que je n'ai pas. Il me semble que nous nous agitons tous dans une parade fantastique.*» [Das Gefühl für die Wirklichkeit ist es, was mir fehlt. Mir scheint, wir bewegen uns alle in einer unwirklichen Parade.] Gides Tagebuch vom 20. Dezember 1924.

Verwandlungen eines bevorzugten Gegenstands waren. Der Gegenstand konnte verschwinden, das Bewußtsein war dennoch von ihm berührt; meine Person war nur eine vorübergehende Verkörperung dieses Bewußtseins oder, noch besser, ein bestimmtes Band, das sie an der Welt befestigte, wie einen Fesselballon. Ob diese kontemplative Haltung nun meiner kontemplativen Funktion als Wächter der Kultur innerhalb der Gesellschaft entspringt, wie ein Marxist ohne Umschweife sagen würde, oder ob sie einen ersten Entwurf meiner Existenz darstellt (in der Tat findet man darin den Hochmut, die Freiheit, die Distanzierung von sich selbst, den kontemplativen Stoizismus und den Optimismus, die sicherlich zu meinem ersten Entwurf gehören), das will ich hier nicht entscheiden. Jedenfalls steht fest, daß diese Art, mich auf die Spitze des Turms zu flüchten, wenn dessen Fuß angegriffen wird, und von oben hinunterzuschauen, ohne mit der Wimper zu zucken, wenngleich mit etwas angstgeweiteten Augen, die Haltung war, die ich 38/39 angesichts der Kriegsdrohungen gewählt hatte. Sie hat mich auch ein wenig früher zu meinem Aufsatz über die Transzendenz des Ego inspiriert, in dem ich kurzerhand das Ich aus dem Bewußtsein hinauswarf, wie einen zudringlichen Besucher. Ich besaß nicht jenes zärtliche, innige Verhältnis zu mir selbst, durch das es zwischen Ich und Bewußtsein Adhäsionen gibt, wie man in der Medizin sagt, und man befürchten muß, es zu zerreißen, wenn man es von ihm abzutrennen versucht. Im Gegenteil, es ging ihm draußen sehr gut, und da blieb es auch, aber ich betrachtete es in aller Seelenruhe, in aller Strenge durch die Scheibe. Lange glaubte ich überdies, daß man die Existenz eines Charakters nicht mit der Freiheit des Bewußtseins vereinbaren könne; ich dachte, der Charakter sei nichts anderes als der Strauß mehr moralischer als psychologischer Maximen, zu dem der Nachbar seine Erfahrung mit uns zusammenfaßt. Das Bewußtsein als Refugium blieb, wie es sollte, farblos, geruchlos, geschmacklos. Erst in diesem Jahr habe ich anläßlich des Krieges die Wahrheit begriffen: gewiß darf man den Charakter nicht mit all jenen Maximen und Rezepten der Moralisten verwechseln, «er ist cholerisch, er ist faul» usw., aber er ist der erste und freie Entwurf unseres Seins in der Welt. Ich habe das für Wilhelm II. nachzuweisen versucht. Kurz, die Existenz eines Bewußtseins als Refugium erlaubte es mir, nach Belieben darüber zu befinden, welcher Grad an Ernst der Situation angemessen war; ich war wie einer, der auch in den schlimmsten Abenteuern die drohende Realität der Torturen, die man ihm vorbehält, nicht allzu stark spürt, weil er immer ein Körnchen hochwirksames Gift bei sich hat, das ihn erlösen wird, bevor man ihn anrührt. In *La Condition humaine* von Malraux gibt es eine Figur, die so ist, Katow.[1] Daher ist er groß erst dann, wenn er das Gift seinen Kameraden schenkt. Mir scheint, daß er in diesem Augenblick wahrhaft menschliche-Realität ist, weil nichts ihn aus der Welt heraushält, er ist mitten darin, frei und völlig wehrlos. Der Übergang der absoluten Freiheit zur entwaffneten, menschlichen Freiheit, die Ablehnung des Gifts hat sich in diesem Jahr vollzogen, und mit einemmal betrachte ich jetzt mein Schicksal als *endlich*. Und meine neue Lehrzeit muß gerade darin bestehen, mich «mittendrin» zu fühlen, wehrlos. Der Krieg und Heidegger haben mich auf den rechten Weg gebracht; Heidegger, indem er mir zeigte, daß es jenseits des Entwurfs, durch den die menschliche-Realität sich selbst verwirklicht, nichts gibt. Heißt das, daß ich das Ich wieder hereinlassen werde? Sicherlich nicht. Aber die Selbstheit [*ipséité*] oder Totalität des Für-sich ist nicht das Ich, und doch ist sie die *Person*. Im Grunde bin ich im Begriff zu lernen, eine Person zu sein. Aber darum geht es mir jetzt nicht. Ich wollte darauf hinweisen, daß ich, da ich nicht sofort in etwas verstrickt gewesen bin, da ich mich nicht *verantwortlich* fühlte und keine Geldsorgen hatte, die Welt nie ernst genommen habe. In anderen Zeiten hätte mich das zum Mystizismus führen können, denn diejenigen, die das «bißchen Realität» nicht befriedigt, sind bereit, die Surrealität zu suchen. Und ich denke, daß das vor fünfzehn Jahren für viele der Ursprung des surrealistischen Glaubens war (aber nicht für alle: der Einfluß des Krieges, den man häufig erwähnt, scheint mir für die Häupter weitaus entscheidender zu sein). Aber ich war Atheist aus Hochmut. Nicht aus dem Gefühl des Hochmuts, sondern meine Existenz selbst war Hochmut, *ich war* der Hochmut. Es gab keinen Platz für Gott neben mir, ich war so beständig die Quelle meiner selbst, daß ich nicht sah, was in dieser Geschichte ein Allmächtiger zu schaffen gehabt hätte. Später bestärkte mich die Armseligkeit des religiösen Denkens in meinem Atheismus. Der Glaube ist töricht oder unaufrichtig. Meine Mutter hatte wohl etwas von dieser frivolen Kälte gegenüber der Welt mitbekommen, denn sie wiederholt gern, daß ich ein paar Jahrhunderte früher Mönch geworden wäre. In Ermange-

1 Malraux' Roman [So lebt der Mensch] wurde 1933 bei Gallimard in Paris veröffentlicht.

lung des Glaubens habe ich mich darauf beschränkt, den Ernst zu verlieren. Es liegt Ernst vor, wenn man von der *Welt* ausgeht und wenn man der Welt mehr Realität beimißt als sich selbst – oder wenn man sich zumindest in dem Maße eine Realität verleiht, wie man zur Welt gehört. Nicht durch Zufall ist der Materialismus *ernst*; er ist auch nicht durch Zufall immer und überall die bevorzugte philosophische Doktrin des Revolutionärs. Denn Revolutionäre sind ernst. Sie erkennen sich zuerst, weil sie von der Welt erdrückt werden, sie erkennen sich von dieser Welt her, die sie erdrückt, und sie wollen die Welt verändern. Darin stimmen sie mit ihren alten Gegnern, den Besitzenden, überein, die sich ebenfalls von ihrer Situation in der Welt her erkennen und schätzen. Ich hasse den Ernst. Durch die ernste Sorge eines Ingenieurs geht die ganze Welt hindurch mit ihrer Trägheit, ihren Gesetzen, ihrer hartnäckigen Opazität; jeder ernste Gedanke wird von der Welt eingedickt und gerinnt; er ist eine Abdankung des Menschen zugunsten der Welt. Man sehe sich jenen Menschen an, der den Kopf schüttelt und sagt: «Das ist ernst! Sehr ernst!», und versuche zu verstehen, was er mit diesem Kopfschütteln meint: dies nämlich, daß die Welt den Menschen beherrscht, daß es Gesetze und Regeln zu beachten gab – alle außerhalb von uns, geschichtet, versteinert –, die sich günstig auswirken sollten. Und diese Regeln sind verletzt worden, die Katastrophe ist gekommen, und nun hat der Mensch keine Zuflucht mehr. Denn er hat keine Zuflucht mehr *in sich*: er ist «Welt», die Welt hat sich in ihm eingenistet, und jenes verletzte Tabu ist auch *in ihm* verletzt. Man ist ernst, wenn man nicht einmal die Möglichkeit erwägt, die Welt zu *verlassen*, wenn die Welt mit ihren Alpen und ihren Felsen, ihrer Kruste und ihrem Schlamm, ihren Mooren, ihren Wüsten, all diesen starrsinnigen Unermeßlichkeiten, einen von allen Seiten einschließt, wenn man sich selbst den Existenzmodus des Felsens, die Konsistenz, die Trägheit, die Opazität verleiht; ein ernster Mensch ist ein geronnenes Bewußtsein; man ist ernst, wenn man den Geist verneint. Jene Ungläubigen, von denen Platon im *Sophisten* spricht und die nur glauben, was sie berühren, das sind die Ahnen der Ernsthaftigkeit. Es versteht sich von selbst, daß der ernste Mensch, da er Welt ist, nicht das geringste Bewußtsein von seiner Freiheit hat, oder wenn er es hat, dann verscharrt er es voll Entsetzen im Innern seiner selbst, wie Unrat. Wie der Felsen, wie das Atom, wie der Stern ist er determiniert. Und wenn sich die Ernsthaftigkeit durch die Beflissenheit auszeichnet, mit der sie die

Konsequenzen ihrer Handlungen betrachtet, so deshalb, weil für sie alles Konsequenz ist. Der ernste Mensch ist selbst nur eine Konsequenz, eine unerträgliche Konsequenz, niemals ein Prinzip. Endlos steckt er in einer Reihe von Konsequenzen und sieht weit und breit nur Konsequenzen. Das ist der Grund, warum das Geld, Zeichen aller Dinge der Welt, Konsequenz und *von* Konsequenz, der Gegenstand *par excellence* des Ernstes ist. Kurz, Marx hat das erste Dogma des Ernstes gesetzt, als er den Vorrang des Objekts vor dem Subjekt behauptete. Und der Mensch ist ernst, wenn er sich vergißt, wenn er das Subjekt zu einem Objekt macht, wenn er sich für eine Strahlung hält, die aus der Welt kommt; Ingenieure, Ärzte, Physiker, Biologen sind ernst.

Ich aber war durch das, was ich sagte, gegen den Ernst gefeit. Eher zuviel als zuwenig: ich war nicht Welt, weil ich frei und erster Anfang war. Es ist nicht möglich, sich selbst als Bewußtsein zu erfassen, ohne zu denken, daß das Leben ein Spiel ist.

Was ist ein Spiel denn anderes als eine Tätigkeit, deren Ursprung der Mensch ist, deren Prinzipien der Mensch selbst setzt und die nur nach den aufgestellten Prinzipien Konsequenzen haben kann. Doch sobald der Mensch sich als frei erfaßt und seine Freiheit nutzen will, ist seine ganze Tätigkeit Spiel: er ist deren erstes Prinzip, er entgeht der Welt von Natur aus, er setzt selbst den Wert und die Regeln seiner Handlungen und ist zu zahlen nur bereit nach den Regeln, die er selbst gesetzt und definiert hat. Daher das bißchen Realität der Welt und das Verschwinden des Ernstes. Ich habe nie ernst sein wollen, ich fühlte mich zu frei. Zur Zeit meiner Liebe zu Toulouse[1] schrieb ich ein langes Gedicht, ein sehr schlechtes, wie ich meine, mit dem Titel *Peter Pan*, das Lied des kleinen Jungen, der nicht groß werden wollte.[2] Immer diese «kleinen Jungen» und diese «kleinen Mädchen», diese Schablonen unserer Liebesbeziehungen. Ich finde das seitens eines Burschen von zwanzig Jahren und eines kräftigen Mädchens von dreiundzwanzig genauso inzestuös wie das «Mama», das Rousseau Madame de Warens zuseufzte. Aber das ist nicht mein Thema. Jedenfalls wollte dieser kleine Junge nicht groß werden aus Angst, ernst zu

1 Spitzname von Simone Jollivet, vgl. Heft III, S. 263, Fußnote 1

2 Dieses Gedicht, das Sartre in der École normale geschrieben hatte, hatte er eigenartigerweise Raymond Aron geschenkt. Es ist in den *Écrits de jeunesse* unter dem Titel «Ho hé Ho» veröffentlicht.

werden. Ich hätte ruhig sein können: heute bin ich vierzehn Jahre älter, und ich bin nie ernst gewesen, außer einmal auf dem Friedhof von Tetuan, weil der Castor wollte, daß ich meinen Strohhut aufsetze, und ich es nicht wollte. Ich habe die Verantwortung für meine Handlungen immer mit dem Gefühl übernommen, ihnen ansonsten völlig zu entgehen. Wegen des Turms des Bewußtseins, den ich nach Belieben besteigen konnte.

Aber die Frage, die mich heute interessiert, ist folgende: wird die Authentizität, indem sie die Tür des Turms für immer versperrt, den Geist der Ernsthaftigkeit in mich zurückbringen? Ich glaube, darauf gibt es nur eine Antwort: nein, überhaupt nicht. Denn sich als eine *Person* begreifen ist etwas ganz anderes als sich von der Welt her begreifen. Und so authentisch man auch ist, man ist deshalb nicht weniger frei – sogar noch freier als in der Hypothese des Turms –, weil man zu einer Freiheit ohne Schatten und ohne Ausrede verurteilt ist. Und schließlich heißt in-der-Welt-sein nicht *von der* Welt sein. Es heißt sogar das Gegenteil. Wenn ich auf den Elfenbeinturm verzichte, möchte ich zwar gern, daß mir die Welt in ihrer vollen und drohenden Realität erscheine, aber mein Leben soll deshalb nicht aufhören, ein Spiel zu sein. Daher unterschreibe ich Schillers Satz voll und ganz: «Der Mensch ... ist nur da ganz Mensch, wo er spielt.»

Dienstag, 12. März

Freitag oder Samstag gehen wir wieder nach Brumath. Wahrscheinlich, um hier einer Division Platz zu machen, die aus dem Hinterland kommt und an die Front zieht. Ich freue mich, Brumath wiederzusehen, ich habe es in sehr poetischer Erinnerung. Von Morsbronn habe ich ein strahlendes und eisiges, sehr hartes Bild, der Schnee, von starker Poesie, aber voller Wind. Brumath erscheint mir wie ein gedämpftes, sanftes Licht. Ich sehe noch die frühen Morgenstunden in der *Taverne de la Rose*, die langen Nachmittage im Schulzimmer. Brumath ist für mich Castors Reise und meine Rückkehr in der Nacht, nachdem ich sie in der Nähe des Bahnhofs verlassen hatte – es ist auch meine Krise der Leidenschaft für Wanda und jene neue und tragische Welt, in der ich gelebt habe, geleitet von Saint-Exupéry und Koestler. Dort habe ich geahnt, was die Authentizität ist (in den allerletzten Tagen, in der *Taverne du Lion d'Or*), dort habe ich meine alte Haut abgestreift. Ich bin gespannt, die *Ecrevisse* wiederzusehen, die Badeanstalt, ich frage mich, wie das alles auf mich wirken wird. Ich selbst werde kaum dort bleiben. Wenn wir am 17. ankommen, bleibe ich kaum länger als acht Tage. Danach fahre ich in Urlaub, und wenn ich zurückkehre, kommt wohl die Rückberufung ins Innere. Schon löse ich mich langsam von den Schicksalen der Division wie von einer alten Rinde. Wenn man mir von ihrem Schicksal erzählt – daß sie vielleicht nach Bitche verlegt wird, daß wir nach dieser Urlaubsrunde vielleicht sechs Monate auf die nächste warten müssen –, dann kommt mir das alles bereits verstaubt und vertrocknet vor; es ist nicht mehr ich. Dagegen habe ich ein paar Bilder, von einem Gemüsegarten am Hang, ganz «Ile de France», die meine nächste Zukunft symbolisieren. Das heißt: Meteorologiestation in der Etappe – denn als ich meinen Militärdienst in der Meteorologiestation von Saint-Symphorien ableistete, oberhalb von Tours, bestellte Monsieur Ledoux, ein ziviler Meteorologe, nicht weit von der Station entfernt seinen Garten. Ich habe also eine dunkle und törichte Hoffnung *auf die Station* von Tours. Natürlich sagt mir mein Verstand, daß man mich überall hinschicken kann, nur nicht dorthin.

Deutschland – Erklärungsversuch von Edmond Vermeil. Seine Hauptthese lautet: «Das Ungesunde und Überspannte, also Gefährliche am deutschen Nationalismus, seinem glühenden Traum von einer religiösen und rassischen Gemeinschaft, die dazu berufen ist, eine absolute Hegemonie auf diesem alten Kontinent zu übernehmen, erklärt sich durch die territoriale Zersplitterung von einst sowie durch den darauf folgenden Pluralismus der Institutionen, Tendenzen und Parteien im Rahmen des bismarckschen Reichs und der Weimarer Verfassung. Mit anderen Worten, der Pangermanismus ist das Gegenstück der deutschen Länder.»[1] Gut, das ist so evident, daß ich selbst schon daran gedacht hatte, obwohl geschichtliche Erklärungen nicht meine Stärke sind. Nur gibt es hier eine Verständnisverbindung zwischen zwei Naturen, von denen die eine ein *Faktum* ist: die *faktische* Existenz einer politischen und administrativen Zersplitterung – und die andere ein *Ideal*: die «Gemeinschaft» erscheint als die der deutschen Nation eigentümliche Möglichkeit als führende Gemeinschaft in Europa. So-

1 Sartre zitiert die in der März-Nummer der *N.R.F.* veröffentlichte Ankündigung des bei Gallimard erscheinenden Buches. Der letzte Satz ist im Text hervorgehoben.

gleich sehe ich die Verbindung der Bedeutungen: das Streben nach Einheit geht über die bloße Vereinigung der deutschen Länder hinaus – es zielt ab auf die Vereinigung der deutschen Länder *als* Europa einigende Vereinigung. Das Phänomen der Vereinigung erscheint so, als müsse es einfach für den gesamten Kontinent einen Sinn haben; die Vereinigung steckt sich selbst ein Ziel, das über sie hinausgeht und sie nur um so dringlicher macht: sie ist Vereinigung, um zu herrschen. Gut, aber das befriedigt mich nicht: ich sehe nicht, inwiefern die Zersplitterung der deutschen Länder von sich aus diese mythische Vorstellung erzeugen könnte. Die Zusammenstellung: Zersplitterung – Pangermanismus ist nur deshalb bedeutend, weil sie *menschlich* ist. Man muß sie begreifen als etwas, was durch die sich vergeschichtlichenden Menschen existiert. Aber es geht auch nicht an, daß die Zersplitterung von außen die Geister beeinflußt, um sie dazu zu bestimmen, eine mythische Vorstellung von der Einheit zu schaffen, die diese Zersplitterung beseitigen wird. An sich selbst ist die Zersplitterung nichts und hat keinen Einfluß, sie kann nichts weiter tun, als sich endlos zu zersplittern. Es würde auch nichts nützen, wenn man zeigte, daß der Traum nach Einheit aus den Schwierigkeiten erwächst, auf die die einigenden Kräfte (wirtschaftliche, kulturelle, religiöse Kräfte) stoßen, wenn sie gegen diese Zersplitterung angehen, sowie aus dem sich daraus ergebenden Konflikt. Dieser Dialektik fehlt ein Faktor: immer derselbe; der Widerstand muß empfunden werden, die wirtschaftlichen Kräfte, die sich der Zersplitterung entgegenwerfen, müssen menschlich sein; man muß auf den Menschen zurückkommen. Anders gesagt, diese Zusammenstellung von Naturen, die sich dem Verständnis so einleuchtend darbietet, ist durch sich selbst *unselbständig*[1], sie verweist auf die menschliche-Realität, *für die* sie existiert. Es gibt nur eine mögliche Erklärung: die Zersplitterung ist eine *Situation*, und der Pangermanismus ist die Möglichkeit, zu der die menschliche-Realität sich in dieser Situation wirft. Indem also die menschliche-Realität die Zersplitterung *hin zum* Pangermanismus transzendiert, konstituiert sie sie als Situation und erfaßt sie als solche. Ohne dieses freie Überschreiten gäbe es weder Situation noch faktische Zersplitterung. Und wenn sie als reine Zersplitterung erfaßt würde? Das ist unmöglich – oder mindestens *zuerst* unmöglich. Würde sie als Zersplitterung erfaßt, so könnte das nur durch eine menschliche-Realität geschehen, die

1 Deutsch im Original.

sie zu etwas anderem hin überschreiten würde: zum Beispiel zum Föderalismus hin. Doch um sie als *reine* Zersplitterung betrachten zu können, als *Faktum* der Zersplitterung, muß der Geist einen kontemplativen Abstand schaffen, muß er versuchen, die Situation zu *zergliedern*, das Gegebene aus ihr herauszuziehen und es in *Position* zu verwandeln. Daher besteht keine Veranlassung, zu jenen dunklen Kräften Zuflucht zu nehmen, die von der Weisheit der Diplomaten so häufig beschworen werden, zum Beispiel zu jener unwiderstehlichen Anziehungskraft, die angeblich zwischen den Bruchstücken eines zersplitterten Landes besteht und es zwangsläufig zur Einheit führt. Das ist das Gegenteil der marxistischen Theorie des Mythos. Den marxistischen Historikern zufolge ist der Mythos das Ergebnis einer Einwirkung des Sachverhalts *auf* die Bewußtseine. Ich kehre die Glieder um und sage, daß der Sachverhalt selbst erst durch den Entwurf einer menschlichen-Realität über ihn zum Mythos *konstituiert* wird, der ihre eigene Möglichkeit konstituiert. Aber *welcher* menschlichen-Realität? Es gibt nur individuelle menschliche-Realitäten, und so sind wir auf einen historischen Individualismus verwiesen, der sich mit diesen großen kollektiven Naturen schlecht verträgt. Denn ganz sicherlich ist Vermeil, wenn er den Pangermanismus von der Zersplitterung der deutschen Länder herleitet, von den Individuen sehr weit entfernt. Es geht ja nicht um die Frage, was Peter oder Paul von der Situation erfassen kann: wir befinden uns auf der Ebene der nationalen Kollektivität. Und doch, ich wiederhole es, es gibt nur Individuen. Wie aus der Sackgasse herauskommen? Durch den Begriff Situation selbst, auf den wir uns zuerst berufen haben. Wenn das Individuum auf die Situation und die Situation auf das Individuum verweist, dann heißt das nicht, daß man die Situation mit ein wenig Druck in das Individuum eingehen lassen kann. Ebensowenig wie das In-der-Welt-sein bedeutet, daß die Welt in das Individuum hineinpassen kann. In Wirklichkeit gibt es *einen* Pangermanismus, weil es *viele* Pangermanisten gibt, aber es gibt nur *einen* Pangermanismus. Die *Situationen*, die dem Entwurf eines Individuums entsprechen, das sich durch das *Mit-sein*[1] in die Welt wirft, bieten sich als Situationen *für* die anderen dar, und man *ist* erst man selbst, wenn man sich über die durch den Entwurf der anderen konstituierten Situationen frei entwirft. Ich habe das anläßlich des Vaterlandes erläutert. Jedes Individuum steht vor Hin-

1 Deutsch im Original.

weisschildern, die nur *durch es* hinweisen, deren Hinweis jedoch von anderen bereits konstituiert worden ist. Daher können die Zersplitterung und der Pangermanismus zwar nur durch Individuen zu sich selbst erblühen, aber ihre Natur geht unendlich über jedes Individuum hinaus – und darf *weder* mit der bloßen Summe der Pangermanisten *noch* mit irgendwelchem kollektivem Bewußtsein verwechselt werden, das sich der Individuen hinterrücks bemächtigte und sich auf ihre Kosten herausbildete. Jeder Deutsche, der vor dem Krieg in der Welt auftauchte, fand sich dem Pangermanismus als Situation gegenüber. Er konnte sich frei bestimmen, diese Situation auf irgendeine Weise zu erfassen (sie ablehnen, verachten, bekämpfen, annehmen, billigen, die Bewegung wohlwollend aus der Ferne verfolgen usw.), aber es war ihm unmöglich, zu bewirken, daß der Pangermanismus keine Situation für ihn sei, es war ihm unmöglich, die Verständnisbeziehung Zersplitterung – Pangermanismus nicht zu *beseelen*. Und eben durch diese Stellungnahme – die er selbst war – bereicherte er die Situation *für andere*, stellte sie sich den anderen reicher, flexibler, dringlicher dar. Der Historiker, der die Bedeutungsbeziehungen zwischen Ideen, Bewegungen, einer politischen Situation und Tendenzen oder Ansprüchen beschreibt, behandelt zwar reale Gegenstände, aber sie haben alle das Merkmal der *Unselbständigkeit*[1]. Und die Verbindungen konkreter Logik, die er zwischen ihnen entdeckt, verweisen auf eine menschliche-Realität, die er mit Stillschweigen übergeht. Das ist sein gutes Recht; und er kann gar nicht anders verfahren. Doch der Irrtum, den er dann begeht, besteht darin, daß er diese Verbindungen erst als unabhängig und *danach auf* die Menschen einwirkend zeigt, während sie doch ohne die Menschen nicht existieren und nur das sind, zu dem hin sie sich entwerfen und das sie eben durch ihren Entwurf selbst existieren lassen. In diesem Sinne müßte die von politischen Gegebenheiten ausgehende Beschreibung der konkreten Entwicklung einer Ideologie einhergehen mit der Monographie einer der wichtigen Persönlichkeiten der Epoche, um die Ideologie als gelebte Situation und von einem menschlichen Entwurf als Situation konstituiert zu zeigen. Gewonnen wäre damit, daß wir nicht mehr das bloße abstrakte Verständnisschema (zum Beispiel: Zersplitterung – Pangermanismus), sondern eine Synthese von Bedeutungen sehen, die zu den verschiedensten Schichten gehören, so daß das abstrakte

1 Deutsch im Original.

Schema nur noch ihre Achse und ihre zentrale Struktur wäre. Also ein synthetisches Korrektiv gegen die abstrakte Zerlegung, in etwa das, was für Comte die konkreten Wissenschaften sind, nämlich synthetisches Wiederzusammensetzen des Realen durch die gleichzeitige Verwendung der verschiedenen abstrakten Wissenschaften – während die abstrakten Wissenschaften nur die Untersuchung der Möglichkeitsbedingungen eines allgemeinen Phänomens sind. In diesem Sinne könnte man auch sagen, daß in dieser Trennung der Bedeutungen in parallele Schichten weder ein großes Geheimnis noch eine große Schwierigkeit liegt. Sie sind deshalb getrennt, weil der Historiker die abstrakten Möglichkeitsbedingungen eines konkreten, menschlichen Phänomens untersucht und das Menschliche dabei prinzipiell beiseite läßt. Die Hungersnot, die Niederlage Frankreichs und der Proudhonsche Föderalismus laufen parallel und berühren einander niemals, wenn man sie zuerst als Möglichkeitsbedingungen der Commune abstrahiert. Aber in dem totalen Entwurf seiner selbst, den ein Arbeiter von Belleville am 18. März machen konnte[1], waren alle diese Faktoren in der Einheit ein und derselben Bewegung vereint.[2]

Im Foyer spielen zwei Mobilgardisten Pingpong. Der Kriegsrichter, ein Mann aus dem Süden, von dem ich schon gesprochen habe, nähert sich freundlich: «Mal sehen, ob ihr die Bälle genauso geschickt fangt wie die Delinquenten.»

Angélica von Léo Ferrero[3] gelesen. Schwach. Absurde Fabel: es ist Orlandos Schuld, wenn ihm sein Befreiungswerk mißlingt. Die erste Pflicht eines Revolutionärs, der die Revolution gemacht hat, ist es, die Macht zu ergreifen. Auch dann, wenn diese Revolution gemacht worden ist, um einem Volk die Freiheit wiederzugeben. Ein Volk von einem Tyrannen befreien und dann, nachdem man es des Führers

1 Am 18. März 1871 verbrüderte sich die Armee, die gekommen war, um die von den Revolutionären entwendeten Kanonen zurückzuholen, mit dem aufständischen Volk. Wenig später wurde die Commune gebildet.

2 Diese Überlegungen über das Individuum und die Geschichte sind der Ansatz für die Konzeption der Dialektik, die Sartre erst in seiner Flaubert-Biographie ganz entfalten wird – siehe *L'Idiot de la famille* (1971/72 bei Gallimard in Paris erschienen) [dt. *Der Idiot der Familie*, Rowohlt Taschenbuch Verlag, Reinbek 1977–1980].

3 Bei Rieder in Paris 1934 erschienen.

beraubt und ihm nicht beigebracht hat, mit der Freiheit umzugehen, die Verantwortung der Macht ablehnen, das bedeutet, es an Händen und Füßen gefesselt einem anderen Tyrannen ausliefern. Es gibt keine Revolution ohne Diktatur. Weil die Führer der Commune nicht *zuerst* Diktatoren gewesen sind, sind sie zugrunde gegangen.

Mittwoch, 13. März

Sonderbarer Umschwung in meiner Stimmung. Gestern gegen sechs Uhr flimmern plötzlich meine Augen, verlöschen halb, und ich lebe eine Viertelstunde in leerer nervöser Angst, jener Angst, die ich 1935 für Wahnsinn hielt. Es geht vorbei, und für den Rest des Abends bin ich erschöpft. Woraufhin ich heute glücklich aufwache, es ist ein komisches Glück mit verbundenen Augen, ein Glück aus Mangel. Ich, der ich bis gestern sensibel und über mein ganzes Universum gespannt war wie ein Spinnennetz – so wenig in meiner engen Gegenwart, daß ich gerade nur die Zeit verrinnen fühlte –, bin nun zusammengerollt, knickrig, sparsam, sogar geizig, aus Unfähigkeit, meine Sorgen auf das Maß meines wirklichen Lebens aufzublähen; ich kümmere mich nicht mehr um Paris, weder um meine Zukunft noch um die Zukunft der Gemeinschaft, der ich angehöre. Auf Sparflamme; knickrig in einem verkürzten Universum; ich habe so etwas wie den frivolen und mürrischen Willen, mich nicht anöden zu lassen. Glückliche Atonie, Freuden eines Idioten: ich löse gewissenhaft die Kreuzworträtsel in *Marianne*[1], ich finde den *Canard enchaîné* komisch. Alle Gegenstände meiner Umgebung faszinieren und fixieren mich, ich tauche hinein. Die Augen immer noch sehr angegriffen.

Ich gehe auf einer kleinen schlammigen Abkürzung zwischen zwei langen Mauern zur Post hinunter, um meine Briefe aufzugeben. Ich betrachte die von winzigen Pflanzenresten übersäte schwarze Erde, und die Erinnerungen sind da. Zuerst, ich weiß nicht, warum, ein Spaziergang, den ich mit Olga gegen vier Uhr morgens, im Juni, durch die Rue Eau-de-Robec gemacht habe; in jener Nacht sind wir nicht schlafen gegangen. Dann ein Weg in Arcachon, mit Kiefernnadeln bedeckt, auf dem der Castor und ich wanderten, von einer schwindsüchtigen Stille umgeben; es roch nach Meer, warmem Sand und Harz. Ich habe zu denken versucht: das alles habe ich gehabt, *ich*.

1 Politisch-literarische Wochenschrift, von Emmanuel Berl gegründet.

Wie mein Roquentin, der zu denken versucht, daß er den Ganges und den Tempel von Angkor gesehen hat. Und es hat nichts gebracht. Vor allem hätte ich gern diese mürrische und verkrustete Gestalt gespürt – die jeden Tag Briefe zur Post brachte –, umhüllt von der Leidenschaft und, warum nicht, von der Gnade, die ich in jener Nacht in Rouen erleben durfte. Es war ein Augenblick meines Lebens, der einen *Wert* gehabt hatte. Ich erinnerte mich an alles: wir waren in der Dunkelheit um das neue Schwimmbad herumgegangen, und der Nachtwächter war wütend herausgekommen: «Das ist verboten; wenn ich Ihnen eine Kugel in den Hintern gejagt hätte, wär's Ihnen nur recht geschehen.» Wir waren wohl zwanzigmal an denselben Orten gewesen, wir hatten gesehen, wie sie Abendtoilette machten und einschliefen; das *Café Victor*, das zuerst mit all seinen Lichtern funkelte gegenüber einer großen grünen Leuchtreklame auf der anderen Seite der Seine, hatte geflackert, zuerst hatte es zugemacht, und die auf der riesigen Terrasse gestapelten Stühle hatten sich wie Schattenspiele von der Glasscheibe abgehoben vor den bleichen Lichtern im Innern, wo die Kassiererin abrechnete, die Kellner ihre Schürzen abnahmen und zusammenfalteten. Dann waren auch diese Lichter ausgegangen, und die Scheiben waren schwarz und stumpf geworden, die Stühle waren von der Außenwelt ergriffen worden, sie gehörten den Quais, der Nacht wie die reglosen Kräne im Hafen. Sie waren schon etwas mehr Schrott, etwas weniger Stühle. Das *Océanic* hatte vier- oder fünfmal die Kundschaft gewechselt, die schönen Nutten, die in dem großen Tanzlokal der Stadt (ich habe seinen Namen vergessen) als Animierdamen fungierten und, wie wir gesehen hatten, um acht Uhr aus den Zimmern des *Océanic* heruntergekommen waren, um in der Bar eine feste Mahlzeit zu sich zu nehmen, gelockt, geschminkt, herausgeputzt, gepudert, in ihren Lamékleidern, sahen wir um Mitternacht, um ein Uhr wieder, schweißgebadet, gerötet und zerzaust, mit Männern zu Abend essen. Dann hatte auch das *Océanic* zugemacht; durch die Ritzen der hölzernen Fensterläden hatten wir Lichtstreifen gesehen, die uns anzeigten, daß es heimlich geöffnet blieb für die Eingeweihten, für die Freunde des Besitzers, eines wortkargen Rohlings, den man den Kanadier nannte. Wir waren durch dunkle, enge Straßen gegangen, in denen die Schritte widerhallten, und wir hatten instinktiv die Stimme gesenkt in diesen Straßen und geflüstert. Dann waren wir in der *Nicod Bar* gewesen, dem einzigen Bierlokal in Rouen, das die ganze Nacht geöffnet blieb; es war eine fahle, grelle Atmosphäre, blendendes Scheinwerferlicht in einem vollen Saal, in dem die Musiker, die gerade aus dem Tanzlokal kamen, mit normannischen Bauern zusammenhockten, die auf den ersten Morgenzug warteten. Und dort war ihr schlecht geworden, sie war rausgegangen. Ich hatte sie gefragt: «Sind Sie krank?», und sie hatte mir gesagt: «Ich habe gerade gekotzt, Sie sind mir so sympathisch heute abend, daß ich es Ihnen nicht verheimlichen kann», mit einem komischen und bezaubernden Gesichtsausdruck, der mich aufgewühlt hatte. Und dann waren wir gegangen, wir waren in der Rue-Eau-de-Robec gewesen. Da es schon hell wurde, waren wir in die Rue Jeanne-d'Arc zurückgekehrt und hatten uns im Morgengrauen in den Schaufenstern der Schuhgeschäfte Schuhe angesehen, weil sie immer sagte, meine seien so häßlich. Ein seltsamer Anblick, den diese Schuhe, die am Abend vorher noch angestrahlt waren von den Rampenlichtern, jetzt im grauen Schein des Morgens boten, stumpf, abgeschminkt, tot und doch unverschämt neu mit dem leeren und schwarzen Geschäft hinter ihnen. Wir sind bis zum Bahnhof gegangen, wir haben uns auf eine Bank auf dem Boulevard de la Marne gesetzt und haben Poker-As gespielt.

Jene Nacht ist von Wohlgeruch erfüllt; ich hatte einen Wert – sie auch, das weiß ich bestimmt; ich war nicht sehr glücklich, ich hatte keinerlei Hoffnung, aber wir waren zusammen, und ich hatte sie die ganze Nacht für mich, und die Nacht umschloß uns von allen Seiten, es war sinnlos, zu fragen, was am Morgen geschehen würde (tatsächlich war der Morgen eine Katastrophe, Haß, Zerwürfnis und was weiß ich noch alles). Ich glaube wirklich, daß diese Nacht für mich ein privilegierter Augenblick war; ich frage mich, welche Erinnerung sie daran bewahrt hat. Vielleicht gar keine, vielleicht hatte sie Hintergedanken, die ich nicht ahnte, vielleicht hat ihr der Haß vom nächsten Tag für immer das Unbeschwerte dieser Nacht verhüllt. Und dann ist es nicht mehr dieselbe Olga, weder für mich noch für sie. Und ich bin nicht mehr derselbe. Das wollte ich hier notieren – und dann habe ich mich hinreißen lassen, diese Nacht zu beschreiben. Als die Erinnerung gekommen ist, habe ich ihr gleichsam zugerufen, ich hätte mir gewünscht, daß sie mich unaufdringlich schmückt, mich aus meiner verfluchten dreckigen Soldatenhaut befreit. Und in gewisser Weise hat sie geantwortet, sie hat sich mir hingegeben, soweit sie konnte, sie hat sich mir geöffnet wie eine Mutter mit vielen Kindern unter ihren Röcken und hat eine ganze Schar anderer kleiner Erinnerungen herausschlüpfen lassen. Aber sie hat nicht getan, worum ich sie bat: sie hat nicht *angebissen*. Im Grunde wollte ich *der Mensch sein, der diese Nacht erlebt hat*. Ich wollte nicht nur, daß sie *vor mir* stünde wie ein Bruchstück der verlorenen Zeit, sondern daß meine Leidenschaft von damals in mir wäre wie eine Kraft. Ich wollte, daß diese verlorene, aber so stark erlebte Zeit eben keine verlorene Zeit wäre. Ich wollte, um offen zu sein, daß sie mir guttut, so wie man sagt: «Essen Sie doch, das kann Ihnen nicht schaden, das wird Ihnen guttun.» Ich fühlte mich so mickrig, so schmächtig auf diesem schlammigen Pfad, so sehr «Soldat, der seine Briefe zur Post bringt», und nur das, daß ich mich gern mit allen meinen vergangenen Lieben und Qualen gemästet hätte. Aber vergebens: ich habe mich diesen Erinnerungen gegenüber völlig frei gefühlt. Das ist der Preis der Freiheit, man steht immer draußen. Man ist von den Erinnerungen wie von den Anlässen durch *nichts* getrennt, es gibt keine Periode des Lebens, an die man sich *anhängen* kann, so wie die verbrannte Milch am Topf «anhängt»; nichts prägt, man ist ständige Flucht; gegenüber dem, was man gewesen ist, ist man immer dasselbe: *nichts*. Ich fühlte mich zutiefst *nichts* gegenüber dieser vergangenen Nacht, sie war für mich wie die Nacht eines Anderen. Ich hatte diese wehrlose Schwäche der Vergangenheit in *La Nausée* vorausgeahnt, aber einen falschen Schluß gezogen, ich hatte gesagt, daß die Vergangenheit sich vernichtet. Das stimmt nicht, sie existiert immer; im Gegenteil, sie existiert *an sich*. Nur wirkt sie nicht stärker auf uns, als wenn sie nicht existierte. Es hat keinerlei Bedeutung, ob man nun diese Vergangenheit oder jene Vergangenheit hat. Damit sie existiert, müssen wir uns durch sie hindurch in eine bestimmte Zukunft werfen; wir müssen sie wieder auf uns nehmen *für* diesen oder jenen künftigen Zweck. Jedesmal entscheidet ein Akt der Freiheit über ihre Wirksamkeit und sogar über ihren Sinn. Aber es nützt nichts, die Welt durchreist, die heftigsten Leidenschaften empfunden zu haben, immer werden wir, wenn es sein muß, der leere, arme Soldat sein, der seine Briefe zum Briefkasten bringt; jede Solidarität mit unserer Vergangenheit wird in der Gegenwart durch unsere Selbstgefälligkeit beschlossen.

Vor fünf Tagen habe ich einen Brief von den *Cahiers de Paris* erhalten[1]:

1 Populistische Kunst- und Literaturzeitschrift.

«Monsieur – Ihr Name ist zusammen mit einigen anderen für den Preis des *Roman Populiste* vorgeschlagen worden. Falls Sie sich bewerben, wären wir Ihnen zu Dank verpflichtet, wenn Sie den Mitgliedern der Jury ein Exemplar Ihres Buches sowie ein Bewerbungsschreiben übersenden würden.»

Zuerst zufrieden: ich bin weit weg, bei der Armee, ich brauchte mir die Hände nicht schmutzig zu machen. Immer dieser Hochmut, der mich um nichts bitten läßt. Trotzdem sehr zufrieden, falls ich ihn kriegen sollte, diesen mit 2000 Francs dotierten Preis. Woraufhin ich den Brief noch einmal lese und merke – was für ein Pech –, daß man sich bewerben muß. Der ganze insulare Hochmut bricht zusammen, ich kann meine Hände nicht mehr in Unschuld waschen. Dann fällt mir auf, daß es sich um einen *populistischen* Preis handelt. Sich bewerben heißt also sich unter das populistische Banner scharen, da ich ja einen populistischen Preis bekommen und verlangen soll. Also beschließe ich abzulehnen. Doch der tiefere Grund ist, daß ich den Preis als gebratene Taube bekommen und mich nicht kompromittieren will. Falschheit und Unauthentizität in dieser Hinsicht. Denn wenn ich Preise verschmähe, muß ich sie auch ablehnen. Und wenn ich sie begehre, muß ich es auf mich nehmen, mich um sie zu bewerben. Die List bestand hier darin, diesen Anfall von Hochmut unter dem Vorwand zu vertuschen, den Titel Populist abzulehnen. Woraufhin ich die Sache dem Castor schreibe und sie nach ihrer Meinung frage. Sicherlich war es normal, den Castor um Rat zu fragen; bei jeder derartigen Gelegenheit hätte ich es getan. Aber allein dadurch, daß ich sie um Rat frage, wende ich das Blatt, denn ich weiß, was sie mir antworten wird. Der Castor ist ohne Anstrengung authentisch, ich würde sagen: von Natur aus, wenn die Authentizität je in der Natur ihren Ursprung haben könnte. Ich wußte, daß sie mir einfach antworten würde: «Was liegt an der Etikette; wir brauchen Geld. Versuchen Sie es zu kriegen, wenn es sich anbietet.» Ich war also, als ich ihr schrieb, schon mehr als zur Hälfte durch die Antwort überzeugt, die sie mir noch gar nicht gegeben hatte. Hier erneute Schweinerei: da ich wußte, daß der Castor die Frage auf den Boden des Geldes stellen würde, stellte ich sie selbst darauf, indem ich ihr schrieb, und hielt sie auch später dort fest. Daher die Möglichkeit, eine eventuelle Annahme mit Zynismus zu färben: ich tue es nur des Geldes wegen, man kann doch einen etwas demütigenden Schritt des Geldes wegen tun. Das war wieder eine Art, zu entwischen und meinen Hochmut zu beschwichtigen: es geht nicht darum, sich dem Urteil von Schriftstellern zu beugen, die älter sind als ich, sondern naiven Leuten zweitausend Francs aus der Tasche zu ziehen. Und ich blinzelte mir zu und dachte: die braven Narren. Was mir durch den Eindruck – den ich immer gehabt habe – erleichtert wurde, daß diejenigen, die meine Werke ernst nehmen, Schafsköpfe sind. Das liegt natürlich an dem «bißchen Realität» und an meiner Unfähigkeit, mich ernst zu nehmen. Aber bin ich wirklich so lauter? Was genau halte ich eigentlich von *Preisen*? Nun, einerseits kitzelt es mich, wenn ich mir den brausenden Beifall vorstelle, der zum Beispiel um einen Goncourt-Preisträger losbricht. Und andererseits ist mir die Vorstellung, daß man seinen Preis dem *Urteil* gewisser Leute verdankt, unerträglich. Ein Foto in *Match* zeigte den alten Rosny[1], wie er Troyat beglückwünscht, der soeben preisgekrönt worden war. Troyat[2] beugte sich respektvoll nach vorn, mit einem aufmerksamen Lächeln, jener Art Lächeln, das man hat, wenn man versucht, die Worte eines ehrwürdigen alten Mannes zu verstehen, der einen Kloß im Mund hat. Und der Alte sagte: «Sehr gut, junger Mann, machen Sie weiter so.» Es hat mich angeekelt. Ein Preis, insofern er *verliehen* wird, ekelt mich also an. Und gewiß finde ich auch nicht, daß man besonders schlau aussieht, wenn man ihn besitzt, wenn man «der Sowieso, Prix Renaudot, Prix Goncourt» wird. Das wirkt wie die Krönung einer Unschuld vom Lande, und man sieht noch lange wie eine Unschuld aus, solange die Erinnerung an den Preis nicht verblaßt ist. Aber ich weiß nicht, es gibt noch etwas dazwischen, eine Art, bei der der *Preis* als gesellschaftliches Phänomen erscheint, völlig unabhängig von denen, die ihn verleihen, eher wie die Wiederkehr eines jährlichen Sonnenfestes, das sich launisch auf einem erwählten Haupt niederläßt – und so betrachtet, das heißt im Grunde ein Jahr lang als Nutznießer einer ehrwürdigen Institution, würde ich mir gar nicht so sehr mißfallen. Demnach verschleiert der Zynismus einen verdächtigen Hang zur Weihung. Blieb die Tatsache, daß mein lieber kleiner Hochmut noch ein wenig blutete, weil ich ganz und gar nicht sicher war, ob ich diesen Preis überhaupt bekäme. Gegen meinen Willen habe ich 38/39 die komische Rolle des ewigen Bewerbers gespielt. Die Zeitungen erwähnten

1 J. H. Rosny der Ältere (1856–1940), Romanautor, Präsident der Akademie Goncourt

2 Henri Troyat erhielt 1938 den Prix Goncourt für seinen Roman *L'Araigne*.

mich für den Goncourt. Dann hat Nizan mir gewissermaßen den Renaudot angeboten, Charensol und Descaves[1] hatten ihm gesagt, die Sache sei sicher. Nach diesen beiden Schlappen machte Gallimard viel Wind, damit ich den Preis der Renaissance bekäme. Das war die dritte Schlappe. Schließlich kam der Krieg, ich vergaß, daß es überhaupt Preise gibt, und dann erfuhr ich zu meiner Überraschung, daß komischerweise zwei Hartnäckige, ohne daß jemand sie darum gebeten hätte, mir ihre Stimme für den Renaudot 39 gegeben hatten. Das alles hat mich kaltgelassen, weil es ohne mich verhandelt wurde. Aber sollte ich jetzt zum fünftenmal starten, nur um einen Konkurrenten fünf Längen vor mir ankommen zu sehen? Das grenzte ja allmählich an Todesmut. Trotzdem hatte ich irgendein vages Vertrauen: diesmal würde es klappen. Und dann las ich jenen Artikel in *Match*, der mich daran erinnerte, daß Troyat den populistischen Preis bekommen hatte, und er nahm mir einen Vorwand: Troyat hat nichts von einem populistischen Romancier. Und auch die Mitglieder der Jury (Duhamel, Jaloux, Romains) sind nicht alle populistisch. Kurz, ich war ins Wanken geraten, und da hat mir das kleine Selbstporträt, das ich in diesen Heften versuche, genutzt: ich habe mir in Erinnerung gerufen, was ich über die List meines Hochmuts geschrieben hatte, und habe mich entschlossen, falls der Castor mich dazu ermutigen sollte, tapfer und auf eigene Gefahr als Bewerber aufzutreten. Heute ist des Castors Antwort eingetroffen, sie entspricht meinen Vorhersagen – und ich habe siebzehn Bewerbungsbriefe geschrieben, meine Hand war ganz lahm davon. Allerdings konnte ich es nicht lassen, die würdigsten Floskeln zu wählen, so daß ich mich in meinen Augen noch als denjenigen vorstellen konnte, der das strikte Minimum tut, um zu erreichen, was er will.[2]

Daneben spielte sich eine kleine Komödie ab, die, nachdem sie meinen Hochmut befriedigt hatte, im Sande verlief. *L'Imaginaire* sollte erscheinen. Und Paulhan schrieb mir am 7.: «Wahl spielt mit dem Gedanken, Sie gegen Ihren Willen zum Doktor zu machen, im Einvernehmen mit Brunschvicg. Es geht wohl darum, *L'Imaginaire* in

1 Georges Charensol, von den *Nouvelles littéraires*, Kunstkritiker, und Pierre Descaves, Journalist und Romanautor, gehören der Jury des Prix Théophraste Renaudot an.

2 Sartre wurde im April der Preis des *Roman populiste* für seinen Erzählband *Le Mur* [Die Wand] verliehen.

eine Dissertation umzuwandeln, Sie müßten dafür nichts anderes tun, als sein Erscheinen ein wenig hinauszuzögern.» Jawohl, so lasse ich mich gerne behandeln. Daß man mir *gegen meinen Willen* eine Würde verleiht und sich fast dafür entschuldigt. Ich war sehr aufgeregt und stellte mir vor, immer um Dankbarkeit zu vermeiden, daß Wahl zu Brunschvicg sagt wie Favre[1] über Rochefort[2] am 4. September 70: «Es ist besser, ihn drinnen zu haben als draußen.» Ich schrieb einen würdevollen Zustimmungsbrief. Komisch jedoch ist, daß *L'Imaginaire* in der Zwischenzeit erschienen war. Ich habe Paulhan wegen der machiavellistischen Bedürfnisse seiner Politik im Verdacht, daß er gewartet hat, mir zu schreiben, bis er sicher sein konnte, daß *L'Imaginaire* erscheinen würde, bevor er meine Antwort erhielt. Zwei gemeine Fußtritte gegen meinen Hochmut oder besser, denn es ist nicht einmal Hochmut, gegen meine Eitelkeit.

19 Uhr 45. Auf der Post erfahre ich von der Kapitulation Finnlands. Schmerzlicher Eindruck.

Donnerstag, 14. März

Wir rücken morgen nachmittag nach Brumath ab. Angeblich freut man sich dort, uns wiederzusehen.

Poupette, die *L'Age de raison* abtippt, schreibt dem Castor: «Es macht mich immer trübsinnig, wenn ich Sartres Werke tippe. Mit ihm zu sprechen ist erfrischend, seine Werke zu lesen und dann an etwas anderes zu denken könnte auch noch angehen. Aber bis zum Hals darin zu leben, das ist gräßlich. Ich hoffe, es sieht in seinem Innern nicht so aus, wie er die Leute in seinen Büchern schildert, denn dann wäre sein Leben kaum zu ertragen.»

Das gibt mir zu denken: warum sind Antoine Roquentin und Mathieu, die *ich sind*, in der Tat düster, während sich, mein Gott, das Leben für mich gar nicht so übel darstellt? Ich denke, das liegt daran,

1 Es handelt sich um den Republikaner Jules Favre, der am revolutionären Tag vom 4. September 1870 teilnahm.

2 Henri Rochefort, Gründer von *La Lanterne*, heftig antinapoleonisches Wochenpamphlet, war einige Tage lang Mitglied der aus der Revolution vom 4. September 1870 hervorgegangenen Regierung.

daß sie Homunkuli sind. In der Tat sind sie *ich, dem man das Lebensprinzip aus dem Leib gerissen hätte*. Der wesentliche Unterschied zwischen Antoine Roquentin und mir besteht darin, daß ich die Geschichte von Antoine Roquentin schreibe. Es geschieht hier etwas Ähnliches wie jener Zerfall der niederen Lebensfunktionen, mit dem Mourgue[1] die Halluzinationen erklären will. In allen unseren Gedanken, in allen unseren Gefühlen gibt es, an ihrem Platz, eine Komponente entsetzlicher Traurigkeit. Aber wenn die hierarchische Integration streng ist, wenn die innere Organisation durch synthetische Prinzipien gesichert ist, dann ist diese Traurigkeit ungefährlich; sie geht in dem Ganzen auf wie der Schatten, der das Licht schärfer hervorhebt. Zieht man jedoch aus der Mischung ein Leitprinzip heraus, dann beginnen die sekundären Strukturen, die bisher dem Ganzen unterworfen waren, für sich allein zu existieren. Die «kosmische Traurigkeit» setzt sich für sich. Genau das habe ich getan: ich habe meinen Personen meine manische Leidenschaft für das Schreiben weggenommen, meinen Hochmut, meinen Glauben an mein Schicksal, meinen metaphysischen Optimismus, und habe daher in ihnen ein düsteres Gewimmel hervorgerufen. Sie, das bin ich als Enthaupteter. Und da man an ein synthetisches Ganzes nicht rühren kann, ohne es kaputtzumachen, sind diese Helden nicht lebensfähig. Ich hoffe, daß sie als romanhafte, imaginäre Geschöpfe nicht ganz lebensunfähig sind, aber sie können nur in dem künstlichen Milieu existieren, das ich um sie herum geschaffen habe, um sie zu nähren: außer der Traurigkeit des Zerfalls, die ich vorhin erwähnte, haben sie noch eine andere, tiefere, die vorwurfsvolle und verbitterte Traurigkeit des Homunkulus in seiner Flasche; sie wissen, daß sie nicht lebensfähig sind und durch künstliche Ernährung am Leben erhalten werden, und der Leser fühlt sich in dem Maße, wie er sie mit seiner Zeit konstituiert, von der metaphysischen Traurigkeit der prähistorischen Tiere durchdrungen, die wegen ihrer unzulänglichen Beschaffenheit zum baldigen Aussterben verurteilt sind. Fabrice aus *La Chartreuse de Parme* dagegen ist sogar noch in der tiefsten Verzweiflung für den Leser eine Quelle ständigen Glücks, weil er *selbständig*[2] ist. Er steht auf eigenen Füßen, er ist lebensfähig, es gibt bei ihm keinerlei Zerfall. Ich sage das

1 Raoul Mourgue ist u. a. Verfasser von *Neurobiologie de l'hallucination* (M. Lamertin, Brüssel 1932), das Sartre in *L'Imaginaire* zitiert.
2 Deutsch im Original.

ohne Neid und ohne Bescheidenheit: Stendhal ist mir aus ganz anderen Gründen überlegen. Wir haben nämlich nicht dasselbe Ziel. Meine Romane sind Experimente, und sie sind nur durch Zerfall möglich. Mir scheint, daß die Gesamtheit meiner Bücher optimistisch sein wird, weil sich durch diese Gesamtheit das *Ganze* rekonstituieren wird. Aber jede meiner Personen ist ein Krüppel. Eigentlich soll Mathieu in meinem letzten Band eine Totalität werden, aber gleich darauf wird er sterben. Aus diesem Grunde, glaube ich, kann ich düstere Bücher schreiben, ohne daß ich selbst traurig oder ein Scharlatan bin, und an das glauben, was ich schreibe.

Das Wort *pulluler* [wimmeln], das mir so oft in die Feder fließt und das ich gerade auf der letzten Seite verwendet habe, hat für mich den Zauber behalten, den es in meiner Kindheit hatte. Es ist kein erlerntes Wort, sondern ein Wort, dem ich begegnet bin. Eines schönen Tages, als ich ein Bilderbuch von Boutet de Monvel[1] über die Geschichte Frankreichs aufschlug (ich war sechs Jahre alt), sah ich ein großes farbiges Bild, auf dem splitternackte blonde Kinder mitten unter rosigen, sauberen Schweinchen abgebildet waren. Es war ein appetitliches Durcheinander; die Schweine trampelten auf den Kindern herum, die Kinder zogen die Schweine am Schwanz, das alles in einer heiteren, prähistorischen Landschaft, die Heiterkeit war durch schöne Bäume und grünes Laub dargestellt, die Vorgeschichte durch große graue Felsen mit tiefen Höhlen. Darunter stand: *«Ils pullulent, les petits cochons»* [sie wimmeln, die Schweinchen]. Ich kannte das Wort nicht, und daher sah ich es mit entzückten Augen in seiner reinen Individualität. Das *pullu* belustigte mich sehr, und die beiden *l* nach dem *u* ließen mich an *bulle* [Blase] denken – Seifenblase zum Beispiel (schon das Wort *bulle* war für mich äußerst lustvoll zu lesen wie auszusprechen). Und die Schweinchen und die Kinder auf dem Bild hatten die Leichtigkeit, die luftige Sauberkeit von Blasen. Schließlich besaß das Wort, noch bevor ich es verstand, bereits eine affektive Bedeutung, die es immer behalten hat: das bunte und reine Gewimmel der Luftballons, an einem langen Stab, die die Händler des Luxembourg damals verkauften. Am liebsten würde man nur mit solchen Wörtern

1 Maler und Kinderbuchillustrator (1851–1913). Sartre irrt sich: Job ist der Autor der Illustrationen, an die er sich erinnert, und das Buch, von dem hier die Rede ist, ist von Georges Montorgueil (Boivin, 1898). Vgl. *Lectures de Sartre*.

schreiben, aber es ist nicht sicher, daß sie beim Leser denselben Eindruck hervorrufen, und außerdem braucht man Stützen, einen verbindenden Stoff aus Wörtern von rein semantischem Wert. Diese Erfahrung sowie einige ähnliche Begegnungen haben mich zutiefst von der grundlegenden Sauberkeit der Schweine überzeugt im Gegensatz zu ihrem gewöhnlichen Ruf. Dieser Glaube ist an meiner Vorliebe für Schweinefleisch nicht unbeteiligt. Wohingegen das Kalb, fahl und traurig, schon lebendig so aussieht, als sei es bereits gekaut worden.

Die Entrüstung, die die schwedische «Feigheit» [1] in der französischen Presse auslöst, ist genau die gleiche, die vor drei Jahren unsere Haltung gegenüber Spanien ausgelöst hat.

Ein sehr bezeichnender Brief Wilhelms II. auf seiner letzten Reise (1912) nach England:

«Ich hatte im Schloß Windsor die Zimmer meiner Eltern zugewiesen bekommen, in denen ich als kleiner Junge oft gespielt ... Es waren mannigfache Erinnerungen, die mein Herz durchzogen ... Sie riefen mein altes Heimatgefühl von neuem wach, welches mich an diesen Ort so fest bindet und das mir persönlich im Hinblick auf die politische Seite die letzten Jahre besonders schwer zu tragen gemacht hat. Ich bin stolz, diesen Ort meine zweite Heimat zu nennen und ein Mitglied dieser königlichen Familie zu sein ... Auch fand ich noch einen Platz in der Erinnerung, wo ich als Kind infolge des vielen Puddingessens mich kolossal übergeben habe.»

Die *Nouvelle Revue française* vom März erhalten. Meinen Artikel über Giraudoux noch mal gelesen.[2] Ich hätte den «Rationalismus aus Höflichkeit» stärker betonen sollen. Giraudoux' Welt ist eine Welt gefertigter Gegenstände. Nur von einem Tisch kann man sagen, er habe vier Beine, weil er Tisch ist. Zu vergleichen mit dem Sieg des Kapitalismus und dem Auftauchen des Serienprodukts, das «geformt» herauskommt, ohne daß menschliche Arbeit *an ihm* verrichtet wurde.

1 Schweden blieb im Zweiten Weltkrieg neutral.

2 *M. Jean Giraudoux et la philosophie d'Aristote. A propos de «Choix des Élues»*, in: *La Nouvelle Revue française* Nr. 318, März 1940. *Choix des Élues*, der Roman von Giraudoux, erschien 1939 bei Grasset in Paris.

Auch die ersten 180 Seiten meines Romans erhalten, von Poupette abgetippt. Enttäuschung: zu lyrisch, der Zusammenhang der Kapitel ist nicht klar genug. Unschlüssigkeit über Mathieus Charakter und seine Bestrebungen. Man spürt nicht genug Vergangenheit hinter der Gegenwart der einzelnen Personen. Zu überarbeiten.[1]

Schrecklicher Wind heute abend; er bringt die elektrischen Leitungen durcheinander, und die ganze Stadt ist in Dunkel getaucht. Ich schreibe das bei Kerzenschein, einer beschwerlichen, aber charmanten Beleuchtung.

Freitag, 15. März

Aufbruch nach Brumath um 14 Uhr 30 – Ankunft um 17 Uhr. Wir finden die Schule wieder, aber unsere Büros sind im ersten Stock. Pieter[2] und Paul[3] haben Zimmer in der Stadt, ich schlafe im Büro.

Samstag, 16. März

Heute morgen in die *Rose* gegangen. Im November gab es hier eine reizende kleine Kellnerin, rothaarig und dumm, immer schläfrig, namens Jeanette. Ich schaute ihr gern zu. Jetzt hat sie zerzauste Haare, sie schminkt sich, trägt ein hochgeschürztes Kleid und sagt *Punaise!* (vor uns war eine Division aus dem Süden hier). Alice, die dicke Braune, die mit jedermann schlief, rauscht um acht Uhr zwanzig lär-

1 Um seinen Gestalten mehr Dichte zu verleihen, versucht Sartre in einem Prolog, den er am übernächsten Tag beginnt, ihnen eine Vergangenheit zu geben: *«Das wird am 10. Juni 1928 sein (genau zehn Jahre vor der Geschichte) (...) Man wird mehr den Eindruck des Alterns und das Alter der Reife danach haben.»* Siehe Brief an Simone de Beauvoir vom 15. März und folgende.

2 Trotz den zuweilen gereizten Bemerkungen, die Sartre über Pieters Charakter macht, blieben sie während ihres ganzen militärischen Abenteuers einander nahe; sie trafen sich im Juni 1940 im Gefangenenlager wieder und unterhielten auch nach dem Krieg freundschaftliche Beziehungen. Pieter hat Sartre zu der Gestalt des Charlot Wroclaw in *La Mort dans l'âme* inspiriert (Gallimard, Paris 1949, dt. *Der Pfahl im Fleische*, Rowohlt Taschenbuch Verlag, Reinbek 1962/1987).

3 Einige Figuren in *La Mort dans l'âme* verdanken den «Akoluthen» [*acolytes*] sehr viel. Paul inspirierte Sartre zu der Gestalt des Unteroffiziers Pierné.

mend herein. Sie trägt einen schwarzen Pelzmantel und riecht gewaltig nach Parfum. Sie hat einen Soldaten geheiratet. Naudin, der sie gehabt hat, feixt und sagt: «Die Hahnreie haben's gut.»

Sonderbarer, nicht sehr angenehmer Eindruck, sowohl von Heimkehr wie von Fremde. Die Soldaten werden hier mit offenen Armen empfangen, jeder findet sein Liebchen oder seine Quartiergeber wieder, die angeblich Tränen der Rührung darüber vergießen, aber das Spiel wird ohne mich gespielt, keiner erkennt mich wieder, und ich finde niemanden wieder. Außer der dicken Alten aus der *Rose*, die mir herzlich die Hand geschüttelt hat.

Am besten habe ich das nächtliche Gequietsche der Türen in der dunklen, hallenden Schule wiedererkannt. Sie hatten alle einen geheimnisvollen und bekannten Sinn wie eine Verheißung auf Erinnerung. Und es liegt in dieser Schule eine vergangene Atmosphäre, die ich nicht beschreiben kann, die jedoch überall gegenwärtig ist. Es heißt, daß wir nicht länger als acht Tage hierbleiben, und das beunruhigt mich etwas wegen meines Urlaubs. Heute morgen wird mir zum erstenmal seit langem die Zeit lang.

Albert Ollivier, *La Commune*:

«Der Liberalismus ist nicht das richtige Mittel, die Freiheit zu sichern, die Commune mußte das zu ihrem Leidwesen erfahren ... Toleranz ist oft nur Opportunismus, der seinen Namen nicht nennen will.»

Ausgezeichnete Bemerkung in *L'Œuvre*:

«Unter den schlechten Parolen, die der Krieg hervorgebracht hat, ist eine der ärgerlichsten der berühmte Satz: ‹Die Zeit arbeitet für uns.›

Man sagt das listig oder schmunzelnd, augenzwinkernd. Um ein Haar würde man hinzufügen: ‹Die Zeit arbeitet, lassen wir sie, stören wir sie nicht dabei!›

Warum macht man sich nicht klar, daß das die beste Methode ist, Apathie, Phantasielosigkeit und Mangel an Initiative heraufzubeschwören?

Arbeitet die Zeit für uns, wenn Schweden und Norwegen vom Lager der Demokratien in Hitlers Lager überwechseln?

Arbeitet die Zeit für uns, wenn sich das heldenhafte Volk Finnlands dem russisch-deutschen Diktat beugen muß?»

Und folgende Bemerkung von Déat: «Nickel und Eisen unterstehen künftig Deutschland, die skandinavischen Länder werden Stalins und vor allem Hitlers Kunden. Morgen werden die Fjorde zweifellos die deutschen Unterseeboote beherbergen, bis man in diesen heimischen Gewässern Flugbasen einrichtet. Wir haben die skandinavischen Länder verloren. Wenn das so weitergeht, werden wir auch die Balkanländer verlieren. Entweder – oder: entweder man manövriert an den Flügeln, im militärischen Stil, da der Ausfall im Zentrum wohlweislich ausgeschlossen worden ist. Und dann benützt man die Flügel, solange noch Zeit dazu ist. Oder man gibt zu, daß es keine Flügel mehr gibt und daß jede Operation verwehrt ist. In diesem Fall führt man einen anderen Krieg. Einen nicht weniger schwierigen, nicht weniger gefährlichen, nicht weniger totalen Krieg. Aber er verlangt eine andere Diplomatie, eine andere Wirtschaftsorganisation, eine andere Moral, eine andere Propaganda, andere Regierungsmethoden.» [1]

Chaumeix (*Paris-Soir*): «Für England und Frankreich eine unbestreitbare Niederlage.» [2]

Unsere erste Niederlage. Sie wird hier mit einer Art Gleichgültigkeit aufgenommen. Man sagt: «Jetzt wird der Krieg zehn Jahre dauern.»

Sonntag, 17. März

Ich lese *La Vie littéraire* von A. France, Band IV [3], und bemerke zu meiner Verwunderung, daß er schreibt, wie Brichot in *Sodome et Gomorrhe* spricht, und daß er Proust bestimmt Modell gestanden hat; das gleiche Bemühen, literarische oder philologische Bildung mit

1 *L'Œuvre*, Artikel vom selben Tag unter dem Titel «Au fond de la cuvette» [Am Boden der Waschschüssel]. Der Autor belegt die militärische Nicht-Intervention Frankreichs gegen die UdSSR in Finnland. Der Abgeordnete Marcel Déat, «nationaler» Abtrünniger der sozialistischen Partei (S.F.I.O.) und künftiger Verfechter der Kollaboration, ist damals Mitglied eines parlamentarischen Verbindungskomitees, das eine Kampagne für einen «Kompromißfrieden» mit dem Reich auf Kosten der UdSSR durchführt.

2 Es handelt sich immer noch um die finnische Niederlage. André Chaumeix, Journalist und Schriftsteller, ist damals Direktor der *Revue des Deux Mondes*.

3 *La Vie littéraire*, Sammlung von Chroniken, die für *Le Temps* geschrieben worden waren – in vier Bänden. Bei Calmann-Lévy 1888–1892 in Paris erschienen.

dem konkreten Detail zu verknüpfen, was ihn als «Kenner des modernen Lebens» ausweisen soll, um auf beiden Ebenen zu gewinnen, die gleiche affektierte Vertraulichkeit mit berühmten Männern, die gleiche Art, Shakespeare den «großen Will» zu nennen, die gleiche erschreckende und tiefe *Häßlichkeit* hinter den Kunstgriffen des Stils. Es ist *entsetzlich*. Die Beziehungen Brichots zu Madame Verdurin sind sicherlich zum Teil von denen inspiriert, die France zu Madame de Caillavet unterhält.

Montag, 19. März

Courcy: muß Lärm machen, um sicher zu sein, daß er existiert. Er läßt seine Absätze knallen, stößt geräuschvoll den Pfeifenqualm aus, ruft in die Stille hinein: «Was soll die Gute denn tun?» oder: «Na, Alter?» oder: «Oh! sagte er auf japanisch.» Jede seiner Gesten hat außer ihrer besonderen Nützlichkeit das zweite Ziel, ihm zu beweisen, daß er existiert. Ein ewiges «Ich trinke, also existiere ich; ich rauche, also existiere ich» usw. In diesem Moment wandert er auf und ab, knabbert Erdnüsse, denkt, daß er Erdnüsse knabbert, und das sieht man. Ich schreibe, Hantziger tippt, Grener liest. Niemand achtet auf ihn. Er sagt mit schmetternder Stimme und absolut leerem Kopf: «Das ist kein Witz, man hat Lust, Hitlerianer zu werden.» Dann, verschwommen über das nachdenkend, was er soeben gesagt hat (denn er demonstriert sprechend und reagiert dann auf seine eigenen Demonstrationen): «Das stimmt, wenn man sieht, wie das pa-a-assiert.» Dieses «pa-a-assiert» ist ironisch – ebenfalls leer. Sein Ziel besteht darin, seinen Mund mit dem Laut «*a*» zu füllen, was es dem Gaumen und der Zunge gestattet, sich ihrer Existenz zu versichern – und gleichzeitig seinen Sätzen jeden Ernst zu nehmen, denn er würde vor Angst zittern, würde man ihn für einen subversiven Geist oder einfach für jemanden halten, der selber denken kann. Aus Höflichkeit und Stumpfsinn zwingt er sich, jedem ein munteres und optimistisches Wort zu sagen. Zum Beispiel mir plötzlich, heute morgen – ohne der Antwort zuzuhören: «Na, verdammter Glückspilz, jetzt gibt's bald Urlaub.» Hin und wieder versucht er sich in Kraftausdrükken: «Scheiße! Was man sich hier verarschen läßt, Kumpel!» Aber mit einer wohldosierten Schlaffheit und einer Art Zerstreutheit, als wüßte er nichts von diesem Ausbruch, an dem nur sein Mund beteiligt war.

Schlußfolgerung aus jener Geschichte, die ich «Melancholie des Urlaubs» genannt hatte: meine Mutter, die den Protokollführer des Kriegsgerichts kannte, schreibt: «Der Soldat, der das kleine Mädchen erwürgt hat, zum Tode verurteilt war und die Vorbereitungen durch ein Loch in der Mauer gesehen hatte, brüllte wie ein Tier.»

Brief von Bonnafé[1]: «Wie kommen Sie darauf, daß es Ihren Schriften (und Ihrer Person) an jenem Feuer der Sympathie mangelt – das wie die Umarmung in Schweiß und Blut ist, die Handschuhe noch an den Fäusten, wenn man sich wacker geschlagen hat? Gerade das haben Sie doch am meisten. André Rousseaux[2] versteht nichts davon.»

Bestimmt sieht er mich so – und bei ihm verhalte ich mich so, weil ich wirklich Freundschaft für ihn empfinde. Habe ich mich geirrt? Habe ich übertrieben, weil ich von Typen wie Courcy umgeben bin, für die ich keine Sympathie aufbringen *kann*? Sicher ist, daß mein ganz zufällig begonnenes Selbstporträt mir selbst zum Trotz systematisch geworden ist.

Ich schreibe im Augenblick kaum noch in dieses Heft, weil ich zu sehr damit beschäftigt bin, den Prolog zu *L'Âge de raison* zu schreiben. Beschäftigt, angeregt, glücklich.[3] Frage, ob alle diese Notizen nicht meinen Augenblicken niedriger Spannung entsprechen und ob ich mich nicht selbst in niedriger Spannung geschildert habe. Das ist der Fehler von Tagebüchern im allgemeinen. Ich bin froh, wieder in Brumath zu sein. Bouxwiller deprimierte mich.

Ein englischer Offizier sagt zu seiner elsässischen Wirtin: «Der Krieg ist aus, Madame. Aber das Publikum darf es nicht wissen.»

1 Vgl. S. 118, Fußnote 1.

2 Literaturkritiker, der Sartre «eine zu unmenschliche Intelligenz» vorwarf – im *Le Figaro* vom 4. März 1939 (anläßlich des Erzählbandes *Le Mur*).

3 Sartre hat seinen Prolog zu *L'Âge de raison* [*Zeit der Reife*] mit einer «Kindheit Ivichs» begonnen; dies ist vielleicht auch eine Weise, an Olga zu denken, denn er benutzt die Kindheitserinnerungen des jungen Mädchens. S. de Beauvoir, die bei Sartres nächstem Urlaub den Text lesen wird, wird ein negatives Urteil fällen, das ihn veranlassen wird, den Gedanken an einen Prolog aufzugeben.

Mittwoch, 20. März

Ich lese noch mal das *Journal* von Renard.[1] Ein sonderbarer Typ und ein sonderbarer Schriftsteller. Er leidet an einem doppelten Widerspruch. Der erste ist ihm eigentümlich, weil er geschaffen war zu schweigen; hinter ihm stehen Generationen der Stummheit. Seine Mutter spricht in Bauernsätzen, die voller und kürzer sind als die anderen, sein Vater ist eines jener Originale vom Land, zu denen auch mein Großvater väterlicherseits gehörte, der in vierzig Jahren Ehe keine drei Worte an meine Großmutter richtete und den sie «mein Dauergast» nannte. Er hat seine ganze Kindheit unter Bauern verbracht, deren Schweigen und Reglosigkeit er so gut beschreibt und die, auf die eine oder andere Weise, allen die Nutzlosigkeit des Sprechens verkünden.

«Wenn der Bauer nach Hause kommt, bewegt er sich kaum mehr als das Faultier. Er mag die Dunkelheit, nicht nur aus Sparsamkeit, sondern auch aus Vorliebe. Seine brennenden Augen ruhen sich aus.»

Oder die Beschreibung des Père Bulot. Eine neue Magd stellt sich vor:

«Am ersten Tag fragte sie:

‹Was soll ich Ihnen zum Vesper kochen?›

‹Kartoffelsuppe.›

Am nächsten Tag fragte sie:

‹Was soll ich Ihnen kochen?›

‹Ich hab es dir doch gesagt: Kartoffelsuppe.›[2]

Am dritten Tag fragte sie, und er antwortete dasselbe.

Da verstand sie und machte von sich aus jeden Tag Kartoffelsuppe.»[3]

Dieses volle und geizige Schweigen war die Landschaft seiner Kindheit. Poil de Carotte war schweigsam, und wenn Renard in literarischen Kreisen gefürchtet und wenig beliebt war, so lag das daran, daß

1 Die folgenden Seiten (vom 20. bis 23. März) stellen den ersten Entwurf einer Studie über Jules Renard dar, *L'Homme ligoté* (1945). Wiederabgedruckt in: *Situations* I, Gallimard, Paris 1947 [dt. *Der gefesselte Mensch*, in: J.-P. Sartre, *Der Mensch und die Dinge*, Rowohlt Taschenbuch Verlag, Reinbek 1978].

2 Genauer: *Une soupe aux pommes de terre, je te l'ai déjà dit.* [Kartoffelsuppe, hab ich dir schon gesagt.]

3 A. a. O., 25. Januar 1893.

er diesen so geschwätzigen Leuten die Rechte der Stummheit präsentierte. Er war geschaffen, ein Dorforiginal abzugeben; er hatte eine ursprüngliche Misanthropie und etwas Knotiges und Eigenbrötlerisches an sich, das seine Verwandtschaft mit Père Bulot unterstrich. Nur hatte dieses Original Lust zum Schreiben, er kam nach Paris, um das Original *zu spielen*, um seine Einsamkeit in den Gesellschaften, die er suchte, zu bekräftigen, er kam, um schreibend zu schweigen. Daher suchte er, um diesen Widerspruch aufzulösen, nach einer literarischen Form, die dem Schweigen entspricht: die Lakonik. Den kürzesten und vollsten Satz. Den Satz, der die wenigsten Wörter und den reichsten Sinn enthält. Und gleichzeitig den Satz, der es einem, wie das «Kartoffelsuppe» des Père Bulot, soweit irgend möglich erspart, später andere Sätze auszusprechen. Er muß in sich selbst eine *Sparsamkeit* in bezug auf die anderen möglichen Übersetzungen der Idee verwirklichen, die einem in der Gegenwart einfällt, und auch eine Sparsamkeit für die Zukunft. Daher Renards große Illusion bezüglich des Stils: Stil ist für ihn die Kunst, sich kurz zu fassen. Der Gegenstand seiner Studien wird also die Gesamtheit der Mittel sein, in einem Satz die größtmögliche Anzahl von Ideen unterzubringen, das heißt, die Ideen in einen Satz *einzuordnen*. Das Korbproblem: wie bringt man die meisten Backsteine in ein und demselben Korb unter? Daher folgendes Geständnis: was ihn an Romanen interessiert, sind die «Merkwürdigkeiten des Stils».[1] Natürlich ist es töricht, diese Merkwürdigkeiten des Stils in Romanen zu suchen: zum einen findet man sie dort am wenigsten, da in einem guten Roman der Stil hinter der Geschichte zurücktritt. Zum anderen verdirbt man damit den Roman und versteht nichts von ihm. Aber man sieht auch, daß er nicht anders konnte. Er behauptet, von der Poesie angewidert worden zu sein, weil ein Vers noch zu lang ist.[2] Soviel zur Syntax, zum inneren Aufbau des Satzes. Was die Elemente, die *Wörter*, betrifft, so müssen sie mit Sinn aufgebläht, absolut voll sein, ohne eine Lücke, das heißt nicht nur für die besondere Bedeutung der Idee gelten, sondern sie darüber hinaus mit Obertönen anreichern. Er ruft Malherbe zu Hilfe: «Die schöne Rolle, die Malherbe in diesem Augenblick spielen könnte! ‹Mit einem Wort am Platz uns lehren seine Macht.› Und alle anderen Wörter, die glibbrig sind wie Quallen, in den Abfalleimer

1 Genauer: *curiosités de phrases* [Satzmerkwürdigkeiten], 11. Mai 1890.
2 A. a. O., 13. Oktober 1892.

werfen.»[1] Soviel Sinn wie möglich in den Wörtern, soviel Sinn wie möglich im Satz, seiner Gliederung. Es kommt hier zu einer Übersättigung an Bedeutung. Alles kristallisiert. Jeder Satz ist ein in sich geschlossenes, übersättigtes Schweigen. Und das merkwürdigste ist, daß Renard, der so heiß bemüht war, soviel wie möglich mit möglichst wenigen Wörtern zu sagen, absolut nichts zu sagen hatte. Er war nicht sehr intelligent und überhaupt nicht tief. Denn er erstrebt die Ökonomie an Wörtern nicht aus einem Überfluß an Ideen, sondern im Gegenteil, er erstrebt diese Ökonomie um ihrer selbst willen, aus Lust am Schweigen; *um des Schweigens willen* sucht er den Satz, und *um des Satzes willen* sucht er die Idee.

«Wie unnütz ist doch eine Idee: ohne den Satz würde ich mich schlafen legen.»[2]

Denn er glaubt in aller Naivität, daß ein Gedanke sich in *einem* Satz, der ihn ausdrückt, auch erschöpft. Der Satz zwischen den Punkten, die ihn begrenzen, erscheint ihm als natürlicher Körper der Idee. Es kommt ihm nicht in den Sinn, daß eine Idee ein Kapitel, ja ein ganzes Buch benötigen könnte, um sich auszudrücken, oder daß sie sich auch gar nicht ausdrücken läßt, in dem Sinne, in dem Brunschvicg von der «kritischen Idee» spricht, und eine *Methode* darstellen kann, an Probleme heranzugehen. Für ihn ist die Idee eine affirmative Formel, die eine bestimmte Menge von Erfahrungen verdichtet. Idee: Verdichtung von Erfahrungen – Satz: Verdichtung von Ideen.

Beispiel: «Es würde mir soviel Spaß machen, gut zu sein.»[3]

Und das ist der erste Grund für Renards Pointillismus: seine Lakonik sperrt ihn in den Satz ein. Die Maßeinheit seines Stils ist der Satz. Von einem Satz zum anderen gibt es weder Bewegung noch Übergang. Es gibt nichts: Leere. Er ist von Natur aus zum Diskontinuierlichen verurteilt. Auch das ist einer der Gründe – aber nicht der hauptsächliche – für seine ständige Suche nach dem Bild. Durch das Bild drückt man die Idee und ihr harmonisches Jenseits aus; man spart Zeit und nochmals Wörter. Beispiel: «Dieser geniale Mann ist ein Adler, der dumm ist wie eine Gans.» Man sieht, was das Verhältnis Adler – Gans alles bedeutet, wie viele Annäherungen es uns erspart. Das Bild ist für Renard eine Denkabkürzung. Und damit trifft sich dieser ge-

1 A. a. O., 9. August 1893.
2 A. a. O., 1. Dezember 1891.
3 A. a. O., 8. Februar 1890.

lehrte Stil, diese «Kalligraphie», von der Arène[1] spricht, mit der mythischen und sprichwörtlichen Redeweise der Bauern. Jeder seiner Sätze ist eine kleine Fabel.

Ein Salonschweiger mit gerunzelter Stirn, schroffer Miene, dessen ganze Person schreit: «Ich schweige! Seht, wie ich schweige!» und dessen gewolltes, einstudiertes, künstlerisches Schweigen das unfreiwillige und wehrlose Schweigen eines Menschen verhüllt, der absolut nichts zu sagen hat.

Der zweite Widerspruch, der Renard erklärt, entspringt seinem literarischen Milieu. Wir kommen zum völligen Zerfall des Realismus. Der Naturalismus von Flaubert und Zola ist zum Realismus von Maupassant geworden, und Maupassant hat Renard hervorgebracht. Man wollte sich von der unter dem naturalistischen Etikett verborgenen Romantik befreien. Und vor allem verdeckten ihnen die großen Fresken der Vorgänger alle Sujets. Alle Sujets waren von Zola systematisch behandelt worden, und die Neuankömmlinge besaßen keine Methode, die es erlaubte, sie zu erneuern. Renard kritisiert Zola, macht sich über dessen Manie für das Dokument lustig. Dennoch bekennt er sich dazu, daß er wie die Naturalisten die *Wahrheit* sucht. Und nach den Beschreibungen Flauberts und des Parnasse, die eine umfassende Bestandsaufnahme des Realen waren, ein Gemälde mit breiten Pinselstrichen (zum Beispiel die Beschreibung des Dampfers am Anfang der *Éducation sentimentale*), empfanden sie das Bedürfnis, tiefer in das *Ding* einzudringen, den Gegenstand, den Baum, das Glas auf dem Tisch enger zu fassen, in den *Stoff* des Realen einzudringen. Aber sie werden gerade vom Realismus behindert, denn um eine derartige Kommunion mit dem Realen zu verwirklichen, muß man unbedingt aufhören, Realist zu sein. Proust wird es können, gerade weil er kein Realist ist, auch andere, die nach der *Substanz* suchen werden. Man spürt diese Suche fortwährend bei Renard und wie er gehemmt wird, weil er sich etwas anderes als die Realität der Erscheinungen nicht einmal vorzustellen vermag. Daher der tiefe Sinn seiner Vergleiche: sie sind dazu da, das Reale auf der Ebene seines Emporschießens, seiner Substanz zu fassen. Aber sie werden sofort zur bloßen Vergleichung abgelenkt, weil sie von einer Taineschen Metaphy-

1 Paul Arène (1843–1896), provenzalischer Schriftsteller. Seiner Meinung nach hat Ernest Renan nicht die «künstlerische Kalligraphie» (von Renard in seinem *Journal* vom 7. Oktober 1892 wiedergegeben).

sik nach hinten oder zur Seite gezerrt werden. Am Ursprung steht ein Bemühen, das Werkzeug zu schärfen, damit es tiefer in die Materie eindringen kann. Wie man an folgender einfachen Formulierung sieht: «der kräftige Duft trockenen Reisigs», «das Gurgeln des Wassers unter dem Eis».[1] Ich habe volle Sympathie für diese holprigen Bemühungen, die Dinge bluten zu lassen. Renard ist ein gehemmter Proust, ein verhinderter Proust, weil er auf der Ebene der *Beobachtung* bleibt. Er ist auf die Beobachtung hereingefallen wie auf das Dokument. Es war die Weisheit der Epoche, eine literarische Version des Empirismus. Er hat das Dokument über Bord geworfen, aber er beobachtet, der Unglückliche, er beobachtet, soviel er kann. Genau am *17. Januar* spricht er vom Gurgeln des Wassers unter dem Eis, am *13. Mai* wird er über das Maiglöckchen sprechen. Es fiele ihm nicht ein, an einem Hochsommertag von Eis zu sprechen wie Proust, er wagt niemals zu *rekonstruieren*. Daher streift er die Gegenstände nur. Aber immerhin, um sie aus größerer Nähe zu streifen, um sich ihren Kurven und ihren Bewegungen anzuschmiegen, verwendet er das Bild. Renards «als wenn» ist zunächst eine rekonstruktive Annäherung: «Eine Spinne gleitet auf einem unsichtbaren Faden, als wenn sie in der Luft schwimmen würde.»[2] «Schwimmen» hat hier die Funktion, den ungewöhnlichen Widerstand wiederzugeben, den die Luft der Spinne entgegenzusetzen scheint und der überhaupt nicht der ist, den sie zum Beispiel der Fliege entgegensetzt und den man nur – den Renard nur – durch eine Umwandlung der Elemente erfassen kann. Allerdings müßte man, um die Sache weiterzuführen, wie Proust davon überzeugt sein, daß es gar keine Umwandlung gibt, daß die Begriffe Luft und Wasser erlernt und bloß bequeme Rubriken sind und daß das «Ding» jenseits aller Begriffe ist, die man unterschiedslos verwenden kann, sofern sie nur den ersten Eindruck *wiedergeben*. Renards Realismus ist der Realismus der Wissenschaft und des gesunden Menschenverstands, daher sind seine Vergleiche zweigliedrige Beziehungen, wobei das erste Glied, das Verglichene, genau umschrieben, definiert, wissenschaftlich erklärt, gut verankert und handfest ist (eine Spinne gleitet auf einem unsichtbaren Faden: man *erklärt* uns den Grund für den folgenden Eindruck, man geht so weit, diesen Faden, den man nicht sieht, vorauszusetzen) – und das zweite

1 A. a. O., 16. Mai und 17. Januar 1889.
2 A. a. O., 17. Mai 1889.

Glied luftig ist oder, besser, «in der Luft hängt», ohne feste Grundlage, reine Phantasie und am Rand des Märchenhaften. Genau das ist die Verdrehtheit, die alle Bilder Renards bedroht. Er schreibt: «11. Juli 92: Die existierenden Gesetze durch Gesetze ersetzen, die nicht existieren.» Und so sind seine Bilder: auf der einen Seite das existierende Gesetz: der Gegenstand; auf der anderen Seite das Gesetz, das nicht existiert: der Vergleich. Und schließlich soll das Bild eine imaginäre Welt schaffen, in der die Spinnen in der Luft schwimmen, in der «ohnmächtig werden in der frischen Luft ertrinken heißt», in der «das Licht ins Wasser getunkt ist», usw.[1] Das ist Renards Vorliebe für Launigkeit und Nettigkeit. Er hält das für Poesie und merkt nicht, daß er sich verliert. So findet er einen Ausspruch von Saint-Pol Roux «köstlich»: «Die Bäume tauschen Vögel aus wie Worte»,[2] und macht sich nicht klar, daß er weder die notwendige Kraft besitzt, die Realität durch stark gefilterte Vergleiche zu rekonstruieren (wie Proust), die ganz der versuchten Rekonstruktion dienstbar gemacht sind – noch den Mut hat, die materielle Basis und den festen Boden des gesunden Menschenverstands zu verlassen, um etwas Surreales zu schaffen wie Rimbaud. Der Arsch zwischen zwei Stühlen, das ist Renards Vergleich. Und so schreibt er schließlich folgendes, was gräßlich und dumm ist und vor allem *nichts bedeutet*, weil sich das Bild durch sein Eigengewicht entwickelt: «Die Sträucher schienen betrunken von der Sonne, schwankten, als wäre ihnen unwohl, und erbrachen Weißdorn, weißen Schaum.»[3] Bei Renard gibt, wie Gide sagt, der Vergleich «sich selbst den Vorzug». Er ist Zaudern: er möchte winzige Bruchstücke des Realen fassen, «Fliegenskalps» – aber das Reale ist nicht mehr zu sagen, oder es kommt zu spät, falls man nicht eine völlig andere Metaphysik hat, und das Irreale ist gefährlich, es macht angst; Renard will sich nicht verlieren, und man müßte sich verlieren, um es zu erhaschen.

Renard als Opfer der Unfähigkeit seiner Epoche. Er repräsentiert sehr gut den Zerfall des Naturalismus. Denn wie seine Zeitgenossen geht er vom Typischen zum Individuellen, vom Kontinuierlichen zum Diskontinuierlichen. Die großen Typen: *der* Finanzmann, *die* galante Frau, damit ist Schluß. Zola und die großen Naturalisten ha-

1 13. Dezember und 5. November 1887.
2 7. Mai 1894.
3 *Journal* Renards, 1887.

ben sie ausgeschöpft. Bleibt das Detail, das *Individuelle*. «17. Januar: An den Anfang des Buches setzen: Ich habe keine Typen, sondern Individuen gesehen. Der Wissenschaftler generalisiert, der Künstler individualisiert.»[1] Aber obwohl diese 1889 geschriebenen Sätze wie ein Vorgeschmack Gidescher Glaubensbekenntnisse wirken, die Monographien fordern, sehe ich darin eher ein Eingeständnis der Unfähigkeit. Gide ist von dem Positiven angezogen, das er im Individuellen sieht. Für Renard und seine Zeitgenossen ist das Individuelle das, *was ihnen bleibt*, was nicht das Allgemeine und Typische ist, Material, das ihre «Vorfahren» bereits bearbeitet hatten. Der Beweis dafür ist die totale Unschlüssigkeit, in der Renard ist, wenn er die Natur dieses «Individuellen» berührt. 1889 regt er sich über Dubus[2] auf, weil dieser «Theorien über die Frau hat. Schon wieder? Ist also immer noch nicht Schluß mit Theorien über die Frau?»[3] Aber das hindert ihn nicht, 1894 seinem Sohn den Rat zu geben: «Frantec, als Autor studier nur eine Frau, aber durchforsche sie gut, dann wirst du die Frau kennen.»[4] Und so entschwindet das gut durchforschte Individuelle klammheimlich, und wir stoßen wieder auf das Typische. Diese Neigung zum Individuellen wurde im übrigen durch eine pluralistische, antifinalistische und pessimistische Wahrheitsauffassung gefördert, die aus den Schwierigkeiten hervorgegangen war, denen die Wissenschaften allmählich auf ihrem jeweiligen Gebiet begegneten. Renard schreibt: «Unsere ‹Vorfahren› sahen den Charakter, den in sich geschlossenen Typus ... Wir sehen den widersprüchlichen Typus mit seinen Flauten und seinen Krisen, seinen Augenblicken der Güte und seinen Augenblicken der Bosheit.»[5] Es gibt nicht mehr nur *eine* Wahrheit, sondern *mehrere* Wahrheiten. Und es ist kurios, daß Anatole France, sein Zeitgenosse, ungefähr zur gleichen Zeit in *La Vie littéraire*[6] schreibt (1891 – der zitierte Satz von Renard stammt von 1892):

«... Man hat gesagt, daß es Gehirne mit wasserdichten Schotten gibt. Die dünnste Flüssigkeit, mit der eine der Abteilungen gefüllt ist, dringt nicht in die anderen ein. Und als sich ein glühender Rationalist

1 A. a. O., 1889.
2 Dichter und Journalist, einer der Gründer des *Mercure de France*.
3 A. a. O., 19. November 1889.
4 A. a. O., 29. Mai 1894.
5 29. Februar 1892.
6 In einem Artikel unter dem Titel «Blaise Pascal et M. Joseph Bertrand».

in Gegenwart Théodule Ribots erstaunt darüber zeigte, daß es derartig konstruierte Köpfe gibt, antwortete ihm der Meister der experimentellen Philosophie mit sanftem Lächeln: ‹Nichts kann uns weniger überraschen. Ist es umgekehrt aber nicht eine reichlich spiritualistische Auffassung, die Einheitlichkeit der menschlichen Intelligenz behaupten zu wollen? Weshalb haben Sie etwas dagegen, daß der Mensch doppelt, dreifach oder vierfach sei?›»

Eine gerade in ihrem Schwachsinn kostbare Stelle, denn sie enthüllt uns einen der philosophischen Einflüsse, unter dem diese Literaten direkt oder indirekt stehen: Ribot. Und auch weil sie uns zeigt, daß sich dieser experimentelle Pluralismus ausdrücklich gegen den Rationalismus wandte. Diese ganze pessimistische Strömung mußte zu Metschnikows[1] «Disharmonien der menschlichen Natur» führen, und auf eine solche «Disharmonie der Natur» will auch Renard hinaus. Was ihn legitimiert, nur Momentaufnahmen zu machen: «In Stücken», ruft er aus, «in kleinen Stücken, in ganz kleinen Stücken.»[2] So werden wir auf einem anderen Weg, den er großspurig Nihilismus nennt, wieder zum Satz zurückgeführt, der für sich allein als Kunstwerk gilt. Ist die Natur nämlich in erster Linie Unordnung und Disharmonie, dann ist der Roman künftig nicht mehr möglich. Renard schreibt mehrfach, daß der Roman ausgedient habe, da er eine kontinuierliche Entwicklung verlangt. Wenn der Mensch eine zerhackte Serie ist, soll man lieber Novellen schreiben. «Einen Band mit immer kürzer werdenden Erzählungen schreiben und das Ganze *Das Walzwerk* nennen.»[3]

Aber es ist immer dasselbe: in der Not frißt der Teufel Fliegen.

Donnerstag, 21. März

Was Renard endgültig fesselte, war die Idee, daß er ein «Künstler» sei. Diese *Künstler*idee stammt von den Goncourts. Sie ist von deren vul-

1 In *Études sur la Nature humaine, essai de philosophie optimiste*. Bei Masson, Paris 1903. Nach Ansicht dieses Biologen weist der Mensch in sich «Disharmonien» auf, weil er Organe und Instinkte geerbt hat, die seiner Umwelt nicht mehr angepaßt sind – doch die Wissenschaft kann diese «Disharmonien» korrigieren.

2 *Journal* Renards, 11. Juli 1892.

3 A. a. O., 26. Oktober 1893.

gärer Dummheit geprägt. Dialektisch ist sie das, was von Hugos «Seher»-Dichter und vom *poète maudit* der großen romantischen Epoche übrigbleibt. Ein weißer, verbürgerlichter, bequemer Fluch: nicht mehr der des einsamen Zauberers, sondern gerade noch der, der auf einer Elite lastet, glückliches Unglück, das sich darauf reduziert, Nerven zart wie Spitzen und ein besonders delikates «Gehirn» zu haben, wie Goncourt sagt. Gautier und das *l'art pour l'art*, Flaubert und sein falscher schöner Stil sind da hindurchgegangen. Und in der Tat ist dieser Künstlerbegriff nicht nur das Überbleibsel eines großen, gleichsam religiösen Mythos, des romantischen Mythos des Dichters; er ist auch das Prisma, durch das sich eine kleine Gesellschaft wohlhabender und gebildeter Bürger, die schreiben, als Elite sieht und begreift. Er schließt die Fehler und Mängel dieser Gesellschaft in sich. Merkwürdige Epoche, in der die Schriftsteller unter sich leben, weil sie sich noch nicht damit abfinden wollen, Menschen wie andere zu sein. Ich habe nicht den Eindruck, daß die Leute, die schreiben, heute miteinander verkehren, und vor allem nicht, daß sie diesen gemeinsamen Beruf für einen hinreichenden Grund der Annäherung halten. Aber damals fühlten sie sich als Eingeweihte. Es war für sie eine Pflicht, miteinander zu reden. Renards Wort an ich weiß nicht wen: «Bleiben Sie nicht noch einen Moment? Wir hätten von Literatur gesprochen.» Denn man spricht «von Literatur», man hält zusammen und man haßt sich, man fühlt sich von den anderen Leuten ein wenig verachtet, von denen, die leben, aber man verachtet sie selber noch mehr. Man ist nicht ganz sauber, aber so sensibel. Und gerade darüber staunen wir heute: der Schriftsteller, der mit demselben Recht wie der Bildhauer oder der Musiker Künstler zu sein beansprucht. Ich bin nie auf die Idee gekommen, daß ich ein Künstler sei. Das Wort hat gar keinen Sinn für mich. Aber ich sehe, daß Renard wütend wird, weil ein alter Geigenspieler behauptet, einen lebhafteren Kunstgenuß zu empfinden als ein Schriftsteller: «Vergleich zwischen Musik und Literatur. Diese Leute wollen uns einreden, ihre Empfindungen seien erfüllter als die unsrigen ... Ich kann schwerlich glauben, daß dieses kaum noch lebendige Männchen tiefer in die Lust an der Kunst eindringt als Victor Hugo oder Lamartine, die die Musik nicht mochten.» [1]

Der Künstler zeichnet sich also nicht nur dadurch aus, daß er Kunstwerke schafft, wie man naiverweise glauben könnte, sondern

1 A. a. O., 19. März 1895.

daß er Lust an der Kunst hat. Immer wieder die Elite. Und diese künstlerischen Sensibilitäten tun sich zusammen. Daher bei Renard wie bei vielen anderen seiner Zeitgenossen eine ganz formale Auffassung von Schönheit. Die Materie ist schleimig und unheimlich. Aber diese der Elite eigentümlichen Sensibilitäten erbeben bei dem Satz, der diese Armseligkeit prachtvoll ausdrückt. Der platteste Realismus wird durch den Glanz der Form gerettet. Die Idee, daß auch das *Material* des Kunstwerks schön sein muß, entgeht ihnen oder sucht sie heim wie ein Bedauern: «Der Realismus! Der Realismus! Geben Sie mir eine schöne Realität, ich werde nach ihr arbeiten» (30. Mai 1890). Nichts war je falscher als diese gesellschaftliche Auffassung vom Schriftsteller als Mitglied eines Künstlerkollegiums – und nichts unechter als diese Auffassung der Schönheit als das, was die Realität würzt.

Renard, ein völlig gefesselter Mensch. Gefesselt von seiner Familie, seiner Epoche, den literarischen Moden, seiner Ehe, seinem Lakonismus, ausgelaugt von seinem *Journal*. Fand Stärkung nur noch im Traum (häufig dem ganz platten Traum eines netten kleinen Ehebruchs, den er nicht zu begehen wagt).

Renards Wunsch nach Originalität um jeden Preis, Reaktion auf diese lästigen Vorfahren, die ihm nichts mehr zu tun übriggelassen haben – und auf seine allzu große Formbarkeit, seine allzu gebieterische Neigung zur Nachahmung.

Freitag, 22. März

Brief von Maurice Saillet[1]: «Ich bemühe mich, ein richtiger Eingezogener zu werden – eine womöglich noch seltenere Spezies als der Verfügbare der *Nourritures*.»

1 Assistent von Adrienne Monnier (S. 549, vgl. Fußnote 1); er wird später einer der Gründer des *Collège de Pataphysique* sein. Sein Pseudonym lautet Justin Saget.

Samstag, 23. März

Grener, elsässischer Gießer, kommunistisch gesinnt: «Es wird ja keine hundertsieben Jahre dauern.»

Ich: «Nein, aber noch eine ganze Weile.»

Er: «Oh, die Kerle, die machen sich nicht viel draus.»

Ich: «Na und? Wer meckert, wird an die Wand gestellt wie im Jahr 17.»

Er: «Kann sein. Nicht gleich. Aber du wirst sehen! Bei denen genauso wie bei uns.»

Ichz: «Bei denen ...»

Er: «Die werden bloß mehr in Schach gehalten als wir. Aber keine Bange. Wenn's bei uns losgeht, geht's auch bei denen los. Das kann nicht dauern.»

Es stoßen mir ebenso viele kleine Dinge zu wie im Dezember, und ich habe ebenso viele Ideen. Aber ich habe weniger Lust, sie aufzuschreiben. Dieses Heft wird an Auszehrung sterben, falls nicht eine Veränderung in meinem Leben eintritt.[1]

Renard: das Ereignis seines Lebens, auch wenn er sich darüber nicht klar zu sein scheint, ist die Veränderung des Milieus: er geht vom kunsttümelnden Milieu der Goncourts zum Milieu des Theaters über: Rostand – Capus[2] – T. Bernard – Guitry[3]. Er braucht Guitrys Wärme zum Leben. Sein ganzes Leben ist in diesem Übergang von Schwob[4] zu Guitry zusammengedrängt. Hat der Liebe die Freundschaft vorgezogen, aus Vorsicht und wegen eines Überbleibsels der päderastischen Gefühlsduselei seiner Jugend.

Das erschreckende Leben von J. Renard. Sein *Journal* ist weniger eine Übung in luzider Strenge als ein Winkel schamhafter und zärtlicher

1 Möglicherweise ist Sartre wegen der Notwendigkeit, die Dinge «zurecht zu rükken», wenn er über seine Beziehungen zu den ihm Nahestehenden schreibt, was für ihn zu ständiger Unzufriedenheit mit sich selbst führt, entmutigt, seine Hefte fortzuführen. Vgl. S. 488 Fußnote 1

2 Alfred Capus, Erfolgsautor von Sittenkomödien (1858–1922).

3 Lucien Guitry (1860–1925), berühmter Schauspieler (Vater von Sacha Guitry).

4 Marcel Schwob (1867–1908), Gelehrter und Erzähler, Freund von Jules Renard und Paul Léautaud, Verfasser der *Vies imaginaires* und des *Livre de Monelle* (1896).

Komplizenschaft mit sich selbst. Das ist das Gegenstück des Schweigens im Familienkreis von Lepic[1]. Er ist hier aufgeknöpft – es sieht nicht so aus, weil der Stil einen Anzug trägt.

Die Passage des Tagebuchs der Goncourts, die meine Bemerkung über Renards Generation bestätigt:

«27. August 70. Zola ist bei mir zum Essen. Er erzählt mir von einer Folge von Romanen, die er vorhat, einer Epopöe in zehn Bänden, Natur- und Sozialgeschichte einer Familie ... Er sagt zu mir: nach den Analysen der winzigsten Teile des Gefühls, da diese Analyse von Flaubert in *Madame Bovary* versucht worden ist, und nach der Analyse der künstlerischen, bildnerischen und nervlichen Dinge, wie Sie sie betrieben haben, nach diesen *Edelschmuck-Werken*, diesen ziselierten Bänden ist kein Platz mehr für die Jungen; nichts mehr zu tun; keine Person, keine Figur mehr zu bilden, zu konstruieren: nur durch die Quantität der Bände und die schöpferische Kraft kann man das Publikum ansprechen.»

Sehr gut. Doch *nach* den Epopöen in zehn Bänden? Was dann? Genau zu diesem Zeitpunkt taucht Renard auf, Renard, das Schwanzende dieser Literatur, die von Flaubert über die Brüder Goncourt und Zola zu Maupassant reicht. Ein Sterbender. Er hat sein Leben lang im Sterben gelegen. Und trotzdem hat er den meisten Einfluß auf die gesamte Nachkriegsliteratur gehabt.

Ich schwöre, daß es wirklich sehr bestürzend ist – wenn es einem so geht wie mir und man sieht, daß alle Wege zum Schreiben und Denken frei sind, alles neu begonnen werden kann und daß man jedesmal, wenn man wählt, den Eindruck hat, sich um tausend jungfräuliche Möglichkeiten zu beschneiden –, daß es wirklich verblüffend ist, dieses Tagebuch eines Menschen zu lesen, der auf jeder Seite versichert, daß alle Wege versperrt seien und daß man die Originalität im Schweiße seines Angesichts erringen müsse.

Mittwoch, 27. März

All die letzten Tage hatte ich keine Lust, in dieses Heft zu schreiben: ich beendete, so rasch es ging, das erste Kapitel des Prologs zu *L'Âge de raison*, weil ich in Urlaub fahren sollte. Ich bin zur Zeit etwas

1 Gestalt aus *Poil de carotte* [Rotschopf] von Jules Renard.

angewidert von meinem Roman: er kommt mir unbeholfen und leer vor. Freilich ist es ein Anfangswerk: mein Debüt im Roman. Ich muß ihn ganz überarbeiten; so ist er zerfahren und abgehackt.

Ich bin recht froh, in Urlaub zu gehen, aber einfacher als das letztemal. Ich habe ganz einfach Lust, die Leute und Paris wiederzusehen. Alles hat sich vereinfacht, alles hat sich entspannt seit Februar. Ich habe nicht zu jener Anspannung der ersten Monate zurückgefunden. Heute arbeite ich, lebe ich in den Tag hinein, bin ich an dieses Leben so angepaßt, daß ich es gar nicht mehr merke. Die heroischen Zeiten dieses *drôle de guerre* sind für mich vorbei. Schon lange habe ich mich nicht mehr um die Authentizität gekümmert – auch nicht um das Nichts. Ich glaube, ich tauge weniger, als ich in Morsbronn zum Beispiel taugte. Ich bin alltäglich geworden.

Nach dem Tagebuch von Renard habe ich das der Goncourts aus den Jahren 70/71 gelesen. Zuerst war ich angenehm überrascht, *volle* Seiten zu finden, nach jener betäubenden Folge leerer Seiten bei Renard. Es war die Belagerung von Paris, es war die Commune. Sofort ist Goncourt in meiner Achtung wieder etwas gestiegen. Aber die Ernüchterung ließ nicht auf sich warten. Schändlichkeit dieses egoistischen, ängstlichen, greinenden und manischen und überdies kunsttümelnden alten Knaben. Doch was er erzählt, ist im Licht der Bücher von Duveau und Ollivier faszinierend.

Angefangen, noch einmal *La Condition humaine* zu lesen.[1] Gereizt wegen einer brüderlichen Ähnlichkeit zwischen Malraux' literarischen Verfahren und den meinen. «Es war eine Welt des Mordes, und er blieb dort wie in der Wärme.» Das hätte ich schreiben können. Ich bin nie von ihm beeinflußt worden, aber wir waren gemeinsamen Einflüssen ausgesetzt – nichtliterarischen Einflüssen. Die gleiche Art, über das konkrete Detail zu stolpern (was Nizan so gut wiedergibt) und sich an der Schilderung von Atmosphäre schadlos zu halten. Die gleiche geduldige Art, ein kleines Detail zu wählen (Kyo erkennt seine Stimme auf der Schallplatte nicht wieder, weil man «die eigene Stimme mit der Kehle hört») und es dann von Seite zu Seite zum Symbol aufzublasen. Die gleiche etwas abrupte Art, plötzlich in die

1 In der Absicht, einen Artikel über die Romane Malraux' zu schreiben, den Sartre Paulhan versprochen hat und der den Lesern der *N.R.F.* bereits im Februar 1939 angekündigt worden war. Sartre gibt ihn schließlich auf. Er scheint auch bereits auf den Artikel über Gides *Tagebuch* verzichtet zu haben.

direkte Rede zu fallen und sie wieder zu verlassen. Liegt es daran, daß ich die Tricks zu gut sehe? Keiner der Effekte trägt. Ich *fühle* nichts. Trotzdem eine sehr schöne Stelle (und auch das ähnelt den Monologen von Mathieu zum Beispiel):

«Die Stimme der andern hört man mit den Ohren, seine eigene mit der Kehle. Ja. Auch sein Leben hört man mit der Kehle, und das der andern? ... Zuerst war da die Einsamkeit, die unwandelbare Einsamkeit hinter der sterblichen Menge, gleich der großen Ur-Nacht hinter dieser dichten, niedrigen Nacht, in der die ausgestorbene Stadt lauerte, voll von Hoffnung und von Haß. ‹Aber ich, was bin ich für mich, für die Kehle? Eine Art von absoluter Bejahung, irrsinniger Bejahung: eine größere Intensität als die aller übrigen. Für die andern bin ich das, was ich getan habe.› Nur für May war er nicht das, was er getan hatte; nur für ihn war sie etwas ganz anderes als ihre Biographie. Die Umarmung, mit der die Liebe die Wesen gegen die Einsamkeit zusammenschließt, nicht dem Menschen brachte sie Hilfe, sondern dem Irrsinnigen, dem unvergleichbaren, allem vorzuziehenden Monstrum, das jeder für sich selbst ist und das er in seinem Herzen hätschelt. Seit dem Tod seiner Mutter war May das einzige Wesen, für das er nicht Kyo Gisors war, sondern die engste Komplizenschaft. ‹Eine verabredete, erstrittene, gewählte Komplizenschaft›, dachte er ... ‹Die Menschen sind nicht meinesgleichen, es sind diejenigen, die mich beobachten und über mich urteilen; meinesgleichen sind diejenigen, die mich lieben und mich nicht beobachten, die mich lieben allem zum Trotz, die mich lieben trotz Verkommenheit, trotz Niedertracht, trotz Verrat, mich selbst und nicht das, was ich getan habe oder tun werde, die mich lieben würden, solange ich selbst mich lieben würde – bis zum Selbstmord, einschließlich ... Mit ihr allein habe ich diese zerrissene oder nicht zerrissene Liebe gemeinsam, wie andere miteinander kranke Kinder haben, die sterben können.›»

Neulich spürte ich, wie sehr Schlumberger[1] mit Gide «eine Epoche ist». Aber ich spüre ebenso stark, wie sehr ich mit Malraux eine Epoche bin (derselbe Intellektualismus). Ich muß sagen, daß bei ihm nichts zur Vollkommenheit gebracht ist. Die Syntax ist lasch, die Wörter sind oft häßlich und zweideutig. Ich habe den Eindruck, meinen ersten Entwurf zu lesen.

1 Jean Schlumberger (1877–1968), Romancier, einer der Gründer der *N.R.F.*

Donnerstag, 28.

Kabinett Reynaud[1]: zwangsläufig kriegt dieser versprengte Rechte eine Volksfrontmehrheit zustande, während Daladier als Vorsitzender einer großen Partei, die die Volksfront schuf, mit einer Mehrheit des nationalen Blocks regierte. Geschicklichkeit der Sozialisten, die die Kommunistische Partei von einer Regierung, die auf ihre Stimmen nicht zählen konnte, verfolgen und zersetzen ließen und nach erfolgter Säuberung die Beteiligung akzeptieren. Wird diese Regierung dauern? Ich weiß noch nicht recht, wie sie hier akzeptiert wird. Die reaktionären Offiziere werfen Reynaud seine «Russenfreundlichkeit» vor. Es scheint offenkundig zu sein, daß einer der Gründe für den Sturz des Kabinetts Daladier seine zögernde Haltung gegenüber Rußland war. Die vom Kabinett Daladier[2] geforderte Abberufung von Souritz[3] scheint dazu bestimmt, die Rechten zufriedenzustellen.

Heute nachmittag fahre ich in Urlaub.

Die Soldaten hier werfen Reynaud vor, in seiner Rundfunkansprache kein Wort über «den Heldenmut unserer tapferen Soldaten» verloren zu haben. «Daladier würde das nie vergessen!» sagen sie mit Bedauern.

Langes Gespräch gestern mit Grener. Mit diesem brutalen und groben dicken Mann, der rülpst und furzt, wie er atmet, prostituiere ich mich, weil er Arbeiter ist. Vorgestern abend schnarchte er, von Müdigkeit und Alkohol überwältigt, auf einer Bank, während ich schrieb. Plötzlich steht er auf, mit rosigen Augen, weder schlafend noch wachend, verrückt, dreht sich zur Wand, knöpft seinen Hosenschlitz auf und pißt. Ich stürze auf ihn los: «Hör auf, du Drecksau!» Er brummt «Halt's Maul», pißt weiter, während ich ihn schüttele, und sackt auf seiner Bank zusammen, wo er wieder anfängt zu schnarchen, zu stöhnen und zu strampeln. Obwohl ich einen gewissen körperlichen Wi-

1 Paul Reynaud trat am 21. März die Nachfolge Daladiers an.

2 Ohne Zweifel ein Schreibfehler: das Kabinett Reynaud hat die Abberufung des sowjetischen Botschafters am 26. März gefordert.

3 Jakob Souritz, sowjetischer Botschafter in Paris, schickte seiner Regierung ein Telegramm über den russisch-finnischen Krieg, das als für Frankreich beleidigend empfunden wurde.

derwillen gegen seinen Geruch und sein Fett empfinde, will ich ihm gefallen, und es gelingt mir auch ohne Mühe, denn er ist geschmeichelt, daß ich mit ihm rede. Gestern war er gesprächig. Die Worte strömten aus seinem reglosen und schweren Gesicht wie von ihrem eigenen Gewicht gezogen. Immer derselbe Tonfall verhaltenen Ungestüms. Kurze Pausen, als wolle er seinen Vorrat an Wörtern auffüllen, und dann fängt es wieder an zu strömen. Ab und zu trinkt er Rotwein, und sein Ungestüm wächst. Übrigens fällt es mir nicht schwer, ihm zuzuhören: er interessiert mich. Er haßt und verachtet die Schreiber und erklärt mir, wie stolz er darauf sei, alles, was er hat, sich selbst zu verdanken. «Die andern, wenn die ihren Beruf verlieren, was sollen sie dann tun? Sie können nicht mit den Händen arbeiten, sie werden betteln gehen. Ich bin genausoviel wert wie sie, ich kann alles. Man sagt mir: nehmen Sie die Axt, ich nehme die Axt; nehmen Sie die Säge, ich nehme die Säge. Jahrelang habe ich neben meiner Arbeit Holz gefällt! So hab ich mir das Haus und die zwei Kühe kaufen können. Du verstehst das nicht, aber wenn man zwei Kühe hat, hat man's geschafft.» Ich spüre sehr stark seinen Stolz, von Gegenständen umgeben zu sein, die ihm ihre Existenz verdanken, die er direkt oder indirekt mit der Kraft seiner Arme hergestellt hat; und auch sein Gefühl der Sicherheit gegenüber Schicksalsschlägen: er wird sich immer durchschlagen, weil er alles kann; sein Gefühl, in einer feindseligen und unheilschwangeren Welt zu leben, die man zähmen muß und die er zähmen kann, und seine Verachtung für die Laffen von Schreibern, die nur auf dem Gipfel einer gut gepolsterten und geordneten Gesellschaft leben können. Ansonsten schimpft er und beschwert sich – mehr wie ein Bauer als wie ein Arbeiter. Er sagt: «Man frotzelt über den Adolf, aber es gibt auch Gutes bei dem, was er gemacht hat. Man frotzelt über die Sowjets, aber auch die machen Gutes.»

Bemerkung seines zwölfjährigen Sohns, der mit der Gemeindeschule nichts am Hut hat: «Ich brauch das nicht, um Arbeiter zu werden.» Der Vater hat den Lehrer aufgesucht und ihm gesagt: «Prügeln Sie ihn. Mich hat's angestunken, als ich klein war, da kann's ihn auch anstinken.»[1]

1 Sartre wird vom 28. März bis zum 9. April Urlaub bekommen, zum zweiten und letzten Mal. Die auf diesen Urlaub folgenden Tage bis zur Niederlage werden im Anhang V. evoziert. Vgl. S 627 ff.

Anhang

Anhang I

Periode des Heftes II: Brumath
Nach den Briefen von Simone de Beauvoir
vom 25. Oktober bis zum 11. November

25. Oktober

Am Vorabend schrieb Sartre weitere vier Seiten über «Motive und Beweggründe» in sein neues Heft. Heute habe ich weniger gearbeitet und einen herrlichen kleinen Gedanken über unsere *Umwelt*[1] brav beiseite gelegt. Ich habe fast nur am Roman geschrieben.

26. Oktober

Ich habe noch zehn Seiten über die Geschichtlichkeit in mein Heft geschrieben. Ich fange an, durchzublicken. (...) Ich habe jede Menge Ideen im Moment, und ich bin sehr froh, dieses kleine Heft zu führen, denn es läßt sie entstehen. (...) Das kommt mir vor wie ein geheimes kleines Leben über dem anderen, mit Freuden, Sorgen, Gewissensbissen, von denen ich ohne dieses kleine Ding aus schwarzem Leder nicht die Hälfte gekannt hätte.

Sartre denkt an eine baldige Veröffentlichung seiner Hefte. Er will sie Bianca trotz einiger eher negativer Anspielungen zeigen: Die Abschnitte über sie und W. sind nicht zahlreich und ohne Bedeutung (Festhalten von Stimmungssprüngen mit psychologischen Betrachtungen, kurz Geschichten aus Friedenszeiten). Da ich die Absicht

1 Deutsch im Original. Diesen Begriff fand Sartre häufig bei Husserl und Heidegger. Vgl. den vierten Teil von *Das Sein und das Nichts*, erstes Kapitel, II. «Freiheit und Faktizität: die Situation».

habe, diese Hefte zu veröffentlichen, wird es am besten sein, die fraglichen Absätze zu streichen.

Lektüren: Colonel Jack (*D. De Foe*) *und* Les Enfants du Limon (*R. Queneau*)[1].

27. Oktober

Sartre ist immer noch über sein «dreifaches Leben» besorgt; er empfindet erneut zärtliche Gefühle für Bianca: Was die Nachkriegszeit betrifft (...) ich werde mich nicht vereinnahmen lassen. Selbstverständlich werden B. und W. mir gegenüber Rechte haben (bei W. ist das nicht sicher): Rechte der Treue.

30. Oktober

Meine Liebe, ich verstehe so gut Ihr Bedürfnis nach Hierarchie – so daß ich Ihnen gestern schrieb[2], wie das auf mich wirkte. Doch seien Sie nicht eifersüchtig auf die Zuneigung, die B. für mich empfindet (...) Das ist nicht vergleichbar.

Sartre arbeitet immer noch über die Geschichtlichkeit: Ich kreise um eine zentrale Idee, die mir endlich erlauben wird, das Unbewußte zu streichen, Heidegger und Husserl miteinander zu versöhnen und meine Geschichtlichkeit zu verstehen. Aber die Idee ist ganz rund und ohne Türen und Fenster, ich weiß nicht, wo ich sie packen soll.

Er bereitet den heimlichen Besuch von S. de Beauvoir in Brumath vor.

31. Oktober

(...) bin ich in der *Taverne du Cerf* gelandet und habe dort eine Versöhnung von Heidegger und Husserl versucht. Es hat nicht funktioniert, ich habe mich versteift und fühle mich ganz scheußlich nach sechs Stunden Anstrengung. Alles muß von vorn begonnen werden. Es ist immer noch diese ganz runde Idee, von der ich nicht weiß, wie

1 Gallimard, Paris 1938.
2 Der Brief vom 29. Oktober fehlt.

ich sie anpacken soll, also greife ich voll zu, und sie flutscht mir durch die Finger wie eine fettige Kugel.

S. de Beauvoir kommt am Abend in Brumath an.

5. November

Sartre hat mit einer Selbststudie begonnen (siehe Anspielung im Heft III, am 2. Dezember).

6. November

S. de Beauvoir ist am Vorabend abgereist: (...) habe den ganzen Vormittag in mein kleines Heft gekritzelt. Aber nicht über das, was wir gesprochen hatten; es ist im Grunde so einfach: ich war zutiefst und friedlich glücklich, und jetzt *will ich nicht trauern* (...) Das ist es, was ich nicht geschrieben habe. Aber von 9 bis 11 Uhr habe ich (...) weitere Überlegungen über meine Adoleszenz zu Papier gebracht (...)

Lektüren in der Novembernummer der N. R. F.*: die «Chronique de Caërdal» von André Suarès und Auszüge des* Tagebuchs *von Tolstoi.*

7. November

Heute habe ich weiter über das Gesellschaftliche geschrieben. Ich fange an, meiner selbst überdrüssig zu werden, je mehr ich über mich schreibe, außerdem bin ich es müde, und was ich schreibe, ist nicht mehr sehr gut. Aber morgen wird es fertig sein, und ich kann mich wieder an meinen Roman machen. (...) Dagegen denke ich, daß ich der bekannten Abwechslung halber, wenn nichts dazwischenkommt, mein Heft einige Zeit vernachlässigen werde, es hat einen üblen Geruch.

8. November

Ich habe bis jetzt gearbeitet und meine Studie über mich selbst abgeschlossen, sie kommt zu ein paar glücklichen Resultaten (...)

9. November
Sartre nimmt an einer militärischen Feierlichkeit mit Verleihung von Auszeichnungen teil: Ich indessen notiere Wort für Wort alle Gespräche der Akoluthen und der Schreiber. Danach habe ich sie ihnen vorgelesen. Sie mußten lachen und waren wütend.

10. November
Sartre arbeitet an seinem Roman: Darauf habe ich ein bißchen an Kapitel 17 gearbeitet, ganz gut, glaube ich, aber kühn. (...) Sie werden sehen; man wird sagen: viel Farbe, so wie man sagt: viel Sex.

11. November
Roman: die Gestalt der Marcelle[1] *ist neu zu schreiben.*

Lektüre: La vie amoureuse de Berlioz.[2]

Er empfindet keine Liebe mehr für Bianca.

1 Freundin Mathieus, des Helden des Romans.
2 Sicherlich das Werk von Etienne Rey, Flammarion, Paris 1919.

Anhang II

Periode vom
8. bis 16. Dezember 1939

Es scheint, daß das Heft IV (vom 8. bis zum 16. Dezember), das nicht aufgefunden wurde, fast vollständig der Philosophie gewidmet war. Leider teilte Sartre die Fortsetzung seiner Überlegungen über «Freiheit und Faktizität» nach dem 9. Dezember S. de Beauvoir nicht mit. Es folgen auf Grundlage der Briefe an S. de Beauvoir einige Hinweise darüber, was er in dieses Heft schrieb, sowie über seine anderen Schreib- und Leseaktivitäten.

11. Dezember
Heute habe ich viel in mein Heft geschrieben. Seite um Seite über das Leben, über das Wesen.

12. Dezember
Diskussion mit den «Akoluthen» über den Wert des Eides anläßlich einer Gewissensentscheidung, vor der Mistler steht, einer der Schreiber der A. D. und Sartres «Schüler».

Sartre schreibt über den Stil von Paul Morand, von dem er Fermé la nuit[1] *liest.*

1 Sartre war mit achtzehn Jahren von Morand begeistert und schrieb dessen Gedichte ab (vgl. *Écrits de jeunesse*); nun findet er dieses Buch altbacken.

Andere Lektüren: Les Croix de bois, *von R. Dorgelès; die* N. R. F. *vom Dezember.*

13. Dezember
(...) habe ich ausführlich die Geschichte Mistlers samt den Begründungen (...) in mein Heft geschrieben.

14. Dezember
Ich habe «eine Theorie verfaßt» über den Krieg und die Moral, indem ich mich von der Theorie in *La fête*[1] von Caillois inspirieren ließ. Ich glaube halbwegs daran, es ist glänzend. Aber beim Schreiben habe ich gemerkt, wie ich in meiner verrückten Jugendzeit eine Theorie pro Minute aufstellen konnte und welcher Art von Glauben das bei mir entsprach.

Zeit der Reife: Ich habe den Roman wieder aufgenommen und den ganzen Morgen gepinselt.

15. Dezember
(...) haben Sie mich in Abgründe von Ratlosigkeit gestürzt und eine Flut von Notizen in mein Heft angeregt: mache ich ganz einfach nur eine Bestandsaufnahme von mir, oder hoffe ich nicht, mich mit dem Frieden von dieser verhärteten und ein bißchen toten Persönlichkeit befreien zu können? Und was will ich noch? Weiterkommen, natürlich, das ist meine Marotte, aber in welcher Richtung? Ich habe den Schluß gezogen, daß es nicht so sehr darum geht, mich zu verändern, als darum, mich nur auf mich selbst zu verlassen, und daß es in dieser Hinsicht, da hatten Sie recht, eine Bestandsaufnahme ist. Und daß es nicht moralisch ist, etwas anderes zu wollen.[2]

Roman: (...) Es war mein freier Tag und ich habe den ganzen Tag

1 Sartre hat in der Dezember-Nummer der *N. R. F.* den ersten Teil gelesen.

2 In manchen Abschnitten der Hefte ordnet Sartre seinem Tagebuch eine radikalere Funktion der Loslösung von sich selbst zu; siehe z. B. am 10. März im Heft XIV: *«Seine Hauptbedeutung bestand darin, diese Isolierung, in der ich mich befand, und den Bruch zwischen meinem vergangenem und meinem jetzigen Leben zu betonen.»*

brav gearbeitet. Die Unterhaltung Daniel – Marcelle wird heute sicher fertig.

Lektüre: Quatre de coeur, *Kriminalroman von Ellery Queen.*

16. Dezember

Ich habe das letzte Kapitel meines Romans angefangen (...)

Ich lese *Colomba* von Prosper Mérimée, was sehr gut gemacht ist, und *Der Begriff Angst* von Sören Kierkegaard, wo unter einem tatsächlich etwas spröden theologischen Stil manches verborgen ist. Der Einfluß auf Heidegger ist nicht zu leugnen. (...) Ich habe wieder ein Heft fertig.

Anhang III

Die den fünf fehlenden Heften entsprechende Periode vom 23. Dezember zum 31. Januar[1]

23. Dezember
Ich habe ein bißchen an meinem Heft gearbeitet. Ich beginne ein sechstes.

25. Dezember
Sartre arbeitet an der «großen Szene zwischen Daniel und Mathieu» in seinem Roman.

27. Dezember
Er kopiert für S. de Beauvoir einen Absatz des Heftes VI:
«Hin und wieder spielt Keller mit den Fingerspitzen Märsche auf dem Tisch. Eine Angewohnheit aus dem Zivilleben. Ich sehe ihn vor mir, wie er zu Hause, nachdem er seinen Teller weggeschoben hat, mit leerem Blick auf das Wachstuch trommelt, während seine Frau das Geschirr abräumt. Merkwürdig ist aber, daß er es bisher nicht machte. Ich denke, daß er es vor dem Krieg immer gemacht hat, aber daß er, als er mit der Mobilisierung im September plötzlich in ein unbekanntes Abenteuer aufbrach, in seiner Hast die meisten seiner kleinen Gewohnheiten mitzunehmen vergessen hat. Sie sind zu Hause geblieben, und als er auf Urlaub kam, hat er sie wieder aufge-

1 Nach den *Briefen an S. de Beauvoir und einigen anderen.*

nommen und sie mitgebracht, weil er wußte, was für ein mönchisches Büroleben er hier wiederfinden würde. Ganz allgemein ähneln die Leute, wenn sie vom Urlaub zurückkommen, mehr dem, was sie im Zivilleben waren.»

Er hofft, nachdem er seinen Roman abgeschlossen hat, der ernsthaften Literatur zu entkommen: (...) ich [würde], wenn ich den Roman beendet hätte, eine Zeitlang literarisch herumphantasieren (...) werde ich eher als Theater machen: Experimente in Zwanglosigkeit.

Er liest La Comédie de Charleroi *von Drieu la Rochelle* [1], Provinciales *von Giraudoux* [2] *– was ihn dazu anregt, in seinem Heft über den Einfluß von Jules Renard auf diesen Schriftsteller zu schreiben;* La Révolution du nihilisme *von H. Rauschning.*

Gefühlsleben: er ist mit Wanda völlig ausgesöhnt und fühlt sich mehr und mehr fern von Bianca. In seinen Briefen vom 20. und vom 24. Dezember macht er die Berichte von S. de Beauvoir über die Handlungen und Gesten des jungen Mädchens für diese Abkühlung verantwortlich: Sie verstehen sich in der Kunst, Leute mieszumachen.

28. Dezember

Ich habe den Rauschning gelesen, der mich fasziniert. (...)
hat er mich aber zu gesunden Überlegungen über die Gewalt als Mittel im Dienst der Moral inspiriert, und ich habe die Schlußfolgerung gezogen, daß man Gewalt anwenden muß. (...) Daher, Sie ahnen es, vierzig Seiten im Heft.

28. Dezember

(...) ich habe nicht einmal in mein Heft geschrieben, weil der Roman mich lockte, und aus einer Art Hygiene heraus: wenn man sich wie gestern allein mit seinem Heft einschließt, ohne das Korrektiv der Welt, fängt man an zu kochen und braucht schließich ein Ventil. Das war gestern der Fall, ich hatte eine ganz auf mich selbst bezogene, finstere Auffassung von der Welt. Gewöhnlich stehe ich immer ein bißchen über meinen Theorien, und da nicht: ich war mitten drin.

Lektüren: Stendhals Tagebuch *und weiter Rauschning.*

1 Gallimard, Paris 1934.

2 Bernard Grasset, Paris 1909.

30. Dezember
(...) habe ich wieder das kleine Heft vorgenommen. Heute Theorie über die Unaufrichtigkeit: die Frucht war reif und ist abgefallen[1]; morgen werde ich damit fortfahren.

Er schreibt auch «einige ökonomische Überlegungen».

31. Dezember
Sartre erzählt S. de Beauvoir von einer eigenartigen Fehlleistung:
Wissen Sie, daß ich den Roman *beendet* habe? Ich habe unten auf eine Seite das Wort Ende geschrieben. Ganz ernst und feierlich, weil ich fertig war, habe ich dann sorgfältig diese Seite und zwei davor in winzige Stücke gerissen. Und das Ganze in den Kohleneimer geworfen.[2]

Er beabsichtigt, den nächsten Band, der Zeit der Reife *folgen soll,* September *zu nennen (in Wirklichkeit wird der zweite Band der* Wege der Freiheit Der Aufschub *heißen, und es wird in ihm um die letzte Septemberwoche 1938 gehen, vor den Münchner Verträgen),*

Er schreibt weiter an seiner Theorie über die Unaufrichtigkeit.

1. Januar 1940
Sartre überarbeitet Teile seines Romans. Er will sich mit den Nocturnes *und den* Préludes *von Chopin beschäftigen. Er liest mit Interesse das* Tagebuch *von Stendhal (Band 3 der von Gallimard 1936 herausgegebenen Ausgabe) sowie Rauschning, den er in seinem Heft zusammenfaßt (im Augenblick schreibt er weiter über die Unaufrichtigkeit), ferner die* Provinciales *von Giraudoux und* Jacques le Fataliste *(Diderot).*

1 Die Phänomenologie der Unaufrichtigkeit wird einen zentralen Platz in *Das Sein und das Nichts* einnehmen: sie gestattet es, die Strukturen des Bewußtseins zwischen dem Nichts und dem Sein zu erfassen. Vgl. den ersten Teil, zweites Kapitel dieses Werkes.

2 Erinnern wir uns an die letzten Zeilen des Romans: «[*Mathieu*] *wiederholte sich gähnend: ‹Es stimmt, es stimmt wohl doch: ich bin erwachsen.›*» [dt. Rowohlt Taschenbuch Verlag, Reinbek 1987, S. 322]. Diese Reflexion des Helden hat vielleicht etwas mit Sartres Fehlleistung zu tun.

2. Januar

Ich feile am Roman herum – am Ende – und habe es ein bißchen satt. Ich bekomme wieder Lust, ein Stück zu schreiben.

Er blättert in Le Moine [1] *und liest* Le Diable amoureux *von Cazotte.*

3. Januar

(...) heute eine kleine Tirade von 22 Seiten über den Ekel. Man findet darin diesen Satz, der mir nicht schlecht gefällt: «Wenn es so ist, werden Sie sagen, dann haben wir einen Ekel vor Scheiße, weil wir Lust haben, welche zu essen?» Ich antworte: «Gewiß.»

(...) Meine großen Freuden erwachsen aus dem Heft und dem Roman, anstatt daß sie in das Heft und den Roman einfließen. Und ich fürchte, der Roman hat ein bißchen unter einer gewissen Unfähigkeit, mich rühren zu lassen, gelitten. (...)

Richtigerweise muß ich sagen, daß mich vor drei oder vier Tagen zwar keine Rührung, aber eine Art Vorahnung überkam anläßlich des Buches von Rauschning, das mich sehr beeindruckt hatte; ich *sah* ein gewisses Deutschland, ich verstand seine Rolle und die Bedrohung, die von ihm ausgeht, und ich fühlte meine Geschichtlichkeit, das erlaubte mir, diese Menschen besser zu verstehen, über die wir manchmal gesprochen haben, Sie und ich, und die dauernd gesellschaftlich denken. Das hat seine Größe, aber die Kehrseite der Medaille ist, daß man dauernd unterhalb der Gedanken ist, die man sich macht. Weil man daran *glaubt*. Nicht, daß ich nicht an meine glauben würde, normalerweise, aber ich weiß schließlich, daß sie das Produkt meiner Freiheit sind. Ich glaube daran «im Unendlichen», das heißt, ich glaube an das System, das sie bilden würden, wenn die kleinen Schweine mich nicht fräßen. Aber sie fressen einen immer, kurz bevor das System fertig ist.

4. Januar

(...) Ich habe (Bianca) einige meiner neuen Gedanken über das Bewußtsein dargelegt, die ich Ihnen nicht sage, denn Sie werden sie in meinen kleinen Heften lesen (...)

1 Roman von M. G. Lewis, erzählt von Antonin Artaud, Denoël et Steele, Paris 1931.

5. Januar

Sartre beginnt, eine Biographie Heinrich Heines[1] *zu lesen, aus der seine Überlegungen über die conditio des jüdischen Menschen und den Antisemitismus Anregungen finden werden. Er hält, wie es scheint, seine Kommentare über dieses Thema fest. Er mag weniger die Fortsetzung des* Tagebuch *von Stendhal, mit dem er sich hinsichtlich der Unehrlichkeit in der Liebe identifiziert.*

Heute habe ich eine neuerliche Pilgerfahrt gemacht[2] (...) in der Absicht, mich ein bißchen zu erfrischen, ein kleines bißchen diese Trockenheit der letzten Tage zu verlieren.

6. Januar

Sartre greift die letzte Szene Mathieu-Daniel seines Romans wieder auf.

Ich habe an die dreißig Seiten in Ihr schönes nachtblaues Heft geschrieben.[3] (...) Es ging über das *Tagebuch* von Stendhal – was ich darüber dachte, Schlechtes. Ich habe die Heine-Biographie gelesen (den Anfang), und das hat mich zu merkwürdigen Überlegungen angeregt. Da ich ihn in der Tat bei mir lobte, daß er es verstanden hatte, sein Jude-Sein anzunehmen, und da ich klar begriff, daß rationalistische Juden wie Pieter oder Brunschwig[4] unauthentisch waren, insofern sie sich zuerst als Menschen dachten und nicht als Juden, kam ich auf die Idee, daß ich mich in strenger Konsequenz als Franzose annehmen müßte. (...) Ich frage mich, wo man damit hinkommt, und werde mich morgen mit alldem beschäftigen. Seit ich meinen Minderwertigkeitskomplex gegenüber der extremen Linken abgelegt habe, verspüre ich eine Freiheit des Denkens, wie ich sie nie gehabt habe; auch gegenüber den Phänomenologen. (...) ich glaube, daß über den Krieg und das Infragestellen hinaus die *Form* des Tagebuchs da viel beiträgt; diese freie und ungeglättete Form macht nicht von früheren Ideen abhängig (...) man macht erst einen Punkt, wenn man will. Tatsächlich habe ich meine Hefte insgesamt noch nicht wiedergelesen, und ich habe eine Menge Dinge vergessen, die ich gesagt habe.

1 *Henri Heine* von Antonina Vallentin, Gallimard, Paris 1934.
2 Nach Pfaffenhoffen, Wiege der Familie Schweitzer.
3 Am Vorabend erhalten – sicher das Heft VIII.
4 Junger Historiker, den er 1933 im Institut français in Berlin kennengelernt hat.

7. Januar
(...) habe ich seit gestern morgen 81 Seiten in das erste nachtblaue Heft geschrieben. (...) Die 39 Seiten von heute gehen über meine Beziehung zu Frankreich. (...) Ich habe erst den geschichtlichen Abriß, aber morgen werde ich die Theorie dazu schreiben.

8. Januar
Über seine Beziehungen zu Frankreich: Die Theorie steht und ist gut, aber seien Sie beruhigt, ich werde kein Faschist, nicht im entferntesten.

Sartre erklärt, daß er auch eine Theorie des Nichts-Bewußtseins hat.

9. Januar
Er macht eine Krise des «Zweifel an sich selbst» durch. Ist mit seinem Roman unzufrieden: Vielleicht hat das Buch doch ein bißchen gelitten, nicht direkt unter dem Krieg, aber unter der Veränderung meines Standpunktes zu allen Dingen. Es ließ mich die ganze Zeit etwas kalt, und seltsamerweise vor allem, seit Sie die 150 Seiten vom November gelesen haben. Und doch haben Sie mir gesagt, es sei gut. Ich weiß nicht so recht, was in meinem Kopf vorgegangen ist. Ist es die Notwendigkeit, den Charakter von Marcelle zu ändern?[1]

(...) ich wollte, daß es gut und *ehrlich* sei. Verstehen Sie mich, ich weiß wohl, daß man in einem Roman dauernd lügt. Aber man lügt zumindest, um wahr zu sein. Und mir scheint, der ganze Roman ist ein bißchen eine überflüssige Lüge. Ach, und dann arbeite ich schon anderthalb Jahre daran, er kann mich sehr wohl ein bißchen anöden. Und dann habe ich auch meine fünf Hefte noch einmal gelesen, und das hat mir nicht den angenehmen Eindruck gemacht, auf den ich ein bißchen hoffte. Mir schien, es gäbe Vages darin, Nettigkeiten, und die klarsten Ideen seien nur eine Neuauflage von Heidegger, im Grunde würde ich mit dem Zeug über «meinen» Krieg usw. seit September nur umständlich entwickeln, was er über die Geschichtlichkeit auf zehn Seiten sagt. Daraufhin lese ich diese Heine-Biographie, die mich fesselt, wie sie Sie gefesselt hat. Aber jetzt, wo ich «reif» bin, ruft die

1 Die mit Mathieu, dem Helden des Romans, ein Paar bildet.

Lektüre von Biographien nicht mehr diese freudige und leichte Erregung in mir hervor wie vor zehn Jahren. Es hat mich eher ein bißchen niedergeschlagen. Ich hielt mich eher für bedeutungslos angesichts dieses Menschen, der viele Schweinereien gemacht hat (. . .) aber der, wie Sie sagten, so ungeheuer in seiner Situation gelebt hat.

Erneut der Eindruck, in einem Leben zu ersticken, das er selbst aufgebaut hat (vgl. Heft III, S. 265 ff.). Schreibt er darüber in seinem Heft?

10. Januar

In Morsbronn sind minus zwölf Grad. Sartre schreibt über die Empfindung der Kälte. Er träumt von einem Theaterstück:

Ich wollte eine belagerte Stadt, Pogrome, was weiß ich. Das eigentliche Sujet fiel mir nicht ein. Da habe ich plötzlich angefangen mit – na was? Den Geschichten für Onkel Jules.[1] Zuerst mit einer Art von Gewissensbissen, weil sie läppisch sind. Aber dann kam ich auf die Idee, in launiger Form eine Menge Dinge hineinzupacken, und nun amüsiert mich das sehr, und es erregt mich ein bißchen.

Lektüren: das Tagebuch *von Stendhal, die Januarnummer der* N. R. F.

11. Januar

Sartre hat Mistler eine Vorlesung über amerikanische Literatür gehalten; er erklärt dem Castor sein neues Literaturprojekt («Geschichten für Onkel Jules»), das er sich als kleinen Band von Literaturkritiken vorstellt, der die Gesetze der Genres darlegt und durch erfundene Texte veranschaulicht: Märchen, Erzählung, Novelle, Romankapitel.

Ein Austausch von Briefen mit Bianca über das Problem der jüdischen Conditio veranlaßt ihn zu Überlegungen[2]*:* Die Frage stellt sich natürlich, wie man die Verpflichtungen begrenzen soll, die eine Aufsichnahme nach sich zieht. Sich als Jude auf sich nehmen, heißt das zum Beispiel wollen, daß die jüdische Gemeinschaft und die Juden *als Juden* die gleichen Rechte wie die anderen Mitglieder der breiteren

1 Vgl. darauffolgenden Tag.
2 Bianca ist Jüdin.

Gemeinschaft haben? Oder bedeutet das nur, daß man sich als Jude versteht und zugleich an der späteren Aufhebung der ethnischen Unterschiede zwischen den Menschen arbeitet? Beides läßt sich vertreten.

12. Januar

Es ist vorbei, ich habe vorhin die ersten sechs Seiten der *Histoires pour l'oncle Jules [Geschichten für Onkel Jules]* zerrissen, (...) ich habe mich voll und mit Begeisterung in die Abfassung eines *Prométhée* [Prometheus] als Diktator der Freiheit gestürzt (...) bei näherer Überlegung hat mich dann der symbolische Charakter von *Prométhée* ein bißchen abgestoßen. (...) ich habe in meiner verrückten Jugend solchen Mißbrauch damit getrieben, daß es mir zum Hals raushängt.

Besonders desillusionierte Bemerkungen über die Gefühle von Wanda und Bianca ihm gegenüber: W. ist Verschwommenes und B. Hingehauchtes.[1]

13. Januar

Pieter sprach auf interessante Weise über Leben und Tod der jüdischen Kolonie der Rue des Rosiers – es scheint, das ist jetzt vorbei.

Vielleicht hat Sartre, wie so oft, die Erzählungen Pieters festgehalten. Er hat ausführlich über das Schicksal geschrieben:

Das ist wiederum Geschichtlichkeit. (...) Letztlich treibt mich jetzt nicht das Gesellschaftliche um, sondern das menschliche Milieu.

14. Januar

Den ganzen Tag sann ich über ein Sujet für ein Stück nach.

(...) Alles wurde ins Auge gefaßt und nichts festgehalten, von *Prométhée* bis hin zu diesem berühmten Schiff voller Juden, dessen Geschichte mich einen Moment lang gereizt hatte.[2] (...) habe ich fast nichts ins Heft geschrieben.

1 Zweifelt er nicht nur an der Liebe, die Wanda und Bianca für ihn empfinden, sondern auch an seinen eigenen Möglichkeiten, Liebe und Begehren zu wecken? Das wäre eine mögliche Erklärung für das Wankelmütige seiner Gefühle.

2 Es handelt sich um die *Saint-Louis*, deren tragische Odyssee Sartre in der Presse

15. Januar
Ich habe heute morgen den Vortrag von Heidegger *Was ist Metaphysik?* wiedergelesen und habe mich tagsüber damit befaßt, in der Frage des Nichts zu ihm «Stellung zu nehmen». B. hat Ihnen sicher gesagt, daß ich eine Theorie des Nichts hatte. Sie war noch nicht sehr gut formuliert, und jetzt ist sie es. (...) ich habe gerade heute in mein Heft geschrieben, daß die Philosophie, die ich treibe, ein bißchen rührend sein muß für andere, weil sie eigennützig ist. Sie spielt in meinem Leben die Rolle, mich gegen die Melancholie, Verdrossenheit und Traurigkeit des Krieges zu schützen, und außerdem versuche ich jetzt weder, mein Leben nachträglich durch meine Philosophie zu schützen, was eine Schweinerei ist, noch mein Leben meiner Philosophie anzupassen, was pedantisch ist, sondern Leben und Philosophie sind wirklich eins.[1] (...) Trotzdem wird es für das «gebildete Publikum» stinklangweilige Abschnitte darin geben. Dagegen gibt es aber allmählich auch schon einen oder zwei pikante: einen über die Löcher im allgemeinen und einen anderen speziell über den Anus und die Liebe à l'italienne. (...) Ich habe mein neuntes Heft angefangen.

verfolgt hatte. Das Schiff war am 13. Mai 1939 von Hamburg in Richtung Kuba in See gestochen, mit nahezu tausend vor den Nazis flüchtenden Juden an Bord. Doch am 27. angekommen, konnten die Passagiere nicht an Land gehen, da sich die Gesetzgebung des Landes inzwischen geändert hatte. Endlose Verhandlungen führten zu nichts, und das Schiff mußte am 2. Juni wieder ablegen. Es irrte tagelang zwischen Kuba und Florida herum. Die USA verweigerten den Flüchtlingen ebenfalls das Asylrecht, und das Schiff nahm Kurs auf Europa. Viele Dramen spielten sich an Bord unter den verzweifelten Menschen ab, die der Rettung so nahe gewesen waren. Vgl. *Le Voyage des damnés*, von G. Thomas und M. Morgan-Witts, Belfond, Paris 1976. Im gleichen Jahr wurde die Geschichte der *Saint-Louis* von Stuart Rosenberg verfilmt.

1 Es ist richtig, daß in *Das Sein und das Nichts*, das aus den Heften hervorgeht, eine subjektive Spannung spürbar ist. Man findet zum Beispiel eine Dramatisierung der phänomenologischen Beschreibung des instabilen Wesens der menschlichen-Realität: die Faktizität, die Wirbel der Unaufrichtigkeit werden heftig von einem einzelnen *Ich* erlebt. Deshalb konnte das Werk auch in Philosophie Nichteingeweihte anziehen, die trotz der Schwierigkeiten des Textes durch den Faden einer für den Autor so lebenswichtigen Suche mitgerissen wurden.

16. Januar

Sartre beschäftigt sich in seinem Heft mit der Theorie des Nichts:
1. vermeidet sie den Husserlschen Rekurs auf die Hylê[1] – 2. erklärt sie das Eins-sein der Welt für die Pluralität der Bewußtseine – 3. erlaubt sie *ernstlich*, den Realismus und den Idealismus zu transzendieren. (...) Aber mehr erkläre ich Ihnen nicht, weil ich möchte, daß sie an ihrer allmählichen Entstehung in den Heften teilnehmen.

Er präzisiert für S. de Beauvoir seine Gedanken über die conditio *des jüdischen Menschen:* ist es nicht auch möglich, daß man, indem man sich als Jude annimmt, einen kulturellen und menschlichen Wert des Judentums anerkennt, in welchem Fall das Prinzip, von dem man sich leiten läßt, um gegen den Antisemitismus zu kämpfen, nicht wäre, daß der Jude ein Mensch ist, sondern vielmehr, daß der Jude Jude ist.[2]

Roman: er schreibt ein Kapitel über die Gestalt Boris und beabsichtigt, Zeit der Reife *umzuarbeiten.*

Lektüren: Heidegger und Tandis que j'agonise *von Faulkner.*[3]

17. Januar

Sartre antwortet auf einen Brief von «Martine Bourdin», mit der er im Vorjahr eine Affäre hatte, im «verliebten Stil». Das führt zu einer Krise seiner Beziehungen zu Wanda und, als Echo, mit S. de Beauvoir (vgl. S. 43, Fußnote 1, S. 462, Fußnote 2 und Briefe an S. de Beauvoir... *vom 23. Februar an).*

Heft: Über den Krieg und den neuen Begriff der *Allianzen* geschrieben.

1 Vgl. S. 395, Fußnote 1.

2 Man hat oft den *Réflexions sur la question juive (1946)* [dt. *Überlegungen zur Judenfrage*, Rowohlt Taschenbuch Verlag, Reinbek 1994], vor allem in den siebziger Jahren, vorgeworfen, die Auffassung vom «authentischen Juden» abstrahiere mehr oder weniger vom Judaismus «als menschlichen Wert». Sartre erkannte das an, erklärte jedoch, daß die Juden, vor allem jene, mit denen er bekannt war, unmittelbar nach dem Krieg mehr darum besorgt waren, als vollwertige Menschen und Staatsbürger anerkannt zu werden denn als Träger des Judaismus. Man kann hier feststellen, daß seine ersten Überlegungen den jüdischen Menschen in konkreterer Weise fassen.

3 Gallimard, Paris 1934.

18. Januar
(...) dann habe ich an der «Unschuld» gearbeitet (...)
Lektüre: Classe 22 *von Ernst Glaeser*[1] *, auf deutsch.*

19. Januar
Ich habe über den Feldwebel und dann über die Einsamkeit geschrieben, das hat mir Spaß gemacht. (...) ich ungeheuer viel ins Heft geschrieben habe. (...) Ich habe Mistler heute abend vor den Akoluthen einen Vortrag über Sexualität gehalten.

20. Januar
Ich bin in eine Metaphysik verstrickt. Sie ist mühsam und schwierig, aber sie lohnt sich. Sie gehört natürlich zur Moral, so daß diese Hefte eine richtige kleine philosophische Abhandlung sind. Ich habe den ganzen Nachmittag nicht ohne Erfolg über das *Mit-sein*[2] gearbeitet. (...) Was wir als brave kleine Phänomenologen bisher machten, war im Grunde eine Ontologie. Man suchte mit Husserl das Wesen des Bewußtseins oder mit Heidegger das Sein des Seienden. Aber die Metaphysik ist eine «Ontik». (...) man betrachtet nicht mehr das Wesen (...), sondern wirklich die konkreten, gegebenen Existenzen, und fragt sich, warum das so ist. (...)

21. Januar
(...) habe ich bis mittags Metaphysik getrieben (...) das hat überhaupt keine Ähnlichkeit mehr mit Husserlscher Philosophie oder mit Heidegger oder sonst etwas. Es ähnelt eher allen meinen alten Ideen über Wahrnehmung und Existenz, Ideen, die mangels Technik tot waren, bevor sie geboren wurden, die ich aber jetzt mit der ganzen phänomenologischen und existentialistischen Technik entwickeln kann. (...) Heute nachmittag habe ich am Roman gearbeitet, und heute abend ist Mistler gekommen, und ich habe ihm vom Spanienkrieg gesprochen. Es bleibt jetzt dabei: abends bringt man einen Liter

1 *Jahrgang 1902* (deutsch 1928 erschienen) wurde unter dem Titel *Classe 22* 1929 bei Victor Attinger auf französisch veröffentlicht.
2 Deutsch im Original. Heideggerscher Begriff.

Weißwein, sie lassen sich nieder, ich schwadroniere, und sie hören zu. (...) Es ist merkwürdig, wie identisch sich meine Beziehungen zu Männern (École Normale – Berlin – hier) quer durch die verschiedenen Alter und Gemeinschaften wiederholen.

22. Januar

In seinem Brief an S. de Beauvoir von diesem Tag (in ihrer Ausgabe der Briefe an S. de Beauvoir und einige andere *gestrichen) kündigt Sartre an, daß er, angeregt von einem Brief Biancas, in dem es um Moral und Verdienst geht, seine Überlegungen über die Moral wieder aufgegriffen hat:* (...) ich wollte verstehen, woher in mir (Seite der Beweggründe) dieser Begriff der Moral ohne Verdienst stammt (...) Ich habe also mein Heft genommen. Doch erst sehr spät, denn ich hatte den ganzen Tag am Roman gearbeitet. Erst schrieb ich mit widerborstiger Feder und dann packte es mich schließlich, und ich gab es eine Viertelstunde vor Mitternacht nur aus Vernunft auf.

Das Durcheinander seiner Liebesbeziehungen macht ihn besorgt und unruhig. S. de Beauvoir zeigt sich kritisch gegenüber Bianca, die sie nicht mehr liebt. Die Notwendigkeit, mit dem jungen Mädchen zu brechen, ist unabweisbar, doch quält sie ihn. Er fordert S. de Beauvoir vorsichtig auf, das Prinzip eines einzigen Lebens *in ihrer Partnerschaft zu überdenken:*

Ich stimme Ihnen also völlig zu (...) Nur habe ich einen Skrupel: als Sie vor einem oder zwei Jahren darüber gereizt waren, vielleicht eine Sache in meinem Leben zu sein (...), und nicht mein ganzes Leben, haben Sie sich da nicht ein wenig auf den Standpunkt der Symbiose gestellt, der Sie bei B. so sehr ärgert? (...) Ich schreib Ihnen das alles ganz gelassen, nicht um B. zu verteidigen, die Sie so mies gemacht haben, daß ich ihr nicht mal mehr schreiben kann, sondern aus Neugier und nur *Sie* beachtend. Ich möchte wissen, ob Sie in der Leidenschaft der Wut unaufrichtig waren oder ob wirklich unser einmaliges Leben sich kategorial von der von B. erträumten Symbiose unterscheidet (statt ihr in der gleichen Kategorie nur hierarchisch überlegen zu sein).

23. Januar
(...) ich habe den ganzen Morgen über diese Idee von Totalität und Moral ohne Verdienst geschrieben, von der wir sprachen.

24. Januar
(...) habe ich an meinem Roman gearbeitet, das Kapitel über Boris läuft ziemlich gut, und dann habe ich ein bißchen über die Metaphysik geschrieben, ich glaube wirklich, daß es ziemlich gut ist, was ich schreibe. Über die Phänomenologie finde ich den Dogmatismus wieder, ich behalte den ganzen Husserl, das In-der-Welt-sein und gelange doch zu einem absoluten Neo-Realismus (in den ich die Gestalttheorie integriere). (...) es ist sehr artig um die Idee des Nichts oder reinen Ereignisses innerhalb des Seins aufgebaut.

Sartre liest Gilles *von Drieu la Rochelle, was ihm nicht gefällt, und blättert in den beiden Romanen von Jules Romains, die auf* Verdun *folgen:* Vorge contre Quinette *und* La Douceur de la vie.

25. Januar
Ich habe *achtzig* Seiten im Heft gefüllt (...) Denn heute morgen beim Aufwachen habe ich erkannt, wie ich einen Roman verfasse und wie ich imaginiere; das hat mich frappiert (was Lévy[1] sagte, hat mich zerknittert: daß ich nicht die Imagination eines Romanschriftstellers hätte, und ich wußte, daß Sie mit B. darüber diskutiert und daß Sie gesagt hatten, bei Faulkner würde man gut merken, was erfunden ist). Und das wollte ich in mein Heft schreiben. (...) hat Pieter, der *La douceur de la vie* [Die Süße des Lebens] angefangen hat, das mit einem Verriß von Tagebüchern beginnt, mir feixend das an der entsprechenden Stelle aufgeschlagene Buch unter die Nase gehalten. Ich werde den Abschnitt in mein Heft abschreiben, denn er ist sehr zutreffend, aber ich will mich wehren.[2]

1 Vgl. Heft I, S. 133, Fußnote 1.

2 *La Douceur de la vie* ist ein Roman in Tagebuchform, des Tagebuchs von Jallez, der damit beginnt, die Gründe für seine Aversion gegen das Prinzip des intimen Tagebuchs zu erklären: *«Das scheint mir unvereinbar mit der Stärke, der Großzügigkeit, der Fülle des Geistes und der Seele, die nicht (...) ohne Vertrauen einer unvorbereiteten, nicht beherrschten Zukunft entgegengehen.»*

Die Zeitschrift Recherches philosophiques *bittet ihn um einen Text: er wird ihr einen Ausschnitt aus den Heften über das Nichts nur geben, wenn es bei ihrer Veröffentlichung möglich ist, «philosophisch zu technische» Seiten zu streichen:* Wenn Sie dagegen denken, daß die *Geschichte* meines Denkens über das Nichts, die von Tag zu Tag eingetragen worden ist, genauso interessant ist wie die Ideen selbst, dann bekommt er etwas anderes[1] (...)

26. Januar
Sartre schreibt in sein Heft, sicher über Gilles, *den soeben erschienen Roman von Drieu la Rochelle:* Und außerdem stößt es mich immer ab, wenn einer sich über seine Epoche beklagt. Ich könnte mich totlachen, wenn er von seinen Zeitgenossen schreibt: «Ich habe mir von ihnen meine Seele stehlen lassen.» An seiner Stelle würde ich mich schämen, denn schließlich war er keineswegs dazu gezwungen. Ich würde mich sogar so schämen, daß es mir nicht mehr einfiele, die Zeitgenossen anzuklagen, ich würde mich selbst anklagen. (...)

28. Januar[2]
Ich habe gemerkt, daß genau zu Beginn dieses Krieges zwei Bücher erschienen sind, die gleicherweise, und zwar aus verschiedenen Gründen, den Surrealismus brandmarken: der Romains und der Drieu, und ich habe mich darangemacht, zu sagen, was ich dem Surrealismus schulde. (...)

Gefühle: Ich liebe ein wenig B. Sie ist zur Zeit nett, ganz niedergedrückt, nicht authentisch zu sein. Ich muß ein wenig darüber lachen, denn das ist die «Macht eines Wortes» (...) *authentisch* ist ein recht schlecht definierter Begriff, Sie verstehen es ohne Zweifel nicht ganz in der gleichen Weise wie ich, noch wir beide so wie Heidegger (...) Ich werde ihr schreiben, nicht daß sie es ist, sondern daß wir es auch nicht sind. Denn schließlich?

1 Sartre ist also fest entschlossen, seine Hefte zu veröffentlichen; als er sie begann, sah er nur eine postume Veröffentlichung vor.
2 Irrtümlich als 29. datiert.

29. Januar
Sartre bereitet sich darauf vor, über seinen «Schüler» Mistler zu schreiben, den er zu brav findet.

30. Januar
Roman: Ich habe ein Kapitel über Boris und seine Begegnung mit Daniel beendet (...)

Lektüren: Vorge contre Quinette *(Romains) und* Les Voyageurs de l'Impériale *(Aragon in der* N. R. F. *vom Januar).*

Anhang IV

Periode des Heftes XIII
nach den Briefen an S. de Beauvoir
vom 1. bis 5. März 1940

1. und 2. März
Sartre setzt die Analyse seiner Beziehungen zu anderswem fort: Seit vorgestern habe ich *hundert* Seiten darüber geschrieben, stellen Sie sich vor, und ohne das Thema zu erschöpfen. Das ist übrigens schade, aber ich müßte über Olga, Bost, Sie, Wanda und B. sprechen, und da müßte ich erbärmlich fälschen. Ich habe also *vor* der Olga-Geschichte aufgehört mit ein paar sibyllischen Sätzen für W., die eine bald danach erfolgte völlige Veränderung ankündigen. (...) Ich habe sehr gut die Quellen meines Imperialismus (...) gesehen (...) jetzt werde ich eine Zeitlang nicht mehr an mich denken, all diese Geschichten sind begraben, wir werden sie wieder hervorholen, wenn wir uns sehen.

3. März
Ich habe meinen Roman wiederaufgenommen und mein Heft ein bißchen vernachlässigt.

Als Lektüren Geschichtsbücher: L'Expédition au Mexique *von Émile Ollivier und der* Bismarck *von Ludwig.*

Anhang V

Periode der verschwundenen Hefte aus der Zeit
nach dem 10. April
nach den Briefen an S. de Beauvoir

Wie es scheint, schreibt Sartre nicht unmittelbar nach seinem Urlaub weiter in seinen Heften.

10. April 40

Während der Rückfahrt im Zug erfährt Sartre von dem Einmarsch der deutschen Armee in Dänemark und Norwegen. Er liest eine Biographie Dostojewskis, wahrscheinlich die von Henri Troyat, die gerade erschienen ist.

11. April

Ich führe überhaupt kein Heft mehr.

12. April

Ich freue mich sehr, daß die Hefte Sie interessiert haben (...) aber wissen Sie, ich führe jetzt gar keins mehr. Ich habe es eilig, den Roman zu beenden.

13. April
Heute überarbeite ich den Tod Lolas.[1]

Sartre hört ausgiebig die widersprüchlichen Radionachrichten über den Krieg in Norwegen. Seit einiger Zeit spielt er fast manisch Schach mit Pieter, den er nicht mehr als «Akoluthen», sondern mehr und mehr als echten Gefährten betrachtet.

Lektüre: La Condition humaine.

14. April
Ich habe die ganze Passage über Lolas Tod und Kleinigkeiten umgeändert. Spaß gemacht, daß ich je nach Laune dies oder das umändere; wenn etwas nicht geht, nehme ich etwas anderes.

15. April
Lektüre: Le Temps du mépris *von Malraux*[2] *, für wesentlich schwächer als die* Condition humaine *gehalten.*

16. April
Roman: Ich bin bei dem Gespräch Mathieu–Daniel am Schluß. Ich stecke bis zum Hals drin und glaube, es wird gut, aber es ist schwierig. Ich habe wieder so viel Freude an meinem *factum* wie letztes Jahr, es verfolgt mich den ganzen Tag.

Heft: Ich hatte gedacht, ich würde in mein Heft schreiben, was ich Ihnen aber lieber erzähle (das Heft liegt brach): ich kehre voller Boshaftigkeit, mit dem Gefühl, den Offizieren einen tollen Streich zu spielen, ihnen *weiszumachen*, ich hätte gekehrt. Und ich führe meinen Streich so liebevoll aus, daß ihr Büro am Ende wunderbar gekehrt ist.

Lektüre: L'Espoir *von Malraux.*[3]

1 In Wahrheit stirbt Lola nicht; es handelt sich sicher um die Episode, da Boris, ihr Geliebter, sie für tot hält. Vgl. *Zeit der Reife*, XII. Kapitel.
2 Gallimard, Paris 1935.
3 Gallimard, Paris 1937.

17. April

(...) ich schlage mein kleines Heft nicht einmal mehr auf. Denn der Kopf ist leer, mein Kleiner. Allerdings würde er sich füllen, wenn ich nur wollte, ich habe den Eindruck, es genügt, einen Hahn aufzudrehen, und es wäre genug da für sechs Monate. Aber es interessiert mich kaum noch: ich bin ganz mit der Überarbeitung meines Romans befaßt (...)

Bis zum 29. April ist Sartre mit der Gestalt Marcelles beschäftigt, die ihn schon lange stört. Im Gegensatz zu Ivich – für die er sich von den Schwestern Kosakiewicz anregen läßt – und Mathieu, der oft das widerspiegelt, was er selbst denkt oder gedacht hat, ist die Gestalt Marcelles, die Geliebte Mathieus, erfunden (obwohl in ihre Beziehungen einige Besonderheiten seiner Beziehungen zu S. de Beauvoir eingegangen sind[1]*). Am 25. November 1939 wußte er nicht, ob es schließlich und endlich eine schwache oder eine starke Frau sein würde (vgl. den Brief an S. de Beauvoir von diesem Tag). Die Schwierigkeit liegt darin, daß Mathieu, auf der Suche nach wahrer Freiheit, Gründe dafür haben muß, an seiner Geliebten zu hängen (oder an ihr gehangen zu haben), während sie* «wie das Symbol dieses ganzen Lebens geistiger und moralischer Bequemlichkeit, in dem er nicht frei ist», *sein soll.*

18. April

Ich denke überhaupt nicht mehr. Und doch bin ich den ganzen Tag munter – obwohl ich die Illusion, den Krieg zu machen, völlig verloren habe – wegen meines Romans.

19. April

Ich träumte gerade einen ganz harmlosen Traum über London, als ich im Traum spürte, wie die Atmosphäre sich änderte, ohne daß etwas Schreckliches geschah; es war der Sinn der Gegenstände, der sich ge-

1 Insbesondere der Zug, daß sie sein «Zeuge» ist. Das Phantasma einer «schönen Frau», die eine Art Richter-Zeuge über sein Leben ist, ist ein Thema, das seit Sartres Jugend präsent ist (vgl. in *Écrits de jeunesse* das «Carnet Midy») und in seinen reifen Jahren fortbesteht: man findet z. B. in den *Eingeschlossenen von Altona* Spuren davon.

ändert hatte. Es war immer noch Nacht in Londons verlassenen Straßen, aber durch einen komischen Widerspruch, der verdächtig und beunruhigend war, hatte diese Nacht etwas von der glühenden Helle eines Junimittags. Ich bin vorsichtshalber aufgewacht, bevor ich die Mörder oder tollwütigen Hunde, die die notwendigen Begleiterscheinungen eines solchen meteorologischen Phänomens sein mußten, auftauchen sah.[1] Aber da stelle ich eine Blase absolut reiner Angst in mir fest, die sogar in meinem Körper lokalisierbar schien. (...) Und dann hat sich die Angst an das Wort «verrückt» geheftet, das ohne Bilder oder irgendwelche Vorstellungen schnell unerträglich geworden ist.[2] (...) Darauf hat sich alles aufgelöst, die Blase ist zerplatzt, und ich bin wieder eingeschlafen.

21. April
Sartre erzählt ausführlich den Vorabend im «Théâtre des armées». Einige Wochen früher hätte er diese Episode seines Militärlebens in seinem Tagebuch festgehalten und in seinem Brief zusammengefaßt.

23. April
Ein Satz von Malraux in L'Espoir (*«Das Zeitalter des Fundamentalen kommt wieder (...) Die Vernunft muß neu begründet werden.») veranlaßt ihn zu einem negativen Urteil über seinen eigenen Roman:*

Das ist es, was ich denke, Sie wissen es; ich denke in diesen Tagen, daß man erst jetzt die Konsequenzen aus dem Verlust des Glaubens ziehen wird. Aber im ersten Band des Romans erscheint nichts von alldem, und das ist sehr traurig. Das liegt nicht an einem technischen Mangel, sondern einfach an der Verdreckung, in der ich mich befand, als der Krieg ausbrach. (...)

1 Das manifeste Thema dieses Traumes – eine Vorauswarnung? (London in Gefahr) – ist vielleicht durch die Tatsache provoziert, daß Hitler in seinen Reden immer mehr drohenden Haß gegen England – mehr als gegen andere Länder – vorbringt und es beschuldigt, für den Krieg verantwortlich zu sein.

2 Erneut taucht hier eine Angstbeziehung zwischen der gewalttätigen Vorstellung des Krieges und dem, was Sartre seinen «Wahn» nennt, auf – eine Beziehung, die er im Heft I zu neutralisieren versuchte («Der Krieg, das bin ich»). Vgl. S. 100 und Fußnote 1. Es sei daran erinnert, daß damit gerechnet wurde, daß der Krieg sich in jenem Frühjahr entscheidet.

Spürbar ist im Brief dieses Tages ein bestimmter, wenn auch nicht formulierter Pessimismus über den Ausgang der laufenden Schlachten.

24. April
Sartre erfährt, daß er mit dem Preis des Roman populiste ausgezeichnet wurde.

Erneut Eifersucht wegen Wanda: Ich verstehe es nicht, die Menschen gut zu lieben.

25. April
Bericht über eine Sitzung des Militärtribunals, an der er am Vormittag teilgenommen hat.

26. April
Stellen Sie sich vor, ich habe wieder ein bißchen mit dem Heft angefangen. Nur um bezüglich Malraux zu notieren, daß die Hauptkategorien der Ethik sind: *sein, haben* und *handeln*[1]. Und daß subtile dialektische Verbindungen zwischen ihnen existieren. Beispiel: Malraux, man muß wählen zwischen *sein* und *handeln* – Rougemont in bezug auf Don Juan: er *war nicht* genug, um zu *haben*[2]. Ab und zu entschlüpft mir eine kleine Bemerkung. Aber seit der Rückkehr aus dem Urlaub sind es vielleicht zehn beschriebene Seiten. Aber es ist sehr gut so. Ich nehme drei Monate Ferien: ich beende den Roman. Und danach fange ich dann wieder mit dem Heft an. Ich werde mich ganz neu dranmachen, und die 15 schon geschriebenen werden Vergangenheit sein. Es ist witzig, wie man natürlicher lebt, wenn man kein Heft hinter sich hat, wie die Ereignisse nichtig werden, sobald man sie erlebt hat, und wie im Grunde in einer Art die Authentizität

1 Im vierten Teil von *Das Sein und das Nichts* untersucht Sartre diese Kategorien, die «das gesamte Verhalten des Menschen zusammenfassen».

2 Vgl. *L'Amour et l'Occident*, Plon, Paris 1939. Sartre hat dieses Werk in der Zeitschrift *Europe*, Nr. vom 15. Juni 1939, rezensiert (wiederabgedruckt in *Situations* I) [dt. *Die Liebe im Abendland*, in: J.-P. Sartre, *Der Mensch und die Dinge*, Rowohlt Taschenbuch Verlag, Reinbek 1978].

eine Sache des Tagebuchs ist (glauben Sie aber nicht, daß ich darauf spucke).

28. April
Würde es Ihnen gefallen, wenn ich der kompletten Mathieu-Reihe den Titel gebe: *La grandeur* [Die Größe]? (...) Denn schließlich wird es sich eher um die Authentizität drehen als um die eigentliche Freiheit.

30. April
Rückkehr nach Morsbronn mit seiner Division. Er denkt, mit der Klarstellung des Charakters von Marcelle jetzt fertig zu sein.

1. Mai
Sartre liest in Paris-Midi *eine Notiz über sich, in der die Existenz der Hefte erwähnt wird.*[1]

2. Mai
Er interessiert sich weiterhin für Wilhelm II., über den er eine andere Biographie liest, die von Maurice Muret[2] *, doch scheint er nicht in seinem Tagebuch darüber zu schreiben.*

Roman: bis zum 7. Mai arbeitet er an der Gestalt Mathieus, den er «vergeschichtlicht» und «existentieller» macht.

1 Der kleine Artikel «Un lauréat pas ordinaire» [Kein gewöhnlicher Preisträger] ist mit «Le Veilleur» [Der Wächter] gezeichnet und teilt mit, daß ihm der Prix populiste für *Le Mur* [Die Wand] verliehen wurde: *«Dieses Buch, das bei seinem Erscheinen verschiedene Reaktionen erfuhr, ist von bemerkenswerter Kraft – und Kühnheit (...) Der Preisträger, in Zivil Philosophielehrer, befindet sich zur Zeit irgendwo bei der Armee: er beobachtet die Sterne und mißt die Windgeschwindigkeit. Er führt auch, wie man hört, ein Tagebuch ... das nach dem Krieg erscheinen wird. Die Lektüre wird mit Sicherheit köstlich sein.»*
2 Arthème Fayard, Paris 1940.

3. Mai

Sartre stürzt sich in einen verworrenen Gefühlssturm, der offenbart, wie sehr er noch, ohne es sich einzugestehen, an Olga hängt: nachdem er erfahren hat, daß sie eine Affäre mit einem schönen Abessinier hat, ist er gegen beide Schwestern so entzürnt, daß er daran denkt, mit Wanda zu brechen, von der er annimmt – vielleicht zu Unrecht, aber was tut es? –, daß sie ihrer Schwester als verständnisvolle Anstandsdame diente.

4. Mai

Es wäre ja wohl grotesk, mit W. zu brechen, weil ihre Schwester ihren Kerl betrogen hat.[1]

5. Mai

Lektüre: zwei Kriegstagebücher, Quatre mois, notes d'un agent de liaison[2], *von André Chamson, und* Lumière bleue, 25 août – 25 décembre 1939, *von Charles Braibant*[3] ; solitude en commun, *von Margaret Kennedy*[4] ; *das Tagebuch von Samuel Pepys.*[5]

6. Mai

Sartre empfängt eine Nachricht von Nizan, der sich in eine englische Division versetzen ließ (er wird am 23. Mai fallen).

8. Mai

Nachdem er wahrscheinlich Ordnung in seine Gefühle gebracht hat, versucht Sartre S. de Beauvoir davon abzubringen, dem einberufenen Bost zu schreiben, daß Olga eine Affäre hat; er setzt sich für sie ein: K. ist, wozu wir sie gemacht haben (...) unser einziges, aber totales Opfer.

1 Olga ist die Freundin von Jacques-Laurent Bost, den sie später heiraten wird.
2 Flammarion, Paris 1940.
3 Arthème Fayard, Paris 1940.
4 Plon, Paris 1939.
5 Gallimard, Paris 1937 und 1940.

9. Mai
Lektüre: Éloge de l'imprudence, *von Marcel Jouhandeau.*[1]

10. Mai
Heute also Invasion Belgiens und Hollands. (...) Der hier entstandene Eindruck ist merkwürdig und ganz anders als der, der beim Angriff auf Norwegen herrschte: fast eine Erleichterung. Der Eindruck, nach acht Monaten «faulem» Krieg mit Wirklichkeit – wenn auch düsterer – in Berührung zu kommen. (...)

Anläßlich einer Bemerkung von Brice Parain über L'Invitée [Sie kam und blieb] *von S. de Beauvoir denkt Sartre über die Ursprünge der ihrem kleinen Clan eigenen Sprache nach.*

12. Mai
Überraschende Reaktion Sartres auf einen Brief von Wanda, die von den Ereignissen verstört und vielleicht ernsthaft erkrankt ist:

Diesmal habe ich es satt, sie jedesmal mit guten Worten abzuspeisen, wenn sie mich braucht. Ich habe ihr geschrieben, wenn sie will und die Fristen nicht zu lang sind, wäre ich bereit, sie zu heiraten, um drei Tage Urlaub zu bekommen. Ich denke, das wird Ihnen nicht angenehm sein[2] (...) Aber ich habe es Ihnen gesagt, und ich bin entschlossen: von jetzt an will ich für W. tun, was ich kann.

Er hört die Flugabwehr in seinem Abschnitt schießen und ahnt, daß der Zusammenbruch naht: sollte er nicht auch «eine Tat vollbringen»[3]*, bevor er vielleicht verschwindet?*

1 In *Les Cahiers du Sud* vom 25. April 1932, Marseille.
2 Es fehlen die Briefe von S. de Beauvoir an Sartre vom 24. März bis zum 10. Juli.
3 Das Leben Mathieus dreht sich um diese Suche (die auch in den Heften sehr deutlich ist); er ist gewissermaßen das negative Doppel des Romanciers, der seinem Helden etwas vorausgeht. Wollte er, durch den Ernst der Stunde verwirrt, sich einen Ruck geben, um entscheidend Mathieu zu überholen, der auf der Stelle tritt und es nicht schafft, *frei zu handeln*? Erinnern wir uns daran, was Mathieu – der Marcelle nicht heiratet – im letzten Kapitel von *Zeit der Reife* sagt: «Alles, was ich tue, tue ich *für nichts*; man könnte meinen, die Folgen meiner Taten würden mir gestohlen; alles verläuft so, als könnte ich meine Züge immer wieder zurücknehmen. Ich weiß nicht, was ich dafür geben würde, eine unwiderrufliche Tat zu begehen.» [dt. Ausgabe S. 321]

Vom 13. bis zum 23. Mai
Kämpfe zwischen deutscher Luftwaffe und französischer Flugabwehr: Die übrige Zeit lebt man, als ob nichts wäre.

Sartre überarbeitet weiter seinen Roman, vor allem die Kapitel mit Marcelle.

Ab und zu packt mich die Lust, mein Heft wieder aufzunehmen. Eigentlich habe ich es während der Flaute des Krieges geführt und im richtigen Moment aufgegeben.

Am 17. Mai schreibt er Wanda, daß die Heiratsgenehmigungen gestrichen sind; das junge Mädchen wird diesen Brief nicht erhalten, den S. de Beauvoir (aus Versehen?) genommen und gelesen hat. Vgl. Brief an S. de Beauvoir vom 25. Mai.

Trotz des Einmarsches der deutschen Truppen in Frankreich versucht Sartre daran festzuhalten, daß der Krieg nicht verloren ist.

24. Mai
Etwas anderes fängt an – etwas anderes als das, was in diesen zehn Tagen passiert ist, und diesmal ist es eine richtige Schlacht. (...)

Einen oder zwei Tage lang betrachtete ich die Frage nur im Hinblick auf eine sehr ferne Zukunft: wie *danach* leben – und mir brach der kalte Schweiß aus. Ich lese gerade *Gespräche mit Hitler,* ich las einen Artikel über die systematische Entvölkerung, die die Deutschen in Polen betreiben (in der *Revue de Paris* vom 1. Mai. Das müssen Sie lesen ...), und das war nicht gerade erhebend. Aber seit zwei oder drei Tagen ist es ganz anders. Tief innen bin ich ausgesprochen ruhig mit gelegentlichen Anfällen quasi retrospektiver Nervosität. Hier gab es viel Niedergeschlagenheit. Paul und Pieter waren sympathisch und korrekt und andere gar nicht, aber ich kann nicht darüber sprechen.[1] Ich werde in ein paar Tagen mein Heft wiederaufnehmen und alles minuziös erzählen. Es gibt viel mehr zu sagen, als ich es hier tue.

25. Mai
Beginn des militärischen Zusammenbruchs: Ich denke, die Zensur würde nicht mehr durchlassen, daher sage ich Ihnen nur, daß wir

1 Sartre spielt vermutlich auf das Verhalten mancher Offiziere an.

abrücken. (...) Inzwischen, wenn auch immer noch hier, sind wir nicht mehr «an der Front». Das äußert sich für uns in totaler Freiheit.

Lektüre: eine kurze Geschichte Norwegens, um mich zu informieren.[1]

27. Mai

Zwangsläufig bin ich ziemlich rein, wenn ich schreibe – ich habe nicht mehr diese kleinen Eitelkeiten und diese kleinen Hoffnungen des Autors, deren ich mich letztes Jahr nicht erwehren konnte. (...)

Ich schreibe – symbolisch – *gegen* den Bankrott der Demokratie und der Freiheit, gegen die Niederlage der Alliierten an. Indem ich bis zum Schluß so tue, «als ob» alles wiederhergestellt werden müßte.

29. Mai

Radioansprache von Paul Reynaud, durch die Sartre von der Kapitulation Belgiens erfährt: (...) wir scheinen uns in einem *Abenteuer* zu befinden, aber unser persönliches Leben ist auf das Vegetative reduziert: essen, schlafen – auch ein bißchen arbeiten, und nichts unterscheidet in dieser Hinsicht einen Tag vom andern. Das ist ein komischer Zustand (...)

30. Mai

Ich langweile mich nicht, und mein Leben ist nicht so karg, wie Sie denken. Erstens wurde ich von so einer kalten und besessenen Leidenschaft fürs Schachspiel gepackt, wie sie mich manchmal ergreift und wie Sie sie hassen. Zweitens hat diese Schlacht, an der wir per Radio teilnehmen, etwas unheimlich Fesselndes.

1. Juni

(...) was ist aus meinen Heften geworden? Sind sie in Einzelteilen irgendwo unter der Erde oder hat der kleine Bost sie gerettet[2]? Wenn

1 Wahrscheinlich: *La Norvège, bref aperçu historique, géographique, politique, économique,* von Jacob Vidnes, Oslo 1934.

2 S. de Beauvoir hatte Bost am 17. März in seiner Unterkunft besucht und ihm

sie verloren sind, kann man auch nichts machen, dann sollten sie eben nicht das Licht der Welt erblicken, ich wäre nicht sehr unglücklich darüber. Aber wenn sie zufällig gerettet wären, möchte ich es wissen. (...) Worum es mir leid täte, wären eher meine letzten philosophischen Sachen als meine Hirngespinste über mich selbst. Aber eigentlich muß einiges davon in den Heften sein, die bei Ihnen geblieben sind, und ich werde damit zurechtkommen.

2. Juni

Über Zeit der Reife, *an dem er noch arbeitet:* (...) man muß verständlich machen, daß, wenn man frei ist, man nicht nur frei ist, seine Handlungen zu wählen, sondern auch das Gute, obgleich andererseits (Kafka, Kierkegaard) das Gute nicht willkürlich ist und obwohl man immer schuldig wird, wenn man es wählt. Da das Beispiel präzise ist – Marcelle heiraten oder nicht –, wird es dennoch ziemlich klar und nicht zu philosophisch.

5. Juni

Mein süßer Kleiner, Sie brauchen überhaupt nicht so verwirrt zu sein wegen meiner Hefte. Sie können sich nicht vorstellen, mit welcher Leichtigkeit des Herzens ich ihrem Verlust entgegensehen würde. Schließlich habe ich das Wichtigste immer noch im Kopf, das Nichts – und das wird eher Gegenstand eines Buches sein. Was den Krieg betrifft, sind viele Beobachtungen überholt. Bleibt mein Charakter. Aber das ist auch nicht verloren. (...) Man lebt so abgeschnitten von der Zukunft – vor allem von einer literarischen Zukunft – im Moment, kleine Hefte, das ist so sinnlos. (...) zur Zeit vermisse ich sie gar nicht. Ich würde nur gern wissen, ob sie noch existieren, falls ich diese kleine Arbeit fortsetzen würde, nachdem ich meinen Roman abgeschlossen habe.

Zufallslektüre: eine Biographie von Law.[1]

einige Hefte dagelassen, vermutlich die Hefte VI, VII, VIII, IX und X. Sie gingen Ende Mai verloren, als der junge Mann bei Sedan verwundet wurde.

1 Vermutlich *La Vie de John Law*, Denoël, Paris 1938.

8. Juni
Roman: Ich *amüsiere mich* damit, die letzte Unterredung und große Szene zwischen Mathieu und Marcelle zu schreiben.

Lektüre: Madame Bovary, *die* N. R. F. *vom Mai, insbesondere den Artikel von Georges Bernanos: «Nous retournons dans la guerre».*

Was Sie mir schreiben über jene Merkwürdigkeit, daß das Schlimmste eintritt, das habe ich zwei oder drei Tage, zwischen dem 18. und dem 20., lebhaft gespürt. Ich habe wirklich das Schlimmste erlebt, ich habe mich darauf *vorbereitet.* Ich wurde vor allem von dieser Idee verfolgt, daß es *möglich* sei und daß alle unsere ideologischen Blockierungen, die uns dazu dienten, die Deutschen als total verrückt und niederträchtig zu denken, kein Gewicht gegen diese historische Notwendigkeit haben könnten und von ihr zu alten Hüten gemacht würden, wenn die Deutschen siegten (...) ich konnte mich nur an der reinen, bloßen Authentizität festhalten.

9. Juni
Sartre ist endlich mit der Gestalt Marcelles zufrieden.

Mir scheint, Marcelle ist jetzt lebendig, undankbar, vernünftig und dennoch hinterhältig, leidenschaftlich, schmollend, krank, ernst, schön und ohne Anmut, stolz nach der Art meiner Großmutter, in einem negativen Sinn.

Zum ersten Mal seit dem 26. April notiert er, daß er ein wenig in sein Heft geschrieben hat: (...) habe ich ein bißchen in mein Heft geschrieben. Noch einige Seiten (...) über das Nichts.

Sartres Division verläßt Morsbronn um den 10. Juni herum. Nach einigen Irrungen und Wirrungen wird er am 21. Juni – immer noch in Gesellschaft von Paul und Pieter – in Padoux gefangengenommen.

Am 23. Juni schreibt er im Kriegsgefangenenlager von Baccarat noch in sein Heft: es gab ein zehntägiges Debakel, das uns in die Gegend von Épinal geführt hat und das von allen Geschichten, die ich gelesen oder erzählen gehört habe, sicher eine der merkwürdigsten ist. Ich habe alles in meine Hefte notiert, die ich sogar hier weiterführe, wenn es etwas zu sagen gibt.[1]

1 Hat Sartre seine letzten Hefte zwischen dem Lager von Baccarat und dem Stalag XII D bei Trier, wo er anschließend hinkam, verloren? Oder später? Bis zu seiner

Er beendet seinen Roman und hat einen Titel für das philosophische Werk gefunden, das er in den Heften umriß: Das Sein und das Nichts.

Freilassung im März 1941 erwähnt er sie nicht mehr in seinen Briefen an S. de Beauvoir. Die Tage des Durcheinanders hat er in *La Mort dans l'âme*, dem dritten Band der «Wege der Freiheit», geschildert, der am 15. Juni 1940 beginnt. Siehe auch die drei Fragmente von Mathieus Tagebuch: vom 10. – 14. Juni, dann vom 18. – 20. August 1940 im Kriegsgefangenenlager, in *Œuvres romanesques*, Pléiade, Anhang II; vom 15. September – 25. November in *Les Temps modernes*, September 1982 [dt. in: Jean-Paul Sartre, Gesammelte Werke, Romane und Erzählungen, Bd. 4, Rowohlt Taschenbuch Verlag, Reinbek 1987].

Bibliographie

Altwegg, Jürg, *Ein Kriegstagebuch Jean-Paul Sartres*, in: *Frankfurter Allgemeine Zeitung* vom 1. Oktober 1982.

Altwegg, Jürg, *Der «totale Intellektuelle» Jean-Paul Sartre*, in: *Solothurner Nachrichten* vom 10. April 1985 (dito: *Sartre, ein «Dinosaurier* des Jahrhunderts», *in: St. Galler Tageblatt* vom 23. April 1985).

Baumgart, Reinhard, *Der schreibsüchtige Soldat*, in: *Der Spiegel* vom 7. Januar 1985.

Berberich, Frank, *Inspirierte kalte Schlange beim Schleiertanz*, in: *Pflasterstrand* vom 22. Januar 1985.

Burnier, Michel-Antoine, *Carnets brillants, cahiers brouillons*, in: *Le Point* vom 18. April 1983.

Campe, Joachim, *Entwurf nach freier Wahl*, in: *Nürnberger Nachrichten* vom 8./9. Dezember 1984.

Contat, Michel, *Sartre au tournant*, in: *Le Monde* vom 24. Februar 1995.

Cossé, Laurence, *Les carnets de guerre de Sartre*, in: *Le Quotidien de Paris* vom 18. April 1983.

Daix, Pierre, *Sartre avant et après Sartre*, in: *Le Quotidien de Paris* vom 18. April 1983.

Dederke, Karlheinz, *Jean-Paul Sartres Kriegsexistentialismus*, in: *Der Tagesspiegel* vom 24. März 1985.

Deguy, Jacques, *Sartre critique littéraire: une autre postmodernité?*, in: A Kibédi Varga (Hg.), *Littérature et postmodernité, CRIN 14*, Grossingen 1986, 55–70.

Dollé, Jean-Paul, *Le paien et l'orgueilleux*, in: *Le Matin de Paris* vom 8. April 1983.

Dollé, Jean-Paul, *Sartre sur le vif*, in: *Magazine Littéraire* Nr. 332 vom Mai 1995.

Doubrovsky, Serge, *Sartre: retouches à un autoportrait*, in: Claude Burgelin (Hg.), *Lectures de Sartre*, Presses Universitaires de Lyon, Lyon 1986.

Durand, Dominique, *Le paquetage de raison*, in: *Le Canard Enchaîné* vom 1. März 1995.

Dyck, Joachim, *Zeuge sein*, in: *Die Zeit* vom 5. Oktober 1984.
Elkaïm, Arlette, Son attention au monde (Interview), in: *L'Express* vom 8. – 14. April 1983.
Eribon, Didier, *Comment Sartre est devenu Sartre*, in: *Le Nouvel Observateur* vom 2. Februar 1995, 72–73.
Faucher, Michel, *Remarquable*, mais..., in: *Le Nouveau Journal* vom 21. April 1983.
Flynn, Thomas R., *Skizze einer Theorie der Geschichte*, in: Traugott König (Hg.), *Sartre. Ein Kongreß*, Rowohlt Taschenbuch Verlag, Reinbek 1988, 201–225.
Galey, Matthieu, *La genèse de Sartre*, in: *L'Express* vom 8. – 14. April 1983.
Grodent, Michel, *Les carnets de Sartre un posthume capital!*, in: *Le Soir* vom 16. April 1983.
Grössel, Hanns, *Soldat Sartre. Abschnitt 108*, in: *Süddeutsche Zeitung* vom 6. Dezember 1984.
Haniman, Joseph, *Zeit zum Vergeuden, Zeit zum Schreiben*, in: *Frankfurter Allgemeine* Zeitung vom 25.–26. Februar 1995.
Heissenbüttel, Helmut, *«Mir graust vor mir»*, in: *Deutsches Allgemeines Sonntagsblatt* vom 14. Oktober 1984.
Idt, Geneviève, *Préhistoire de Sartre biographe d'après «Les carnets de la drôle de guerre»*, in: Helene Hardt/Volker Roloff (Hg.), *Literarische Diskurse des Existentialismus*, Stauffenberg Verlag, Tübingen 1986, 57–74.
Jung, Dominique, *La Guerre alsacienne du soldat Sartre*, in: *Dernières Nouvelles d'Alsace* vom 24. Februar 1995.
Koch, Claus, *In der Windstille des Weltkrieges*, in: *Merkur*, April 1984, 287–299.
Lacoste, Jean, *Sartre-en-guerre*, in: *La Quinzaine littéraire* 1983, Nr. 383.
Lacoste, Jean, *Sartre durant la «drôle de guerre»*, in: *La Quinzaine littéraire* vom 16.–28. Februar 1995, 5–6.
Lange, Manfred, *Gedanken über das absurde Dasein beim Wetterdienst*, in: *Deutsche Tagespost* vom 25. Januar 1985.
Leonardini, Jean-Pierre, *Un brillant cerveau en bande molletières*, in: *L'Humanité* vom 10. März 1995.
Lepape, Pierre, *Avoir raison avec Sartre*, in: *Le Monde* vom 24. Februar 1995.
Lepenies, Wolf, *Kriegsgewinnler Sartre*, in: *Frankfurter Allgemeine Zeitung* vom 17. November 1984.
Müller-Ullrich, Burckhard, in: *Frankfurter Rundschau* vom 20. Februar 1995.
Pfau, Una, *Schönheit, Leere und Nichts*, in: *Stuttgarter Zeitung* vom 1. September 1983.
Pierre, Jean, *La drôle «drôle de guerre» de Sartre*, in: *Les Nouvelles Littéraires* vom 26. Mai/1. Juni 1983.

Poirot-Delpech, Bertrand, *Le pitre moral*, in: *Le Monde* vom 1. April 1983.

Raether, Martin, *Zur Poetik des Existentialismus* in: Helene Hardt/Volker Roloff (Hg.), *Literarische Diskurse des Existentialismus*, Stauffenberg Verlag, Tübingen 1986, 45–56.

Riding, Alan, *Sartre, soldier: musing, writing*, in: *The New York Times* vom 13. Februar 1995 und derselbe Text, unter dem Titel *Sartre's Phony War'*, in: *International Herald Tribune* vom 14. Februar 1995.

Saint-Sernin, Bertrand, *Les carnets de la drôle de guerre*, in: *Études*, Juli/August 1983.

Scheller, Wolf, *Ein Intellektueller im Krieg*, in: *Generalanzeiger für Bonn* vom 1. November 1984, und in: *Rhein-Neckar-Zeitung* vom 24. November 1984 (dito: *In kriegerischer Männergesellschaft*, in: Bergische Morgenpost *und: Intellektueller hinter der Front*, in: *Allgemeine Zeitung* [Mainz] vom 15. Dezember 1984, und: *Sartres Kriegstagebücher: Ein Genie, besessen von der eigenen Mission*, in: *Die Presse* vom 6. Januar 1985).

Scriven, Michael, *The war diary as autobiography: Sartre 1939–40*, in: Keefe, Terry & Smyth, Edmund J. (Hg.), *Autobiography and the Existential Self: Studies in Modern French Writing*. New York: St. Martin's Press; Liverpool: Liverpool University Press, 1995, 9–23.

Spiteri, Gérard, *Sartre: les «devoirs de vacances» d'un petit bourgeois*, in: *Les Nouvelles Littéraires* vom 14. April 1983.

Todd, Olivier, *Sartre inconnu*, in: *Le Matin de Paris* vom 6. April 1983.

Wroblewsky, Vincent von, *Von der Authentizität des Individuums zur Intelligibilität der Geschichte*, in: Traugott König (Hg.), *Sartre. Ein Kongreß*, Rowohlt Taschenbuch Verlag, Reinbek 1988, 385–407.

Zeltner, Gerda, *Ein ganz gewöhnlicher Soldat*, in: *Neue Zürcher Zeitung* vom 4./5. Juni 1983.

Namenregister

Alacoque, Marie 132
Alain 28, 68, 76, 85, 89, 131, 200, 216, 249, 284, 441
Alain-Fournier, Henri 362, 383 f., 402
Alexander der Große 395
Amiel, Henri-Frédéric 263
Andersen, Hans Christian 405
Anna 362, 364
Aragon, Louis 366, 549, 625
Arbelet, Paul 272
Arène, Paul Auguste 590
Arland, Marcel 159
Aron, Raymond 24, 84, 158, 169, 277, 349, 383, 395, 411, 419, 510, 525 ff
Artaud, Antonin 614
Aulard, Alphonse 180

B., Renée 130
Bach, Johann Sebastian 512
Ballanche, Pierre Simon 199, 205 f
Balzac, Honoré de 297, 491
Barain, Brice 30
Barbusse, Henri 82
Barrès, Maurice 76, 98, 240, 348 ff, 401 f, 511
Baruzi, Jean 277
Baudelaire, Charles 26
Bayet, Albert 550
Beauvoir, Hélène de 213, 454
Beauvoir, Simone de 10, 14, 23 ff, 26, 30, 32 f, 35 ff, 43, 45 ff, 55, 59, 61 ff, 66 f, 70 f, 73 f, 86 ff, 100 ff, 104, 110, 112, 114 f, 119 f, 122, 130, 133 f, 146, 173 f, 180 f, 191, 200, 212, 217, 229, 231, 245, 265, 268, 276, 280, 313 f, 317, 320, 323 f, 341, 344, 358 f, 383, 402, 407 ff, 4101 ff, 416, 427, 443, 462, 469, 488, 491, 497, 499 ff, 507, 511 f, 514 f, 524 f, 527, 556, 565, 571, 575, 577 f, 586, 604 ff, 608, 611 ff, 620, 622, 626 f, 629, 633 ff, 677
Bédier, Joseph 480
Beethoven, Ludwig van 364
Bellay, Joachim du 346
Bellesort, André 44, 55, 491
Benda, Julien 279
Béraud, Henri 149 f
Bergson, Henri 76, 149, 214, 264, 425, 439
Berkeley, George 419
Berl, Emmanuel 571
Berlioz, Hector 262, 607
Bernanos, Georges 638
Bernard, Claude 524
Bernard, Tristan 597
Berne, Mauricette 15
Berquin, Arnaud 131
Bianca (B.) 25, 37, 42, 54 f, 57, 61 f, 66 f, 72, 133 f, 192, 320, 365, 436, 443, 449, 604 f, 607, 612, 614, 617 f, 622 ff, 626

Biedermann, Caroline 361, 364
Bismarck, Otto Fürst von 415, 522 f, 525, 535 f, 554
Blanche, Jacques-Émile 282
Blanqui, Auguste 206
Blin, Roger 230
Blum, Léon 185
Bonald, Louis de 28, 204
Bonnafé, Alphonse 118, 586
Bonnet, Georges 545
Bonnot, Jules Joseph 163
Boris, Georges 365
Borne, Alain 475
Borzage, Frank 49
Bost, Jacques-Laurent 24, 59, 64, 71, 110, 133 f, 147, 317, 320, 368 ff, 407, 465, 501, 510, 626, 633, 636
Bourdin, Martine (siehe auch X., Colette) 43, 620
Bourges, Elémir 279
Boutillier (Mitschüler Sartres) 494, 503
Bouvier, Émile 365
Boyer, Jean 447
Boyer, Lucien 447
Braibant, Charles 633
Braque, Georges 512
Brasseur, Pierre 556
Breton, André 198, 560
Broussaudier, Sylvain 49, 84 f
Brunschvicg, Léon 149, 201 f, 277, 497, 509, 577 f, 589
Brunschwig, Henri 509, 615
Burgelin, C. 490
Byron, Lord 271

Caillavet, Léontine Arman de 585
Caillois, Roger 201, 413, 523, 609
Caldwell, Erskin Preston 509
Capus, Alfred 597
Caroline (Tante Sartres) 361, 364
Carroll, Lewis 80
Cassou, Jean 199, 204, 206 f, 209, 249
Castor (siehe Simone de Beauvoir)
Cazotte, Jacques 614
Céline, Louis-Ferdinand 64
Cézanne, Paul 280
Chamberlain, Arthur Neville 50, 56, 116, 237, 246, 372, 423
Chamson, André 256, 633
Chardin, Jean-Baptiste 348
Chardonne, Jacques 277, 535
Charensol, Georges 577
Chartier (siehe Alain) 89
Chastaing (Schüler Sartres) 396
Chauffard, René-Jean 521
Chaumeix, André 584
Chevalier, Maurice 447, 519
Chopin, Frédéric 613
Christensen (Schüler Sartres) 347
Chuquet, Arthur 427, 440
Claveau (Schulfreund Sartres) 77
Cocteau, Jean 137
Comte, Auguste 29, 207, 510, 533, 570
Cooper, Gary 501, 555
Copeau, Pascal 509
Corbin, Henry 30, 393, 396 f
Corbon, Claude Anthime 206
Cot, Pierre 446
Coulondre, Robert 544
Courcy, Gefreiter 93, 119, 363 f, 373, 403, 585 f
Courteaux, Feldwebel 47, 63, 103, 135, 161
Crommelynck, Fernand 365

Dabit, Eugène 43 f, 46 f, 49, 55, 102, 135, 157, 248, 287
Daladier, Édouard 44, 50, 56, 116, 151, 237, 372, 423, 474, 534, 601
Dearly, Max 556
Déat, Marcel 584
Defoe, Daniel 249, 605

Deligne (Oberst) 303, 422
Delubac, Jacqueline 228
Descartes, René 127, 135 f, 199, 260, 277
Descaves, Pierre 577
Dibildos, Abbé 259
Diderot, Denis 613
Disney, Walt 96
Dollfuß, Engelbert 293
Dorgelès, Roland 82, 156, 343
Dos Passos, John 187 f
Dostojewski, Fjodor 67, 120, 128 ff, 145, 209, 306, 508, 627
Dreyfus, Alfred 288
Drieu La Rochelle, Pierre 36, 382 f, 385, 403, 624
Duboin, J. 550
Dubois (Soldat) 302 f
Du Bos, Charles 504
Dubus, Édouard 593
Duhamel, Georges 274, 349, 577
Dullin, Charles 471
Dumas der Ältere, Alexandre 271
Duveau, Georges 427, 440, 599

Eden, Anthony 237
Eduard VII. 535, 546
Edward Fr. Halifax, Lord 237
Einstein, Albert 370
Emmanuelle (Madeleine Gide) 286
Epiktet 119
Epikur 113, 116
Eulenburg, Philipp Graf zu 531

Faivre, Abel 520
Fatty (Soldat) 294
Faulkner, William 31, 50, 344, 470, 509, 521, 620, 623
Favre, Jules 474, 578
Ferrero, Leo 570
Ferry, Jules 180
Flaubert, Gustave 296 ff, 343, 590, 595, 598
Florian, Jean-Pierre Claris de 405
France, Anatole 512, 584 f, 593
Freud, Sigmund 108, 160, 354
Friedmann, Georges 83, 273

Gallimard, Gaston 192, 577
Galopin, Arnould 79 f
Gambetta, Léon 180
Gamelin, Maurice Gustave (General) 24, 138, 439
Gauguin, Paul 209, 280
Gaulle, Charles de 290, 292, 294
Gautier, Théophile 595
Gay, Francisque 237
Gérassi, Fernando 33
Gide, André 31, 34, 36, 38 f, 44, 49, 64 f, 67 f, 72, 75 f, 98 ff, 104, 110, 115, 120, 207, 209, 238, 248, 255 ff, 275, 281 ff, 328, 345 f, 348 f, 351, 435, 438, 511, 514, 560, 592 f, 599 f
Gide, Madeleine (Emmanuelle) 286
Giono, Jean 36, 200, 344, 369 f
Girard, Marie 147
Giraudoux, Jean 151, 256, 581, 612 f
Glaeser, Ernst 621
Goebbels, Joseph 91
Goethe, Johann Wolfgang 262, 427
Gogh, Vincent van 209
Gombault, Georges 365
Goncourt, Edmond et Jules de 255, 284, 297 f, 595, 597 ff
Green, Julien 137, 157, 235, 248, 392
Grener (Soldat) 363 ff, 585, 597, 601
Grenier, Jean 202
Groethuysen, Bernard 397
Gross, Frau 26, 69
Grouchy, Emmanuel, Marquis de 530
Guille, Pierre 24 ff, 71, 84, 94, 118, 173 f, 186, 266, 274, 324, 363, 383, 465, 497, 500, 502 f, 505

Guitry, Lucien 597
Guitry, Sacha 597

Halifax, Lord 237, 545
Hang (Soldat) 181 f, 198, 213, 242, 245, 289, 418, 424
Hantziger (Soldat) 97, 111, 302, 332, 457, 474 f, 557, 585
Hazard, Paul 272
Hebbel, Friedrich 264
Hegel, Georg Wilhelm Friedrich 264, 321
Heidegger, Martin 30, 46, 48, 60, 88, 114, 117, 136 f, 158, 172, 188, 190, 199, 205, 220 ff, 239, 270, 305, 307 f, 324, 333 f, 351, 389, 391 ff, 425, 448, 450, 538, 554, 562, 604 f, 610, 617, 619 ff, 624
Heine, Heinrich 615 f
Hemingway, Ernest 29, 144, 509
Henderson, Neville Sir 237
Hitler, Adolf 37, 50 f, 68, 71, 86, 91, 116, 151 ff, 157, 202, 229 f, 234, 290, 295, 347, 366, 372, 416, 440, 527 f, 544, 583 f, 602, 630, 635
Holstein, Friedrich von 531
Hugo, Victor 491, 595
Husserl, Edmund 30, 68, 99, 112, 114, 216, 266, 311, 393 ff, 425, 450 f, 604, 620 f, 623
Huxley, Aldous 23

Jacques, Lucien 343
Jaloux, Edmond 577
James, William 76
Jaspers, Karl 173
Joffre, Joseph Jacques Césaire 138
Jollivet, Simone 263 (siehe auch Toulouse)
Jouhandeau, Marcel 634
Jouvenel, Renaud de 35
Jouvet, Louis 365

Kafka, Franz 35, 93, 248, 637
Kanapa, Jean 521
Kant, Immanuel 214, 260, 273, 288, 306, 337, 395, 511
Keller (Soldat) 33, 35, 43, 54, 63, 66, 115, 117 f, 132, 160, 186, 198, 208, 212, 237, 247, 260 f, 285, 289, 366, 371, 378 ff, 398, 404, 426, 466 f, 472, 611
Kennedy, Margaret 633
Kierkegaard, Søren 321, 325, 333 ff, 343, 359, 372, 610, 637
Klein, Madame 359 f, 444 f, 475
Köhler, Wolfgang 326, 391
Koestler, Arthur 235, 249 f, 330, 370, 565
Kosakiewicz, Olga (siehe Olga)
Kosakiewicz, Wanda (siehe Wanda)
Koszul, André H. 263
Koyré, Alexandre 424

Lacretelle, Jacques de 349
Laforgue, Jules 263, 496
Lamartine, Alphonse de 199, 206, 595
Lamour, Philippe 35
Lanson, Gustave 302, 372
Larbaud, Valéry 343, 346, 350 f, 362
La Rochefoucauld, François Herzog von 44, 116, 129, 191
La Rochelle, Drieu 37, 612, 623 f
Lauvrière, Émile 263
Lavedan, Henri 136
Lavice (Soldat) 368
Law, John 637
Lebrun, Albert 237
Lebrun, Madame 492, 493 f
Lecoin, Louis 36, 200
Ledoux, M. 566
Lehmann, Rosamond Nina 510
Leiris, Michel 159, 342, 513
Lejeune, Philippe 490
Le Maur, Hauptmann 39

Lenin, Wladimir I. 160, 440, 525
Lesage, Alain René 343
Lévy, Raoul 133 f, 365
Lewin, Kurt 330
Lewis, Sinclair 325
Linné, Charles de 207
Liszt, Franz 262
Loti, Pierre 299
Louis-Philippe 155, 298
Lucile 505
Ludendorff, Erich 292
Ludwig, Emil 415, 427, 525, 531, 533 f, 541 ff, 547, 553, 555, 626
Ludwig XIV. 267, 536

MacMahon, Patrice de 440
MacOrlan, Pierre 249, 276, 343
Maheu, René 64, 118, 329, 497, 501, 511 f
Maistre, Joseph de 28, 136, 204
Malherbe, François de 588
Malraux, André 265, 562, 599 f, 628, 631
Mansfield, Katherine 350, 402
Marat, Jean-Paul 427
Marivaux, Pierre de 343
Martin du Gard, Roger 560
Marx, Karl 207, 528 ff, 564
Mathilde 362, 364
Maupassant, Guy de 590, 598
Mauriac, François 144, 288
Maurois, André 343
Maurras, Charles 199, 208, 237
Maxence, Jean-Pierre 159
Mérimée, Prosper 327, 343, 610
Metschnikow, Ilja 594
Mirrlees, Hope 504
Mistler (Soldat) 90, 118 f, 128, 132, 187, 196, 227 f, 232 f, 238 ff, 249, 261, 281, 287, 302, 324, 403, 426, 478, 487, 608 f, 621, 625
Molière 530
Monnier, Adrienne 549, 596
Montaigne, Michel de 196, 255
Montherlant, Henry de 36 f, 240, 362, 383, 548
Montorgueil, Georges 580
Monvel, Boutet de 580
Morand, Paul 325, 343, 608
Morel, Albert 466
Morel, Madame 24 f, 72, 101
Morel 266, 324, 363, 470, 497, 502 f
Morgan-Witts, M. 619
Morhange, Pierre 273
Mourgue, Raoul 579
Mousset, Albert 120
Munier, Hauptmann 46, 93, 109, 145, 152, 551
Munot, Oberleutnant 93, 154, 161, 377
Muret, Maurice 632
Musset, Paul de 489
Mussolini, Benito 50, 487

Nachin, Lucien 290
Napoleon 283, 463, 530
Naudin (Unterfeldwebel) 35, 162, 165 ff, 170, 172, 174 f, 181 f, 198, 210 f, 213 f, 583
Nietzsche, Friedrich 19, 174, 279, 450
Nippert (Soldat) 38, 401, 403
Nizan, Paul 24, 49, 84, 118, 149, 158, 194, 273, 277, 362, 383 f, 466, 496 f, 500, 503, 507 ff, 544, 577, 599, 633

Olga (Kosakiewicz) 25, 63, 70 f, 110, 180, 248, 268, 280, 320, 323 f, 342, 443, 504, 506, 512, 571, 573, 626, 633
Ollivier, Albert 528, 583
Ollivier, Émile 626
Oustric, Albert 201

Parain, Brice 58, 634
Pascal, Blaise 114, 122, 472, 485
Paul (Soldat) 20 f, 32, 35 f, 40, 43, 45 f, 53 f, 61 ff, 90, 92, 94, 97, 101, 104, 107, 109 ff, 128, 131 ff, 135, 160, 176, 185 ff, 190, 192 f, 195 ff, 212 f, 217 f, 224 f, 227, 231, 243 f, 247, 249, 255, 261, 295, 310, 323, 332 f, 339 f, 363, 366, 377 ff, 404, 422, 457, 478, 582, 635, 638
Paulhan, Claire 15
Paulhan, Jean 15, 47, 139, 150, 153, 200 ff, 217, 366, 577 f, 599
Péguy, Charles 159
Pelletier (Mitschüler Sartres) 81, 494, 503
Pepys, Samuel 633
Péron, Alfred 49
Perron, Louise 130
Petitjean, Armand 159, 201 f
Picard, Blanche 78
Picasso, Pablo 302
Pierrefeu, Jean de 426, 438 f, 442 ff, 530
Pieter (Soldat) 28, 33, 35, 40, 51, 53, 61 ff, 69, 75, 92 ff, 101, 106, 108, 115, 118, 122, 131 f, 145 ff, 160, 163 f, 166, 183 ff, 193, 195, 200, 209, 212 f, 243 f, 247, 249, 254 f, 260, 290, 302 ff, 317 ff, 328, 332, 338 ff, 359 f, 377 ff, 402 ff, 418, 420 ff, 428, 444, 453, 457 f, 463, 509, 582, 615, 623, 628, 635, 638
Platon 563
Poe, Edgar Allan 263
Pottier, Richard 556
Pourrat, Henri 144, 150
Prévert, Jacques 556
Proudhon, Pierre Joseph 525
Proust, Marcel 280, 342, 410, 547, 584, 590 ff
Prudhomme, Joseph 363
Puschkin, Alexander 120
Queneau, Raymond 248 f, 605

Rabelais, François 365
Racine, Jean 267
Ramuz, Charles Ferdinand 551
Rauschning, Hermann 347, 398, 416, 440, 612 f
Remarque, Erich Maria 82
Renan, Ernest 206, 363
Renard, Jules 44, 255, 274, 284, 587 ff, 597, 612
Rey, Étienne 607
Reynaud, Paul 25, 237, 290, 294, 292, 601, 636
Ribbentrop, Joachim von 151
Ribot, Théodule 594
Rilke, Rainer Maria 135
Rimbaud, Arthur 209, 247, 280, 592
Rivière, Jacques 384
Rochefort, Henri 578
Rolland, Monique 556
Rolland, Romain 262
Romains, Jules 179, 181, 194, 231, 249 f, 296, 312, 344, 382, 442, 463, 577, 623 ff
Roosevelt, Franklin Delano 233
Rosenberg, Alfred 151
Rosny, Joseph Henri 576
Rossi, Tino 510
Rostand, Edmond 490, 597
Rougemont, Denis de 631
Roulet, Lionel de 30
Rousseau, Jean-Jacques 526 f, 564
Rousseaux, André 586

Saget, Justin 596
Saillet, Maurice 596
Saint-Exupéry, Antoine de 239, 244 f, 249, 254, 305, 351 f, 565
Saint-Marc, Boussac de 264
Saint-Simon, Claude Henri de Rouvroy Graf von 199, 206, 427
Salisbury, Robert Cecil Lord 545

Sarcey, Yvonne 289
Scheler, Max 19, 280
Schiller, Friedrich 548, 565
Schlumberger, Jean 600
Schopenhauer, Arthur 450
Schwartzendorf, gen. J. P. Martini, Jean-Paul 405
Schweitzer, Charles 361
Schwob, Marcel 597
Scotto, Vincent 447
Sévigné, Marie de Rabutin-Chantal Marquise von 350
Shakespeare, William 249, 530, 585
Shelley, Percy Bysshe 263, 271
Shirer, William 37
Simmel, Georg 530, 532
Sokrates 240, 252, 261, 265
Sornaga, Annie 15
Souday, Paul 284
Spinoza, Baruch 207, 217, 273
Stalin, Josef W. 37, 68, 152, 372, 423, 544, 584
Stendhal 26, 34, 126, 262, 271, 282, 284, 342, 478, 484, 514, 580, 613, 615, 617
Stevenson, Robert Louis 235
Suarès, André 201 f, 606

Tabouis, Geneviève 544
Taine, Hippolyte 590
Tennyson, Alfred Lord 280
Thibaud, Unterfeldwebel 53, 63, 166, 182
Töpffer, Rodolphe 266
Tolstoi, Lew 606
Toulouse (Simone Jollivet) 467, 470, 564
Trenet, Charles 407
Troyat, Henri 576 f, 627

Valéry, Paul 366, 432, 499
Valois, Georges 246, 528
Vaudal, Jean 201
Vergil 297
Verlaine, Paul 494
Vermeil, Edmond 566, 568
Vidnes, Jacob 636
Voiture, Vincent 372

W. (siehe Wanda)
Wagner, Richard 262, 271, 480
Wahl, Jean 333, 396, 577 f
Wanda (Kosakiewicz) 32 f, 37, 46, 49 f, 54 f, 61, 66, 70, 72, 102, 109, 111, 133, 217, 230, 237, 247 f, 268, 320, 324, 402, 407 f, 410, 412, 416, 447, 463, 468 f, 498, 500, 549, 565, 604 f, 612, 618, 620, 626, 631, 633 ff
Weber, Max 526
Wellington, Arthur Wellesley Herzog von 530
Wilde, Oscar 286
Wilhelm I. 535 f
Wilhelm II. 525, 533 ff, 538 ff, 545 ff, 552 ff, 561, 581, 632
Wilhelm, Friedrich 552 f

X., Colette (siehe auch Bourdin, Martine) 43, 87, 462, 499

Zamacoïs, Miguel 490
Zola, Émile 297, 590, 592, 598
Zuorro, Marc 24, 71, 118, 513
Zyromsky, Jean 185

Jean-Paul Sartre
Gesammelte Werke in Einzelausgaben

In Zusammenarbeit mit dem Autor und Arlette Elkaïm-Sartre
begründet von Traugott König,
herausgegeben von Vincent von Wroblewsky

Romane und Erzählungen

Band 1: Der Ekel. Roman (Gebunden und als rororo 581)
Band 2: Die Kindheit eines Chefs. Gesammelte Erzählungen (Gebunden und als rororo 5517)
Band 3: Zeit der Reife. Die Wege der Freiheit 1. Roman (rororo 5813)
Band 4: Der Aufschub. Die Wege der Freiheit 2. Roman (rororo 5935)
Band 5: Der Pfahl im Fleische. Die Wege der Freiheit 3. Roman (rororo 12270)
Band 6: Die letzte Chance. Die Wege der Freiheit 4. Romanfragment (rororo 5692)

Theaterstücke

Band 1/2: Bariona oder Der Sohn des Donners. Ein Weihnachtsspiel – Die Fliegen (rororo 12942)
Band 3: Geschlossene Gesellschaft (rororo 5769)
Band 4: Tote ohne Begräbnis (rororo 12487)
Band 5: Die respektvolle Dirne (rororo 5838)
Band 6: Die schmutzigen Hände (rororo 12485)
Band 7: Der Teufel und der liebe Gott (rororo 12951)
Band 8: Kean (rororo 13260)
Band 9: Nekrassow
Band 10: Die Eingeschlossenen von Altona (rororo 12525)
Band 11: Die Troerinnen des Euripides (rororo 13759)

Drehbücher

Band 1: Das Spiel ist aus (rororo 59)
Band 2: Im Räderwerk (rororo 12207)
Band 3: Freud. Das Drehbuch (Gebunden und als rororo 13607)

Philosophische Schriften

Band 1: Die Transzendenz des Ego. Philosophische Essays 1931 bis 1939 (Gebunden)
Band 2: Das Imaginäre. Phänomenologische Psychologie der Einbildungskraft (Gebunden)
Band 3: Das Sein und das Nichts. Versuch einer phänomenologischen Ontologie (Gebunden und als rororo 13316)
Band 4: Bewußtsein und Erkenntnis. Philosophische Essays 1943–1950 (in Vorbereitung). Daraus zur Zeit lieferbar: Bewußtsein und Selbsterkenntnis, rororo 1649)
Band 5: Marxismus und Existentialismus. Versuch einer Methodik (rde 196)
Band 6: Kritik der dialektischen Vernunft 1. Theorie der gesellschaftlichen Praxis (Gebunden)
Band 7: Determination und Freiheit. Philosophische Essays 1961–1969 (in Vorbereitung)
Band 8: Aufzeichnungen zu einer Moral. Aus dem Nachlaß (in Vorbereitung)
Band 9: Kritik der dialektischen Vernunft 2. Die Intelligibilität der Geschichte. Aus dem Nachlaß (in Vorbereitung)

Schriften zur Literatur

Band 1: Der Mensch und die Dinge. Aufsätze zur Literatur 1938–1946 (rororo 4260)
Band 2: Baudelaire. Ein Essay (rororo 4225)
Band 3: Was ist Literatur? (rororo 4779)

Band 4: Saint Genet, Komödiant und Märtyrer (Gebunden)
Band 5: Schwarze und weiße Literatur. Aufsätze zur Literatur 1946–1960 (rororo 5199)
Band 6: Was kann Literatur? Interviews, Reden, Texte 1960 bis 1976 (rororo 4381)
Band 7: Der Idiot der Familie 1. Gustave Flaubert 1821–1857. I. Die Konstitution (dnb 78)
Band 8: Der Idiot der Familie 2. Gustave Flaubert 1821–1857. II. Die Personalisation 1 (dnb 89)
Band 9: Der Idiot der Familie 3. Gustave Flaubert 1821–1857. II. Die Personalisation 2 (dnb 90)
Band 10: Der Idiot der Familie 4. Gustave Flaubert 1821–1857. III. Elbehnon oder Die letzte Spirale (dnb 114)
Band 11: Der Idiot der Familie 5. Gustave Flaubert 1821–1857. IV. Objektive und subjektive Neurose (dnb 132)
Band 12: Mallarmés Engagement (Gebunden)

Schriften zu Theater und Film

Mythos und Realität des Theaters. Aufsätze und Interviews 1931–1970 (rororo 4422)

Schriften zur bildenden Kunst und Musik

Band 1: Die Suche nach dem Absoluten. Essays und Interviews 1946–1979 (in Vorbereitung)
Band 2: Tintoretto (in Vorbereitung)

Politische Schriften

Band 1: Paris unter der Besatzung. Artikel und Reportagen 1944–1945 (rororo 4593)
Band 2: Überlegungen zur Judenfrage (rororo 13149)

Band 3,1: Krieg im Frieden 1. Artikel, Aufrufe, Pamphlete 1948 bis 1954 (rororo 4904)

Band 3,2: Krieg im Frieden 2. Reden, Polemiken, Stellungnahmen 1952–1956 (rororo 4973)

Band 4: Wider das Unrecht: Die Affäre Henri Martin (rororo 5096)

Band 5: Wir sind alle Mörder. Der Kolonialismus ist ein System. Artikel, Reden, Interviews 1947–1967 (rororo 12271)

Band 6: Der Intellektuelle und die Revolution. Artikel, Aufrufe, Interviews 1964–1973 (in Vorbereitung)

Sartre / Gavi / Victor: Der Intellektuelle als Revolutionär. Streitgespräche (rororo 1994)

Autobiographische Schriften

Band 1: Die Wörter (Gebunden und als rororo 1000)

Band 2: Sartre über Sartre. Aufsätze und Interviews 1940–1976 (rororo 4040)

Band 3: Sartre. Ein Film von Alexandre Astruc und Michel Contat (dnb 101)

Tagebücher

Tagebücher September 1939 – März 1940 (rororo 13292)

Briefe

Briefe an Simone de Beauvoir 1. 1926–1939 (rororo 5424)

Briefe an Simone de Beauvoir 2. 1940–1963 (rororo 5570)

Reisen

Band 1: Königin Albemarle oder Der letzte Tourist (Gebunden)

Zu Sartres Leben und Werk sind erschienen:

Walter Biemel: Jean-Paul Sartre mit Selbstzeugnissen und Bilddokumenten (rowohlts monographien 87)

Annie Cohen-Solal: Sartre. 1905–1980 (Gebunden und als rororo 12950)

Traugott König (Hg.): Sartres Flaubert lesen. Essays zu «Der Idiot der Familie» (dnb 116)

Traugott König (Hg.): Den Menschen erfinden. Sartre-Lesebuch (Gebunden und als rororo 13004)

Traugott König (Hg.): Sartre. Ein Kongreß (re 475)

Axel Madsen: Jean-Paul Sartre und Simone de Beauvoir. Die Geschichte einer ungewöhnlichen Liebe (rororo 4921)

Marius Perrin: Mit Sartre im deutschen Kriegsgefangenenlager / Jean-Paul Sartre: Mathieus Tagebuch. Ein Fragment / Bariona oder Der Sohn des Donners. Ein Weihnachtsspiel (rororo 5267)

Gesammelte Werke Jean-Paul Sartres

in acht preiswerten Taschenbuchkassetten

Kassette 1 Schriften zur Literatur (8 Bände, bereits erschienen)

Kassette 2 Romane und Erzählungen (4 Bände, bereits erschienen)

Kassette 3 Theaterstücke (9 Bände, bereits erschienen)

Kassette 4 Drehbücher

Kassette 5 Politische Schriften

Kassette 6 Autobiographische Schriften, Briefe, Tagebücher (6 Bände, bereits erschienen)

Kassette 7 Philosophische Schriften

Kassette 8 Schriften zur bildenden Kunst und Musik. Reisen

Literatur für KopfHörer

Christian Brückner liest *Die Kindheit eines Chefs.*

3 Toncassetten im Schuber, 223 Minuten Spieldauer, (rororo 66014)